"十二五"
国家重点出版物出版规划项目

车辆多学科设计优化方法

Multidisciplinary Design Optimization for Ground Vehicles

陈潇凯 编著

北京理工大学出版社
BEIJING INSTITUTE OF TECHNOLOGY PRESS

内 容 简 介

本书对多学科设计优化主要研究内容进行了较系统的归纳，突出基础性、适用性。围绕MDO核心内容——MDO建模技术、MDO方法体系、灵敏度分析与近似建模、设计空间寻优策略、多目标优化等方面进行梳理和总结，并结合理论阐释给出大量的算例及编程参考。读者可通过本书所介绍的理论方法和数学算例及工程应用实例，在实践中提升对MDO的认识和工程应用能力。

本书可供高等院校车辆设计、机械设计等相关专业，或者多学科设计优化、轻量化设计等研究方向的师生作为教学参考书和技术参考资料，也可供从事汽车总体设计、零部件开发或者其他复杂工程系统开发的研究人员和工程设计人员参考。

图书在版编目（CIP）数据

车辆多学科设计优化方法/陈潇凯编著. —北京：北京理工大学出版社，2018.6(2021.6重印)

“十二五”国家重点出版物出版规划项目

ISBN 978－7－5682－4886－0

Ⅰ.①车…　Ⅱ.①陈…　Ⅲ.①电动汽车－设计　Ⅳ.①U469.720.2

中国版本图书馆CIP数据核字（2017）第243284号

出　　版 / 北京理工大学出版社有限责任公司
社　　址 / 北京市海淀区中关村南大街5号
邮　　编 / 100081
电　　话 / (010)68914775(总编室)
(010)82562903(教材售后服务热线)
(010)68948351(其他图书服务热线)
网　　址 / http：//www.bitpress.com.cn
经　　销 / 全国各地新华书店
印　　刷 / 固安县铭成印刷有限公司
开　　本 / 710毫米×1000毫米　1/16
印　　张 / 31.75
字　　数 / 562千字
版　　次 / 2018年6月第1版　2021年6月第3次印刷
定　　价 / 89.00元

责任编辑 / 杜春英
文案编辑 / 杜春英
责任校对 / 周瑞红
责任印制 / 王美丽

《国之重器出版工程》编辑委员会

编辑委员会主任：苗　圩

编辑委员会副主任：刘利华　辛国斌

编辑委员会委员：

冯长辉	梁志峰	高东升	姜子琨	许科敏
陈　因	郑立新	马向晖	高云虎	金　鑫
李　巍	高延敏	何　琼	刁石京	谢少锋
闻　库	韩　夏	赵志国	谢远生	赵永红
韩占武	刘　多	尹丽波	赵　波	卢　山
徐惠彬	赵长禄	周　玉	姚　郁	张　炜
聂　宏	付梦印	季仲华		

专家委员会委员（按姓氏笔画排列）：

于　全　中国工程院院士
王　越　中国科学院院士、中国工程院院士
王小谟　中国工程院院士
王少萍　“长江学者奖励计划”特聘教授
王建民　清华大学软件学院院长
王哲荣　中国工程院院士
尤肖虎　“长江学者奖励计划”特聘教授
邓玉林　国际宇航科学院院士
邓宗全　中国工程院院士
甘晓华　中国工程院院士
叶培建　人民科学家、中国科学院院士
朱英富　中国工程院院士
朵英贤　中国工程院院士
邬贺铨　中国工程院院士
刘大响　中国工程院院士
刘辛军　“长江学者奖励计划”特聘教授
刘怡昕　中国工程院院士
刘韵洁　中国工程院院士
孙逢春　中国工程院院士
苏东林　中国工程院院士
苏彦庆　“长江学者奖励计划”特聘教授
苏哲子　中国工程院院士
李寿平　国际宇航科学院院士

李伯虎	中国工程院院士
李应红	中国科学院院士
李春明	中国兵器工业集团首席专家
李莹辉	国际宇航科学院院士
李得天	国际宇航科学院院士
李新亚	国家制造强国建设战略咨询委员会委员、中国机械工业联合会副会长
杨绍卿	中国工程院院士
杨德森	中国工程院院士
吴伟仁	中国工程院院士
宋爱国	国家杰出青年科学基金获得者
张　彦	电气电子工程师学会会士、英国工程技术学会会士
张宏科	北京交通大学下一代互联网互联设备国家工程实验室主任
陆　军	中国工程院院士
陆建勋	中国工程院院士
陆燕荪	国家制造强国建设战略咨询委员会委员、原机械工业部副部长
陈　谋	国家杰出青年科学基金获得者
陈一坚	中国工程院院士
陈懋章	中国工程院院士
金东寒	中国工程院院士
周立伟	中国工程院院士

郑纬民　中国工程院院士

郑建华　中国科学院院士

屈贤明　国家制造强国建设战略咨询委员会委员、工业和信息化部智能制造专家咨询委员会副主任

项昌乐　中国工程院院士

赵沁平　中国工程院院士

郝　跃　中国科学院院士

柳百成　中国工程院院士

段海滨　“长江学者奖励计划”特聘教授

侯增广　国家杰出青年科学基金获得者

闻雪友　中国工程院院士

姜会林　中国工程院院士

徐德民　中国工程院院士

唐长红　中国工程院院士

黄　维　中国科学院院士

黄卫东　“长江学者奖励计划”特聘教授

黄先祥　中国工程院院士

康　锐　“长江学者奖励计划”特聘教授

董景辰　工业和信息化部智能制造专家咨询委员会委员

焦宗夏　“长江学者奖励计划”特聘教授

谭春林　航天系统开发总师

前　言

车辆，尤其是近年来蓬勃发展的新能源汽车和智能汽车等新型车辆，其设计任务是复杂的工程问题，包含动力总成、底盘、车身、电子电控等多个核心部件总成，涉及机械、电子、流体、控制、材料、制造工艺等多个学科领域，涉及动力性、能耗经济性、NVH、可靠耐久等诸多性能，部件、学科、性能间相互耦合，相互影响，使得其研发工作成为一项非常复杂的系统工程。

多学科设计优化（Multidisciplinary Design Optimization，MDO）是近20年发展起来的用于解决航空航天、车辆等多学科耦合复杂系统的方法论。MDO能够充分考虑各学科之间的相互影响和耦合作用，通过充分利用各个学科之间的相互作用所产生的协同效应获得系统的整体最优解，不仅可以缩短设计周期和降低研制费用，也能为实现系统性能整体优化提供新的可能性，MDO技术业已受到国际主要汽车厂商及零部件企业的广泛关注。作为典型的多学科复杂系统，汽车开发设计工作与多学科设计优化方法相结合是提升产品开发质量和市场竞争力的必由之路。

多学科设计优化方法虽然发展历程较短，但由于其所具有的强大潜力和广阔前景，相关研究内容均得到大量研究，内容浩繁，并且各技术术语、方法林林总总，散落于众多技术资料之中，很多还没有得以统一，为相关内容的学习和工程应用带来诸多困扰。

本书结合课题组近年来在多学科设计优化领域的探索和工程实践，参考吸收国内外MDO方面的专著、论文等最新研究成果，对多学科设计优化主要研究内容进行较系统的归纳，突出基础性、适用性。围绕MDO核心内容——MDO建模技术、MDO方法体系、灵敏度分析与近似建模、设计空间寻优策略、多目标优化等方面进行梳理和总结，并结合理论阐释给出大量的算例及编程参考。

读者可通过本书所介绍的理论方法和数学算例及工程应用实例，在实践中提升对 MDO 的认识和工程应用能力。

本书的研究工作得到了国家自然科学基金（51275040、50905017）和科技部“863”课题（2006AA04Z119）等项目的支持。同时，本书的出版工作也得到了北京理工大学“学术型研究生精品课程建设”资助。

感谢林逸教授、孙逢春教授、林程教授、张承宁教授、何洪文教授长期以来对课题组研究工作的大力支持和指导。课题组的李邦国、陈勇、赵迁、王婷婷，以及实验室的高丰岭、王喜明等博士为本书的研究工作贡献颇多；在本书的出版准备过程中，李孟强、金嘉威、张成、李思奇等研究生对资料整理和校对也有大量辛勤付出；另外，近年来参与“多学科设计优化方法”课程学习的易璐、李垚、罗佳毅等 390 余名研究生对课程建设注入了热情和活力。在此向他们一并表示感谢。

本书可供从事车辆或者其他复杂工程系统开发的研究人员和工程设计人员参考，也可作为高等院校相关专业研究生和高年级本科生的教材。希望本书的出版对推动我国多学科设计优化技术领域人才培养，以及 MDO 方法在车辆及其他工程设计领域的研究与应用起到良好作用。

多学科设计优化方法是一门新兴学科，其本身尚处于快速发展的过程中，很多理论方法未能完善定型，同时由于作者水平有限，书中不足之处在所难免，此外由于专业术语译名上各有所好，也难免有疏漏甚至错讹之处，敬请业内专家和广大读者指正，可与作者联系（chenxiaokai@bit. edu. cn）。书中主要章节内容多年来一直用作所授研究生课程讲义，部分内容参考了国内外学者的研究成果，借此机会，向所引用资料的作者一并表示感谢。

作　者

目 录

第1章

绪　论

人类认识事物或解决问题的过程一般遵循“由简至繁、从局部到整体”的规律：初期阶段，在保证复杂事物本质的前提下，对用于描述其性质的模型应尽可能进行简化，以期能够应用已有知识对其进行理解和探索；随着对该事物认识的逐步深入，会追求对其细节的探究，通过添加更多细节信息对模型进行修正和精细化，能够实现对该事物更准确的分析和处理；最后，当认识清楚各个细节之后，将倾向于综合分析其整体特征并进行全面解决。

多学科设计优化理论和方法是人类认识发展到探求系统性能整体优化阶段的产物。本章将介绍多学科设计优化方法提出的背景、基本概念和主要研究内容，以及在理论研究和工程实践中面临的挑战与机遇。

1.1 车辆多学科设计优化的形成动因

1.1.1 车辆设计工作的复杂性本质

汽车的车型研发工作是非常复杂的系统工程，一般需要数千人，花费 36 ~ 60 个月的时间才能完成。需要经历方案策划、概念设计、技术设计、样机生产与试验、设计改进和量产等几大研发阶段。汽车产品设计工作具有鲜明的设计流程阶段性、设计领域复杂性、设计方案多样性、评价准则模糊性、设计资源分布性和队伍组织分散性等特点。

近年来，随着以“电动化、智能化、轻量化、网联化”等新技术为代表的科技进步，以及消费者需求的提升，汽车产品更加突显出功能先进性和系统复杂性等特点。汽车开发工作涉及技术（学科）领域多，学科间耦合关系错综复杂，给汽车设计的学科组织、流程管理和性能优化带来很大困难。如何从系统层面综合考虑多个学科的影响，有效组织和利用各种先进的信息化技术对汽车进行建模、仿真、分析和优化，提高设计开发水平，是目前汽车开发领域亟须解决的问题之一。

1.1.2 汽车设计开发技术及理念新态势

对于汽车产品开发问题，由于此类复杂工程优化设计问题的设计空间极度复杂，设计人员难以对其进行有效处理，往往会在海量的备选设计方案中顾此失彼，极易得到并不理想的设计方案，进而导致所开发出的汽车产品无法形成良好的市场竞争力。

自第二次世界大战以来，线性/非线性规划、动态规划技术，以及智能优化等各类优化技术伴随着计算机技术的大发展，得以不断涌现、发展和应用，在车辆工程领域也得到大量成功实践。但在这些优化技术的帮助下，只能解决经过大幅简化的设计问题，当设计问题存在离散与连续设计变量交织、不同性态函数关系并存等情况时，许多优化算法显得求解效率低下，甚至无法求解，这样就对优化算法提出了更高的要求。更重要的是，需要对所处理的工程问题所包含的各因素及其之间的相互关系进行深刻认识和明晰，并进行有效处理，也就是说需要从问题的整体性出发寻求解决方案。问题点不仅仅在于优化算法本身，更需要从系统论的层面对其进行整体把握和处理，这也正是传统优化技术难以取得良好效果的根本所在。

从产品开发流程管理的角度来看，汽车产品开发工作逐渐摒弃了传统的串行开发模式，取而代之改用集成的具有并行特点的开发策略，如并行工程、数字化设计和虚拟试验等。优化技术势必也要做出相应的变革才能满足复杂的工程设计需求，更好地提高设计的柔性、灵活性和自动化水平，以适应知识经济条件下的复杂产品创新设计要求。

汽车产品开发问题通常包含多个学科，并且学科之间的耦合关系复杂。传统设计方法的设计模式是串行的，将设计过程分成若干个阶段，在不同阶段设计优化不同的学科，这种设计方式甚少考虑学科之间的耦合关系，会造成系统失去最优解、设计质量降低、设计周期延长和设计成本增加等后果。同时，传统设计模式是依据设计者的经验，通过人工的方式来协调平衡各学科的设计要求。这种工作模式的设计周期长，而且难以应对有较多学科和大量设计变量的复杂产品的设计优化挑战。

传统的设计方法是建立整个系统的分析模型，无法分散计算任务。例如，针对整车进行一次碰撞法规要求下的车身结构耐撞性分析，或者进行精细化的 NVH（Noise Vibration Harshness）有限元或边界元分析都非常耗时，如果对其进行多方案对比分析，甚或开展优化设计，其计算量之大是难以想象的，远远超出了计算机软硬件的现实条件，致使工作难以开展下去，故必须寻求新的解决思路。若将复杂工程产品的设计优化问题分解为多个较易解决的子问题（学科），并采用协调策略对分解后的问题进行协调求解，充分发挥各个学科专家的技术优势，实现并行设计优化，则不仅可以节省设计时间和降低成本，而且有利于获得更佳的设计效果。

作为复杂工程问题，飞行器设计的多学科属性决定了其能为多学科设计优化方法的萌生和发展提供条件。1982 年，美国航空航天局（NASA）的美籍波兰工程师 Sobieszczanski - Sobieski J. 首次提出飞行器的多学科设计优化（Multi-disciplinary Design Optimization，MDO）概念，其技术的核心是在飞行器设计各阶段力求各学科的平衡，充分考虑各学科之间的相互影响和耦合作用，应用有效的设计/优化策略和分布式计算机网络系统来组织和管理整个系统的设计过程，通过充分利用各个学科之间的相互作用所产生的协同效应，获得系统的整体最优解。该方法通过多学科综合设计和各学科并行设计缩短设计周期和降低研制费用，通过考虑学科之间的相互耦合挖掘设计潜力，通过系统的综合分析进行方案的选择、评估和优化，通过系统的高度集成实现飞行器的自动化设计。该优化技术一经提出，就迅速为航天领域广泛认同，并得到广泛研究和快速发展。

同样，作为典型的多学科复杂系统，汽车开发设计工作与多学科设计优化方法相结合是提升产品开发质量和市场竞争力的必由之路。

1.2　什么是“多学科设计优化”

1.2.1　MDO 的基本概念

美国航空航天局对 MDO 的定义是：多学科设计优化是一种通过充分探索和利用系统中相互作用的机制来设计复杂系统和子系统的方法论。多学科设计优化是借鉴并行协同设计学及集成制造技术的思想而提出的，它将单个学科领域的分析与优化同整个系统中互为耦合的其他学科分析与优化结合起来，使得并行工程（Concurrent Engineering，CE）的思想贯穿到整个设计阶段。简言之，多学科设计优化是面向具有多学科属性复杂工程系统设计问题的优化技术。

多学科设计优化的根本目的是通过充分探索和利用各个学科（子系统）之间相互作用所产生的协同效应，获得系统的整体最优解，提高产品设计质量，并通过实现并行设计来缩短设计周期，有效避免在产品开发后期的无益返工，从而使研制出的产品能够更快推向市场，更具竞争力。多学科设计优化的主要思想是，在复杂系统设计的整个过程中，利用分布式计算机网络技术来集成各个学科（子系统）的知识及分析和求解工具，应用有效的设计/优化策略，组织和管理整个系统的优化设计过程。其优点在于，可以通过实现各学科的模块化并行设计来缩短设计周期，通过考虑学科之间的相互耦合来挖掘设计潜力，通过系统的高度集成来实现产品的自动化设计，通过各学科的综合考虑来提高可靠性，通过多学科综合设计来降低研制费用。故而，这种技术的思想一经提出，就被认为是“能够帮助设计师解决困惑的重要途径”。

在开始介绍“MDO”的含义之前，需要首先了解“优化（Optimization，O）”，也就是“数值优化”的内涵。直白地讲，优化是利用优化算法，通过变动一系列设计变量，进而实现所给定目标函数的最小或者最大化。上述寻优过程可能受限于一定的约束条件，也可能是在无约束条件下进行的。

对于大多数工程设计问题而言，其主要任务是针对设计对象来寻求所关注性能或者性能组合的最优化，如果不借助数值优化方法而仅依赖工程经验或者设计者的直觉，几乎是不可能得到理想设计方案的。正是基于此，才有了“设计优化（Design Optimization，DO）”概念的提出。结构优化是设计优化最早的应用领域之一，最为典型的结构设计优化问题是在应力约束条件下通过结构尺寸的优选实现结构的轻量化设计。

在多学科设计优化中，“学科（Discipline）”这一概念是泛称，除表示传统意义上的不同技术领域或学科（如车辆动力学、结构、控制、流体力学等不同学科）之外，还可以表示产品设计所包含的部件（底盘、车身、动力总成……）及性能（动力性、能耗经济性、操纵稳定性……），甚至是产品设计的不同阶段（概念设计阶段、工程开发阶段……）等。

多学科设计优化的基本概念和数学表述是其理论基础，在此以一个三个学科的非层次系统为例，如图 1.2.1 所示，阐述 MDO 的基本概念和专业术语。

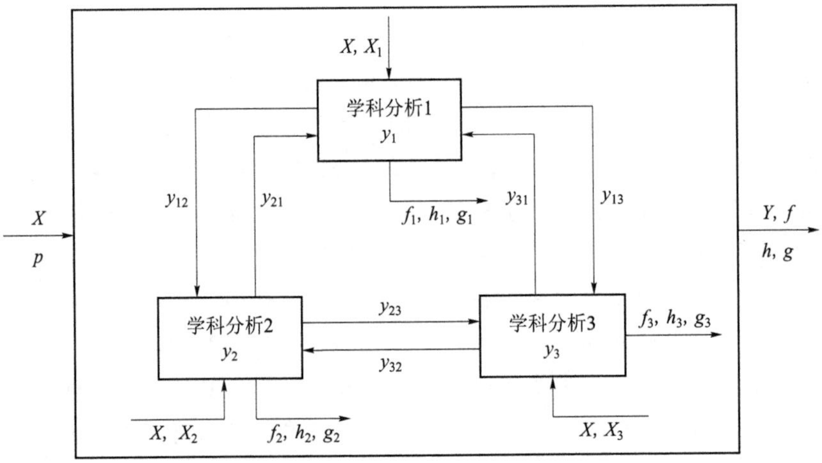

图 1.2.1　包含三个学科的非层次系统

学科/子系统（Subsystem）或子空间（Subspace），是 MDO 系统中既相对独立又与其他学科之间存在数据交换的基本单元。

设计变量（Design Variable）是在设计过程中用于描述系统特性的一组可控变量，它们之间相互独立。

在整个系统范围内起作用的设计变量称为系统设计变量（System Design Variable），如图 1.2.1 中的 X；只在学科（子系统）内部起作用的设计变量称为局部设计变量（Local Design Variable）或学科变量（Discipline Variable），抑或是子空间设计变量（Subspace Design Variable），如图 1.2.1 中的 X_1，X_2，X_3。

状态变量（State Variable）是学科中分析模型或计算机模型的响应，用于描述学科的性能特性。状态变量是在设计过程中需要进行决策的对象，可以分为系统状态变量（System State Variable）、学科状态变量（Discipline State Variable）和耦合状态变量（Coupled State Variable）。系统状态变量描述系统的特性，如图 1.2.1 中的 Y；学科状态变量又称为子空间状态变量（Subspace State Variable），用于描述某一学科的自身特性，如图 1.2.1 中 y_1，y_2，y_3；耦合状态变量又称为非局部状态变量（Non-local State Variable），是指同一层级中，其他学科的状态变量作为设计变量输入到某一学科中进行学科分析的变量，用 y_{ij} 来表示，其中 i 是指状态变量所属的学科，j 是指以该状态变量作为输入设计变量的学科。耦合状态变量如图 1.2.1 中的 y_{12}，y_{21} 等。

约束条件（Constraints）是系统在设计空间内必须满足的条件。约束条件分为等式约束和不等式约束，分别用 h 和 g 表示。在整个系统层中所受到的约束称为系统约束（System Constraints），如图 1.2.1 中的 h 和 g；仅在单一学科范围所受到的约束称为学科约束（Discipline Constraints），如图 1.2.1 中的 h_1 和 g_1 等。

系统参数（System Parameter）是在设计过程中用于描述系统特性的一组定值参数，如图 1.2.1 中的 p。

学科分析（Contributing Analysis，CA）也称为子系统分析（Subsystem Analysis）或子空间分析（Subspace Analysis），是指以该学科设计变量、全局设计变量、其他学科对本学科的耦合状态变量及系统参数为输入变量，满足本学科的物理规律以获得学科特性的过程。

学科分析即求解学科状态方程，学科 i 的状态方程为

$$F_i(y_i;\ X,\ X_i,\ y_{ji}) \tag{1.2-1}$$

式中，y_{ji} 表示学科 j 到学科 i 的耦合状态变量，并且 $j \neq i$；“;”表示要对未知量 y_i 进行求解。

根据上述定义，学科分析就是求解学科状态方程的过程，即

$$y_i = CA_i(X,\ X_i,\ y_{ji}) = F_i^{-1}(0;\ X,\ X_i,\ y_{ji}) \tag{1.2-2}$$

系统分析（System Analysis，SA），是指在整个系统中给定一组设计变量的

初始值，通过求解系统的状态方程得到系统状态变量的过程。

针对一个由 n 个系统设计变量组成的系统，其系统分析过程可以表示为

$$y_i = SA(X, X_1, X_2, \cdots, X_n) \tag{1.2-3}$$

对于复杂的多学科系统，系统分析涉及多个学科分析。对于图 1.2.1 所示的非层次型结构的系统，由于学科之间的耦合关系，系统分析是在一致性约束下迭代多次学科分析的过程。

此外，由于各个学科之间存在相互冲突关系，系统分析并不一定能够得到结果，因此，存在以下定义：

一致性设计（Consistent Design），是在系统分析过程中，由设计变量及其相应的满足系统状态方程的系统状态变量组成的设计方案。

可行性设计（Feasible Design），是在满足约束条件下达到设计要求的一致性设计。

最优设计（Optimal Design），是可行性设计中最满足设计目标的方案。

1.2.2 MDO 在产品开发中的作用

设计的本质是创新，产品设计的目的是创造出不断满足市场需求的产品。产品设计是在满足各种设计需求、设计约束条件下进行的创造性工作，通过一系列设计活动进行，其具体实现的先进性和竞争设计过程充满交互、反复和迭代。概念设计是产品设计过程中最活跃、最富有创造性的设计阶段。概念设计过程中，方案选择自由度大，产品创新空间大。产品全生命周期成本的 90% 左右在产品设计阶段就已经被确定，其中将近 75% 的成本是由产品概念设计阶段决定的。因此，产品概念设计作为产品设计过程中的关键阶段，在产品设计中的地位与作用越来越受到重视。

与一般产品类似，在汽车产品设计过程中，概念设计起着相当重要的作用。对于汽车设计中的大规模计算分析模型而言，其概念设计阶段与初步设计和详细设计阶段的任务不尽相同。在概念设计阶段，由于设计对象的具体内容还没有完全明确，设计人员更为关心的是对各种设计方案的权衡。对此阶段的计算模型而言，设计人员需要考虑各计算模型的输入/输出及各模型之间的相互关系；同时，在概念设计阶段虽然并不需要对各计算模型进行具体求解，但需要对众多计算模型的求解顺序进行规划。汽车开发的计算模型繁杂，迭代计算工作量巨大，因此概念设计阶段计算模型求解规划结果的优劣会影响计算模型的求解时间与成本，这将直接关系到设计质量。

MDO 将复杂工程产品的设计优化问题分解为多个较易解决的子问题（学

科），并采用协调策略对分解后的问题进行协调求解，充分发挥了学科专家的技术优势，通过实现并行设计优化，来获得系统的全局最优解。MDO 充分考虑各学科之间的耦合因素，通过并行的设计优化，可以降低设计时间和成本，获得更佳的设计结果。多学科设计优化过程大致如图 1.2.2 所示，其中，a 表示复杂系统原始问题，b 表示系统内部作用关系（以两子系统为例），c 表示耦合关系分解以及子系统建模，d 表示协调优化。

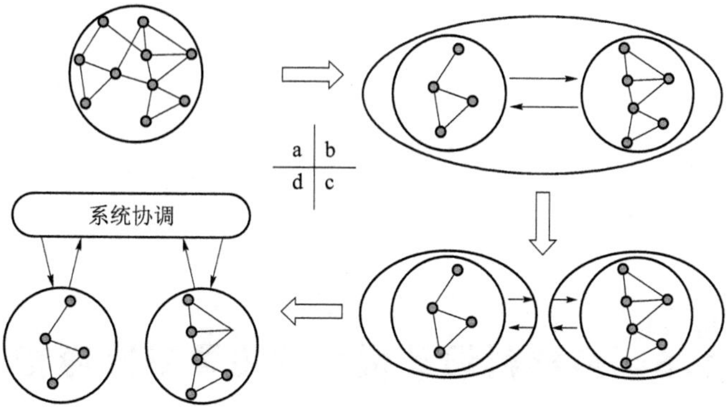

图 1.2.2　多学科设计优化过程示意

1.3 多学科设计优化的主要研究内容

多学科设计优化的研究内容随着各种 MDO 技术的逐渐深入而不断得到扩展和充实，已形成比较完善的理论体系。多学科设计优化所涵盖的研究内容广泛而深入，美国航空航天学会（AIAA）的 MDO 技术委员会在 1998 年将研究内容归纳为 4 大类，如图 1.3.1 所示。

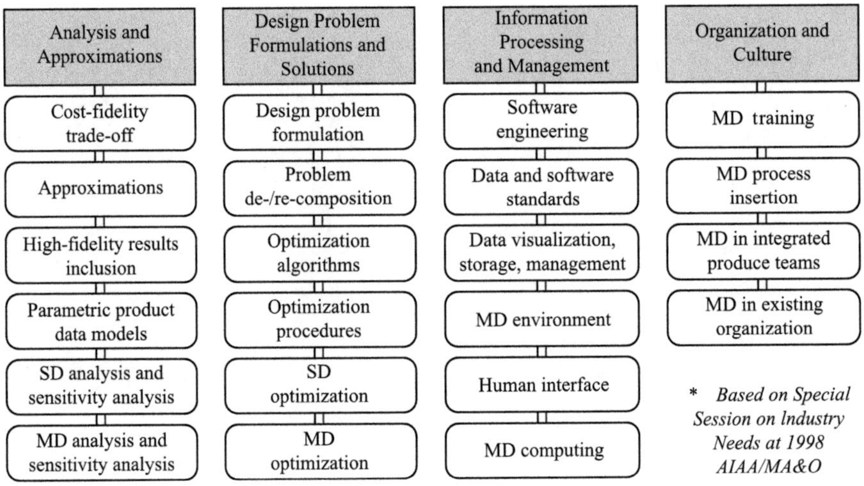

图 1.3.1 MDO 研究内容

近年来，相关研究机构重点关注的研究内容主要包括：复杂系统的分解与协调、MDO 方法、复杂系统建模、灵敏度分析、近似建模、优化算法，以及集成设计系统等。

1.3.1　复杂系统的分解与协调

复杂工程问题本身的复杂性造成对系统难以认知和求解，其设计开发过程往往包含多个相互耦合的子系统。系统分解的任务是依据某些规则，将系统分解成一系列独立的子系统。系统分解的主导思想是通过改变多学科设计优化问题的结构，使其在改进性能的同时减少复杂性，以此来减少计算时间。系统分解产生一些较简单的子问题，这些子问题的计算工作量之和远小于其分解前整个系统的计算量，同时子问题之间保持着协调，不会忽略耦合与协同作用，这就极大地缩短了多学科设计优化工作的计算时间，从而使计算成本降至最低，它也因此成为多学科设计优化技术的核心内容。

分解后的子系统应能够采用并行的方式进行处理，提高并行计算能力和整体的计算效率，易于各专业技术领域的专家采用已有的学科分析技术和相应的工具进行分析设计。与经典优化不同的是，系统分解所形成的一系列子问题很适合采用已有的分析工具进行分析，并且能够达到要求的详细程度，这就改善了子系统的设计水平，进一步提高了多学科设计优化的精确度，进而提升整个系统的设计效果。

分解协调是复杂工程问题求解的有效方法，分解是基础，协调对应于分解。分解是将一个复杂系统分割成较小的子系统（如图 1.3.2 所示，这些子系统为层次型或非层次型），并且确定它们之间的相互作用。这些子系统通常通过少量的耦合设计变量相互联系，因此必须执行系统协调以保证所有的耦合变量收敛。子问题通过共同的设计变量和分析上的相互作用联系在一起。子问题的求解必须考虑这些联系，使得各个子问题最优解的集合仍然是整个系统的最优解，这个工作叫作协调。对非层次系统，所有的子系统在同一层次通过耦合变量互相联系。对层次系统，上面层次的每个子系统可能分解成下面层次的一组它的子系统，相同层次的子系统可能共享一些共同变量，协调通常不是通过相同层相互交换数据，而是通过与它们上面层次的系统交换数据实现。

系统分解既可以在建立数学模型的过程中为便于计算进行分解，也可以从便于管理的角度进行分解。故系统分解不是一个单纯的理论问题或数学问题，对不同设计阶段或不同系统，其分解方式各有侧重，有时需要采取多种分解方式混合的方式。一个系统的分解结果不是唯一的，怎样选择系统分解方法取决于系统和

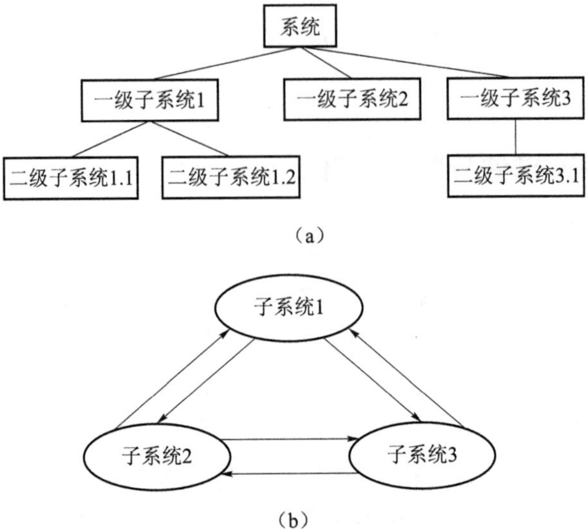

图 1.3.2 层次系统和非层次系统示意

(a)层次系统；(b)非层次系统

分析环境。通常有四类主要的系统分解方法：基于部件（Object）、学科（Aspect）、顺序（Sequential）和矩阵（Matrix）分解。

系统的分解与协调是多学科设计优化的基石，包含许多具体内容：为了清楚地了解系统分析过程中的信息传递，必须采用简便的方法对设计信息流进行恰当的表述；为了提高系统分析的效率，必须对系统分析过程本身进行优化；为了有效进行分解，必须选择合适的分解方法；为了得到整个系统的最优解，必须对各自独立的子问题进行协调。

1.3.2 MDO 方法

多学科设计优化方法（MDO Architecture）在不同的文献中叫法各不相同，例如有 MDO Method，Methodology，Problem Formulation，Strategy，Procedure，Algorithm等。其作用是将与 MDO 相关的技术联系在一起，组合成一个紧密相关的整体，从而为多学科设计优化技术的实施提供理论与实践基础，因此，Architecture 的内涵相对而言更准确一些。MDO 方法意指多学科设计优化问题在求解中的求解策略和所搭建的求解流程框架。MDO 方法是在系统分解的基础上进行的。各种 MDO 方法的最终目的是将存在的耦合关系进行解耦，并在解耦过程中最大限度地挖掘系统的设计潜力。

作为多学科设计优化技术最重要的内容，多学科设计优化方法从系统优化的角度，针对包含多级、多个子系统的复杂工程设计问题，对各学科间的耦合关系及其处理方式、信息组织形式、优化算法选用策略等进行综合考虑，进而构造出设计问题的系统寻优总体结构。

自多学科设计优化的思想被提出以来，30余年间已涌现出10多种被广泛认可的多学科设计优化方法及种类繁多的改进形式。这些优化方法各有优缺点，对于优化的需求和对特定问题的适应程度各不相同，但迄今为止还没有发展出一种比较完美的多学科设计优化方法能够具有足够的问题适应性和应用便利性，这就要求技术人员对各种方法的基本思想和适应性有较深入的理解，以便能够针对要解决工程问题的特点选择合适的方法。

1.3.3 复杂系统建模

建立合适的计算模型是多学科设计优化的前提，复杂系统建模技术研究在系统分解的基础上，遵循多学科设计优化方法要求，如何建立与实际工程问题设计优化需求相符合的模型。对于工程问题而言，其多学科设计优化建模需要综合考虑准确性、求解效率、模型可扩展性和继承性等要求。面向MDO的建模指对研究的系统及其组成学科进行建模，对其设计优化问题进行数学抽象和表述，其建模方法实际上也是一种建模思想。

由于多学科设计优化技术强调充分利用各学科已发展成熟的、精度较高的分析模型，这就使得在建立工程系统的多学科设计优化模型时尽可能采用模块化的形式，每个模块代表某个零部件、某个性能或系统的某个其他方面，模块间的数据传递与系统的内部耦合相对应。在这种耦合情况下，数据传输量直接影响着计算的效率和资源开销。对车辆工程开发问题，通常会采用各类CAD/CAE/CAM软件进行建模和计算，准确建立各学科的计算分析模型，并根据需要进行数据交换，由于涉及不同的数据接口甚至平台系统，往往是非常耗时和困难的事情。例如，当不同学科分析模型的网格划分类型和节点选取不一致时，将会对数据交换的复杂性造成显著影响。为了解决此类问题，可采用近似模型、变复杂度模型等技术。根据设计任务或所处阶段对于精度的不同要求，选择合适的近似方法以控制模型的复杂程度，如可变复杂度建模方法等；或根据研究对象的特殊性，选择专门的建模方法，如不确定性建模方法等。

1.3.4 灵敏度分析

将复杂系统分解为一系列子系统后，这些子系统之间相互作用、耦合。如果对这些子系统进行分别处理，对每个子系统（学科）进行单学科敏感性分析，其梯度计算只考虑本学科输入对本学科输出的影响，很少顾及子系统之间的耦合联系。而子系统之间的耦合性是客观存在的，任何一个子系统的输入或某些参数的变化都可能对其他子系统的输出产生影响，这就要求计算系统中每一个子系统的输出对于其他子系统输入的梯度信息。传统的设计方法不能适应这种多学科的特殊环境，这使得一种新的灵敏度分析手段的出现成为必然，这种手段被称为系统灵敏度分析。

MDO 的系统灵敏度分析是为了跟踪学科之间耦合设计变量的相互影响而提出的。灵敏度分析理论最早出现在控制系统的设计过程中，用于分析控制系统中参数的变化对系统性能的影响。在系统优化设计问题中，灵敏度用于表示设计变量或固定参数的微小变化对目标函数、约束和系统状态的影响，以便确定各设计变量和参数对系统性能的影响程度，从而指导优化的设计过程或优化算法的搜索方向。系统灵敏度分析是多学科设计优化技术所特有的组成部分，它以更有效的分布式并行计算策略替代了传统优化技术中的串行式梯度计算，因而更适合处理高耦合度、高复杂性的系统设计问题。另一方面，系统灵敏度分析技术易于与经典优化和系统分解技术相结合。

在进行 MDO 系统灵敏度分析时，由于系统分析具有整体特性，不能简单地将单学科灵敏度分析方法扩展应用于系统灵敏度分析。系统灵敏度分析包括全局灵敏度分析和最优灵敏度分析两个方面。

1.3.5 近似建模

由于复杂工程系统的 MDO 问题比单学科优化复杂得多，因而一次完整的系统分析需要巨大的工作量，其中存在着大量的反复迭代权衡计算，使得系统优化迭代的每一步完整地执行整个系统分析是不切实际的。因此，近似建模技术成为 MDO 研究领域的一项重要内容。一方面，通过近似模型取代复杂学科分析模型参与优化，可有效降低设计问题的规模，大大减少 MDO 求解的计算量；另一方面，可用近似方法处理学科间的耦合关系，减少 MDO 过程中各学科间的数据交换量，有利于达成学科间的一致性。此外，采用近似技术可以降低问题的非线性，给出光滑、显式的表达式，有利于系统优化设计找到全局最优解。

近似技术的研究主要集中在如何构建满足精度要求的近似模型。近似模型用来代替各子系统中原有的分析模块，能够很容易集成到 MDO 流程中，从而使复杂工程系统的 MDO 变得切实可行，因此构建近似模型成为支持 MDO 实用化的关键。目前近似方法主要包括两类：模型近似方法和函数近似方法。模型近似方法主要从减少设计变量和约束函数数目的观点出发，缩小问题规模，提高优化效率。函数近似方法主要通过对优化问题中的目标函数和约束函数进行近似，降低复杂系统分析的计算量。在 MDO 中，函数近似方法的研究与应用更为广泛。

1.3.6　优化算法

优化算法一直是优化设计领域的研究重点。在传统的单学科优化中，针对具体问题选择合适的经典优化搜索策略属于比较成熟的技术。但在 MDO 问题中，许多优化问题具备大规模、非线性、高维、非凸等复杂特性，且存在大量的局部极值点，求解此类问题时许多传统优化算法易陷入局部最优点，且对初值非常敏感，需要进一步研究出一些新型的高效、对数学形态没有特殊要求，且最好具有并行处理特点的优化算法。

按搜索方向的产生方法，优化算法可以分为基于梯度的算法和非梯度算法两类。基于梯度的算法适用于连续平滑的目标函数，它要求进行敏感性分析，缺点是往往停止于局部最优，而且对优化问题的结构有很严格的要求。非梯度算法不利用目标函数导数值的信息，构思直观、使用方便、效果稳定，更具有鲁棒性，能够用于平滑和非平滑的目标函数，但缺点是要进行大量的函数估算。由于实际工程优化问题往往具有很强的非线性特点，因此非线性规划算法具有更好的适用性。在多学科设计优化问题中，使用最多的是非线性规划算法，包括最速下降法、牛顿法、共轭梯度法、变尺度法、鲍威尔法等，尤其是序列二次规划算法（SQP 法）可以求解有约束的非线性规划问题，具有广泛的应用。其他，如遗传算法、模拟退火算法等智能优化算法在多学科设计优化问题中表现出了很强的应用潜力。

其次，在 MDO 中，由于优化任务不同，其所需要的算法也可能各有不同，有些任务可能需要组合应用几种算法才能取得较好的效果，故发展高效的混合优化算法成为一种必然。

MDO 环境下的优化算法研究及应用更注重于根据每个优化问题的特点，“因地制宜、量体裁衣”，选取适宜的优化算法或者算法的组合策略。

1.3.7　集成设计系统

多学科设计优化是协助设计者更好地对设计任务进行有效处理的工具，通过增加设计工作的自动化程度可以大大提高复杂工程系统的设计效率，但是多学科设计优化过程本身并不是，也不应当是完全自动进行的或者被简单理解为一系列的"push - button（按键式）"过程，只有充分利用设计者的经验和智慧对设计过程进行有效控制，进一步充分发挥工程设计人员的创造性，才能使最终设计出的产品具有市场竞争力。以集成设计系统为代表的设计平台，一方面有助于设计者实现对设计过程的控制，帮助设计者与设计平台之间通过高效的人机交互将设计者的洞察力和创造性注入设计过程；另一方面，设计平台也可以更好地实现对设计者之间的数据通信工作协同，并保证设计工作的可继承性。

多学科设计优化集成设计系统是指实现多学科设计优化过程中集成、操作和通信功能的软硬件组织结构。随着以信息化为核心的各种数字化技术的交叉渗透，MDO 集成环境将不断与 PDM、PLM 等技术相融合，形成涵盖产品全寿命周期的产品开发系统，这也是 MDO 集成设计系统的发展趋势。MDO 集成设计系统的研究需要从分布式、协同设计的要求出发，考虑多学科集成和并行工程需求，研究具有通用性与扩展性的集成设计系统。

1.4 MDO与车辆工程结合的典型形式

首先，简要回顾MDO在航空航天领域的发展历程，这将对这一新兴的复杂系统设计技术与车辆工程设计开发问题相结合的可能方式有所启迪，有利于更好地为汽车产品开发工作服务。

MDO作为独立的研究领域，于20世纪80年代后期逐渐形成。其创始人是美籍波兰人Sobieszczanski-Sobieski J.。1982年，在研究大型结构优化问题求解的一篇文献中，他首次提出MDO的思想。在其随后发表的一系列文章中，对MDO问题进行了进一步阐述，为MDO的发展奠定了基础。他将系统分为“层次(Hierarchical)系统”“非层次(Non-hierarchical)系统”及“混合层次(Hybrid-hierarchical)系统”，采用线性方法求解大规模MDO问题。这种方法的提出奠定了MDO方法的基础。随后，他又提出了复杂耦合系统的全局灵敏度方程分析方法，利用每一个子系统输出对其输入的偏导数构造出整个系统的全局灵敏度方程，求解该方程得到系统性能变量对设计变量的全导数，即可采用常规优化方法求解整个系统的优化设计问题。这种方法既体现了大系统中各子系统的相互耦合作用，又实现了并行处理，因而在复杂系统设计问题中有广泛的应用前景。由于做出了上述两个方面的开拓性贡献，Sobieski被视为MDO方法的奠基人。

由于MDO技术勾勒出富有吸引力的美好前景，以美国为代表的发达国家投入了大量人力、物力对相关问题进行研究。

1986年，美国AIAA、NASA、USAF、IOAI四家机构联合召开了第一届“多学科分析与优化”专题研讨会，之后该学术研讨会每两年召开一次，目前MDO学术研讨会已演变成国际性学术会议。

1991年，美国AIAA成立了专门的MDO技术委员会，并发表了MDO现状的白皮书。该白皮书以航空航天工业发展为背景，结合工程设计中多学科耦合的特点、MDO研究现状和MDO的人为因素，分析了开展MDO研究的必要性，指出MDO的主要研究问题是优化方法（体系）和优化算法，列举了MDO发展的若干核心技术——信息标准化、模型参数化、灵敏度分析、优化算法和数学模型的建立等。此白皮书的发表标志着MDO作为一个新的研究领域正式诞生。

1994年8月，NASA在兰利研究中心正式成立了多学科设计优化分部（MDO Branch，MDOB）。MDOB的任务包括确认、发展和展示MDO方法，及时将MDO方法向工业界推广，并促进NASA、工业界和高校对MDO的基础研究。

1998年，MDO技术委员会在调查了美国波音、通用电气等几家大型企业MDO应用现状的基础上，发表了第二份白皮书。这份白皮书论述了企业界对MDO技术的需求，总结了利用MDO技术的方法和经验，提出了还需解决的问题。

在美国政府与工业界的共同推动下，MDO技术的研究迅速升温，取得了诸多成果。除了Sobieski所做的基础性工作之外，其他学者也提出了许多新的多学科设计优化方法。

MDO技术的工程应用也产生了很多成果。波音公司在Boeing777运输机设计中引入MDO技术，使得起飞质量下降13 382 lb①，下降率达2.57%；空中客车公司利用MDO技术使得A380飞机起飞质量下降19 000 kg，下降率达3%。这些都为飞机降低生产和运营成本，提高市场竞争力奠定了基础。军用飞机方面，洛克希德-马丁公司在F-22、波音公司在F/A-18E/F的改进设计中，都不同程度地采用了MDO技术，使飞机的综合性能得到提高。

多学科设计优化技术与车辆工程问题结合的第一层次是：“一体化优化设计技术”。一体化设计方法实际上是多学科设计优化早期所采用的手段，应用中使用的典型MDO方法有MDF、AAO等。第一代飞行器MDO应用实例初步考虑了飞行器分系统间的相互作用与影响，是MDO研究的雏形。对于车辆工程问题，由于其某些子系统（如动力总成）与整车性能关系十分密切，为了充分考虑该子系统的设计对系统性能的影响，车辆总体设计需要考虑动力、结构、控制等多个学科，采用一体化设计方法可在很大程度上处理各学科之间的相互

① 1 lb=0.453 6 kg。

耦合。其典型特点是系统不分层，通过优化方法将各学科模型集成起来；缺点是搜索时间长，学科模型只能取近似模型，难以处理大型复杂系统的优化问题。

多学科设计优化技术与车辆工程问题结合的第二层次是：将大规模复杂系统优化设计问题分解为若干子系统的优化设计问题，由系统级协调各子系统间的耦合作用，充分利用分布式计算机系统进行协调设计，因而能有效处理大规模复杂系统的优化问题。

多学科设计优化技术与车辆工程问题结合的第三层次是：工程应用中所使用的典型 MDO 方法包括 CO、ATC 等。充分利用 MDO 的思想，将基于 MDO 的工具与车辆的产品开发流程等相结合，实现技术线与管理线的有机融合。按照车辆概念设计和技术设计阶段的具体要求，以工程数据库为基础，结合 MDO 与产品数据管理技术，实现车辆总体设计过程中方案论证、任务分解与协调、总体方案设计的综合集成，提供分布式多学科协同设计、分析、优化以及流程管理的功能。

1.5 MDO在车辆工程应用中的挑战与趋势

1.5.1 面临的挑战

虽然MDO理论已得到广泛研究，但是将其应用于工程实际的复杂产品开发还具有一定的困难，主要面临以下四个复杂性。

1. 模型复杂性

对于涉及多个耦合学科的复杂系统，对系统级和子系统级的物理建模、数学建模和计算机编程实现都存在较大困难。首先，子系统级各个学科自身的设计与分析模型十分复杂，如结构有限元分析模型、数值流场仿真模型等，部分学科需要设计人员的定性知识和工程经验进行设计与分析，难以采用合适的数学建模方法建立解析表达式。其次，学科间耦合关系复杂，如何对学科关系、子系统与系统级关系进行数学建模十分困难，即使各学科均采用简单的线性模型，耦合关系影响下系统的组合模型仍有可能是非线性的，难以准确建立关系模型。最后，对于由多个学科组成的系统，设计中可能需要面对多个相互冲突的学科设计目标，因此需要协调多个学科间的不一致，使系统设计成为多目标优化问题，进一步增加了优化模型的复杂性。

2. 信息交换复杂性

在 MDO 中，学科间的输入输出交叉耦合，使 MDO 中的信息交换成为一个十分复杂的问题。这一点在数字化设计中利用计算机来解决 MDO 问题时表现尤为明显。在各学科计算机程序之间的信息交换往往表现为数据的传递，而大量的信息交换则会带来数据灾难。同时，MDO 需要将多个学科进行集成和协同设计，学科间的大量耦合信息需要进行实时传递，进一步对学科间通信和信息传递的时效和速率提出要求。因此，在 MDO 中通常无法实现有效的数据管理和信息传递技术是制约学科协调、集成的重要瓶颈之一。

3. 计算复杂性

由于集成了多个学科，在 MDO 过程中设计变量必然增加，问题的规模也随之加大。例如，在车身的设计问题中，仅结构学科的有限元模型就有百万量级的有限元网格和大量的设计变量，如果再考虑其他学科以及各学科之间的耦合，其计算量是巨大的。同时，大多数学科分析模型随着问题规模的增加其计算量的增加是超线性的，如果单个学科单次分析需要大量计算时间，则对于需要考虑多个学科协调、多次迭代优化的 MDO，则计算量更加庞大。因此，MDO 计算成本一般比各个单学科优化的成本总和要高很多，使车辆设计开发在计算时间和计算复杂度上难以承受。

4. 组织复杂性

组织复杂性着重考虑 MDO 在数字化设计中具体如何实现的问题，包含几重含义：一是物理建模上的困难，即如何建立复杂产品的整体系统模型、子系统级各学科的模型、学科间的关系模型等；二是数学建模上的困难，即如何针对具体的产品特点合理选择设计变量、提取优化目标和约束条件、建立优化问题的数学模型、选择合适的优化算法进行组织求解等；三是计算机实现上的困难，即如何进行产品设计中各个学科的分解并行设计，如何实现各个学科内部或学科团队间信息 / 资源 / 人员的有效集成与协同，如何建立人机交互环境等。

能否妥善解决上述 MDO 的四个复杂性，对于 MDO 的成功应用至关重要，是 MDO 在车辆设计开发中推广应用面临的主要挑战。虽然基于 MDO 的设计方法能够克服传统设计方法的诸多缺陷，但是其面临计算成本高昂、工程实际难以实现等瓶颈问题，极大地限制了在工程实际中的推广应用。尽管如此，上述困难无法掩盖 MDO 方法在提高车辆开发水平、提升产品市场竞争力中的巨大价值。

1.5.2 发展趋势

MDO在处理复杂系统多学科设计优化方面的优势，为产品开发阶段充分利用创造和设计的自由度、提高设计水平、降低产品全寿命周期费用提供了有效手段。以MDO为核心实现数字化设计优化与过程集成必将对产品设计理念、管理模式等方面的创新与转变产生深远影响。结合车辆开发技术的发展需求，未来MDO工程应用研究的发展趋势有以下几个方面。

1. 不确定性MDO

最初的MDO研究都是针对确定性设计的，但在工程实际中，产品开发、生产、使用、维护的各个环节都存在大量不确定性因素影响，在直接决定性能、成本和研制周期的车辆开发过程中，就需要充分考虑各类不确定性因素广泛存在的客观实际，在进行产品设计优化的同时，提高产品稳健性和可靠性。因此，考虑不确定性因素的UMDO（Uncertainty - based Multidisciplinary Design Optimization）是MDO的发展趋势，将其应用于工程实际将大大提高产品的设计水平。

2. 产品族/平台的设计优化

当前，许多系统不再视为单独的独立产品，而是一个产品平台或系统族的一部分。产品设计过程中，在考虑产品自身性能的同时，还需考虑该产品与所在大系统及其他产品之间的联系。因此，MDO需要能够灵活解决产品开发中面临的多层系统优化问题，从大系统的角度提高产品设计质量。

3. 从概念设计一直延伸到制造的MDO

未来，MDO将不仅仅局限于概念设计和初步设计，必将从设计延伸到制造与维护，沿着CAD——CAE——CAPP——CAM的路线发展。

4. 面向MDO的可视化技术

如何在浩如烟海的数据中查找有用数据，如何有效表示设计方案的各个方面以利于工程师理解多维多目标设计空间，如何将多学科的物理现象进行直观表述，都需要利用可视化技术，这是复杂产品MDO工程应用必须解决的问题。

5. 基于网络的分布式并行 MDO 计算

充分利用国际智力资源，契合现代汽车企业多国多地的产品开发工作模式，基于网络开展多地协同的分布式并行 MDO 开发。在当前计算水平下，并行计算是 MDO 不可或缺的工具，同时也带来了组织上的复杂性，能够方便实施多学科多目标设计的分布式并行计算工具将大大提高 MDO 的能力，并加大 MDO 的应用深度和广度。

参考文献

[1] 王振国，陈小前，罗文彩，等．飞行器总体多学科设计优化理论与应用研究[M]．北京：国防工业出版社，2006.

[2] 陈小前，姚雯，欧阳琦．飞行器不确定性多学科设计优化理论与应用[M]．北京：科学出版社，2013.

[3] Sobieszczanski－Sobieski J.，Morris A.，van Tooren M. Multidisciplinary Design Optimization Supported by Knowledge Based Engineering [M]. Wiley, 2016.

[4] Papalambros P.，Wilde D. J. Principles of Optimal Design: Modeling and Computation [M]. 3rd Edition. Cambridge University Press, New York, 2017.

[5] Breitkopf P.，Coelho R. F. Multidisciplinary Design Optimization in Computational Mechanics [M]. John Wiley & Sons Inc.，2010.

[6] Mastinu G.，Gobbi M.，Miano C. Optimal Design of Complex Mechanical Systems [M]. Springer, 2006.

[7] de Weck O. MIT OpenCourseWare for ESD. 77: Multidisciplinary System Design Optimization. Massachusetts Institute of Technology, 2010.

[8] Martins J. R. Course Notes for AEROSP 588: Multidisciplinary Design Optimization. University of Michigan, 2012.

[9] Hicken J. E.，Alonso J. J. Course Notes for AA222: Introduction to Multidisciplinary Design Optimization. Stanford University, 2012.

[10] Michelena N.，Pampalambros P. Trends and Challenges in System Design Optimization [C]. International Workshop on Multidisciplinary Design

Optimization, Pretoria, S. Africa, August 7－10, 2000.
[11] 尹泽勇，米栋．航空发动机多学科设计优化［M］．北京：北京航空航天大学出版社，2015.
[12] 钟掘，等．复杂机电系统耦合设计理论与方法［M］．北京：机械工业出版社，2007.
[13] 钟毅芳，陈柏鸿，王周宏．多学科综合优化设计原理与方法［M］．武汉：华中科技大学出版社，2006.
[14] 刘组源，冯佰威，詹成胜．船体型线多学科设计优化［M］．北京：国防工业出版社，2010.
[15] 岳珠峰，李立州，虞跨海，等．航空发动机涡轮叶片多学科设计优化［M］．北京：科学出版社，2007.
[16] 李磊，李元生，敖良波，等．船用大功率柴油机涡轮增压器多学科设计优化［M］．北京：科学出版社，2011.
[17] 宋保维，王鹏．鱼雷多学科设计优化理论与应用研究［M］．西安：西北工业大学出版社，2016.
[18] 李海燕．面向复杂系统的多学科协同优化方法研究［M］．沈阳：东北大学出版社，2013.
[19] 于剑桥，文仲辉，梅跃松，等．战术导弹总体设计［M］．北京：北京航空航天大学出版社，2010.
[20] de Weck O., Agte J., Sobieszcanski－Sobieski J., et al. State－of－the－Art and Future Trends in Multidisciplinary Design Optimization［R］. AIAA 2007－1905, 2007.
[21] AIAA Multidisciplinary Design Optimization Technical Committee. Current State of the Art on Multidisciplinary Design Optimization（MDO）［R］. An AIAA White Paper, 1991.
[22] Sobieszcanski－Sobieski J., Haftka R. T. Multidisciplinary Aerospace Design Optimization Survey of Recent Development［R］. AIAA－96－0711, 1996.
[23] Sobieszczanski－Sobieski J., Haftka R. T. Multidisciplinary Aerospace Design Optimization: Survey of Recent Developments［J］. Structural Optimization, 1997, 14（1）: 1－23.
[24] 陈小前．飞行器总体优化设计理论与应用研究［D］．长沙：国防科技大学，2001.
[25] 罗文彩．飞行器总体多方法协作优化设计理论与应用研究［D］．长沙：

国防科技大学，2003.
[26] 姚雯．不确定性 MDO 理论及其在卫星总体设计中的应用研究 [D]．长沙：国防科技大学，2007.
[27] 熊芬芬．不确定条件下的层次系统多学科设计优化研究 [D]．北京：北京理工大学，2009.
[28] 陈小前，姚雯，魏月兴，等．飞行器多学科设计优化理论的工程应用 [J]．国防科技大学学报，2011，33 (5)：1-8.
[29] Yi S. I., Shin J. K., Park G. J. Comparison of MDO Methods with Mathematical Examples [J]. Structural and Multi-disciplinary Optimization, 2008, 39: 391-402.
[30] Tedford N. P., Martins J. R. Benchmarking Multidisciplinary Design Optimization Algorithms [J]. Optimization and Engineering, 2010, 11: 159-183.
[31] Sobieski I. P. Multidisciplinary Design Using Collaborative Optimization [D]. Ph. D. thesis, Stanford University, 1998.
[32] Braun R. D. Collaborative Optimization: An Architecture for Large-scale Distributed Design [D]. Ph. D. thesis, Stanford University, Stanford, 1996.
[33] Kim H. M. Target Cascading in Optimal System Design [D]. Ph. D. thesis, University of Michigan, 2001.
[34] Allison J. T. Optimal Partitioning and Coordination Decisions in Decomposition-based Design Optimization [D]. Ph. D. thesis, University of Michigan, 2008.
[35] Martins J. R., Lambe A. B. Multidisciplinary Design Optimization: A Survey of Architectures [J]. AIAA Journal, 2013, 51 (9): 2049-2074.
[36] Ryberg A., Bäckryd R. D., Nilsson L. Metamodel-based Multidisciplinary Design Optimization for Automotive Applications [R]. Technical Report LIU-IEI-R-12/003. Linköping University, 2012.
[37] Balesdent M., Berend N., Depince P. New Multidisciplinary Design Optimization Approaches for Launch Vehicle Design [J]. Proc I MechE Part G: J Aerospace Engineering, 2012, 227 (10): 1545-1555.
[38] Alexandrov N. M., Lewis R. Algorithmic Perspectives on Problem Formulations in MDO [C]. 8th AIAA/USAF/NASA/ISSMO Symposium on Multidisciplinary Analysis and Optimization, 2000, AIAA Paper 2000-4719.
[39] Kodiyalam S., Yang R. J., Gu L., et al. Multidisciplinary Design Optimi-

zation of a Vehicle System in a Scalable, High Performance Computing Environment [J]. Structural and Multidisciplinary Optimization, 26 (3/4): 256-263.

[40] Kodiyalam S., Sobieszczanski-Sobieski J. Multidisciplinary Design Optimization-some Formal Methods, Framework Requirements, and Application to Vehicle Design [J]. Int J Veh Des., 2001, 25 (1-2): 3-22.

[41] Balesdent M., Berend N., Depince P., et al. A Survey of Multidisciplinary Design Optimization Methods in Launch Vehicle Design [J]. Structural and Multidisciplinary Optimization, 2012, 45: 619-642.

[42] Balling R. J., Sobieszczanski-Sobieski J. Optimization of Coupled Systems: A Critical Overview of Approaches [J]. AIAA Journal, 1996, 34 (1): 6-17.

第 2 章

多学科设计优化方法体系

多学科设计优化方法（框架）与优化算法的含义存在本质不同。优化算法属于优化理论的研究领域，而多学科设计优化方法是从设计问题本身入手，从设计计算结构、信息组织的角度来研究问题，是某种设计计算流程框架，该计算框架将设计对象各学科的知识与具体的优化算法结合起来，形成一套有效的解决复杂问题的优化求解方法。多学科设计优化方法主要用来组织、管理和协调多学科优化设计问题中的子系统与系统级之间以及各个子系统之间的数据信息传递。本章将从组织复杂性、求解精度及效率、对问题的适应性等多个方面，对各种方法进行介绍，并结合数学算例对各种主要 MDO 方法的计算过程进行示例。

2.1 多学科设计优化技术中优化方法与优化算法的区别

多学科设计优化作为新兴技术，尚未形成完整的理论体系，很多概念、定义尚未统一，在阐述多学科设计优化的基本方法之前，需要先厘清多学科设计优化技术中最容易混淆的两个概念："优化方法"与"优化算法"。

对于多学科设计优化技术而言，"优化方法"与"优化算法"是两个有着本质区别的概念，它们分别代表了多学科设计优化技术两个重要的研究方向。"优化方法"侧重于研究多学科设计优化问题的表述形式，包括问题的分解/协调、设计信息的传递方式等，其目的是通过对特定问题建立合理的优化体系，选择适当的优化策略来减少优化时的计算和通信负担，从结构上解决多学科设计优化技术所面临的计算复杂性和组织复杂性难题；"优化算法"则侧重于描述设计空间的搜索、迭代的局部收敛和全局收敛特性等，当确定了所采用的多学科设计优化方法之后，可以将该方法的优化器与"优化算法"结合起来求解多学科设计优化问题。

2.2　多学科设计优化方法的研究着眼点

多学科设计优化方法定义了不同的模型耦合方式以及整体最优问题的解决思路。在多学科设计优化过程中，由于必须考虑系统中各个学科之间的耦合效应，因此产生出比传统单学科设计优化复杂得多的问题，其中最主要的两大难点是：计算量和组织复杂性。

在多学科设计优化中，由于设计变量和耦合变量的大量存在，以及系统分析和优化算法的计算量随着问题规模的增长而呈超线性增长，所以其计算成本往往大于各学科优化计算成本的总和。此外，多学科设计优化众多目标函数的存在也导致计算成本增加。上述这些问题导致了多学科设计优化的计算复杂性，致使计算成本很高。

对于复杂系统的多学科设计优化，组织和管理各个学科之间的信息交换非常关键，必须采用有效的方法策略组织系统的优化。此外，如何将系统分析和子系统分析结合起来，如何选择合理的设计变量、建立合适的数学模型以及选择合适的优化算法，如何将多学科设计优化模块化并在计算机上实现多学科优化等问题，都涉及多学科设计优化的组织管理问题。因此，合理的组织对于减少计算量以及实现最优设计具有重要意义。

总之，围绕着如何解决多学科设计优化的两大难点而产生的一系列方法和技术，构成了多学科设计优化的发展方向和主要内容。

2.3 多学科设计优化方法的分类

根据多学科设计优化问题的不同学科组织形式，多学科设计优化方法可分为非层次型多学科设计优化方法和层次型多学科设计优化方法。非层次型多学科设计优化方法包括单级优化策略和多级优化策略两大类。单级优化策略是指将系统作为一个整体进行优化设计的策略，主要方法有多学科可行法、同时分析优化算法和单学科可行法等。由于单级优化策略在学科（子系统）之间的耦合情况非常简单时才有效，因此目前国内外学者对于耦合情况复杂的系统进行多学科设计优化时基本上都采用两级优化策略。两级优化策略是指将系统分为系统级、学科（子系统）级，并且分别进行分析优化的策略。目前研究比较多的两级优化策略有并行子空间、协同优化和两级集成系统综合法。层次型多学科设计优化策略有目标分流法等。

2.4　多学科可行法

多学科可行（Multi - disciplinary Feasible，MDF）法，是解决 MDO 问题的最基本方法之一，也称为嵌套分析和设计（Nested Analysis and Design，NAND）方法、完全集成优化（Fully Integrated Optimization，FIO）方法，或者 All - In - One（AIO）方法，属于单级优化法。

2.4.1　MDF 法的基本思想

MDF 法最根本的思想是将优化和多学科分析集成在一起。在该方法中需要提供设计变量 $\boldsymbol{X}$，通过执行一个完全的多学科分析来确保多学科的一致性，利用 $\boldsymbol{X}$ 获得经过多学科分析后的输出变量 $\boldsymbol{y}(\boldsymbol{X})$，然后利用 $\boldsymbol{X}$ 和 $\boldsymbol{y}(\boldsymbol{X})$ 对目标函数 $\boldsymbol{F}$ 和不等式约束函数 $\boldsymbol{g}$、等式约束函数 $\boldsymbol{h}$ 进行评估。MDF 法优化模型表述为

$$\begin{aligned} &\min \boldsymbol{F}(\boldsymbol{X},\ \boldsymbol{y}(\boldsymbol{X})) \\ \text{s. t. } &g_i(\boldsymbol{X},\ \boldsymbol{y}(\boldsymbol{X})) \leqslant 0,\ i=1,\ 2,\ \cdots,\ m \\ &h_j(\boldsymbol{X},\ \boldsymbol{y}(\boldsymbol{X})) = 0,\ j=1,\ 2,\ \cdots,\ n \\ &\boldsymbol{X}_{\mathrm{L}} \leqslant \boldsymbol{X} \leqslant \boldsymbol{X}_{\mathrm{U}} \end{aligned} \tag{2.4-1}$$

MDF 法优化过程中的数据流如图 2.4.1 所示。

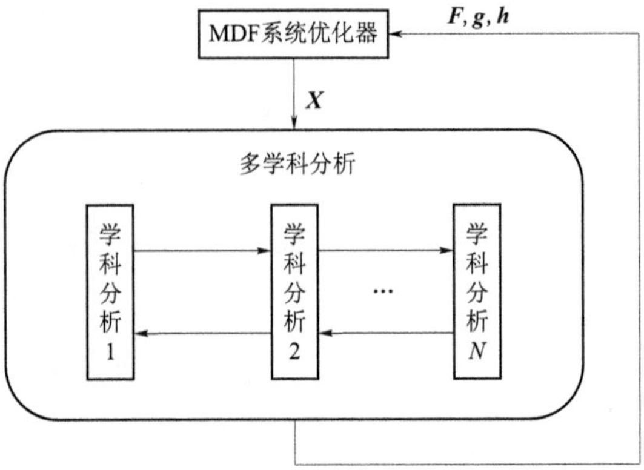

图 2.4.1 MDF 法优化过程中的数据流

由图 2.4.1 可以看出，MDF 法将 N 个耦合的学科——学科 1、学科 2、…、学科 N 集成在一个大的系统分析模块中，学科间的通信在系统分析模块内部进行，优化器与系统分析模块只有一个输入/输出接口。使用系统层次的优化器，通过多学科分析来执行系统的分析计算任务。优化器为系统分析器提供设计值 $\boldsymbol{X}$，分析器返给优化器函数 $\boldsymbol{F}$，$\boldsymbol{g}$，$\boldsymbol{h}$。

通常使用诸如高斯-赛德尔法（Gauss - Seidel Method）或者雅可比法（Jacobi Method）等固定点迭代法进行多学科分析，以得到输出变量$y_1(\boldsymbol{X})$、$y_2(\boldsymbol{X})$ 等，进而将其用于目标函数 $\boldsymbol{F}(\boldsymbol{X}, \boldsymbol{y}(\boldsymbol{X}))$ 及约束条件$\boldsymbol{g}(\boldsymbol{X}, \boldsymbol{y}(\boldsymbol{X}))$ 和 $\boldsymbol{h}(\boldsymbol{X}, \boldsymbol{y}(\boldsymbol{X}))$ 的计算。

值得注意的是，MDF 体系下，在优化过程的每次迭代中，耦合变量的数值经由多学科分析是固定不变的。如果是基于梯度信息的优化算法被用于求解上述问题，多学科分析将为之提供必要的目标函数和约束条件梯度信息。不仅针对每个迭代步骤需要进行完整的多学科分析，而且需要在每个进行求导的数值点处进行整体的多学科分析。因此，对于实际的工程问题，获得多学科可行性要付出的计算代价常常令人望而却步。

在 MDF 法中，优化设计与多学科分析是嵌套进行的。优化器负责找到最佳的设计点 $\boldsymbol{X}^*$（优化设计结果），而系统分析器则负责找到 $y_p(\boldsymbol{X})$（系统分析结果）。采用固定点迭代法，每个学科的分析求解是依次进行的，导致这种方法的收敛效率通常较低。通过调整各学科之间的求解次序，能够改善高斯-赛德尔迭代法的收敛速度。如果采用基于牛顿法的迭代法，可以得到更好的收敛效率。基于扩展设计结构矩阵（Extended Design Structure Matrix，XDMS）的多学科可行法计算结构如图 2.4.2 所示。

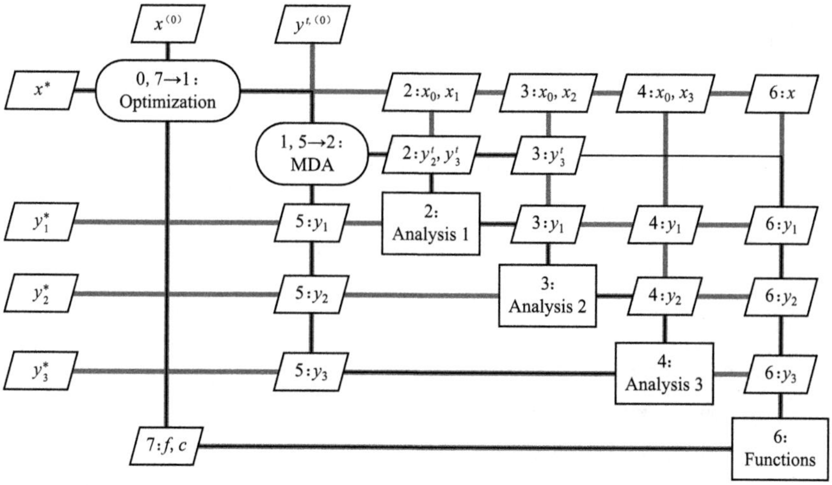

图 2.4.2　基于扩展设计结构矩阵的多学科可行法计算结构

在本书所用图的 XDMS 符号表达体系中，带圆角的矩形框表示“控制器”，用于控制计算迭代过程。扩展设计结构矩阵上各组件的功能是对数据进行处理。数据沿浅色粗实线进行流动。各组件从垂向方向获得数据作为输入量，其输出量则沿水平方向进行传递。由此可以看出，处于 XDMS 对角线上方（上三角区）的数据从上到下、从左向右流动，而处于 XDMS 对角线下方的数据则是从下到上、从右向左流动。位于对角线之外的平行四边形所代表的组件用于标记数据。对于给定的组件，在确定其输入量时只需要在列的方向上对位于其上及下面的参数进行查找；相对应地，在确定其输出量时只需要在行的方向上进行查找即可。额外的输入及输出量被相应地置于最上面一行和最左侧一列。深色细实线表征计算流程，其方向的定义与浅色粗实线所代表的数据流动方向相同。此外，采用数字对各组件的执行次序进行标识。在图中，数字及冒号之后是组件的名称。在计算过程中，当计算步骤达到某个数字时，相应的组件就执行对应的计算。多个数字则表明这个组件所代表的计算在该算法中将在多个计算步骤中被执行多次。在算法执行过程中，起始是从 0 号组件开始执行，然后沿着细实线所代表的计算流程，按照数字的大小依次执行相应的步骤。用 $j \to k$（$k < j$）的形式表示计算循环，当满足“控制器”所规定的条件（例如，满足收敛判据）后，计算将返回第 j 步的组件。此外，标号的数据节点所使用的数字也代表将在何时被作为输入量取回。

据此，MDF 法的计算流程如下：

```
Input: Initial design variables x^0
Output: Optimal variables x* , objective function f_0^*
```

```
0:Initiate optimization
      repeat
        1:Initiate MDA
      repeat
2:Evaluate analysis 2 and update y1(y2,y3)
            3:Evaluate analysis 3 and update y2(y1,y3)
            4:Evaluate analysis 4 and update y3(y1,y2)
            5:Update coupling variables y
until 5→2:MDA has converged
          6:Compute objective and constraints
          7:Compute new design point
until 7→1:Optimization has converged
```

2.4.2 多学科分析

多学科分析（Multi-disciplinary Analysis，MDA）是通过同时求解各学科的状态方程来实现多学科的可行性。由于各学科之间所存在的耦合特性，多学科分析过程自然是反复进行的。多学科分析可使用固定点迭代（Fixed Point Iteration，FPI）、牛顿迭代（也称牛顿-拉夫逊，Newton-Raphson，NR），或者最小残差迭代（Residue Minimization）等方法进行。

1. 固定点迭代法

通常，多学科分析是利用诸如高斯-赛德尔迭代或者广义雅可比迭代等固定点迭代法对耦合变量进行消除的。在这些方法中，耦合变量首先被初始化以估计 $\boldsymbol{y}_{ij}^{(k)}$，$\boldsymbol{y}_{ji}^{(k)}$（$i \neq j$）的值，然后被用于学科分析计算。学科分析计算的输出提供了更新后的数值 $\boldsymbol{y}_{ij}^{(k+1)}$，$\boldsymbol{y}_{ji}^{(k+1)}$，更新后的数值被反馈给学科分析模块，直至两个连续迭代过程所得到的耦合变量之间的差异小于预设的偏差量 ε 之后，才结束这一迭代过程。图 2.4.3 所示为由两个学科所构成系统的固定点迭代过程。

对于一个简单的二维耦合系统（见图 2.4.4），采用固定点迭代法时，需要为其中的一个子系统设定初始值。例如，首先设定 y_{12} 的初始值，然后开始计算子系统 SS1 获得 y_{21} 的值；再将 y_{21} 值传递给子系统 SS2 进行计算以获得 y_{12} 的新值；如此迭代下去，直到这个二维耦合系统满足收敛条件，收敛到某个固定点。

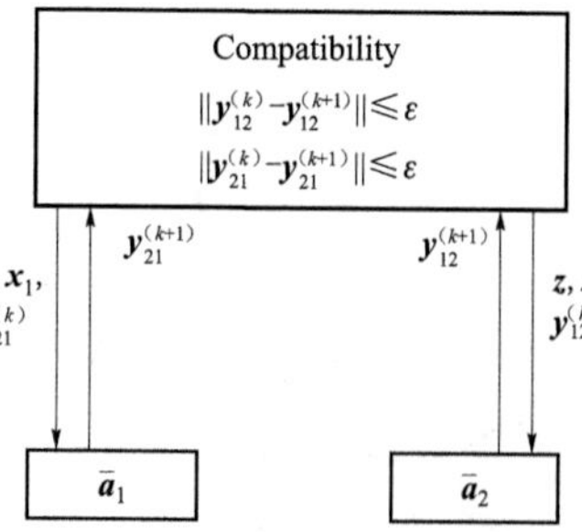

图 2.4.3　固定点迭代过程示例

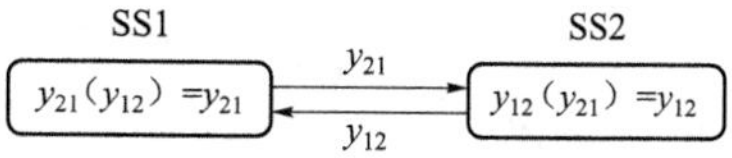

图 2.4.4　二维耦合系统示例

二维耦合系统的 FPI 算法如下：

Step 0：选择一个初始值 $y_{12}^{(0)}$，并令 $i=0$；

Step 1：$i=i+1$；

Step 2：计算 $y_{21}^{(i)}=y_{21}(y_{12}^{(i-1)})$；

Step 3：计算 $y_{12}^{(i)}=y_{12}(y_{21}^{(i)})$；

Step 4：如果满足收敛条件 $|y_{12}^{(i)}-y_{12}^{(i-1)}|<\varepsilon$，则迭代终止；否则，转入 Step 1 继续进行迭代。

其中，上角标 i 表示迭代次数 j，ε 表示收敛的误差精度。

值得注意的是，Step 3 中使用了更新的 $y_{21}^{(i)}$，为高斯-赛德尔迭代；如果这里使用 $y_{21}^{(i-1)}$，则算法成为雅可比迭代。当迭代满足收敛条件停止时，称系统实现了一致性，并称满足该条件的点为固定点（即多学科分析过程的解），记作 $\boldsymbol{y}_p$。因为在每次迭代中，高斯-赛德尔迭代法前面所得到的新值能迅速被利用到计算下一个值，所以通常比雅可比迭代法具有更快的收敛速度。但是对于某些问题，高斯-赛德尔迭代的收敛性不如雅可比迭代法，因此需根据耦合系统的具体情况采取不同的迭代方法对进行多学科分析。

FPI 的收敛模式主要有两种：单调收敛和振荡收敛。收敛过程的图形化示意如图 2.4.5 所示，初始值为 $y_{21}^{(0)}$，实心点表示迭代过程中的中间点，空心点表示收敛得到的固定点。FPI 方法收敛的必要条件为

$$\left|\frac{\partial y_{21}(y_{12})}{\partial y_{21}}\right|>\left|\frac{\partial y_{12}(y_{21})}{\partial y_{21}}\right|\Leftrightarrow\left|\frac{\partial y_{12}(y_{12})}{\partial y_{12}}\right|>\left|\frac{\partial y_{21}(y_{12})}{\partial y_{12}}\right| \tag{2.4-2}$$

对于图 2.4.6 所示的迭代不收敛情况，此时存在的固定点被称为排斥固定点；如果式（2.4-2）在固定点的邻域内成立，则 FPI 算法收敛，并将收敛的固定点称为吸引固定点。

一些耦合系统可能存在多个固定点，如果系统存在排斥固定点，则 FPI 算法无法找到全部的固定点，这与初始值的选取有关，如图 2.4.7 所示。

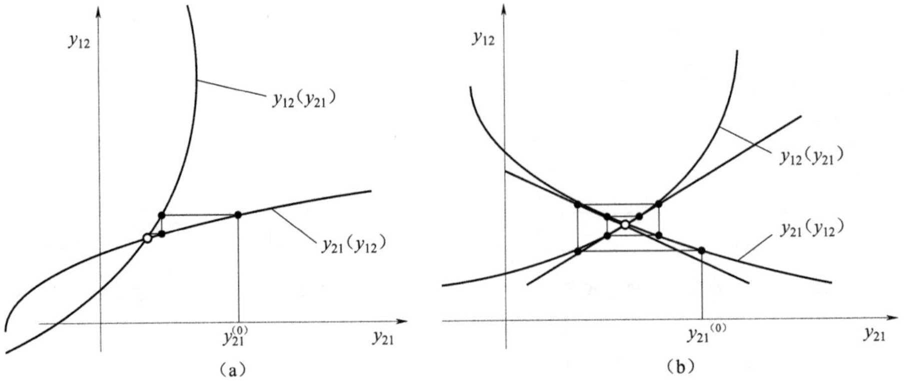

图 2.4.5　FPI 收敛模式

(a)单调收敛；(b)振荡收敛

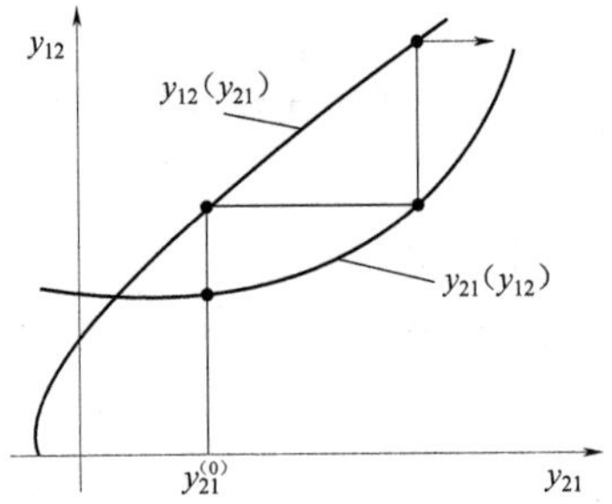

图 2.4.6　FPI 迭代不收敛情况

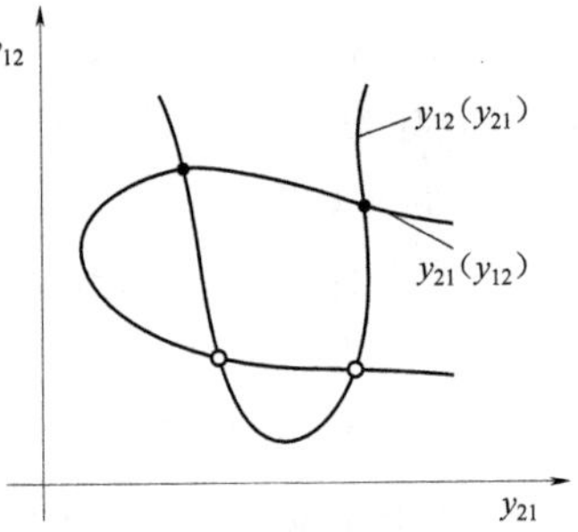

图 2.4.7　具有多个固定点的耦合系统

图 2.4.7 中，实心点表示吸引固定点，空心点表示排斥固定点。FPI 算法将根据初始点的选取收敛到较近的固定点，FPI 算法永远不会收敛到排斥固定点。如果在多学科设计优化中使用 FPI，则永远不能判定排斥固定点是不是最优解。固定点迭代法的主要缺点是其收敛性需要好的初始估计值得以保证，耦合变量的最终值取决于初始化阶段的初始估计值。而这些初始估计值通常很难得到，限制了 FPI 方法的问题适用性。

2. 牛顿迭代法

在牛顿迭代法中，也需要首先对耦合变量的初始值进行估计给定。对于一个涉及 n 个学科的耦合系统，耦合变量的增量可通过式（2.4-3）的状态方程计算得到。

$$\boldsymbol{a}_i = \bar{\boldsymbol{a}}_i(\boldsymbol{p}, \boldsymbol{a}_j)$$

或 $$\boldsymbol{r}_i(\boldsymbol{z}, \boldsymbol{y}_{ji}, \boldsymbol{x}_i) = 0 \quad (i, j=1, 2, \cdots, n, i \neq j) \tag{2.4-3}$$

相应地，可取线性部分作为非线性方程的近似表达式，则有

$$\frac{\partial \boldsymbol{r}_i}{\partial \boldsymbol{y}_{ij}} \Delta \boldsymbol{y}_{ij} = -\boldsymbol{r}_i(\boldsymbol{z}, \boldsymbol{x}_i, \boldsymbol{y}_{1i}^{(k)}, \boldsymbol{y}_{2i}^{(k)}, \cdots, \boldsymbol{y}_{ji}^{(k)}, \cdots, \boldsymbol{y}_{ni}^{(k)}) \tag{2.4-4}$$

式中，$i, j=1, 2, \cdots, n, i \neq j$；$\frac{\partial \boldsymbol{r}_i}{\partial \boldsymbol{y}_{ij}}$表示学科状态量或者输出相对耦合变量的偏微分。耦合变量的迭代格式如下：

$$\boldsymbol{y}_{ij}^{(k+1)} = \boldsymbol{y}_{ij}^{(k)} + \alpha^{(k)} \Delta \boldsymbol{y}_{ij} \quad (i, j=1, 2, \cdots, n, i \neq j) \tag{2.4-5}$$

式中，$\alpha^{(k)}$为迭代步长，通过求解一维优化问题得到

$$\alpha^{(k)} = \min_{\alpha} \sum_i \|\boldsymbol{r}_i(\boldsymbol{y}_{ij}^{(k)} + \alpha^{(k)} \Delta \boldsymbol{y}_{ij})\|^2, (i, j = 1, 2, \cdots, n, i \neq j) \tag{2.4-6}$$

函数评估的顺序以及函数的一阶导数会影响到耦合系统的收敛速度和收敛的可能性。一般固定点迭代法是线性收敛或者二次收敛，而牛顿迭代法是二次收敛。但是，由于式（2.4-4）的耦合系统状态方程偏微分求解计算量巨大，因此在实际工程问题中很少使用牛顿迭代法。牛顿迭代法的主要缺点体现在两个方面：偏导数$\frac{\partial \boldsymbol{r}_i}{\partial \boldsymbol{y}_{ij}}$常常不便于计算；与固定点迭代法一样，其收敛效果受限于初始估计值选取的好坏。

3. 最小残差迭代法

由于固定点迭代和牛顿迭代的收敛性均对耦合变量的初始估计值具有较强的依赖性，可结合残差的概念并采用优化的思想开展多学科分析。MDA 问题可借助残差的概念进行重构：

$$\boldsymbol{r} = (\boldsymbol{r}_1, \boldsymbol{r}_2, \cdots, \boldsymbol{r}_n) \tag{2.4-7}$$

式中，$\boldsymbol{r}_i = \boldsymbol{a}_i - \bar{\boldsymbol{a}}_{ij}(\boldsymbol{p}, \boldsymbol{a}_j)$为耦合变量估计值与学科状态方程响应值之间的残差。

多学科分析问题就转化成对残差 $\boldsymbol{r}$ 进行最小化，以求解耦合变量 $\boldsymbol{a}_i$ 的问题：

$$\|\boldsymbol{a}_i - \bar{\boldsymbol{a}}_{ij}(\boldsymbol{p}, \boldsymbol{a}_j)\|^2 \quad (i, j = 1, 2, \cdots, n, i \neq j) \tag{2.4-8}$$

在计算中，可采取不同的‖·‖范数形式进行优化问题的构造。如果采用最小二乘方法，可借助 Matlab 自带的 lsqnonlin 函数进行 MDA 计算。

2.4.3　MDF 法的特点

虽然 MDF 法并不是一个非常有效的、可被广泛应用的多学科设计优化方

法体系，但对于各学科之间具有强耦合关系的多学科设计问题来说，其仍不失为一个好的方法。它的主要优点如下：

（1）MDF 法不需要辅助的耦合变量，是 MDO 方法中设计变量最少的。由于只有设计变量和设计约束条件处于优化器的直接控制之下，优化设计问题的规模相对较小，可以作为整体设计问题进行处理。

（2）即使优化过程被提前中断，MDF 体系也能保证所返回的系统设计方案满足一致性约束条件。对于工程设计问题，这个特点是非常有意义的，因为如果优化设计工作受限于时间，即使提前中断了优化设计工作，所获得的设计方案虽然不是数学意义上的最优解，但也能够保证得到某种改善的设计方案。

同时，MDF 法也存在诸多缺陷：

（1）计算开销巨大，这是 MDF 法最主要的缺点。在每个优化迭代中，数量惊人的计算量被低效地用于试图获得不同学科之间的协调。MDF 法依赖于 MDA 的效率，如果分析器在流程中的任一点无法收敛，那么优化器就会失效。

（2）对于多学科可行法，梯度的计算也较单学科可行法更困难。对于单学科可行法，单个学科的梯度信息可获取即可；而对于多学科可行法，梯度信息的获取必须是所有的学科均能提供。

（3）由于优化器直接与多学科分析的求解器耦合在一起，需要一个集成的设计系统。这样的集成系统会导致在不同软件的系统集成和维护等方面投入过多。

（4）此外，在 MDF 的体系结构下，各个学科不具有自治性。整个优化设计工作为系统层次的优化器所独立驱动，因此，即使是各学科自己的局部设计变量也被系统层的优化器所固定，而不能为各学科自身所调节。

2.4.4 MDF 法算例

图 2.4.8 所示为由两个学科或子系统构成的耦合系统。

图 2.4.8 中所使用的各符号说明如下：

$\boldsymbol{z}$ 表示共享变量或称系统变量，在学科分析中，$\boldsymbol{z}$ 为多于一个的学科所使用；$\boldsymbol{y}_{12}$，$\boldsymbol{y}_{21}$ 分别是由学科 1 和学科 2 输出的两个学科间的耦合变量；$\boldsymbol{x}_1$，$\boldsymbol{x}_2$ 分别是学科 1 和学科 2 的局部设计变量；$\boldsymbol{f}_1$，$\boldsymbol{f}_2$ 分别是学科 1 和学科 2 的目标函数；$\boldsymbol{g}_1$，$\boldsymbol{g}_2$ 分别是学科 1 和学科 2 的约束条

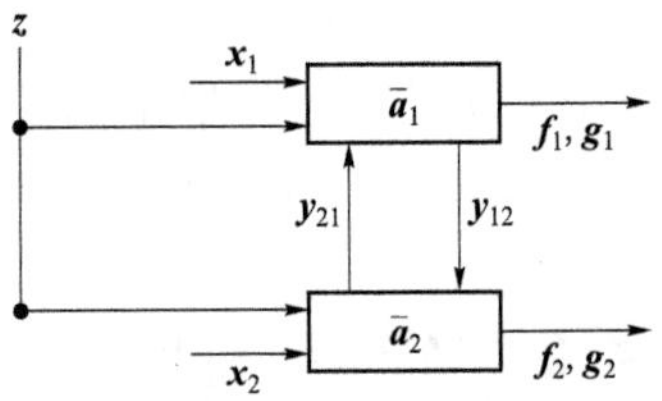

图 2.4.8 由两个学科或子系统构成的耦合系统

件；$\bar{a}_i$表示学科 i 的输出量。

考虑有 3 个系统变量：$\boldsymbol{z}=(z_1, z_2, z_3)$。两个学科之间的耦合量由下式给出：

$$y_{12}=z_1^2+z_2+z_3-0.2y_{21}$$

$$y_{21}=\sqrt{y_{12}}+z_1+z_3$$

系统的约束条件为

$$g_1=1-\frac{y_{12}}{8}\leqslant 0$$

$$g_2=\frac{y_{21}}{10}-1\leqslant 0$$

设计问题的优化模型为

$$\begin{aligned}&\min_{z,\ y} f=z_2^2+z_3+y_{12}+\mathrm{e}^{-y_{21}}\\&\text{s. t. } g_i\leqslant 0 \quad (i=1,\ 2,\ \cdots,\ n)\\&-10\leqslant z_1\leqslant 10\\&0\leqslant z_2\leqslant 10\\&0\leqslant z_3\leqslant 10\end{aligned}\tag{2.4-9}$$

对于这一多学科设计问题，基于 MDF 的方法体系所建立的求解策略如下：

（1）优化设计变量为：$\boldsymbol{z}=(z_1, z_2, z_3)$。

（2）分析计算：在每个迭代步骤，对于给定的设计变量值 $\boldsymbol{z}$，利用多学科分析求解 y_{12}和 y_{21}，直至收敛。

（3）优化设计：对于给定的 y_{12}和 y_{21}的收敛值，对式（2.4－9）所示的优化问题进行求解。

（4）使用由第（3）步得到的设计变量值 $\boldsymbol{z}$，重复步骤（2）的分析计算和步骤（3）的优化设计，直至满足收敛条件。

2.4.5 MDF 法的编程实现

原始问题：

目标函数：$\min f=x_1^2+x_2^2$

约束条件：

$$\begin{aligned}&g_1=x_3^{-2}+x_4^2-x_5^2\leqslant 0\\&g_2=x_5^2+x_6^{-2}-x_7^2\leqslant 0\\&g_3=x_8^2+x_9^2-x_{11}^2\leqslant 0\\&g_4=x_8^{-2}+x_{10}^2-x_{11}^2\leqslant 0\\&g_5=x_{11}^2+x_{12}^{-2}-x_{13}^2\leqslant 0\\&g_6=x_{11}^2+x_{12}^2-x_{14}^2\leqslant 0\end{aligned}\tag{2.4-10}$$

耦合变量：$x_1^2 = x_3^2 + x_4^{-2} + x_5^2$

$x_2^2 = x_5^2 + x_6^2 + x_7^2$

$x_3^2 = x_8^2 + x_9^{-2} + x_{10}^{-2} + x_{11}^2$

$x_6^2 = x_{11}^2 + x_{12}^2 + x_{13}^2 + x_{14}^2$

设计变量：x_1，x_2，x_3，x_4，x_5，x_6，x_7，x_8，x_9，x_{10}，x_{11}，x_{12}，x_{13}，x_{14}

$0 \leqslant x_1$，x_2，…，$x_{14} \leqslant 14$

基于 MDF 法的优化模型重构：

（1）优化设计变量为：$\boldsymbol{x} =$（x_4，x_5，x_7，x_8，x_9，x_{10}，x_{11}，x_{12}，x_{13}，x_{14}）。

（2）分析计算：首先给定（x_1，x_2，x_3，x_6）的初值，在每个迭代步，对于给定的设计变量值，利用多学科分析求解四个学科（x_1，x_2，x_3，x_6）的值，直到收敛。

（3）优化设计：对于给定的（x_1，x_2，x_3，x_6）的收敛值，对优化问题进行求解。

（4）使用第（3）步得到的 $\boldsymbol{x}$，重复步骤（2）和（3），直至满足收敛条件。

基于 MDF 法的求解框图如图 2.4.9 所示。

MDF 编程：

```
% mdfoptfun.m
function f = mdfoptfun(x)
p = mda(x); % 多学科分析
x1 = p(1);x2 = p(2); % 多学科得到的耦合变量赋定值
f(1) = x1 ^ 2 + x2 ^ 2; % 目标函数

% mda.m
function f = mda(x)
x4 = x(1);
x5 = x(2);
x7 = x(3);x8 = x(4);
x9 = x(5);x10 = x(6);
x11 = x(7);x12 = x(8);
x13 = x(9);x14 = x(10);
in_x = [1,1,1,1]; % 定义变量 in_x 并赋初值
x1 = in_x(1);x2 = in_x(2); % 定义 in_x 变量值赋予耦合变量
x3 = in_x(3);x6 = in_x(4);
```

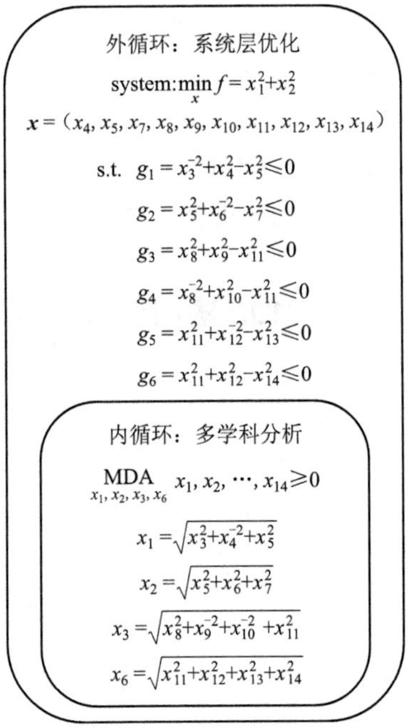

图 2.4.9　MDF 求解框图

```
f = [2,2,2,2]; % 定义变量 f 并赋初值
while(max(abs(f - in_x))>0.0001); % 判断连续迭代耦合变量之间的差值
in_x = f;
x1 = (x3 ^ 2 + x4 ^ - 2 + x5 ^ 2) ^ 0.5; % 更新耦合变量
x2 = (x5 ^ 2 + x6 ^ 2 + x7 ^ 2) ^ 0.5;
x3 = (x8 ^ 2 + x9 ^ - 2 + x10 ^ - 2 + x11 ^ 2) ^ 0.5;
x6 = (x11 ^ 2 + x12 ^ 2 + x13 ^ 2 + x14 ^ 2) ^ 0.5;
f(1) = x1;f(2) = x2;f(3) = x3;f(4) = x6; % 赋值进行下一次迭代
end
f % 输出耦合变量的值

% mdfconfun.m
function [c,ceq] = mdfconfun(x)
x4 = x(1);
x5 = x(2);
x7 = x(3);x8 = x(4);
x9 = x(5);x10 = x(6);
x11 = x(7);x12 = x(8);
x13 = x(9);x14 = x(10);
p = mda(x); % 多学科分析
x1 = p(1);x2 = p(2);
x3 = p(3);x6 = p(4);
c(1) = (x3 ^ - 2 + x4 ^ 2)/ x5 ^ 2 - 1; % 不等式约束
c(2) = (x5 ^ 2 + x6 ^ - 2)/ x7 ^ 2 - 1; % 不等式约束
c(3) = (x8 ^ 2 + x9 ^ 2)/ x11 ^ 2 - 1; % 不等式约束
c(4) = (x8 ^ - 2 + x10 ^ 2)/ x11 ^ 2 - 1; % 不等式约束
c(5) = (x11 ^ 2 + x12 ^ - 2)/ x13 ^ 2 - 1; % 不等式约束
c(6) = (x11 ^ 2 + x12 ^ 2)/ x14 ^ 2 - 1; % 不等式约束
ceq = [ ]; % 等式约束

% mdftext.m
Clear % 清空环境变量
clc % 清除当前 command 区域的命令
tic % 保存当前时间
options =
optimset('Display','iter','largescale','on','PlotFcns',@optimplotfval); % 优化选
```

项参数结构

```
x0 = [1;1;1;1;1;1;1;1;1;1]; % 设计变量赋初值
lb = [0;0;0;0;0;0;0;0;0;0]; % 设计变量赋下限
ub = [10;10;10;10;10;10;10;10;10;10]; % 设计变量赋上限
[x fval exitflag output] =
fmincon(@mdfoptfun,x0,[ ],[ ],[ ],[ ],lb,ub,@mdfconfun,options) % 调用
fmincon 函数
% [x fval exitflag output] =
% fmincon(@idfoptfun,x0,A,b,Aeq,beq,lb,ub,@idfconfun,options)
Toc % 记录程序完成时间
```

输出结果:

```
f = % 输出耦合变量优化后的结果, 即 x1, x2, x3, x6
    2.8354    3.0901    2.3559    2.8120
x = % 输出设计变量优化后的结果, 即 x4, x5,x7,x8, x9,x10,x11,x12,x13,x14
    0.7598
    0.8704
    0.9402
    0.9719
    0.8651
    0.7965
    1.3012
    0.8409
    1.7627
    1.5492
fval = % 输出目标函数优化后的结果
   17.5887
```

MDF 迭代过程如图 2.4.10 所示。由于初始值的选择不满足优化问题的约束条件，迭代过程的前几步违反约束条件，在优化算法的作用下逐步寻求到满足约束条件的设计变量取值，直至目标函数趋于收敛（以下各算例类似）。

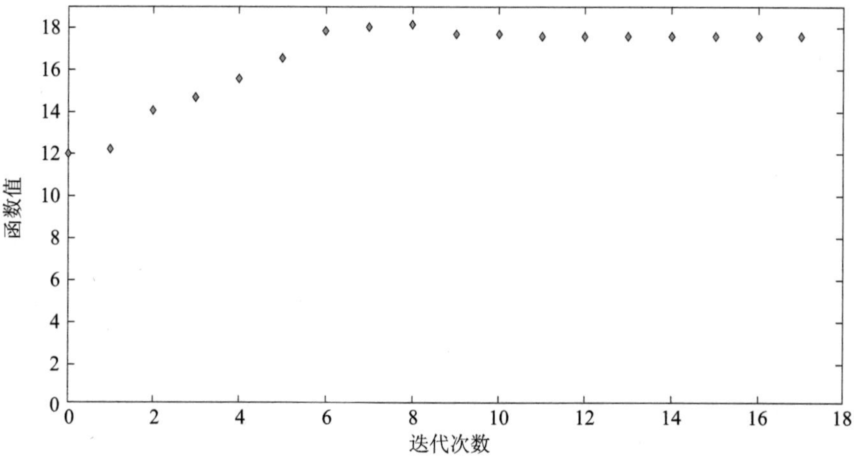

图 2. 4. 10　MDF 迭代过程

2.5 单学科可行法

单学科可行（Individual Discipline Feasible，IDF）法由 Cramer E. J. 等人提出，也是在 MDO 早期发展阶段的基本方法之一，属于单级优化算法。正如其名称所指明的那样，单学科可行法提供了一种避免在每次多学科设计优化循环中进行多学科分析的方法。IDF 法在保持单学科可行性的同时，通过控制耦合变量，实现了优化器对单学科向多学科可行和最优化逼近的驱动。

2.5.1 IDF 法的基本思想

IDF 法最根本的思想是将耦合变量作为优化设计变量对待，等同于单学科分析的设计变量。由于各学科是独立进行分析的，学科之间的耦合变量存在差异性，IDF 法通过增强对一致性约束的控制来消除这种差异，使各个学科的耦合变量相互兼容。IDF 法优化模型表述如下：

$$
\begin{aligned}
&\min F(\boldsymbol{X},\ y(\boldsymbol{X}))\\
&\text{s.t. } g(\boldsymbol{X},\ y(\boldsymbol{X}))\leqslant 0\\
&h(\boldsymbol{X},\ y(\boldsymbol{X}))=0\\
&C_i(\boldsymbol{X})=\boldsymbol{X}_{\mathrm{m}}-\bar{m}_i=0,\ (i=1,\ 2,\ \cdots,\ N)\\
&\boldsymbol{X}_{\mathrm{L}}\leqslant\boldsymbol{X}\leqslant\boldsymbol{X}_{\mathrm{U}}
\end{aligned}
\tag{2.5-1}
$$

式中，$\boldsymbol{X}=(\boldsymbol{X}_{\mathrm{D}},\boldsymbol{X}_{\mathrm{m}})$ 为优化变量，$\boldsymbol{X}_{\mathrm{D}}$为设计变量，$\boldsymbol{X}_{\mathrm{m}}$为学科间耦合变量；$C_i(\boldsymbol{X})$ 为学科间一致性约束；$\bar{m}_i$ 为第 i 个学科的输出；N 为学科数量。在实际应用中，通常令 $J_i=C_i^2\ll\xi$（微小常量，如 0.000 1）。

IDF 法优化过程中的数据流如图 2.5.1 所示。

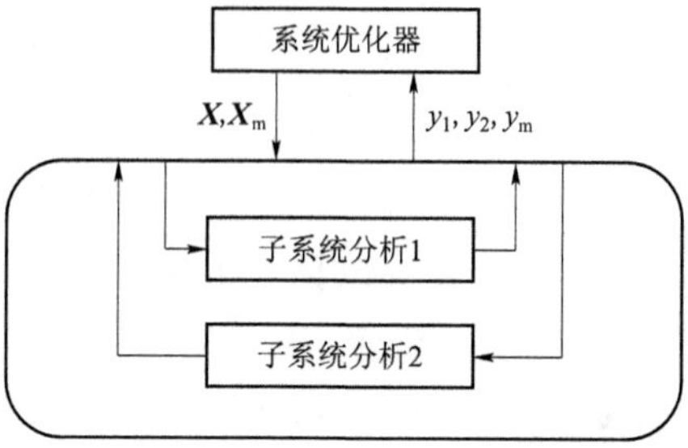

图 2.5.1　IDF 法优化过程中的数据流

由图 2.5.1 可以看出，IDF 法不需要完全的多学科分析，各学科分析能够并行执行，保持了学科分析的自治性，适合于处理松耦合的复杂工程系统。

基于扩展设计结构矩阵的 IDF 计算结构如图 2.5.2 所示。

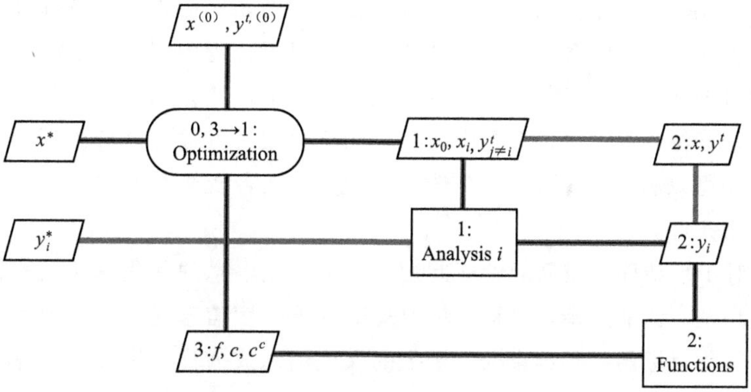

图 2.5.2　基于扩展设计结构矩阵的 IDF 计算结构

计算流程如下：

```
Input:Initial design variables x⁰
Output:Optimal variables x* ,objective function f₀*
0:Initiate optimization
for each discipline i (in parallel),do
    repeat
      1:Evaluate analysis i
```

```
        2:Compute objective and constraints
3:Compute new design point
until3→1:Optimization has converged
```

2.5.2 IDF 法的特点

根据上述对 IDF 法基本知识的介绍，可将其主要优点归纳如下：

(1) 在 IDF 方法体系中，各个学科之间的分析相互独立，保持了学科分析的自治性，据此，各学科的分析计算能够以独立于其他学科的方式进行，甚至能够使各学科分析模型以并行的模式进行计算。

(2) 对于给定的耦合变量，各个学科能够使用它们自己的分析模型进行计算，这就避免了执行多学科分析任务，并且不用考虑各学科分析工具的接口问题，便于集成现有的分析软件，使得系统分析模型软件集成的复杂度大大降低，也使得设计系统的维护工作得以很大程度的减轻。

相应地，IDF 法的主要缺点如下：

(1) 对于单学科可行法，所有的约束都在系统层进行处理，学科分析和学科约束被人为地分割开来，忽视了多学科的整体性需求。正如单学科可行法所指出的那样，在这个方法体系下，仅仅是学科级的可行性得到保证，在每次迭代过程中每个学科的状态方程条件得以满足，但是并非能够满足所有的学科约束条件。与多学科可行法不同的是，只有当系统层的优化设计问题迭代收敛时，多学科的可行性才能得以满足。换言之，在迭代过程中，耦合变量并不需要满足实际设计问题的约束条件。

(2) 对于复杂程度较高的设计问题，基于梯度信息的优化算法具有较高的效率，通常是个不错的选择。但是，对于采用基于梯度信息优化算法的单学科可行法，获取优化目标函数和约束条件函数的梯度信息成为优化过程中计算花费很大的工作内容。梯度信息必须是学科可行的，不准确的梯度信息会严重影响基于梯度信息优化算法的效果。在实际应用中，通常是使用某种形式的有限差分法来计算梯度信息。尽管这种方法能够保证学科的可行，但其计算开销大，并且不够可靠。

2.5.3 IDF 法算例

针对图 2.4.8 所示的耦合系统多学科设计问题，基于 IDF 方法体系所建立的求解策略如下：

（1）优化设计变量：$\boldsymbol{z}=(z_1, z_2, z_3, b_1, b_2)$。

（2）学科分析计算：由于引入了耦合变量，需对学科分析模型进行调整。学科 1 和学科 2 经调整后的分析模型如下：

$$y_{12}=z_1^2+z_2+z_3-0.2b_2$$

$$y_{21}=\sqrt{b_1}+z_1+z_3$$

学科分析计算工作是对上述分析模型进行非迭代形式的计算。

（3）优化设计：系统层的优化问题如下：

$$\min_{z} f=z_2^2+z_3+b_1+\mathrm{e}^{-b_2}$$

$$\text{s.t. } g_1=1-\frac{b_1}{8}\leqslant 0$$

$$g_2=\frac{b_2}{10}-1\leqslant 0$$

$$b_1-y_{12}=0$$

$$b_2-y_{21}=0$$

$$-10\leqslant z_1\leqslant 10$$

$$0\leqslant z_2\leqslant 10$$

$$0\leqslant z_3\leqslant 10$$

（4）重复进行步骤（2）所示的计算工作和步骤（3）所示的优化工作，直至达到收敛。

2.5.4　IDF 法的编程实现

针对式（2.4－10）所示的优化问题，基于 IDF 法进行优化模型重构：

（1）优化设计变量：$\boldsymbol{x}=(y_3, x_4, x_5, y_6, x_7, x_8, x_9, x_{10}, x_{11}, x_{12}, x_{13}, x_{14})$。

（2）学科分析计算：由于引进了耦合变量对优化模型进行调整，学科 1 和学科 2 经调整后的分析模型如下：

$$x_3=\sqrt{x_8^2+x_9^{-2}+x_{10}^{-2}+x_{11}^2}$$

$$x_6=\sqrt{x_{11}^2+x_{12}^2+x_{13}^2+x_{14}^2}$$

（3）优化设计：系统层的优化问题如下：

$$\text{system: } \min f=x_1^2+x_2^2$$

$$\boldsymbol{x}=(y_3, x_4, x_5, y_6, x_7, x_8, x_9, x_{10}, x_{11}, x_{12}, x_{13}, x_{14})$$

$$\text{where } x_1=\sqrt{y_3^2+x_3^{-2}+x_5^2}$$

$$x_2=\sqrt{x_5^2+y_6^2+x_7^2}$$

$$\text{s. t. } g_1=x_3^{-2}+x_4^2-x_5^2\leqslant 0$$

$$g_2=x_5^2+x_6^{-2}-x_7^2\leqslant 0$$

$$g_3=x_8^2+x_9^2-x_{11}^2\leqslant 0$$

$$g_4=x_8^{-2}+x_{10}^2-x_{11}^2\leqslant 0$$

$$g_5=x_{11}^2+x_{12}^{-2}-x_{13}^2\leqslant 0$$

$$g_6=x_{11}^2+x_{12}^2-x_{14}^2\leqslant 0$$

$$y_3-x_3=0,\quad y_6-x_6=0$$

（4）重复进行步骤（2）和步骤（3），直到收敛。

基于 IDF 法的求解框图如图 2.5.3 所示。

IDF 编程：

```
% idfoptfun. m
function f  =  idfoptfun(x)
x1  =  x(1); % 设计变量赋值
x2  =  x(2); % 设计变量赋值
f(1) = x1 ^ 2 + x2 ^ 2; % 目标函数
```

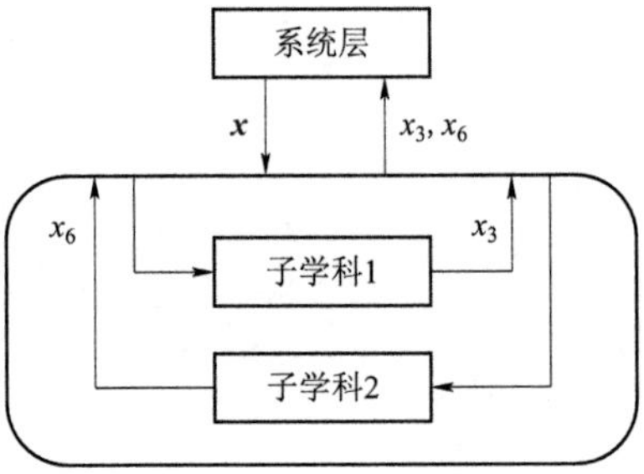

图 2.5.3　IDF 求解框图

```
% ida. m
function f  =  ida(x)
x1  =  x(1);x2  =  x(2);
x3  =  x(3);x4 =  x(4);
x5 =  x(5);x6 = x(6);
x7 = x(7);x8 = x(8);
x9 = x(9);x10 = x(10);
x11 = x(11);x12 = x(12);
x13 = x(13);x14 = x(14);
f(1) = (x3 ^ 2 + x4 ^ - 2 + x5 ^ 2) ^ 0.5; % 引入耦合变量赋值
f(2) = (x5 ^ 2 + x6 ^ 2 + x7 ^ 2) ^ 0.5; % 引入耦合变量赋值
f(3) = (x8 ^ 2 + x9 ^ - 2 + x10 ^ - 2 + x11 ^ 2) ^ 0.5; % 引入耦合变量赋值
f(4) = (x11 ^ 2 + x12 ^ 2 + x13 ^ 2 + x14 ^ 2) ^ 0.5; % 引入耦合变量赋值
```

```
% idfconfun. m
function [c,ceq]  =  idfconfun(x)
x1  =  x(1);x2  =  x(2);
x3  =  x(3);x4 =  x(4);
```

```
x5 = x(5);x6 = x(6);
x7 = x(7);x8 = x(8);
x9 = x(9);x10 = x(10);
x11 = x(11);x12 = x(12);
x13 = x(13);x14 = x(14);
p = ida(x); % 单学科分析
xx1 = p(1); % 单学科分析的值赋给新变量
xx2 = p(2); % 单学科分析的值赋给新变量
xx3 = p(3); % 单学科分析的值赋给新变量
xx6 = p(4); % 单学科分析的值赋给新变量
c(1) = (x3 ^ - 2 + x4 ^ 2)/ x5 ^ 2 - 1; % 不等式约束
c(2) = (x5 ^ 2 + x6 ^ - 2)/ x7 ^ 2 - 1; % 不等式约束
c(3) = (x8 ^ 2 + x9 ^ 2)/ x11 ^ 2 - 1; % 不等式约束
c(4) = (x8 ^ - 2 + x10 ^ 2)/ x11 ^ 2 - 1; % 不等式约束
c(5) = (x11 ^ 2 + x12 ^ - 2)/ x13 ^ 2 - 1; % 不等式约束
c(6) = (x11 ^ 2 + x12 ^ 2)/ x14 ^ 2 - 1; % 不等式约束
ceq(1) = xx1 - x1; % 一致性约束
ceq(2) = xx2 - x2; % 一致性约束
ceq(3) = xx3 - x3; % 一致性约束
ceq(4) = xx6 - x6; % 一致性约束
```

```
% idftext.m
Clear % 清空环境变量
Clc % 清除当前 command 区域的命令
Tic % 保存当前时间
options = optimset('Display','iter','largescale','off','PlotFcns',@optimplot-
fval); % 优化选项参数结构
x0 = [1;1;1;1;1;1;1;1;1;1;1;1;1;1]; % 设计变量赋初值
lb = [0;0;0;0;0;0;0;0;0;0;0;0;0;0]; % 设计变量赋下限
ub = [10;10;10;10;10;10;10;10;10;10;10;10;10;10]; % 设计变量赋上限
[x fval exitflag output] =
fmincon(@idfoptfun,x0,[ ],[ ],[ ],[ ],lb,ub,@idfconfun,options) % 调用 fmincon
函数
% [x fval exitflag output] =
fmincon(@idfoptfun,x0,A,b,Aeq,beq,lb,ub,@idfconfun,options)
Toc % 记录程序完成时间
```

输出结果：

```
x = % 输出设计变量优化后的结果
    2.8354
    3.0901
    2.3559
    0.7598
    0.8704
    2.8120
    0.9402
    0.9719
    0.8651
    0.7965
    1.3012
    0.8409
    1.7627
    1.5492
fval = % 输出目标函数优化后的结果
    17.5887
```

IDF 法迭代过程如图 2.5.4 所示。

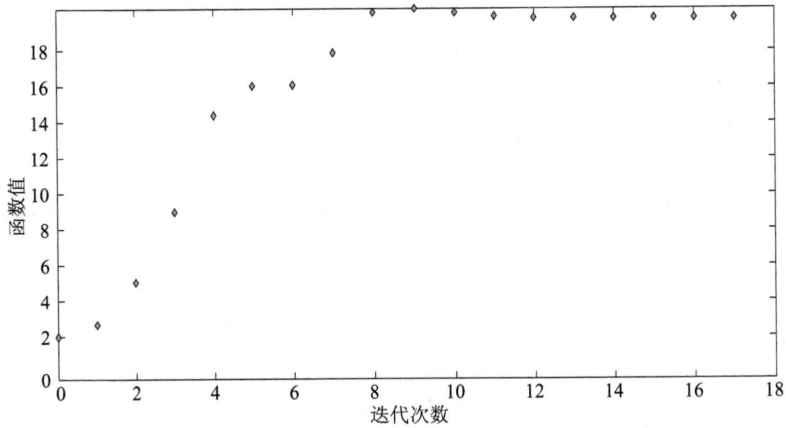

图 2.5.4　IDF 法迭代过程

2.6　一致性优化法

Haftka 早在 20 世纪 80 年代中期就提出了非层次型系统的一致性优化（All—At—Once，AAO）方法，其基本思想是将所有变量集中起来由一台称为主控机的处理机进行优化，而各学科的约束和目标方面的分析与计算则分别由多台受控机同时进行处理，这种策略较为理想地解决了耦合因素的影响，但大大削弱了领域专家参与的权限，特别是当变量数目很大时系统层就很难处理。后来，有多位学者针对这一问题提出了一系列的改进措施，以增强领域专家的参与能力。

2.6.1　AAO 法的基本思想

AAO 法也称为同时分析优化方法（Simultaneous Analysis and Design），属于单级优化方法。它在系统中对系统的所有变量（设计变量、耦合变量和各学科的状态变量）同时进行优化，迭代的每一步直接进行学科计算，直到优化结束时学科和系统才是可行的。AAO 法的优点是不要求每次优化迭代过程中多学科分析的结果都可行，只要在最优点处多学科优化问题达到可行即可，从而避免将大部分运算时间浪费在确定一个可行解的反复多学科分析上。并且 AAO 法在优化过程中既不需要完全的多学科分析，又不需要通过仿真分析迭代来确保学科间的一致性，而是通过优化器确保设计解的全局可行性。AAO 法的数据流程如图 2.6.1 所示。

AAO 法的关键是引入辅助变量 $\boldsymbol{x}_U$，通过对约束学科状态变量 $\boldsymbol{y}$ 和 $\boldsymbol{x}_U$ 之间的残差 $\boldsymbol{R}$ 的判断实现学科间的一致性，其数学模型如下：

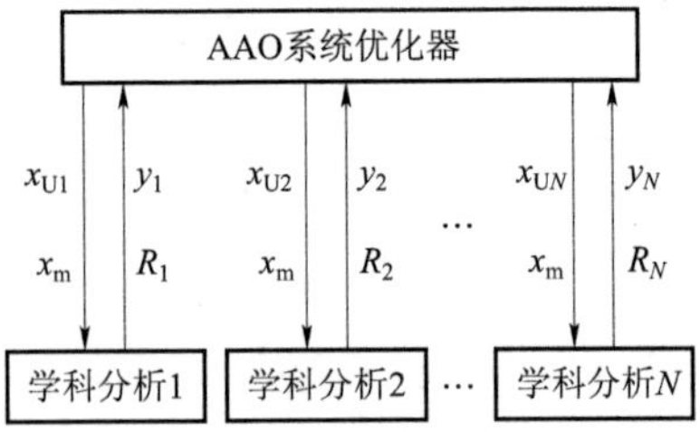

图 2.6.1　AAO 法数据流程

$$\min F(\boldsymbol{x}_U, \boldsymbol{y})$$

$$\text{s.t. } h_i(\boldsymbol{x}_U, \boldsymbol{y})=0, \quad (i=1, 2, \cdots, m)$$

$$g_j(\boldsymbol{x}_U, \boldsymbol{y})\leqslant 0, \quad (j=1, 2, \cdots, n)$$

$$R_k(x_{Uk}, y_k)=|x_{Uk}-y_k|=0, \quad (k=1, 2, \cdots, N)$$

$$\boldsymbol{x}\in E^N \tag{2.6-1}$$

式中，R_k 为学科分析 k 的残差；$\boldsymbol{x}=(\boldsymbol{x}_U, x_m)$，$x_m$ 为辅助设计变量。

基于扩展设计结构矩阵的 AAO 法计算结构如图 2.6.2 所示。

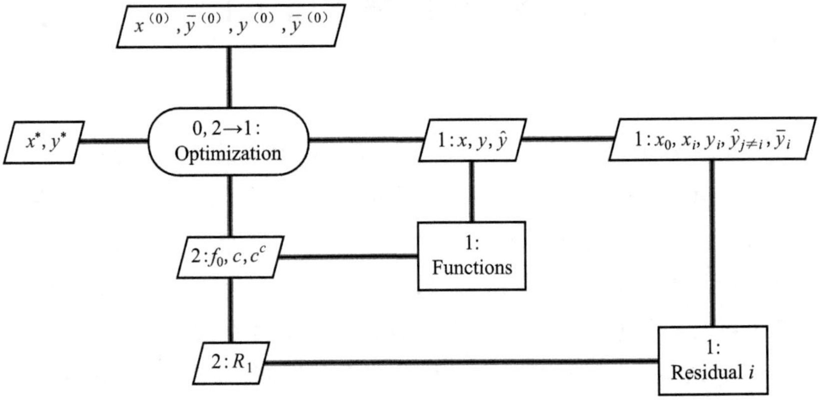

图 2.6.2　基于扩展设计结构矩阵的 AAO 法计算结构

计算流程如下：

```
Input: Initial design variables x^0
Output: Optimal variables x^*, objective function f_0^*, constraintvalues c^*
0: Initiate optimization
    repeat
        1: Compute objective and discipline analysis constraints
        2: Compute new design point
until 2→1: Optimization has converged
```

2.6.2　AAO 法的特点

根据上述对 AAO 法基本知识的介绍，可将其主要优点归纳如下：

（1）AAO 法最显著的优点是无须如 MDF 和 IDF 等方法那样进行学科分析的迭代工作。这一特点保证了当设计点处于远离最优点位置时，系统层的优化器不必满足所有的学科约束，因此能够在计算效率方面具有更好的优势。

（2）在优化问题中，由于添加了相应状态变量的辅助设计变量，设计问题的维数有所增加。

相应地，AAO 法的主要缺点如下：

（1）AAO 法虽然由于不必进行系统层的计算而实现了较高的计算效率，但是当其中的某些状态方程具有强非线性特性时，系统的优化工作很难实现收敛。

（2）AAO 法的优化设计变量数目及约束方程数目众多，导致其优化模型复杂性高。

（3）如果 AAO 法没有实现收敛，则其设计方案难以保证是可行的设计方案。

（4）AAO 法不具有学科自治性，所有的设计变量均为系统层优化器所控制。

2.6.3　AAO 法算例

针对图 2.4.8 所示的耦合系统多学科设计问题，基于 AAO 法体系所建立的求解策略如下：

（1）优化设计变量：$(z_1, z_2, z_3, y_{12}, y_{21})$。

（2）分析/残差计算：在 AAO 法中不存在学科计算分析步骤，只需采用下述两式进行状态方程的残差计算：

$$r_1(\boldsymbol{z}, y_{21}, x_1) = y_{12} - (z_1^2 + z_2 + z_3 - 0.2y_{21})$$

$$r_2(\boldsymbol{z}, y_{12}, x_2) = y_{21} - (\sqrt{y_{12}} + z_1 + z_3)$$

（3）优化设计：系统层的优化问题如下：

$$\min_{z_1, z_2, z_3, y_{12}, y_{21}} \quad F = z_2^2 + z_3 + y_{12} + \mathrm{e}^{-y_{21}}$$

$$\text{s.t.} \quad g_1 = 1 - \frac{y_{12}}{8} \leqslant 0$$

$$g_2 = \frac{y_{21}}{10} - 1 \leqslant 0$$

$$y_{12} - (z_1^2 + z_2 + z_3 - 0.2y_{21}) = 0$$

$$y_{21} - (\sqrt{y_{12}} + z_1 + z_3) = 0$$

$$-10 \leqslant z_1 \leqslant 10$$
$$0 \leqslant z_2 \leqslant 10$$
$$0 \leqslant z_3 \leqslant 10$$

（4）重复进行步骤（2）所示的计算工作和步骤（3）所示的优化工作，直至达到收敛。

2.6.4 AAO 法的编程实现

针对式（2.4-10）所示的优化问题，基于 AAO 方法进行优化模型重构：

（1）优化设计变量：$\boldsymbol{x}=(x_3, x_4, x_5, x_6, x_7, x_8, x_9, x_{10}, x_{11}, x_{12}, x_{13}, x_{14})$。

（2）残差计算：

$$\tau_1 = x_1 - \sqrt{x_3^2 + x_3^{-2} + x_5^2}$$
$$\tau_2 = x_2 - \sqrt{x_5^2 + x_6^2 + x_7^2}$$
$$\tau_3 = x_3 - \sqrt{x_8^2 + x_9^{-2} + x_{10}^{-2} + x_{11}^2}$$
$$\tau_4 = x_6 - \sqrt{x_{11}^2 + x_{12}^2 + x_{13}^2 + x_{14}^2}$$

（3）优化设计：系统层的优化问题如下：

$$\text{system: } \min f = x_1^2 + x_2^2$$
$$\boldsymbol{x}=(x_3, x_4, x_5, x_6, x_7, x_8, x_9, x_{10}, x_{11}, x_{12}, x_{13}, x_{14})$$
$$\text{where } x_1 = \sqrt{x_3^2 + x_3^{-2} + x_5^2}$$
$$x_2 = \sqrt{x_5^2 + x_6^2 + x_7^2}$$
$$\text{s.t. } g_1 = x_3^{-2} + x_4^2 - x_5^2 \leqslant 0$$
$$g_2 = x_5^2 + x_6^{-2} - x_7^2 \leqslant 0$$
$$g_3 = x_8^2 + x_9^2 - x_{11}^2 \leqslant 0$$
$$g_4 = x_8^{-2} + x_{10}^2 - x_{11}^2 \leqslant 0$$
$$g_5 = x_{11}^2 + x_{12}^{-2} - x_{13}^2 \leqslant 0$$
$$g_6 = x_{11}^2 + x_{12}^2 - x_{14}^2 \leqslant 0$$
$$\tau_1 = 0,\quad \tau_2 = 0,\quad \tau_3 = 0,\quad \tau_4 = 0$$

（4）重复进行步骤（2）和步骤（3），直到收敛。

AAO 编程：

```
% aaoobjfun.m
function f = aaoobjfun(x)
x1 = x(1);
x2 = x(2);
```

```
f(1) = x1 ^ 2 + x2 ^ 2;

% aaoconfun.m
function [c,ceq] = aaoconfun(x)
x1 = x(1);x2 = x(2);
x3 = x(3);x4 = x(4);
x5 = x(5);x6 = x(6);
x7 = x(7);x8 = x(8);
x9 = x(9);x10 = x(10);
x11 = x(11);x12 = x(12); % 不等式约束
x13 = x(13);x14 = x(14); % 不等式约束
c(1) = x3 ^ - 2 + x4 ^ 2 - x5 ^ 2; % 不等式约束
c(2) = x5 ^ 2 + x6 ^ - 2 - x7 ^ 2; % 不等式约束
c(3) = x8 ^ 2 + x9 ^ 2 - x11 ^ 2; % 不等式约束
c(4) = x8 ^ - 2 + x10 ^ 2 - x11 ^ 2; % 不等式约束
c(5) = x11 ^ 2 + x12 ^ - 2 - x13 ^ 2; % 不等式约束
c(6) = x11 ^ 2 + x12 ^ 2 - x14 ^ 2; % 不等式约束
ceq(1) = (x3 ^ 2 + x4 ^ - 2 + x5 ^ 2) ^ 0.5 - x1; % 残差等式约束
ceq(2) = (x5 ^ 2 + x6 ^ 2 + x7 ^ 2) ^ 0.5 - x2; % 残差等式约束
ceq(3) = (x8 ^ 2 + x9 ^ - 2 + x10 ^ - 2 + x11 ^ 2) ^ 0.5 - x3; % 残差等式约束
ceq(4) = (x11 ^ 2 + x12 ^ 2 + x13 ^ 2 + x14 ^ 2) ^ 0.5 - x6; % 残差等式约束

% idftext.m
clear
clc
tic
options =
optimset('Display','iter','largescale','off','PlotFcns',@optimplotfval); % 优化参数选项
x0 = [1;1;1;1;1;1;1;1;1;1;1;1;1;1]; % 设计变量初值
lb = [0;0;0;0;0;0;0;0;0;0;0;0;0;0]; % 设计变量下限
ub = [10;10;10;10;10;10;10;10;10;10;10;10;10;10]; % 设计变量上限
[x fval exitflag] =
fmincon(@aaoobjfun,x0,[ ],[ ],[ ],[ ],lb,ub,@aaoconfun,options) % 调用fmincon函数优化
%[x fval exitflag] =
```

```
fmincon(@aaoobjfun,x0,[ ],[ ],[ ],[ ],lb,ub,@aaoconfun)
toc
```

输出结果：

```
x =
    2.8354
    3.0901
    2.3559
    0.7598
    0.8704
    2.8120
    0.9402
    0.9719
    0.8651
    0.7965
    1.3012
    0.8409
    1.7627
    1.5492
fval =
    17.5887
```

AAO 法迭代过程如图 2.6.3 所示。

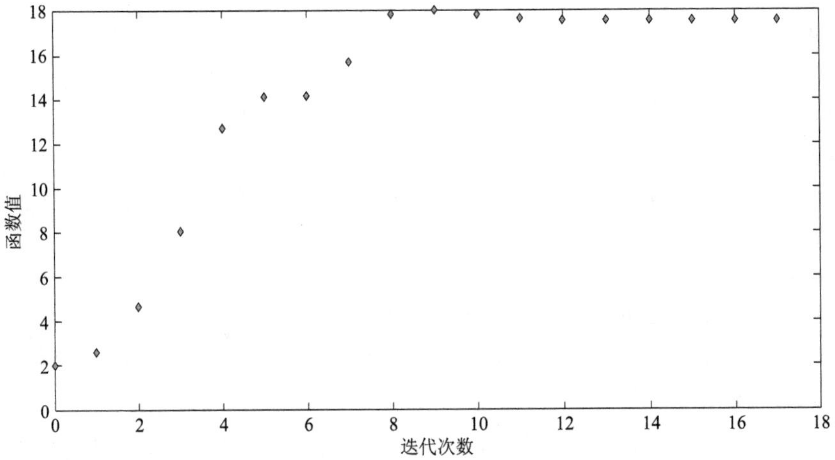

图 2.6.3 AAO 法迭代过程

2.7　并行子空间优化法

并行子空间优化（Concurrent Subspace Optimization，CSSO）法是一种非分层的两级 MDO 方法，由 Sobieszczanski - Sobieski J. 首先提出。CSSO 法自提出后被不断改进和补充。其中，Renaud 和 Gabriele 在原 CSSO 法的基础上提出了改进的基于灵敏度分析的 CSSO 法；Sella 等又提出了基于响应面的 CSSO 法，大大减少了计算量，并应用于飞行器的概念设计优化中，取得了很好的设计结果；Huang 和 Bloebaum 等提出了多目标 CSSO 法。

CSSO 法包含一个系统级优化器和多个子空间优化器（Subsystem Optimizer，SSO）。CSSO 法将系统设计变量分配到各子空间，不同学科领域内的专家采用适合自身的优化算法对各个子空间并行优化设计，各学科的优化变量互不重叠，学科分析所需的已分配给其他学科的系统全局变量可以通过耦合函数形式来传递。每个子空间（子系统）的优化需满足当前子系统的约束，也可以包含其他子系统的约束。

2.7.1　CSSO 法的基本思想

CSSO 法的基本思想是，通过对设计变量进行分解，并采取近似模型技术，以便在设计优化过程中的每一步都能够保证多学科的可行性。

CSSO 法的基础是基于灵敏度信息的线性规划方法，所采用的策略是，在一个可行解基础上用线性规划方法在很小的邻域（小到可以用线性化近似）内找到一个更优的可行解，不断重复这个过程，最终找到一个较优的解。CSSO 优化过程相当于把整体优化过程中的一步拆分成几个连续的小步骤来进行。系统和子空间的优化目标相同，但设计变量和约束不同。

与 CO 法不同，在进行系统层和子系统层优化问题的优化目标函数选取时，没有特定的显著区别。系统层的优化问题也可看作另一个学科问题，并且每个学科问题均有自己的优化器。

在子空间的优化过程中，通过使用全局灵敏度方程（Global Sensitivity Equation，GSE）对目标函数和约束函数进行逼近评估，建立子空间目标函数与系统目标函数之间的关联。

子空间的约束包括学科约束和学科一致性约束。CSSO 法使得每个循环中的 MDA 变得可行，将所有设计变量在系统水平同步进行处理，优化过程在子空间优化和系统级优化间交替进行。

在 CSSO 法中，每个子空间独立优化一组互不相交的设计变量。在每个子空间（子系统）的优化过程中，凡涉及该子空间目标函数的计算，用该学科的分析方法进行分析，而其他目标函数和约束则采用基于 GSE 的近似计算。每个子空间只优化整个系统设计变量的一部分，各个子空间的设计变量互不重叠。

各个子空间的设计优化结果联合组成 CSSO 法的一个新设计方案，这个方案被作为迭代过程的下一个初始值。

CSSO 法的优化过程由 7 个步骤组成：

（1）系统分析。首先给出一组基准设计点，对应于每个设计点，进行一次系统分析。这里的系统分析类似于 MDA 的迭代过程，其目的是在所给的设计点上，通过迭代达到学科之间的一致或相容。系统分析包含多个贡献分析（Contributing Analysis，CA），贡献分析也就是 MDA 中的学科分析。系统分析的结果用于建立系统分析的近似模型。系统分析的输入参数为系统的设计变量，输出参数由各个学科的输出参数组成。

（2）建立系统分析的近似模型。当采用响应面方法时，近似模型的精度与响应面样本大小（也即基准点个数）、响应面模型的阶数等因素相关；当采用灵敏度分析方法时，近似模型的精度与灵敏度分析的步长、精度等因素相关。

（3）进行子空间优化。一个子空间对应于一个学科，在子空间中进行优化时，其设计变量是系统设计变量中与本学科相关的部分，约束为本学科的约束，分析模型为步骤（2）中产生的模型。由于子空间之间没有联系，所以子空间优化可以并行执行，这就是 CSSO 命名的原因。每个子空间优化结束后都会得到一个最优点，对于 N 个学科来说，就会有 N 个最优点。

(4) 再次进行系统分析。此系统分析的设计点为步骤 (3) 中产生的 N 个最优点，目的是对这 N 个点进行精确分析。

(5) 更新响应面模型或全局灵敏度方程。以步骤 (4) 产生的 N 个最优系统分析结果为样本，采用一定的算法对响应面模型或全局灵敏度方程进行更新。

(6) 进行系统级优化。系统级优化分析模型为更新后的响应面模型或全局灵敏度矩阵，约束为所有的学科约束。

(7) 检查收敛性。如果收敛，则终止，否则转入步骤 (1)，该情况下，选取的设计点为系统级优化后的设计点。

根据构建模型的不同，CSSO 法主要有以下几种：基于灵敏度分析的 CSSO 法和基于响应面的 CSSO 法。由 CSSO 的执行过程可以看出，采用响应面近似或灵敏度分析技术使得 CSSO 在执行优化时无须进行过多的学科分析或者系统分析。子空间并行优化的策略也为快速搜索到最优解提供了保障，但由于响应面或者 GSE 构造的计算量随设计变量和耦合变量的增加而急剧增长，对变量规模较大的问题，性能急剧下降。

基于响应面近似模型的 CSSO 结构如图 2.7.1 所示。基于扩展设计结构矩阵的 CSSO 计算结构如图 2.7.2 所示。

计算流程如下：

```
Input: Initial design variables x^(0)
Output: Optimal variables x*, objective function f0*, constraint values c*
  0: Initiate main CSSO iteration
  repeat
    1: Initiate design of experiments (DOEs) to generate design points
    for each DOE point do
        2: Initiate MDA that uses exact discipline information
        repeat
           3: Evaluate discipline analyses
           4: Update coupling variables y
        until 4→3: MDA has converged
        5: Update discipline surrogate models with latest design
    end for 6→2
    7: Initiate independent discipline optimizations (in parallel)
    for each discipline i do
      repeat
```

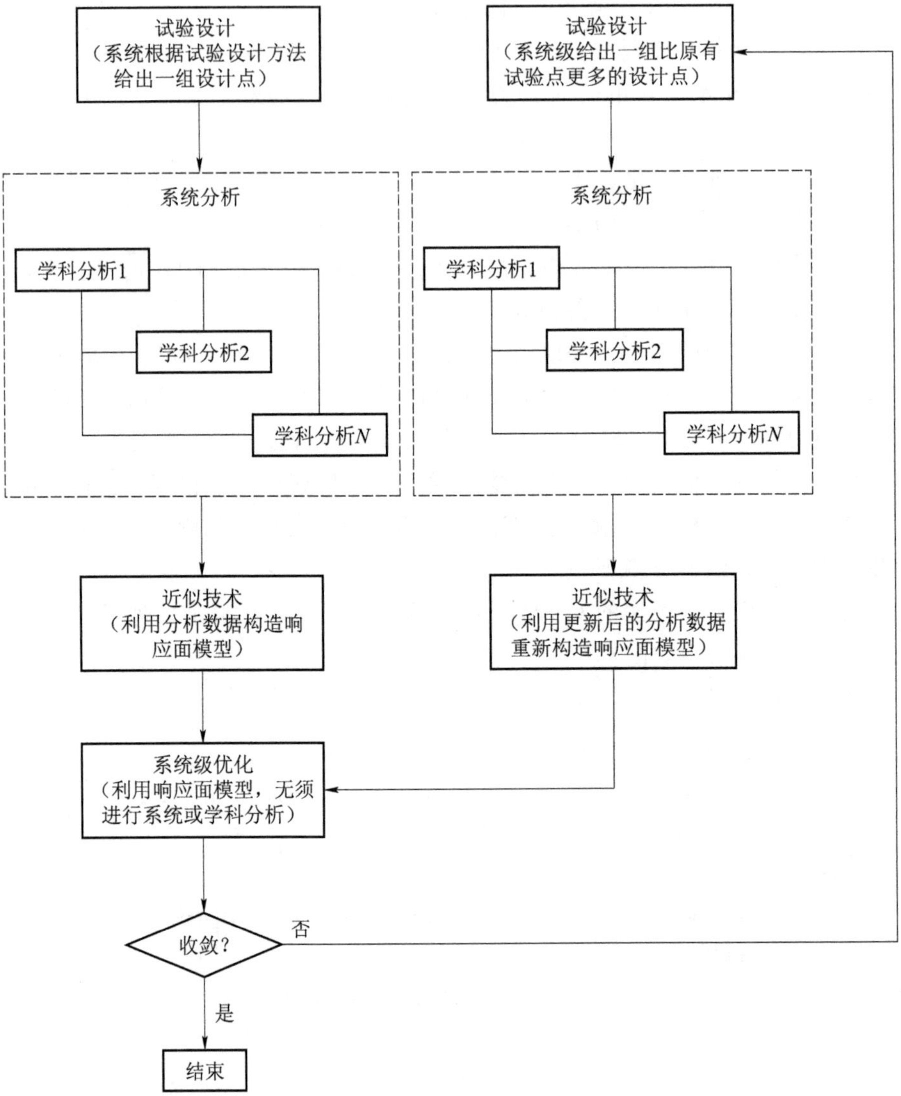

图 2.7.1 基于响应面近似模型的 CSSO 结构

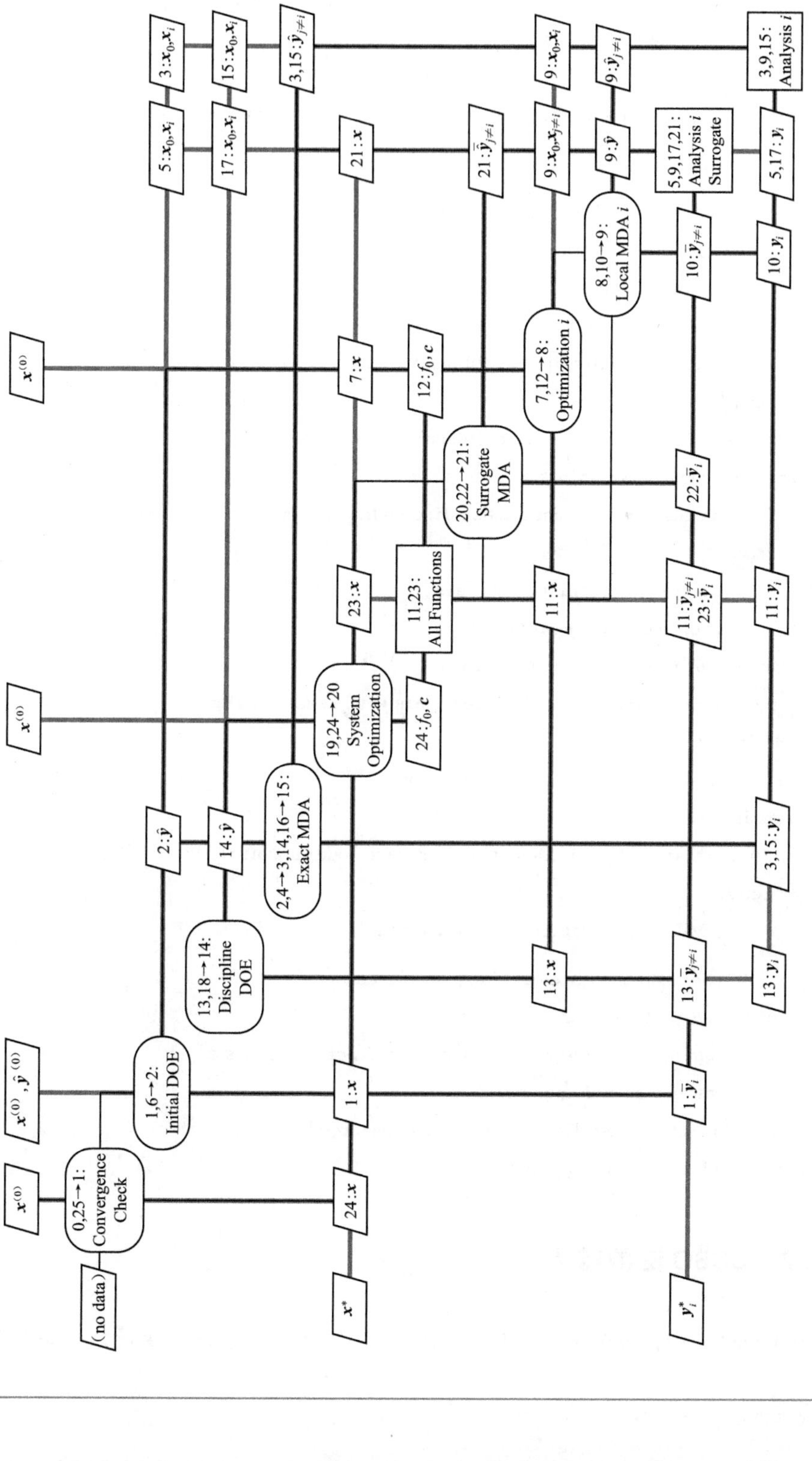

图 2.7.2　基于扩展设计结构矩阵的 CSSO 计算结构

```
        8:Initiate MDA with exact coupling variables for discipline i and approxi-
        mate coupling variables for other disciplines
        repeat
          9:Evaluate discipline i outputs y_i, and surrogate models for the other
          disciplines, ȳ_{j≠i}
          10:Update coupling variables y and ȳ
        until 10→9:MDA has converged
        11:Compute objective f_0 and constraint functions c using current data
        12:Compute new discipline design point
        until 12→8:Discipline optimization i has converged
      end for
  13:Initiate DOE that uses subproblem solutions as sample points
    for each subproblem solution i do
      14:Initiate MDA that uses exact discipline information
      repeat
        15:Evaluate discipline analyses
        16:Update coupling variables y
      until 16→15:MDA has converged
      17:Update discipline surrogate models with newest design
    end for 18→14
    19:Initiate system-level optimization
    repeat
      20:Initiate MDA that uses only surrogate model information
      repeat
        21:Evaluate discipline surrogate models
        22:Update surrogate coupling variables ȳ
      until 22→21:MDA has converged
      23:Compute objective f_0 and constraint function values c
      24:Update system design point
    until 24→20:System level problem has converged
  until 25→1:CSSO has converged
```

2.7.2 CSSO 法的特点

在 CSSO 法中，每个子空间独立优化一组互不重复的设计变量，在该子系统优化过程中，凡涉及其中间状态变量的计算，用该子系统分析方法进行处理，而涉及来源于其他子系统的耦合因素时，则采用一些近似方法进行处理。通过近似分析，考虑各个子空间相互影响和耦合特性的前提下，每个子空间能同时进行设计优化，实现并行设计的思想。

根据上述对 CSSO 法基本知识的介绍，可将其主要优点归纳如下：

(1) 由于 CSSO 法能够并行计算，子系统层的计算时间能够大幅度减少。

(2) 每个子空间能够同时进行设计优化，实现了并行设计的思想，同时通过基于 GSE 的近似分析和协调优化，考虑了各个学科的相互影响，保持了原系统的耦合性。

(3) 在 CSSO 法框架下，系统层及子系统层的优化问题是彼此独立地进行求解的，这一特点保证了在一个集成的软件环境中对混杂的优化过程进行求解成为可能。

(4) 不同精度等级的近似模型能够被构建用于系统层的优化问题，同时结合有效的代理模型管理体系，CSSO 法能够为设计和优化问题提供不同精度的求解结果。

相应地，CSSO 法的主要缺点如下：

(1) 由于 CSSO 法是基于 GSE 的线性近似，所以子空间设计变量的变化范围较窄。

(2) 子空间中设计变量互不重叠的要求不太合理，因为在实际设计问题中有些设计变量对几个子系统的设计同时有很大影响。

(3) CSSO 法在系统层和子系统层优化问题中采用近似模型，通常情况下，这些近似模型仅能保证在近似点附近小范围内具有较好的精度。故而，在 CSSO 优化迭代过程的每一步迭代中，都需要对近似模型的有效性进行检验和保证。这就要求采用恰当的模型和参数约束管理，如果没有这样的代理模型管理策略，所得到的优化结果可能与实际方案相去甚远。

(4) CSSO 法在实际问题中的应用表明，对于系统设计变量超过 20 的问题，其求解效率很低。

(5) 该方法不一定能保证收敛，可能会出现振荡现象。

2.7.3 CSSO 法算例

针对图 2.4.8 所示的耦合系统多学科设计问题，基于 CSSO 法所建立的求解策略如下：

给定优化设计变量：$\boldsymbol{p}=(z_1, z_2, z_3, y_{12}, y_{21})$。

（1）将设计变量划分为两组：$\boldsymbol{p}_1=(z_1,\ z_2,\ y_{12})$ 和 $\boldsymbol{p}_2=(z_1,\ z_3,\ y_{21})$。

（2）进行多学科分析，得到

$$y_{12}=z_1^2+z_2^2+z_3-0.2y_{21}$$

$$y_{21}=\sqrt{y_{12}}+z_1+z_3$$

（3）利用全局灵敏度方程得到 $\nabla_{\boldsymbol{p}}(y_{12})$ 和 $\nabla_{\boldsymbol{p}}(y_{21})$。

（4）构建近似模型 $\widetilde{y}_{12}$，$\widetilde{y}_{21}$，$\widetilde{g}_1$ 和 $\widetilde{g}_2$，有

$$\widetilde{y}_{ij}=y_{ij}\big|_{\boldsymbol{p}}+\nabla_{\boldsymbol{p}}(y_{ij})$$

$$\widetilde{g}_i=g_i\big|_{\boldsymbol{p}}+\nabla_{\boldsymbol{p}}(g_i)$$

式中，i，$j=1$，2，$i\neq j$。

（5）学科 1 的子系统优化模型为

$$\min_{\boldsymbol{p}_1}\widetilde{f}_1=z_2^2+\widetilde{z}_3+y_{12}+\mathrm{e}^{\widetilde{y}_{21}}$$

$$\text{s. t. } g_1=1-\frac{y_{12}}{8}\leqslant 0$$

$$\widetilde{g}_2\leqslant 0$$

$$-10\leqslant z_1\leqslant 10$$

$$0\leqslant z_2\leqslant 10$$

$$0\leqslant z_3\leqslant 10$$

式中，$\widetilde{z}_3$ 为 z_3 自上一迭代过程中所得到的数值，在此优化过程中保持不变。优化结果（最小极值）为 $\widetilde{\boldsymbol{a}}_1^*$。

（6）学科 2 的子系统优化模型为

$$\min_{\boldsymbol{p}_2}\widetilde{f}_2=\widetilde{z}_2^2+z_3+\widetilde{y}_{12}+\mathrm{e}^{-y_{21}}$$

$$\text{s. t. } \widetilde{g}_1\leqslant 0$$

$$g_2=\frac{y_{21}}{10}-1\leqslant 0$$

$$-10\leqslant z_1\leqslant 10$$

$$0\leqslant z_3\leqslant 10$$

式中，$\widetilde{z}_2$为 z_2 自上一迭代过程中所得到的数值，在此优化过程中保持不变。优化结果（最小极值）为 $\widetilde{\boldsymbol{a}}_2^*$。

（7）利用所得到的 $\widetilde{\boldsymbol{a}}_1^*$ 和 $\widetilde{\boldsymbol{a}}_2^*$ 进行多学科分析和全局灵敏度分析。基于计算得到的这些信息建立如下近似模型：$\widetilde{f}=\widetilde{f}(\boldsymbol{P},\ \widetilde{\boldsymbol{a}}_1^*,\ \widetilde{\boldsymbol{a}}_2^*)$ 和 $\widetilde{g}_j=\widetilde{g}_i(\boldsymbol{P},\ \widetilde{\boldsymbol{a}}_1^*,$

$\widetilde{\boldsymbol{a}}_2^*$)，$i=1$，2。

（8）系统层优化模型为

$$\min_{p} \widetilde{f}(\widetilde{\boldsymbol{a}}_1^*, \widetilde{\boldsymbol{a}}_2^*)$$

$$\text{s.t. } \widetilde{g}(\boldsymbol{P}, \widetilde{\boldsymbol{a}}_1^*, \widetilde{\boldsymbol{a}}_2^*) \leqslant 0$$

$$\boldsymbol{p}^{\mathrm{l}} \leqslant \boldsymbol{p} \leqslant \boldsymbol{p}^{\mathrm{u}}$$

式中，$\widetilde{f}$ 和 $\widetilde{g}$ 分别为利用子系统层优化模型所得优化值 $\widetilde{\boldsymbol{a}}_1^*$ 和 $\widetilde{\boldsymbol{a}}_2^*$ 所构造的优化目标函数和约束函数的近似模型。

（9）求解系统层优化模型，所得优化结果为 $\boldsymbol{p}^*$。

（10）使用所得 $\boldsymbol{p}^*$ 进行学科 1 和学科 2 之间的收敛性判定。

（11）如果达到收敛性条件，则终止优化迭代过程；否则，将 $\boldsymbol{p}^*$ 赋值给 $\boldsymbol{p}$（$\boldsymbol{p}=\boldsymbol{p}^*$），重复进行步骤（2）~步骤（10）所示的迭代过程，直至收敛。

2.8 协同优化法

协同优化（Collaborative Optimization，CO）法是 Braun 和 Kroo 等在一致性约束优化（AAO）法基础上提出的一种两级优化策略。在 CO 法中，各子系统之间不仅要进行分析，而且要进行设计优化。Braun 在其博士论文中提出了两种形式的 CO 方法，被广为研究和使用的是 CO2。

2.8.1 CO 法的基本思想

CO 法的基本思想是构造一个系统层，以协调各子任务求解结果的不一致性。各子任务（学科）在进行优化时，可以暂时不考虑其他学科的影响，而只需满足本学科的约束。学科级优化的目标是使该学科优化结果与系统级优化提供给该学科的目标值的差异达到最小；而各个学科级优化结果的不一致性由系统级优化来协调，通过系统级优化和学科级优化之间的多次迭代，最终收敛到一个符合学科间一致性要求的系统最优设计方案。

CO 的顶层为系统级优化器，对多学科变量进行优化（系统级的设计变量 Z）以满足学科间约束的一致性 J^*，同时最小化系统目标 F。每一个子系统优化器在子空间设计变量 X_i 子集与子空间分析的计算结果 Y_j 间以最小均方差作为子系统优化目标进行优化。在满足子空间约束 g_j 的同时，求系统级设计变量 Z。在子空间优化过程中，系统级设计变量 Z 作为固定值来处理。实际应用中，学科间一致性约束 J_j 通常采用不等式处理，J_j 定义如下：

$$J_j = |X_j - Z_j^s|^2 + |Y_j - Z_j^c|^2$$

式中，Z_j^s 为系统设计变量；Z_j^c 为系统耦合变量。

CO 求解流程如图 2.8.1 所示。

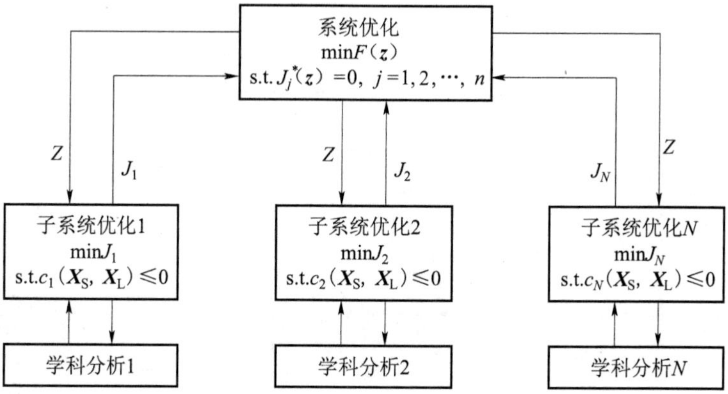

图 2.8.1　CO 求解流程

协同优化过程最重要的环节是相容性约束。系统层的优化器在满足系统层优化目标函数的前提下，为学科层各学科设计问题提供一组目标值。子系统层的优化器在满足本学科约束条件的前提下，寻求设计方案以满足本学科的状态值与目标之间的差异最小化。

IDF 方法中，对每个子空间（子系统）进行分析，而在 CO 法中对每个子空间不仅进行分析，而且进行设计优化。CO 法的优点是消除了复杂的系统分析，各个子系统能并行地进行分析和优化。然而，虽然 CO 法消除了复杂的系统分析，但子系统优化目标不直接涉及整个系统的目标值。另外，许多算例表明，CO 法会使子系统分析的次数大大增加，因此总的计算量很有可能并不减少。另外，这种方法只有当系统级所有的等式约束都满足时才能找到一个可行的优化解，而不像并行子空间优化算法每次迭代都能在可行域内找到一个更好的设计结果。CO 法和 IDF 法一样，主要适合于处理子系统变量远远多于学科间交叉变量的情况，即适合于解决具有松散耦合情况的设计问题。

CO 法的优化流程如下：

（1）系统级向各学科级分配系统级变量的目标值 $\boldsymbol{z}$。

（2）进行学科优化。

（3）将学科级优化后的最优值 $\boldsymbol{J}$ 传回系统级。

（4）进行系统级优化。

（5）检查收敛性。如果收敛，则终止，否则转入步骤（1）。

通过系统级优化和学科级优化之间的多次迭代，最终得到一个学科间一致性的系统最优设计方案。由于协同优化具有独特的计算结构，一般情况下，要经过多次系统级优化才可能达到学科间的一致或相容。

基于扩展设计结构矩阵的CO法计算结构如图2.8.2所示。

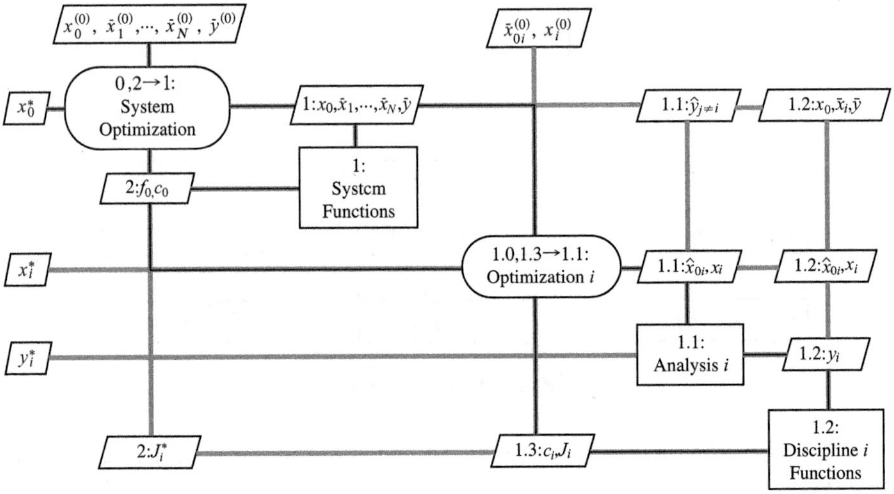

图2.8.2　基于扩展设计结构矩阵的CO法计算结构

计算流程如下：

Input：Initial design variables $x^{(0)}$

Output：Optimal variables x^*，objective function f_0^*，constraint values c^*

0：Initiate system optimization iteration

repeat

1：Compute system subproblem objectives and constraints

for each discipline i (in parallel), do

1.0：Initiate discipline optimization

repeat

1.1：Evaluate discipline analysis

1.2：Compute discipline subproblem objective and constraints

1.3：Compute new discipline subproblem design point and J_i

until 1.3→1.1：Optimization i has converged

end for

```
  2：Compute new system subproblem design point
until 2→1：System optimization has converged
```

2.8.2　CO 法的特点

CO 法具有 IDF 法的特点，另外由于设计人员可以使用子系统级求解器或优化器，这样就对子系统的设计有了更大的决策权，并且在优化问题的规模扩大时，CO 并行优化方法不像 MDF 那么敏感，因此比较适合解决大规模复杂工程系统的多学科设计优化问题。

根据上述对 CO 法基本知识的介绍，可将其主要优点归纳如下：

（1）其算法结构与现有工程设计分工的组织形式一致，各学科级优化问题代表了实际设计问题中的某一学科领域，如动力学、结构、经济性等，模块化设计使得各学科级保持了各自的分析设计自由，即在进行本学科的分析优化过程中可以不考虑其他学科的影响，这是协同优化最显著的特点。

（2）在每次系统层优化问题的优化迭代过程中，子系统层的一系列学科优化问题得以求解，由于每个学科子问题的优化工作是相对独立于其他学科子问题的，各学科子问题的并行优化设计成为可能，这样能够显著降低整个系统优化设计工作的计算时间。

（3）协同优化法的框架体系能实现各学科子问题的自治性，使之根据实际情况选取适合的建模和计算工具，以及适当的优化算法。这一特性也有助于各学科计算工具的软件集成，使来自不同软件平台的软件集成成为可能。各学科已有的分析设计软件能够很容易移植到相应学科的分析设计过程中，不需要做进一步的变动，有利于分析设计的继承性。

（4）当各学科之间的耦合较弱，也就是说当各学科之间共享的耦合变量较少时，相对于 MDF、IDF 和 AAO 等方法，CO 法具有更高的计算效率。

相应地，CO 法的主要缺点如下：

（1）研究表明，在使用 CO 法得到的最优点处，系统层一致性约束的雅可比矩阵是奇异矩阵。在最优点处，由于一致性约束以及它们的梯度均为 0，与一致性约束相关的拉格朗日乘子也就为 0，正是因为这一问题的存在，如果系统层优化问题中采用基于梯度信息的优化算法，将导致整个优化问题收敛困难。针对这一问题，可用约束松弛法等方式进行处理。

（2）当系统耦合变量数目较多时，CO 框架下的系统层及子系统层优化问题将变得非常复杂，这将使得计算量迅速增加，并导致收敛困难。

2.8.3 CO 法算例

针对图 2.4.8 所示的耦合系统多学科设计问题，基于 CO 法所建立的求解策略如下：

（1）系统层次。优化设计变量为 $\boldsymbol{z}=(z_1,\ z_2,\ z_3,\ b_1,\ b_2)$，优化设计模型为

$$\min_{z}\ (z_2^2+z_3+b_1+\mathrm{e}^{-b_2})$$

$$\text{s.t.}\ \|(\boldsymbol{\sigma}_1^*-\boldsymbol{z})\|^2+\|(a_1^*-b_1)\|^2=0$$

$$\|(\boldsymbol{\sigma}_2^*-\boldsymbol{z})\|^2+\|(a_2^*-b_2)\|^2=0$$

$$-10\leqslant z_1\leqslant 10$$

$$0\leqslant z_2\leqslant 10$$

$$0\leqslant z_3\leqslant 10$$

式中，$\boldsymbol{\sigma}_1^*=(\boldsymbol{\sigma}_{11},\ \boldsymbol{\sigma}_{12},\ \boldsymbol{\sigma}_{13})$ 和 $\boldsymbol{\sigma}_2^*=(\boldsymbol{\sigma}_{21},\ \boldsymbol{\sigma}_{22},\ \boldsymbol{\sigma}_{23})$ 分别是学科 1 和学科 2 的学科优化问题求解得到的输出量；a_1^* 和 a_2^* 分别代表学科 1 和学科 2 得到的耦合变量的计算结果。

（2）系统层优化模型中的每个优化目标函数利用子系统层学科 1 和学科 2 的计算结果进行计算。

（3）子系统层。学科 1 子问题：优化设计变量为（$\boldsymbol{\sigma}_{11}$，$\boldsymbol{\sigma}_{12}$，$\boldsymbol{\sigma}_{13}$），优化设计模型为

$$\min_{\boldsymbol{\sigma}_{11},\ \boldsymbol{\sigma}_{12},\ \boldsymbol{\sigma}_{13}}\ \frac{1}{2}(\|\boldsymbol{\sigma}_{11}-z_1\|^2+\|\boldsymbol{\sigma}_{12}-z_2\|^2+\|\boldsymbol{\sigma}_{13}-z_3\|^2+\|b_1-a_1\|^2)$$

$$\text{s.t.}\ g_1=1-\frac{b_1}{8}\leqslant 0$$

$$a_1=\boldsymbol{\sigma}_{11}^2+\boldsymbol{\sigma}_{12}+\boldsymbol{\sigma}_{13}-0.2b_2$$

输出量为

$$\boldsymbol{\sigma}_1^*=(\boldsymbol{\sigma}_{11}^*,\ \boldsymbol{\sigma}_{12}^*,\ \boldsymbol{\sigma}_{13}^*),\ a_1^*=\boldsymbol{\sigma}_{11}^{*2}+\boldsymbol{\sigma}_{12}^*+\boldsymbol{\sigma}_{13}^*-0.2b_2$$

（4）子系统层。学科 2 子问题：优化设计变量为（$\boldsymbol{\sigma}_{21}$，$\boldsymbol{\sigma}_{22}$，$\boldsymbol{\sigma}_{23}$），优化设计模型为

$$\min_{\boldsymbol{\sigma}_{21},\ \boldsymbol{\sigma}_{22},\ \boldsymbol{\sigma}_{23}}\ \frac{1}{2}(\|\boldsymbol{\sigma}_{21}-z_1\|^2+\|\boldsymbol{\sigma}_{22}-z_2\|^2+\|\boldsymbol{\sigma}_{23}-z_3\|^2+\|b_2-a_2\|^2)$$

$$\text{s.t.}\ g_2=\frac{b_2}{10}-1\leqslant 0$$

$$a_2=\sqrt{b_1}+\boldsymbol{\sigma}_{21}+\boldsymbol{\sigma}_{23}$$

输出量为

$$\sigma_2^* = (\sigma_{21}^*,\ \sigma_{22}^*,\ \sigma_{23}^*),\ a_2^* = \sqrt{b_1} + \sigma_{21}^* + \sigma_{23}^*$$

（5）系统层的优化迭代过程继续，直到实现收敛。

2.8.4　CO 法的编程实现

针对式（2.4－10）所示的优化问题，基于 CO 法进行优化模型重构。

CO 求解策略中，系统层优化模型中的每个优化目标函数利用子系统层 1 和子系统层 2 的计算结果进行计算。CO 求解策略中，系统层每计算一次，两个子学科都要进行一次完整的学科级求解。该算例的 CO 求解策略框图如图 2.8.3 所示。

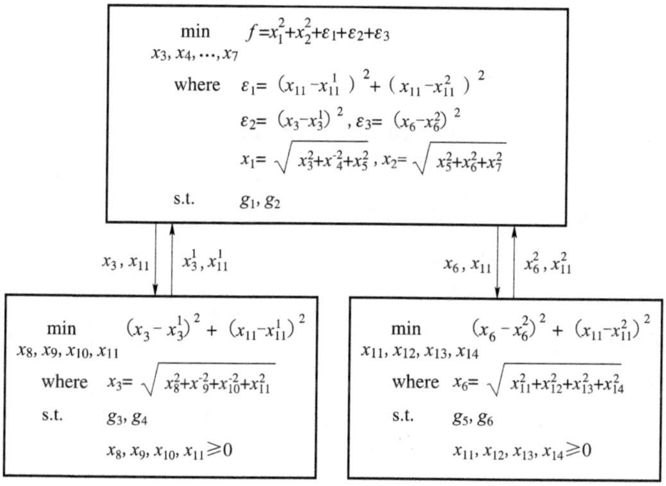

图 2.8.3　CO 求解策略框图

CO 编程：

```
% COobjfun.m
function f = COobjfun(x) % 系统层目标函数
x3 = x(1);
x4 = x(2);
x5 = x(3);
x6 = x(4);
x7 = x(5);
x1 = (x3 ^ 2 + x4 ^ - 2 + x5 ^ 2) ^ 0.5; % 系统等式约束
x2 = (x5 ^ 2 + x6 ^ 2 + x7 ^ 2) ^ 0.5; % 系统等式约束
f(1) = x1 ^ 2 + x2 ^ 2; % 计算目标函数
```

```
% COconfun.m
function[c,ceq ] = COconfun(x) % 系统层约束
x3 = x(1);
x4 = x(2);
x5 = x(3);
x6 = x(4);
x7 = x(5);
x11 = x(6);
p1 = SUB1optimization(x); % 学科 1 优化
x8_1 = p1(1); % 学科 1 优化结果赋给系统层
x9_1 = p1(2);
x10_1 = p1(3);
x11_1 = p1(4);
x3_1 = (x8_1 ^ 2 + x9_1 ^ - 2 + x10_1 ^ - 2 + x11_1 ^ 2) ^ 0.5; % 计算学科 1 和系统
不一致参数
p2 = SUB2optimization(x); % 学科 2 优化
x11_2 = p2(1); % 学科 2 优化结果赋给系统层
x12_2 = p2(2);
x13_2 = p2(3);
x14_2 = p2(4);
x6_2 = (x11_2 ^ 2 + x12_2 ^ 2 + x13_2 ^ 2 + x14_2 ^ 2) ^ 0.5; % 计算学科 2 和系统不
一致参数
c(1) = (x3 ^ - 2 + x4 ^ 2) - x5 ^ 2; % 系统不等式约束
c(2) = (x5 ^ 2 + x6 ^ - 2) - x7 ^ 2; % 系统不等式约束
ceq(1) = (x3_1 - x3) ^ 2; % 学科 1 一致性约束
ceq(2) = (x6_2 - x6) ^ 2; % 学科 2 一致性约束
ceq(3) = (x11_1 - x11) ^ 2 + (x11_2 - x11) ^ 2; % 一致性约束

% SUB1optimization.m
function p1 = SUB1optimization(x)
options = optimset('Display','off'); % 优化选项参数控制
x0 = [1 1 1 1]; % 学科 1 设计变量初值
lb = [0;0;0;0]; % 学科 1 设计变量下限
ub = [10;10;10;10]; % 学科 1 设计变量上限
[y] =
fmincon(@(y)SUB1objfun(y,x),x0,[ ],[ ],[ ],[ ],lb,ub,@(y)SUB1confun(y,
```

```
x),options); % 学科 1 优化
    p1  =  y % 学科 1 优化结果赋值输出

    % SUB1objfun.m
    function f  =  SUB1objfun(y,x)
    x8_1 = y(1);
    x9_1 = y(2);
    x10_1 = y(3);
    x11_1 = y(4);
    x3_1 = (x8_1 ^ 2 + x9_1 ^ - 2 + x10_1 ^ - 2 + x11_1 ^ 2) ^ 0.5; % 学科 1 等式约束
    x3 = x(1);
    x11 = x(6);
    f(1) = (x3_1 - x3) ^ 2 + (x11_1 - x11) ^ 2; % 学科 1 目标函数

    % SUB1confun.m
    function [c,ceq] = SUB1confun(y,x)
    x8_1 = y(1);
    x9_1 = y(2);
    x10_1 = y(3);
    x11_1 = y(4);
    c(1) = (x8_1 ^ 2 + x9_1 ^ 2) - x11_1 ^ 2; % 学科 1 不等式约束
    c(2) = (x8_1 ^ - 2 + x10_1 ^ 2) - x11_1 ^ 2; % 学科 1 不等式约束
    ceq = [ ];

    % SUB2optimization.m
    function p2  = SUB2optimization(x)
    options  =  optimset('Display','off'); % 优化选项参数控制
    x0  =  [1 1 1 1]; % 学科 2 设计变量初值
    lb  =  [0;0;0;0]; % 学科 2 设计变量下限
    ub  =  [10;10;10;10]; % 学科 2 设计变量上限
    [y]  =
    fmincon(@(y)SUB2objfun(y,x),x0,[ ],[ ],[ ],[ ],lb,ub,@(y)SUB2confun(y,
x),options); % 学科 2 优化
    p2  = y % 学科 2 优化结果赋值输出
    % SUB2objfun.m
    function f  =  SUB2objfun(y,x)
```

```
x11_2 = y(1);
x12_2 = y(2);
x13_2 = y(3);
x14_2 = y(4);
x6_2 = (x11_2 ^ 2 + x12_2 ^ 2 + x13_2 ^ 2 + x14_2 ^ 2) ^ 0.5; % 学科 2 等式约束
x6 = x(4);
x11 = x(6);
f(1) = (x6_2 - x6) ^ 2 + (x11_2 - x11) ^ 2; % 学科 2 目标函数


% SUB2confun.m
function [c,ceq] = SUB2confun(y,x)
x11_2 = y(1);
x12_2 = y(2);
x13_2 = y(3);
x14_2 = y(4);
c(1) = (x11_2 ^ 2 + x12_2 ^ - 2) - x13_2 ^ 2; % 学科 2 不等式约束
c(2) = (x11_2 ^ 2 + x12_2 ^ 2) - x14_2 ^ 2; % 学科 2 不等式约束
ceq = [ ];

% Aioobj.m
% % AIO FUNCTIONS:
function f = AiOobj(x)
x1 = x(1);
x2 = x(2);
f(1) = x1 ^ 2 + x2 ^ 2; % AIO 目标函数
% Aioconstraints.m
function [c,ceq] = AiOconstraints(x)
x1 = x(1);x2 = x(2);
x3 = x(3);x4 = x(4);
x5 = x(5);x6 = x(6);
x7 = x(7);x8 = x(8);
x9 = x(9);x10 = x(10);
x11 = x(11);x12 = x(12);
x13 = x(13);x14 = x(14);
c(1) = (x3 ^ - 2 + x4 ^ 2)/x5 ^ 2 - 1; % AIO 不等式约束
```

```
c(2) = (x5 ^ 2 + x6 ^ - 2)/x7 ^ 2 - 1; % AIO 不等式约束
c(3) = (x8 ^ 2 + x9 ^ 2)/x11 ^ 2 - 1; % AIO 不等式约束
c(4) = (x8 ^ - 2 + x10 ^ 2)/x11 ^ 2 - 1; % AIO 不等式约束
c(5) = (x11 ^ 2 + x12 ^- 2)/x13 ^ 2 - 1; % AIO 不等式约束
c(6) = (x11 ^ 2 + x12 ^ 2)/x14 ^ 2 - 1; % AIO 不等式约束
ceq(1) = (x3 ^ 2 + x4 ^ - 2 + x5 ^ 2) ^ 0.5 - x1; % AIO 等式约束
ceq(2) = (x5 ^ 2 + x6 ^ 2 + x7 ^ 2) ^ 0.5 - x2; % AIO 等式约束
ceq(3) = (x8 ^ 2 + x9 ^ - 2 + x10 ^ - 2 + x11 ^ 2) ^ 0.5 - x3; % AIO 等式约束
ceq(4) = (x11 ^ 2 + x12 ^ 2 + x13 ^ 2 + x14 ^ 2) ^ 0.5 - x6; % AIO 等式约束

% CO_test.m
clear
clc
% % Solve using AiO (single optimization problem)
x0 = [1;1;1;1;1;1;1;1;1;1;1;1;1;1]; % AIO 设计变量初值
lb = [0;0;0;0;0;0;0;0;0;0;0;0;0;0]; % AIO 设计变量下限
ub = [10;10;10;10;10;10;10;10;10;10;10;10;10;10]; % AIO 设计变量上限
disp('-----------------------------')
disp('Solving using AiO:')
disp('----------------- - - ---------')
[x,fopt] = fmincon(@AiOobj,...
    x0,[ ],[ ],[ ],[ ],lb,ub,@AiOconstraints,optimset('display','off'));
disp(['x* = [' num2str(x(3))',' num2str(x(4)) ',' num2str(x(5))',' num2str(x(6))','
num2str(x(7))',' num2str(x(6))'], f(x* ) ='
num2str(fopt)]) % 调用 fmincon 函数

% function f = CO_test()
clear
tic
options =
optimset('Display','iter','largescale','off','PlotFcns',@optimplotfval); % 优化
参数选项

x0 = [1 1 1 1 1 1]; % CO 设计变量初值
lb = [0;0;0;0;0;0]; % CO 设计变量下限
ub = [10;10;10;10;10;10]; % CO 设计变量上限
```

```
[x,fval,exitflag,output] =
fmincon(@COobjfun,x0,[ ],[ ],[ ],[ ],lb,ub,@COconfun,options) % 调用fmincon函数
%[x,fval,exitflag,output] =
fmincon(@mdfobjfun,x0,A,b,Aeq,beq,lb,ub,@mdfconfun)
x3 = x(1);x4 = x(2);x5 = x(3);x6 = x(4);x7 = x(5);
x1 = (x3 ^ 2 + x4 ^ - 2 + x5 ^ 2) ^ 0.5 % 输出 x1
x2 = (x5 ^ 2 + x6 ^ 2 + x7 ^ 2) ^ 0.5 % 输出 x2
toc
```

输出结果：

```
p1 = % 学科 1x8_1x9_1x10_1x11_1 输出结果

    0.9680    0.8893    0.8142    1.3176

p2 = % 学科 2×11_1×12_1×13_1×14_1 输出结果

    1.3174    0.8416    1.7780    1.5677

   57    618    1.764720e+01    1.169e-08    5.952e-03    1.260e-10 % 优化过程中参数

Local minimum possible. Constraints satisfied.

fmincon stopped because the size of the current step is less than
the default value of the step size tolerance and constraints are
satisfied to within the default value of the constraint tolerance.

<stopping criteria details>

x = % x3×4×5×6×7×6 优化结果

    2.3336    0.7610    0.8733    2.8394    0.9417    1.3175

fval = % 优化目标函数结果

  17.6472
```

```
exitflag = % 优化结果收敛

    2
output = % 优化输出参数

      iterations: 57
       funcCount: 618
  constrviolation: 1.1691e-08
       stepsize: 1.2603e-10
algorithm: 'interior-point'
     firstorderopt: 0.0060
      cgiterations: 99
           message: 'Local minimum possible. Constraints satisfied....'

x1 = % ×1 优化结果

    2.8170

x2 = % ×2 优化结果

    3.1164
```

CO 法迭代过程如图 2.8.4 所示。

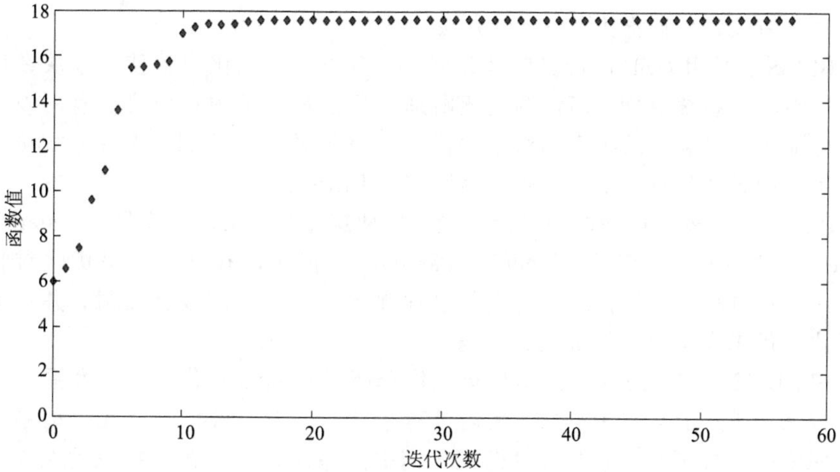

图 2.8.4　CO 法迭代过程

2.9 两级集成系统综合法

CO 法不适用于变量耦合严重的多学科问题，CSSO 法不适用于多变量问题，使得人们想找一种更能有效解决多学科优化问题的方法。两级集成系统综合法（Bi-level Integrated System Synthesis, BLISS）是 Sohieszczanski-Sobieski、Agte 和 Sandusky 在 1998 年提出的一种基于分解技术的工程系统多学科设计优化方法，由于其具有可以处理多变量并较易人为干预优化过程等优点，被认为是一种具有较强发展潜力的 MDO 方法。

BLISS 法采用 GSE 进行灵敏度分析，子系统内的优化自治使各模块在局部约束下最小化系统目标，而协调问题则只涉及相对少量的各模块公有的设计变量。协调问题的解由系统目标对全局设计变量的导数来控制。这些导数可以用两种不同的方法计算，由此产生两种版本的 BLISS。

BLISS 法将多学科问题的设计变量分成两层，系统级设计变量（System Variable）和学科级设计变量（Modular Variable），相应地存在系统级优化过程和学科级优化过程。其中，系统级优化过程优化少量的全局设计变量，并行的学科优化则优化本学科的局部设计变量。

在 BLISS 优化过程中，用最优灵敏度分析数据将学科优化结果和系统优化联系起来。类似于 CSSO 法，在优化过程开始时，需要进行一次完全的系统分析来保证多学科可行性，并且用梯度导向提高系统设计，在学科设计空间和系统设计空间之间进行交替优化。

2.9.1 BLISS 法的基本思想

BLISS 法的基本策略是将系统层优化从潜在的众多子系统优化中分离出来，使系统层设计变量显著减少。BLISS 运行伊始，要先对系统设计变量赋初始值，然后通过循环来改进设计变量以达到最优。每次循环都由两步组成：第一步，冻结系统层变量，对子系统层内的局部设计变量进行独立的、并行的、自主的优化；第二步，在第一步的基础上，优化系统层变量以达到更进一步的优化。

基本的 BLISS 法采用全局灵敏度方程进行灵敏度分析，子系统内的优化自治使各模块在局部约束下最小化系统目标，而协调问题则只涉及相对少量的各模块公有的设计变量。协调问题的解由系统目标关于子系统状态变量与子系统设计变量的导数来控制。这些导数可以用两种不同的方法计算，由此产生两种版本的 BLISS：BLISS/A 和 BLISS/B。

对于一个有 n 个子系统的 MDO 问题：

$$\begin{aligned}
&\min_{\boldsymbol{Z},\boldsymbol{Y},\boldsymbol{X}} \boldsymbol{F}=\boldsymbol{f}_0(\boldsymbol{Z},\ Y_0,\ \boldsymbol{Y})\\
&\text{s.t. } E_0(\boldsymbol{Z},\ Y_0,\ \boldsymbol{Y})=0\\
&\quad E_i(\boldsymbol{Z},\ X_i,\ Y_{ji},\ Y_i)=0,\ (i,\ j=1,\ 2,\ \cdots,\ n;\ j\neq i)\\
&\quad G_0\leqslant 0\\
&\quad G_i\leqslant 0
\end{aligned}\tag{2.9-1}$$

基于 BLISS 法，可表述为以下形式：

系统级：

$$\begin{aligned}
&\min_{\boldsymbol{Z}} F_0=y_{1,j}=(y_{1,j})_0+D(y_{1,j},\ \boldsymbol{Z})_0^{\mathrm{T}}\Delta\boldsymbol{Z}\\
&\text{s.t. } E_0(\boldsymbol{Z},\ Y_0,\ \boldsymbol{Y})=0\\
&\quad G_0\leqslant 0,\ G_{yz}\leqslant 0\\
&\quad \boldsymbol{Z}_{\mathrm{L}}\leqslant\boldsymbol{Z}+\Delta\boldsymbol{Z}\leqslant\boldsymbol{Z}_{\mathrm{U}},\ \Delta\boldsymbol{Z}_{\mathrm{L}}\leqslant\Delta\boldsymbol{Z}\leqslant\Delta\boldsymbol{Z}_{\mathrm{U}}
\end{aligned}\tag{2.9-2}$$

子系统级：对于第 i 个子问题，给定 $\boldsymbol{Z}$，Y_{ji}，$(i,j=1,\ 2,\ \cdots,\ n;\ j\neq i)$，优化问题定义为

$$\begin{aligned}
&\min_{X_i} F_i=D(y_{1,j},\ X_i)^{\mathrm{T}}\Delta X_i\\
&\text{s.t. } E_i(\boldsymbol{Z},\ X_i,\ Y_{ji},\ Y_i)=0\\
&\quad G_i\leqslant 0,\ \Delta X_{i\mathrm{L}}\leqslant\Delta X_i\leqslant\Delta X_{i\mathrm{U}}
\end{aligned}\tag{2.9-3}$$

其中，子学科优化目标中的 $D(y_{1,j},\ X_i)$ 满足 GSE 方程：

$$\begin{pmatrix} I & \cdots & -\dfrac{\partial Y_1}{\partial Y_i} & \cdots & -\dfrac{\partial Y_1}{\partial Y_n} \\ \vdots & I & \vdots & \iddots & \vdots \\ -\dfrac{\partial Y_i}{\partial Y_1} & \cdots & I & \cdots & -\dfrac{\partial Y_i}{\partial Y_n} \\ \vdots & \iddots & \vdots & I & \vdots \\ -\dfrac{\partial Y_n}{\partial Y_1} & \cdots & -\dfrac{\partial Y_n}{\partial Y_i} & \cdots & I \end{pmatrix} \begin{pmatrix} \dfrac{dY_1}{dX_k} \\ \vdots \\ \dfrac{dY_i}{dX_k} \\ \vdots \\ \dfrac{dY_n}{dX_k} \end{pmatrix} = \begin{pmatrix} \dfrac{\partial Y_1}{\partial X_k} \\ \vdots \\ \dfrac{\partial Y_{i1}}{\partial X_k} \\ \vdots \\ \dfrac{\partial Y_n}{\partial X_k} \end{pmatrix} \tag{2.9-4}$$

在 BLISS/A 过程中，系统优化目标中的 $D(y_{1,j}, X_i)$ 满足 GSE/OS 方程：

$$\begin{pmatrix} M_{yy} & M_{yx} \\ M_{xy} & M_{xx} \end{pmatrix} \begin{pmatrix} \dfrac{d\boldsymbol{Y}}{dz_k} \\ \dfrac{d\boldsymbol{X}}{dz_k} \end{pmatrix} = \begin{pmatrix} \dfrac{\partial \boldsymbol{Y}}{\partial z_k} \\ \dfrac{\partial \boldsymbol{X}}{\partial z_k} \end{pmatrix} \tag{2.9-5}$$

式中

$$M_{yy} = \begin{pmatrix} I & \cdots & -\dfrac{\partial Y_1}{\partial Y_i} & \cdots & -\dfrac{\partial Y_1}{\partial Y_n} \\ \vdots & I & \vdots & \iddots & \vdots \\ -\dfrac{\partial Y_i}{\partial Y_1} & \cdots & I & \cdots & -\dfrac{\partial Y_i}{\partial Y_n} \\ \cdots & \iddots & \vdots & I & \vdots \\ -\dfrac{\partial Y_n}{\partial Y_1} & \cdots & -\dfrac{\partial Y_n}{\partial Y_i} & \cdots & I \end{pmatrix}, \quad M_{yx} = \begin{pmatrix} -\dfrac{\partial Y_1}{\partial X_1} & \cdots & 0 & \cdots & 0 \\ \vdots & \ddots & \vdots & \iddots & \vdots \\ 0 & \cdots & -\dfrac{\partial Y_i}{\partial Y_i} & \cdots & 0 \\ \vdots & \iddots & \vdots & \ddots & \vdots \\ 0 & \cdots & 0 & \cdots & -\dfrac{\partial Y_n}{\partial Y_n} \end{pmatrix}$$

$$M_{xy} = \begin{pmatrix} 0 & \cdots & -\dfrac{\partial X_1}{\partial Y_i} & \cdots & -\dfrac{\partial Y_1}{\partial Y_n} \\ \vdots & 0 & \vdots & \iddots & \vdots \\ -\dfrac{\partial X_i}{\partial Y_1} & \cdots & 0 & \cdots & -\dfrac{\partial X_i}{\partial Y_n} \\ \vdots & \iddots & \vdots & 0 & \vdots \\ -\dfrac{\partial X_n}{\partial Y_1} & \cdots & -\dfrac{\partial X_n}{\partial Y_i} & \cdots & 0 \end{pmatrix}, \quad M_{xx} = \begin{pmatrix} I & \cdots & 0 & \cdots & 0 \\ \vdots & I & \vdots & \iddots & \vdots \\ 0 & \cdots & I & \cdots & 0 \\ \vdots & \iddots & \vdots & I & \vdots \\ 0 & \cdots & 0 & \cdots & I \end{pmatrix}$$

BLISS/B 过程利用拉格朗日条件对 $D(y_{1,j}, X_i)$ 进行了简化：

$$D(y_{1,i}, \boldsymbol{Z})_0^{\mathrm{T}} = \sum_{r=1}^{n} \left(\boldsymbol{L}^{\mathrm{T}} \frac{\partial G_i}{\partial \boldsymbol{Z}} \right)_r + \sum_{r=1}^{n} \left[\left(\boldsymbol{L}^{\mathrm{T}} \frac{\partial G_i}{\partial \boldsymbol{Y}} \right)_r \cdot \frac{d\boldsymbol{Y}}{d\boldsymbol{Z}} \right] + D(y_{1,i}, \boldsymbol{Z})^{\mathrm{T}} \tag{2.9-6}$$

式中，$\frac{\partial G_i}{\partial \boldsymbol{Z}}$和$\frac{\partial G_i}{\partial \boldsymbol{Y}}$由 CA 获得，$\frac{\mathrm{d}\boldsymbol{Y}}{\mathrm{d}\boldsymbol{Z}}$由 GSE 获得，拉格朗日乘子 $\boldsymbol{L}$ 由子系统最优化条件获得，$D(y_{1,j}, \boldsymbol{Z})^{\mathrm{T}}$为矩阵$\frac{\mathrm{d}\boldsymbol{Y}}{\mathrm{d}\boldsymbol{Z}}$中对应于 $y_{1,j}$的列向量。

BLISS/B 的计算流程如图 2.9.1 所示，BLISS/A 的流程与 BLISS/B 类似。

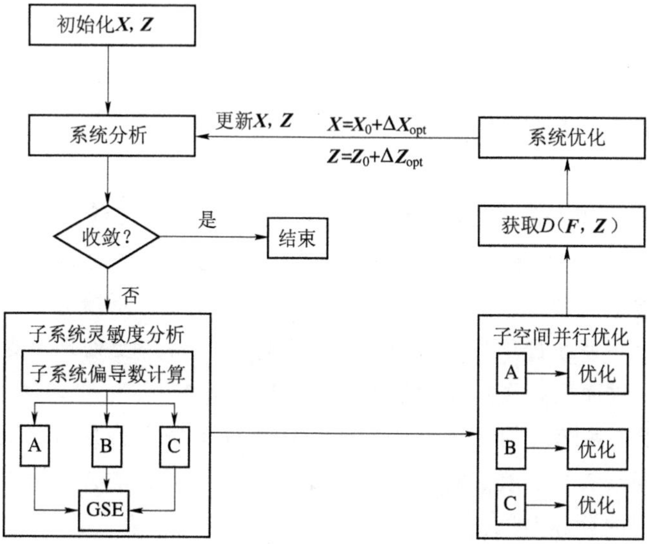

图 2.9.1　BLISS/B 计算流程

BLISS 法求解流程可用下列步骤表述：

Begin "SO"

Step 0：初始化 $\boldsymbol{X}$ 与 $\boldsymbol{Z}$。

Step 1：执行系统分析获得 $\boldsymbol{Y}$ 和 $\boldsymbol{G}$，系统分析中包括各子系统的学科分析。

Step 2：检测收敛准则，若满足收敛条件，则终止程序获得系统目标；否则重载结果、修改问题表述，继续执行。

Step 3：执行 SSSA，获得$\frac{\partial \boldsymbol{Y}}{\partial \boldsymbol{X}}$，$\frac{\partial Y_i}{\partial Y_j}$，$\frac{\partial \boldsymbol{G}}{\partial \boldsymbol{Z}}$与$\frac{\partial \boldsymbol{G}}{\partial \boldsymbol{Y}}$；执行系统灵敏度分析，获得$\frac{\partial \boldsymbol{Y}}{\partial \boldsymbol{X}}$（在BLISS/A 中为$\frac{\partial \boldsymbol{Y}}{\partial \boldsymbol{Z}}$）。

Begin "SSO"

Step 4：表述各子系统的目标函数 F_i，执行子系统局部最优化，获得 $\boldsymbol{F}_{i\mathrm{opt}}$和 $\Delta \boldsymbol{X}_{\mathrm{opt}}$；获得 $\boldsymbol{G}$ 的拉格朗日乘子 $\boldsymbol{L}$（在 BLISS/A 中跳过 $\boldsymbol{L}$）。

End

Step 5：计算得到 $D(\boldsymbol{F}, \boldsymbol{Z})$ $\left(\right.$在 BLISS/A 中执行子系统最优灵敏度分析，获得$\frac{\mathrm{d}\boldsymbol{X}}{\mathrm{d}\boldsymbol{Z}}$和$\frac{\mathrm{d}\boldsymbol{X}}{\mathrm{d}\boldsymbol{Y}}$，构造并求解 GSE/OS 以产生$\left.\frac{\mathrm{d}\boldsymbol{Y}}{\mathrm{d}\boldsymbol{Z}}\right)$。

Step 6：执行 SOPT 获得 $\Delta\boldsymbol{Z}_{\mathrm{opt}}$。

Step 7：更新各变量 $\boldsymbol{X}=\boldsymbol{X}_0+\Delta\boldsymbol{X}_{\mathrm{opt}}$，$\boldsymbol{Z}=\boldsymbol{Z}_0+\Delta\boldsymbol{Z}_{\mathrm{opt}}$，转到 Step 1。

End

2.9.2 BLISS 法的特点

根据上述对 BLISS 法基本知识的介绍，可将其主要优点归纳如下：

（1）BLISS 是一个两级优化框架，系统层的优化过程通过引导子系统层的优化问题求解来实现整个系统设计方案的改善。通过将原始的复杂设计优化问题分解为多个子系统层的优化问题，系统层优化器所需要处理问题的维度得以大幅度减少，进而改善了优化求解的效率和效果。

（2）由于子系统层的优化设计工作是在执行了多学科分析之后进行的，各学科问题之间具有相容性，因此能够保证学科优化问题的并行开展，也就能够减少优化求解的计算时间。

（3）另外，BLISS 法特别适合解决具有较少系统级设计变量而具有大量局部设计变量的线性设计优化的工程问题。

相应地，其劣势主要体现在：

（1）在 BLISS 法中，学科目标函数是由系统层目标函数得到的，因此单个学科并不具有选取自身目标函数的自治性。BLISS 的系统层优化问题可能具有很强的不连续性，如果采用基于梯度信息类型的优化算法，将会导致收敛困难。

（2）由于基于最优灵敏度信息的 BLISS 优化的实质是将非线性问题线性化，其有效性取决于 MDO 问题的非线性程度。若 MDO 问题为高度非线性或非凸，收敛性对于初始点非常敏感，BLISS 法的鲁棒性不是很好。

2.9.3 BLISS 法的改进

对于一般的非线性问题，BLISS 法尚能收敛于系统最优解。BLISS 法的收敛性对初始点非常敏感，如果分析模型高度非线性或非凸，初始点的选取就变得至关重要。对于高度非线性的多学科问题，BLISS 法的鲁棒性不好。为解决这个问题，Sobieszczanski - Sobieski 和 Kodiyanlam 提出了 BLISS/RS 方法。其做法是在 BLISS 法中引入响应面，对系统级优化问题采用响应面对各子系统的输出进行近似，从而避免了最优灵敏度的求解，响应面模型成为系统层优化和子系统层的联系纽带，使得原问题变得“平滑”。响应面的引入改善了系统层优化的收敛特性，也减小了优化陷入局部最优的可能性，提高了 BLISS 法的鲁棒性。

BLISS/RS 方法与原始 BLISS 方法基本一致，只是 BLISS/RS 方法运用响应面来近似系统目标函数和系统约束关于系统级设计变量的关系，如图 2.9.2 所示。

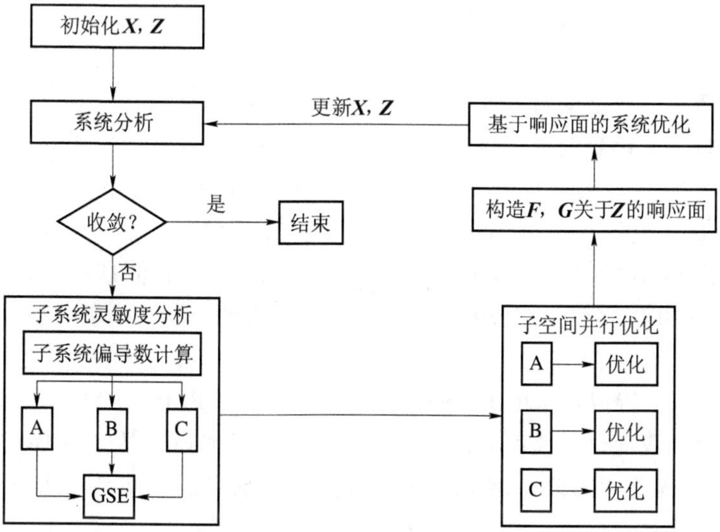

图 2.9.2　BLISS/RS 计算流程

对前文所述的两种 BLISS 过程 BLISS/A 和 BLISS/B 进行修改，可得到采用 RS 的 BLISS 过程：BLISS/RS1 和 BLISS/RS2。这两种算法的主要区别是：BLISS/RS1 中 RS 由系统分析所得数据构造和更新，而 BLISS/RS2 中 RS 则用子系统最优化所得数据对变量 $\boldsymbol{Y}$ 进行线性插值来构造。BLISS/RS 较原始的 BLISS 方法简便，且 BLISS/RS2 方法进一步近似子系统级输出，减少了系统级分析次数和整个 BLISS 计算的时间。

在 BLISS 中引入响应面来求解系统级优化问题，可减少总的计算量。在系统级优化问题中运用响应面，可不必对系统优化问题进行表述，也无须求解最优灵敏度导数，并消除了对有效约束的拉格朗日乘子的依赖。而且，用 RS 产生的平滑操作可改进数值优化方法的收敛特性，从而减小陷入局部最优的可能性。响应面技术对 BLISS/RS 过程相当重要，其质量直接影响整个优化过程的质量。

2.9.4 BLISS 2000 方法简介

BLISS 2000 方法是 Sohieszczanski - Sobieski 和 Altus 在 BLISS 方法基础上提出的一种新的 MDO 方法。BLISS 2000 方法用响应面模型代替了灵敏度分析，并对 BLISS 方法的系统级优化和子系统优化都进行了修改。子系统优化的目标函数为本子系统各个输出耦合状态变量的加权和，权重系数代表本子系统各个输出耦合状态变量对系统目标函数的影响程度，这种表示形式省去了灵敏度分析。设计变量只包括本子系统的局部设计变量。系统级优化在 BLISS 法的基础上增加了耦合状态变量的一致性约束，并把系统级优化设计变量从 BLISS 法中的只包含共享设计变量扩充为包含共享设计变量、耦合状态变量和权重系数三种变量。学科层优化目标函数形式的变化和权重系数的不同确定方式，是 BLISS 2000 方法区别于 BLISS 方法的关键所在。系统层和学科层子问题间的信息交换是通过学科优化方案的近似模型来进行的。标准的 BLISS 方法需要 MDA，而在 BLISS 2000 方法中，由于引入了系统级一致性约束，每次迭代时不需要 MDA。

采用响应面近似技术的 BLISS 2000 方法则是原 BLISS 方法的“升级版”，而同样结合响应面近似模型的改进型 BLISS 方法只能说是基本型 BLISS 方法的“改进版”，这是因为改进型 BLISS 方法仅对系统层优化问题采用响应面对各子系统的输出进行近似，而 BLISS 2000 方法彻底地用响应面模型代替了灵敏度分析，并对 BLISS 方法的系统级优化和子系统优化都进行了修改。

BLISS 2000 方法在继承原 BLISS 方法的优点的基础上，同时克服了原 BLISS 方法的一些缺陷，它通过响应面模型建立起系统层和学科层的联系，从而避免了原 BLISS 方法需要求全局灵敏度信息、最优灵敏度信息等烦琐的计算，使 BLISS 方法的计算性能提升不少，实施也更加方便。不过在使用响应面模型近似学科输出时，要注意近似模型的选择，选用所需试验设计样本点少且精度高的近似模型是 BLISS 2000 方法成功收敛的关键。

BLISS 2000 优化过程主要包括三个部分：子系统优化、子系统响应面构造和系统级优化。

1. 子系统优化

对于第 i 个子系统，给定 $\mathbf{Z}$，$Y_{ji}(i, j=1, 2, \cdots, n; j \neq i)$，优化问题定义为

$$\min_{X_i} F_i = W_i Y_i$$

$$\text{s.t. } E_i(\boldsymbol{Z}, X_i, Y_{ji}, Y_i)=0$$
$$G_i \leqslant 0,\ \Delta X_{iL} \leqslant \Delta X_i \leqslant \Delta X_{iU} \quad (2.9-7)$$

式中，$\boldsymbol{W}$ 为权值系数向量，作为系统级变量用以连接子系统优化和系统级优化。

子系统优化获得 Y_{iopt}，并将其传递给系统优化，而不必将最优的 F_i 传给系统优化。子系统优化在空间 $\{\boldsymbol{Z} | Y_{ji} | W_i\} \equiv Q_i$ 中某些分散点上进行，可以利用试验设计技术构造点的分布模式，以加快优化收敛。从系统角度看，各子系统可自主确定其优化求解方法。

2. 子系统响应面构造

为了降低总的计算量，对子系统的优化结果构造响应面近似，以便用于系统级优化中。将各响应面构成响应面族（SRS），SRS 即子系统最优化的近似模型，如下：

$$\hat{Y}_{opt}=\hat{Y}_{opt}(\text{SRS}(Q))$$
$$\hat{U}_{opt}=\hat{U}_{opt}(\text{SRS}(Q)),\ U_{opt} \equiv \{X_{opt} | Y_{opt}\}$$
$$Q_L \leqslant Q \leqslant Q_U \quad (2.9-8)$$

式中，上标“ˆ”表示近似值；$\hat{Y}_{opt}$ 表示由上一迭代步得到的 SRS 所获得的近似值。Q 的边界值根据各边界约束、内部迭代所需的移动限制进行最佳估算获得。SRS 可称为域近似，因为它在上述边界内包含了整个 Q 空间。在子系统最优化后，通过上式构造各子系统的响应面，然后可进行系统级优化。

3. 系统级优化

利用各子系统的响应面近似，可方便地进行系统级优化。给定 $\hat{Y}_{opt}$，优化问题定义为

$$\min_{Q} F_0 = y_{1,j} \approx (\hat{y}_{1,j})_{opt}$$
$$\text{s.t. } E_0(\boldsymbol{Z}, Y_0, Y)=0$$
$$Y-\hat{Y}_{opt}=0$$
$$G_0 \leqslant 0,\ Q_L \leqslant Q \leqslant Q_U \quad (2.9-9)$$

在非线性系统中，从 SRS 获得的数据误差为 $\boldsymbol{\varepsilon}=Y_{opt}-\hat{Y}_{opt}$，对 $\boldsymbol{\varepsilon}$ 的控制需要通过子系统优化和系统优化迭代来实现。在系统优化中，还需要考虑 Q 的移动限制 Q_L 和 Q_U。这些移动限制在每次迭代中都需要调整，有时其可能与 SRS 的边界条件冲突，如此则需要在子系统优化中增加新的点以重新拟合 SRS。

BLISS 2000 方法求解流程可用下列步骤表述：

Begin "SO"

Step 0：初始化 $\boldsymbol{Z}$，$\boldsymbol{W}$，以及边界 U、L。

Step 1：执行初始的系统分析以获得 Y 的初始值，以及构造响应面边界。

Step 2：构造或更新各子系统的近似模型，可并行进行。

① 采用数据压缩技术减少各子系统 Q 空间的维数。

② 在 Q 空间中用 DOE 技术处理确定响应面近似所需的最少的点。

③ 进行各子系统的最优化，可并行实现。

④ 根据②和③的结果拟合一组响应面。

⑤ 用随机取样检验 SRS 质量，若有必要，可增加新的点或抛弃旧的点，改进 SRS 的质量。

⑥ 各系统优化后，通过转换、扩展或收缩 Q 空间，避免偏离 SRS 边界，并保持近似质量。

Step 3：利用 SRS 数据在空间 Q 中进行系统优化。

Step 4：检查终止准则，End 或继续。

Step 5：利用 Step 3 中更新的 Q，转到 Step 2。

End

2.9.5 BLISS 法算例

减速器优化问题（Speed Reducer Problem，SRP）是 NASA 评估多学科设计优化方法性能的 10 个标准算例之一，其目标是在一系列应力、变形和几何约束条件下实现减速箱体积（或质量）最小，如图 2.9.3 所示。

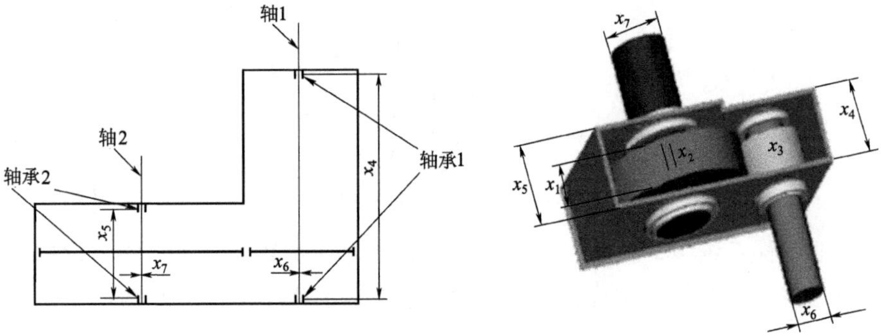

图 2.9.3 减速器设计问题示意

减速器优化问题的数学模型为

$$\min f(x)=0.7854x_1x_2^2(3.333x_3^2+14.933x_3-43.0934)-1.508x_1(x_6^2+x_7^2)+7.477(x_6^3+x_7^3)+0.7854(x_4x_6^2+x_5x_7^2)$$

$$\begin{aligned}
\text{s.t. } & g_1:\ 27.0/(x_1x_2^2x_3)-1\leqslant 0\\
& g_2:\ 397.5/(x_1x_2^2x_3^2)-1\leqslant 0\\
& g_3:\ 1.93x_4^3/(x_2x_3x_6^4)-1\leqslant 0\\
& g_4:\ 1.93x_5^3/(x_2x_3x_7^4)-1\leqslant 0\\
& g_5:\ A_1/B_1-1100\leqslant 0\\
& g_6:\ A_2/B_2-850\leqslant 0\\
& g_7:\ x_2x_3-40.0\leqslant 0\\
& g_8:\ x_1/x_2-12.0\leqslant 0\\
& g_9:\ -x_1/x_2+5.0\leqslant 0\\
& g_{10}:\ (1.5x_6+1.9)/x_4-1\leqslant 0\\
& g_{11}:\ (1.1x_7+1.9)/x_5-1\leqslant 0
\end{aligned}\tag{2.9-10}$$

其中，系数 A_1，A_2，B_1，B_2 如下：

$A_1=\left[\left(\dfrac{745.0x_4}{x_2x_3}\right)^2+16.9\times10^6\right]^{0.5}$；$A_2=\left[\left(\dfrac{745.0x_5}{x_2x_3}\right)^2+157.5\times10^6\right]^{0.5}$；$B_1=0.1x_6^3$；$B_2=0.1x_7^3$；$2.6\leqslant x_1\leqslant 3.6$；$0.7\leqslant x_2\leqslant 0.8$；$17\leqslant x_3\leqslant 28$；$7.3\leqslant x_4$，$x_5\leqslant 8.3$；$2.9\leqslant x_6\leqslant 3.9$；$5\leqslant x_7\leqslant 5.5$。

式中，x_1 为齿宽系数；x_2 为齿轮模数，单位 cm；x_3 为小齿轮齿数；x_4，x_5 为轴承间距，单位 cm；x_6，x_7 为轴的直径，单位 cm。以上为该设计优化问题的 7 个设计变量。优化目标为满足减速器中转轴和齿轮大量约束的同时，使得减速器体积最小。g_1 为齿的弯曲应力约束；g_2 为齿的接触应力约束；g_3，g_4 为轴的变形约束；g_5，g_6 为轴的应力约束；g_7，g_8，g_9 为几何约束；g_{10}，g_{11} 为根据经验确定的设计条件。

1. 基于标准 BLISS 法的求解

针对这一设计问题，首先需对系统层设计变量和各子系统的局部设计变量进行确定，这项工作建立在对系统进行分解的基础之上（具体的分解方法见第 3 章相关内容）。可利用朴素的思想对其进行分解尝试，由系统目标函数可以看出，该系统的设计变量具有如下特点：

（1）只存在加减和乘积项，由于乘积关系相对于加减关系分析更复杂，因此需要减少乘积关系对系统分析与求解带来的复杂性。

（2）x_1 和 x_2 与 x_6、x_7 和 x_3 在某些项中有乘积关系，并且在目标函数中出现频繁，不易分离，因此可以将其作为系统层设计变量。

（3）x_4 和 x_6，x_5 和 x_7 在某些项中也存在乘积关系，但是 x_4 与 x_5、x_7 在目标函数各个项中无乘积关系，x_5 与 x_4、x_6 在目标函数各个项中也无乘积关系，因此可以将 x_4 和 x_6 分在一个子系统内，而将 x_5 和 x_7 分在另一个子系统内作为局部设计变量。

（4）对于 x_3，由于它在目标函数中只与 x_1 和 x_2 有乘积关系，因此将其作为系统层设计变量与 x_1 和 x_2 同时优化。

综上，将 x_1、x_2 和 x_3 作为系统层设计变量，x_4 和 x_6 作为一个子系统内的局部设计变量，x_5 和 x_7 作为另一个子系统内的局部设计变量。

然后，进行子系统目标函数的确定。为了使子系统的优化结果对系统目标函数起到积极的贡献作用，即系统目标函数 f 是各个子系统目标函数 f_i 的增函数系统，根据该目标函数内各个项多是加减关系这一特点，并参考各个变量的取值范围，这里取系统目标函数为各子系统目标函数之和。将所有含有 x_4 和 x_6 的项加和作为子系统 D1 的目标函数；所有含有 x_5 和 x_7 的项加和作为子系统 D2 的目标函数；将所有剩余项加和作为子系统 D3 的目标函数。 于是系统就分解成三个子系统：D1、D2 和 D3。

系统级 D0：

系统层的优化问题定义为

$$\begin{aligned}&\min_{\Delta x_1,\ \Delta x_2,\ \Delta x_3} \varphi=f_0+D(f,\ x_1)\Delta x_1+D(f,\ x_2)\Delta x_2+D(f,\ x_3)\Delta x_3\\&\text{s. t. } g_i\leqslant 0,\ i=1,\ 2,\ 7,\ 8,\ 9\\&X\in[X^{\mathrm{L}},\ X^{\mathrm{U}}]\end{aligned} \tag{2.9-11}$$

式中，f_0 为上一迭代步得到的 f 值（第一次优化时为所给定的初始值）。

子系统 D1：

$$\begin{aligned}&\min_{X_1=\{x_1,\ x_2,\ x_3,\ x_4,\ x_6\}} f_1=-1.508x_1x_6^2+7.477x_6^3+0.7854x_4x_6^2\\&\text{s. t. } g_1,\ g_2,\ g_3,\ g_5,\ g_7,\ g_8,\ g_9\end{aligned} \tag{2.9-12}$$

针对局部设计变量 x_4 和 x_6，优化问题定义为

$$\begin{aligned}&\min_{\Delta x_4,\ \Delta x_6} \varphi_1=f_{10}+D(f_1,\ x_4)\Delta x_4+D(f_1,\ x_6)\Delta x_6\\&\text{s. t. } g_{1i}\leqslant 0,\ i=1,\ 2,\ 3,\ 5,\ 7,\ 8,\ 9,\ 10\\&X_1\in[X_1^{\mathrm{L}},\ X_1^{\mathrm{U}}]\end{aligned} \tag{2.9-13}$$

式中，f_{10} 为上一迭代步得到的 f_1 值（第一次优化时为所给定的初始值）。

子系统 D2：

$$\begin{aligned}&\min_{X_2=\{x_1,\ x_2,\ x_3,\ x_5,\ x_7\}} f_2=-1.508x_1x_7^2+7.477x_7^3+0.7854x_5x_7^2\\&\text{s. t. } g_1,\ g_2,\ g_4,\ g_6,\ g_7,\ g_8,\ g_9,\ g_{11}\end{aligned} \tag{2.9-14}$$

针对局部设计变量 x_5 和 x_7，优化问题定义为

$$\min_{\Delta x_5,\ \Delta x_7} \varphi_2 = f_{20} + D(f_2,\ x_5)\Delta x_5 + D(f_2,\ x_7)\Delta x_7$$

$$\text{s.t.}\ g_{2i} \leqslant 0,\ i=1,\ 2,\ 4,\ 6,\ 7,\ 8,\ 9,\ 11$$

$$X_2 \in [X_2^{\mathrm{L}},\ X_2^{\mathrm{U}}] \tag{2.9-15}$$

式中，f_{20} 为上一迭代步得到的 f_2 值（第一次优化时为所给定的初始值）。

子系统 D3：

$$\min_{X_3=\{x_1,\ x_2,\ x_3\}} f_3 = 0.785\,4x_1x_2^2(3.333x_3^2 + 14.933x_3 - 43.093\,4)$$

$$\text{s.t.}\ g_1,\ g_2,\ g_7,\ g_8,\ g_9 \tag{2.9-16}$$

由于 D3 含有的设计变量只有系统层设计变量，当进行系统层优化时也就对 D3 进行了优化，因此不针对其进行单独优化。

由于子系统状态变量的输出之间不存在耦合关系，因此可在系统分析以及程序内直接用简单的导数关系来替换全局灵敏度方程，以简化求解过程。

利用 BLISS 方法所建立的 MDO 计算流程，所得到的计算结果及其与 MDF 方法计算结果的对比如表 2.9.1 所示。

表 2.9.1　BLISS 算例计算结果

比较项	BLISS 方法	MDF 方法
目标函数值	2 900.067 5	2 900.068 4
x_1	3.600 0	3.600 0
x_2	0.664 211	0.664 211
x_3	17.000 0	17.000 0
x_4	7.300 0	7.300 0
x_5	7.715 476	7.715 478
x_6	3.459 138	3.459 138
x_7	5.286 799	5.286 799
计算耗时/s	101	33
迭代次数	3	1

2. 基于 BLISS 2000 方法的求解

也可根据减速器优化问题的物理意义，将其分解为齿轮、轴 1 和轴 2 三个并行的子系统。 由于减速器优化问题不存在耦合方程，为便于表述，构造三个耦合变量

$Y^*=\{A, B, C\}$，其中 $A=x_2x_3$，$B=x_4/(Ax_6)$，$C=x_5/(Ax_7)$。选取对三个子系统均有影响的$Z=\{x_6, x_7\}$为系统级设计变量，各子系统变量及约束的组织如表 2.9.2 所示。所构造的减速器设计问题 BLISS 求解组织结构如图 2.9.4 所示。

表 2.9.2 减速器问题子系统及变量分解

学科模块	输出变量 $\hat{Y}$	输入变量			学科约束
		Z	**X**	**Y^***	
BB_1	$\hat{A}$，$\hat{f}$	x_6，x_7	X_1，x_2，x_3	B^*，C^*	g_1，g_2，g_7，g_8，g_9
BB_2	$\hat{B}$	X_6	X_4	A^*，B^*	g_3，g_5，g_{10}
BB_3	$\hat{C}$	x_7	x_5	A^*，C^*	g_4，g_6，g_{11}

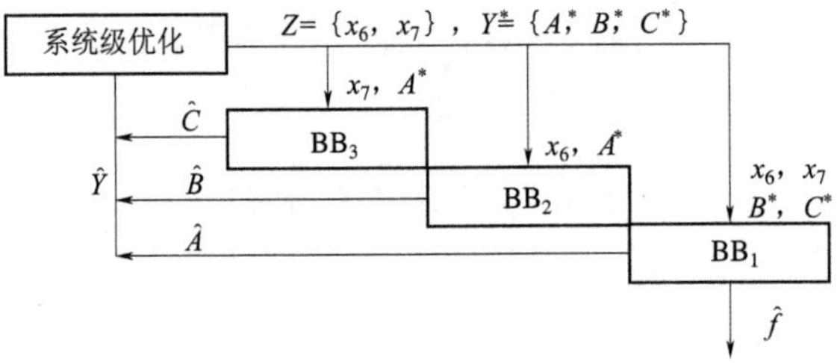

图 2.9.4 减速器设计问题 BLISS 求解组织结构

利用 BLISS 2000 方法所建立的 MDO 计算流程，选取合适的设计点作为初始点进行优化，可得到收敛的优化结果，迭代过程如图 2.9.5 所示。

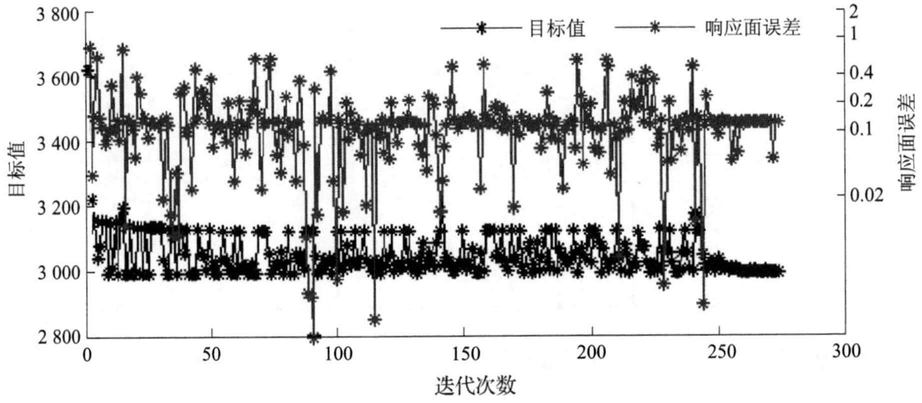

图 2.9.5 BLISS 2000 迭代过程

由于系统级优化对响应面依赖性很强，当移动搜索边界重新构造响应面时，响应面在新搜索空间的拟合精度降低，误差变大，从而导致系统级优化值变化较大，造成 BLISS 2000 迭代过程具有较强的振荡性。由图 2.9.5 可以看出，算法经过 273 次循环（耗时 1 907 s），最终在目标函数值 2 994.356 2 处实现收敛。

2.10 目标分流法

目标分流（Analytical Target Cascading，ATC）法最初由密歇根大学的 Papalambros 和 Michelena 于 1999 年借助协同优化法的思想并结合汽车产品开发流程的理念提出，属于层次型多级优化方法，是解决复杂工程系统设计优化的新方法。在目标分流法中，初始的约束被分解到多个较低层次的子问题中；响应和联系变量被引入以描述垂向的和水平向的不同子问题间的交互作用；在给定层次上的优化目标是通过使得由它较高层次和较低层次计算得到的响应之间的偏差最小化得到的。目标分流法能够在产品开发早期阶段以一种有效和协调的方式得以实施。

对于汽车这样的复杂产品的研发工作，需要在满足用户需求和有关法律法规的前提下，优化地确定大量整车、系统、子系统以及零部件的设计变量。对整车的诸多性能要求，如动力性、经济性、安全性等转化为可以度量的设计目标。原始的设计问题（整车级别）可以被解释为：在满足所有约束的前提下，找到一个设计方案，使得所有设计指标和响应之间的偏差量达到最小。这类初始的设计目标 P_0 可以用数学形式描述如下：

$$\begin{cases} \min\limits_{x} \| \boldsymbol{T} - \boldsymbol{R} \| \\ \text{Where } \boldsymbol{R} = \boldsymbol{r}(\boldsymbol{x}) \\ \text{s. t. } g_i(\boldsymbol{x}) \leqslant 0,\ i=1,\ 2,\ \cdots,\ m_i \\ \qquad h_j(\boldsymbol{x}) = 0,\ j=1,\ 2,\ \cdots,\ m_e \\ x_k^{\min} \leqslant x_k \leqslant x_k^{\max},\ k=1,\ 2,\ \cdots,\ n \end{cases} \tag{2.10-1}$$

式中，$\boldsymbol{T}$ 为所给定的目标值；$\boldsymbol{R}$ 为系统响应；$\|\cdot\|$ 表示某种形式的范数；$\boldsymbol{r}$ 为系统分析响应函数；$\boldsymbol{x}$ 为设计变量；$\boldsymbol{g}$ 和 $\boldsymbol{h}$ 分别为具有 m_i 和 m_e 维的不等式和等式约束；$\boldsymbol{x}^{\max}$ 和 $\boldsymbol{x}^{\min}$ 分别为设计变量的上、下界。

2.10.1　ATC 法的基本思想

ATC 法的基本思想是，在层次型设计问题的顶层定义期望的设计目标，并将这些目标向下传递；对每层上的每个子系统设计问题，最小化本单元与上层传递的目标之间的偏差。反复更新与比较设计目标和分析响应，使单元之间达到一致性。协调所有的子问题决策，进而满足整个产品设计目标。优化设计模型 P 和分析模型 r 存在于目标分流过程的建模结构中。优化设计模型用于召集分析模型求解车辆、系统、子系统和部件的响应。因此，分析模型占用设计变量和参数以及较低层次的响应，并返回设计问题的响应。响应和联系变量被引入以描述垂向的和水平向的不同子问题间的交互作用，响应被定义为一个分析模型的输出，联系变量被定义为一个存在于两个或更多设计模型间的通用设计变量。

ATC 法在车辆工程领域基于部件进行分解，分解后为树型结构，树型结构中的节点称为单元，其中包括汽车零部件的设计优化模型和分析模型。一个单元只能有一个母单元，但可以有多个子单元。上下级之间的联系变量是设计目标和分析响应。在层次型设计问题的顶层定义期望的设计目标，并将这些目标向下传递；对每层上的每个子系统设计问题，最小化本单元与上层传递的目标之间的偏差。反复地更新与比较设计目标和分析响应使单元之间达到一致性。协调所有的子问题决策，进而满足整个产品设计目标。

1. ATC 法的一般性公式描述

为了使公式具有更好的通用性，这里给出目标分流法的一般性描述，如图 2.10.1 所示。

对于一个层次化结构中第 i 层上的第 j 个子问题 P_{ij}，由较高层次 $i-1$ 给定了所在层次 i 上的响应目标值和该层次上联系变量的目标值，通过与该层次上求解得到的响应目标值相比较，使其之间的偏差最小作为优化的目标函数来进行优化求解。

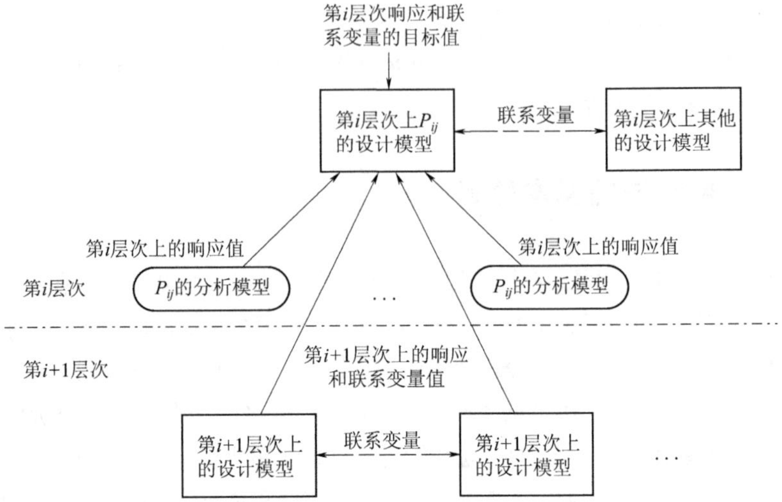

图 2.10.1 层次 i 与层次 i+1 之间的信息传递

$$\begin{cases} P_{ij}:\ \min \| \boldsymbol{R}_{ij} - \boldsymbol{R}_{ij}^{U} \| + \| \boldsymbol{y}_{ij} - \boldsymbol{y}_{ij}^{U} \| + \varepsilon_{\boldsymbol{R}} + \varepsilon_{y} \\ \text{r. t. } \widetilde{\boldsymbol{x}}_{ij},\ \boldsymbol{y}_{ij},\ \boldsymbol{y}_{(i+1)j},\ \boldsymbol{R}_{(i+1)j},\ \varepsilon_{\boldsymbol{R}},\ \varepsilon_{y} \\ \text{where } \boldsymbol{R}_{ij} = r_{ij}(\boldsymbol{R}_{(i+1)j},\ \widetilde{\boldsymbol{x}}_{ij},\ \boldsymbol{y}_{ij}) \\ \text{s. t. } \| \boldsymbol{R}_{(i+1)} - \boldsymbol{R}_{(i+1)}^{L} \| \leqslant \varepsilon_{\boldsymbol{R}},\ \| \boldsymbol{y}_{(i+1)} - \boldsymbol{y}_{(i+1)}^{L} \| \leqslant \varepsilon_{y} \\ g_{ij}(\boldsymbol{R}_{ij},\ \widetilde{\boldsymbol{x}}_{ij},\ \boldsymbol{y}_{ij}) \leqslant 0 \\ h_{ij}(\boldsymbol{R}_{ij},\ \widetilde{\boldsymbol{x}}_{ij},\ \boldsymbol{y}_{ij}) = 0 \\ \widetilde{\boldsymbol{x}}_{ij}^{\min} \leqslant \widetilde{\boldsymbol{x}}_{ij} \leqslant \widetilde{\boldsymbol{x}}_{ij}^{\max},\ \boldsymbol{y}_{ij}^{\min} \leqslant \boldsymbol{y}_{ij} \leqslant \boldsymbol{y}_{ij}^{\max} \end{cases} \tag{2.10-2}$$

式中，P_{ij}为分解得到的第 i 层次上第 j 个子模块的优化问题；$\boldsymbol{R}$ 为由分析模型求解得到的系统响应值；$\boldsymbol{R}^{U}$ 为由较高层次传递下来的目标值；$\boldsymbol{R}^{L}$ 为由较低层次传递上来的目标值；$\boldsymbol{y}$ 为同层次间的联系变量；$\boldsymbol{y}^{U}$ 为由较高层次传递下来的联系变量值；$\boldsymbol{y}^{L}$ 为由较低层次传递上来的联系变量值；$\varepsilon_{\boldsymbol{R}}$ 为目标值与响应值之间的偏差量；ε_{y} 为联系变量的目标值与计算值之间的偏差量；$\widetilde{\boldsymbol{x}}$ 为局部设计变量；$\widetilde{\boldsymbol{x}}^{\min}$ 为设计变量的下限；$\widetilde{\boldsymbol{x}}^{\max}$ 为设计变量的上限；$\boldsymbol{r}$ 为响应的求解函数（分析模型）；$\boldsymbol{g}$ 为不等式约束条件；$\boldsymbol{h}$ 为等式约束条件。

2. 二层次结构的公式描述

对于一个具有二层次结构的问题解决模型（见图 2.10.2），它在两个层次上的公式描述分别为如下形式：

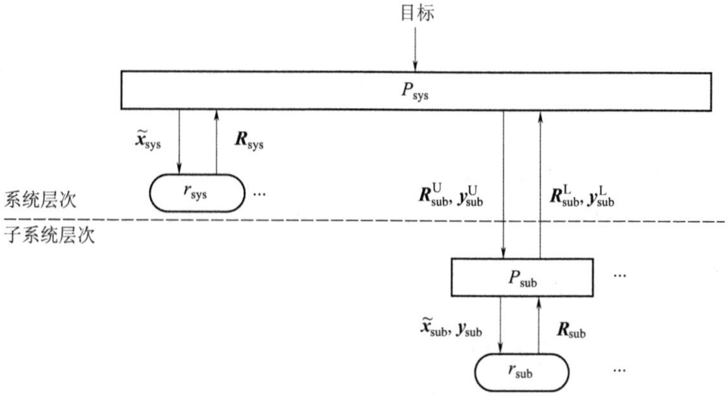

图 2.10.2　二层次结构

（1）在系统（System）层次上：

$$
\begin{cases}
P_{sys}:\ \min \| \boldsymbol{R}_{sys} - \boldsymbol{T}_{sys} \| + \varepsilon_{\boldsymbol{R}} + \varepsilon_{y} \\
\text{r. t. } \tilde{\boldsymbol{x}}_{ij},\ \boldsymbol{y}_{sys},\ \boldsymbol{R}_{sub},\ \varepsilon_{\boldsymbol{R}},\ \varepsilon_{y} \\
\text{where } \boldsymbol{R}_{sys} = r_{sys}(\boldsymbol{R}_{sub},\ \tilde{\boldsymbol{x}}_{sys}) \\
\text{s. t. } \| \boldsymbol{R}_{sub} - \boldsymbol{R}^{L}_{sub} \| \leqslant \varepsilon_{\boldsymbol{R}},\ \ \| \boldsymbol{y}_{sub} - \boldsymbol{y}^{L}_{sub} \| \leqslant \varepsilon_{y} \\
g_{sys}(\boldsymbol{R}_{sys},\ \tilde{\boldsymbol{x}}_{sys}) \leqslant 0 \\
h_{sys}(\boldsymbol{R}_{sys},\ \tilde{\boldsymbol{x}}_{sys}) = 0 \\
\tilde{\boldsymbol{x}}^{min}_{sys} \leqslant \tilde{\boldsymbol{x}}_{sys} \leqslant \tilde{\boldsymbol{x}}^{max}_{sys}
\end{cases}
\tag{2.10-3}
$$

（2）在子系统（Subsystem）层次上：

$$
\begin{cases}
P_{sub}:\ \min \| \boldsymbol{R}_{sub} - \boldsymbol{R}^{U}_{sub} \| + \| \boldsymbol{y}_{sub} - \boldsymbol{y}^{U}_{sub} \| \\
\text{r. t. } \tilde{\boldsymbol{x}}_{sub},\ \boldsymbol{y}_{sub} \\
\text{where } \boldsymbol{R}_{sub} = r_{sub}(\tilde{\boldsymbol{x}}_{sub},\ \boldsymbol{y}_{sub}) \\
\text{s. t. } g_{sub}(\boldsymbol{R}_{sub},\ \tilde{\boldsymbol{x}}_{sub},\ \boldsymbol{y}_{sub}) \leqslant 0 \\
h_{sub}(\boldsymbol{R}_{sub},\ \tilde{\boldsymbol{x}}_{sub},\ \boldsymbol{y}_{sub}) = 0 \\
\tilde{\boldsymbol{x}}^{min}_{sub} \leqslant \tilde{\boldsymbol{x}}_{sub} \leqslant \tilde{\boldsymbol{x}}^{max}_{sub} \\
\boldsymbol{y}^{min}_{sub} \leqslant \boldsymbol{y}_{sub} \leqslant \boldsymbol{y}^{max}_{sub}
\end{cases}
\tag{2.10-4}
$$

3. ATC 法应用过程

ATC 法应用于汽车设计的结构框架可看作一个四步过程：

（1）定义顶层的优化目标。

（2）通过恰当的方式将顶层的优化目标分解到子系统上形成各个子系统的优化目标，并对此进行协调性判断。如果该分解结果是协调的，可以进行下阶段的优化设计工作，否则重复这一分解过程直至实现协调的分解。

（3）如果子系统下面还存在更低层次上的优化问题，则需做进一步的分解工作。针对所得到的分解结果，对系统、子系统和部件分别进行优化设计以实现其各自相应的优化设计目标。

（4）校验设计出的产品满足整体产品设计目标，形成最终设计。

顶层的设计目标被分流为各个子系统设计目标，对各个子问题分别进行求解。如果分流到子系统上的优化目标不能达到要求或者是不协调的，那么就需要重新进行目标分流过程。反之，如果目标分流结果是协调的，分解得到的子系统能够达到各自的优化目标，那么针对每个子系统的优化模型，根据实际情况分别为之选用最为恰当的优化方法进行优化设计，并形成最终设计。这样就形成了一个目标分流方法“定义目标——目标分流——分别设计——协调统一”的四步过程。

基于扩展设计结构矩阵的 ATC 计算结构如图 2.10.3 所示。

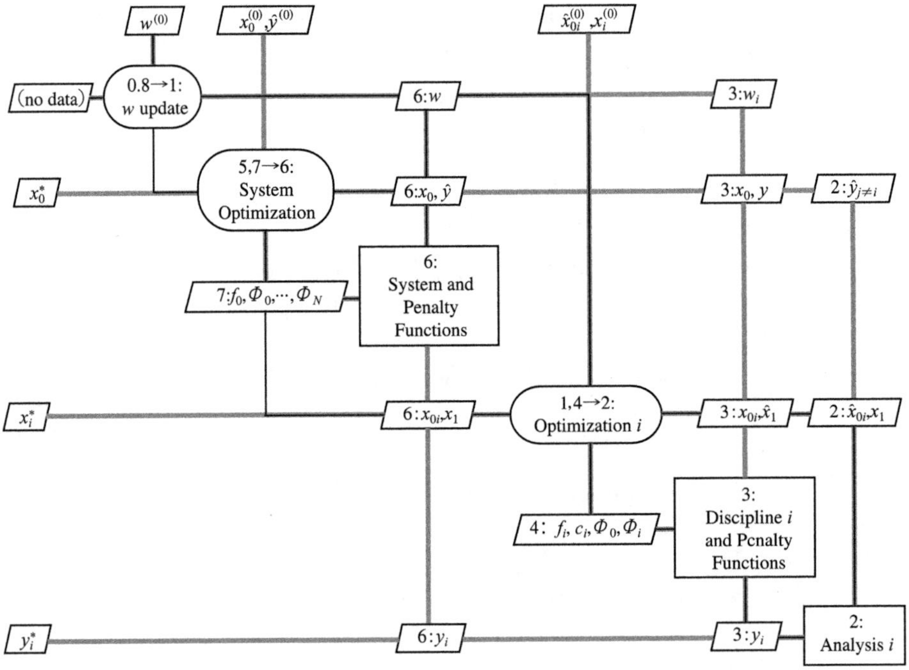

图 2.10.3 基于扩展设计结构矩阵的 ATC 计算结构

计算流程如下：

```
Input: Initial design variables x^(0)
Output: Optimal variables x*, objective function f0*, constraintvalues c*
  0: Initiate main ATC iteration
   repeat
     for each discipline i, do
     1: Initiate discipline optimizer
     repeat
       2: Evaluate discipline analysis
       3: Compute discipline objective and constraint functions and penalty function values
       4: Update discipline design variables
     unti l4→2: Discipline optimization has converged
  end for
  5: Initiate system optimizer
  repeat
    6: Compute system objective, constraints, and all penalty functions
    7: Update system design variables and coupling variable copies
  until 7→6: System optimization has converged
  8: Update penalty weights
until 8→1: System optimization has converged
```

2.10.2　ATC 法的特点

由目标分流法理论可以看出，ATC 法具有以下特点：

（1）ATC 法符合系统工程思想，能有效提高系统的设计质量。ATC 法要求把工程问题看作一个系统，强调从整体出发对各局部的协调，有利于充分发现和利用各子系统的协同效应，设计出综合性能更好的产品。

（2）ATC 法的模块化结构使产品开发过程具有很强的独立性。由于其具有相对独立性，各学科分析问题变更不易引起其他部分设计问题的关联变化。每个学科的设计人员可选用各自最适宜的分析方法（软件）、优化方法和专家知识，有利于设计任务高效进行。

（3）通常 CO 法仅适用于两级（系统级及子系统级）设计问题，ATC 法则可应用在三层及三层以上的层次优化模型中，其使用范围更为广泛。CO 法的优化流程为两级嵌套式优化，系统级每迭代一步，子系统级完成一次优化，而ATC的优化方法为多级交替优化，通过交替求解上级单元和下级单元来协调，较之CO法更为简便，收敛效率更高。

（4）有研究表明，ATC法具有全局收敛性，满足最优性必要条件，能够收敛到最原始设计优化问题的最优解。

（5）ATC法促成了产品开发及生产的并行工程：一旦系统、子系统、部件满足了设计目标，较低层次的元素（零件）就可以在细节上被独立设计，允许零部件供应商独立进行设计、制造工作，然后再由主机厂来进行模块化集成。

2.10.3 ATC法的编程实现

针对式（2.4-10）所示的优化问题，基于ATC法进行优化模型重构，该算例的ATC求解策略如图2.10.4所示。

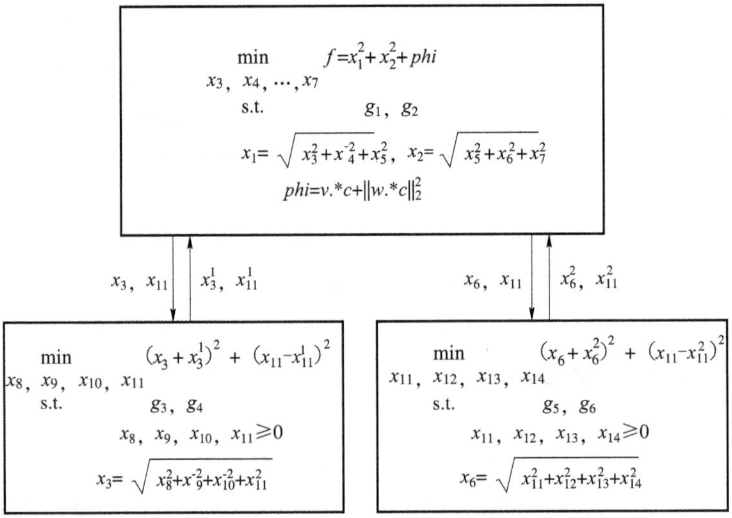

图 2.10.4 算例的ATC求解策略

ATC编程：

```
% ATC_F.m
function obj = ATC_F(x,v,w,z)
global x111 x112 x11_s x3 x6 % 全局设计变量
x4 = x(1);
x5 = x(2);
x7 = x(3);x11 = x(4);
```

```
x11_s = x11;
x1 = (x3 ^ 2 + x4 ^ - 2 + x5 ^ 2) ^ 0.5;
x2 = (x5 ^ 2 + x6 ^ 2 + x7 ^ 2) ^ 0.5;
c1 = x3 - z(1);
c2 = x6 - z(2);
v1 = v(1);v2 = v(2);
w1 = w(1);w2 = w(2);
f = x1 ^ 2 + x2 ^ 2;
phi_1 = v1 * c1 + abs(w1 * c1); % 罚函数

% ATC_P.m
function [c,x,f,k] = ATC_P(v,w,z)
global x3 x6
x01 = [1 1 1 1]; % 设计变量初值
lb1 = [0;0;0;0]; % 设计变量下限
ub1 = [10;10;10;10]; % 设计变量上限
[xopt,fopt,flag,output,grad,hessian] =
fmincon(@ ATC_F1,x01,[ ],[ ],[ ],[ ],lb1,ub1,...
    @ ATCconstraints_1,optimset('display','off'),z); % 调用 fmincon 优化函数
k(8) = xopt(1);k(9) = xopt(2);
k(10) = xopt(3);
% x111 x3
x02 = [1 1 1 1];
lb2 = [0;0;0;0];
ub2 = [10;10;10;10];
[xopt,fopt,flag,output,grad,hessian] =
fmincon(@ ATC_F2,x02,[ ],[ ],[ ],[ ],lb2,ub2,...
    @ ATCconstraints_2,optimset('display','off'),z);
k(12) = xopt(2);k(13) = xopt(3);k(14) = xopt(4);
% x112 x6
x0 = [1 1 1 1 1 1];
warning off
lb = [0;0;0;0];
ub = [10;10;10;10];
[xopt,fopt,flag,output,grad,hessian] =
fmincon(@ATC_F,x0,[ ],[ ],[ ],[ ],lb,ub,...
```

```
    @ ATCconstraints,optimset('display','off'),v,w,z);
k(4) = xopt(1);k(5) = xopt(2);k(7) = xopt(3);k(11) = xopt(6);
x4 =  xopt(1);
x5 =  xopt(2);
x7 = xopt(3);
c(1) = x3 - z(1);
c(2) = x6 - z(2);
x(1) = x3;
x(2) = x6;
k(3) = x3;
k(6) = x6;
k(1) = (k(3) ^ 2 + k(4) ^ - 2 + k(5) ^ 2) ^ 0.5;
k(2) = (k(5) ^ 2 + k(6) ^ 2 + k(7) ^ 2) ^ 0.5;
f = x3 ^ 2 + x4 ^ - 2 + x5 ^ 2 + x5 ^ 2 + x6 ^ 2 + x7 ^ 2;

% ATCconstraints.m
function [c,ceq] = ATCconstraints(x,v,w,z)
global x3 x6
x4 =  x(1);
x5 =  x(2);
x7 = x(3);
c(1) = (x3 ^ - 2 + x4 ^ 2)/ x5 ^ 2 - 1;
c(2) = (x5 ^ 2 + x6 ^- 2)/ x7 ^ 2 - 1;
ceq = [ ];

% ATC_F1.m
function obj = ATC_F1(x,z) % 学科 1 目标函数
global x111 x3 x11_s
x8 = x(1);
x9 = x(2);
x10 = x(3);
x11 = x(4);
x111 = x11;
x3 = (x8 ^ 2 + x9 ^ - 2 + x10 ^ - 2 + x11 ^ 2) ^ 0.5;
obj = (x3 - z(1)) ^ 2 + (x11 - x11_s) ^ 2; % 一致性约束
```

```
% ATC_P1.m
function P1_output = ATC_P(v,w,z)
x0 = [1 1 1 1 1 1];
warning off
lb = [0;0;0;0;0;0];
ub = [10;10;10;10;10;10]
[xopt,fopt,flag,output,grad,hessian] =
fmincon(@ ATC_F1,x0,[ ],[ ],[ ],[ ],lb,ub,...
    @ ATCconstraints_1,optimset('display','off'),v,w,z);
% c1 = xopt - z;
% a = [2 3];
% f = a(1) * (xopt - a(2)) ^ 2;
% P1_output.x = xopt;
% P1_output.F = fopt;
% P1_output.c = c1;
% P1_output.f = f;

% ATCconstraints1.m
function [c,ceq] = ATCconstraints_1(x,z) % 学科 1 约束函数
x8 = x(1);
x9 = x(2);
x10 = x(3);
x11 = x(4);
c(1) = (x8 ^ 2 + x9 ^ 2) - x11 ^ 2; % 学科 1 等式约束
c(2) = (x8 ^ - 2 + x10 ^ 2) - x11 ^ 2; % 学科 1 等式约束
ceq = [ ];

% ATC_F2.m
function obj = ATC_F2(x,z) % 学科 2 目标函数
global x112 x6 x11_s
x11 = x(1);
x12 = x(2);
x13 = x(3);
x14 = x(4);
x112 = x11;
x6 = (x11 ^ 2 + x12 ^ 2 + x13 ^ 2 + x14 ^ 2) ^ 0.5;
```

```
obj = (x6 - z(2)) ^ 2 + (x11 - x11_s) ^ 2; % 一致性约束

% ATC_P2. m
function P2_output = ATC_P2(v,w,z)
x0 = [- 0. 3 - 0. 1];
lb = [- 1 - 1];
ub = [1 1];
warning off
[xopt,fopt,flag,output,lambda] =
fmincon(@ ATC_F2,x0,[ ],[ ],[ ],[ ],lb,ub,...
    @ ATCconstraints,optimset('display','off'),v,w,z);
c2 = xopt(1) - z;
P2_output.x = xopt;
P2_output.F = fopt;
P2_output.c = c2;

% ATCconstraints2. m
function [c,ceq] = ATCconstraints_2(x,z) % 学科 2 约束函数
x11 = x(1);
x12 = x(2);
x13 = x(3);
x14 = x(4);
c(1) = (x11 ^ 2 + x12 ^ - 2) - x13 ^ 2; % 学科 2 等式约束
c(2) = (x11 ^ 2 + x12 ^ 2) - x14 ^ 2; % 学科 2 等式约束
ceq = [ ];

% ATCinnerloop. m
function [c,x,f] = ATCinnerloop(v,w,z0) % 内循环
P_output = ATC_P(v,w,z0);
% c1 = P1_output. c;
% z = P1_output. x;
% F1 = P1_output. F;
% f = P1_output. f;
%
% P2_output = ATC_P2(v(2),w(2),z);
% c2 = P2_output. c;
```

```
% z = P2_output.x(1);
% F2 = P2_output.F;
%
% c = [c1 c2];
% x = P2_output.x;

%AiOobj.m
%% AIO FUNCTIONS:
function f = AiOobj(x)
x1 = x(1);
x2 = x(2);
f(1) = x1 ^ 2 + x2 ^ 2; % 目标函数

%AiOconstraints.m
function [c,ceq] = AiOconstraints(x) % AiO 约束
x1 = x(1);x2 = x(2);
x3 = x(3);x4 = x(4);
x5 = x(5);x6 = x(6);
x7 = x(7);x8 = x(8);
x9 = x(9);x10 = x(10);
x11 = x(11);x12 = x(12);
x13 = x(13);x14 = x(14);
c(1) = (x3 ^ - 2 + x4 ^ 2)/ x5 ^ 2 - 1;
c(2) = (x5 ^ 2 + x6 ^ - 2)/ x7 ^ 2 - 1;
c(3) = (x8 ^ 2 + x9 ^ 2)/ x11 ^ 2 - 1;
c(4) = (x8 ^ - 2 + x10 ^ 2)/ x11 ^ 2 - 1;
c(5) = (x11 ^ 2 + x12 ^ - 2)/ x13 ^ 2 - 1;
c(6) = (x11 ^ 2 + x12 ^ 2)/ x14 ^ 2 - 1;
ceq(1) = (x3 ^ 2 + x4 ^ - 2 + x5 ^ 2) ^ 0.5 - x1;
ceq(2) = (x5 ^ 2 + x6 ^ 2 + x7 ^ 2) ^ 0.5 - x2;
ceq(3) = (x8 ^ 2 + x9 ^ - 2 + x10 ^ - 2 + x11 ^ 2) ^ 0.5 - x3;
ceq(4) = (x11 ^ 2 + x12 ^2 + x13 ^ 2 + x14 ^ 2) ^ 0.5 - x6;

%ATC_Demo1.m
%% Solve using ATC (two optimization subproblems)
tic
```

```
disp('')
disp('-------------------------------')
disp('Solving usingATC:')
disp('-------------------------------')

clear
global x111 x112 x11_s
x111 = 1.3;x112 = 1.3;x11_s = 1.3;
v = [1 1]; w = [1 1];
beta = 1.3;
z0 = [2.3 2.6];
c_old = [inf inf];
epsilon = 2e-4;       % 误差
continuel_oop = 1;   % 继续迭代
maxiter = 100;        % 最大迭代次数
i = 1;

 % Outer Loop
while continue_loop
    [c,x,f,k] = ATC_P(v,w,z0);

    v = v + 2*w.*w.*c;
    w = w*beta;
    z0 = x;

if norm(c - c_old) <= epsilon % 平方和再开根号
if norm(c) <= epsilon
          continuel_oop = 0;
end
end

    c_old = c;
if i >= maxiter
         error('Outer Loop Failed: exceeded maxiter')
end
```

```
    disp(['Outer loop iteration: 'num2str(i) ', norm(c) ='...
      num2str(norm(c))])
    disp(['x* =['num2str(x(1))','num2str(x(2))'], f(x*) ='num2str(f)])
    i=i+1;
    plot(i,f,'*')
    hold on
end
disp(['x* =['num2str(k) '], f(x*) ='num2str(f)])
disp('------------------------------')
toc
```

输出结果：

```
Outer loop iteration: 27, norm(c) = 0.00019577
x* =[2.4069, 2.7799], f(x*) =17.6321

   x* = [2.8767      3.0589       2.4069       0.75984 0.86601      2.7799
0.93775      0.97804      0.81913       0.76344       1       0.84156       1.7455
1.5308], f(x*) =17.6321
------------------------------
```

算例的 ATC 迭代过程如图 2.10.5 所示。

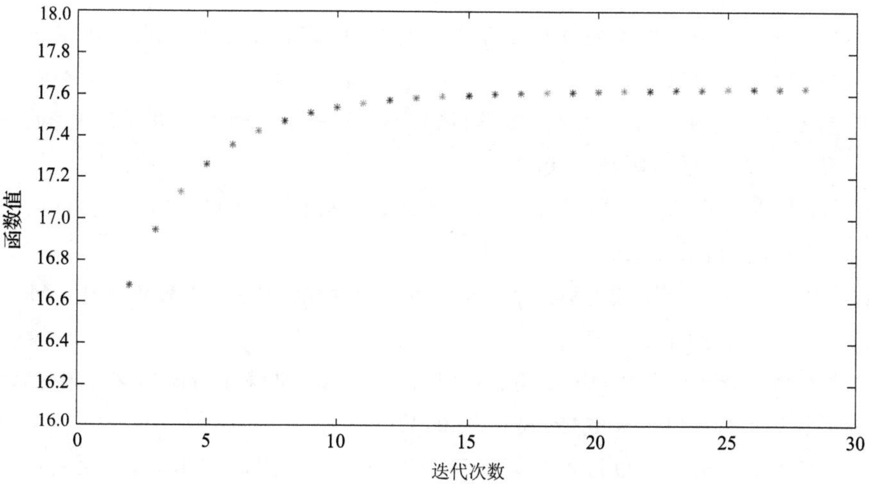

图 2.10.5　算例的 ATC 迭代过程

参 考 文 献

[1] Sobieszczanski - Sobieski J., Morris A., van Tooren M. Multidisciplinary Design Optimization Supported by Knowledge Based Engineering [M]. Wiley, 2016.

[2] Breitkopf P., Coelho R. F. Multidisciplinary Design Optimization in Computational Mechanics [M]. John Wiley & Sons Inc., 2010.

[3] de Weck O. MIT OpenCourseWare for ESD. 77: Multidisciplinary System Design Optimization. Massachusetts Institute of Technology, 2010.

[4] Martins J. R. Course notes for AEROSP 588: Multidisciplinary Design Optimization. University of Michigan, 2012.

[5] Hicken J. E., Alonso J. J. Course notes for AA222: Introduction to Multidisciplinary Design Optimization. Stanford University, 2012.

[6] 王振国，陈小前，罗文彩，等. 飞行器总体多学科设计优化理论与应用研究 [M]. 北京：国防工业出版社，2006.

[7] 陈小前，姚雯，欧阳琦. 飞行器不确定性多学科设计优化理论与应用 [M]. 北京：科学出版社，2013.

[8] 尹泽勇，米栋. 航空发动机多学科设计优化 [M]. 北京：北京航空航天大学出版社，2015.

[9] 钟毅芳，陈柏鸿，王周宏. 多学科综合优化设计原理与方法 [M]. 武汉：华中科技大学出版社，2006.

[10] 刘组源，冯佰威，詹成胜. 船体型线多学科设计优化 [M]. 北京：国防工业出版社，2010.

[11] 岳珠峰，李立州，虞跨海，等. 航空发动机涡轮叶片多学科设计优化 [M]. 北京：科学出版社，2007.

[12] 李磊，李元生，敖良波，等. 船用大功率柴油机涡轮增压器多学科设计优化 [M]. 北京：科学出版社，2011.

[13] 宋保维，王鹏. 鱼雷多学科设计优化理论与应用研究 [M]. 西安：西北工业大学出版社，2016.

[14] 于剑桥，文仲辉，梅跃松，等. 战术导弹总体设计 [M]. 北京：北京航空航天大学出版社，2010.

[15] Allison J. T. Complex System Optimization: A Review of Analytical Target Cascading, Collaborative Optimization, and Other Formulations [D]. Master's thesis, Department of Mechanical Engineering, University of Michigan, 2004.

[16] Allison J. T. Optimal Partitioning and Coordination Decisions in Decomposition - based Design Optimization [D]. Doctoral Dissertation, The University of Michigan, 2008.

[17] Tajima J., Momiyama F., Yuhar N. A New Solution for Two - bag Air Suspension System with Leaf Spring for Heavy - duty Vehicle [J]. Vehicle System Dynamics, 2006, 44 (2): 107 - 138.

[18] Allison J. T., Kokkolaras M., Zawislak M., et al. On the Use of Analytical Target Cascading and Collaborative Optimization for Complex System Design [C]. 6th World Congress on Structural and Multidisciplinary Optimization, Rio de Janeiro, May 30th - June 3rd, 2005.

[19] Cramer E. J., Denns J. E., Frank P. D., et al. Problem Formulation for Multidisciplinary Optimization [J]. SIAM Journal of Optimization, 1994, 4: 754 - 776.

[20] Sobieski J., Agte J. S., Sandusky R. R. Bi - level Integrated System Synthesis (BLISS) [J]. 1998, AIAA98 - 4916.

[21] Kodiyalam S., Sobieszczanski - Sobieski J. Bilevel Integrated System Synthesis with Response Surfaces [J]. AIAA Journal, 2000, 38 (8): 1479 - 1485.

[22] Papalambros P., Wilde D. J. Principles of Optimal Design: Modeling and Computation (2nd Edition) [M]. Cambridge University Press, New York, 2000.

[23] Martins J. R., Lambe A. B. Multidisciplinary Design Optimization: A Survey of Architectures [J]. AIAA journal, 2013, 51 (9): 2049 - 2074.

[24] Cramer E., Dennis J., Frank P., et al. Problem Formulation for Multidisciplinary Optimization [J]. SIAM Journal of Optimization, 1994, 4 (4): 754 - 776.

[25] Braun R. D., Kroo I. M. Development and Application of the Collaborative Optimization Architecture in a Multidisciplinary Design Environment in Multidisciplinary Design Optimization: State - of - the - Art [J]. SIAM, 1997: 98 - 116.

[26] Sobieszcanski - Sobieski J. A Linear Decomposition Method for Large Optimization Problems - Blueprint for Development [R]. NASA TM - 83248, Feb. 1982.

[27] Sobieszcanski - Sobieski J., James B., Ahmed S. Structural Sizing by Generalized, Multilevel Optimization [J]. AIAA Journal, 1987, 25 (1): 139 - 145.

[28] Braun R. Collaborative Optimization: An Architecture For Large - Scale Distributed Design [D]. Doctoral Dissertation, Stanford University, 1996.

[29] Sobieski I. P. Multidisciplinary Design Using Collaborative Optimization [D]. Ph. D. thesis, Stanford University, 1998.

[30] Kim H. M. Target Cascading in Optimal System Design [D]. Ph. D. thesis, University of Michigan, 2001.

[31] Allison J. T. Optimal Partitioning and Coordination Decisions in Decomposition - based Design Optimization [D]. Ph. D. thesis, University of Michigan, 2008.

[32] 王婷婷．车辆的不确定性多学科设计优化方法研究 [D]．北京：北京理工大学，2012.

[33] 陈勇．汽车多学科设计优化与不确定性决策的方法研究 [D]．北京：北京理工大学，2011.

[34] 赵迁．解析目标分流法理论研究及在汽车设计优化中的应用 [D]．北京：北京理工大学，2010.

[35] 李邦国．多学科设计优化关键技术及在汽车抗撞性设计中的应用 [D]．北京：北京理工大学，2009.

[36] 许林．飞行器 MDO 过程及相关技术研究与应用 [D]．长沙：国防科技大学，2009.

[37] 蔡伟．不确定性多目标 MDO 理论及其在飞行器总体设计中的应用研究 [D]．长沙：国防科技大学，2008.

[38] 姜哲．多学科设计优化在桁架式 Spar 平台概念设计中的应用研究 [D]．上海：上海交通大学，2010.

[39] 李世海．多学科设计优化（MDO）算法研究 [D]．北京：中国地质大学（北京），2009.

[40] 陈伟，杨树兴，赵良玉．BLISS 方法的基本理论及应用 [J]．弹箭与制导学报，2007，27（5）：229 - 232＋236.

[41] Papalambros P., Michelena N. F. Trends and Challenges in System Design Optimization [C]. Proceedings of the International Workshop on Multidisciplinary Design Optimization, 2000.

[42] Kim H. M., Michelena N. F., Jiang T. Target Cascading in Optimal System Design [C]. Proceedings of DETC. 2000, 26th Design Automation Conference, DETC2000/DAC-14265.

[43] Kim H. M., Rideout D. G., Papalambros P., et al. Analytical Target Cascading in Automotive Vehicle Design [C]. Proceedings of DETC 2001, 27th Design Automation Conference, DETC2001/DAC-21079.

[44] Kim H. M., Kokkolaras M., Louca L. S., et al. Target Cascading in Vehicle Redesign: A Class VI Truck Study [J]. Int. J. Veh. Des., 2002: 199-225.

[45] Kim H. M., Rideout D. G., Papalambros P., et al. Analytical Target Cascading in Automotive Vehicle Design [J]. Journal of Mechanical Design, 2003, 125: 481-489.

[46] Chan K. Y. Sequential Linearization in Analytical Target Cascading for Optimization of Complex Multilevel Systems [J]. Mechanical Engineering Science, 2011, 225: 451-462.

[47] Michalek J. J., Papalambros P. An Efficient Weighting Update Method to Achieve Acceptable Consistency Deviation in Analytical Target Cascading [J]. Journal of Mechanical Design, 2005, 127: 207-215.

[48] 陈潇凯，林逸．目标分流法理论及其关键技术 [J]. 公路交通科技，2009, 26(9): 125-130.

[49] Lassiter J. B., Wiecek M. M., Andrighetti K. R. Lagrangian Coordination and Analytical Target Cascading: Solving ATC-decomposed Problems with Lagrangian duality [J]. Optimization and Engineering, 2005, 67: 361-381.

[50] Tosserams S., Etman L. F. P., Papalambros P. Y., et al. An Augmented Lagrangian Relaxation for Analytical Target Cascading Using the Alternating Direction Method of Multipliers [J]. Structural and Multidisciplinary Optimization, 2006, 31: 176-189.

[51] Han J., Papalambros P. A Sequential Linear Programming Coordination Algorithm for Analytical Target Cascading [J]. Journal of Mechanical Design, 2010, 132: 5-8.

[52] 张晓琳．基于二次外罚函数和Kriging模型的目标级联方法研究 [D]. 武汉：华中科技大学，2013.

[53] 褚学征．复杂产品设计空间探索与协调分解方法研究 [D]. 武汉：华中科技大学，2010.

第 3 章 多学科设计优化建模

多学科设计优化建模是基于多学科设计优化方法具体开展多学科设计、分析和优化的工作基础。多学科设计优化建模工作涉及如何对复杂系统进行合理的问题表征、分解与协调，如何对模型计算精度与效率实现均衡，如何针对广泛存在的不确定性问题进行有效处理等内容。本章主要对复杂系统分解、变复杂度建模，以及不确定性建模等方法进行介绍。

3.1　复杂系统的分解方法

在复杂系统优化设计中，系统分解是提高计算效率、节省计算成本的有效手段之一。系统分解是按照某些原则将整个系统分解成多个子系统的过程，分解得到的各子系统之间相互独立或者耦合关系较弱。其主要思想是，通过改变多学科设计优化问题的结构，使其在改进性能的同时降低复杂程度，以此来缩短设计周期。系统分解方法从本质上解决了多学科设计优化技术的组织复杂性问题，同时也解决了计算复杂性问题。系统分解是多学科设计优化技术的关键，它包含：在优化中采用设计信息流简明地描述系统分析过程中的信息传递关系；优化系统分析过程，以提高系统分析效率；通过保证相互独立的子系统之间的一致性，得到全局最优解。

3.1.1　基于分解的设计优化

20 世纪 80 年代初，人们就探讨了复杂大系统的特点与求解方法，其中分解协调法（Decomposition and Coordination）最为引人注目，其基本思想是，将产品分解为若干个子系统，分别对各子系统进行求解，然后根据子系统之间的关系采用某种合适的策略获得产品整体最优结果。

执行基于分解的设计优化需要完成两项基本工作：首先，定义系统分解；

其次，建立协调子问题求解的策略。制定分解和协调策略可以看作最优化系统设计的前处理步骤。图 3.1.1 阐明了前处理步骤，初始系统如图 3.1.1（a）所示，顶点表示系统的部件或与系统设计相关的分析，连接这些顶点的边表示不同部件或分析之间的相互作用。第一步确定每个部件应该属于哪个子问题，完成这一步的结果是图 3.1.1（b）所示的系统分解。分解完成后，必须设计协调策略，协调策略中一个重要的方面是子问题求解顺序，如图 3.1.1（c）所示。

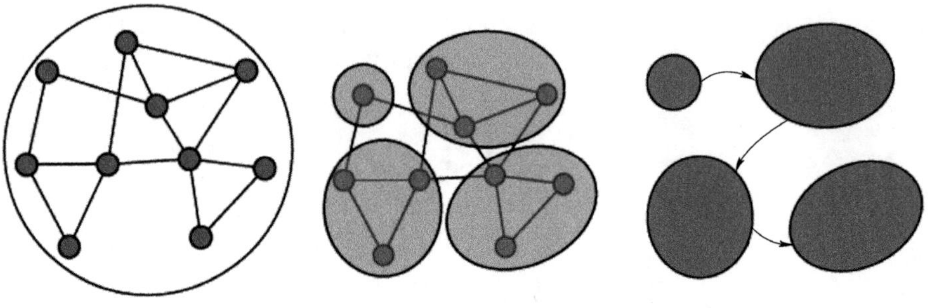

图 3.1.1　基于分解的设计优化过程

(a)未分解系统；(b)所分解子问题；(c)子问题协调策略

对于车辆设计优化问题，目前采用的建模技术往往是按照传统的学科划分构建本学科的设计模型，然后以这些模型为基础构造出整车设计模型。对各学科均采用传统的经验公式和数值计算方法来构造和求解设计模型，在建模过程中并没有对各学科之间的耦合作用进行认真考虑，各学科的建模依然是各自为战，导致最后建立的整车模型无法挖掘学科间的耦合关系，也就无法发挥应有的设计潜力。耦合关系在概念设计阶段相对容易处理，在工程设计阶段将非常困难，需要更有效的建模技术对其进行保障。

3.1.2　学科的定义及划分原则

多学科设计优化中的学科是一个抽象概念，又可称为子系统、子空间或者子问题。对于车辆而言，学科可以指动力学、结构、控制和流体力学等，也可以代表车辆的实际物理部件，如动力总成、底盘和车身等。

学科的定义：对所关注的目标函数（产品性能）起主要作用的分系统、功能可称为学科。它应具有以下特征：对系统起显著作用；相互独立；彼此间存在相互影响（耦合关系）。

对于车辆工程问题，其学科划分的一般原则如下：

（1）确定所研制车辆的主要技术指标，即车辆开发的主要性能目标（如动力性、能耗经济性和 NVH 等）。

（2）依据性能目标，对其进行分解（例如，将动力性这一性能目标具体细化为最高车速 $v_{\max}$、0→100 km/h 加速时间 $t_{0\to100\ \mathrm{km/h}}$、最大爬坡度 $i_{\max}$ 等子目标）。然后，整理出对各子目标有主要影响的学科，全面抓主要矛盾。

（3）学科划分应全面，具有遍历性，保证分解后的系统能够客观反映原问题全貌，使得设计优化出来的方案符合工程实际情况，系统不“失真”，能够保持原系统的性质；同时，应兼顾系统建模的方便性。

（4）学科划分时要尽量使划分后学科间的耦合变量数量少，弱化各学科之间的耦合关系，以利于后续建模过程中难以处理的学科间不一致性协调和求解的收敛性保证。

（5）学科的划分还应充分考虑前期工作基础、设计人员的业务熟悉领域、所具备的工程设计软硬件条件等。不同市场定位的汽车，所关注的主要技术指标不同，所涉及多学科设计优化的学科也应不相同，其划分结果不是恒定不变的。

3.1.3　复杂系统的分解方法

人们在系统分解方法领域已经做了大量工作，复杂系统的分解方法大致可分为四种类型：部件（Object）、学科（Aspect）、顺序（Sequential）和模型（Model）分解。

其中，部件分解是将系统分解成各组成部件，例如汽车动力总成的设计可以按部件分解为发动机和变速箱等部件，如图 3.1.2（a）所示。其缺点是在大规模高度集成的系统中，部件和组件周围适当的“边界”可能难以确定。

学科分解是根据问题中含有的不同知识领域对系统进行分解，是多学科设计优化的基础，例如汽车动力总成的设计也可以按学科分解为传热学和动力学等学科，如图 3.1.2（b）所示。学科分解通常由非产品管理考虑的角度来阐述，便于多学科间的协同合作，但是往往难以有效处理学科间耦合的问题。基于部件或学科的分解方式可统称为问题的“自然”分解，通常比较直观，但也较主观。

顺序分解通常应用于包含信息流的问题。例如，设计任务的调度管理可以按先后顺序分解成不同的子系统模块；再如，某生产制造过程也可以根据工艺条件将其分解为不同的生产阶段。

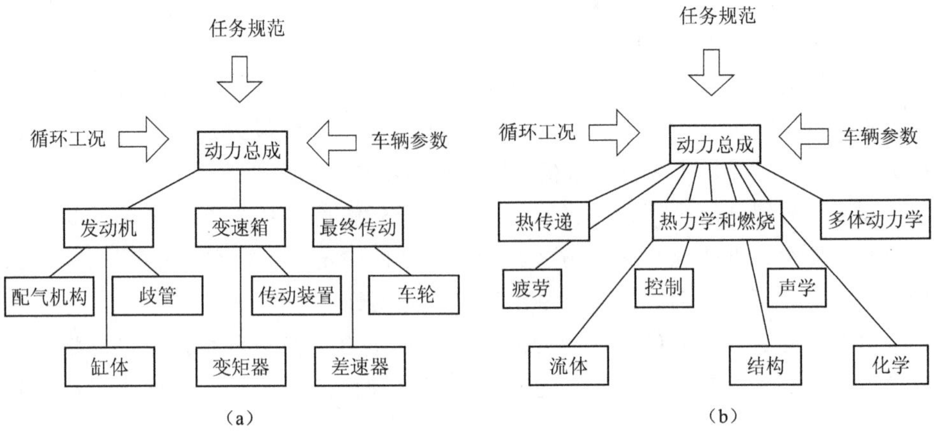

图 3.1.2 车辆动力总成开发问题分解类型示例

(a)基于部件分解；(b)基于学科分解

基于模型的分解也被称作基于矩阵（Matrix）的分解，其基本思想是，根据用于工程设计问题的系列关系式，利用矩阵或者超图等形式，对各设计量之间的关系进行定性或者定量的描述，进而利用某种数学手段对其进行转换，得到易于操作的问题分解结果。用于描述各参数与模型之间，以及各计算模型之间相互约束之复杂关系的工具有多种，例如，设计结构矩阵、函数关系矩阵、质量功能展开的关系矩阵和相关矩阵等，可根据具体情况进行选用。

3.1.4 设计结构矩阵方法

设计结构矩阵（Design Structure Matrix，DSM）最早由美国学者 Donald V. Steward 提出，是用于对产品开发过程进行分析和规划的矩阵工具，通过它可以有效减少设计信息反馈，降低设计难度，提高设计质量。

与下面将介绍的函数关系矩阵法把设计函数和设计变量作为处理对象不同，DSM 将设计函数和学科或子系统作为基本单元（节点），其物理意义更明确。DSM 分解的基本思想是把所有节点重组成 MDO 中的学科模块，并使其中的反馈耦合关系数量降至最低。

按设计关系表现形式，设计结构矩阵一般可分为布尔型 DSM 和数字化 DSM。与布尔型 DSM 相比较，数字化 DSM 能够更加详细而具体地表达行列元素之间联系的强弱，使 DSM 能够更真实地反映实际，并且有利于对 DSM 模型进行进一步的运算和分析。

DSM 反映各种设计行为以及它们之间的相互关系。矩阵的维数表示设计行为的个数。DSM 的每一行表示该行为对应任务的完成需要其他各列任务的支持信息；每一列表示该列任务对其他各行任务的输出或者支持信息。如图 3.1.3 所示，给出一系列 n 个设计行为 A_i（$i=1, 2, \cdots, n$）构成的设计过程，则设计结构矩阵中各行各列对应的元素表示设计行为以及设计行为之间的关系；对角线元素表示设计行为本身，用 A_i 或■表示；矩阵中的元素 1 表示设计行为之间的信息交互，即行为 A_j 提供信息给行为 A_i，则 $a_{ij}=1$，否则 $a_{ij}=0$（$i \neq j$），意味着行为 A_i 与行为 A_j 之间没有信息交互。

	A_1	A_2	$\cdots$	A_n
A_1	A_1	1	$\cdots$	0
A_2	1	A_2	$\cdots$	1
$\vdots$	$\vdots$	$\vdots$		$\vdots$
A_n	0	1	$\cdots$	A_n

图 3.1.3　设计结构矩阵示例

产品开发过程是多个设计任务的集合，其工作流程可以表示为一个任务流，各设计任务之间存在着错综复杂的相互作用和信息关联。根据设计任务之间不同的相互依赖关系，可以将信息联系分为三种基本形式，如图 3.1.4 所示。

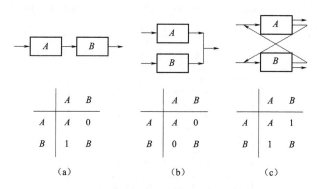

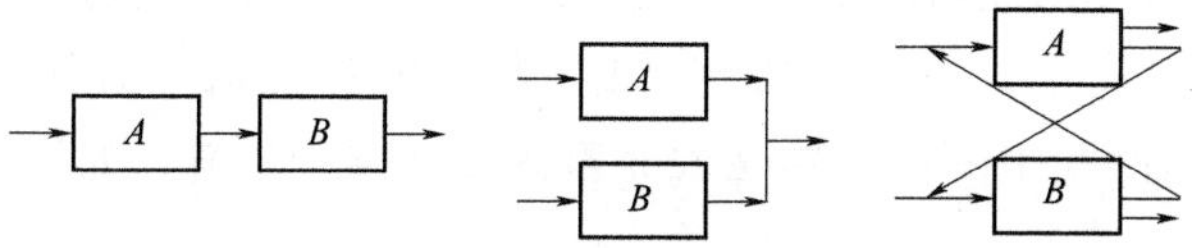

	A	B
A	A	0
B	1	B

(a)

	A	B
A	A	0
B	0	B

(b)

	A	B
A	A	1
B	1	B

(c)

图 3.1.4　设计任务流的类型

(a)串行关系；(b)并行关系；(c)耦合关系

（1）串行关系矩阵：按行为 A 在先、行为 B 在后的顺序执行。对应的 DSM 元素 $a_{ij}=0$，$a_{ji}=1$。

（2）并行关系矩阵：行为 A 与行为 B 相互独立，没有信息交互。对应的 DSM 元素 $a_{ij}=0$，$a_{ji}=0$。

（3）耦合关系矩阵：行为 A 的执行依赖行为 B 的结果，反之亦然，两者交互影响。对应的 DSM 元素 $a_{ij}=1$，$a_{ji}=1$。

以汽车系统设计为例，如图 3.1.5 所示，首先将各领域的设计行为置于对角线上，沿左上角到右下角对角线上的每一个矩形框代表汽车的一个子系统或学科分析，整个系统分析由左上角到右下角依次进行。其中横线表示节点的输出，竖线表示节点的输入，非对角线上的点表示两个节点存在耦合关系，上三角中的点代表前馈耦合关系，下三角中的点代表反馈耦合关系。反馈耦合关系意味着在实际计算过程中需要进行迭代。

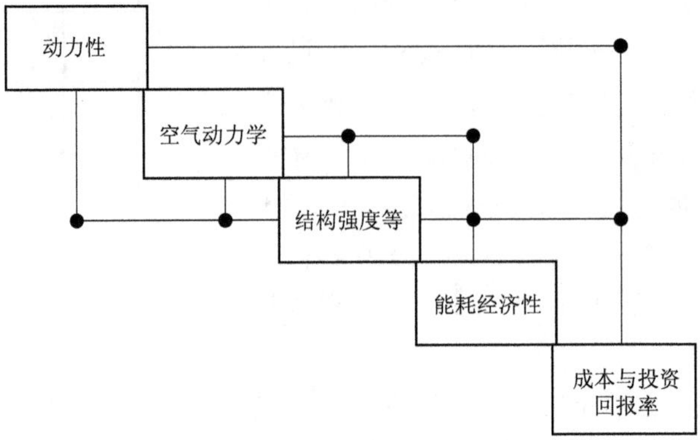

图 3.1.5 汽车开发工作的类矩阵表示形式

A，*B*，*C*，*D*，*E* 分别表示动力性、空气动力学、结构强度等、能耗经济性和成本与投资回报率，在矩阵中用“1”表示信息交流，其他位置用“0”表示，工作流程图的类矩阵形式转化成完整的设计结构矩阵，如图 3.1.6 所示。

	A	*B*	*C*	*D*	*E*
A	■	0	0	0	1
B	0	■	1	1	0
C	1	1	■	1	1
D	0	0	0	■	
E	0	0	0	0	■

图 3.1.6 汽车系统设计结构矩阵

DSM 可以用有向图表征，节点对应有向图中的顶点，例如图 3.1.6 所示的设计问题可以表示为图 3.1.7 所示的有向图。

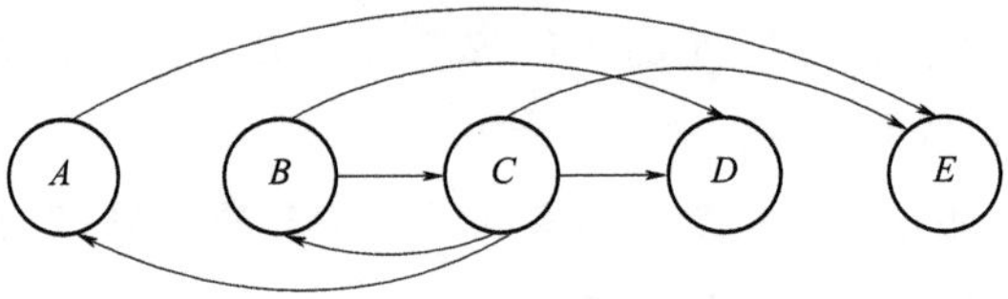

图 3.1.7 DSM 的有向图表示

DSM 是方阵，对角线上的元素是设计行为本身，每一行中的元素“1”表示在设计过程中该设计行为对其他设计行为传递信息。不难看出，DSM 中对角线以下三角矩阵中的非零元素表示前馈信息，对角线以上三角矩阵中的非零元素表示反馈信息。下三角的设计结构矩阵为理想的设计规划矩阵，意味着串行的开发方式不需要反馈信息，这是要追求的理想状态。在设计结构矩阵中，不存在反馈信息的下三角形式表示合理的任务执行顺序，对于存在反馈信息的非下三角形式，需要重新合理安排设计过程中各任务的执行顺序，使其设计结构矩阵尽量表现为下三角形式，可以消除迭代或减少迭代任务数，减少信息交换和反馈带来的设计重复。

设计结构矩阵最早用于对产品开发过程进行规划和分析，后来又扩展应用到其他领域。根据领域的不同，DSM 模型可以分为以下四类：基于零件（Component - based）的 DSM、基于团队（Team - based）的 DSM、基于任务（Task - based）的 DSM 和基于参数（Parameter - based）的 DSM。基于零件的 DSM 将零件作为模型的行列元素，通过定义和研究子系统和零部件之间的关系对系统或产品进行建模和分析；基于团队的 DSM 把组织实体作为模型的行列元素，基于组织中不同实体之间的信息流来建模和分析组织结构；基于任务的 DSM 把任务/活动作为模型的行列元素，在任务/活动之间的信息需求关系的基础上对过程模型进行建模和分析；基于参数的 DSM 把系统参数作为行列元素，根据系统参数之间的相互关系对系统结构进行建模和分析。前两种 DSM 中的元素在系统中是同时存在的，故称为静态 DSM；后两种 DSM 中的元素具有时间上的依赖关系，称为动态 DSM（基于时间的 DSM）。

一般来说，针对不同类型的设计结构矩阵，DSM 的运算方法主要有以下几种：划分（Partitioning）、撕裂（Tearing）、绑定（Banding）、仿真（Simulation）、特征值分析（Eigenvalue Analysis）和聚类（Clustering）。其中前五种运算均是针对动态 DSM 而言的。在动态 DSM 中，某个任务除了需要之前任务所给予的信息，很有可能还需要其后面任务的反馈。划分的作用就是通过对 DSM 行列元素重新排序，使信息反馈尽可能少。由于 DSM 对角线之上的矩阵单元代表关系或信息的反馈，所以划分运算的目标就是使 DSM 尽可能变为下三角矩阵。动态 DSM 模型中也常常包含耦合的任务，即在任务 A 之后的任务 B 的完成需要任务 A 的信息发布，但是任务 A 的完成同样需要任务 B 的信息反馈。撕裂的功能是将这些反馈的单元移除，使 DSM 变为下三角矩阵。绑定是用明暗相间的条纹将串行或并行的任务表示出来，使设计人员更容易发现工程的关键路径和瓶颈活动。仿真是指运用信息流 DSM、信息变化概率 DSM 以及变化冲击 DSM 来对整个过程的持续时间和成本进行仿真。特征值分析是指通过对工作转移矩阵的特征值和特征向量进行分析来研究过程模型的动态收敛性能。聚类运算与以上五种运算不同，它是基于静态 DSM 的。聚类的作用是将 DSM 中联系紧密的元素归为一类，从而使聚类内部各元素之间的联系强度很高，聚类之间的联系强度很低。传统的聚类方法有相似系数法、排序法和路径搜索法等。

在 MDO 工程实践中，DSM 分解通常可采用以下方法实现：数学规划法、矩阵变换法和图论法等。

（1）数学规划法。下面给出一种基于数学规划法的 DSM 分解模型，该分解模型的目标函数同时考虑了分解后子 DSM 间的反馈耦合关系（称为全局反馈耦合关系）和子 DSM 内部包含的耦合关系（称为局部反馈耦合关系），属于并行分解模型，比较利于两级 MDO 优化过程的集成。

设用 DSM 表示的系统（MDO 问题）包含 N_d 个节点，被分解成 N 个子 DSM（即 N 个学科）。

$$f_k(\sigma) = \sum_{i=l}^{u-1}\sum_{j=i+1}^{u}\mathrm{DSM}(i, j) \tag{3.1-1}$$

$$b_k(\sigma) = \sum_{i=l+1}^{u}\sum_{j=l}^{i-1}\mathrm{DSM}(i, j)(i-j) \tag{3.1-2}$$

$$c_U(\sigma) = \sum_{i=1}^{N_d-1}\sum_{j=i+1}^{N_d}\mathrm{DSM}(i, j) - \sum_{k=1}^{N} f_k \tag{3.1-3}$$

$$c_L(\sigma) = \sum_{i=2}^{N_d}\sum_{j=1}^{i-1}\mathrm{DSM}(i, j) - \sum_{k=1}^{N}\left[\sum_{i=l+1}^{u}\sum_{j=l}^{i-1}\mathrm{DSM}(i, j)\right] \tag{3.1-4}$$

式中，$l=\sum_{p=0}^{k-1}n_p+1$；$u=\sum_{p=1}^{k}n_p$；$N_d=\sum_{p=0}^{N}n_p$；$n_0=0$；n_p 为第 p 个子 DSM 所包含的节点数。$\sigma\in\Omega$ 表示节点序列的集合，DSM(i, j) 的值为设计结构矩阵中节点 i 和 j 间的耦合关系数量。若 i 和 j 不存在耦合关系，则 DSM(i, j) 的值为 0。

式（3.1－1）表示每个子 DSM 中的前馈耦合关系数量，不影响学科分析的计算时间。式（3.1－2）表示每个子 DSM 中的反馈耦合关系数量，影响学科分析的计算时间。$(i-j)$ 表示距离因子，对相互远离的节点间耦合关系的分析时间要长于对相距较近的节点间耦合关系的分析时间。式（3.1－3）和式（3.1－4）表示整个 DSM 的上三角和下三角耦合关系数量，L 和 U 表示第 k 个子 DSM 中的最小和最大节点索引。

分解的目标函数是使下式最大：

$$f(\sigma) = \frac{\min\limits_{k=1,2,\cdots,N} f_k}{1+\max\{w_1\cdot \max\limits_{k=1,2,\cdots,N} b_k,\ w_2\cdot\max(c_L, c_U)\}} \tag{3.1-5}$$

式中，$\min\limits_{k=1,2,\cdots,N} f_k$ 为子 DSM 中前馈耦合关系数量最少者；$\max\limits_{k=1,2,\cdots,N} b_k$ 为子 DSM 中反馈耦合关系数量最多者；$\max(c_L, c_U)$ 为 DSM 中上三角和下三角耦

合关系数量最多者；$\max\limits_{k=1,2,\cdots,N} b_k$ 和 $\max(c_L, c_U)$ 需进行权衡，因而增加权值系数 w_1 和 w_2。由于子 DSM 中的反馈耦合关系数量影响子 DSM 的分析时间，子 DSM 间的耦合关系数量影响优化的计算时间，所以一般考虑子 DSM 间的反馈耦合权值系数 w_2 要大于子 DSM 内的反馈耦合权值系数 w_1。

（2）矩阵变换法。矩阵变换法主要是通过调整节点 P 的次序，使 DSM 实现上三角化。

（3）图论法。DSM 可以用有向图表征，节点对应有向图中的顶点。有向图可以用若干个独立或具有一定方向关联的连通子图描述，故基于图论的分解实质上就是将原问题分解为一个或多个独立或单向连通的连通子图。

定义 1：图 G 定义为一个偶对 $<V, E>$，记作 $G=<V, E>$，其中 $V=\{v_1, v_2, \cdots, v_N\}$ 表示非空的顶点集合，$E=\{e_1, e_2, \cdots, e_N\}$ 表示有限边的集合。若组成边的顶点的偶对有序，则称 G 为有向图；否则，称 G 为无向图。

定义 2：若图 G 由 N 个顶点和 M 条边组成，则记 $|V|=N$，$|E|=M$，N 为图 G 的阶。

定义 3：设图 G 中 $V=\{v_1, v_2, \cdots, v_N\}$，且顶点已有从 v_1 到 v_N 的次序，则 N 阶方阵称为 G 的邻接矩阵。其中

$$a_{ij}=\begin{cases}1, & <v_i, v_j>\in E \\ 0, & \text{其他}\end{cases} \tag{3.1-6}$$

定义 4：设 v_i 和 v_j 为有向图 G 中的两个顶点，若存在 v_i 到 v_j 的通路，则称 v_i 到 v_j 可达；若 G 的任意两顶点均相互可达，则称 G 为强连通图。

定义 5：用于表示顶点 v_i 与 v_j 间的可达关系矩阵，称为可达矩阵，其中

$$p_{ij}=\begin{cases}1, & v_i \text{ 可达 } v_j \\ 0, & v_i \text{ 不可达 } v_j\end{cases} \tag{3.1-7}$$

由于顶点 v_i 到自身是可达的，故有 $p_{ij}=1$。

设计结构矩阵实际上是有向图的邻接矩阵。基于图论的 DSM 分解可转化为矩阵变换，可利用邻接矩阵或可达矩阵对有向图进行分解。

某种采用分解算法进行 DSM 分解的步骤如下：

（1）将 DSM 中所有空行对应的节点排在后面，所有空列对应的节点排在前面。

（2）去除已排节点，构成新的子 DSM。

（3）对于没有空行和空列的子 DSM 实施定耦操作，即采用强连通子集识别算法识别耦合节点集，将耦合节点集视为整体，并运用归一操作对其进行规划。

（4）将子 DSM 中所有空行对应的节点排在后面，所有空列对应的节点排在前面。重复步骤（2），直至全部节点规划完毕。

强连通子集识别算法如下：设 $\boldsymbol{P}=(p_{ij})_{N\times N}$ 为图 G 的可达矩阵，$\boldsymbol{P}^{\mathrm{T}}$ 为 $\boldsymbol{P}$ 的转置矩阵，则定义矩阵运算 $\boldsymbol{P}\circ\boldsymbol{P}^{\mathrm{T}}$ 如下：

$$
\begin{aligned}
\boldsymbol{P}\circ\boldsymbol{P}^{\mathrm{T}} &= \begin{pmatrix} p_{11} & p_{12} & \cdots & p_{1N} \\ p_{21} & p_{22} & \cdots & p_{2N} \\ \cdots & \cdots & \cdots & \cdots \\ p_{N1} & p_{N2} & \cdots & p_{NN} \end{pmatrix} \circ \begin{pmatrix} p_{11} & p_{12} & \cdots & p_{1N} \\ p_{21} & p_{22} & \cdots & p_{2N} \\ \cdots & \cdots & \cdots & \cdots \\ p_{N1} & p_{N2} & \cdots & p_{NN} \end{pmatrix}^{\mathrm{T}} \\
&= \begin{pmatrix} p_{11}^2 & p_{12}\cdot p_{21} & \cdots & p_{1N}\cdot p_{N1} \\ p_{21}\cdot p_{12} & p_{22}^2 & \cdots & p_{2N}\cdot p_{N2} \\ \cdots & \cdots & \cdots & \cdots \\ p_{N1}\cdot p_{1N} & p_{N2}\cdot p_{2N} & \cdots & p_{NN}^2 \end{pmatrix}
\end{aligned}
\tag{3.1-8}
$$

当且仅当 $p_{ij}\cdot p_{ji}=1$ 时，顶点 v_i 与 v_j 相互可达。这样，若矩阵 $\boldsymbol{P}\circ\boldsymbol{P}^{\mathrm{T}}$ 的第 i 行非零元素位于第 j_1、j_2、…、j_k 列，则顶点 v_i、v_{j1}、v_{j2}、…、v_{jk} 位于同一强连通分支，即 $\{v_i, v_{j1}, v_{j2}, \cdots, v_{jk}\}$ 导出的子图是 G 的强连通分支。可达矩阵通过邻接矩阵求取。当 DSM 无法完全转换为上三角阵时，应尽量使矩阵对角耦合块的大小和数量最小化。

基于零件的 DSM 方法，对某摩托车用发动机各零件之间的设计关系进行 DSM 构造，如图 3.1.8 所示。针对所建立的 DSM，利用不同的聚类方法，可得到多种形式的 DSM 聚类结果，如图 3.1.9 所示，可根据实际需要进行选用。

		1	2	3	4	5	6	7	8	9	10	11	12	13	14	15	16	17	18	19	20	21	22	23	24	25	26	27	28	29
		气门	气缸盖	曲柄销	气缸垫片	曲轴箱	活塞	气环	曲轴后臂	油环	活塞销	气门调整螺钉	滤网	连杆	凸轮轴	连杆轴颈	连杆轴承	机油泵	气缸体	曲轴前臂	油道	飞轮	气门弹簧	气门固定螺母	气门挺杆	气缸套	挺杆导管	凸轮	气门弹簧座	机油盘
1	气门	■										6							2		5		7	6	6			5	5	
2	气缸盖	2	■		6														7											
3	曲柄销			■					6											6	5									
4	气缸垫片		6		■														8											
5	曲轴箱					■							4	3	3			3	3	4	8	4					3	4		7
6	活塞						■	6		7	8			6					2		5					10				
7	气环							■																		4				
8	曲轴后臂			6					■											8	5	7								
9	油环									■																4				
10	活塞销						8				■			4							5									
11	气门调整螺钉	6										■												8	8					
12	滤网					3							■					5												5
13	连杆					2	6				4			■		8	4			8										
14	凸轮轴					3									■					6	5							8		
15	连杆轴颈													8		■	5			7	5									
16	连杆轴承													5		5	■				5									
17	机油泵					3							5					■			8									6
18	气缸体	5	8		4	2	2	3		1									■				2			6				
19	曲轴前臂			6		4			8					8	6	7				■	5									
20	油道	3		3		2	3		3		3				3	3	3	8			■				3	3				4
21	飞轮					4			7													■								
22	气门弹簧	7																	2				■					5	7	
23	气门固定螺母	5										8												■						
24	气门挺杆	6										8									5				■		4	6		
25	气缸套						8	8		6									6		5					■				
26	挺杆导管					3																			4		■	2		
27	凸轮	3				2									8								3		6			■		
28	气门弹簧座	5																					7						■	
29	机油盘					7							5					6			4									■

图 3.1.8　某摩托车用发动机基于零件的 DSM

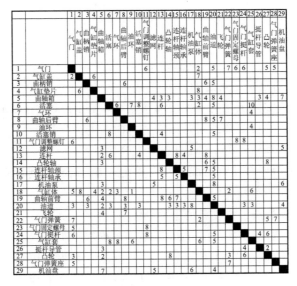

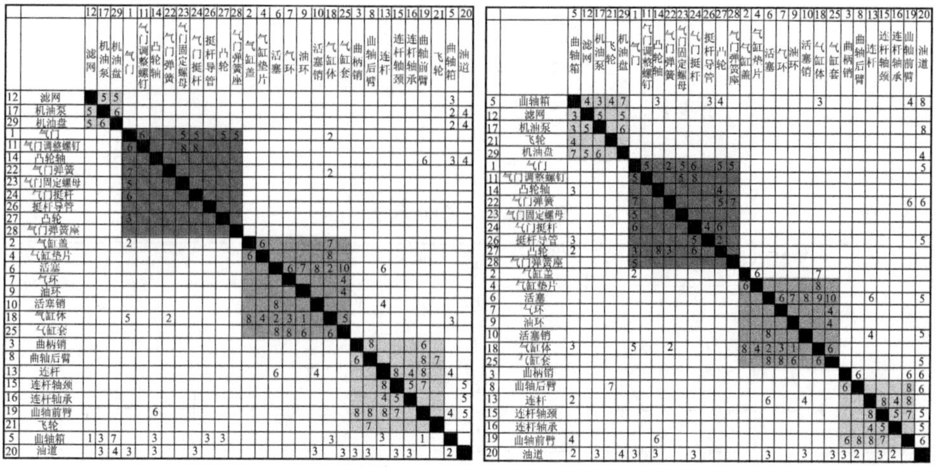

（a）　　　　　　　　　　　　（b）

图 3.1.9　不同聚类算法得到的 DSM 聚类结果

（a）聚类结果 1；（b）聚类结果 2

基于设计结构矩阵的分解具有很强的适应能力，应用最为广泛，而且每个模块均具有明确的工程意义，便于检查和修改。针对很多实际系统，设计变量维数较高，但函数数量相对较少，DSM 阶次较低，因而采用 DSM 分解时，相比后面将介绍的 FDT 方法，DSM 的计算量要小得多，分解效率较高。DSM 分解以减少函数间反馈耦合关系为目标，可降低子问题间的信息交换。但由于 DSM 分解仅能根据已有分析模块进行优化组合或排序，而未深入模块“黑箱”内部，无法完全把握问题的耦合本质，不能反映设计变量间的分解关系，在求解子问题前，还需根据函数的分解结果对设计变量进行划分。

3.1.5　函数关系矩阵方法

函数关系矩阵（Functional Dependence Table，FDT）由 Terrance C. Wagner 提出，是一种用于描述设计函数（包括目标函数和约束函数）与设计变量间依赖关系的工具，分别用整数“1”和“0”表示真和假。其中，“行”表示函数名，“列”表示变量名。若第 i 个设计函数依赖第 j 个设计变量，则 FDT（i，j）=1，否则 FDT（i，j）=0。

例如，式（3.1－9）所示非线性规划问题可以借助 FDT 的表达方式用表 3.1.1 表示。

$$\min f(x) = 400x_1 + 20x_2 + 130x_3^2$$
$$\text{s. t. } g_1(x) = 190x_1^2 - 43.6 + 14.9x_4 - 1.44x_4^2 \leqslant 0$$

$$g_2(x)=38x_2^2-183.3+36x_4-2.67x_4^2\leqslant 0$$
$$g_3(x)=650x_3^2-244+45.9x_4-3.29x_4^2\leqslant 0$$
$$g_4(x)=3.5-x_4\leqslant 0$$
$$g_5(x)=x_4-6.5\leqslant 0 \tag{3.1-9}$$

表 3.1.1　FDT 示例

	x_1	x_2	x_3	x_4
f_1	1	0	0	0
f_2	0	1	0	0
f_3	0	0	1	0
g_1	1	0	0	1
g_2	0	1	0	1
g_3	0	0	1	1
g_4	0	0	0	1
g_5	0	0	0	1

类似地，式（3.1-9）也可以转化成有向图、无向图或超图的形式，如图 3.1.10 所示。

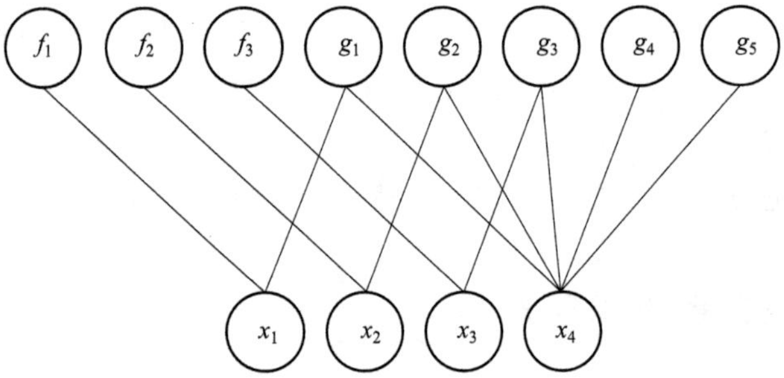

图 3.1.10　无向图表示

FDT 分解的思想是，根据 FDT 所表达的设计函数与设计变量间的关系，利用对应算法确定某些关键连接变量（包括系统设计变量和耦合状态变量），对设计函数和设计变量分解后组合而成的系统结构进行求解。

FDT 分解的目标主要包括：

目标一：使子问题间的耦合程度降至最低。连接变量数量增多，不仅导致主问题与子问题间通信量变大，而且可能导致整体优化收敛的迭代次数增加。

目标二：使各子问题的规模尽量降至最低，并尽可能实现平均，以便利用现有计算资源对各子问题进行并行处理，并实现快速优化设计。

FDT 分解的方法主要包括：

（1）矩阵变换法。将 FDT 作为一个稀疏矩阵，通过矩阵变换实现任务的分解，每个分块矩阵所包含的设计函数和设计参数构成一个子任务。

（2）数学规划法。将 FDT 作为整数规划问题，利用割平面法、隐枚举法（如分支定界法）进行分解。

（3）图论方法。将 FDT 转换为有向图形式，利用图论中相关连通子集等划分方法进行分解。

（4）聚类方法。利用解决成组问题的聚类方法（Clustering Identification）进行分解。

（5）智能算法。结合遗传算法等智能算法进行分解。

齿轮减速器优化问题是 NASA 评估多学科设计优化方法性能的 10 个标准算例之一，其目标是减速箱的体积（或质量）最小，受到的应力、变形和几何约束如图 3.1.11 所示。

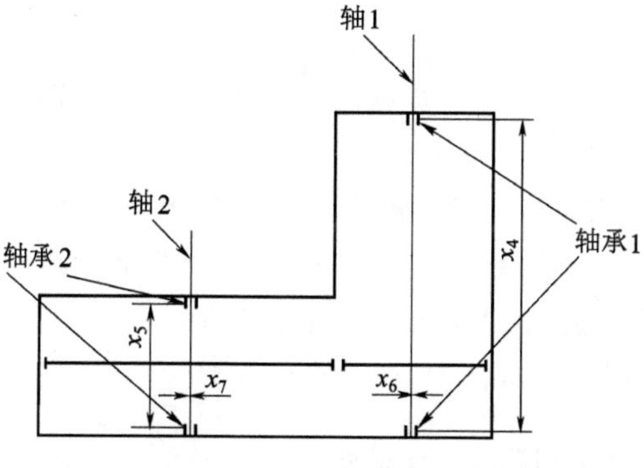

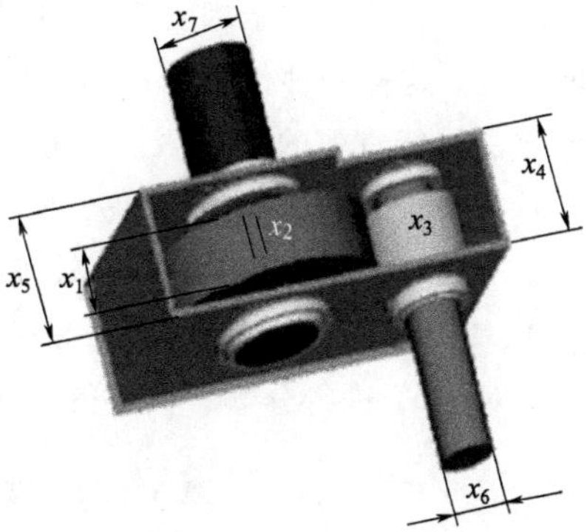

图 3.1.11　减速器设计问题示意

数学模型为：

$$
\begin{aligned}
\min f(x) =& 0.7854x_1x_2^2(3.333x_3^2+14.933x_3-43.0934)-1.508x_1(x_6^2+x_7^2)+7.477(x_6^3+x_7^3)+0.7854(x_4x_6^2+x_5x_7^2) \\
\text{s.t.}\ & g_1=27/(x_1x_2^2x_3)-1\leqslant 0 \\
& g_2=397.5/(x_1x_2^2x_3^2)-1\leqslant 0 \\
& g_3=1.93x_4^3/(x_2x_3x_6^4)-1\leqslant 0 \\
& g_4=1.93x_5^3/(x_2x_3x_7^4)-1\leqslant 0 \\
& g_5=A_1/B_1-1100\leqslant 0 \qquad (3.1-10) \\
& g_6=A_2/B_2-850\leqslant 0
\end{aligned}
$$

$$g_7 = x_2x_3 - 40 \leqslant 0$$
$$g_{8a} = x_1/x_2 - 12 \leqslant 0$$
$$g_{8b} = -x_1/x_2 + 5 \leqslant 0$$
$$g_9 = (1.5x_6 + 1.9)/x_4 - 1 \leqslant 0$$
$$g_{10} = (1.1x_7 + 1.9)/x_5 - 1 \leqslant 0$$

式中，系数 $A_1 = \left[\left(\frac{745x_4}{x_2x_3}\right)^2 + 16.9\times10^6\right]^{0.5}$，$A_2 = \left[\left(\frac{745x_5}{x_2x_3}\right)^2 + 157.5\times10^6\right]^{0.5}$，$B_1 = 0.1x_6^3$，$B_2 = 0.1x_7^3$；$x_1$ 为齿宽系数；x_2 为齿轮模数，单位 cm；x_3 为小齿轮齿数；x_4，x_5 为轴承间距，单位 cm；x_6，x_7 为轴的直径，单位 cm。$x_1 \sim x_7$ 为该设计优化问题的 7 个设计变量。优化目标为满足减速器中转轴和齿轮大量约束的同时，使得减速器体积最小。7 个设计变量的取值范围分别为：$2.6 \leqslant x_1 \leqslant 3.6$；$0.7 \leqslant x_2 \leqslant 0.8$；$17 \leqslant x_3 \leqslant 28$；$7.3 \leqslant x_4$，$x_5 \leqslant 8.3$；$2.9 \leqslant x_6 \leqslant 3.9$，$5.0 \leqslant x_7 \leqslant 5.5$。

针对这一设计问题，尚可利用朴素的思想对其进行分解尝试（见 2.9.5 节）。但这种分解方式一方面需要具备丰富的处理经验，另一方面也受限于问题的复杂程度。对于相对简单的问题尚且存在处理的可能，一旦问题的复杂程度加大，这样一种依赖直觉的分解方式几乎是无法实施的，这就需要借助 FDT 等方法进行有效的处理。

针对减速器优化问题，关注下列约束条件：满足齿的弯曲应力 g_1 和接触应力 g_2 设计要求，满足轴的扭转变形、应力约束以及由经验得到的约束（$g_3 \sim g_8$），以及满足齿轮几何约束等条件。构造的 FDT 如表 3.1.2 所示。

对 FDT 进行分解，其中的一种设计方案如表 3.1.3 所示。

表 3.1.2　减速器优化问题的 FDT 描述

	x_1	x_2	x_3	x_4	x_5	x_6	x_7
g_1	1	1	1				
g_2	1	1	1				
g_3		1	1	1		1	
g_4		1	1		1		1
g_5		1	1	1		1	
g_6		1	1		1		1
g_7		1	1				
g_8	1	1					
g_9				1		1	
g_{10}					1		1

表 3.1.3　减速器优化问题的 FDT 分解

	x_1	x_2	x_3	x_4	x_5	x_6	x_7
g_1	1	1	1				
g_2	1	1	1				
g_3		1	1				
g_4	1	1					
g_5		1	1	1	1		
g_6		1	1	1	1		
g_7				1	1		
g_8		1	1			1	1
g_9		1	1			1	1
g_{10}						1	1

目标函数 $f(x)$ 可分为 $f_1(x)$，$f_2(x)$ 和 $f_3(x)$ 三部分：

$$\min f(x) = f_1 + f_2 + f_3$$

$$\text{where} \quad f_1 = 0.785\,4x_1x_2^2(3.333x_3^2 + 14.933x_3 - 43.093\,4)$$

$$f_2 = -1.508x_1x_6^2 + 7.477x_6^3 + 0.785\,4x_4x_6^2$$

$$f_3 = -1.508x_1x_7^2 + 7.477x_7^3 + 0.785\,4x_5x_7^2 \qquad (3.1-11)$$

因此，减速器优化问题的 FDT 描述及分解结果也可表示为图 3.1.12 所示形式。

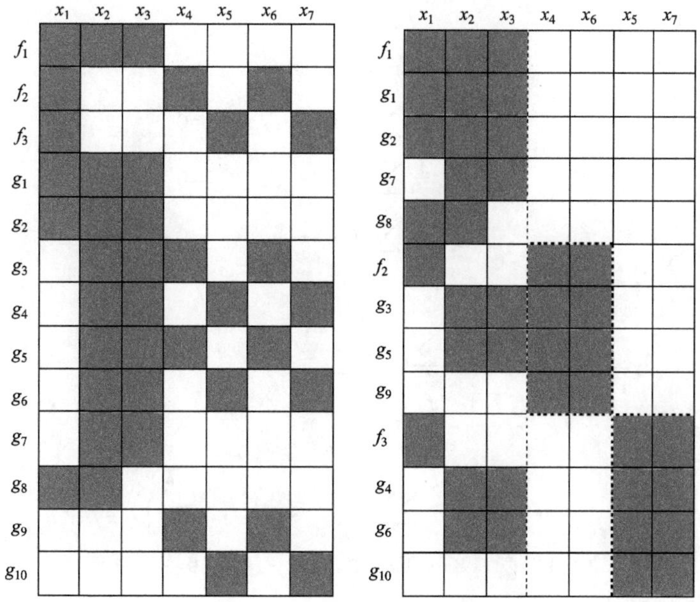

(a)　　　　(b)

图 3.1.12　减速器优化问题的 FDT

(a)设计问题的 FDT 表示；(b)重新排序后的 FDT

根据 FDT 重新排序后的结果，可以考虑将 x_1，x_2 和 x_3 作为联系变量，若去掉这三个变量，则 $\{x_4, x_6; g_3, g_5, g_9; f_2\}$ 和 $\{x_5, x_7; g_4, g_6, g_{10}; f_3\}$ 可组成相互独立的子问题，而 $\{x_1, x_2, x_3; g_1, g_2, g_7, g_8; f_1\}$ 为主问题，包含的设计函数仅与联系变量有关，那么得到图 3.1.13 所示的减速器优化问题分解的一种处理方式。

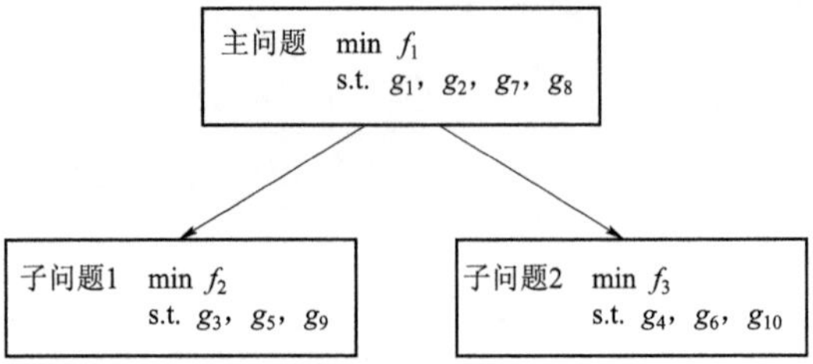

图 3.1.13 减速器优化问题分解的处理方式 a

也可以根据表 3.1.3 所列的减速器优化 FDT 分解结果，将原优化问题分解处理为另外一种形式，分解为三个子问题：子问题 1 $\{x_1, x_2, x_3; g_1, g_2, g_7, g_8; f_1\}$；子问题 2 $\{x_4, x_6; g_3, g_5, g_9; f_2\}$；子问题 3 $\{x_5, x_7; g_4, g_6, g_{10}; f_3\}$。

基于协同优化的思想，将原设计问题构造为如下的多学科设计优化形式：

系统层：

$$\begin{aligned} &\min_{Z=\{z_1,\ z_2,\ z_3\}} \ f(Z) \\ &\text{s. t.}\ \ J_1^* = \sum (x_i - z_i^*)^2 = 0 \\ &\qquad J_2^* = \sum (x_i - z_i^*)^2 = 0 \\ &\qquad J_3^* = \sum (x_i - z_i^*)^2 = 0,\ i = 1,\ 2,\ 3 \end{aligned} \tag{3.1-12}$$

子问题 1：

$$\begin{aligned} &\min_{X_1=\{x_1,\ x_2,\ x_3\}} \ J_1 = \sum (x_i - z_i^*)^2,\ i = 1,\ 2,\ 3 \\ &\text{s. t.}\ \ f_1,\ g_1,\ g_2,\ g_7,\ g_8 \end{aligned} \tag{3.1-13}$$

子问题 2：

$$\begin{aligned} &\min_{X_2=\{x_1,\ x_2,\ x_3,\ x_4,\ x_6\}} \ J_2 = \sum (x_i - z_i^*)^2,\ i = 1,\ 2,\ 3 \\ &\text{s. t.}\ \ f_2,\ g_1,\ g_2,\ g_3,\ g_5,\ g_7,\ g_8,\ g_9 \end{aligned} \tag{3.1-14}$$

子问题 3：

$$\begin{aligned} &\min_{X_3=\{x_1,\ x_2,\ x_3,\ x_5,\ x_7\}} \ J_3 = \sum (x_i - z_i^*)^2,\ i = 1,\ 2,\ 3 \\ &\text{s. t.}\ \ f_3,\ g_1,\ g_2,\ g_4,\ g_6,\ g_7,\ g_8,\ g_{10} \end{aligned} \tag{3.1-15}$$

与 DSM 将设计函数和学科或子系统作为基本单元不同，FDT 把设计函数和设计变量作为处理对象，其物理意义不如 DSM 明确。

函数关系矩阵方法已被广泛应用于车辆工程设计问题的分解，并已在具有相当复杂度的工程开发问题中得以成功实践。文献［8］中的汽车动力总成原始设计问题（见图 3.1.14）考虑 87 个性能函数，选取 126 个设计变量和状态变量，所构造的设计模型如式（3.1－16）所示。其中，优化目标为能耗经济性（平均燃料消耗水平，以单位油量行驶距离表示）；约束条件重点考虑了氮氧化物排放量、车辆从静止状态在 4 s 内行驶距离、车辆从 5 mile/h① 加速到 20 mile/h 所需时间、车辆从静止加速到 60 mile/h 所需时间、车辆坡度起车能力、以 4 挡在 6％坡度上的稳定行驶车速等。

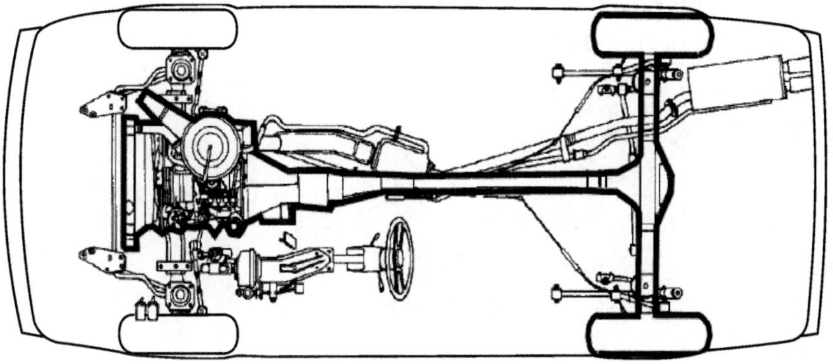

图 3.1.14　汽车动力总成原始设计问题

$$
\begin{aligned}
&\min f = \mathrm{MPG}_{\mathrm{m-h}}\\
&\mathrm{s.t.}\\
&g_1: \mathrm{NO}_x/0.4-1 \leqslant 0\\
&g_2: \tau_{0\sim60}/\tau_0-1 \leqslant 0\\
&g_3: \tau_{5\sim20}/\tau_1-1 \leqslant 0\\
&g_4: S_{\mathrm{base}}/S_{0\sim4}-1 \leqslant 0\\
&g_5: 30.0/a_s-1 \leqslant 0\\
&g_6: 65/V_c-1 \leqslant 0\\
&g_7: T_e(N_e)/T_{\mathrm{emax}}(N_e)-1 \leqslant 0\\
&g_8: c_r-13.2+0.045b \leqslant 0\\
&g_9: \theta_{0\sim90}/70-1 \leqslant 0
\end{aligned}
$$

① 1 mile/h＝1.609 344 km/h。

$g_{10}: 2-\xi_{fd} \leqslant 0$

$g_{11}: \xi_{fd}-5 \leqslant 0$

$g_{12}: 1.6-\xi_1/\xi_2 \leqslant 0$

$g_{13}: \xi_1/\xi_2-2.0 \leqslant 0$

$g_{14}: 1.2-\xi_2/\xi_3 \leqslant 0$

$g_{15}: \xi_2/\xi_3-1.6 \leqslant 0$

$g_{16}: n_{gears}-0.5-\xi_1/\xi_{ngears} \leqslant 0$

$g_{17}: \xi_1/\xi_{ngears}-n_{gears}-0.5 \leqslant 0$

$g_{18}: 0.8-b/s \leqslant 0$

$g_{19}: b/s-1.2 \leqslant 0$

$g_{20}: 400-\pi b^2 s/(4n_c)\times 10^{-3} \leqslant 0$

$g_{21}: \pi b^2 s/(4n_c)\times 10^{-3}-600 \leqslant 0$

$g_{22}: d_i+d_e-0.88b \leqslant 0$

$g_{23}: 0.85-d_e/d_i \leqslant 0$

$g_{24}: d_e/d_i-0.87 \leqslant 0$

$g_{25}: (i_{vo}-e_{vc})/40-1.0 \leqslant 0$

$g_{26}: acc_{iv}(i_{vo}, i_{vc}, i_{lift})-K_{acci} \leqslant 0$

$g_{27}: acc_{ev}(e_{vo}, e_{ve}, e_{lift})-K_{acce} \leqslant 0$

$h_1: d_{bm}/b-K_{dm}=0$

$h_2: l_{bm}/b-K_{lm}=0$

$h_3: d_{br}/b-K_{dr}=0$

$h_4: l_{br}/b-K_{lr}=0$

有关离散量的取值由以下式子得到：

$v_{type=}$ (A, B, C, D, E, F)

$e_{type=}$ (In－line, V)

$d_{type=}$ (FWD, RWD)

$n_{v=}$ (1, 2)

$n_{c=}$ (4, 6, 8)

$n_{gears=}$ (4, 5) (3.1-16)

根据所构造的汽车动力总成设计问题，建立了图 3.1.15 所示的函数关系矩阵，并利用图论的方法对其进行重新排序以实现设计问题的分解，结果如图 3.1.16 所示。

根据 FDT 重新排序后的结果，可将动力总成设计模型分解为 4 个设计子问题（SP1～SP4），这 4 个子问题分别需要处理 45、46、41 和 45 个设计变量。 SP1

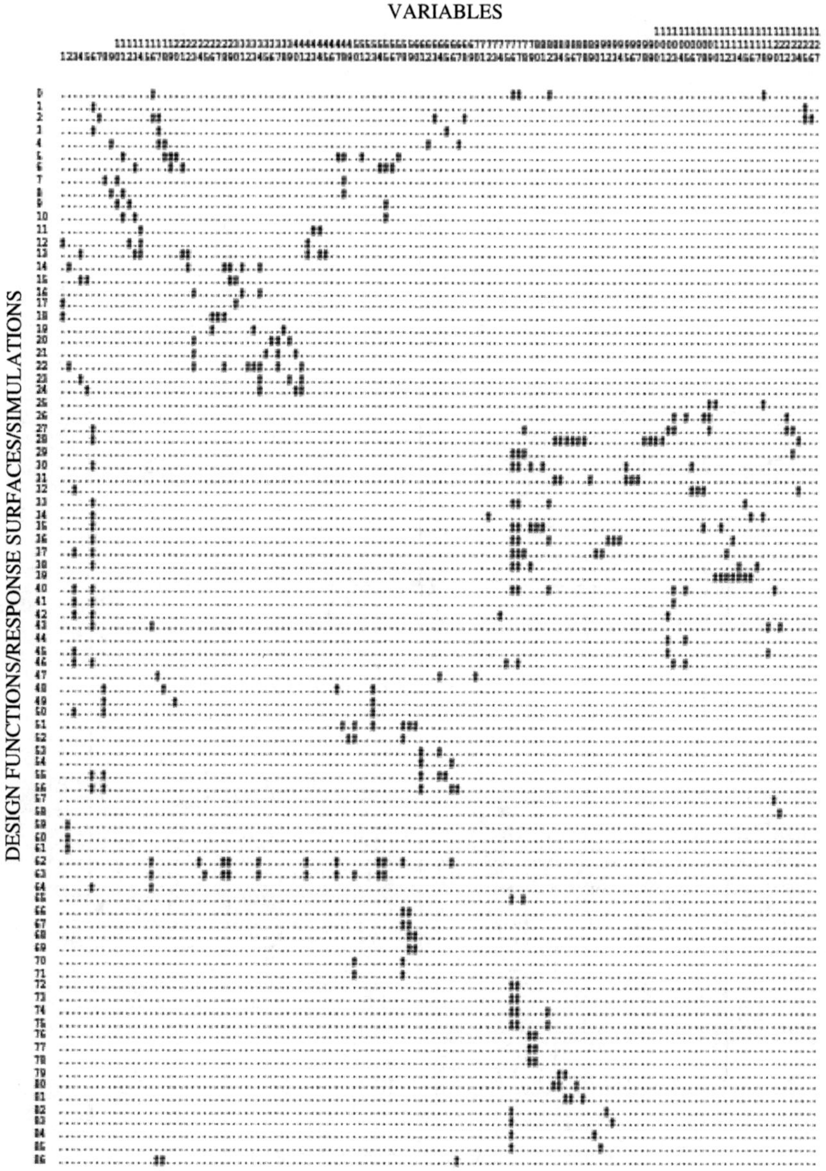

图 3.1.15　初始的动力总成设计 FDT

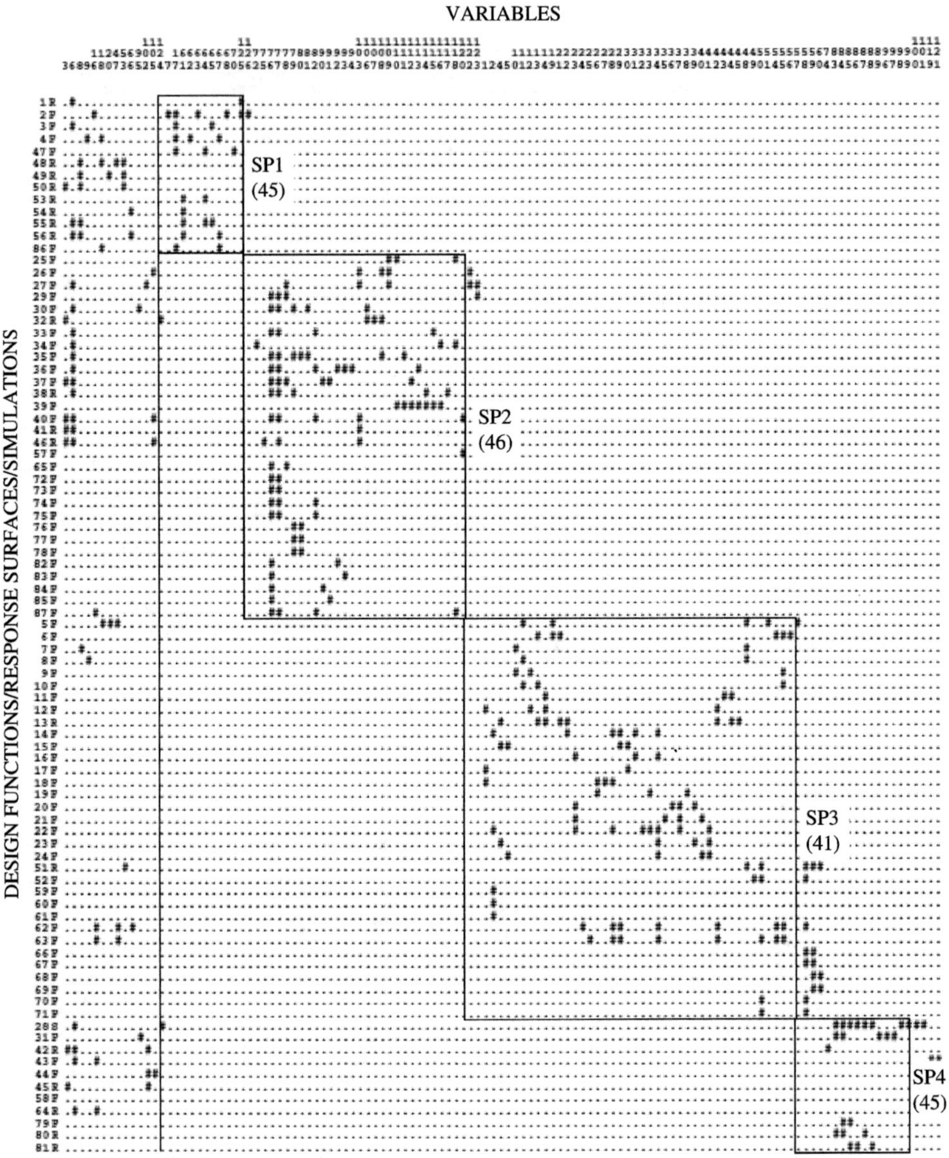

图 3.1.16 重新排序后的动力总成设计 FDT

包括变矩器和传动装置模型，以及动力总成尺寸设计关系等；SP2 和 SP4 主要包括发动机模型，并用于处理油耗及排放性能等；SP3 包括车轮模型和动力总成尺寸设计，变速器、车辆尺寸设计关系，并用于处理加速、坡起能力、在坡道上的稳定车速能力为代表的车辆动力性等。

FDT 分解直观地反映了重组后设计变量与设计函数间的关系，因而与传统设计观念比较一致，分解后易于组织实现。对规模较小且函数与变量关系比较明确的层次型系统而言，该分解模型较为有效；但对设计变量维数较高的复杂系统，设计变量与函数间的关系可能错综复杂，设计函数与设计变量间的关系经过多次嵌套往往成为隐函数，而且不同学科除输入和输出存在耦合外，大部分设计函数对其他学科是隐藏的，因此难以得到明确的函数关系表，导致 FDT 分解难以实现，在实际应用中也难以符合工程设计的组织形式。

3.1.6　超图方法

超图概念最初是由法国数学家 Berge 在 1970 年提出的描述一般性的离散结构关系，用于研究有限集合中各元之间的多元关系问题。20 世纪 90 年代，美国密西根大学的 Wagner 和 Papalambros 提出了一种以无向图描述工程设计问题的方法。他们将数学关系和设计变量分别映射为图的顶点和边，通过对图的操作，并使用一定的启发式准则，确定整个设计问题的“连接变量”或称“协调变量”，当删除这些连接变量时，就可以得到一些相对独立的设计子问题，以实现整个问题的求解。在此基础上，Michelena 和 Papalambros 进一步提出了用超图描述工程设计问题的方法。超图是对图的扩展和延伸，图是超图的特例，超图可以更好地描述复杂的工程问题。

在建立了设计问题的函数关系矩阵后，可以将一个设计问题表达为一个超图 $H=(V, E_H)$，其中，$V=\{v_i\}$，$E_H=\{e_j\}$。具体方法为：

（1）将设计关系（即目标函数和约束函数）映射为超图的顶点。

（2）将设计变量映射为超图的超边。

（3）1 个超边（$e_j \in E_H$）代表 1 个变量 x_j，当且仅当对任意顶点 $v_i \in e_j$，与 v_i 对应的设计关系函数依赖于 x_j，e_j 内包含所有与 x_j 相关的设计函数对应的顶点。

给出如下定义：用 $<v_i, v_j>$ 表示边 e_j，即 $\varphi(e_j)=<v_i, v_j>$，则 v_i 与 v_j 互相邻接，e_j 与 v_i 和 v_j 互相关联，v_i 和 v_j 是 e_j 的端点；超边包含的顶点数称为该超边的边价；包含某个顶点的所有超边数目称为该顶点的度。

因此，v_i 的度为 $\sum\limits_{i}\mathrm{FDT}(i, j)$，$e_j$ 的边价为 $\sum\limits_{j}\mathrm{FDT}(i, j)$。

设计问题关系描述、FDT 确定和超图的对应关系如表 3.1.4 所示。

表 3.1.4　设计问题关系描述、FDT 确定和超图的对应关系

设计问题关系描述	FDT	超图
设计关系、设计变量	(行,列);FDT(i,j)	(V,E_H);$H=(V,E_H)$
i 设计关系是否依赖变量	FDT$(i,j)=\{0,1\}$	$v_i \in e_j$
i 设计关系依赖几个设计变量	$\sum_i$FDT(i,j)	v_i 的度
j 设计变量依赖几个设计关系	$\sum_j$FDT(i,j)	e_j 的边价

按照以上方法，对于式（3.1-17）所示的设计问题，可建立函数关系矩阵（见图 3.1.17（a）），据此可构造出图 3.1.18 所示的超图，分解后的设计关系仍可表示为 FDT 的形式，如图 3.1.17（b）所示。

$$\min_x f = f_1 + f_2 + f_3 + f_4$$

s. t.

$$f_1 = 0.4x_1^{0.67}x_7^{-0.67}$$
$$f_2 = 0.4x_2^{0.67}x_8^{-0.67}$$
$$f_3 = 10 - x_1$$
$$f_4 = -x_2$$
$$g_1 = 0.1x_1 + 0.0588x_5x_7 - 1.0 \leqslant 0$$
$$g_2 = 0.1x_1 + 0.1x_2 + 0.0588x_6x_8 - 1.0 \leqslant 0$$
$$g_3 = 4x_3x_5^{-1} + 2x_3^{-0.71}x_5^{-1} + 0.0588x_3^{-1.3}x_7 - 1.0 \leqslant 0$$
$$g_4 = 4x_4x_6^{-1} + 2x_4^{-0.71}x_6^{-1} + 0.0588x_4^{-1.3}x_8 - 1.0 \leqslant 0 \tag{3.1-17}$$

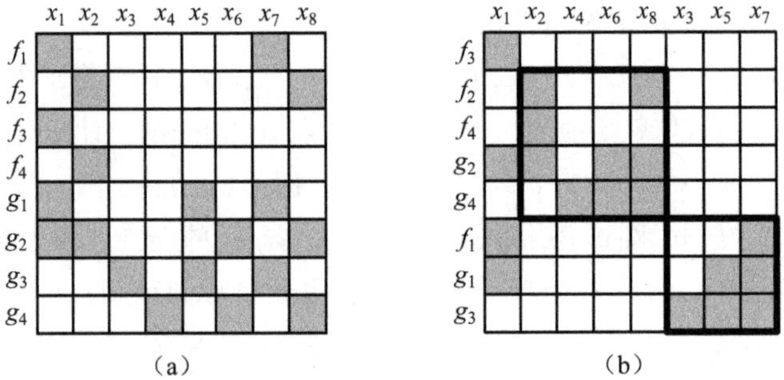

图 3.1.17　设计问题 FDT 示例

(a)设计问题的 FDT 原始形式；(b)变换后的 FDT 形式

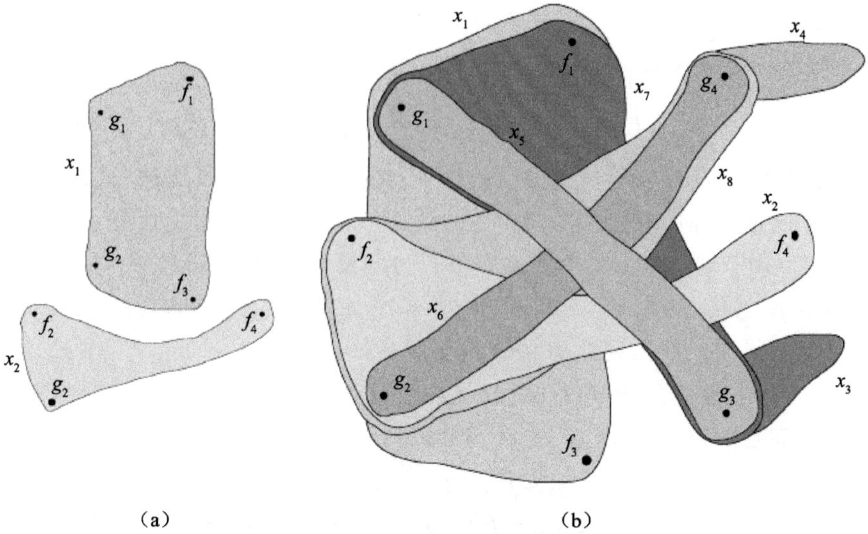

图 3. 1. 18　设计问题超图示例

(a)设计变量 x_1 和 x_2 的超边表示；(b)设计问题的超图表现形式

也可将上小节中的减速器优化问题（式（3. 1 - 10））映射为一个包含 13 个顶点和 7 个超边的超图，如图 3. 1. 19 所示。

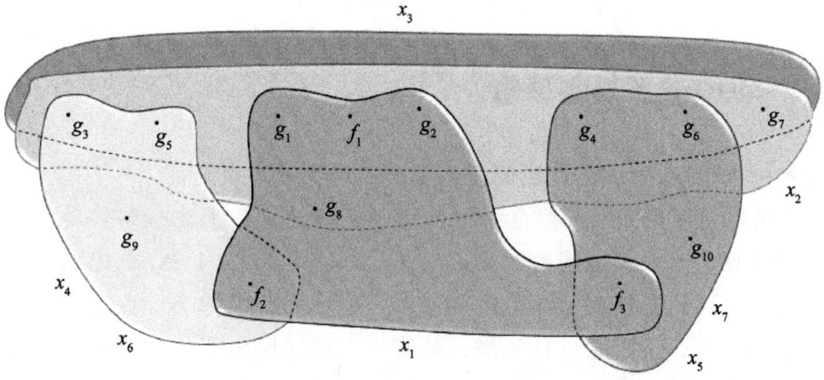

图 3. 1. 19　减速器设计问题的超图描述

在文献［8］中，将上一小节所述的汽车动力总成设计问题用超图方法表达成一个拥有 87 个顶点和 119 个超边的超图模型，并使用软件 Chaco 实现了超图的分解。

一般在超图的基础上，大型设计问题可以转换成超图的 K 分解问题。设超图 $H=(V, E_H)$ 包含顶点 $V=\{v_1, v_2, \cdots, v_N\}$ 和超边 $E_H=\{e_1, e_2, \cdots,$

$e_M\}$。其中每个顶点赋有正的权值 $\omega_v(v_i)$，每个超边赋有正的权值 $\omega_e(e_j)$，子问题数目满足 $2 \leqslant K \leqslant N$，子问题的理想计算负载向量 $\boldsymbol{l}=(l_1, l_2, \cdots, l_K)$满足：

$$l_k \geqslant l_{k-1}，且\sum_{k=1}^{K} l_k = \sum_{i=1}^{N} \omega_v(v_i) \tag{3.1-18}$$

顶点的权值是指求解一个设计函数所需的计算时间。超边的权值是指函数与变量间的依赖强度或子问题间传递的数据量。子问题的理想计算负载是指分布式计算的处理能力，由计算资源或并行协同设计的要求决定。

超图 K 分解问题即将 V 分解成 K 个相互独立的子集，记为 $P^K=\{V_1, V_2, \cdots, V_K\}$，且同时满足以下条件：

（1）被 P^K 切割的所有超边的权值总和最小。被 P^K 切割的超边是指存在属于不同子问题的顶点的超边。被 P^K 切割的超边集合可描述如下：

$$E_H^C(P^K)=\{e_j \mid e_j \in E_H，且在 e_j 中存在顶点 v_{j1} 和 v_{j2}，v_{j1} \in V_{k1} \in P^K，v_{j2} \in V_{k2} \in P^K，k_1 \neq k_2\} \tag{3.1-19}$$

因此，被 P^K 切割的超边权值总和最小的条件可写为

$$\min\ \omega_E(P^K) = \sum_{e_j \in E_H^C(P^K)} \omega_e(e_j) \tag{3.1-20}$$

（2）各子问题的实际计算负载与理想负载间的匹配最佳，即

$$\min\left|\sum_{v_i \in V_k} \omega_v(v_i) - l_k\right|，(k=1, 2, \cdots, K) \tag{3.1-21}$$

3.1.7 MDO 分解基本原则

在实际应用中，MDO 问题的分解需遵循以下基本原则：

（1）需综合考虑问题的数学特性与学科物理边界。上述分解策略均基于问题的数学特性，而未考虑问题的物理边界。通过 FDT 或 DSM 重组函数或变量后，常把某学科的变量或设计函数划到另一学科中，即把一个设计问题变成一个数学表达问题，脱离原学科领域，可能与工程实际的组织形式相悖，导致学科协调及专家参与难以实现。

（2）分解工作与所选 MDO 方法相互协同、综合考虑。一方面，MDO 问题的分解方案并不唯一，不同的分解方案需选择合适的 MDO 方法；另一方面，在确定 MDO 方法的前提下，需选择合适的分解方案，以改善问题的求解效果。因此，在分析原问题的基础上，将分解策略与 MDO 优化方法相结合，可以最大限度地发挥两者的优势，从而提高 MDO 问题的求解效率。

3.2　协 调 策 略

MDO 方法（框架）通过反复协调各个子系统的优化任务来指导整个系统设计过程，同时保持子问题间的内在耦合关系。复杂系统设计问题的分解与协调是 MDO 方法降低产品设计复杂性和提高求解效率的主要手段，协调策略具体体现为各种 MDO 方法的求解流程。分解与协调策略是 MDO 过程的核心，涉及 MDO 研究的本质。MDO 分解与协调的关系如图 3.2.1 所示。

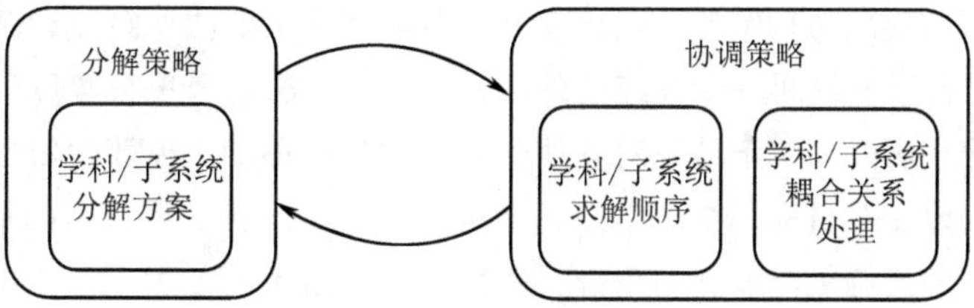

图 3.2.1　MDO 分解与协调的关系

对于多级 MDO 过程，协调在分解后的系统设计问题中起到关键作用。多级 MDO 过程的主要差异在于协调策略：

（1）以何种方式连接系统级和子系统级优化问题，以实现分解后子系统间的耦合？

（2）采用何种近似方法？

（3）如何定义优化问题的目标函数？

协调策略可归纳为三类：基于数学规划的协调、基于近似方法的协调和基于博弈论的协调。基于数学规划的协调侧重从优化理论与大系统优化理论角度分析优化问题的本质，通过有效的手段连接优化问题，如基于目标函数的协调、基于一致性约束的协调等。基于近似方法的协调利用优化问题中目标函数、约束条件和（或）设计变量间的近似关系提高数值求解效率，所采用的近似方法有泰勒级数近似、灵敏度近似和响应面近似等。基于博弈论的协调则把子问题视为决策过程，根据博弈论原理协调不同决策间的关系。

基于数学规划的协调策略可细分为基于一致性约束的协调策略和基于目标函数的协调策略。对于基于一致性约束的协调策略，在优化过程中，耦合变量与原有设计变量一起作为优化变量参与优化，而各学科间的耦合方程转变为等式约束，系统级优化将通过这些等式约束完成各学科间的解耦，并协调系统级优化问题，最终获得协调后的最优解。这些等式约束称为一致性约束，即要求 $Y-Y^{*}=0$，其中 Y^{*} 为给定的优化变量值，Y 为经过子系统分析给出的实际优化变量值。一致性约束具有多种形式，如 $\|Y-Y^{*}\|_{1}\leqslant\varepsilon$，$\|Y-Y^{*}\|_{2}\leqslant\varepsilon$，$\|Y/Y^{*}\|\leqslant1+\varepsilon$，$\|\ln(Y/Y^{*})\|\leqslant\varepsilon$ 等，其中 ε 为允许误差。一致性约束会增大优化问题的非线性程度，导致系统级求解往往依赖于全局收敛性能较好的智能优化算法。

基于目标函数的协调策略是由于经过分解后，选择子系统级和系统级优化问题的目标函数对优化过程而言非常重要。因为子系统级优化中，优化目标应反映子系统信息及其对系统性能的影响；系统级优化中，优化目标应体现对子系统优化的影响且尽量保持子系统的自洽。CO 和 BLISS 即采用不同的目标函数定义和连接两级优化问题。

基于近似方法的协调策略可细分为基于灵敏度分析的协调策略和基于响应面的协调策略。对各子系统间耦合效应的处理，典型的方法是采用灵敏度分析技术控制各子系统优化在满足约束条件下对其他子系统优化的影响。灵敏度信息反映了设计变量或参数的改变对目标函数或约束函数的影响，以及各子系统间的耦合强度。基于灵敏度分析的协调策略即利用系统灵敏度信息构造不同学科间的近似关系，并依据此近似关系求解整个系统的最优解。Sobieszczanski - Sobieski 等采用全局灵敏度方程将子系统与整个系统的灵敏度分析联系起来，从而得到系统灵敏度导数，最终解决耦合系统的灵敏度分析和多学科环境下的设计优化问题。基于灵敏度的协调可在设计中减少用于系统分析的计算量，提高求解性能。由于采用全局灵敏度方程计算需获取整个耦合关系的梯度信息，所以实际应用中比较适合处理基于梯度搜索策略的 MDO 过程以及连续变量问题。但若设计变量数量过于庞大，求解梯度信息带来的计算量会急剧上升。

响应面方法（Response Surface Methodology， RSM）是应用最为广泛的全局近似方法。基于响应面的协调策略即利用响应面模型构造子系统级的局部近似关系或系统级的全局近似关系，子系统或整个系统的优化过程依据此近似关系进行求解。通过响应面近似可简化优化问题，减少数据交换，避免对灵敏度信息的依赖。综合模型精度和计算费用的考虑，一般采取二次多项式模型。但响应面近似模型的选择并非局限于某一固定模型，具体问题应具体处理。

与上述协调策略中完全平等对待子问题（子系统）不同，基于博弈论的协调着重从设计人员（决策者）角度考虑设计问题。设计人员间既非完全合作关系，也非完全孤立关系，而是存在信息传递，因而决策间存在依赖关系，即非对等关系。可将决策者间的相互关系视为主/从关系（Leader/Follower），其中作为 Leader 的决策者知道 Follower 对其决策做何反应，并利用合理反应集（Rational Reaction Set， RSS）构造此种反应的函数关系。RSS 的构造亦需运用试验设计和响应面近似方法。基于博弈论的协调本质上是针对序贯分解的协调，子系统设计存在顺序关系，因而其与并行工程中期望的协作行为相悖，与 MDO 过程结合较难，实际应用较少。

3.3 变复杂度建模

在 MDO 工程实践中，学科间大量存在的耦合关系使需求解问题的复杂度急剧增大，每增加一个学科或者子系统设计问题，优化计算的成本将随着设计变量和约束函数的数量增加导致“维数灾难”，MDO 计算成本较 MDO 中单个学科优化成本的总和要大得多，呈现出超线性增长关系。为了平衡 MDO 的计算成本和计算精度，一方面要尽可能降低模型复杂度，减少计算成本以便实现 MDO；另一方面要具有足够的计算精度以确保分析结果的有效性。为此发展了变复杂度建模（Variable - Complexity Modeling， VCM）方法。

VCM 方法的主要思想是：采用较为简单的模型或方法进行全局寻优，随着优化过程的进行，逐渐改变模型或方法的复杂程度，进行较为精确详细的分析，搜索至最优解。由于综合了高精度模型计算精度高和低精度模型耗时少的特点，该方法得到了广泛的应用。

最初的 VCM 方法用来发展基于梯度的优化技术，整个设计过程是由一组优化循环组成的。在各优化循环开始时采用精确分析，而近似分析则运用于各循环内的后续计算。精确分析获得一个比例因子，用这个比例因子可以修正近似分析，而且这个比例因子可以在设计过程中不断更新。因此，VCM 方法实际上是比例近似的一种运用。在 MDO 运用中，VCM 方法常常与其他近似方法结合使用。较为典型的是 VCM 结合 RSM 的使用。

变复杂度模型存在多种形式，在多学科设计优化问题中，通常采用粗细两种粒度模型对精确性和成本进行折中，优化采用粗粒度模型，分析采用细粒度模型。优化模型和分析模型根据不同的理论构造出来，优化模型的理论较简单，分析模型用精度较高的复杂模型。同时，在不同学科中也可使用不同复杂程度的模型，其中复杂模型用于学科响应分析，简单模型用于耦合。另外，在优化进程中也可以采用不同复杂度的模型加快寻优速度，如由二维模型过渡到三维模型的变维方法、耦合松弛方法等。常用的变复杂度方法有变粒度方法、变维度方法、变几何表征方法，以及耦合松弛方法等。

变粒度优化方法，其思想来源于数值计算中网格划分精度的不同。在优化过程中采用粗网格（低精度）模型实现优化设计；利用粗、细网格模型分别计算状态点（参考点）处的值，并基于参考点处高、低精度分析模型的差值或比值，建立标度函数；在优化过程中，利用标度函数校核粗网格模型的计算误差，从而实现计算精度和优化效率的统一。标度函数的基本形式有差值和比值两种，在此基础上发展了混合标度和多标度函数。

产品的设计一般需要经历初步设计、方案设计和详细设计三个阶段，在三个阶段中均有相应的理论方法来预测系统的性能。初步设计往往依据一维的设计理论，而详细设计是基于三维的设计理论，变维度设计方法就是将各阶段设计有机地结合起来，在低维度优化设计的基础上，最终实现三维的详细设计。需要注意的是，变维度分析方法往往与特定对象的特点密切相关。

几何造型设计中通常利用曲线或曲面方程来描述产品的轮廓形状，这些曲线或曲面方程包括最初使用的多项式、Herzzaite 曲线、B 样条曲线，以及后来发展出的 Bezier 曲线/曲面、非均匀有理 B 样条曲线/曲面等。不同的曲线/曲面方程往往具有不同的性质，多项式曲线由多项式的系数来控制曲线的形状，系数的变化会引起曲线全局的变化；Bezier 曲线利用控制点来控制曲线的形状，控制范围与曲线的阶次有关；非均匀有理 B 样条曲线在描述空间自由曲线的方面能力很强，可以实现曲线的局部调整。因此根据曲线的性质，可采用不同的曲线表征方法实现分阶段的形状优化设计。

耦合松弛优化方法，主要是针对耦合系统的一种变复杂度优化方法。对于耦合系统来讲，其本身就包含两个层次的分析模型：不考虑耦合的低精度模型和考虑耦合的高精度模型。从是否考虑耦合的角度建立的变复杂度设计优化系统，称为耦合松弛变复杂度优化设计。它在实施耦合系统的优化设计时，分别建立系统的非耦合设计模型和耦合设计模型，开展分阶段的优化设计，在非耦合设计模型优化设计的基础上开展耦合设计优化以校验非耦合设计的结果。在非耦合优化阶段，以最为关心的性能指标为目标探索整个设计空间，得到最优性能的初步优化设计方案；在耦合优化设计阶段，全面考虑系统中的耦合及各学科影响，进行综合优化以满足系统所有的设计要求。

3.4 不确定性建模

不确定性设计是设计理论发展的一个重要方向。传统工程设计将系统中的不确定性量假定为确定性量，本质上是用该变量的均值来表征。由于忽视了系统本身固有的不确定性因素，这种设计优化所追求的最优解只具有相对或数学意义，或仅在非常狭小的范围内存在，而在错综复杂的现实世界中不存在真正意义上的最优解。这首先是因为评定方案优劣的标准具有模糊性和主观性，以及随时间和条件而变的随机性，其次是由于作为寻优基础的各种信息和模型具有不确定性。为了克服确定性设计的不足，各种不确定性分析与设计方法自 20 世纪 50 年代以来得到迅速发展，并在车辆工程设计中取得显著成效。

3.4.1 不确定性的来源

车辆设计不确定性源于建模与仿真设计的不同阶段，分为信息不确定性、决策不确定性、建模与仿真不确定性三类。另外，还存在其他类型的不确定性，如采用新技术进行设计时产生的技术不确定性等。

信息不确定性从认知角度分为不可认知不确定性和可认知不确定性两大类。不可认知不确定性又称为随机不确定性、不可简约不确定性，主要用于描述车辆系统内在变化规律，在给定范围取某种分布。可认知不确定性又称为可简约不确定性，定义为建模与仿真任何阶段和过程中由于知识和信息缺乏而产生潜在或可能的不足。典型的车辆设计信息不确定性指与载荷、材料属性、物理尺寸和运行环境等相关的可变性。

决策不确定性主要指设计与优化问题描述和决策过程中存在模糊性。典型的车辆设计决策不确定性如多个设计目标选择：最高车速、百公里加速时间、最大爬坡度、续驶里程、成本和可靠性等。

建模与仿真不确定性主要指分析工具预估值和真实输出值之间存在差异。模型不确定性包括模型结构不确定性和模型参数不确定性，前者主要指输入数据（边界条件、初始条件）和基本参数（在计算过程中定义的），后者主要与模型有效性、充分性相关。

汽车产品设计的概念阶段，设计者所面对的产品特性和要求中最大的不确定性如图 3.4.1 所示，这里的不确定性用符号 Δ 来表示，它代表了误差。在汽车概念设计中，不确定性的最大来源在于设计要求 Δr（例如，汽车的尺寸要多大？汽车能行驶多快？整车的成本是多少？）。当汽车设计发展到初步设计和详细设计阶段时，设计变量 Δx（如长度、厚度和直径）中的要求会更加细化，更不确定，并且工况环境（如温度、路况）成为不确定性的主要来源。很明显，汽车设计的改进受到设计过程中各阶段决策的影响，并且这些决策对整车系统成本有很大的影响。例如，对车辆行驶路面不平度的正确模拟对车辆平顺性分析和设计参数的修正有重要影响。因此，准确模拟车辆设计过程中的不确定性对评估和决策可选设计方案来说是必要的，它使决策、信息模糊且不明确的设计问题趋于稳健。

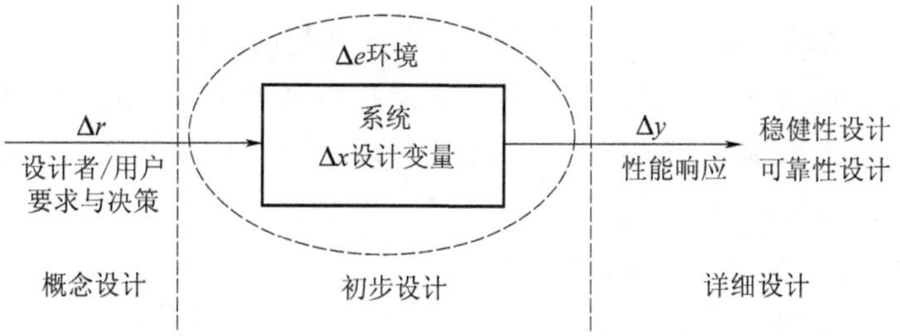

图 3.4.1　汽车产品设计中不确定性的来源

3.4.2　不确定性建模方法

信息不确定性建模方法主要分概率统计和非概率两大类。概率统计方法包括数量统计方法和贝叶斯统计方法，非概率方法包括模糊数学、可能性理论、信度理论和不确定性区间方法等。概率统计方法发展比较成熟，能够得到较高精度的不确定性预估，但不确定性建模需要足够详细的不确定性信息，这些信息源于试验观察或基于数值仿真的概率取样，由于试验观察和基于数值仿真的概率取样受计算费用和时间限制，限制了概率统计方法的应用。当只存在较少的不确定性信息时，需采用非概率方法进行不确定性建模。

决策不确定性是指设计问题描述和决策过程中设计要求的模糊性。决策不确定性建模主要采取模糊数学方法、决策理论、物理规划、折中规划、软约束与硬约束的区分等方法与策略。

建模与仿真不确定性主要指分析工具预估值和真实输出值之间存在差异。在车辆设计的不同阶段，由于设计自由度不同和工作环境或条件信息缺乏，尚无统一的建模方法，如发动机和电池工作环境温度的数学模型。如果在建模与仿真过程中采用近似方法，则会存在近似不确定性。典型的车辆设计模型不确定性，如对车辆空气动力特性的预估存在不同精度的变复杂度模型。建模与仿真不确定性主要考虑模型不确定性对设计的影响，可借鉴变复杂度建模思想，对模型进行修正，研究学科分析模型不确定性及解决方法。

3.4.3 不确定性传播方法

不确定性传播（Uncertainty Propagation）用于处理系统参数输入的不确定性导致的系统输出不确定性，也称之为不确定性分析，是研究各种不确定性系统参数（包括可控设计变量和不可控设计变量）对产品的系统性能（系统输出包括设计目标和设计约束）的影响规律。当系统参数的分布（均值、方差或区间）已知时，通过不确定性分析可以获得系统性能的分布。

不确定性环境下，层次系统中的不确定性将通过邻层间的响应逐层传递，最终存在于层次系统的任一层。图 3.4.2 展示了一个典型的双层系统结构及不确定性传播。底层两个子系统除了拥有各自的局部设计变量 X_{11}、X_{12}外，还共同拥有共享设计变量 Y。邻层间通过响应 R_{11}、R_{12}联系。底层系统的输入 X_{11}、X_{12}和 Y 的不确定性传播给该层的响应 R_{11}、R_{12}，然后逐层往上传递直到顶层的响应 R_0。因此，如何将若干不确定性进行有效精确地传递非常重要，首先需要运用合适的量来描述这些随机量的概

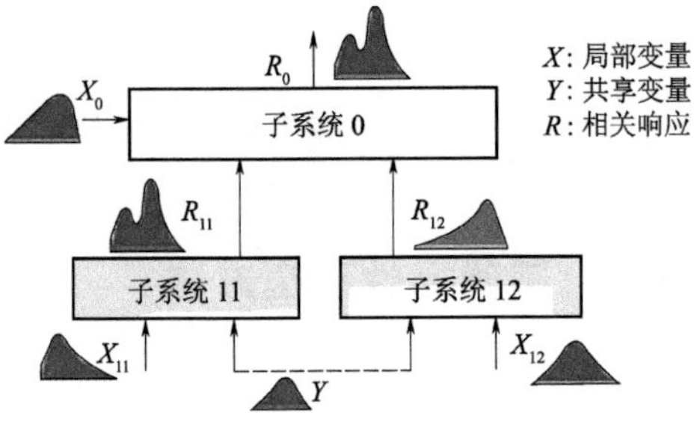

图 3.4.2 双层系统结构及不确定性传播

率特性，其次需要研究有效的方法来传递这些随机信息。

图 3.4.3 所示为包含三个子系统的整车系统不确定性分析，每个子系统都有专用的仿真分析工具。子系统的不确定性主要是设计变量的输入数据误差 Δx_i 和仿真分析工具的模型误差引起的。整车系统的输出性能响应误差 Δy 是多个子系统多种类型不确定性影响的综合结果。

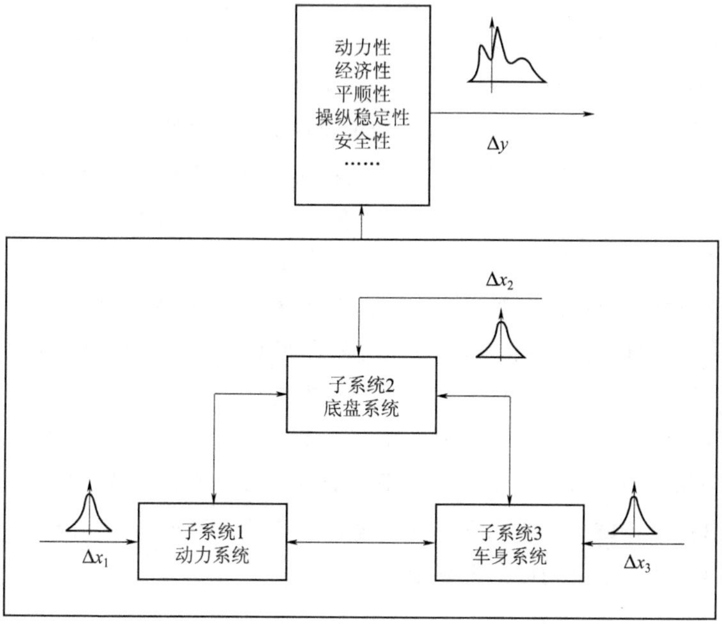

图 3.4.3　车辆系统中的不确定性分析

不确定性分析回答系统参数的分布（均值、标准差或区间）已知，系统性能的分布是什么的问题。它涉及稳健设计中的**矩估计**，如期望和标准差，或者可靠性设计中系统**可靠性估计**，如失效概率，如图 3.4.4 所示。不确定性传播占用了整个系统优化过程的大部分时间，不确定性传播的效率决定了整个优化设计的效率。

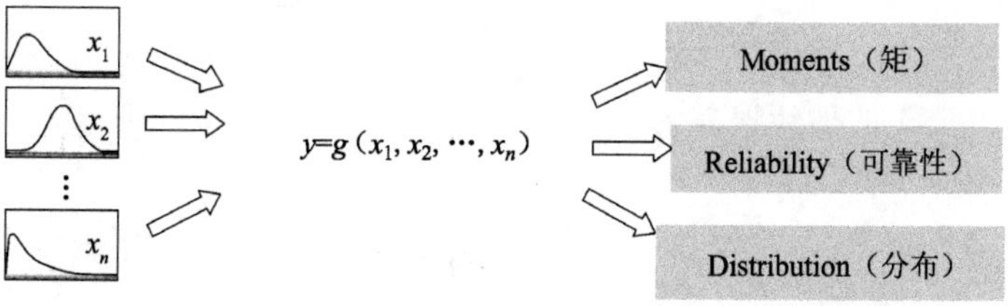

图 3.4.4　不确定性传播与稳健设计和可靠性设计关系

现有的“黑箱式”不确定性传播方法主要有抽样法、局部展开法、最可能点法、函数展开法和数值积分法五类。

1. 抽样法

通常情况下，系统设计变量的分布函数未知，但其均值、偏差或变化区间已知，或者系统响应的目标函数不便或不可求导，不确定性分析中最直接的方法就是抽样法。抽样法通常指蒙特卡罗模拟方法（Monte Carlo Simulation，MCS），简称蒙特卡罗法，是以概率和统计理论方法为基础的一种计算方法。该方法在不确定性变量取值空间进行抽样，并计算各个样本点对应的系统响应值，然后基于样本信息分析系统响应的概率分布特征以及其他统计量。它将所求解的问题与一定的概率模型相联系，用计算机实现统计模拟或抽样，以获得问题的近似解。蒙特卡罗法用于估算函数的概率密度函数（Probabilistic Density Function，PDF），已被广泛用于工程问题中。MCS所用的样本数越多，其预测精度也越高。当样本点足够多时，该方法可以非常精确地得到系统响应的均值、方差、分布函数和密度函数等信息，因此常被用于验证其他不确定性传播方法的精度。蒙特卡罗法的主要步骤如下：

步骤1：根据不确定性变量的概率分布随机生成 n_s 个样本点$\{x_i\}$，$1\leqslant i\leqslant n_s$，可以采用随机采样、拉丁超立方采样等试验设计方法生成样本点。

步骤2：计算每个样本点处的系统输出响应值，得到$\{y_i\}$，$1\leqslant i\leqslant n_s$。

步骤3：针对系统响应的期望值：

$$I=E[\phi(\boldsymbol{y})]=\int_{\Omega}\phi[f(\boldsymbol{x})]p(\boldsymbol{x})\mathrm{d}\boldsymbol{x} \tag{3.4-1}$$

式中，$\boldsymbol{y}=f(\boldsymbol{x})$ 为系统模型；$\boldsymbol{x}$ 为随机不确定性向量；$\boldsymbol{y}$ 为系统响应；$p(\boldsymbol{x})$ 为定义域 Ω 上向量 $\boldsymbol{x}$ 的联合概率分布函数；$\phi(\boldsymbol{y})$ 为对于 $\boldsymbol{y}$ 的任意函数。

近似计算上式中的积分值：

$$I\approx\widetilde{\phi}=\frac{1}{n_s}\sum_{i=1}^{n_s}\phi(y_i) \tag{3.4-2}$$

$\phi(\boldsymbol{y})$ 的方差估计如下：

$$\widetilde{\sigma}_{\phi}^{2}\approx\frac{1}{n_s-1}\sum_{i=1}^{n_s}[\phi(y_i)-\widetilde{\phi}]^2 \tag{3.4-3}$$

式（3.4-3）的估计误差为

$$\mathrm{err}=\frac{\widetilde{\sigma}_{\phi}}{\sqrt{n_s}} \tag{3.4-4}$$

可见，抽样数目足够大才能保证估算的准确性。但是，如果系统分析模型复杂耗时（如车身结构有限元分析），则大量抽样将导致蒙特卡罗法的计算量难以承受。虽然具有极高的精度，但是需要巨大的计算量，通常取样的规模都在上万甚至百万量级，在实际应用中基本不可行。为了减少样本数量，提高计算效率，发展了重要性抽样方法，通过在重要区域采样提高采样效率，产生了准蒙特卡罗模拟（Quasi-MCS）、Hammersly 抽样、β-sphere 重要性抽样、分层抽样和自适应抽样等方法。

2. 局部展开法

局部展开法通过一阶或二阶泰勒近似展开来近似系统的性能函数，可用于分析系统响应值在随机不确定性传递影响下的低阶矩信息。泰勒展开法是基于灵敏度的估算方法，这种方法先将随机变量函数展开为线性或二次函数的泰勒近似式，然后再求它的均值和方差，作为原函数均值和方差的近似值。一次二阶矩法（First Order Second Moment，FOSM），也称为均值法，是此类方法中最为常用的方法，它将非线性性能函数 $g(\boldsymbol{X})$ 在设计点（均值点 $\boldsymbol{\mu}_{\boldsymbol{X}}$ 处）线性近似为

$$\tilde{g} \approx g(\boldsymbol{\mu}_{\boldsymbol{X}}) + \sum_{i=1}^{d} \left.\frac{\partial g}{\partial x_i}\right|_{\mu_{X_i}} \times (x-\mu_{X_i}) \tag{3.4-5}$$

式中，X_i 为独立的正态分布变量（$X_i \sim N(\mu_{X_i}, \sigma_{X_i}^2)$），$\forall i=1, 2, \cdots, d$；$d$ 为随机输入变量的维数。由于 $g(\boldsymbol{X})$ 用上式线性近似，其分布也近似为正态分布，相应的正态分布参数（期望和方差）为

$$\tilde{g}_{\mathrm{FOSM}}(\boldsymbol{X}) \sim N(\mu_g, \sigma_g^2) \tag{3.4-6}$$

式中，$\mu_g = g(\boldsymbol{\mu}_{\boldsymbol{X}})$；$\sigma_g^2 = \sum_{i=1}^{n}\left(\frac{\partial g}{\partial x_i}\right)^2 \sigma_{X_i}^2$。

若非线性极限状态函数被线性或者二次近似，失效概率近似可表示为

$$\begin{aligned}\Pr[g_j(\boldsymbol{X})<0] &= 1-\int_{-\infty}^{0} \frac{1}{\sqrt{2\pi}\,\sigma_{g_j}} \mathrm{e}^{-\frac{(t-\mu_{g_j})^2}{2\sigma_{g_j}^2}} \mathrm{d}t \\ &= 1-\frac{1}{2}\left[1+\mathrm{erf}\left(\frac{-\mu_{g_j}}{\sqrt{2}\,\sigma_{g_j}}\right)\right] = 1-\phi\left(\frac{-\mu_{g_j}}{\sigma_{g_j}}\right)\end{aligned} \tag{3.4-7}$$

式中，ϕ 为标准正态分布 $N(0, 1)$ 的累计分布函数（Cumulative Density Funetion，CDF）。

定义 $\boldsymbol{U}$ 为标准正态分布向量 $U_i \sim N(0, 1)$，$\forall i=1, 2, \cdots, d$，则 $\boldsymbol{U}=(\boldsymbol{X}-\boldsymbol{\mu}_{\boldsymbol{X}})/\boldsymbol{\sigma}_{\boldsymbol{X}}$。定义 μ_{g_j}/σ_{g_j} 为可靠性指数 β，代表在 $\boldsymbol{U}$ 空间中从设计点（均值点）到极限状态的最短距离。

对于非正态分布的随机变量，可将其转换到等价的正态分布 $N(\mu^e, \sigma^e)$，使对应分布的期望和标准差值与原始分布对应的值相同，则违反线性约束的概

率表示为 $\phi(-\beta^{e})$。此种变换只有在联合累计分布函数或者条件累计分布函数已知的情况下才适用。因为完全的概率信息在工业应用中一般不可能得到，可通过利用 Nataf 变换来近似联合累计分布函数或者条件累计分布函数。

该分析方法直观、简单，便于计算与应用，但由于在设计点附近进行近似，该方法的准确性完全依赖于线性函数近似的精确程度，因此精度很难保证。其应用的局限包括：要求不确定性变量的方差或变化区间不能太大，系统模型的非线性程度不能太高，否则计算精度会受到很大影响。虽然存在上述不足，但综合考虑计算复杂性和求解精确性，该方法仍不失为一种具有实际可行性的有效方法，在不确定性分析中得到大量应用。在具体工程应用中，根据实际需要可考虑引入泰勒展开中的高阶项，从而提高在预测函数尾端分布的精度。

3. 最可能点法

不同于局部展开法，最可能点法虽然也是通过一阶或二阶泰勒展开近似 $g(\boldsymbol{X})$，但不是在设计点，而是在最可能点（Most Probable Point，MPP）处进行展开近似，提高了函数尾端概率分布的精度，主要用于基于可靠性的设计。

最可能点的概念最初在结构可靠性中被提出，MPP 为极限状态函数上具有最大概率密度的点，当进行可靠性和失效概率估计时，最可能点是一个很重要的设计点。在结构可靠性中，系统输出 $z=g(\boldsymbol{X})$ 也称为极限状态函数。失效面或者极限状态定义为 $g(\boldsymbol{X})=0$，也是随机变量空间中安全区和失效区的分界。当 $g(\boldsymbol{X})>0$ 时，结构是安全的；当 $g(\boldsymbol{X})<0$ 时，结构将失效。

失效概率 P_f 可以通过多元积分得到：

$$P_f=\int\cdots\int_{g(\boldsymbol{X})<0} f_{\boldsymbol{X}}(x_1, x_2, \cdots, x_d)\,\mathrm{d}x_1\mathrm{d}x_2\cdots\mathrm{d}x_d \tag{3.4-8}$$

式中，$f_{\boldsymbol{X}}(x_1, x_2, \cdots, x_d)$ 为 $\boldsymbol{X}=(x_1, x_2, \cdots, x_d)$ 的联合概率密度函数，则可靠性 R 为

$$R=1-P_f \tag{3.4-9}$$

上式中多元积分的求解非常困难，在实际中通常不具有可行性。最可能点的概念被提出，以用于对该多元积分进行近似。最可能点被定义在独立标准正态空间 $\boldsymbol{U}=(U_1, U_2, \cdots, U_d)$。输入随机变量 $\boldsymbol{X}=(x_1, x_2, \cdots, x_d)$（原始设计空间，$\boldsymbol{X}$ 空间）转换到标准正态空间 $\boldsymbol{U}=(U_1, U_2, \cdots, U_d)$（$\boldsymbol{U}$ 空间），最常用的转换是 Rosenblatt 变换：$U_i=\phi^{-1}[F_i(X_i)]$，$i=1, 2, \cdots, d$，其中 ϕ^{-1} 为正态累计分布函数的逆函数。上式说明转换时保证 $\boldsymbol{X}$ 空间和 $\boldsymbol{U}$ 空间对应的累计概率分布值相等（见图 3.4.5）。

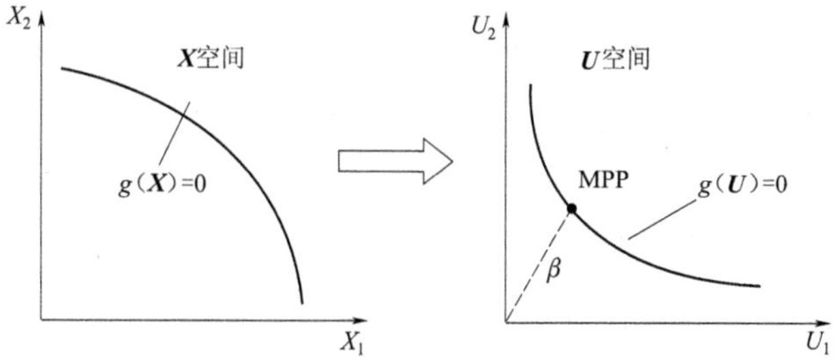

图 3.4.5　随机变量 X 空间和 U 空间的转换

极限状态函数写为

$$z(\boldsymbol{U})=g(\boldsymbol{U}) \tag{3.4-10}$$

β 是原点距离 $\boldsymbol{U}$ 空间中极限状态面（见图 3.4.5）的最短距离。为了得到 β，从数学上来说需要求解带有等式约束的优化问题，也叫作可靠指标法（Reliability Index Approach，RIA）：

$$\begin{aligned}&\min \boldsymbol{U}^{\mathrm{T}}\boldsymbol{U}\\&\text{s.t. } G(\boldsymbol{U})=0\\&\boldsymbol{U}=\frac{\boldsymbol{X}-\mu_{\boldsymbol{X}}}{\sigma_{\boldsymbol{X}}},\ G(\boldsymbol{U})=g(\boldsymbol{X})\end{aligned} \tag{3.4-11}$$

上述最小化问题的解 U_{MPP} 叫作最可能点。从图 3.4.6 可以看出，极限状态函数在标准正态空间中的 MPP 处有最大的概率值。最短距离 β 在可靠性分析中也称为安全指数。

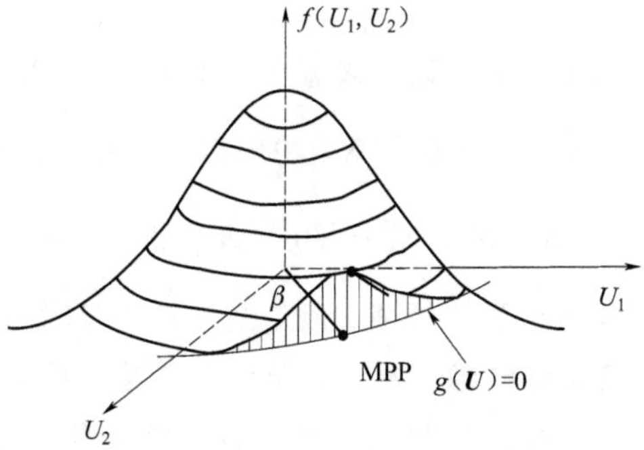

图 3.4.6　最可能点(MPP)概念

于是概率约束的可行性通过比较可靠性指数 $\beta=\sqrt{\boldsymbol{U}^{\mathrm{T}}\boldsymbol{U}}$ 和目标可靠性指数 $\beta_t=-\phi^{-1}(P_f)$ 的关系得到。当 $\beta>\beta_t$ 时，概率约束是可行的。该概率也同样可以运用功能度量法（Performance Measure Approach，PMA）表示为

$$
\begin{aligned}
&\Pr[g(\boldsymbol{X}) \geqslant 0] = \phi(-\beta) \leqslant P_f = \phi(-\beta_t) \\
&\Rightarrow F_g(0) = \Pr[g(\boldsymbol{X}) \geqslant 0] \leqslant \phi(-\beta_t) \\
&\Rightarrow G_{P_t} = F_g^{-1}[\phi(-\beta_t)] \geqslant 0
\end{aligned} \tag{3.4-12}
$$

G_{P_t} 叫作 PMA 的性能指标。这个指标进一步用来作为原始可靠性约束指数，以保持概率约束的可行性。计算这个性能指标需要求解优化问题：

$$
\begin{aligned}
&\min G(\boldsymbol{U}) \\
&\text{s. t. } \|\boldsymbol{U}\| = \beta_t
\end{aligned} \tag{3.4-13}
$$

RIA 是一种普遍应用和发展较成熟的方法，但是由于 PMA 在进行可靠性分析时比 RIA 稳健和有效得多，故 PMA 得到更广泛的应用。为了将 MPP 方法运用到带有概率约束的优化问题中，需要求解两个相互嵌套的优化问题。其中，内循环是搜寻 MPP 的优化问题，外循环是求解最优设计变量的优化问题。外部优化循环的每一次迭代都要调用内循环，计算量非常大。为了降低嵌套循环的计算开销，很多文献提出了有效的解决方法。例如改进的均值法（Advanced Mean Value，AMV）、混合均值法（Hybrid Mean Value Method）、序列优化和可靠性分析（Sequential Optimization and Reliability Analysis）以及 Design Potential 方法。或通过将求解 MPP 的子优化问题的最优性条件作为等式约束集成到外循环中，将嵌套的双循环变为序列的单循环问题，大大减少了双循环的计算量。当 MPP 找到以后，在 $\boldsymbol{U}$ 空间的 MPP 处近似函数：一阶可靠度方法（First Order Reliability Method，FORM）进行线性近似，见式（3.4-14）；二阶可靠度方法（Second Order Reliability Method，SORM）进一步运用非线性极限状态函数的曲率信息，见式（3.4-15）：

$$
\tilde{g}_{\text{FORM}} \approx \boldsymbol{g}(\boldsymbol{X}_{\text{MPP}}) + \nabla \boldsymbol{g}^{\mathrm{T}}(\boldsymbol{X}_{\text{MPP}}) \cdot (\boldsymbol{X} - \boldsymbol{X}_{\text{MPP}}) \tag{3.4-14}
$$

$$
\begin{aligned}
\tilde{g}_{\text{SORM}} \approx\ & \boldsymbol{g}(\boldsymbol{X}_{\text{MPP}}) + \nabla \boldsymbol{g}^{\mathrm{T}}(\boldsymbol{X}_{\text{MPP}}) \cdot (\boldsymbol{X} - \boldsymbol{X}_{\text{MPP}}) + \\
& \frac{1}{2}(\boldsymbol{X} - \boldsymbol{X}_{\text{MPP}})^{\mathrm{T}} \cdot \nabla^2 \boldsymbol{g}^{\mathrm{T}}(\boldsymbol{X}_{\text{MPP}}) \cdot (\boldsymbol{X} - \boldsymbol{X}_{\text{MPP}})
\end{aligned} \tag{3.4-15}
$$

FORM 可以有效地得到失效概率，但是当问题中涉及高度非线性的极限状态函数时，结果不一定足够精确。为了克服这个缺陷，可对 FORM 进行改进，包括将安全系数和失效概率结合起来的方法和运用曲率信息的可靠性指数法。另一方面，SORM 通过利用 $g(\boldsymbol{X})$ 在 MPP 处的 Hessian 矩阵信息来提高概率估计的精度。但是 Hessian 矩阵的引进使得 SORM 相比 FORM 的计算量大大增加。FORM 和 SORM 也适用于一般的非正态分布随机变量，可采取转换方法（Rosenblatt 和 Nataf 变换）来实现转换。

虽然一阶可靠度方法和二阶可靠度方法在一定程度上减小了泰勒展开带来

的近似误差，但在处理高度非线性问题时，除了涉及复杂费时的最可能点的搜寻过程，还存在相对较大的近似误差。

4. 函数展开法

函数展开法和数值积分法是新提出的两种不确定性传播方法，能够较好地处理存在高度非线性性能函数的问题。由于具有较高的精确性和稳健性，在不确定性优化设计领域受到广泛关注。

多项式混沌展开（Polynomial Chaos Expansion, PCE）是函数展开法的基础。PCE 通过将不确定性系统的输入和输出近似成一系列标准随机变量的展开形式，提供了一种高效的不确定性传播方法。众多正交多项式基都可以用来作为 PCE 中的正交多项式基，与之对应的随机变量类型如表 3.4.1 所示。

表 3.4.1　正交多项式基函数和对应的随机变量

随机变量	高斯分布	β 分布	γ 分布	均匀分布
多项式基函数	Hermite	Laguerre	Jacobi	Legendre

通常选取以标准正态分布为输入的 Hermite 正交多项式基来实现 PCE:

$$y = a_0 \Gamma_0 + \sum_{i_1=1}^{\infty} a_{i_1} \Gamma_1(\xi_{i_1}) + \sum_{i_1=1}^{\infty}\sum_{i_2=1}^{i_1} a_{i_1 i_2} \Gamma_2(\xi_{i_1}, \xi_{i_2}) + \sum_{i_1=1}^{\infty}\sum_{i_2=1}^{i_1}\sum_{i_3=1}^{i_2} a_{i_1 i_2 i_3} \Gamma_3(\xi_{i_1}, \xi_{i_2}, \xi_{i_3}) + \cdots \tag{3.4-16}$$

式中，$\{\xi_i\}_{i=1}^{\infty}$ 为一组标准正态随机变量；Γ_p 为多元 p 阶 Hermite 多项式；a_i 为 PCE 中的确定性系数，也是 PCE 中需要求解的量。

对 d 维 p 阶 PCE 模型涉及的系数的个数 P：

$$P = 1 + \sum_{s=1}^{p} \frac{1}{s!} \prod_{r=0}^{s-1} (d + r) = \frac{(d+p)!}{d!\,p!} \tag{3.4-17}$$

式（3.4-16）可简写为

$$y = \sum_{i=0}^{\infty} b_i \Psi_i(\xi_{i_1}) \tag{3.4-18}$$

式中，b_i 和 Ψ_i 分别对应于式（3.4-16）中的 $a_{i_1 i_2 \cdots i_p}$ 和 $\Gamma_p(\xi_{i_1}, \xi_{i_2}, \cdots, \xi_{i_p})$。例如，$d=2$，$p=2$ 的 PCE 模型可以表示为

$$y = b_0 + b_1 \xi_1 + b_2 \xi_2 + b_3(\xi_1^2 - 1) + b_4 \xi_1 \xi_2 + b_5(\xi_2^2 - 1) \tag{3.4-19}$$

给定一组样本和相应的函数响应值，可以通过众多方法求解 PCE 中的待定系数 b_i。Galerkin 投影法和回归法是两种主要求解 PCE 系数的方法。Galerkin 投影法利用

多项式基的正交性进行内积操作，将函数相应地分别投影到每个基函数项上，得到相应的每个系数。将式（3.4-19）两边同时乘以 Ψ_j，取期望如下：

$$b_j = \frac{Ey,\ \Psi_j}{E(\Psi_j^2)} = \frac{1}{E(\Psi_j^2)}\int_{\Omega} y\Psi_j p(\xi)\,\mathrm{d}\xi \tag{3.4-20}$$

式中，分母可以解析得到；分子涉及多元积分，可以通过抽样和数值积分方法得到。

回归法，也叫随机响应面方法（Stochastic Response Surface Method，SRSM），用于求解最小二次解，最小化某些试验点上 PCE 预测响应值和真实响应值间的误差平方和：

$$J(d) = \sum_{i=1}^{n} \varepsilon_i^2 = \sum_{i=1}^{n}[Y(x_i) - Y^h(x_i)]^2 \tag{3.4-21}$$

式中，n 为回归中所用的样本点的数目。

当得到样本和相应的函数真实响应值以后，代入 PCE 中得到

$$\begin{pmatrix} \Psi_0(\vec{\xi}_0) & \Psi_1(\vec{\xi}_0) & \cdots & \Psi_P(\vec{\xi}_0) \\ \Psi_0(\vec{\xi}_1) & \Psi_1(\vec{\xi}_1) & \cdots & \Psi_P(\vec{\xi}_1) \\ \vdots & \vdots & \ddots & \vdots \\ \Psi_0(\vec{\xi}_n) & \Psi_1(\vec{\xi}_n) & \cdots & \Psi_P(\vec{\xi}_n) \end{pmatrix} \begin{pmatrix} b_0 \\ b_1 \\ \vdots \\ b_P \end{pmatrix} = \begin{pmatrix} Y(\vec{\xi}_0) \\ Y(\vec{\xi}_1) \\ \vdots \\ Y(\vec{\xi}_n) \end{pmatrix} \tag{3.4-22}$$

上式可记作

$$\boldsymbol{Ab} = \boldsymbol{Y} \tag{3.4-23}$$

最小二乘回归的解为

$$\boldsymbol{b} = (\boldsymbol{AA}^{\mathrm{T}})^{-1}\boldsymbol{A}^{\mathrm{T}}\boldsymbol{Y} \tag{3.4-24}$$

PCE 不确定性传播的结果是关于一系列标准正态分布随机变量的函数，一旦确定了展式的阶数和对应的正交多项式的系数，就可以非常方便地得到函数完全的概率分布信息，也可以相应得到矩信息和失效概率，这也是 PCE 优于其他不确定性传播方法的地方。

基于随机响应面方法的多项式混沌展开方法是一种高效、精确和稳健的不确定性传播方法，对解决高度非线性问题具有极强的稳健性，但是由于 SRSM 将样本同等对待，忽视了样本在概率空间的重要性差异，在处理高度非线性的复杂问题时，由于计算资源的限制，也会带来一定程度上的不精确性。

5. 数值积分法

系统响应的概率密度函数包含随机量的所有信息，对于工程应用问题而

言，往往不需要随机量的所有概率信息，而部分信息就足以描述一个随机量的分布特征。数值积分法是通过采用矩匹配方法（Moment Matching Method）对前几阶矩进行估计来获得不确定性的传播。根据得到的矩估计信息，运用经验分布系统，可以近似得到输出函数的概率密度函数，从而可以方便地近似得到系统的失效概率。

在数值积分法中，全因子数值积分法（Full Factorial Numerical Integration, FFNI）和单变量降维法（Univariate Dimension Reduction Method, UDRM）是两种比较常用的不确定性传播方法。它们分别适合于两种不同类型的问题：FFNI 适合解决低维且变量间具有强交互作用的问题，而 UDRM 适合解决高维且变量间不存在强交互作用的问题。

1）全因子数值积分法

全因子数值积分法通过对合适的一维积分进行直接张量积操作，求解多变量数值积分得到函数的矩估计。$f_x(\boldsymbol{X})$ 是 d 维变量 $\boldsymbol{X}$ 的联合概率密度函数。

若 $d=1$，$g(\boldsymbol{x})$ 的 p^{th} 阶矩可以用含有 m 个节点的高斯型积分公式表示为

$$E(g^p)=\int_{-\infty}^{\infty}[g(\boldsymbol{x})]^p f_{\boldsymbol{X}}(\boldsymbol{x})\,\mathrm{d}\boldsymbol{x}\approx\sum_{i=1}^{m}w_i[g(\boldsymbol{\mu}_x+l_i\boldsymbol{\sigma}_x)]^p \tag{3.4-25}$$

式中，l_i 和 w_i 分别为第 i^{th} 个积分点（节点）上的节点值和权值，可以通过矩匹配方程获得。对于常见的概率分布类型，这些节点值和权值被制成了表格作为参考。

若 $d>1$，对上式进行张量积操作得到：

$$\begin{aligned}E(g^p)&=\int_{-\infty}^{\infty}\int_{-\infty}^{\infty}\cdots\int_{-\infty}^{\infty}[g(x_1,x_2,\cdots,x_d)]^p\cdot\\&\qquad f_{\boldsymbol{X}}(x_1,x_2,\cdots,x_d)\,\mathrm{d}x_1\mathrm{d}x_2\cdots\mathrm{d}x_d\\&\approx\sum_{i_1=1}^{m}w_{i_1}\sum_{i_2=1}^{m}w_{i_2}\cdots\sum_{i_d=1}^{m}w_{i_d}[g(\boldsymbol{\mu}_{x_1}+l_{i_1}\boldsymbol{\sigma}_{x_1},\boldsymbol{\mu}_{x_2}+l_{i_2}\boldsymbol{\sigma}_{x_2},\cdots,\boldsymbol{\mu}_{x_d}+l_{i_d}\boldsymbol{\sigma}_{x_d})]^p\end{aligned} \tag{3.4-26}$$

式中，$f_{\boldsymbol{X}}(x_1,x_2,\cdots,x_d)$ 为随机变量的联合概率密度函数。要得到这个多变量积分，所需的函数评估次数是 m^d，从试验设计（DOE）的角度来说，类似于全因子设计（Full Factorial Design），因此这种方法被称作全因子数值积分法。

$g(\boldsymbol{X})$ 的前四阶矩具体计算如下：

$$\begin{aligned}\boldsymbol{\mu}_g=&\sum_{i_1=1}^{m}w_{i_1}\sum_{i_2=1}^{m}w_{i_2}\cdots\sum_{i_n=1}^{m}w_{i_n}\times[g(\boldsymbol{\mu}_{X_1}+l_{i_1}\boldsymbol{\sigma}_{X_1},\boldsymbol{\mu}_{X_2}+\\&l_{i_2}\boldsymbol{\sigma}_{X_2},\cdots,\boldsymbol{\mu}_{X_n}+l_{i_n}\boldsymbol{\sigma}_{X_n})]^k\end{aligned} \tag{3.4-27}$$

$$\sigma_g=\left\{\sum_{i_1=1}^{m}w_{i_1}\sum_{i_2=1}^{m}w_{i_2}\cdots\sum_{i_n=1}^{m}w_{i_n}\times[g(\mu_{x_1}+l_{i_1}\sigma_{x_1},\mu_{x_2}+l_{i_2}\sigma_{x_2},\cdots,\mu_{x_n}+l_{i_n}\sigma_{x_n})-\mu_g]^2\right\}^{\frac{1}{2}} \tag{3.4-28}$$

$$\sqrt{\beta_{1g}}=\left\{\sum_{i_1=1}^{m}w_{i_1}\sum_{i_2=1}^{m}w_{i_2}\cdots\sum_{i_n=1}^{m}w_{i_n}\times[g(\mu_{x_1}+l_{i_1}\sigma_{x_1},\mu_{x_2}+l_{i_2}\sigma_{x_2},\cdots,\mu_{x_n}+l_{i_n}\sigma_{x_n})-\mu_g]^3\right\}/\sigma_g^3 \tag{3.4-29}$$

$$\sqrt{\beta_{2g}}=\left\{\sum_{i_1=1}^{m}w_{i_1}\sum_{i_2=1}^{m}w_{i_2}\cdots\sum_{i_n=1}^{m}w_{i_n}\times[g(\mu_{x_1}+l_{i_1}\sigma_{x_1},\mu_{x_2}+l_{i_2}\sigma_{x_2},\cdots,\mu_{x_n}+l_{i_n}\sigma_{x_n})-\mu_g]^4\right\}/\sigma_g^4 \tag{3.4-30}$$

当得到前四阶矩之后，$g(\boldsymbol{X})$ 完整的概率密度函数 f_g 可以通过经验分布系统得到。Pearson 分布是普遍用来得到近似概率密度函数的一种矩匹配方法：

$$\frac{\mathrm{d}\widetilde{f}_g}{\mathrm{d}x}=-\frac{a+\bar{x}}{c_0+c_1\bar{x}+c_2\bar{x}^2}\widetilde{f}_g$$

where,

$$\bar{x}=x-\mu \tag{3.4-31}$$

$$a=\sqrt{\beta_1}(\beta_2+3)(10\beta_2-12\beta_1-18)^{-1}\sigma^2$$

$$c_0=(4\beta_2-3\beta_1)(10\beta_2-12\beta_1-18)^{-1}\sigma$$

$$c_1=\sqrt{\beta_1}(\beta_2+3)(10\beta_2-12\beta_1-18)^{-1}\sigma^2$$

$$c_2=(2\beta_2-3\beta_1-6)(10\beta_2-12\beta_1-18)^{-1}$$

上式表明，如果可以找到所有的系数 a、c_0、c_1、c_2，使得系统输出函数 $g(\boldsymbol{X})$ 的前四阶矩和 Pearson 分布的前四阶矩匹配，$\widetilde{f}_g$ 可以近似代表函数的真实概率密度函数 f_g。

全因子数值积分法中使用的高斯积分点具有很高的代数精度，因此 FFNI 可以得到比较准确的矩估计，而且对输入参数的非线性具有很强的稳健性，对高耦合的设计变量有较高的计算精度，对交互很大的设计变量分组隔离效果明显，而交互很小即相对独立的设计变量对最终无关联结果的误差影响较小。但是相应的计算量随着随机输入参数的增加呈指数增长，在有较多设计变量的高维计算过程中容易产生所谓的“维数灾难”问题。这种方法一般仅适合于 d 不超过 5 的低维不确定性传播问题。

2）单变量降维法

在可靠性分析中，单变量降维法（UDRM）经常被提及的主要有两种类型：基于均值点展开的 UDRM 和基于最可能点展开的 UDRM，二者之间的区别主要在于参考点的选取不同。

基于均值点展开的单变量降维法（Man - based UDRM），最初用来估算函数的矩信息。通过 UDRM 分解将多变量函数 $g(\boldsymbol{X})$ 表示成一系列单变量函数的和：

$$g(\boldsymbol{X})\approx\widetilde{g}(\boldsymbol{X})=\sum_{i=1}^{d}g_i(x_{01},x_{02},\cdots,x_{0i},\cdots,x_{0d})-(d-1)g(x_{01},x_{02},\cdots,x_{0i},\cdots,x_{0d})=\sum_{i=1}^{d}g_i(x_i)-(d-1)g(\boldsymbol{X}_0) \tag{3.4-32}$$

式中，x_{0i}表示参考点 $\boldsymbol{X}_0$ 处第 i^{th} 个随机变量的值，x_i 是每个单变量函数中唯一的变量。从上式可以看到，这些单变量函数都仅与一个随机变量有关，其他的随机变量都固定在参考点 $\boldsymbol{X}_0=(x_{01},x_{02},\cdots,x_{0i},\cdots,x_{0d})$（基于均值点展开的单变量降维法中指均值点 $\boldsymbol{\mu}_{\boldsymbol{X}}$）。

从上式可以看到，UDRM 近似的多变量函数 $\widetilde{g}(\boldsymbol{X})$ 包含泰勒展开中所有的单变量项，但是不包含所有的交互项（也就是含有两个输入变量或者两个以上的项）。很明显，当运用基于均值点的单变量降维法进行不确定性传播时，如果随机输入变量间的交互作用很大，将会带来较大的误差，而且这种误差不能通过增加积分节点数目进行减小。

当一维分解近似完成后，$g(\boldsymbol{X})$ 的第 p^{th} 阶矩可以直接在近似函数 $\hat{g}(\boldsymbol{X})$ 上计算得到：

$$E(g^p)\approx E(\widetilde{g}^p)=E\left\{\left[\sum_{i=1}^{d}g_i(x_i)-(d-1)g(\boldsymbol{\mu}_{\boldsymbol{X}_0})\right]^p\right\}=\int_{-\infty}^{\infty}\left[\sum_{i=1}^{d}g_i(x_i)-(d-1)g(\boldsymbol{\mu}_{\boldsymbol{X}_0})\right]^p f_{x_i}(x_i)\,\mathrm{d}x_i \tag{3.4-33}$$

式中，$f_{x_i}(x_i)$ 为第 i^{th} 维随机变量的概率密度函数。由于仅涉及一维积分，与 FFNI 的 d 维积分相比，基于均值点展开的单变量降维法计算量得以大幅降低。

基于均值点展开的单变量降维法已经被成功用在随机载荷、材料特性和几何不确定性条件下的结构可靠性分析中。

由于大多数情况下更关心的是函数尾端概率分布情况，因此基于最可能点展开的单变量降维法（MPP - based UDRM）被提出来，选取最可能点作为参考点（$X_0=X_{\mathrm{MPP}}$），这种方法显著地提高了函数尾端分布的概率估计。如果不考虑搜寻 MPP 的计算量，基于最可能点展开的单变量降维法在估计失效概率上比 FORM 更精确，比 SORM 效率更高，而且也比基于均值点展开的单变量降维法更精确。

单变量降维法的核心思想就是，在不同的参考点处用单变量的维数消减分解近似多变量函数，最终达到能够更有效和更准确地进行不确定性传播。由于该方法对于单一的设计变量只涉及一维积分，故在迭代次数与设计变量的关系上只是简单的倍数正比关系，从而相比全因子积分法大大降低了计算量，在考虑函数非线性特性的同时避免了全因子数值积分法中的“维数灾难”。但是，由于只涉及一维积分，当输入变量的交互作用很大时会带来较大的误差，且由于积分仅基于单变量，故不能使用通过增加积分节点数目的方式来弥补交互计算中的误差，所以这种方法一般适用于高维低耦合的不确定性传播计算模型中。

3）稀疏网格不确定性传播方法

作为数值积分法中一类比较特殊的方法，稀疏网格不确定性传播方法主要用于解决较高维的不确定性传播问题。它的出现，为不确定性传播的研究打开了崭新的视野。

稀疏网格技术以 Smolyak 算法为数学基础，其基本思想是利用一维积分点向量积的特定组合，构建多维离散样本空间。与张量网格技术相比，稀疏网格技术在保证精度的同时，通过去除张量网格中对计算精度影响较小的点，减小样本点个数，避免由于维数和精度增加而造成的样本点数大幅增加。目前，稀疏网格技术在处理高维问题时的优越性已经得到证明，在数值求解、图像处理等领域有着广泛应用。

基于稀疏网格的不确定性传播方法，主要是将确定性下的稀疏网格数值积分技术扩展到随机空间。从一维的高斯积分形式出发，通过对其采取特殊的张量积操作，得到高维情况下的积分。它与全因子数值积分法的不同在于，全因子数值积分法直接对一维形式的高斯积分采取直接张量积操作，而稀疏网格方法通过采用 Smoyark 算法，实行特殊的张量积操作，因此所产生的积分点数目较全因子数值积分法大为减少。尤其是在高维情况下，该特性尤其明显。FFNI 中全网格的构造非常简单，直接采用张量积操作，就可得到其中的积分点。而稀疏网格需要将若干源于直接张量积的网格点进行综合，从而得到稀疏网格积分点。基于稀疏网格数值积分的不确定性传播方法，在解决高维问题时显示出很大的优势和潜力。

3.4.4 不确定性优化设计

基于不确定性的设计问题主要分两大类：稳健性设计问题和可靠性设计问

题。稳健性设计追求的是系统性能方差或偏差最小，即系统性能相对于设计不确定性变化不敏感；基于可靠性的设计追求的是系统设计可靠度最大，即系统性能相对于设计不确定性变化比较可靠。稳健性和可靠性分别关心性能函数的概率密度函数在均值和尾端附近的概率分布，如图 3.4.7 所示。

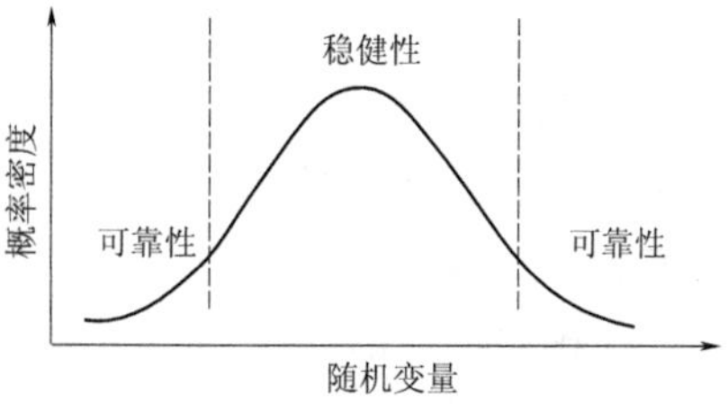

图 3.4.7　不确定性设计问题的类型

1. 稳健性优化设计

稳健性设计是使所设计的产品（或工艺）在制造和使用过程中，当结构参数发生变化，或者在规定寿命内结构在一定范围内发生老化和变质时能够保持产品性能稳定的一种工程设计方法。换句话说，即使在各种不确定性因素和噪声因素的影响下，产品质量是稳定的或用质量不稳定的零部件能组装出系统性能稳定的产品，则该产品的设计方案被视为稳健性设计。

图 3.4.8 给出了面向产品质量的稳健性设计的图解表示，首先要使产品性能目标的实际值尽可能达到目标值，其次还要使其随机分布的“钟形”变“窄”，以保证一批产品的实际质量指标的波动限制在规定的容差范围内。因此，稳健性设计所要实现的两个目标为：

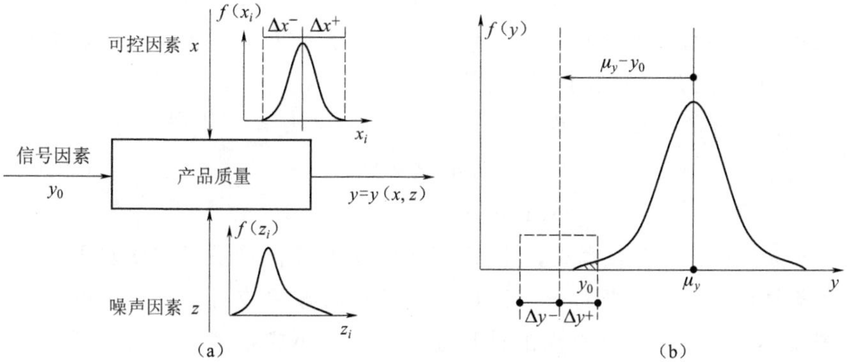

图 3.4.8　稳健性设计的图解表示

（1）使产品性能目标的均值尽可能达到目标值，即

$$\min \delta_y = |\overline{y} - y_0| \text{ 或 } \min \delta_y^2 = (\overline{y} - y_0)^2 \qquad (3.4-34)$$

（2）使由各种不确定性因素引起的性能响应波动的方差越小越好，即

$$\min \delta_y^2 = E[(y - \overline{y})^2] \qquad (3.4-35)$$

这两方面都很重要，对于产品的输出响应，不管均值多么理想，过大的方差也会导致低劣质量的产品增多；同样，不管方差多小，不合适的均值也会严重影响产品的使用功能。

稳健性设计的一般步骤：

（1）确定产品的性能目标函数，建立可控与不可控因素对产品性能影响的设计模型，该模型应充分显示各个不确定因素的偏差对产品性能目标的影响。

（2）对稳健性设计模型进行试验设计和数值计算，获取性能目标的可靠分析数据。

（3）寻找稳健性设计的可行解或最优解，获得稳健产品的设计方案。

2. 可靠性优化设计

可靠性优化设计是在常规优化设计的基础上发展起来的一种全新的优化设计。它将可靠性分析理论与数学规划方法有机结合在一起，即将可靠性要求作为追求的目标或者约束条件，运用最优化方法得到在概率意义下的最佳设计方案。常规的优化设计把设计变量描述为确定性变量，建立数学模型寻求工程问题的最优解，这难以反映产品运行的实际情况。可靠性设计把有关设计变量描述为随机变量，符合工程实际情况，但是有些设计如果不采用寻优设计方法，也不能得到满意的设计结果。因此，将优化技术与可靠性设计理论相结合，既能定量地表述产品在运行中的可靠性，又能使产品的性能、质量、体积、安全性以及成本等设计目标获得最优解。从工程实用性角度来看，可靠性优化设计方法是相较于传统的优化设计方法更为合理的设计模式，它可明显地提高产品设计的成功率并获得明显的经济效益。

可靠性设计的优化模型为

$$\min f(x) \qquad (3.4-36)$$

$$\text{s.t. } p(g_i > 0) \leqslant P_i$$

式中，$p(g_i>0)$ 为失效模式 g_i 的概率；P_i 为给定的产品可靠度水平。

可靠性设计方法主要对一个设计点计算失效概率或可靠性，而可靠性优化设计方法不仅要评估设计结果的性质是最大、最小或是多目标的，而且要满足达到最低可靠性（或最大失效概率）时的约束条件。

因此，将确定性优化设计问题转化为基于可靠性的优化设计问题需要将确定性设计变量描述为随机变量，将确定性约束描述为随机可靠性约束等。其一般步骤为：

（1）确定重要的不确定量。通过敏感度分析判别重要的不确定性变量，避免增加可靠性的计算成本。

（2）对不确定性变量的分布进行概率描述。主要是采用适用于现有数据的统计模型或根据有限的统计信息假设其分布。

（3）用可靠性分析计算主要失效模式的可靠性指标。

（4）系统目标函数和其他确定性约束用不确定性变量的均值和偏差来计算。

3.4.5 不确定性多学科设计优化建模

不确定性多学科设计优化主要包括多学科稳健设计优化（Multidisciplinary Robust Design Optimization）和基于可靠性的多学科设计优化（Reliability - based Multidisciplinary Design Optimization）。一个典型的方法是序列优化和可靠性分析方法（Sequential Optimization and Reliability Analysis, SORA），SORA 将 MDO 中涉及的确定性优化（外循环）和系统不确定性分析（内循环）进行解耦，使得它们按次序执行，与传统的涉及嵌套双循环的优化结构相比，极大地提高了优化效率。众多有关不确定性条件下 MDO 方法的研究都致力于提出合适的策略，将优化过程和不确定性分析过程进行各种形式的解耦，形成单循环的结构，从而大大降低计算量，提高设计自由度。

将不确定性引入确定性目标分流法设计框架中，形成概率的解析目标分流法（Probabilistic Analytical Target Cascading，PATC）一般性表述。在 PATC 中，邻层间响应的随机信息表示为期望和方差。由于邻层间匹配的信息更多，设计的精度和可靠性得到一定程度的提高。为了计算方便，除特殊说明，假定所有的不确定性变量均符合正态分布且相互独立，用响应与联系变量的确定性特征描述——期望（均值）和标准偏差表述其概率特性。以下将对 PATC 做具体介绍。

在不确定性层次型多学科设计优化问题中，第 i^{th} 层第 j^{th} 个子系统 O_{ij} 的信息流如图 3.4.9 所示。

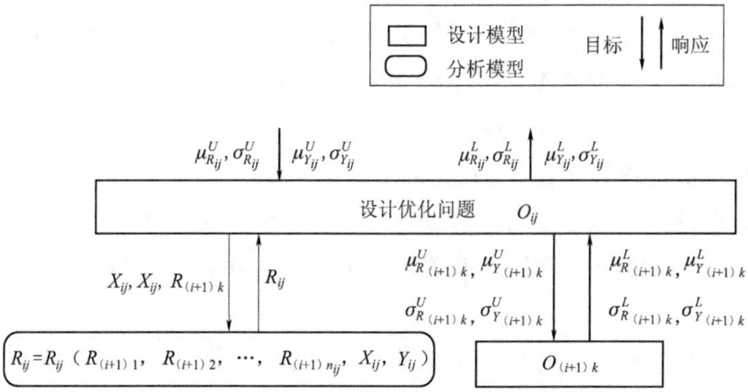

图 3.4.9　单元 O_{ij} 在 PATC 中的信息流

图 3.4.9 中，R_{ij} 为随机目标响应，是局部变量 X_{ij}、共享变量 Y_{ij} 和低一层子系统输出响应 $R_{(i+1)j}$ 的函数，可根据分析或仿真模型 $R_{ij}=r_{ij}(R_{(i+1)1}, R_{(i+1)2}, \cdots, R_{(i+1)n_{ij}}, X_{ij}, Y_{ij})$ 得到。来自父单元设计问题的 R_{ij} 和 Y_{ij} 的目标均值和目标标准偏差分别是 $\mu_{R_{ij}}^{U}$、$\sigma_{R_{ij}}^{U}$ 和 $\mu_{Y_{ij}}^{U}$、$\sigma_{Y_{ij}}^{U}$。由设计问题 O_{ij} 得到的 R_{ij} 和 Y_{ij} 的均值和标准偏差分别为 $\mu_{R_{ij}}^{L}$、$\sigma_{R_{ij}}^{L}$ 和 $\mu_{Y_{ij}}^{L}$、$\sigma_{Y_{ij}}^{L}$，上传至其父单元。同样，单元 O_{ij} 的子单元得到的响应和联系变量 $\mu_{R_{(i+1)k}}^{L}$、$\mu_{Y_{(i+1)k}}^{L}$ 和 $\sigma_{R_{(i+1)k}}^{L}$、$\sigma_{Y_{(i+1)k}}^{L}$ 也被回传到 O_{ij}，并且需保证优化问题的一致性。单元 O_{ij} 的优化问题是搜寻局部设计变量 X_{ij} 概率特性（均值和标准偏差）的最优值并分别求解子单元的响应和联系变量 $\mu_{R_{(i+1)k}}^{U}$、$\mu_{Y_{(i+1)k}}^{U}$ 和 $\sigma_{R_{(i+1)k}}^{U}$、$\sigma_{Y_{(i+1)k}}^{U}$ 的目标值。

第 i^{th} 层第 j^{th} 个单元 O_{ij} 的一般形式 PATC 可表述为：

给定：$\mu_{R_{ij}}^{U}, \sigma_{R_{ij}}^{U}, \mu_{Y_{ij}}^{U}, \sigma_{Y_{ij}}^{U}, \mu_{R_{(i+1)k}}^{L}, \sigma_{R_{(i+1)k}}^{L}, \mu_{Y_{(i+1)k}}^{L}, \sigma_{Y_{(i+1)k}}^{L}$,

$$k=1, 2, \cdots, n_{ij}$$

求解：$\mu_{R_{(i+1)k}}, \sigma_{R_{(i+1)k}}, X_{ij}, \mu_{Y_{ij}}, \sigma_{Y_{ij}}, \mu_{Y_{(i+1)k}}, \sigma_{Y_{(i+1)k}}, \varepsilon_{ij}^{\mu_R}, \varepsilon_{ij}^{\sigma_R}, \varepsilon_{ij}^{\mu_Y}, \varepsilon_{ij}^{\sigma_Y}$,

$$k=1, 2, \cdots, n_{ij}$$

$$\min(\mu_{R_{ij}}-\mu_{R_{ij}}^{U}+\sigma_{R_{ij}}-\sigma_{R_{ij}}^{U}+\mu_{Y_{ij}}-\mu_{Y_{ij}}^{U}+\sigma_{Y_{ij}}-\sigma_{Y_{ij}}^{U}+\varepsilon_{ij}^{\mu_R}+\varepsilon_{ij}^{\sigma_R}+\varepsilon_{ij}^{\mu_Y}+\varepsilon_{ij}^{\sigma_Y})$$

$$\text{s.t.} \sum_{k=1}^{n_{ij}} \mu_{R_{(i+1)k}}-\mu_{R_{(i+1)k}}^{L} \leqslant \varepsilon_{ij}^{\mu_R}, \quad \sum_{k=1}^{n_{ij}} \sigma_{R_{(i+1)k}}-\sigma_{R_{(i+1)k}}^{L} \leqslant \varepsilon_{ij}^{\sigma_R}$$

$$\sum_{k=1}^{n_{ij}} \mu_{Y_{(i+1)k}}-\mu_{Y_{(i+1)k}}^{L} \leqslant \varepsilon_{ij}^{\mu_Y}, \quad \sum_{k=1}^{n_{ij}} \sigma_{Y_{(i+1)k}}-\sigma_{Y_{(i+1)k}}^{L} \leqslant \varepsilon_{ij}^{\sigma_Y}$$

$$\Pr[g_{ij,m}(R_{ij}, X_{ij}, Y_{ij}) \leqslant 0] \geqslant a_{ij,m}, \quad m=1, 2, \cdots, M \tag{3.4-37}$$

其中，$R_{ij}=f_{ij}(R_{(i+1)1}, R_{(i+1)2}, \cdots, R_{(i+1)n_{ij}}, X_{ij}, Y_{ij})$。式中，(a) 局部变量（仅属于 O_{ij}）为 X_{ij}；(b) 共享设计变量为 $Y_{ij}(\mu_{Y_{ij}}, \sigma_{Y_{ij}})$，至少被同层的两个子系统（单元）所共享；(c) 子层响应 $R_{(i+1)j}$ 的目标值为 $(\mu_{R_{ij}}, \sigma_{R_{ij}})$；(d) 子层的共享设计变量 $Y_{(i+1)j}$ 的目标值为 $(\mu_{Y_{(i+1)j}}, \sigma_{Y_{(i+1)j}})$。

在每次迭代计算中，单元需要完成以下工作：

(1) 找到最优设计变量 (a)、(b)、(c)、(d)。

(2) 满足设计一致性约束（上式中前四个不等式约束项）：保证设计变量 (c) 和 (d) 分别与来自子层的反馈值 $(\mu_{R_{(i+1)j}}^{L}, \sigma_{R_{(i+1)j}}^{L})$ 和 $(\mu_{Y_{(i+1)j}}^{U}, \sigma_{Y_{(i+1)j}}^{U})$ 的差别足够小。

(3) 最小化目标函数：自身的输出响应 $(\mu_{R_{ij}}, \sigma_{R_{ij}})$、设计变量 (b) 分别与其父层下达的目标 $(\mu_{R_{ij}}^{U}, \sigma_{R_{ij}}^{U})$ 和 $(\mu_{Y_{ij}}^{U}, \sigma_{Y_{ij}}^{U})$ 之间的差别最小。

(4) 将最优设计变量 $(\mu_{R_{(i+1)k}}, \sigma_{R_{(i+1)k}})$ 和 $(\mu_{Y_{(i+1)k}}, \sigma_{Y_{(i+1)k}})$ 作为设计目标

($\mu^U_{R_{(i+1)}}$ ，$\sigma^U_{R_{(i+1)}}$) 和 ($\mu^U_{Y_{(i+1)}}$ ，$\sigma^U_{Y_{(i+1)}}$) 分配给子层。

(5) 将 ($\mu^L_{R_{ij}}$ ，$\sigma^L_{R_{ij}}$) 和 ($\mu^L_{Y_{ij}}$ ，$\sigma^L_{Y_{ij}}$) 作为反馈传递给父层。

在 PATC 中，父层为其子层的响应值分配合适的目标（期望和方差），如果子层达不到该目标，就将相应的值反馈给父层。“分配目标—反馈响应”的过程一直进行，直到得到一致性最优解为止。正如前面所说的，通常由于共同不确定源的存在，同层各响应相互关联，PATC 中随机变量用前两阶矩（期望和标准差）来表示，忽略了响应间的相关性，在估算父层输出响应的随机特性时，可能造成相对较大的误差。这种误差将逐层传递，最后将存在于层次结构的每一层，造成系统最优解不可行或次优。

参 考 文 献

[1] de Weck O. MIT OpenCourseWare for ESD. 77：Multidisciplinary System Design Optimization. Massachusetts Institute of Technology，2010.

[2] Martins J. R. Course notes for AEROSP 588：Multidisciplinary Design Optimization. University of Michigan，2012.

[3] Hicken J. E.，Alonso J. Course notes for AA222：Introduction to Multidisciplinary Design Optimization. Stanford University，2012.

[4] Azarm S.，Li W. C. Multi－level Design Optimization Using Global Monotonicity Analysis [J]. ASME Journal of Mechanisms and Automation in Design，1989，111（2）：259－263.

[5] McAllister C. D. Uncertainty Propagation in Multidisciplinary Design Optimization [D]. Doctoral Dissertation，The Pennsylvania State University，2002.

[6] Breitkopf P.，Coelho R. F. Multidisciplinary Design Optimization in Computational Mechanics [M]. John Wiley & Sons Inc.，2010.

[7] Wagner T. C.，Papalambros P. Y. A General Framework for Decomposition Analysis in Optimal Design [J]. Advances in Design Automation，1993（2）：315－325.

[8] Michelena N. F.，Papalambros P. A Hypergraph Framework for Optional Model Based Decomposition of Design Problems [R]. Technical Report UM－MEAM 95－02. Department of Mechanical Engineering and Applied Mechanics，the University of Michigan.

[9] Michelena N. F., Papalambros P. A Hypergraph Framework for Optional Model Based Decomposition of Design Problems [J]. Computational Optimization and Applications, 1997, 8 (2): 173 - 196.
[10] 王振国，陈小前，罗文彩，等. 飞行器总体多学科设计优化理论与应用研究 [M]. 北京：国防工业出版社，2006.
[11] 陈小前，姚雯，欧阳琦. 飞行器不确定性多学科设计优化理论与应用 [M]. 北京：科学出版社，2013.
[12] 尹泽勇，米栋. 航空发动机多学科设计优化 [M]. 北京：北京航空航天大学出版社，2015.
[13] 岳珠峰，李立州，虞跨海，等. 航空发动机涡轮叶片多学科设计优化 [M]. 北京：科学出版社，2007.
[14] 李磊，李元生，敖良波，等. 船用大功率柴油机涡轮增压器多学科设计优化 [M]. 北京：科学出版社，2011.
[15] 宋保维，王鹏. 鱼雷多学科设计优化理论与应用研究 [M]. 西安：西北工业大学出版社，2016.
[16] 赵勇. 卫星总体多学科设计优化理论与应用研究 [D]. 长沙：国防科学技术大学，2006.
[17] 黎水平，吴武辉. 机械多级设计问题的超图映射方法研究 [J]. 武汉理工大学学报，2007, 29 (2): 132 - 135.
[18] 熊芬芬. 不确定条件下的层次系统多学科设计优化研究 [D]. 北京：北京理工大学，2009.
[19] 孙高戎. 多学科不确定性设计优化研究 [D]. 北京：北京理工大学，2012.
[20] 张思聪. 火箭弹多学科概念设计平台及其稳健优化设计 [D]. 北京：北京理工大学，2011.
[21] 王婷婷. 车辆的不确定性多学科设计优化方法研究 [D]. 北京：北京理工大学，2012.
[22] 陈勇. 汽车多学科设计优化与不确定性决策的方法研究 [D]. 北京：北京理工大学，2011.
[23] 赵迁. 解析目标分流法理论研究及在汽车设计优化中的应用 [D]. 北京：北京理工大学，2010.
[24] 李邦国. 多学科设计优化关键技术及在汽车抗撞性设计中的应用 [D]. 北京：北京理工大学，2009.
[25] 赵清海. 不确定性条件下的汽车结构拓扑优化设计研究 [D]. 北京：北

京理工大学，2016.

[26] Greene M. S. , Xu H. , Tang S. , et al. A Generalized Uncertainty Propagation Criterion from Benchmark Studies of Microstructure Material Systems [J]. Computer Methods in Applied Mechanics and Engineering, 2013, 254:291 - 291.

[27] Lee S. , Chen W. A Comparative Study of Uncertainty Propagation Methods for Black - box Type Functions [J]. Structural and Multidisciplinary Optimization, 2008, 37 (3) :239 - 253.

[28] Zhang S. , Zhu P. , Chen W. , et al. Concurrent Treatment of Parametric Uncertainty and Metamodeling Uncertainty in Robust Design [J]. Structural and Multidisciplinary Optimization, 2013, 47: 63 - 76.

[29] Liu H. , Chen W. , Kokkolaras M. , et al. Probabilistic Analytical Target Cascading: A Moment Matching Formulation for Multilevel Optimization Under Uncertainty [J]. Journal of Mechanical Design, 2006, 128 (4) : 991 - 1000.

[30] Wagner T. C. A General Decomposition Methodology for Optimal System Design [D]. Ph. D. thesis, University of Michigan, Ann Arbor, Michigan, 1993.

[31] Optimal Model - based Partitioning of Powertrain System Design [R]. Technical Report UM - MEAM 95 - 3. Department of Mechanical Engineering and Applied Mechanics, University of Michigan, Ann Arbor, Michigan, 1995.

第 4 章

灵敏度分析技术

灵敏度分析（Sensitivity Analysis,SA），是指当系统的输入发生变化时，系统的输出对此变化的敏感程度，是 MDO 的关键技术之一。在 MDO 技术领域，灵敏度分析的研究内容主要包括灵敏度信息的计算技术以及灵敏度信息的有效应用技术。本章介绍灵敏度分析的基本概念、单学科灵敏度分析方法、多学科灵敏度分析方法，以及几个简单的灵敏度分析算例。

4.1　灵敏度分析的概念

本质上，灵敏度是响应值（设计目标函数或约束条件函数）对设计变量（或参数）的导数，这些导数信息反映了设计变量或参数的改变对目标函数或约束函数的影响。对灵敏度信息加以分析处理，可用于确定汽车产品系统设计变量和参数对目标函数或约束函数的影响大小，进而筛选出设计变量和确定需要重点考虑的系统参数，避免通盘考虑导致巨大的复杂性。此外，基于灵敏度信息可以确定各子系统之间的耦合强度，用于指导学科分解与协调；在寻优过程中，灵敏度信息还可用于辅助确定优化搜索方向。因此，在汽车产品设计优化中，获取灵敏度信息只是一种中间手段，最终为指导设计和辅助决策服务。

灵敏度信息可应用于不同的方面，其中最为重要的应用领域是为基于梯度信息的优化算法提供服务。对于大多数基于梯度信息的优化算法，其缺省的灵敏度计算是基于有限差分方法，带来的问题是这一计算过程既低效，精度也差。在有限差分方法中，灵敏度的计算与设计变量的数目成正比，当设计变量较多时，灵敏度的计算将成为优化计算循环的瓶颈。此外，精确的灵敏度有助于优化计算的收敛性。基于梯度信息的优化算法与灵敏度分析的关系如图 4.1.1 所示。

在传统的单学科优化设计中，相关的灵敏度分析技术已较为成熟，但对于多学科设计问题，由于系统中各个学科之间存在交互作用，耦合关系往往较强。这种强耦合关系使得当其中一个学科的某些输入发生变化时，其他关联学科的输出

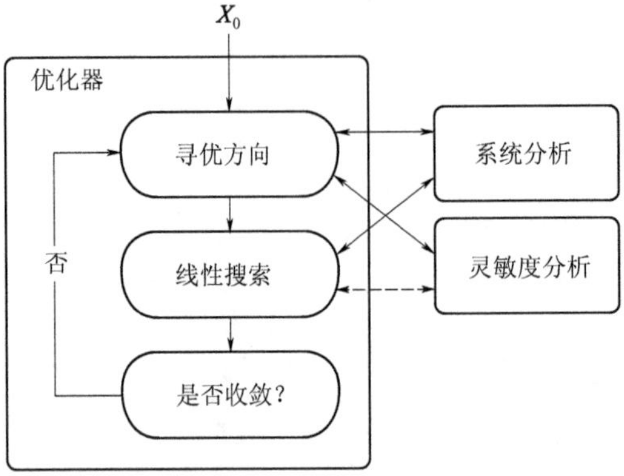

图 4.1.1 基于梯度信息的优化算法与灵敏度分析的关系

都将受到较大影响。这就要求获取系统中每个学科的输出对于其他学科输入的梯度信息，为此提出了系统灵敏度分析的要求。

灵敏度分析应用于多学科设计优化中可追溯至 20 世纪 70 年代，当时研究人员利用有限差分方法对基于低精度流体模型的机翼进行设计，但是该灵敏度分析方法精度差、效率低。到了 20 世纪 80 年代中期，随着计算机技术的发展，用单独部件的高精度欧拉方程与 N-S 方程进行空气动力学分析成为可能，Sobieski 提出了飞行器气动外形相对于设计参数的灵敏度分析概念，并出现了灵敏度分析的自动微分方法。后来，针对有限差分方法精度低的缺点，基于复变函数理论，出现了复数步微分近似方法。针对耦合系统灵敏度分析问题，Sobieski 提出了著名的全局灵敏度方程分析方法，该方法被广泛应用于气动外形的灵敏度分析、多学科灵敏度分析和优化结果分析等中。

目前，已经发展了多种灵敏度分析方法，按照所处理的学科数目不同，可将其分为单学科灵敏度分析与多学科灵敏度分析。前者仅在单一学科范围内研究设计变量或参数的变化对系统性能的影响程度，后者在整个系统范围内考虑学科交叉影响，对系统灵敏度进行分析，故又称为系统灵敏度分析。

4.2　单学科灵敏度分析

4.2.1　单学科灵敏度分析简介

单学科灵敏度分析只需考虑单一学科模型的输出性能指标相对于学科模型输入变量或模型参数的导数信息，其目的是研究设计变量对系统性能的影响程度，以确定是否需要在设计过程中对其加以有效控制。在 MDO 中求灵敏度与数学上求导数的概念不完全一样，在 MDO 中，学科模型或者系统模型的函数关系往往比较复杂，通常难以表达为对设计变量和参数的显式函数形式。

灵敏度信息除反映设计变量对系统性能的影响之外，还能够体现子系统之间的各种耦合关系。

目前，单学科灵敏度分析常用的方法有以下几种：手工求导方法、符号微分方法、有限差分方法、自动微分方法、复变量方法，以及解析方法等。手工求导方法和符号微分方法均属于求精确解析导数的方法，二者只适用于简单函数，并且要求函数具有显式表达，对于具有复杂表达式的函数优化问题以及基于分析的优化问题无能为力。相比而言，有限差分方法和复变量方法等数值方法具有更好的适用性。

4.2.2 手工求导方法

手工求导方法（Manual Differentiation Method，MDM）是通过手工的方式来求得原函数关于各变量的解析偏导数，它是一种精确的求导方法，也是一切灵敏度计算的基础。实践证明，基于解析表达式的导数计算可获得较快的计算速度。然而，使用 MDM 求取解析导数表达式不仅耗时，极易出错，而且在 MDO 中经常遇到目标函数等无显式表达式的情况，无法直接求解解析的灵敏度表达式。在实际应用中，MDM 仅适用于小规模优化问题。

4.2.3 符号微分方法

符号微分方法（Symbolic Differentiation Method，SDM）克服了 MDM 的一些缺点，它不仅可以获得导数的解析表达式，而且求导过程可由计算机自动执行。对导数表达式的获得较 MDM 要迅速、容易得多，且不易出错。在 MDO 中，函数被表示成二叉树的形式，对函数的求导是通过对其表达式树以递归方式调用基本求导法则而得的。同样，由 SDM 得到的解析导数具有计算精确、迅速的优点。提供 SDM 功能的典型商用软件有 Matlab、Mathematica 等。

与 MDM 一样，SDM 要求原函数具有显示形式，在实际应用中通常不能处理由子程序封装的隐函数，这使得应用 SDM 进行求导运算时仍然需要大量的人工处理，使此种方法的应用范围受到较大的限制。

4.2.4 有限差分方法

有限差分方法（Finite Difference Method，FDM）是一种较常用的估算灵敏度的近似方法，包括前向差分（Forward Difference）、后向差分（Backward Difference）和中心差分（Central Difference）三种方案。与 MDM 和 SDM 两种方法不同，FDM 通过变量摄动的方式计算灵敏度信息，对函数形式无明确要求。这一特点使 FDM 既能对一般函数求导，也可对子程序封装的隐函数求导。FDM 在求导过程中对函数 F 采用“黑箱”方式，使该方法的开发时间缩短，再加上该方法简单易行，所以在工程优化实践中得到了广泛应用。对于函数 F，所有的有限差分方案都可以通过截取在给定点展开的泰勒级数而导出。在 x 附近对函数按幂 h 进行泰勒展开：

$$f(x+h)=f(x)+hf'(x)+\frac{h^2}{2!}f''(x)+\frac{h^3}{3!}f'''(x)+\cdots \tag{4.2-1}$$

解 f'，由此可导出前向差分计算公式为

$$f'(x)=\frac{f(x+h)-f(x)}{h}+o(h)\approx\frac{f(x+h)-f(x)}{h} \tag{4.2-2}$$

式中，h 为有限差分步长；$o(h)$ 为截断误差（由截去了泰勒展开式中的高阶项而引起的误差）。此公式为 FDM 的一阶计算式。

向前差分的图像描述如图 4.2.1 所示。

再次在 x 附近对函数按幂 $-h$ 进行泰勒展开：

$$f(x-h)=f(x)-hf'(x)+\frac{h^2}{2!}f''(x)-\frac{h^3}{3!}f'''(x)+\cdots \tag{4.2-3}$$

用式（4.2-1）减去式（4.2-3），由此可导出中心差分计算公式为

$$f'(x)=\frac{f(x+h)-f(x-h)}{2h}+o(h^2)\approx\frac{f(x+h)-f(x-h)}{2h} \tag{4.2-4}$$

该导数的截断误差为 $o(h^2)$，为 FDM 的二阶计算式。由于一阶计算式的精度不如二阶计算式高，故在实际应用中使用二阶计算式的情况较多。

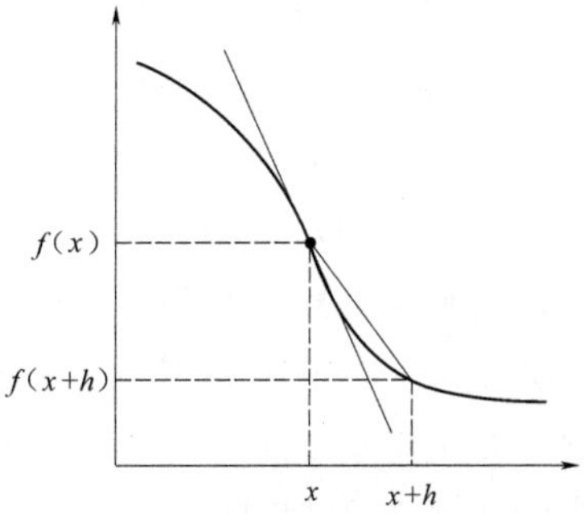

图 4.2.1　向前差分的图像描述

同理，通过不同泰勒级数展开式的组合可以导出函数高阶导数的有限差分近似计算公式。

然而，由式（4.2-2）和式（4.2-4）可以看出，FDM 不是一种精确的求导方法，其精度与算法步长的选择有关，而选择合理的步长在 FDM 的实际应用中是一个难点。因此 FDM 的精度很难估计，该方法的数值精度随问题复杂性的增加而下降。另外，该方法的计算效率不如 MDM 和 SDM 高，其计算复杂性是计算函数 F 自身复杂性的（$n+1$）倍。这些问题都阻碍了 FDM 精确、高

效地应用于 MDO 问题中求解学科灵敏度信息。由于 FDM 成熟，应用广泛，通常作为与其他灵敏度分析方法的比较。

4.2.5 自动微分方法

自动微分方法（Automatic Differentiation Method，ADM）的突出优点是无截断误差，具有机器在有效位数上所能表示的最小精度。

自动微分（Automatic Differentiation，AD），又称算法微分（Algorithmic Differentiation）或计算微分（Computational Differentiation），是一种基于链式规则，可以让计算机自动生成目标程序导数的技术。在计算机程序运行过程中，无论函数 F 的计算有多复杂，都可分解为一系列初等计算（如加、减、乘、除等）和初等函数（如正弦、余弦等）运算的有序复合。通过对这些初等函数迭代地运用链式规则，计算机就可以应用自动微分方法自动精确地得到目标函数或约束函数的任意阶导数。

ADM 可针对程序模块求取解析导数，它对任意子程序的求导算法为：

（1）将该子程序分解为一系列初等函数。

（2）对初等函数求导。

（3）将（2）中所求的初等偏导数累加起来。

这三步可以同时进行。对于一个 AD 算法的程序来说，由于分解出的初等函数的种类有限，所以第（2）步的实现代码是固定的。第（1）步可以有多种实现方法，目前常用的有两种：源代码转换（Source - code Transformation，ST）方法和操作符重载（Operator Overloading，OO）方法。第（3）步的累加方法也有两种基本模式：前向模式（Forward Mode）和反向模式（Reverse Mode）。前向模式，也称为自下而上模式（Bottom - up Mode），传递中间变量关于独立变量的导数。在这一点上前向模式与即将介绍的复变量方法类似。反向模式，也称为自上而下模式（Top - down Mode），传递最终结果关于中间变量的导数。使用反向模式时，为了传递反向，必须逆转程序流，程序先向前执行，然后再向后执行，计算一个输出相对于多个输入的导数。也有研究者对将两种模式结合起来的混合模式进行了研究。

一般地，对于任意的函数，可将其改写为 m 个初等函数 T_i（$i=1, 2, \cdots, m$）。其中，T_i 是 $t_1, t_2, \cdots, t_{i-1}$ 的函数，并且有以下关系式：

$$t_i = T_i(t_1, t_2, \cdots, t_{i-1}) \tag{4.2-5}$$

将链式规则反复应用于已分解的初等运算上：

$$\frac{\partial t_i}{\partial t_j}=\delta_{ij}+\sum_{k=j}^{i-1}\frac{\partial T_i}{\partial t_k}\frac{\partial t_k}{\partial t_j},\ j\leqslant i\leqslant n \tag{4.2-6}$$

式中，$\delta_{ij}=\begin{cases}1, & i=j\\ 0, & i\neq j\end{cases}$。

对于前向模式，选定一个 j，并且保持其不变，通过向前变化 $i=1, 2, \cdots, m$，直至得到所期望的偏导数。

对于后向模式，固定 i 以及所期望的偏导数，通过向后变化 $j=m, m-1, \cdots, 1$，直到独立变量为止。

算例 1： 对于式（4.2-7）所示的方程组，利用自动微分方法计算在 $x=[\pi/4, 2]$ 处的灵敏度。

$$\begin{pmatrix}f_1\\ f_2\end{pmatrix}=\begin{pmatrix}(x_1x_2+\sin x_1)(3x_2^2+6)\\ x_1x_2+x_2^2\end{pmatrix} \tag{4.2-7}$$

首先，将函数分解为一系列一元函数及其初等计算式：

$t_1=x_1$

$t_2=x_2$

$t_3=T_3(t_1)=\sin t_1$

$t_4=T_4(t_1, t_2)=t_1t_2$

$t_5=T_5(t_2)=t_2^2$

$t_6=3$

$t_7=T_7(t_3, t_4)=t_3+t_4$

$t_8=T_8(t_5, t_6)=t_5t_6$

$t_9=6$

$t_{10}=T_{10}(t_8, t_9)=t_8+t_9$

$t_{11}=T_{11}(t_7, t_{10})=t_7t_{10}\quad(=f_1)$

$t_{12}=T_{12}(t_4, t_5)=t_4+t_5\quad(=f_2)$

算例中，$m=12$。使用前向模式对 $\partial f_1/\partial x_1$，也即 $\partial t_{11}/\partial t_1$ 进行计算。设置 $j=1$，并将其固定，然后变动 $i=1, 2, \cdots, 11$。注意：只保留那些 $\partial T_i/\partial t_k\neq 0$ 的 k 项。

$$\frac{\partial t_1}{\partial t_1}=1$$

$$\frac{\partial t_2}{\partial t_1}=0$$

$$\frac{\partial t_3}{\partial t_1}=\frac{\partial T_3}{\partial t_1}\frac{\partial t_1}{\partial t_1}=\cos t_1\times 1=\cos t_1$$

$$\frac{\partial t_4}{\partial t_1}=\frac{\partial T_4}{\partial t_1}\frac{\partial t_1}{\partial t_1}+\frac{\partial T_4}{\partial t_2}\frac{\partial t_2}{\partial t_1}=t_2\times 1+t_1\times 0=t_2$$

$$\frac{\partial t_5}{\partial t_1}=\frac{\partial T_5}{\partial t_2}\frac{\partial t_2}{\partial t_1}=2t_2\times 0=0$$

$$\frac{\partial t_6}{\partial t_1}=0$$

$$\frac{\partial t_7}{\partial t_1}=\frac{\partial T_7}{\partial t_3}\frac{\partial t_3}{\partial t_1}+\frac{\partial T_7}{\partial t_4}\frac{\partial t_4}{\partial t_1}=1\times\cos t_1+1\times t_2=\cos t_1+t_2$$

$$\frac{\partial t_8}{\partial t_1}=\frac{\partial T_8}{\partial t_5}\frac{\partial t_5}{\partial t_1}+\frac{\partial T_8}{\partial t_6}\frac{\partial t_6}{\partial t_1}=t_6\times 0+t_5\times 0=0$$

$$\frac{\partial t_9}{\partial t_1}=0$$

$$\frac{\partial t_{10}}{\partial t_1}=\frac{\partial T_{10}}{\partial t_8}\frac{\partial t_8}{\partial t_1}+\frac{\partial T_{10}}{\partial t_9}\frac{\partial t_9}{\partial t_1}=1\times 0+1\times 0=0$$

$$\frac{\partial t_{11}}{\partial t_1}=\frac{\partial T_{11}}{\partial t_7}\frac{\partial t_7}{\partial t_1}+\frac{\partial T_{11}}{\partial t_{10}}\frac{\partial t_{10}}{\partial t_1}=t_{10}(\cos t_1+t_2)+t_7\times 0=(3t_2^2+6)(\cos t_1+t_2)$$

对于 $\partial t_{12}/\partial t_1$，只需额外付出一点儿计算量即可得到：

$$\frac{\partial t_{12}}{\partial t_1}=\frac{\partial T_{12}}{\partial t_4}\frac{\partial t_4}{\partial t_1}+\frac{\partial T_{12}}{\partial t_5}\frac{\partial t_5}{\partial t_1}=1\times t_2+1\times 0=t_2$$

对于这一函数，其偏导数理论解为

$$\frac{\partial f}{\partial x}=\begin{pmatrix}(x_2+\cos x_1)(3x_2^2+6) & x_1(3x_2^2+6)+6x_2(x_1x_2+\sin x_1)\\ x_2 & x_1+2x_2\end{pmatrix}$$

其在点 [$\pi/4$，2] 处的灵敏度为

$$\frac{\partial f}{\partial x}=\begin{pmatrix}48.73 & 41.47\\ 2.00 & 4.79\end{pmatrix}$$

由上述推导过程可以看出，ADM 方法可以得到理想的计算结果。

算例 2：对于后向模式，搞清楚所有中间变量的依赖关系非常重要，对于算例 1 中的函数关系，其变量间的关系如图 4.2.2 所示。

利用后向模式，设置 $i=11$，循环 $j=11, 10, \cdots, 1$，于是有

$$\frac{\partial t_{11}}{\partial t_{11}}=1$$

$$\frac{\partial t_{11}}{\partial t_{10}}=\frac{\partial T_{11}}{\partial t_{10}}\frac{\partial t_{10}}{\partial t_{10}}=t_7\times 1=t_7$$

$$\frac{\partial t_{11}}{\partial t_9}=\frac{\partial T_{11}}{\partial t_9}\frac{\partial t_9}{\partial t_9}+\frac{\partial T_{11}}{\partial t_{10}}\frac{\partial t_{10}}{\partial t_9}=0\times 1+t_7\times 1=t_7$$

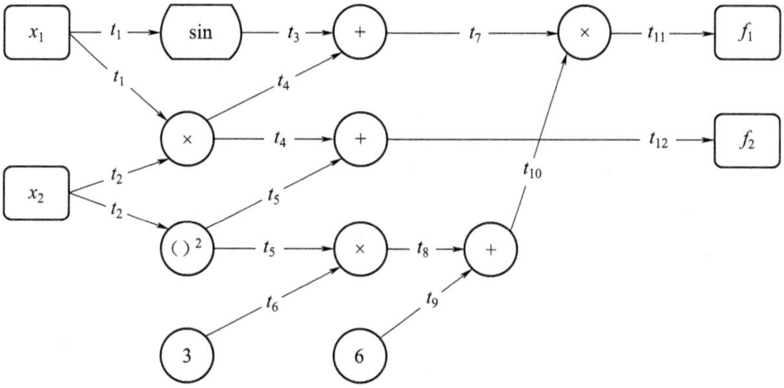

图 4.2.2　变量间的关系

$$\frac{\partial t_{11}}{\partial t_8}=\frac{\partial T_{11}}{\partial t_8}\frac{\partial t_8}{\partial t_8}+\frac{\partial T_{11}}{\partial t_9}\frac{\partial t_9}{\partial t_8}+\frac{\partial T_{11}}{\partial t_{10}}\frac{\partial t_{10}}{\partial t_8}=0\times1+0\times0+t_7\times1=t_7$$

$$\frac{\partial t_{11}}{\partial t_7}=\frac{\partial T_{11}}{\partial t_7}\frac{\partial t_7}{\partial t_7}+\cdots+\frac{\partial T_{11}}{\partial t_{10}}\frac{\partial t_{10}}{\partial t_7}=t_{10}\times1+t_7\times0=t_{10}$$

$$\frac{\partial t_{11}}{\partial t_6}=t_5t_7$$

$$\frac{\partial t_{11}}{\partial t_5}=t_7t_6$$

$$\frac{\partial t_{11}}{\partial t_4}=t_{10}$$

$$\frac{\partial t_{11}}{\partial t_3}=t_{10}$$

$$\frac{\partial t_{11}}{\partial t_2}=t_{10}t_1+t_7t_6\cdot2t_2=(3t_2^2+6)t_1+6t_2(\sin t_1+t_1t_2)$$

$$\frac{\partial t_{11}}{\partial t_1}=t_{10}\cos t_1+t_{10}t_2=(3x_2^2+6)(\cos x_1+x_2)$$

算例 3：采用矩阵运算的方式进行前向和后向的自动微分计算。对于前向和后向模式均适用链式法则：

$$\frac{\partial t_i}{\partial t_j}=\delta_{ij}+\sum_{k=j}^{i-1}\frac{\partial T_i}{\partial t_k}\frac{\partial t_k}{\partial t_j},\ j\leqslant i\leqslant n \tag{4.2-8}$$

初等函数 T_i 相对于 t_i 的偏微分构成了如下雅可比矩阵：

$$\mathrm{D}\boldsymbol{T}=\frac{\partial T_i}{\partial t_j}=\begin{pmatrix} 0 & \cdots & & \\ \frac{\partial T_2}{\partial t_1} & 0 & \cdots & \\ \frac{\partial T_3}{\partial t_1} & \frac{\partial T_3}{\partial t_2} & 0 & \cdots \\ \vdots & \vdots & \vdots & \ddots \end{pmatrix} \tag{4.2-9}$$

变量 t_i 的全部偏微分构成了另外一个矩阵：

$$\mathrm{D}\boldsymbol{t}=\frac{\partial t_i}{\partial t_j}=\begin{pmatrix} 1 & 0 & \cdots & \\ \frac{\partial t_2}{\partial t_1} & 1 & 0 & \cdots \\ \frac{\partial t_3}{\partial t_1} & \frac{\partial t_3}{\partial t_2} & 1 & 0 \\ \vdots & \vdots & \vdots & \ddots \end{pmatrix} \tag{4.2-10}$$

因此，有以下矩阵关系式：

$$\begin{aligned}
&\mathrm{D}\boldsymbol{t}=\boldsymbol{I}+\mathrm{D}\boldsymbol{T}\mathrm{D}\boldsymbol{t} && \Leftrightarrow\\
&(\boldsymbol{I}-\mathrm{D}\boldsymbol{T})\mathrm{D}\boldsymbol{t}=\boldsymbol{I} && \Leftrightarrow\\
&\mathrm{D}\boldsymbol{t}=(\boldsymbol{I}-\mathrm{D}\boldsymbol{T})^{-1} && \Leftrightarrow\\
&\mathrm{D}\boldsymbol{t}(\boldsymbol{I}-\mathrm{D}\boldsymbol{T})=\boldsymbol{I} && \Leftrightarrow\\
&(\boldsymbol{I}-\mathrm{D}\boldsymbol{T})^{\mathrm{T}}\mathrm{D}\boldsymbol{t}^{\mathrm{T}}=\boldsymbol{I} && \Leftrightarrow
\end{aligned} \tag{4.2-11}$$

对于算例 1 中的原始问题，可以改写为矩阵的形式：

$$\begin{pmatrix}
1 & 0 & 0 & 0 & 0 & 0 & 0 & 0 & 0 & 0 & 0 & 0\\
0 & 1 & 0 & 0 & 0 & 0 & 0 & 0 & 0 & 0 & 0 & 0\\
-\sqrt{2}/2 & 0 & 1 & 0 & 0 & 0 & 0 & 0 & 0 & 0 & 0 & 0\\
-2 & -\pi/4 & 0 & 1 & 0 & 0 & 0 & 0 & 0 & 0 & 0 & 0\\
0 & -4 & 0 & 0 & 1 & 0 & 0 & 0 & 0 & 0 & 0 & 0\\
0 & 0 & 0 & 0 & 0 & 1 & 0 & 0 & 0 & 0 & 0 & 0\\
0 & 0 & -1 & -1 & 0 & 0 & 1 & 0 & 0 & 0 & 0 & 0\\
0 & 0 & 0 & 0 & -3 & -4 & 0 & 1 & 0 & 0 & 0 & 0\\
0 & 0 & 0 & 0 & 0 & 0 & 0 & 0 & 1 & 0 & 0 & 0\\
0 & 0 & 0 & 0 & 0 & 0 & 0 & -1 & -1 & 1 & 0 & 0\\
0 & 0 & 0 & 0 & 0 & 0 & -18 & 0 & 0 & -2.28 & 1 & 0\\
0 & 0 & 0 & -1 & -1 & 0 & 0 & 0 & 0 & 0 & 0 & 1
\end{pmatrix}$$

$$
\begin{pmatrix}
\frac{\partial t_1}{\partial x_1} & \frac{\partial t_1}{\partial x_2} \\
\frac{\partial t_2}{\partial x_1} & \frac{\partial t_2}{\partial x_2} \\
\frac{\partial t_3}{\partial x_1} & \frac{\partial t_3}{\partial x_2} \\
\vdots & \vdots \\
\frac{\partial t_9}{\partial x_1} & \frac{\partial t_9}{\partial x_2} \\
\frac{\partial t_{10}}{\partial x_1} & \frac{\partial t_{10}}{\partial x_2} \\
\frac{\partial f_1}{\partial x_1} & \frac{\partial f_1}{\partial x_2} \\
\frac{\partial f_2}{\partial x_1} & \frac{\partial f_2}{\partial x_2}
\end{pmatrix}
=
\begin{pmatrix}
1 & 0 \\
0 & 1 \\
0 & 0 \\
0 & 0 \\
0 & 0 \\
0 & 0 \\
0 & 0 \\
0 & 0 \\
0 & 0 \\
0 & 0 \\
0 & 0 \\
0 & 0
\end{pmatrix}
$$

由此，这个系统的解为

$$
\begin{pmatrix}
\frac{\partial t_1}{\partial x_1} & \frac{\partial t_1}{\partial x_2} \\
\frac{\partial t_2}{\partial x_1} & \frac{\partial t_2}{\partial x_2} \\
\frac{\partial t_3}{\partial x_1} & \frac{\partial t_3}{\partial x_2} \\
\vdots & \vdots \\
\frac{\partial t_{10}}{\partial x_1} & \frac{\partial t_{10}}{\partial x_2} \\
\frac{\partial f_1}{\partial x_1} & \frac{\partial f_1}{\partial x_2} \\
\frac{\partial f_2}{\partial x_1} & \frac{\partial f_2}{\partial x_2}
\end{pmatrix}
=
\begin{pmatrix}
1 & 0 \\
0 & 1 \\
0.71 & 0 \\
2 & 0.79 \\
0 & 4 \\
0 & 0 \\
2.71 & 0.79 \\
0 & 12 \\
0 & 0 \\
0 & 12 \\
48.73 & 41.47 \\
2 & 4.79
\end{pmatrix}
$$

ADM 是计算机数值计算与分析领域内的一个崭新方法。与 FDM 相比，ADM 对任一光滑函数，无论是否能解析表达，在数值求解的同时可将其任意阶导数“自动”求出，而没有截断误差和舍入误差，故它为线性、非线性规划中依赖导数的优化方法提供了一个十分有效的求导工具。目标函数越复杂，越能体现其优越性，且计算精度仅受限于机器精度。与 SDM 相比，ADM 对函数导数的描述更为简洁。

ADM 的前向模式中用于计算的开销随着输入量数目的增加而增加，而在反向模式中用于计算的开销与输出量的数目成比例。大规模优化过程中，反向模式所需的计算机的存储空间较前向模式大得多。

4.2.6 复变量方法

利用复变量可对系统问题进行简化表述与求解的特点，用复变量方法（Complex Variable Method，CVM）来估算灵敏度导数。采用与 FDM 同样的思路，将所求函数在点 x 进行泰勒展开，不同的是不按幂 h 或幂 $-h$ 展开，而是按纯虚数幂 $\mathrm{i}h$ 展开，即

$$f(x+\mathrm{i}h)=f(x)+\mathrm{i}hf'(x)-\frac{h^2}{2!}f''(x)-\frac{\mathrm{i}h^3}{3!}f'''(x)+\frac{h^4}{4!}f^{(4)}(x)+\cdots \tag{4.2-12}$$

式中，$\mathrm{i}=\sqrt{-1}$为虚数单位；h 为实数步长。式（4.2-12）等号的左右两边均为复数，按照两复数相等，实部和虚部分别相等的原则，式（4.2-12）等号左右两边复数的虚部和实部对应相等，有

$$\mathrm{Im}[f(x+\mathrm{i}h)]=\mathrm{i}hf'(x)-\frac{\mathrm{i}h^3}{6}f'''(x)+\cdots \tag{4.2-13}$$

$$\mathrm{Re}[f(x+\mathrm{i}h)]=f(x)-\frac{h^2}{2}f''(x)+\frac{h^4}{24}f^{(4)}(x)+\cdots \tag{4.2-14}$$

将式（4.2-13）和式（4.2-14）舍去高阶项，可得函数截断误差为 $o(h^2)$ 的一阶导数和截断误差为 $o(h^4)$ 的二阶导数计算公式：

$$\frac{\mathrm{d}f}{\mathrm{d}x}=\frac{\mathrm{Im}[f(x+\mathrm{i}h)]}{h}+o(h^2) \tag{4.2-15}$$

$$\frac{\mathrm{d}^2f}{\mathrm{d}x_2}=\frac{2\{f(x)-\mathrm{Re}[f(x+\mathrm{i}h)]\}}{h^2}+o(h^4) \tag{4.2-16}$$

式（4.2-15）和式（4.2-16）是用 CVM 求实值函数导数的计算公式。

运用复变函数的相关定理，可用 CVM 求得实数域上实值函数 $f(x)$ 的一阶和二阶导数计算公式：

$$\frac{\partial f}{\partial x}=\frac{\mathrm{Im}[f(x+\mathrm{i}h)]}{h}+o(h^2)\approx\frac{\mathrm{Im}[f(x+\mathrm{i}h)]}{h} \tag{4.2-17}$$

$$\frac{\partial^2 f}{\partial x^2}=\frac{2\{f(x)-\mathrm{Re}[f(x+\mathrm{i}h)]\}}{h^2}+o(h^2)\approx\frac{2\{f(x)-\mathrm{Re}[f(x+\mathrm{i}h)]\}}{h^2} \tag{4.2-18}$$

与式（4.2-4）和式（4.2-6）相比，式（4.2-15）中对函数一阶导数的

计算过程中不包含函数相减。因此在实际应用中，用 CVM 对函数求一阶灵敏度导数对步长没有特别要求，避免了 FDM 中由于步长选择过小而带来的误差。与 ADM 一样，CVM 可于多种程序设计语言中实现。与 ADM 不同的是，所有转换的计算代码都不需要预编译过程。

算例 4： 采用复变量方法对下面的函数在 $x=1.5$ 处进行灵敏度计算，并与有限差分方法计算结果进行对比：

$$f(x)=\frac{e^x}{\sqrt{\sin^3 x+\cos^3 x}}$$

首先，对由复变量方法和有限差分方法得到的灵敏度计算值的相对误差进行定义：

$$\varepsilon=\frac{|f'_{FDM}-f'_{CVM}|}{f'_{CVM}}$$

复变量方法和有限差分方法得到的灵敏度计算结果所产生的相对误差对比情况如图 4.2.3 所示。

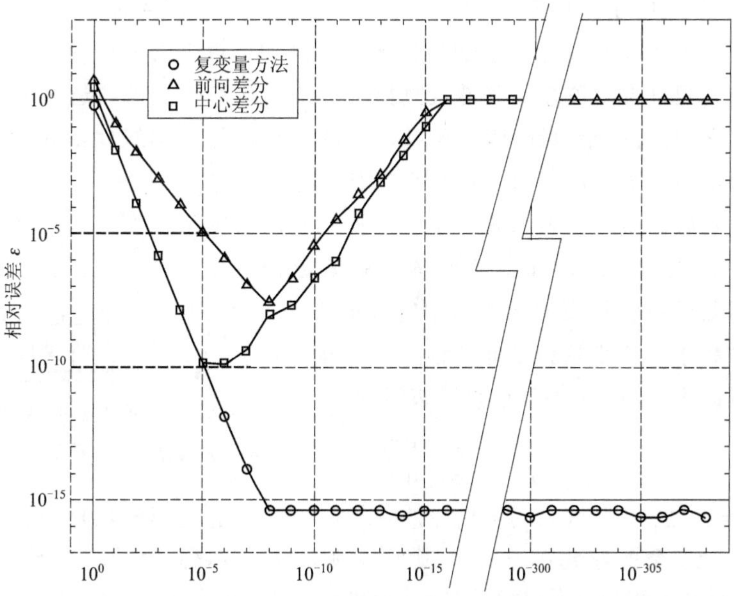

图 4.2.3　灵敏度计算相对误差对比

由图 4.2.3 可以看出，与 FDM 相比，用 CVM 求一阶灵敏度导数更精确，且可靠性、效率更高。其缺点在于，由于需处理复数，故使用 CVM 占用较多的计算机内存，耗时、计算量大；在实现 CVM 的过程中，由于需要人的参与，相应引入了人为误差。用 CVM 求二阶灵敏度导数时，其精度受步长选择的影响。虽然 CVM 优势明显，其理论研究可以说与 ADM 同步，但是其应用发展却不如 ADM 迅速，应用于工程系统优化中的灵敏度计算也不多。

4.2.7 解析方法

对于灵敏度分析来说，解析方法（Analytical Method）是最为精确和有效的方法。但是，由于涉及控制方程的求解，解析方法较其他学科灵敏度方法都难以实现。解析方法包括直接方法和伴随方法。

首先，定义目标函数或者约束函数为

$$f=f(x_n,\ y_i) \tag{4.2-19}$$

式中，f 为目标函数或者约束函数；x_n 为设计变量，$n=1, 2, \cdots, N_x$；y_i 为状态变量，$i=1, 2, \cdots, N_R$。

对于给定的 x_n，可由上式得到状态变量 y_i，于是就能够建立控制方程：

$$R_k(x_n,\ y_i(x_n))=0 \tag{4.2-20}$$

式中，R_k 为控制方程的残差，$k=1, 2, \cdots, N_R=i$。式中的第一个 x_n 表明控制方程的残差可能是设计变量的显性函数。例如，对于结构设计问题，改变有限元的单元尺寸会对刚度矩阵造成直接的影响。状态变量需要通过求解控制方程得到，它们是设计变量的隐式函数。状态方程可能是非线性函数，对于这种情况，通常需要采用迭代的方式使残差 R_k 逼近 0 来进行求解。

残差函数的图形化表示如图 4.2.4 所示。由该图可以看出，残差是以设计变量作为输入量，以目标函数或者约束函数作为输出量。目标函数或者约束函数的两个输入箭头表示目标函数同时依赖于状态变量和设计变量。

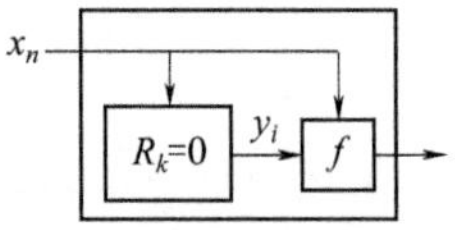

图 4.2.4 残差函数的图形化表示

利用链式法则，f 的灵敏度可表示为

$$\frac{\mathrm{d}f}{\mathrm{d}x_n}=\frac{\partial f}{\partial x_n}+\frac{\partial f}{\partial y_i}\frac{\mathrm{d}y_i}{\mathrm{d}x_n} \tag{4.2-21}$$

式中，$i=1, 2, \cdots, N_R$；$n=1, 2, \cdots, N_x$。其中的主要困难是计算状态变量相对于设计变量的导数 $\mathrm{d}y_i/\mathrm{d}x_n$，其他各项一般可以显式地计算得到。

因为状态方程是需要被满足的，也就意味着相对于设计变量，残差 $R_k=0$。于是对于所有的 i，$k=1, 2, \cdots, N_R$ 和 $n=1, 2, \cdots, N_x$，有

$$\frac{\mathrm{d}R_k}{\mathrm{d}x_n}=\frac{\partial R_k}{\partial x_n}+\frac{\partial R_k}{\partial y_i}\frac{\mathrm{d}y_i}{\mathrm{d}x_n} \tag{4.2-22}$$

继而

$$\frac{\partial R_k}{\partial y_i}\frac{\mathrm{d}y_i}{\mathrm{d}x_n}=-\frac{\partial R_k}{\partial x_n} \tag{4.2-23}$$

因此，可得到灵敏度计算式

$$\frac{\mathrm{d}f}{\mathrm{d}x}=\frac{\partial f}{\partial x_n}-\frac{\partial f}{\partial y_1}\left(\frac{\partial R_k}{\partial y_i}\right)^{-1}\frac{\partial R_k}{\partial x_n} \tag{4.2-24}$$

式中，雅可比矩阵的逆$\left(\frac{\partial R_k}{\partial y_i}\right)^{-1}$不必采用显式的方式求解。

1. 直接方法

利用式（4.2-23）求得 $\mathrm{d}y_i/\mathrm{d}x_n$，进而代入式（4.2-24）得到灵敏度方程的方法称为直接方法。

$$\left(\frac{\partial R_k}{\partial y_i}\right)^{-1}\frac{\partial R_k}{\partial x_n}=-\frac{\mathrm{d}y_i}{\mathrm{d}x_n} \tag{4.2-25}$$

值得注意的是，$\mathrm{d}y_i/\mathrm{d}x_n$ 求解的过程中，需要每个设计变量都对矩阵$\left(\frac{\partial R_k}{\partial y_i}\right)$进行求解。

2. 伴随方法

定义辅助量 $\boldsymbol{\Psi}_k$，辅助量 $\boldsymbol{\Psi}_k$ 可通过求解伴随方程得到：

$$\frac{\partial R_k}{\partial y_i}\boldsymbol{\Psi}_k=-\frac{\partial f}{\partial y_i} \tag{4.2-26}$$

因此

$$\boldsymbol{\Psi}_k=-\frac{\partial f}{\partial y_i}\left(\frac{\partial R_k}{\partial y_i}\right)^{-1} \tag{4.2-27}$$

$\boldsymbol{\Psi}_k$ 通常被称为伴随向量。不同于直接方法，伴随向量依赖于目标函数或约束函数 f，而非设计变量 x_n。也就意味着，对于每一个 x_n 来说，伴随向量均相同，但是对于不同的 f，伴随向量则不同。

必须对控制方程进行离散化，以便进行数值求解。当控制方程是连续型时，可以采取两种处理方式：先对连续型控制方程求导，然后再将其离散化；或者先对控制方程离散化，然后再对其求导。

对于这两种方法，当设计变量的个数大于欲求灵敏度信息的目标函数或约束函数个数时，伴随方法较直接方法具有更高的效率，反之亦然。

算例 5：结构灵敏度分析。

对于一个结构的有限元模型，其离散化的控制方程如下：

$$R_k=K_{ki}u_i-F_k=0 \tag{4.2-28}$$

式中，K_{ki} 为刚度矩阵；u_i 为变形向量（状态量）；F_k 为载荷向量。

我们感兴趣的是相对于变形量，应力的灵敏度

$$\sigma_m = S_{mi} u_i \tag{4.2-29}$$

式中，设计变量考虑为单元的横截面面积 A_j。

相对于状态变量，控制方程灵敏度矩阵是刚度矩阵，也即

$$\frac{\partial R_k}{\partial y_i} = \frac{\partial(K_{ki}u_i - \boldsymbol{F})}{\partial u_i} = K_{ki} \tag{4.2-30}$$

接下来考虑残差相对于设计变量的灵敏度。刚度矩阵直接依赖于设计变量 A_j，因此有

$$\frac{\partial R_k}{\partial x_j} = \frac{\partial(K_{ki}u_i - \boldsymbol{F})}{\partial u_i} = \frac{\partial K_{ki}}{\partial A_j}u_i \tag{4.2-31}$$

应力相对于变形的偏导数由下式给出：

$$\frac{\partial f_m}{\partial y_i} = \frac{\partial \boldsymbol{\sigma}_m}{\partial u_i} = S_{mi} \tag{4.2-32}$$

由于应力只依赖于变形量，应力对横截面面积的偏导数为 0，即

$$\frac{\partial f_m}{\partial x_j} = \frac{\partial \boldsymbol{\sigma}_m}{\partial A_j} = 0 \tag{4.2-33}$$

代入灵敏度计算方程，可以得到

$$\frac{\partial \boldsymbol{\sigma}_m}{\partial A_j} = -\frac{\partial \boldsymbol{\sigma}_m}{\partial u_i} K_{ki}^{-1} \frac{\partial K_{ki}}{\partial A_j} u_i \tag{4.2-34}$$

使用直接方法，可以求解得到

$$K_{ki} = \frac{\mathrm{d}u_i}{\mathrm{d}A_j} = -\frac{\partial K_{ki}}{\partial A_j} \tag{4.2-35}$$

故而，可以得到所期望的灵敏度

$$\frac{\mathrm{d}\boldsymbol{\sigma}_m}{\mathrm{d}A_j} = \frac{\partial \boldsymbol{\sigma}_m}{\partial u_i}\frac{\mathrm{d}u_i}{\mathrm{d}A_j} \tag{4.2-36}$$

使用伴随方法，可以求解得到

$$K_{ki}^{\mathrm{T}} \psi_k = \frac{\partial \boldsymbol{\sigma}_m}{\partial u_i} \tag{4.2-37}$$

同样地，可以得到所期望的灵敏度

$$\frac{\mathrm{d}\boldsymbol{\sigma}_m}{\mathrm{d}A_j} = \frac{\partial \boldsymbol{\sigma}_m}{\partial A_j} + \psi_k^{\mathrm{T}}\left(-\frac{\partial K_{ki}}{\partial A_j}u_i\right) \tag{4.2-38}$$

4.2.8 其他方法

除了上述方法外，用于求学科灵敏度信息的方法还有半解析（Quasi - analytic）方法和基于神经网络的方法等。其中，半解析方法是 FDM 和解析方法的结合，其计算效率较解析方法高。

诸多学科灵敏度分析方法各有优缺点，没有一种方法可适用于任何情况。当选择一种方法进行灵敏度计算时，主要关心的是该方法的计算时间、计算结果的正确性、数值精度以及开发代价。表 4.2.1 中给出了几种常见方法的比较。通过比较可以看出，自动微分方法和复变量方法是较理想的学科灵敏度分析方法。

表 4.2.1 各种学科灵敏度分析方法的特点比较

方法	计算效率	可靠性	开发时间
手工求导方法	高	高	长
符号微分方法	高	高	长
有限差分方法	低	低	短
自动微分方法	较高	高	短
复变量方法	较高	高	短
解析方法	较高	较高	较长
半解析方法	较高	较高	较长
……			

4.3 多学科灵敏度分析

4.3.1 多学科灵敏度分析简介

在 MDO 领域，多学科灵敏度分析又称系统灵敏度分析（System Sensitivity Analysis，SSA）。SSA 是一种处理大系统问题的方法，它在多学科设计环境中进行，考虑各子系统之间的耦合影响，研究系统设计变量或参数的变化对系统性能的影响程度，建立对整个系统设计过程的有效控制。原则上，可使用前文所介绍的一些学科灵敏度分析方法来进行整个 MDO 系统的多学科灵敏度分析（如复变量方法就可用于多学科灵敏度分析），但在实际应用中，将学科灵敏度分析方法通过简单扩展应用于 MDO 系统的多学科灵敏度分析并不现实。因为 MDO 系统的多学科灵敏度分析所需的数据远比单学科灵敏度分析复杂得多，即存在“维数灾难”，而且多学科灵敏度分析在 MDO 中更多地用于衡量学科（子系统）之间及学科与系统之间的相互影响，其计算方法和单学科灵敏度分析的计算方法差别较大。

解决的办法是将含有多个学科的整个 MDO 系统按不同的分解策略分解为若干较小的子系统（学科），对各子系统分别进行学科灵敏度分析，然后对整个 MDO 系统再进行多学科灵敏度分析。利用不同的分解策略可将系统分解为层次系统、耦合系统和混合系统。相应地有不同的多学科灵敏度分析方法：最优灵敏度分析方法，可用于层次系统的灵敏度分析；全局灵敏度分析方法；滞后耦合伴随方法，可用于耦合系统的灵敏度分析。最优灵敏度分析与全局灵敏度分析、滞后耦合伴随方法结合可用于混合系统的灵敏度分析。

4.3.2　最优灵敏度分析方法

最优灵敏度分析（Optimum Sensitivity Analysis，OSA）是由 Sobieszczanski - Sobieski 等于 1982 年提出的。多学科设计优化的最优结果除与设计变量有关外，通常还受到某些固定参数的影响。这些设计参数在某一次的优化过程中保持不变，但在设计过程中可能根据需要会发生角色的转变，变为可调节变量，并对优化目标造成影响。例如，电动车辆总体方案设计中的续驶里程和最高车速等设计指标的改变会影响车辆的最优质量；车身结构设计中车身刚度及强度指标的变化也会对最优结构质量产生影响。掌握固定参数对最优目标函数的影响程度，对设计指标的调整和设计质量的提高具有重要意义。为此，引入了最优灵敏度的概念，即优化问题的最优目标函数值对固定参数的导数。

在层次型和非层次型系统优化中，高层系统的设计变量往往在低层学科优化过程中被视为固定参数（如协同优化中系统级的设计变量）。最优灵敏度信息可以用来构造低层学科目标函数最优值随高层系统设计变量或者输出变量变化的线性近似关系。当高层系统的设计变量改变时，低层学科无须重新优化，可以直接利用最优灵敏度信息获得最优目标函数，从而达到降低计算量的目的。

如果直接用有限差分方法对固定参数进行扰动重新优化来计算最优灵敏度，依旧存在计算量大、精度难以保证的缺点。为此，Sobieszczanski - Sobieski 等从约束优化问题的 Kuhn - Tucker（K - T）条件出发，推导出了最优灵敏度分析方法。

对于含固定参数的非线性约束优化问题：

$$\begin{aligned}&\min f(\boldsymbol{x},\ \boldsymbol{p})\\&\text{s. t. } g_j(\boldsymbol{x},\ \boldsymbol{p})\leqslant 0\quad (j=1,\ 2,\ \cdots,\ m_a)\end{aligned}\tag{4.3-1}$$

式中，f 和 g_j 分别表示目标函数和约束条件。$\boldsymbol{x}=(x_1,\ x_2,\ \cdots,\ x_{n_v})$ 为设计变量；$\boldsymbol{p}=(p_1,\ p_2,\ \cdots,\ p_{n_p})$ 为固定参数向量。

定义最优点 $\boldsymbol{x}^*$ 处的拉格朗日函数如下：

$$\begin{aligned}\text{Lagrange}(\boldsymbol{x}^*,\ \boldsymbol{\lambda}^*,\ \boldsymbol{p})&=f(\boldsymbol{x},\ \boldsymbol{p})+\sum_{j=1}^{m_a}\lambda_j^* g_j^*(\boldsymbol{x}^*,\ \boldsymbol{p})\\&=f(\boldsymbol{x},\ \boldsymbol{p})+\boldsymbol{\lambda}^{*\mathrm{T}}g_a^*(\boldsymbol{x}^*,\ \boldsymbol{p})\end{aligned}\tag{4.3-2}$$

式中，$\boldsymbol{\lambda}^*$为拉格朗日乘子；$g_a^* = \{g_j \mid g_j(\boldsymbol{x}^*, \boldsymbol{p}) = 0, j = 1, 2, \cdots, m_a\}$为最优点$\boldsymbol{x}^*$的主动约束，其维数为$m_a$。

因为$g_a^* = 0$，最优点处的目标函数还可以表示为

$$f^* = f^* + \boldsymbol{\lambda}^{*\mathrm{T}} g_a^* \tag{4.3-3}$$

将其对固定参数$\boldsymbol{p}$求导，可得该问题的最优灵敏度$\frac{\mathrm{d}f^*}{\mathrm{d}\boldsymbol{p}}$为

$$\frac{\mathrm{d}f^*}{\mathrm{d}\boldsymbol{p}} = \frac{\mathrm{d}(f^* + \boldsymbol{\lambda}^{*\mathrm{T}} g_a^*)}{\mathrm{d}\boldsymbol{p}} \tag{4.3-4}$$

利用函数链式求导法则，上式可表示为

$$\frac{\mathrm{d}f^*}{\mathrm{d}\boldsymbol{p}} = \left(\frac{\partial f^*}{\partial \boldsymbol{p}} + \frac{\partial f^*}{\partial \boldsymbol{x}^*} \cdot \frac{\partial \boldsymbol{x}^*}{\partial \boldsymbol{p}}\right) + \boldsymbol{\lambda}^{*\mathrm{T}}\left(\frac{\partial g_a}{\partial \boldsymbol{p}} + \frac{\partial g_a^*}{\partial \boldsymbol{x}^*} \cdot \frac{\partial \boldsymbol{x}^*}{\partial \boldsymbol{p}}\right) + g_a^*\left(\frac{\partial \boldsymbol{\lambda}^*}{\partial \boldsymbol{p}} + \frac{\partial \boldsymbol{\lambda}^{*\mathrm{T}}}{\partial \boldsymbol{x}^*} \cdot \frac{\partial \boldsymbol{x}^*}{\partial \boldsymbol{p}}\right) \tag{4.3-5}$$

因为$g_a^* = 0$，故而

$$\begin{aligned}\frac{\mathrm{d}f^*}{\mathrm{d}\boldsymbol{p}} &= \left(\frac{\partial f^*}{\partial \boldsymbol{p}} + \frac{\partial f^*}{\partial \boldsymbol{x}^*} \cdot \frac{\partial \boldsymbol{x}^*}{\partial \boldsymbol{p}}\right) + \boldsymbol{\lambda}^{*\mathrm{T}}\left(\frac{\partial g_a}{\partial \boldsymbol{p}} + \frac{\partial g_a^*}{\partial \boldsymbol{x}^*} \cdot \frac{\partial \boldsymbol{x}^*}{\partial \boldsymbol{p}}\right) \\ &= \left(\frac{\partial f^*}{\partial \boldsymbol{p}} + \boldsymbol{\lambda}^{*\mathrm{T}} \frac{\partial g_a}{\partial \boldsymbol{p}^*}\right) + \frac{\partial g_a}{\partial \boldsymbol{p}}\left(\frac{\partial f^*}{\partial \boldsymbol{x}^*} + \frac{\partial g_a^*}{\partial \boldsymbol{x}^*}\right)\end{aligned} \tag{4.3-6}$$

根据 Kuhn－Tucker 条件，可得

$$\frac{\partial \mathrm{Langrange}(\boldsymbol{x}^*, \boldsymbol{\lambda}^*, \boldsymbol{p})}{\partial \boldsymbol{x}^*} = \frac{\partial f^*}{\partial \boldsymbol{x}^*} + \boldsymbol{\lambda}^{*\mathrm{T}} \frac{\partial g_a^*}{\partial \boldsymbol{x}^*} = 0 \tag{4.3-7}$$

据此，可得最优灵敏度计算公式为

$$\frac{\mathrm{d}f^*}{\mathrm{d}\boldsymbol{p}} = \frac{\partial f^*}{\partial \boldsymbol{p}} + \boldsymbol{\lambda}^{*\mathrm{T}} \frac{\partial g_a^*}{\partial \boldsymbol{p}} \tag{4.3-8}$$

式中

$$\frac{\mathrm{d}f^*}{\mathrm{d}\boldsymbol{p}} = \left(\frac{\mathrm{d}f^*}{\mathrm{d}p_1}, \frac{\mathrm{d}f^*}{\mathrm{d}p_2}, \cdots, \frac{\mathrm{d}f^*}{\mathrm{d}p_{n_p}}\right) \tag{4.3-9}$$

$$\frac{\partial f^*}{\partial \boldsymbol{p}} = \left(\frac{\partial f^*}{\partial p_1}, \frac{\partial f^*}{\partial p_2}, \cdots, \frac{\partial f^*}{\partial p_{n_p}}\right) \tag{4.3-10}$$

$$\frac{\partial g_a^*}{\partial \boldsymbol{p}} = \begin{pmatrix} \frac{\partial g_{a_1}^*}{\partial p_1} & \frac{\partial g_{a_1}^*}{\partial p_2} & \cdots & \frac{\partial g_{a_1}^*}{\partial p_{n_p}} \\ \frac{\partial g_{a_2}^*}{\partial p_1} & \frac{\partial g_{a_2}^*}{\partial p_2} & \cdots & \frac{\partial g_{a_2}^*}{\partial p_{n_p}} \\ \vdots & \vdots & \vdots & \vdots \\ \frac{\partial g_{a_{m_a}}^*}{\partial p_1} & \frac{\partial g_{a_{m_a}}^*}{\partial p_2} & \cdots & \frac{\partial g_{a_{m_a}}^*}{\partial p_{n_p}} \end{pmatrix}_{m_a \times n_p} \tag{4.3-11}$$

$$\boldsymbol{\lambda}^{*\mathrm{T}}=(\lambda_1^*,\ \lambda_2^*,\ \cdots,\ \lambda_{m_a}^*) \tag{4.3-12}$$

$\dfrac{\mathrm{d}f^*}{\mathrm{d}\boldsymbol{p}}$为最优目标函数对固定参数 $\boldsymbol{p}$ 的导数，即最优灵敏度；$\dfrac{\partial f^*}{\partial \boldsymbol{p}}$为目标函数对固定参数的偏导数在最优点 $\boldsymbol{x}^*$ 处的值，可表示为$\left.\dfrac{\partial f^*}{\partial \boldsymbol{p}}\right|_{x=x^*}$。

由以上各式可知，求解系统的最优灵敏度需要最优点 $\boldsymbol{x}^*$ 处的如下三组信息，即$\dfrac{\partial f^*}{\partial \boldsymbol{p}}$，$\dfrac{\partial g_a^*}{\partial \boldsymbol{p}}$，以及拉格朗日乘子$\boldsymbol{\lambda}^*$。许多优化算法（如序列二次规划等）直接提供了最优点处的拉格朗日乘子，因此只需要计算$\dfrac{\partial f^*}{\partial \boldsymbol{p}}$和$\dfrac{\partial g_a^*}{\partial \boldsymbol{p}}$即可，无须重新进行系统优化。如果采用有限差分方法计算$\dfrac{\partial f^*}{\partial \boldsymbol{p}}$和$\dfrac{\partial g_a^*}{\partial \boldsymbol{p}}$，需进行 $n_p(m_a+1)$ 次系统分析，该计算量远小于对系统进行重新优化所需的计算量。

利用最优灵敏度信息可得系统最优目标函数与固定参数变化量Δ的线性近似关系：

$$f^*(\boldsymbol{x},\ \boldsymbol{p}+\Delta)\approx f^*(\boldsymbol{x},\ \boldsymbol{p})+\Delta\left(\frac{\mathrm{d}f^*}{\mathrm{d}\boldsymbol{p}}\right)^{\mathrm{T}} \tag{4.3-13}$$

由上式可知，利用最优灵敏度信息无须额外调用分析模型即可预测固定参数变化后的最优目标函数。但是最优灵敏度的使用需满足如下条件：

（1）固定参数的变化量Δ不能过大，以保证线性近似条件成立。

（2）由于最优灵敏度分析方法的推导依赖主动约束，因此固定参数的变化量Δ不能改变主动约束集。

算例6： 考虑如下非线性约束优化问题：

$$\begin{aligned}
&\min f(\boldsymbol{x},\ \boldsymbol{p})=(x_1-3)^2+(x_2-p_1)^2\\
&\text{s.t. } g_1(\boldsymbol{x},\ \boldsymbol{p})=x_1^2+x_2^2-p_2\leqslant 0\\
&\qquad g_2(\boldsymbol{x},\ \boldsymbol{p})=-x_1\leqslant 0\\
&\qquad g_3(\boldsymbol{x},\ \boldsymbol{p})=-x_2\leqslant 0\\
&\qquad g_4(\boldsymbol{x},\ \boldsymbol{p})=x_1+2x_2-4=0
\end{aligned}$$

该问题中，设计变量 $\boldsymbol{x}=(x_1,\ x_2)$，固定参数 $\boldsymbol{p}=(p_1,\ p_2)$。当 $\boldsymbol{p}=(2.0,\ 5.0)$ 时，使用序列二次规划求得最优点为 $\boldsymbol{x}^*=(2.0,\ 1.0)$，最优目标函数值为 $f^*=2.0$，g_1 为主动约束，对应的拉格朗日乘子 $\boldsymbol{\lambda}^*=0.333$。

使用有限差分方法（步长取0.001），求得

$$\frac{\partial f^*}{\partial \boldsymbol{p}}=\left(\frac{\partial f^*}{\partial p_1}\ \frac{\partial f^*}{\partial p_2}\right)=(2.0\quad 0)$$

$$\frac{\partial g_a^*}{\partial \boldsymbol{p}}=\left(\frac{\partial g_1}{\partial p_1}\ \frac{\partial g_1}{\partial p_2}\right)=(0\quad -1.0)$$

利用 λ^*，$\frac{\partial f^*}{\partial \boldsymbol{p}}$和$\frac{\partial g_a^*}{\partial \boldsymbol{p}}$，可获得 $\boldsymbol{x}^*$ 处的最优灵敏度：

$$\frac{\mathrm{d}f^*}{\mathrm{d}\boldsymbol{p}}=\frac{\partial f^*}{\partial \boldsymbol{p}}+\lambda^{*\mathrm{T}}\frac{\partial g_a^*}{\partial \boldsymbol{p}}=(2.0\quad 0)+0.333\,(0\quad -1.0)=(2.000\quad -0.333)$$

4.3.3 全局灵敏度分析方法

在车辆设计中，往往将各个子系统的设计问题进行简化，视这些子系统相互独立，在优化过程的梯度计算中没有或有很少的相互关联。但这样常常得不到最优解，所以为了获得最优解，必须考虑子系统之间的耦合。

为了解决耦合系统敏感分析和设计优化问题，Sobieszczanski - Sobieski 于 1988 年提出了全局灵敏度分析方法。全局灵敏度方程（GSE）是一组可联立求解的线性代数方程组，通过 GSE 可将子系统的灵敏度分析与整个系统的灵敏度分析联系起来，从而得到系统的而不是子系统（单一学科）的灵敏度导数，最终解决耦合系统灵敏度分析和在多学科环境下的设计优化问题。GSE 可分别由控制方程余项和基于单学科输出相对于输入的偏灵敏度导数推导而来，相应的灵敏度方程分别称为 GSE1 和 GSE2。由于 GSE1 难以应用于实践，本节所述的 GSE 均指 GSE2。

通过耦合，可以预测出一个子系统的输出（或者说是关键参数）对另一个子系统输出的影响，还可以确定该关键参数对特定的设计变量的导数。例如，在飞行器的设计中，起飞总质量相对于特定设计变量的导数通常是包含在只有质量子系统的有限差分过程中。当运用这种方法时，气动子系统的重要影响就不会得到重视与过多的考虑。求解起飞总质量是一个迭代的过程，这一过程与质量子系统和气动子系统两个子系统之间的联系有很大的关系。因此，这两个子系统之间的耦合影响必须量化，对 GSE 进行求解就可以得到这样的量化值。GSE 方法通过使用局部灵敏度反映了整个系统的响应，求解 GSE 所得的全导数反映了系统中各子系统之间的耦合。

设复杂系统的设计变量为 $\boldsymbol{x}=(x_1,\ x_2,\ \cdots,\ x_n)$，其中 n 为设计变量的维数；各学科的响应值向量（输出）为 $\boldsymbol{y}=(y_1,\ y_2,\ \cdots,\ y_m)^{\mathrm{T}}$，其中 m 为系统响应的个数。一般而言，对于耦合系统，任意响应值可表示为

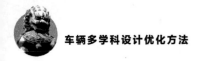

$$y_i=f_i(x, y_1, y_2, \cdots, y_m)(i=1, 2, \cdots, m) \tag{4.3-14}$$

根据函数链式求导法则，可以实现耦合系统灵敏度求解过程的解耦。将上式对 x 求导可得

$$\frac{\mathrm{d}y_i}{\mathrm{d}\boldsymbol{x}}=\frac{\partial y_i}{\partial \boldsymbol{x}}+\frac{\partial y_i}{\partial y_1}\frac{\mathrm{d}y_1}{\mathrm{d}\boldsymbol{x}}+\frac{\partial y_i}{\partial y_2}\frac{\mathrm{d}y_2}{\mathrm{d}\boldsymbol{x}}+\cdots+\frac{\partial y_i}{\partial y_{i-1}}\frac{\mathrm{d}y_{i-1}}{\mathrm{d}\boldsymbol{x}}+\frac{\partial y_i}{\partial y_{i+1}}\frac{\mathrm{d}y_{i+1}}{\mathrm{d}\boldsymbol{x}}+\cdots+\frac{\partial y_i}{\partial y_m}\frac{\mathrm{d}y_m}{\mathrm{d}\boldsymbol{x}} \tag{4.3-15}$$

$$(i=1, 2, \cdots, m)$$

进而整理可得

$$\frac{\partial y_i}{\partial \boldsymbol{x}}=\frac{\mathrm{d}y_i}{\mathrm{d}\boldsymbol{x}}-\frac{\partial y_i}{\partial y_1}\frac{\mathrm{d}y_1}{\mathrm{d}\boldsymbol{x}}-\frac{\partial y_i}{\partial y_2}\frac{\mathrm{d}y_2}{\mathrm{d}\boldsymbol{x}}-\cdots-\frac{\partial y_i}{\partial y_{i-1}}\frac{\mathrm{d}y_{i-1}}{\mathrm{d}\boldsymbol{x}}-\frac{\partial y_i}{\partial y_{i+1}}\frac{\mathrm{d}y_{i+1}}{\mathrm{d}\boldsymbol{x}}-\cdots-\frac{\partial y_i}{\partial y_m}\frac{\mathrm{d}y_m}{\mathrm{d}\boldsymbol{x}} \tag{4.3-16}$$

$$(i=1, 2, \cdots, m)$$

式中

$$\frac{\mathrm{d}y_i}{\mathrm{d}\boldsymbol{x}}=\left(\frac{\mathrm{d}y_i}{\mathrm{d}x_1}, \frac{\mathrm{d}y_i}{\mathrm{d}x_2}, \cdots, \frac{\mathrm{d}y_i}{\mathrm{d}x_n}\right)_{1\times n}, \quad \frac{\partial y_i}{\partial \boldsymbol{x}}=\left(\frac{\partial y_i}{\partial x_1}, \frac{\partial y_i}{\partial x_2}, \cdots, \frac{\partial y_i}{\partial x_n}\right)_{1\times n}$$

将全局灵敏度方程改写为矩阵向量形式，可得

$$\begin{pmatrix} 1 & -\frac{\partial y_1}{\partial y_2} & -\frac{\partial y_1}{\partial y_3} & \cdots & -\frac{\partial y_1}{\partial y_m} \\ -\frac{\partial y_2}{\partial y_1} & 1 & -\frac{\partial y_2}{\partial y_3} & \cdots & -\frac{\partial y_2}{\partial y_m} \\ \vdots & \vdots & \vdots & \vdots & \vdots \\ -\frac{\partial y_m}{\partial y_1} & -\frac{\partial y_m}{\partial y_2} & \cdots & -\frac{\partial y_m}{\partial y_{m-1}} & 1 \end{pmatrix}_{m\times m} \begin{pmatrix} \frac{\mathrm{d}y_1}{\mathrm{d}\boldsymbol{x}} \\ \frac{\mathrm{d}y_2}{\mathrm{d}\boldsymbol{x}} \\ \vdots \\ \frac{\mathrm{d}y_m}{\mathrm{d}\boldsymbol{x}} \end{pmatrix}_{m\times n} = \begin{pmatrix} \frac{\partial y_1}{\partial \boldsymbol{x}} \\ \frac{\partial y_2}{\partial \boldsymbol{x}} \\ \vdots \\ \frac{\partial y_m}{\partial \boldsymbol{x}} \end{pmatrix}_{m\times n} \tag{4.3-17}$$

故而，可记作

$$\boldsymbol{JS}=\boldsymbol{L} \tag{4.3-18}$$

式中，$\boldsymbol{S}$ 为考虑学科间耦合关系的全局灵敏度矩阵；$\boldsymbol{J}$ 为响应值偏导数雅可比系数矩阵，反映学科之间的耦合关系；$\boldsymbol{L}$ 为局部灵敏度矩阵，是不考虑耦合关系时，设计变量对响应值的影响。

若 $\boldsymbol{J}$ 非奇异，则系统的灵敏度可通过各学科的局部灵敏度间接求出，即

$$\boldsymbol{S}=\boldsymbol{J}^{-1}\boldsymbol{L} \tag{4.3-19}$$

在实际工程应用中，设计变量和系统响应值在数值上可能存在量级的差异，为了避免量级差带来的计算误差，以及随之可能产生的雅可比系数矩阵病

态或者奇异，可以通过归一化处理实现量级的统一。

利用全局灵敏度方程，可以掌握各学科之间耦合关系的强弱，在设计过程中可以去掉耦合程度较弱的分量，以期对分析模型实现简化，降低求解计算量。

相比有限差分方法存在计算量大、时效性差、精度难以保证、难以进行并行计算等缺点，全局灵敏度方程法具有以下优势：

（1）系统级可以将各子系统作为“黑箱”看待，只需知道各黑箱的输入、输出耦合关系即可，而各个“黑箱”内部可以应用其学科分析工具进行学科输出性能以及各项偏导数计算，各学科的并行计算能够有效改善求解效率。

（2）仅需对当前设计点进行一次完整的系统分析计算。

（3）对于各个学科问题，其局部灵敏度的求解可以自主选用合适的求解方法，不必局限于有限差分方法。即使仍然利用有限差分方法求解，也不需要进行固定点迭代等需要反复迭代的系统分析，从而能够有效避免数值噪声对求解精度的影响。

（4）局部灵敏度矩阵和雅可比系数矩阵的求解在各学科内部进行，无须考虑其他学科的影响。各学科的并行计算能够有效改善求解效率。

（5）全局灵敏度方程能够反映各学科之间的耦合关系及其强度，有利于系统模型的简化工作。

（6）全局灵敏度方程可作为一种局部近似方法进行使用。

（7）全局灵敏度方程与各自多学科设计优化方法的有机结合可以有效改善多学科设计优化方法的求解效果。

但是，对于较大规模的系统，GSE 的求解十分复杂，导致求解异常困难。

算例 7：设某系统由两个相互耦合的学科组成。设计变量为 $\boldsymbol{x}=(x_1, x_2, x_3)$，响应值为 $\boldsymbol{y}=(y_1, y_2)^{\mathrm{T}}$。

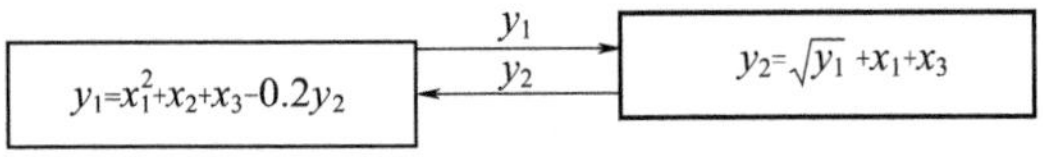

雅可比系数矩阵：

$$\boldsymbol{J}=\begin{pmatrix} 1 & -\dfrac{\partial y_1}{\partial y_2} \\ -\dfrac{\partial y_2}{\partial y_1} & 1 \end{pmatrix}=\begin{pmatrix} 1 & 0.200 \\ -0.230 & 1 \end{pmatrix}$$

局部灵敏度矩阵：

$$L=\begin{pmatrix}\dfrac{\partial y_1}{\partial x_1} & \dfrac{\partial y_1}{\partial x_2} & \dfrac{\partial y_1}{\partial x_3}\\ \dfrac{\partial y_2}{\partial x_1} & \dfrac{\partial y_2}{\partial x_2} & \dfrac{\partial y_2}{\partial x_3}\end{pmatrix}=\begin{pmatrix}2.000 & 1.000 & 1.000\\ 1.000 & 0 & 1.000\end{pmatrix}$$

进而，可求解全局灵敏度矩阵：

$$S=J^{-1}L=\begin{pmatrix}\dfrac{dy_1}{dx_1} & \dfrac{dy_1}{dx_2} & \dfrac{dy_1}{dx_3}\\ \dfrac{dy_2}{dx_1} & \dfrac{dy_2}{dx_2} & \dfrac{dy_2}{dx_3}\end{pmatrix}=\begin{pmatrix}1.7208 & 0.9560 & 0.7648\\ 1.3958 & 0.2199 & 1.1759\end{pmatrix}$$

4.3.4　滞后耦合伴随方法

滞后耦合伴随（Lagged－coupled Adjoint，LCA）方法最早由 Martins 提出。他在学科模型的控制方程残差的推导过程中引入伴随向量（Adjoint Vector），通过求解伴随方程组（Adjoint Equations）得到各学科的伴随向量，结合对各学科分别进行灵敏度分析所得的学科灵敏度导数信息，得到问题的目标函数或约束函数相对于设计变量的导数信息。LCA 方法的伴随向量方程与学科模型的控制方程残差相似，它用某学科伴随向量的前一步迭代值去求解另一学科的伴随向量。

由式（4.3－16）可知，若要获得目标函数或约束函数相对于所有设计变量的灵敏度导数信息，需分别对每个设计变量运用 GSE 求解。GSE 考虑了各学科之间的耦合关系，其计算量随设计变量数目增加线性增加。与之相反，运用 LCA 方法求解问题的目标函数或约束函数相对于所有设计变量的灵敏度导数信息时，其计算量与设计变量数目无关，而与目标函数或约束函数的个数呈线性关系。

最优灵敏度分析方法、全局灵敏度分析方法，以及滞后耦合伴随方法都是系统灵敏度分析的有力工具。其中，由最优灵敏度分析方法所得的导数值对于系统的各种分解方案以及对于优化结果的分析非常有用。全局灵敏度分析方法和滞后耦合伴随方法各功能多用于处理耦合系统的灵敏度分析，当设计变量数目大于目标函数和约束函数的个数时，滞后耦合伴随方法更有效；而全局灵敏度分析方法更适合于处理目标函数和约束函数个数多于设计变量个数的问题。

以上是三种常用的系统灵敏度分析方法，除此之外，可用于 MDO 系统灵敏度分析方法的还有基于神经网络的方法等。

参考文献

[1] Martins J. R. Course notes for AEROSP 588：Multidisciplinary Design Optimization. University of Michigan，2012.

[2] 王振国，陈小前，罗文彩，等. 飞行器总体多学科设计优化理论与应用研究［M］. 北京：国防工业出版社，2006.

[3] Breitkopf P.，Coelho R. F. Multidisciplinary Design Optimization in Computational Mechanics［M］. John Wiley & Sons Inc.，2010.

[4] de Weck O. MIT OpenCourseWare for ESD. 77：Multidisciplinary System Design Optimization. Massachusetts Institute of Technology，2010.

[5] Hicken J. E.，Alonso J. J. Course notes for AA222：Introduction to Multidisciplinary Design Optimization. Stanford University，2012.

[6] Sobieszczanski-Sobieski J. Sensitivity of Complex Internally Coupled Systems［J］. AIAA Journal，1990，28（1）：153-160.

[7] 于剑桥，文仲辉，梅跃松，等.战术导弹总体设计［M］. 北京：北京航空航天大学出版社，2010.

第 5 章 近似模型技术

近似模型方法是解决 MDO 计算复杂性和组织复杂性的一项关键技术。 对于复杂系统的多学科设计优化，存在着进行完整系统分析所需计算量巨大、学科分析模型之间数据交互复杂、系统集成困难等问题。多学科设计优化过程中需要大量调用系统分析模型，若直接采用高精度模型进行分析，将产生巨大的计算成本。 有效解决方法之一就是通过构造近似模型（代理模型）取代高精度模型，以此实现计算精度和计算成本的折中，从而提高求解效率。 同时，对于多学科设计优化问题，为了实现学科解耦以支持学科自治和并行优化，构造耦合变量的近似模型是有效解决途径之一。 各学科专家可以根据学科特点和应用实际情况建立本学科分析适合的近似模型，并提供给其他学科使用，极大地减少优化中各学科之间的数据交换量，降低优化难度。 本章介绍近似模型的基本概念、近似技术的研究思路、常用的试验设计方法、常用的近似模型方法，以及一个电动汽车动力电池箱应用案例。

5.1 近似模型基础

5.1.1 基本概念

“近似”的概念主要包括模型近似和函数近似两个方面。模型近似主要从简化系统模型和缩小优化问题规模的角度出发，通过减少设计变量和设计约束条件数目提高设计优化效率，常用的方法有设计变量链化及减缩基方法、约束函数缩并法、包络函数法等。函数近似主要指构造显式近似表达式来代替复杂系统分析模型参与分析与优化，以此降低设计优化问题的复杂性。函数近似在 MDO 中的应用最为广泛，本章将对其进行重点介绍，下文中如无特殊说明，近似建模均指函数近似建模。

近似模型技术是 MDO 研究的重要组织部分，近似模型技术与各种多学科设计优化方法相结合可以提供新的 MDO 问题求解方法。

5.1.2 近似模型的需求背景

对于复杂系统，在设计过程中需要考虑各学科之间的耦合，故比单学科优化复杂得多，主要表现为计算复杂性、模型复杂性和信息交换的复杂性。多学科设计优化对近似模型技术的需求主要有以下几个方面：

（1）近似模型可以在满足精度要求的前提下，降低计算成本，提高优化效率。任何一个中等复杂程度以上的 MDO 问题，对于适度多的设计变量，应用设计空间搜索（Design Space Search，DSS）优化算法，需要对目标函数和约束条件进行大量计算，如果采用精确的多学科分析工具，将需要进行大量的复杂计算，无法保证优化进程的顺利进行。

（2）构造近似模型所需样本点信息可以使用多台计算机离线同时分析获取，从而进一步缩短计算时间。此外，近似模型构造所需的样本点可利用物理实验结果，从而实现实验数据在多学科设计优化中的集成。

（3）近似模型通常为显式或隐式的数学表达式，与基于复杂商业软件所建立的精细分析模型相比，更易于系统集成。多学科设计优化问题的复杂性决定了无法直接将学科分析工具耦合到设计空间搜索优化算法中，无法直接建立各学科分析工具和优化算法之间的接口，同时由于学科之间的耦合，也无法建立各学科分析工具之间的接口。

（4）通过近似模型进行设计空间可视化，有助于进行合理的优化定义（优化算法选择、初始值选取等），控制优化进程。

（5）合适的近似模型能够起到平滑数值噪声的作用。许多学科分析计算过程中，往往会出现数值噪声及锯齿响应，如果对这些响应不采用平滑近似处理，将导致常用于 DSS 中高效的梯度寻优方法无法使用，而不得不采用效率较低的非梯度方法；同时，优化进程将无法完成或收敛到错误局部极值点。

5.1.3　近似建模的基本思想

近似方法的本质是通过构造近似函数，将复杂的学科分析从优化进程中分离出来，而将便于计算的近似函数耦合到优化算法中，进行序列优化，多次迭代循环后得到实际问题的近似最优解。通过构造近似函数，可以大大减少多学科设计优化问题求解的计算量，提高优化效率，改进优化效果。 这是因为：降低了独立设计变量的维数，减少了约束条件；通过目标函数和约束条件的近似，可以减少大量的、耗时的详细分析运算。有些优化问题的仿真程序对输入参数很敏感，输入参数的微小变化就会引起输出量的很大改变。在处理这类问题时常产生数值噪声，不利于顺利找到多个局部最优点。而对原问题的近似模型进行处理则可以大大降低计算中的数值噪声，并提高全局收敛速度。同时，可运用近似函数处理学科之间的耦合关系，得到学科间耦合关系的近似函数关系，并将其耦合到优化进程中。

5.1.4 近似模型的基本构建过程

近似技术的研究方法为：首先探索设计空间，在设计空间选择样本点，选择最具有影响力的变量作为设计变量；通过试验设计的分析结果构造目标和约束的代理（近似）模型。代理模型的构建过程如图 5.1.1 所示。

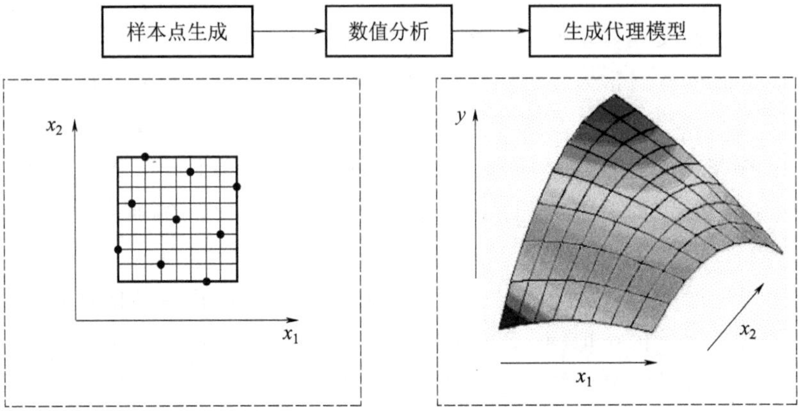

图 5.1.1 代理模型构建过程

目前，近似建模主要有两种实现方法：

（1）单步法（Single - stage Method），通过进行一次试验设计和抽样，获取所需样本点并以此构造近似模型。该算法需要预先确定训练样本点数，如果数目太大，则需要巨大的计算资源训练样本，太小则无法保证近似模型精度，目前还没有通用的方法用于解决如何合理确定训练样本点数的问题。

（2）序贯法（Sequential Method），首先通过试验设计获取一组数量较少的初始样本点集并构造近似模型，然后分析当前样本点集分布特征和近似模型特征，根据一定的策略增加新的样本点并更新近似模型，重复前述序贯加点和更新模型步骤直至满足终止条件（如达到预定精度要求或者计算资源上限）。该方法可以在训练样本点数与近似模型精度之间进行合理权衡，并在有效的序贯加点策略条件下实现以较小代价构造满足精度要求的近似模型。

单步法与序贯法需处理的共同问题包括：如何通过试验设计获取样本点？如何根据样本点构造近似模型？如何对近似模型精度进行评价？

5.2 试验设计方法

试验设计（Design of Experiments，DOE）是以概率论、数理统计和线性代数等为基础理论，科学地安排试验方案，以便正确地分析试验结果，并尽快获得优化方案的一种数学方法。试验设计适用于解决多因素、多指标的优化设计问题，特别是当一些指标之间相互矛盾时，运用试验设计技术可以明确因素与指标间的规律性，并找出兼顾各指标的适宜的优化方案。

试验设计有三个要素，分别是试验指标、试验因素和试验水平。在试验设计中，根据试验目的而选定的用来考虑试验效果的特性值称为试验指标；对试验指标可能有影响的原因或要素称为试验因子或因素；试验设计中，选定因素处的状态和条件的变化，可能引起试验指标的变化，称各因素变化的状态或条件为水平或位级。在选取水平时，一般应注意如下三点：水平宜选取三水平或更高水平；水平取等间隔的原则；所选取的水平应是具体的，即水平应该是可以控制的，并且水平的变化要能直接影响试验指标并使其有不同程度的变化。

在近似建模过程中，通过试验设计可以在相同样本数量条件下更有效地获取精确模型信息，从而提高构造近似模型的精度和效率。目前，广泛研究和应用的试验设计方法包括全因子试验设计（Full Factorial Experimental Design）方法、部分因子试验设计（Fractional Factorial Experimental Design）方法、中心组合设计（Central Composite Design，CCD）方法、蒙特卡罗法、正交试验设计（Orthogonal

Array Sampling，OAS）方法、拉丁方设计（Latin Hypercube Design，LHD）方法等。下面分别进行简要介绍。

5.2.1 全因子试验设计方法

全因子试验设计，又称全面试验设计，是指在一次完全试验中，系统所有因素的所有水平的所有可能组合被考虑的试验设计方法。该方法对每一维设计变量 x_i 的所有 n_i 水平进行组合，形成 $k=\prod_{i=1}^{n} n_i$ 个试验方案。全因子试验可以根据系统在某一因素两个水平之间平均响应差的大小来判断该因素对系统响应的大小；同时根据某一个水平响应值随其他因素的水平变化而变化的结果，可以分析出两个因素之间存在的相互影响。能够分析因素对系统影响的大小和分析因素间的交互作用是全因子试验的优点。

对于三维设计空间，全因子试验设计采样如图 5.2.1 所示。

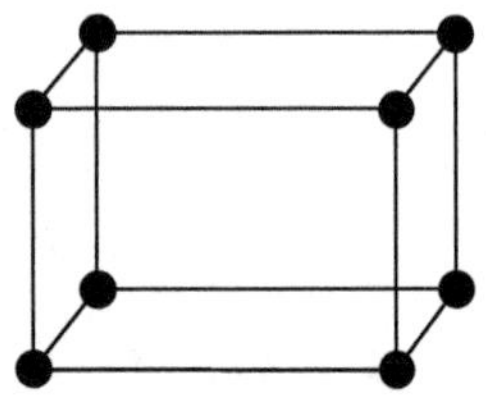

图 5.2.1　全因子试验设计采样

5.2.2 部分因子试验设计方法

由于全因子试验设计方法存在随设计变量和试验水平数增加而试验次数急剧增加的缺点，发展了部分因子试验设计方法。该方法忽略部分因子间的交互作用对响应值的影响，从而可减少试验次数。

5.2.3 中心组合设计方法

该方法由 2 水平全因子设计、1 个中心点以及沿每一维方向附加的 2 个试验点组成，对应试验次数为 2^n+2n+1。对于二维设计空间，中心组合设计方法采样如图 5.2.2 所示。

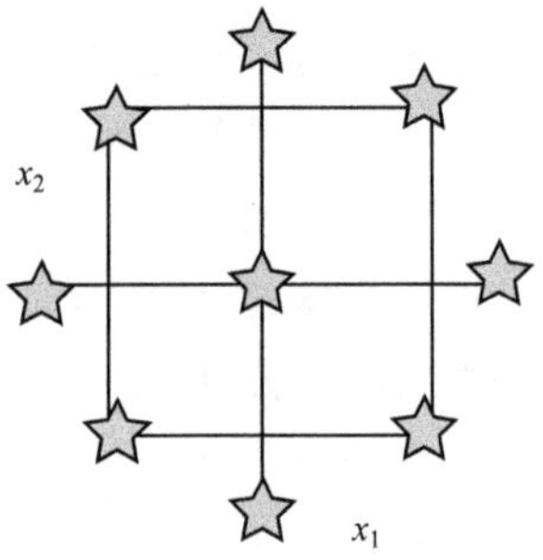

图 5.2.2　中心组合设计方法采样

5.2.4 蒙特卡罗法

该方法是指在设计空间随机选取试验点，如图 5.2.3（a）所示，当试验点充分多时，该方法能够较为全面地获取精确模型的信息。但是由于取点的随机性，可能出现试验点集中于某一区域而其他区域没有试验点的情况。因此，为了提高取点的均匀性，出现了分层蒙特卡罗法（Stratified Monte Carlo Sampling）。该方法首先将设计空间沿每一维设计变量方向划分为若干个等概率分布的子空间，然后在各个子空间内随机选取一个试验点，从而保证从各个等概率分布的子空间都能获取试验点，进而提高试验设计取点的均匀性。对于二维问题，该方法设计取点如图 5.2.3（b）所示。其中，沿 x_1 方向分为三个等概率分布子空间，沿 x_2 方向分为三个等概率分布子空间，共设计九个试验点。

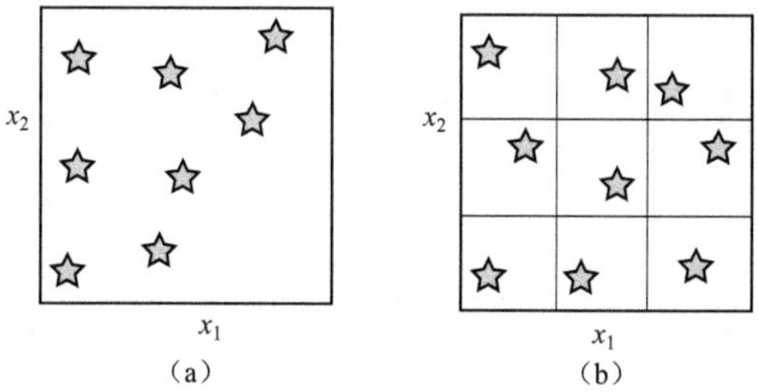

图 5.2.3　蒙特卡罗法

(a)传统蒙特卡罗法；(b)分层蒙特卡罗法

5.2.5　正交试验设计方法

正交试验设计是按照一种已经拟定好的满足正交试验条件的表格来安排试验的试验设计方法，这种表格就是正交表。正交表具有均衡分散性的特点，能够实现各个因素各种水平的均衡搭配，适用于多因素、多水平的试验。3 维 2 水平 4 次正交试验设计如图 5.2.4 所示。

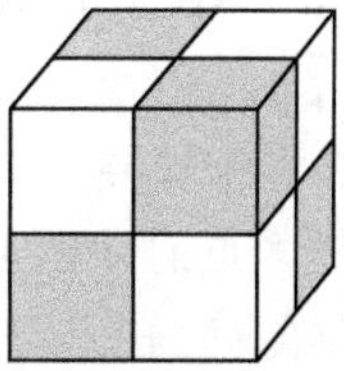

图 5.2.4　3 维 2 水平 4 次正交试验设计

常用正交表的形式为 $L_A(p^q)$，其中 L 代表正交表，下标 A 表示表中有 A 个横行，也即总共所需要的试验次数，括号内的 p 表示因素的水平数，q 表示因素的个数。使用正交表通常要求各因素的水平数是相同的，当遇到各因素水平数不等的试验，即存在混合水平试验时，通常使用两种方法来安排正交试验，其中一种是直接套用不等水平正交表；另一种则是采用拟水平法，即在等水平正交表内安排不等水平的试验。

正交表是数学工作者为了方便设计人员选取设计样本点，挑选出具有代表性的因素、水平的搭配关系，而拟定出来的满足正交试验条件的设计表格。正交表是正交试验设计最基本最重要的工具，只要按照正交表安排试验，必然满足正交条件。例如，$L_8(2^7)$ 表示要做 8 次试验，最多允许安排 7 个因子，每个因子有 2 个水平数，具体表格如表 5.2.1 所示；而采用 2 水平 7 因子的全因子试验设计的次数为 $2^7=128$ 次，远远大于正交试验设计的 8 次。

表 5.2.1 正交表 $L_8(2^7)$

试验号	因子						
	1	2	3	4	5	6	7
1	1	1	1	1	1	1	1
2	1	1	1	2	2	2	2
3	1	2	2	1	1	2	2
4	1	2	2	2	2	1	1
5	2	1	2	1	2	1	2
6	2	1	2	2	1	2	1
7	2	2	1	1	2	2	1
8	2	2	1	2	1	1	2

正交表是具有正交性、代表性和综合可比性的一种数学表格，并且在减少试验和计算工作量的情况下仍能得到基本反映全面情况的试验结果。

5.2.6 拉丁方设计方法

拉丁方抽样（Latin Hypercube Sampling，LHS）技术是一种约束随机地生成均匀样本点的试验设计和抽样方法，1979 年由 Mckay 和 Beckman 等创建并用于一维空间的设计仅限于单调函数的问题。随后，Keramat 和 Kielbasa 对 LHS 进行了修正研究并将其用于 n 维问题的抽样和设计。拉丁方设计具有样本记忆功能，能避免重复抽取已出现过的样本点，抽样效率较高，它能使分布在边界处的样本点参与抽样，该方法的优点是：可在抽样较少的情况下获得较高的计算精度。

设有 m 个设计变量 $\boldsymbol{x}=(x_1, x_2, \cdots, x_m)$，需生成 n 个设计样本点，拉丁方抽样设计采用联合概率密度函数，基于相等的概率尺寸 $1/n$，首先将每个变量的设计区间同等地分成 n 个互不重叠的子区间，然后在每个子区间内分别进行独立的等概率抽样；第一个变量的 n 个值与第二个变量的 n 个值进行随机配对，并生成 n 个数据对，再用这 n 个数据对与第三个变量的 n 个值进行随机组合就生成每组包含三个变量的 n 个数据组，以此类推，直到生成每组包含 m 个

变量的 n 个数据组。例如，设水平 $n=4$，因子 $s=2$，拉丁方试验设计布点的步骤如下：

（1）将设计空间（不失一般性可设为单位正方形）每边均分为 $n-1$ 份，每边得到 n 个点，故整个区域共有 n^2 个点。

（2）随机地取（1，2，…，n）的两个置换，例如将（1，2，3，4）和（3，2，4，1）排成一个矩阵，得

$$\begin{pmatrix} 1 & 2 & 3 & 4 \\ 3 & 2 & 4 & 1 \end{pmatrix}^{\mathrm{T}}$$

由矩阵的每一列（1，3），（2，2），（3，4），（4，1）决定4个设计点，如图5.2.5（a）所示。均匀拉丁方试验设计是在拉丁方试验设计的基础上外加均匀性判据，使均匀性判据达到最大值的拉丁方试验设计，因此其生成的 n 个设计点将更加均匀地分散在设计空间中，如图5.2.5（b）所示。在此采用由Hickernell在1998年提出的均匀性判据，即

$$D=\frac{4}{3}-\frac{2}{n}\sum_{k}^{n}\prod_{j}^{s}(1+2x_{kj}-2x_{kj}^{2})+\frac{2^{s}}{n^{2}}\sum_{k}^{n}\sum_{j}^{n}\prod_{i}^{s}[2-\max(x_{kj},x_{ji})] \tag{5.2-1}$$

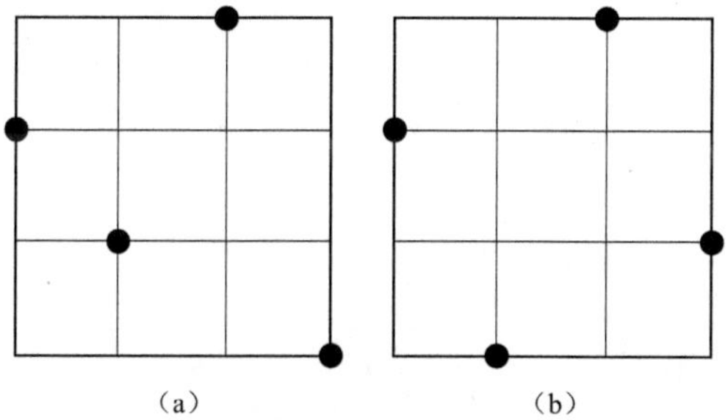

图5.2.5 拉丁方试验设计与均匀拉丁方试验设计试验点分布

(a)拉丁方试验设计；(b)均匀拉丁方试验设计

通过均匀拉丁方试验设计，不但可以减少试验次数，而且构造的近似模型精度较高。

在上述方法中，全因子试验设计方法、部分因子试验设计方法、中心组合设计方法和蒙特卡罗法存在试验点数随设计变量数和设计变量水平数增大而急剧增加的缺点，对于试验成本高、模型分析计算量大的问题，适用性有限。正交试验设计方法和拉丁方设计方法能够以较小的代价从设计空间获取散布性好、代表性强的设计点，因此能够更有效地获取精确模型信息。但正交试验设计方法需要以正交表为依据进行试验安排，试验点数由因素数和水平数确定，

用户不能对试验点数进行自由确定，灵活性不强。因此，拉丁方设计方法具有更强的灵活性和更广泛的适用性。

对于拉丁方设计方法，由于选点的随机性，也有可能出现散布均匀性差的试验点设计组合，如图 5.2.6（a）所示。为了得到均匀散布的拉丁超立方设计，出现了最优拉丁超立方设计方法，即通过优化准则（中心 L_2 偏差、极小极大距离、极大极小距离、总均方差、熵等）筛选拉丁方设计，得到满足准则的最优拉丁方设计，如图 5.2.6（b）所示。

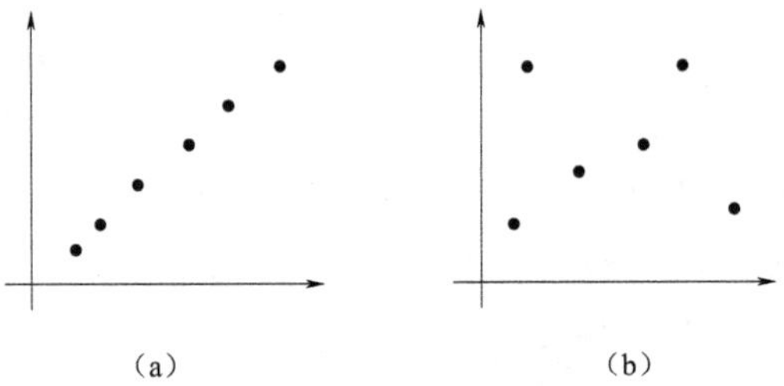

图 5.2.6　拉丁方设计结果对比

(a)较差的拉丁方设计；(b)较好的拉丁方设计

5.3　近似模型的构造方法

20 世纪 70 年代中期，Schmit 等提出结构优化的近似概念，主要包括设计变量链化、约束暂时删除、对约束函数采用近似函数进行显式表达等。近似概念包括模型近似和函数近似两个方面，设计变量链化和约束暂时删除属于前者，模型近似的目的是减小优化模型的规模。近似函数将原有问题转化为一系列近似优化问题，从而大大改善了数学规划法的计算效率。高质量的近似模型是多学科设计优化的关键技术之一。

近似模型的质量主要体现在近似范围和近似精度两个方面，从近似范围进行分类，近似模型可以分为局部近似（Local Approximation）、中等范围近似（Middle Range Approximation）和全局近似（Global Approximation）。

5.3.1　局部近似

局部近似是基于一点信息建立起来的近似函数，近似范围具有局部性。基于中间变量泰勒展开的函数形式随中间变量不同而不同。

以一元函数 $f(x)$ 为例，设中间变量 $y=h(x)$，令

$$f(x)=g(y) \tag{5.3-1}$$

根据复合求导法则有

$$f'(x)=g'(y)h'(x) \tag{5.3-2}$$

即

$$g'(y)=f'(x)/h'(x) \tag{5.3-3}$$

由一阶泰勒展开得

$$\hat{g}(y)=g(y_0)+g'(y)(y-y_0) \tag{5.3-4}$$

即

$$f(x)=f(x_0)+\frac{f'(x_0)}{h'(x)}[h(x)-h(x_0)] \tag{5.3-5}$$

这就是基于中间变量 $h(x)$ 的一阶近似表达式。

（1）中间变量为 x_i，得到线性泰勒展开式：

$$\hat{f}(X)=f(X_0)+\sum_{i=1}^{n}\frac{\partial f(X_0)}{\partial x_i}(x_i-x_{i,0}) \tag{5.3-6}$$

（2）中间变量为 $1/x_i$，得到一阶倒数泰勒展开式：

$$\hat{f}(X)=f(X_0)-\sum_{i=1}^{n}\frac{\partial f(X_0)}{\partial x_i}x_{i,0}^2\left(\frac{1}{x_i}-\frac{1}{x_{i,0}}\right) \tag{5.3-7}$$

5.3.2 中等范围近似

中等范围近似函数指利用当前点和邻近点信息构建而成的近似函数。两点近似函数在中等范围近似函数中最为普遍，它扩大了局部近似范围，且参数计算方法简单。多点近似函数基于多个点信息构成，能在较宽的变量区间逼近原函数。

以两点近似函数为例，当变量 x_i 接近于零时，一阶倒数泰勒展开会出现数值误差，针对这种情况提出两点近似的概念，函数形式如下：

$$\hat{f}(X)=f(X_2)-\sum_{i=1}^{n}\frac{\partial f(X_2)}{\partial x_i}(x_i-x_{i,2})\left(\frac{x_{mi}+x_{i,2}}{x_{mi}+x_i}\right) \tag{5.3-8}$$

参数 x_{mi} 通过前点 X_1 的一阶信息求得，即

$$\frac{\partial f(X_1)}{\partial x_i}=\left(\frac{x_{mi}+x_{i,2}}{x_{mi}+x_{i,1}}\right)^2\frac{\partial f(X_2)}{\partial x_i} \tag{5.3-9}$$

或

$$x_{mi}=\frac{x_{i,2}-\eta_i x_{i,1}}{\eta_i-1} \tag{5.3-10}$$

式中

$$\eta_i^2=\left(\frac{\partial f(X_1)}{\partial x_i}\right)\Big/\left(\frac{\partial f(X_2)}{\partial x_i}\right) \tag{5.3-11}$$

当导数比小于零时，则 η_i 不存在，近似函数退化为线性近似。

5.3.3　全局近似

全局近似函数能在大范围内建立响应面与自变量之间的关系，在对具有多个局部最优点或全局最优点求解中具有一定的优势，最常见的构造全局近似函数的方法是响应面法。对于响应面法的定义有几种。W·E·拜尔斯和 J·J·斯温的定义为：以试验设计为基础的用于处理多变量问题建模和分析的一套统计处理技术；Myers 和 Montgomery 将响应面法定义为：用于开发、改进和优化设计过程的统计和数学技术。

响应面法最初是根据一套物理试验数据来构造响应面的，在工业优化设计中常用计算机数值仿真的结果来替代物理试验结果。构建响应面模型的整个过程主要包括：选择响应面逼近函数模型（多项式模型），确定一组用于评估响应函数的试验数据点，基于试验结果构建响应近似模型，并对响应逼近函数进行预估计，最后将响应面模型用于优化设计。其他用于构建全局近似函数的方法包括 Kriging 法、人工神经网络法和支持向量机法等。

5.4 响应面模型方法

响应面法（Response Surface Method，RSM）是试验设计与数理统计相结合，用于建立经验模型的优化方法，基本思想是在试验测量、数值分析或经验公式的基础上，对设计空间内的设计点进行试验求值，从而构造测定量（目标指标和约束指标）的全局近似。响应面法能够消除噪声效应，提高优化算法的收敛速度。在对接触—碰撞这样复杂的动力学问题进行车身抗撞性优化设计时，响应面法是一种快速、高效的近似方法。

在设计空间上，设计变量 $\boldsymbol{x}$ 与实际响应 $\boldsymbol{Y}$ 之间的函数关系可以写为

$$\boldsymbol{Y}=\tilde{y}(\boldsymbol{x})+\varepsilon=\sum_{j=1}^{N}a_j\varphi_j(\boldsymbol{x})+\varepsilon \tag{5.4-1}$$

式中，$\tilde{y}(\boldsymbol{x})$ 为目标或约束的近似函数，即响应面；ε 为综合误差，包含随机误差和建模误差等；N 为基函数 $\varphi_j(\boldsymbol{x})$ 的数目。每个设计点由 n 个独立变量 $x_j(j=1, 2, \cdots, n)$ 组成，二次多项式回归模型逼近实际响应 $\boldsymbol{Y}$ 的近似函数为

$$\tilde{y}(\boldsymbol{x})=a_0+\sum_{j=1}^{n}a_jx_j+\sum_{\substack{j=1\\(j<k)}}^{n}a_{jk}x_jx_k+\sum_{j=1}^{n}a_{jj}x_j^2 \tag{5.4-2}$$

同理可得三次完全基函数的形式为

$$1;\ x_1,\ x_2,\ \cdots,\ x_n;\ x_1^2,\ x_1x_2,\ \cdots,\ x_1x_n,\ \cdots,\ x_n^2;\ x_1^3,\ x_1^2x_2,\ \cdots,\ x_1^2x_n,\ x_1x_2^2,\ \cdots,\ x_1x_n^2,\ \cdots,\ x_n^3$$

四次完全基函数的形式为

$$1;\ x_1,\ x_2,\ \cdots,\ x_n;\ x_1^2,\ x_1x_2,\ \cdots,\ x_1x_n,\ \cdots,\ x_n^2;\ x_1^3,$$
$$x_1^2x_2,\ \cdots,\ x_1^2x_n,\ x_1x_2^2,\ \cdots,\ x_1x_n^2,\ \cdots,\ x_n^3;$$
$$x_1^4,\ x_1^3x_2,\ \cdots,\ x_1^3x_n,\ x_1^2x_2^2,\ \cdots,\ x_1^2x_n^2,\ \cdots,\ x_1x_2^3,\ \cdots,\ x_1x_n^3,\ \cdots,\ x_n^4$$

对于低于二次的多项式模型，取不大于对应次数的项的和表达，而对于超过二次的回归模型，有时为了减少模型构造的计算量，也可以忽略变量交叉项的基函数项。完全基函数的项数 N 与设计空间维数 n 和回归模型的形式都有关系，对于线性回归模型有

$$N=n+1$$

对于二次回归模型有

$$N=\frac{(n+2)\times(n+1)}{2\times 1}$$

对于三次回归模型有

$$N=\frac{(n+3)\times(n+2)\times(n+1)}{3\times 2\times 1}$$

在设计空间上选取 M（$M>N$）个设计样本点，并通过最小二乘法来确定式（5.4－2）中的系数 $\boldsymbol{a}=(a_1,\ a_2,\ \cdots,\ a_N)^{\mathrm{T}}$。在第 i 个设计点 $x^{(i)}$ 处，响应面近似函数 $\tilde{y}^{(i)}$ 与有限元分析 $y^{(i)}$ 的绝对误差可表示为

$$\boldsymbol{\varepsilon}_i=\tilde{y}^{(i)}-y^{(i)}=\sum_{j=1}^{N}a_j\varphi_j(x^{(i)})-y^{(i)} \tag{5.4-3}$$

M（$M>N$）个设计点处误差的平方和为

$$E(\boldsymbol{a})=\sum_{i=1}^{M}\boldsymbol{\varepsilon}_i^2=\sum_{i=1}^{M}\left[\sum_{j=1}^{N}a_j\varphi_j(x^{(i)})-y^{(i)}\right]^2$$

通过最小二乘法使式（5.4－3）取最小值，则得系数 $\boldsymbol{a}=(a_1,\ a_2,\ \cdots,\ a_N)^{\mathrm{T}}$ 的表达式为

$$\boldsymbol{a}=(\boldsymbol{X}^{\mathrm{T}}\boldsymbol{X})^{-1}(\boldsymbol{X}^{\mathrm{T}}\boldsymbol{y}) \tag{5.4-4}$$

式中，$\boldsymbol{y}=(y^{(1)},\ y^{(2)},\ \cdots,\ y^{(M)})^{\mathrm{T}}$ 为系统响应分析所得的响应量；$\boldsymbol{X}$ 矩阵由 M（$M>N$）个设计点处的基函数组成，其表达式为

$$\boldsymbol{X}=\begin{pmatrix}\varphi_1(x^{(1)}) & \cdots & \varphi_N(x^{(1)})\\ \vdots & \vdots & \vdots\\ \varphi_1(x^{(i)}) & \cdots & \varphi_N(x^{(i)})\\ \vdots & \vdots & \vdots\\ \varphi_1(x^{(M)}) & \cdots & \varphi_N(x^{(M)})\end{pmatrix} \tag{5.4-5}$$

以两变量四次完全多项式基函数为例，则式（5.4－5）可以写成如下的完全展开形式：

$$\boldsymbol{X}=\begin{pmatrix} 1 & x_1 & x_2 & x_1^2 & x_1x_2 & x_2^2 & x_1^3 & x_1x_2^2 & x_1^2x_2 & x_2^3 & x_1^4 & x_1^3x_2 & x_1^2x_1^2 & x_1x_2^3 & x_2^4 \\ \vdots \\ 1 & x_1 & x_2 & x_1^2 & x_1x_2 & x_2^2 & x_1^3 & x_1x_2^2 & x_1^2x_2 & x_2^3 & x_1^4 & x_1^3x_2 & x_1^2x_1^2 & x_1x_2^3 & x_2^4 \\ \vdots \\ 1 & x_1 & x_2 & x_1^2 & x_1x_2 & x_2^2 & x_1^3 & x_1x_2^2 & x_1^2x_2 & x_2^3 & x_1^4 & x_1^3x_2 & x_1^2x_1^2 & x_1x_2^3 & x_2^4 \end{pmatrix}\begin{matrix}\text{第 1 个样本点} \\ \\ \text{第 } i \text{ 个样本点} \\ \\ \text{第 } M \text{ 个样本点}\end{matrix}$$

把矩阵 $\boldsymbol{X}$ 的具体形式和向量 $\boldsymbol{y}=(y^{(1)}, y^{(2)}, \cdots, y^{(M)})^{\mathrm{T}}$ 的具体数值形式代入式（5.4-4）可求出式（5.4-2）中系数 $\boldsymbol{a}$ 的具体数值，进而求出近似函数的表达式。

响应面法的特点：

（1）响应面模型结构简单、计算量小，且模型曲线光滑。由于采用数理统计中的统计分析和参数拟合，这在很大程度上滤除了样本点的噪声，使设计空间的函数关系变得光滑而又简单，从而使设计优化收敛速度加快，并且容易求得全局最优解。

（2）一般来说，提高响应面模型的阶次可以提高近似精度，但需要更多的训练样本点和训练时间。

（3）在处理高度非线性问题时，限于多项式本身对此类问题表述能力的不足，响应面模型的近似精度大幅降低。

5.5　移动最小二乘响应面法

1994 年，Belyt Shko 等首次提出基于移动最小二乘法（Moving Least Square Method，MLSM）的无网格迦辽金法，它也成为无网格迦辽金法的核心。近年来，工程师和设计人员将移动最小二乘技术应用于近似模型构建中，形成了一种新的近似模型构建方法。

移动最小二乘法和传统的多项式响应面法在计算中都用到了回归方法，但是多项式响应面近似模型一般使用最小二乘法作为拟合方法，并且是对整个采样空间进行拟合和近似，是一种基于全局的逼近方法，它通过使误差的平方和最小得到一个线性方程组，再求解这个线性方程组就可以得到拟合的响应面。当离散点的数据量较大、形状较为复杂时，对整个采样空间进行拟合可能产生较大误差，拟合精度差，导致近似模型失真，此时需要进行分段拟合和平顺化，这在实际工程应用问题中难以实现。

移动最小二乘法和传统的多项式响应面法的区别在于，多项式响应面法的各项系数是固定不变的，并可以写出具体的函数形式；而移动最小二乘法中各项的系数不是常数，而是根据不同的预测点不断变化，是隐式的，不能写出具体的函数表达式。

移动最小二乘法建立的拟合函数不是采用传统的多项式拟合，而是由一个系数向量 $\boldsymbol{a}(\boldsymbol{x})$（为 $\boldsymbol{x}$ 的函数）和基函数 $\boldsymbol{p}(\boldsymbol{x})$ 构成，设待求函数 $u(\boldsymbol{x})$ 在拟合求解

区域 Ω 中的 M 个采样点 $x_i(i=1, 2, \cdots, M)$ 处的函数值 $u_i=u(x_i)$ 是已知的，移动最小二乘法的目的就是要在域 Ω 内构造待求函数 $u(\boldsymbol{x})$ 的全局近似函数 $u^h(\boldsymbol{x})$。MLSM 的数学模型如下：

$$f_M(\boldsymbol{x})=\boldsymbol{p}^{\mathrm{T}}(\boldsymbol{x})\boldsymbol{a}_m(\boldsymbol{x}) \tag{5.5-1}$$

式中，$\boldsymbol{p}^{\mathrm{T}}(\boldsymbol{x})=(p_1(\boldsymbol{x}), p_2(\boldsymbol{x}), \cdots, p_M(\boldsymbol{x}))$ 为用于 MLSM 插值的多项式基函数；M 为基函数的项数；$\boldsymbol{a}_m(\boldsymbol{x})=(a_1(\boldsymbol{x}), a_2(\boldsymbol{x}), \cdots, a_M(\boldsymbol{x}))^{\mathrm{T}}$ 为待求的系数向量。

基函数通常采用单项式的形式，也可以采用其他线性无关的函数，常用的三维空间线性基函数和二次基函数为：

一维空间：$\boldsymbol{p}^{\mathrm{T}}(\boldsymbol{x})=(1\quad x)$，$M=2$；$\boldsymbol{p}^{\mathrm{T}}(\boldsymbol{x})=(1\quad x\quad x^2)$，$M=3$。

二维空间：$\boldsymbol{p}^{\mathrm{T}}(\boldsymbol{x})=(1\quad x\quad y)$，$M=3$；$\boldsymbol{p}^{\mathrm{T}}(\boldsymbol{x})=(1\quad x\,y\quad x^2\quad xy\quad y^2)$，$M=6$。

三维空间：$\boldsymbol{p}^{\mathrm{T}}(\boldsymbol{x})=(1\quad x\quad yz)$，$M=4$；$\boldsymbol{p}^{\mathrm{T}}(\boldsymbol{x})=(1\quad x\quad y\quad z\quad xy\quad yz\quad zx\quad x^2\quad y^2\quad z^2)$，$M=10$。

由此，可以得到 k 次基函数为：

一维空间：$\boldsymbol{p}^{\mathrm{T}}(\boldsymbol{x})=(1\quad x\quad x^2\quad \cdots\quad x^k)$。

二维空间：$\boldsymbol{p}^{\mathrm{T}}(\boldsymbol{x})=(1\quad x\quad y\quad xy\quad x^2\quad y^2\quad \cdots\quad x^k\quad y^k)$。

三维空间：$\boldsymbol{p}^{\mathrm{T}}(\boldsymbol{x})=(1\quad x\quad y\quad z\quad xy\quad yz\quad zx\quad x^2\quad y^2\quad z^2\quad \cdots\quad x^k\quad y^k\quad y^k\quad z^k)$。

基函数是影响移动最小二乘拟合近似模型精度和计算成本的一个重要因素，通常意义上来说，基函数次数越高，收敛率越好，精度越高，但是这也不可避免地使得在构建近似模型时计算成本大大增加。因此，在处理实际的工程问题时，应该根据该问题空间的维数，合理选择适当的基函数次数。对一维域而言，线性基函数完全满足解的精度需要，且提高基函数的次数对近似的精度影响不大，但对于二维的情况，提高基函数的次数对解的梯度的精度与光滑度有较大影响。

移动最小二乘法构建近似模型的系数 $a_i(x)$ 选取的意义是：在点 x 的局部域 $\boldsymbol{\Omega}_x$ 内，使得近似函数 $f_M(x)$ 成为待求函数 $f(x)$ 在某种最小二乘意义下的最佳近似。点 x 的局部域 $\boldsymbol{\Omega}_x$ 又常常被称为移动最小二乘近似函数在该点处的定义域。将求解区域 $\boldsymbol{\Omega}$ 用 M 个采样点 x_I 离散，在每个采样点 x_I 处定义一个权函数 $w_I(x)=w(x-x_I)$，同时，权函数必须是紧支的，也就是说，权函数只在采样点 x_I 的周围邻近区域的一个有限区域内大于零，而在该区域外权函数 $w_I(x)$ 等于零，这也意味着点 x_I 处的函数值只受 x_I 邻近区域 $\boldsymbol{\Omega}_I$ 内点的影响，$\boldsymbol{\Omega}_I$ 外的点对 x_I 的取值没有影响，这个区域 $\boldsymbol{\Omega}_I$ 称作权函数 $w_I(x)$ 的支撑域，也称为节点 x_I 的支撑域或节点 x_I 的影响域，而移动最小二乘在点 x 处的定义域 Ω_x 为这些采样点的影响域 Ω_I 的并集。

假设在点 x 的定义域 Ω_x 内采样了 M 个点，近似函数 $f_M(x)$ 在这 M 个采样点的误差平方和为

$$J = \sum_{I=1}^{M} w(x - x_I)\left[f_M(x, x_I) - f(x_I)\right]^2 = \sum_{I=1}^{M} w(x - x_I)\left[\sum_{i=1}^{m} p_i(x_I)\, a_i(x) - y_I\right]^2 \tag{5.5-2}$$

要求得系数 $a_I(x)$，即令 J 取最小值，即对 J 求一阶导数为

$$\frac{\partial J}{\partial a_I(x)} = 2\sum_{I=1}^{M} w(x - x_I)\left[\sum_{i=1}^{m} p_i(x_I)\, a_i(x) - y_I\right] p_j(x_I) = 0, \quad (j = 1, 2, \cdots, m) \tag{5.5-3}$$

由式（5.5-3）可知

$$\sum_{i=1}^{m}\sum_{I=1}^{M} w_I(\boldsymbol{x})\, p_i(x_I)\, p_i(x_I)\, a_i(\boldsymbol{x}) = \sum_{I=1}^{M} w_I(\boldsymbol{x})\, p_j(x_I)\, y_I \tag{5.5-4}$$

令

$$A_M(\boldsymbol{x}) = \sum_{I=1}^{M} w_I(\boldsymbol{x})\, p(x_I)\, \boldsymbol{p}^{\mathrm{T}}(x_I), \quad B_M(\boldsymbol{x}) = \sum_{I=1}^{M} w_I(\boldsymbol{x})\, p_j(x_I) \tag{5.5-5}$$

则式（5.5-4）可写为

$$A_M(\boldsymbol{x})\, \boldsymbol{a}_m(\boldsymbol{x}) = B_M(\boldsymbol{x})\, \boldsymbol{y} \tag{5.5-6}$$

故待定系数向量 $\boldsymbol{a}_m(\boldsymbol{x})$ 可通过加权最小二乘法求出：

$$\boldsymbol{a}_m(\boldsymbol{x}) = A_M^{-1}(\boldsymbol{x})\, B_M(\boldsymbol{x})\, \boldsymbol{y} \tag{5.5-7}$$

式中，$A_M(\boldsymbol{x}) = \boldsymbol{P}^{\mathrm{T}}\boldsymbol{W}\boldsymbol{P}$；$B_M(\boldsymbol{x}) = \boldsymbol{P}^{\mathrm{T}}\boldsymbol{W}$；$\boldsymbol{y} = (y_1, y_2, \cdots, y_n)^{\mathrm{T}}$。矩阵 $\boldsymbol{P}$ 和 $\boldsymbol{W}$ 定义为

$$\boldsymbol{P} = \begin{pmatrix} \boldsymbol{P}^{\mathrm{T}}(x_1) \\ \boldsymbol{P}^{\mathrm{T}}(x_2) \\ \vdots \\ \boldsymbol{P}^{\mathrm{T}}(x_{n_s}) \end{pmatrix}_{n_s \times m}, \quad \boldsymbol{W} = \begin{pmatrix} w_1(x) & \cdots & 0 \\ \vdots & \ddots & \vdots \\ 0 & \cdots & w_{n_s}(x) \end{pmatrix}_{n_s \times n_s} \tag{5.5-8}$$

当且仅当矩阵 $A_M(\boldsymbol{x})$ 非奇异时，$\boldsymbol{a}_m(\boldsymbol{x})$ 有唯一解。这就要求节点 x_I 影响域内至少有 m 个样本点。节点 x_I 的影响域必须足够大，以保证在本节内存在至少 m 个数据点，进而保证矩阵 $A_M(\boldsymbol{x})$ 非奇异。

在移动最小二乘近似模型中，权函数 $w_I(x)$ 的选择非常重要，它直接决定了拟合的精度，一般情况下，权函数应该满足以下条件：

（1）半正定性，在影响域内满足 $w(x-x_I)\geqslant 0$。

（2）紧支性，即在影响域外 $w(x-x_I)=0$。

（3）归一性，$\int_{\Omega_x} w(x-x_1)\,\mathrm{d}\Omega=1$。

（4）递减性，$w(x-x_I)$ 是关于任意点 x 与样本点 x_I 之间的距离 $d=\|x-x_I\|$ 的单调递减函数。

（5）收敛性，$d\to 0$ 使 $w(x-x_I)\to\delta(\|x-x_I\|)$。

通常使用的权函数可以由指数形式、三次样条和四次样条构造，它们的影响域常取为圆形或矩形域。令 $s=d/d_{\max}$，$d_{\max}$为影响域的半径，则有

指数形式：

$$w(s)=\begin{cases}\mathrm{e}^{-(s/c)^2}, & s\leqslant 1\\ 0, & s>1\end{cases} \tag{5.5-9}$$

三次样条

$$w(s)=\begin{cases}2/3-4s^2+4s^2, & s\leqslant 1/2\\ 4/3-4s+4s^2-4s^3/3, & 1/2<s\leqslant 1\\ 0, & s>1\end{cases} \tag{5.5-10}$$

四次样条

$$w(s)=\begin{cases}1-6s^2+8s^3-3s^4, & s\leqslant 1\\ 0, & s>1\end{cases} \tag{5.5-11}$$

工程应用中常采用的高斯权函数：

$$w(s)=\begin{cases}\dfrac{\exp(-s^2\beta^2)-\exp(-\beta^2)}{1-\exp(-\beta^2)}, & 0<s\leqslant 1,\ \beta=4\\ 0, & s>1\end{cases} \tag{5.5-12}$$

在选择影响域半径大小时，一方面考虑在每个样本点处，移动最小二乘近似函数的定义域内有足够数量的节点，故而影响域半径应尽可能大；另一方面，为保证移动最小二乘近似函数的局部性质，又应该尽量选择小的影响域半径。如果权函数 $w_I(x)$ 在整个域上取为常数，移动最小二乘近似方法就转变成传统的最小二乘法。

MLSM 的光滑性由权函数 $w(\boldsymbol{x})$ 与基函数 $\boldsymbol{p}(\boldsymbol{x})$ 共同控制。

未知点处的 MLSM 估计值可表示为

$$f_M(\boldsymbol{x})=\boldsymbol{p}^{\mathrm{T}}(\boldsymbol{x})A_M^{-1}(\boldsymbol{x})B_M(\boldsymbol{x})\boldsymbol{y} \tag{5.5-13}$$

由于移动最小二乘法各项的系数是可变的，从而增加了它对高度非线性模型的拟合近似精度。同时，由于它采用回归近似技术，故可对工程问题中的数

值噪声有很好的过滤作用。但是，移动最小二乘法构造近似模型时每预测一个点都将涉及较多的计算量，相比传统的多项式响应面法，它是隐式的，构造的近似模型根据不同的预测点不断变化，因此它每预测一个点，计算中相关的矩阵 $A_M(\boldsymbol{x})$ 和 $B_M(\boldsymbol{x})$ 就要重新构造，这样就增加了其计算量。

5.6 Kriging 模型法

Kriging 模型是一种估计方差最小的无偏估计模型，它通过相关函数的作用，具有局部估计的特点。Kriging 方法是南非地质学者 Danie Krige 和法国地理数学家 Matheron 发明的一种地质统计学中用于确定矿产储量分布的插值方法。1997 年，Giunta 在其博士论文中对 Kriging 方法在多学科优化设计中的应用作了初步研究，并随后将该方法与多项式方法作了对比。近年来，Kriging 模型作为一种有代表性的近似模型技术，逐渐扩展了应用范围，特别是在工程优化领域得到了广泛应用。

Kriging 法又称为空间自协方差最佳近似方法，通过相关函数的作用，可对区域化变量求最优、线性、无偏内插估计值，具有平滑效应及估计方差最小的统计特征。Kriging 法是建立在变异函数理论分析基础上，对有限区域内的区域化变量取值进行无偏最优估计的一种空间局部内插法。它利用对空间数据进行加权插值的权值设计，且通过引进以距离为自变量的变异函数来计算权值，这使得它既能反映变量的空间结构特性，又能反映变量的随机分布特性。从插值角度看，它是对空间分布的数据求线性最优、无偏内插估计的一种方法；从统计意义上看，它是从变量相关性和变异性出发，在有限区域内对区域化变量的取值进行无偏、最优估计的一种方法。它的适用条件是区域化变量之间存在空间相关性。

Kriging 模型由一个参数模型和一个非参数模型联合构成，其中，参数模型是回归分析模型，非参数模型是一个随机分布。Kriging 模型对某一点进行预测，主要借助于在该点周围已知变量的信息，通过对该点一定范围内的信息加权组合来估计该点的未知信息。加权选择则是通过最小化估计值的误差方差来确定的。Kriging 模型假设系统的响应值与自变量之间的真实关系可表示为如下形式：

$$f(x)=g(x)+z(x) \tag{5.6-1}$$

式中，$g(x)$ 是一个确定性部分，称为确定性漂移，一般用多项式表示；$z(x)$ 称为涨落，它具有如下统计特性：

$$E[z(x)]=0 \tag{5.6-2}$$

$$Var[z(x)]=\sigma^2 \tag{5.6-3}$$

$$E[z(x^l),\ z(x)]=\sigma^2 R(c,\ x,\ x^l) \tag{5.6-4}$$

$z(x)$ 为稳定随机分布函数，它反映了局部偏差的近似，这也是它与多项式响应面模型的主要区别。Kriging 法建立在平稳性假设的基础上，即假设任一随机函数式 $z(x)$，其空间分布不因平移而改变。如果研究对象不满足平稳性假设，那么运用 Kriging 法会使该问题失真。

协方差是用于衡量两个随机变量如何共同变化的量，即它们之间的互动性。协方差可为正值、负值或零。正的协方差表明，当一个随机变量出现大于平均值的值时，另一个随机变量的值也会大于均值；负的协方差正相反，一个出现大于均值的值，与之相反，另一个则会出现小于均值的值；协方差为零，表明把两者的结果简单配对并不能揭示出什么固定模式。

上式中的 $R(c,\ x,\ x^l)$ 是以 c 为参数的相关函数，而 $R(c,\ x,\ x^l)$ 中常用的核函数有

高斯函数：　　$r(d_j)=\exp(-d_j^2/c_j^2)$

指数函数：　　$r(d_j)=\exp(-d_j/c_j)$

式中，d_j 为表征待测点与样本点之间距离关系的量；c_j 为核函数在样本点第 j 个方向的常数参量，各个方向 c_j 的值可以相同，也可以不同。

取 $d_j=|x_j-x_j^i|$，$(j=1,\ 2,\ \cdots,\ m;i=1,\ 2,\ \cdots,\ n)$，其中 x_j 为待测点在第 j 个方向的坐标，x_j^i 为第 i 个样本点在该方向的坐标，相关函数为 $R(x)=\prod_{j=1}^{m} r(d_j)$。根据以上统计特征可以得到

$$E[f(x)]=g(x) \tag{5.6-5}$$

利用样本点 x^i 的响应值 y^i 的线性加权叠加插值来计算待测点 x 的响应值，可以得到如下结果：

$$f^*(x) = \boldsymbol{w}(x)^{\mathrm{T}}\boldsymbol{Y} \tag{5.6-6}$$

式中，$\boldsymbol{w}(x)=(w_1, w_2, \cdots, w_n)^{\mathrm{T}}$为待求权系数向量；$\boldsymbol{Y}=(y^1, y^2, \cdots, y^n)$。在利用式（5.6-6）求解时要满足无偏条件，所以有 $E[f^*(x)-f(x)]=0$，即 $E(\boldsymbol{w}^{\mathrm{T}}\boldsymbol{Y}-f)=\boldsymbol{w}^{\mathrm{T}}\boldsymbol{G}-g=0$，从而可得

$$\boldsymbol{G}^{\mathrm{T}}\boldsymbol{w}(x) = g(x) \tag{5.6-7}$$

式中，$\boldsymbol{G}^{\mathrm{T}}=(g(x^1), g(x^2), \cdots, g(x^k))$，此时式（5.6-6）的方差为

$$\begin{aligned}\boldsymbol{\phi}(x) &= E\{[f^*(x)-f(x)]^2\}\\ &= E[(\boldsymbol{w}^{\mathrm{T}}\boldsymbol{Z}-z)^2]\\ &= \sigma^2(1+\boldsymbol{w}^{\mathrm{T}}\boldsymbol{R}\boldsymbol{w}-2\boldsymbol{w}^{\mathrm{T}}\boldsymbol{r})\end{aligned} \tag{5.6-8}$$

式中，$\boldsymbol{R}=[R_{ij}]=[R(c, x^i, x^j)]$，$(i, j=1, 2, \cdots, n)$，$\boldsymbol{r}=(R(c, x, x^1), R(c, x, x^2), \cdots, R(c, x, x^n))^{\mathrm{T}}$。

Kriging 模型要求模型的预测方差最小，因此式（5.6-6）中的权系数 w 的问题最后就转化为求解式（5.6-8）在式（5.6-6）等式约束下的极值问题。利用拉格朗日乘子法求解得到的最终结果如下：

$$\boldsymbol{w}(x) = \boldsymbol{R}^{-1}\{\boldsymbol{r}(x)-\boldsymbol{G}(\boldsymbol{G}^{\mathrm{T}}\boldsymbol{R}^{-1}\boldsymbol{G})^{-1}[\boldsymbol{G}^{\mathrm{T}}\boldsymbol{R}^{-1}\boldsymbol{r}(x)-g(x)]\} \tag{5.6-9}$$

将式（5.6-9）代入式（5.6-6）可得

$$f^*(x)=g(x)\boldsymbol{\beta}^*+\boldsymbol{r}(x)^{\mathrm{T}}\boldsymbol{\gamma}^* \tag{5.6-10}$$

式中，$\boldsymbol{\beta}^*(x)=(\boldsymbol{G}^{\mathrm{T}}\boldsymbol{R}^{-1})\boldsymbol{G}^{-1}\boldsymbol{R}^{-1}\boldsymbol{Y}$；$\boldsymbol{\gamma}^*(x)=\boldsymbol{R}^{-1}(\boldsymbol{Y}-\boldsymbol{G}\boldsymbol{\beta}^*)$。

从式（5.6-10）可以看出，在样本点一定的情况下，数值 $\boldsymbol{\beta}^*$ 和向量 $\boldsymbol{\gamma}^*$ 的值是固定不变的，因此求解待测点的系统响应值时只要计算 $g(x)$ 和 $\boldsymbol{r}(x)$ 就可以了。$g(x)$ 通常是通过回归分析确定，所以实际应用中，计算工作主要是集中在求解向量 $\boldsymbol{r}(x)$ 上。

在相关函数的作用下，Kriging 法具有局部估计的特点，这使其在解决非线性程度较高的问题时比较容易取得理想的拟合效果。另外，由于输入矢量各方向的核函数的参数 c_j 可以取不同值，所以 Kriging 法既可以用来解决各向同性问题也可以用来解决各向异性问题。可证明 Kriging 法中各方向的参数 c_j 存在最优值。不过对 c_j 的寻优会耗费大量计算时间，这在各向异性的高维问题中显得特别突出，这一点造成了构造 Kriging 模型所用时间要比其他几种模型多的问题。

可利用 Matlab 的 DACE 工具箱建立 Kriging 模型。该工具箱中用于建立模型的关键命令为

$$[dmodel, perf]=dacefit(\boldsymbol{S}, \boldsymbol{Y}, reg, corr, theta0)$$

式中，输入参数：$\boldsymbol{S}$ 为样本点矩阵；$\boldsymbol{Y}$ 为样本点对应的目标响应值；*reg* 为回归模型，一般为多项式函数；*corr* 为相关函数，一般为所调用的函数名；*theta*0 为

传递给相关函数的参数初始值。输出参数：*dmodel* 为 kriging 模型，为一个包含模型各种参数信息的结构体；*perf* 为有关优化的信息。

模型建立后，若要求解任意设计点的响应值，调用下一函数命令：

$$\boldsymbol{y} = predictor(\boldsymbol{x}, dmodel)$$

式中，$\boldsymbol{x}$ 为设计点矩阵；*dmodel* 为建立的 Kriging 模型；$\boldsymbol{y}$ 为模型输出的响应值。

Kriging 法的特点：

（1）Kriging 模型是全局响应近似函数与局部导数的组合。全局响应近似函数根据平均响应而取常数项，局部导数根据任意两个取样点的相互关系用通行的高斯修正函数确定，取样点通过插值得到。由于 Kriging 模型是由一个参数模型和一个非参数随机过程联合构成的，它比单个参数化模型更具有灵活性，同时又克服了非参数化模型处理高维数据存在的局限性，比单个参数化模型具有更强的预测能力。

（2）在相关函数的作用下，Kriging 模型具有局部估计的特点，这使其在解决非线性程度较高的问题时能够捕获简单多项式无法代表的某些非线性特征，比响应面法更容易取得理想的拟合效果。

（3）由于输入矢量各反向的函数参数 c_j 可以取不同的值，因此 Kriging 法既可以用来解决各向同性问题，也可以用来解决各向异性问题。

（4）对 c_j 的寻优会耗费大量的计算时间，这在各向异性的高维问题中显得特别突出，使构造 Kriging 模型所用的时间要比其他几种模型多，因此对于大型复杂工程问题的适应性差。

（5）局部插值会造成近似模型曲线不够光滑。如果能够提供的样本点较少，由于相关矩阵的信息量不足，会使 Kriging 模型的预测效果很不理想。

5.7 人工神经网络模型法

对于响应面法和 Kriging 法，在处理因素多、信息模糊的问题时存在较大困难，而人工神经网络法在处理此类问题时具有较大的优越性。人工神经网络是一种基于传统统计学理论，旨在模仿大脑结构机器功能的信息处理系统。对于人工神经网络，只要有足够的训练样本就可以获取知识，训练合格的网络将知识储存在权值中，从而能够模拟现实系统复杂的输入/输出关系。研究表明，只要在隐藏层中有足够的神经元，多层网络可用来逼近几乎任何一个非线性函数，具有很强的非线性建模能力。此外，神经网络还具有良好的容错能力，在局部神经元或其连接失效、部分规则无法掌握时，仍能够正常工作。

目前有误差反向传播（Back Propagation，BP）神经网络、径向基（Radial Basis Function，RBF）神经网络、Hopfield 神经网络等多种网络模型。

5.7.1 BP 神经网络

BP 神经网络是由 Rumelhart 和 McCelland 等于 1986 年提出的，它是一种按误差逆传播算法训练的多层前馈网络，是目前应用最广泛的神经网络模型之一。BP 神经网络能学习和存储大量的输入/输出模式映射关系，而无须事先揭示描述这种映射关系的数学方程。BP 神经网络在误差信息反向传播过程中采用梯度下降法，经过反复迭代运算求解各神经元之间的权值，根据误差梯度法调整并修正各神经元的权值，使网络实际输出与期望输出的误差达到最小。对样本集合中所蕴含的输入/输出之间的映射关系，训练好的BP神经网络具有很强的归纳能力，并由分布在各个神经元之间的权值来描述。

BP神经网络在理论上具有逼近任意非线性函数的能力，这一特点为其在近似模型中的应用提供了理论基础。一个由输入层、隐含层和输出层构成的三层BP神经网络，其结构如图5.7.1所示。其中输入层神经元的个数由输入矢量 $\boldsymbol{X}$ 的维数来定，输出层神经元的个数则是根据系统输出 $\boldsymbol{Y}$ 的维数确定，至于隐含层神经元数目的确定，目前还没有确切的方法和理论，一般是根据经验并结合训练样本点和测试样本的误差人为选定。

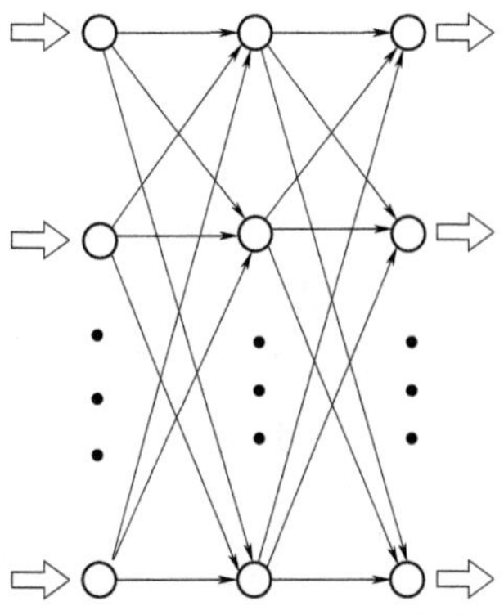

图5.7.1　BP神经网络结构

BP神经网络的非线性映射能力是通过一组样本点进行学习实现的。网络的初始权值随机设定，为了使网络能够映射样本点中输入/输出的关系，必须对网络的权值进行调整，这一过程称为学习。学习的过程是神经网络在外界输入样本的刺激下不断改变网络的连接权值，以使网络的输出不断接近期望的输出。学习的本质是对各连接权值的动态调整。学习规则是在学习过程中网络中各神经元的连接权值变化所依据的调整规则，核心思想是：将输出误差以某种形式通过隐含层向输入层逐层反传，将误差分摊给各层的所有单元，修正各单元权值。BP神经网络的学习过程可以转化为一个无约束非线性优化问题，它的学习规则是使用最速下降法，通过反向传播来不断调整网络的权值和阈值，使网络的误差平方和最小。

BP神经网络结构的主要特征如下：

（1）包含输入层、隐含层和输出层的多层网络。

（2）层与层之间依次相连，相同层的各神经元之间不连接。

（3）权值通过误差梯度下降法调整修正。

（4）不同层之间的传输函数可以不同，传输函数必须可微。

（5）层与层之间输入正向传播，误差信息反向传播。

BP算法由数据流的前向计算（正向传播）和误差信号的反向传播两个过程构成。正向传播时，传播方向为输入层→隐含层→输出层，每层神经元的状态只影响下一层神经元。若在输出层得不到期望的输出，则转向误差信号的反向传播流程。通过这两个过程的交替进行，在权向量空间执行误差函数梯度下降策略，动态迭代搜索一组权向量，使网络误差函数达到最小值，从而完成信息的提取和记忆过程。

网络结构：

输入层有 n 个神经元；隐含层有 p 个神经元；输出层有 q 个神经元。

变量定义：

输入向量 $\boldsymbol{x}=(x_1, x_2, \cdots, x_n)$；隐含层输入向量 $hi=(hi_1, hi_2, \cdots, hi_p)$；隐含层输出向量 $ho=(ho_1, ho_2, \cdots, ho_p)$；输出层输入向量 $yi=(yi_1, yi_2, \cdots, yi_q)$；输出层输出向量 $yo=(yo_1, yo_2, \cdots, yo_q)$；期望输出向量 $\boldsymbol{d}_o=(d_1, d_2, \cdots, d_q)$；输入层与中间层的连接权值 w_{ih}；隐含层与输出层的连接权值 w_{ho}；隐含层各神经元的阈值 b_h；输出层各神经元的阈值 b_o；样本数据个数 $k=1, 2, \cdots, m$；激活函数 $f(\cdot)$；误差函数 $e=\frac{1}{2}\sum_{o=1}^{q}[d_o(k)-yo_o(k)]^2$。

算法步骤：

（1）网络初始化。为各连接权值分别赋一个区间（-1，1）内的随机数，设定误差函数 e，给定计算精度值和最大学习次数 M。

（2）随机选取第 k 个输入样本及对应期望输出。

$$\boldsymbol{x}(k)=(x_1(k), x_2(k), \cdots, x_n(k)) \tag{5.7-1}$$

$$\boldsymbol{d}_o(k)=(d_1(k), d_2(k), \cdots, d_q(k)) \tag{5.7-2}$$

（3）计算隐含层及输出层各神经元的输入和输出。

$$hi_h(k)=\sum_{i=1}^{n}w_{ih}x_i(k)-b_h, (h=1, 2, \cdots, p) \tag{5.7-3}$$

$$ho_h(k)=f[hi_h(k)], (h=1, 2, \cdots, p) \tag{5.7-4}$$

$$yi_o(k)=\sum_{h=1}^{p}w_{ho}ho_h(k)-b_o, (o=1, 2, \cdots, q) \tag{5.7-5}$$

$$yo_o(k)=f[yi_o(k)], (o=1, 2, \cdots, q) \tag{5.7-6}$$

（4）利用网络期望输出和实际输出，计算误差函数对输出层的各神经元的偏导数 $\delta_o(k)$。

$$\frac{\partial e}{\partial w_{ho}}=\frac{\partial e}{\partial yi_o}\frac{\partial yi_o}{\partial w_{ho}} \tag{5.7-7}$$

$$\frac{\partial yi_o(k)}{\partial w_{ho}}=\frac{\partial\left[\sum_{h}^{p}w_{ho}ho_h(k)-b_o\right]}{\partial w_{ho}}=ho_h(k) \tag{5.7-8}$$

$$\frac{\partial e}{\partial yi_o}=\frac{\partial\left\{\frac{1}{2}\sum_{o=1}^{q}[d_o(k)-yo_o(k)]\right\}^2}{\partial yi_o}$$

$$= [d_o(k) - yo_o(k)]\, yo_o'(k)$$
$$= [d_o(k) - yo_o(k)]\, f'[yi_o(k)]$$
$$\triangleq -\delta_o(k) \quad (5.7-9)$$

（5）利用隐含层到输出层的连接权值、输出层的$\delta_o(k)$和隐含层的输出，计算误差函数对隐含层各神经元的偏导数$\delta_h(k)$。

$$\frac{\partial e}{\partial w_{ho}} = \frac{\partial e}{\partial yi_o} \frac{\partial yi_o}{\partial w_{ho}} = -\delta_o(k)\, ho_h(k) \quad (5.7-10)$$

$$\frac{\partial e}{\partial w_{ih}} = \frac{\partial e}{\partial hi_h(k)} \frac{\partial hi_h(k)}{\partial w_{ih}} \quad (5.7-11)$$

$$\frac{\partial hi_h(k)}{\partial w_{ih}} = \frac{\partial\left[\sum_{i=1}^{n} w_{ih} x_i(k) - b_h\right]}{\partial w_{ih}} = x_i(k) \quad (5.7-12)$$

$$\frac{\partial e}{\partial hi_h(k)} = \frac{\partial\left\{\frac{1}{2}\sum_{o=1}^{q}[d_o(k) - yo_o(k)]^2\right\}}{\partial ho_h(k)} \frac{\partial ho_h(k)}{\partial hi_h(k)}$$
$$= \frac{\partial\left(\frac{1}{2}\sum_{o=1}^{q}\{d_o(k) - f[yi_o(k)]\}^2\right)}{\partial ho_h(k)} \frac{\partial ho_h(k)}{\partial hi_h(k)}$$
$$= \frac{\partial\left(\frac{1}{2}\sum_{o=1}^{q}\left\{d_o(k) - f\left[\sum_{h=1}^{p} w_{ho} ho_h(k) - b_o\right]^2\right\}\right)}{\partial ho_h(k)} \frac{\partial ho_h(k)}{\partial hi_h(k)}$$
$$= -\sum_{o=1}^{q}[d_o(k) - yo_o(k)]\, f'[yi_o(k)]\, w_{ho} \frac{\partial ho_h(k)}{\partial hi_h(k)}$$
$$= -\left[\sum_{o=1}^{q} \delta_o(k)\, w_{ho}\right] f'[hi_h(k)]$$
$$\triangleq -\delta_h(k) \quad (5.7-13)$$

（6）利用输出层各神经元的$\delta_o(k)$和隐含层各神经元的输出，对连接权值$w_{ho}(k)$进行修正。

$$\Delta w_{ho}(k) = -\mu \frac{\partial e}{\partial w_{ho}} = \mu \delta_o(k)\, ho_h(k) \quad (5.7-14)$$

$$w_{ho}^{N+1} = w_{ho}^{N} + \eta \delta_o(k)\, ho_h(k) \quad (5.7-15)$$

（7）利用隐含层各神经元的$\delta_h(k)$和输入层各神经元的输入，对连接权值进行修正。

$$\Delta w_{ih}(k) = -\mu \frac{\partial e}{\partial w_{ih}} = -\mu \frac{\partial e}{\partial hi_h(k)} \frac{\partial hi_h(k)}{\partial w_{ih}} = \delta_h(k)\, x_i(k) \quad (5.7-16)$$

$$w_{ih}^{N+1}=w_{ih}^{N}+\eta\delta_h(k)\,x_i(k) \tag{5.7-17}$$

（8）计算全局误差。

$$E=\frac{1}{2m}\sum_{k=1}^{m}\sum_{o=1}^{q}[d_o(k)-y_o(k)]^2 \tag{5.7-18}$$

（9）判断网络误差是否满足要求。当误差达到预设精度或学习次数大于设定的最大次数时，则结束学习过程；否则，选取下一个学习样本及对应的期望输出，返回第（3）步，进入下一轮学习。

Matlab 中 BP 神经网络的重要函数和基本功能如表 5.7.1 所示。

表 5.7.1　BP 神经网络 Matlab 函数说明

函数名	功能	格式	说明
newff()	生成一个前馈 BP 网络	net＝newff(PR,[S1 S2 … SN1],{TF1 TF2 … TFN1},BTF,BLF,PF)	net 为创建的新 BP 神经网络；PR 为网络输入取向量取值范围的矩阵；[S1 S2…SN1]表示网络隐含层和输出层神经元的个数；{TF1 TF2 … TFN1}表示网络隐含层和输出层的传输函数，默认为“tansig”；BTF 表示网络的训练函数，默认为“trainlm”；BLF 表示网络的权值学习函数，默认为“learngdm”；PF 表示性能数，默认为“mse”
tansig( )	双曲正切 S 型(Tan－Sigmoid)传输函数	a＝tansig(n)	双曲正切 Sigmoid 函数把神经元的输入范围从(－∞,＋∞)映射到(－1,1)。它是可导函数，适用于 BP 训练的神经元
logsig( )	对数 S 型(Log－Sigmoid)传输函数	a＝logsig(N)	对数 Sigmoid 函数把神经元的输入范围从(－∞,＋∞)映射到(0,1)。它是可导函数，适用于 BP 训练的神经元
traingd( )	梯度下降 BP 训练函数		

BP 神经网络近似模型的特点：

（1）BP 神经网络模型具有较强的非线性映射功能，对于给定输入能产生期望的输出。在理论上能够逼近任意函数，但是所需样本点规模庞大，网络的收敛速度慢，需要较长的训练时间，在实际汽车工程问题中应用的适用性较差。

（2）神经网络的学习和记忆具有不稳定性。如果增加了学习样本，由于对以前的权值和阈值没有记忆，训练好的网络需要从头开始训练。

（3）BP 神经网络模型对问题逼近的效果受网络结构的影响较大。其近似能力除受学习算法影响外，还取决于隐含层神经元的数量。神经元数量太少会导致网络不适性，而神经元数量过多又可能引起网络过适性。因此，在使用 BP 神经网络构造近似模型时，需要根据近似对象设定合适的学习算法和神经元数量。

5.7.2　RBF 神经网络

RBF 神经网络是以函数逼近理论为基础构造的前向网络，在函数逼近方面有突出的优势。目前已经证明，RBF 神经网络能够以任意精度逼近任意连续函数。由于 RBF 网络结构简单，学习速度快，具有优异的函数逼近能力，除了函数逼近功能外，还广泛应用于系统辨识、图像识别、模式识别和人工智能等领域。

RBF 网络模型是以径向函数为基函数，通过线性叠加来构造的模型。径向函数以待测点与样本点之间的欧氏距离为自变量。RBF 神经网络由输入层、隐含层和输出层组成，同层神经元之间没有连接。输入层节点只传递输入信号到隐含层；隐含层节点由基函数构成，通过基函数对输入产生非线性映射；输出层为线性层，其节点对隐含层的输出进行线性加权组合。

多变量插值的径向基函数方法是 RBF 神经网络用于函数逼近的数学基础。径向基函数是一类局部分布的对中心点径向对称衰减的非负非线性函数，它包括高斯函数、多二次函数、逆多二次函数和样条函数等。将径向基函数用于构造神经网络的传递函数，从而构成了 RBF 神经网络。RBF 神经网络的突出优点在于，该网络不仅与 BP 神经网络一样具有任意精度的泛函逼近能力，而且具有最优泛函逼近特性，同时具有较快的收敛速度。

径向基神经网络函数的数学表达形式为

$$y(\boldsymbol{x}) = \sum_{p=1}^{P} \lambda_p \varphi_p(\boldsymbol{x}) + \theta \tag{5.7-19}$$

式中，$\boldsymbol{x}$ 为设计变量；P 为基函数的个数；θ 为未知阈值；$\varphi_p(\boldsymbol{x})$ 和 λ_p 分别为径向基网络的第 p 个基函数及其加权系数。

采用径向基神经网络函数构造近似模型，常选取高斯函数作为基函数，则式（5.7-19）中的 $\varphi_p(\boldsymbol{x})$ 可以表示为

$$\varphi_p(\boldsymbol{x}) = \sum_{i=1}^{N_v} \exp\left[-\frac{1}{2}\left(\frac{x_i - c_{pi}}{\sigma_{pi}}\right)^2\right] \tag{5.7-20}$$

式中，$\boldsymbol{c}_p=(c_{p1},c_{p2},\cdots,c_{pN_v})$为第 p 个基函数中心；$\boldsymbol{\sigma}_p=(\sigma_{p1},\sigma_{p2},\cdots,\sigma_{pN_v})$为第 p 个基函数方差。由式（5.7－20）可以看出，只要输入向量 $\boldsymbol{x}$ 与基函数中心 $\boldsymbol{c}_p$ 任一坐标接近，网络就可以作出有效的响应。而传统的采用高斯基函数的径向基神经网络只有在 $\boldsymbol{x}$ 与 $\boldsymbol{c}_p$ 所有坐标相接近时才能作出有效响应。

一般来说，隐单元个数 P 越多，构造出的神经网络近似模型也越精确。但 P 越多，需要的样本点也就越多，计算量也越大。因此，P 的值需要按照经验视具体情况而定，可以通过多次尝试来选出一个较为合适的隐单元个数。如果径向基网络中隐单元个数 P 已经确定，则决定网络性能的关键就是 P 个基函数中心 $\boldsymbol{c}_p$ 的选取。$\boldsymbol{c}_p$ 的选取常采用 K－均值聚类算法，计算步骤如下：

（1）给出样本点 X_S，样本的个数 N 要大于隐单元的个数 P。

（2）初始化聚类中心$\{c_p\}_{p=1}^{P}$，可以选为 X_S 中的前 P 个样本点$\{x_{Si}\}_{i=1}^{P}$。

（3）将 N 个样本点 X_S 按距离远近向$\{c_p\}_{p=1}^{P}$聚类，分成 P 组样本点$\{\boldsymbol{\theta}_p\}_{p=1}^{P}$，即$\|x_{Si}-c_p\|=\min\limits_{1\leqslant p\leqslant P}\|x_{Si}-c_p\|$，则将第 i 个样本点 x_{Si} 向中心聚类，$x_{Si}\in\boldsymbol{\theta}_p$。

（4）计算 P 组样本点$\{\boldsymbol{\theta}_p\}_{p=1}^{P}$的样本均值，作为新的聚类中心：

$$c_p=\frac{1}{N_p}\sum_{x_{Si}\in\boldsymbol{\theta}_p}x_{Si},\quad p=1,2,\cdots,P \tag{5.7-21}$$

式中，N_p 为类 $\boldsymbol{\theta}_p$ 中的样本数。

（5）若新旧$\{c_p\}_{p=1}^{P}$相差很小，则停止，否则转到步骤（3）。

高斯基函数的方差固定为 $\boldsymbol{\sigma}=(\boldsymbol{\sigma}_1,\boldsymbol{\sigma}_2,\cdots,\boldsymbol{\sigma}_{N_v})$。

$$\boldsymbol{\sigma}_i^2=\frac{d_{\max,i}^2}{2P},\quad i=1,2,\cdots,N_V \tag{5.7-22}$$

式中，P 为基函数中心的个数；$d_{\max,i}^2$ 为所选 P 个中心之间第 i 维的最大距离，即

$$d_{\max,i}=\max(\|c_{1i}-c_{2i}\|,\|c_{1i}-c_{3i}\|,\cdots,\|c_{P-1,i}-c_{P,i}\|) \tag{5.7-23}$$

当 $\boldsymbol{c}_p(p=1,2,\cdots,P)$ 和 $\boldsymbol{\sigma}$ 确定以后，根据 N 组样本点数据$[X_S,Y_S]$，通过多元线性回归求得式（5.7－19）中待定加权系数 $\boldsymbol{\lambda}$ 的最小二乘估计为

$$\hat{\boldsymbol{\lambda}}=(\boldsymbol{H}^{\mathrm{T}}\boldsymbol{H})^{-1}\boldsymbol{H}^{\mathrm{T}}\boldsymbol{Y}_S$$

式中，$\hat{\boldsymbol{\lambda}}=(\hat{\boldsymbol{\lambda}}_1,\hat{\boldsymbol{\lambda}}_2,\cdots,\hat{\boldsymbol{\lambda}}_p,\hat{\theta})$；$\boldsymbol{H}=\begin{pmatrix}\varphi_1(x_{S1}) & \varphi_2(x_{S1}) & \cdots & \varphi_P(x_{S1}) & 1\\ \varphi_1(x_{S2}) & \varphi_2(x_{S2}) & \cdots & \varphi_P(x_{S2}) & 1\\ \vdots & \vdots & \ddots & \vdots & 1\\ \varphi_1(x_{SN}) & \varphi_2(x_{SN}) & \cdots & \varphi_P(x_{SN}) & 1\end{pmatrix}$。

RBF 神经网络模型的结构简单，具有结构自适应确定、输出与初始权值无关的优良特性，是一种计算量相对较小、效率比较高的响应面模型，适合进行

多维曲面的拟合。

Matlab 中的神经网络工具箱为 RBF 网络提供了很多工具函数，利用该工具箱可以方便地建立起竖系统的 RBF 网络模型。在 Matlab 中创建一个准确 RBF 网络的函数命令为

$$Net = newrbe\,(\boldsymbol{P},\ \boldsymbol{T},\ SPREAD)$$

式中，$\boldsymbol{P}$ 为输入向量；$\boldsymbol{T}$ 为期望输出向量；$SPREAD$ 为径向基层的散布常数。该命令的输出为一个 RBF 网络，该网络的权值和阈值完全满足输入与期望值关系要求。在应用该命令设计网络时，径向基神经元的数目与输入向量的个数相等。散布常数的选取非常重要，散布常数越大，函数的拟合就越平滑。如果散布常数选择不当，会造成网络设计中神经元数目过少或者过多，在函数逼近中就会造成过适性和不适性。因此，在网络设计过程中，需要不同的散布常数值进行尝试，以确定一个最优值。

神经网络法在处理复杂问题时有较大的优越性，但是在处理小样本问题时却存在先天不足。其根本原因是，神经网络法是以传统统计学为理论基础的，而传统统计学是以样本无穷多为前提进行算法推导，现实工程问题中，能够得到的实际样本数量是有限的，这就制约了神经网络法的实际近似效果和推广能力。

5.8 支持向量机法

统计学习理论（Statistical Learning Theory, SLT）是一种专门研究小样本情况下机器学习规律的理论，为解决有限样本学习问题提供了新思路。基于统计学习理论，发展出了支持向量机方法。支持向量机（Support Vector Machine, SVM）是20世纪90年代中期发展起来的基于统计学习理论的一种机器学方法，通过寻求结构化风险最小来提高学习机泛化能力，实现经验风险和置信范围的最小化，从而达到在统计样本量较少的情况下，亦能获得良好统计规律的目的。

由于汽车车身结构抗撞性模拟、车身空气动力学特性计算、发动机热-固-流耦合仿真等计算时间非常长，为构建近似模型生成的样本数很难获取太多，这就导致经典近似模型的近似精度难以满足要求。

支持向量机是一种在小样本下具有较好近似能力的近似方法。支持向量机进行函数拟合和预测的基本思想是：通过利用一个核函数将原本在低维空间的非线性回归问题映射到高维特征空间的线性回归问题，从而可以利用传统方法求解，在高维空间中通过优化一个凸问题进行回归估计，然后映射回原空间。所谓和函数，是指一种映射函数，可将高维空间复杂甚至不可能完成的内积运算转换到简单的低维输入空间的核函数运算，巧妙地解决了在高维特征空间中计算的“维数灾难”等问题，从而使得支持向量机法能够处理非线性回归问题。支持向量机具有较完备的理论和较好的学习性能，能较好解决小样本、非线性、高维数和局部极小点等问题，已广泛运用到模式识别、函数逼近和回归估计等领域。

支持向量机近似模型构建过程：给定 l 组训练样本点 $\{x_i, y_i\}$，$(i=1, 2, \cdots, l)$，其中设计变量 $x_i \in \mathbf{R}^N$，系统响应值 $y_i \in \mathbf{R}$。利用一个非线性映射 ϕ，将数据 x 映射到高维特征空间 F，并在这个空间进行线性逼近，找到映射 f，使其能够很好地逼近给定数据组。由统计学理论可知，该函数具有以下形式：

$$f(x) = [\omega, \phi(x)] + b, \quad \phi: \mathbf{R} \to F, \ \omega \in F \tag{5.8-1}$$

式中，$[\omega, \phi(x)]$ 表示向量 ω 与 $\phi(x)$ 的内积；b 为偏置（常数）。

假定存在函数 f，在精度 ε 下能够对所有训练样本进行线性拟合，那么回归估计函数就等价于寻找最小的 $\| w \|$ 问题。求解近似模型 f 的参数可以转化成求解凸优化问题：

$$\begin{gathered} \min \frac{1}{2} \| w \|^2 \\ \text{s.t.}\ y_i - [\omega, \phi(x_i)] - b \leqslant \varepsilon \\ [\omega, \phi(x_i)] + b - y_i \leqslant \varepsilon, (i=1, 2, \cdots, l) \end{gathered} \tag{5.8-2}$$

考虑允许的拟合误差，引入非负松弛变量 ξ_i 和 ξ_i^*，以及惩罚因子 C，凸优化问题转化成如下形式：

$$\begin{gathered} \min J = \frac{1}{2} \| w \|^2 + C \sum_{i=1}^{l} (\xi_i^* + \xi_i) \\ \text{s.t.}\ y_i - [\omega, \phi(x_i)] - b \leqslant \varepsilon + \xi_i^* \\ [\omega, \phi(x_i)] + b - y_i \leqslant \varepsilon - \xi_i \\ \xi_i \geqslant 0, \ \xi_i^* \geqslant 0 \end{gathered} \tag{5.8-3}$$

式中，$\| w \|^2$ 为结构风险，代表模型的复杂程度；$\sum_{i=1}^{l} (\xi_i^* + \xi_i)$ 为经验风险，代表模型的误差；C 为惩罚因子，用于平衡结构风险和经验风险；ε 为不敏感度。

直接利用上式进行求解比较困难，一般利用更易求解的拉格朗日对偶式，同时引入拉格朗日系数 α_i 和 α_i^*，利用核函数 $k(x, x_i)$ 转化为如下二次规划问题：

$$\begin{aligned} \min W(\alpha_i, \alpha_i^*) = & -\frac{1}{2} \sum_{i,j=1}^{l} (\alpha_i - \alpha_i^*)(\alpha_j - \alpha_j^*) k(x, x_i) + \\ & \sum_{i=1}^{l} (\alpha_i - \alpha_i^*) y_i - \varepsilon \sum_{i,j=1}^{l} (\alpha_i + \alpha_i^*) \end{aligned}$$

$$\text{s.t.} \sum_{i=1}^{l}(\alpha_i - \alpha_i^*) = 0, \quad 0 \leqslant \alpha_i, \ \alpha_i^* \leqslant C, \ i = 1, 2, \cdots, l \tag{5.8-4}$$

求解上面的二次规划，可以得到最优的拉格朗日系数 α_i和 α_i^*，以及偏置 b，并不是所有的 x_i对近似模型都有影响，只有所对应的样本 x_i才对近似模型有影响，称为支持向量。也就是说，$\alpha_i - \alpha_i^* = 0$ 时所对应的第 i 个训练样本点是支持向量。

根据求得的系数 α_i，α_i^*，阈值 b 和支持向量 x_i可以得到非线性回归函数，即支持向量机近似模型：

$$f(x) = \sum_{i=1}^{l}(\alpha_i - \alpha_i^*)k(x, x_i) + b \tag{5.8-5}$$

支持向量机常用的核函数有：多项式核：$k(x, x_i) = [(x, x_i) + c]^p$，$p \in \mathbf{R}$，$c \geqslant 0$；高斯径向基核：$k(x, x_i) = \exp(-|x - x_i|^2/\sigma^2)$；指数径向基核：$k(x, x_i) = \exp(-a|x - x_i|)$，$a > 0$；感知机核：$k(x, x_i) = \tanh(-a|x - x_i| + c)$，$a$，$c > 0$；此外，还有样条核等。

支持向量机法的特点表现在：

（1）基于统计学习理论中结构风险最小化原则，能够以较少的样本数量进行模型训练，具有良好的泛化能力和推广能力，即由有限的训练样本能够得到现有样本信息下的最优解。

（2）支持向量机的求解问题对应的是一个凸优化问题，因此局部最优解一定是全局最优解，不会陷入局部极小点。

（3）核函数的成功应用，将非线性问题转化为线性问题求解。模型训练速度只与支持向量数有关，与样本维数无关，能够有效克服“维数灾难”和“过学习”问题。

（4）支持向量机算法具有较好的鲁棒性。其良好的鲁棒性体现在：增删非支持向量样本对模型训练没有影响；支持向量样本集具有一定的鲁棒性；对于某些问题，模型训练效果对不同核函数的选取不敏感。

（5）支持向量机方法很难实施对大规模样本的训练。这是因为该方法借助二次规划来求解支持向量，而求解二次规划将涉及 m 阶矩阵的计算（m 为样本的个数），当 m 很大时，该矩阵的存储和计算开销巨大。

5.9　近似模型预测精度的评价

近似模型是建立在对实际的仿真计算模型进行近似的基础上，因此近似模型计算值与实际值之间存在误差。在使用近似模型方法时，需注意对近似模型的预测精度进行误差分析和评估，以保证近似模型使用的有效性。

5.9.1　误差分析方法

基于样本点构造近似模型的过程中，需要判断近似精度是否满足要求，如果满足，则可以替代高精度模型参与分析计算；否则需要更多的样本信息调整近似模型参数或更换近似方法。误差分析方法是评价近似模型精度的一个重要方法，常用的误差指标有如下几种：

最大绝对值误差（Maximal Error，ME）定义为

$$ME=\max\{|f_i-\hat{f}_i|\},\quad i=1,2,\cdots,N_V \tag{5.9-1}$$

式中，f_i为第 i 个样本点的精确模型响应值；$\hat{f}_i$为该样本点的近似模型估计值；N_V 为用于验证模型精度的样本点数目。

平方和误差（Sum of the Square Error，SSE）定义为

$$SSE=\sum_{i=1}^{N_V}(f_i-\hat{f}_i)^2 \tag{5.9-2}$$

均方根误差（Root Mean Square Errors，RMSE）定义为

$$\mathrm{RMSE}=\sqrt{\frac{\mathrm{SSE}}{N_V}}=\sqrt{\frac{\sum_{i=1}^{N_V}(f_i-\hat{f}_i)^2}{N_V}} \tag{5.9-3}$$

平均绝对值误差（Mean Absolute Error，MAE）定义为

$$\mathrm{MAE}=\frac{\sum_{i=1}^{N_V}|f_i-\hat{f}_i|}{N_V} \tag{5.9-4}$$

平均相对误差（Mean Relative Error，MRE）定义为

$$\mathrm{MRE}=\frac{1}{N_V}\sum_{i=1}^{N_V}\left|\frac{f_i-\hat{f}_i}{f_i}\right| \tag{5.9-5}$$

总偏差平方和（SSY）定义为

$$\mathrm{SSY}=\sum_{i=1}^{N_V}(f_i-\bar{f})^2=\sum_{i=1}^{N_V}f_i^2-\frac{1}{N_V}\left(\sum_{i=1}^{N_V}\hat{f}_i\right)^2 \tag{5.9-6}$$

式中，$\bar{f}$ 为所有样本点近似均值，$\bar{f}=\frac{1}{N_V}\left(\sum_{i=1}^{N_V}\hat{f}_i\right)$。

回归平方和（SSR）定义为

$$\mathrm{SSR}=\sum_{i=1}^{N_V}(\hat{f}_i-\bar{f})^2 \tag{5.9-7}$$

复相关系数（R Square，R^2）定义为

$$R^2=1-\frac{\mathrm{SSE}}{\mathrm{SSY}}=\frac{\mathrm{SSR}}{\mathrm{SSY}}=1-\frac{\sum_{i=1}^{N_V}(f_i-\hat{f}_i)^2}{\sum_{i=1}^{N_V}(f_i-\bar{f})^2} \tag{5.9-8}$$

相对平均绝对误差（Relative Average Absolute Error，RAAE）定义为

$$\mathrm{RAAE}=\frac{\sum_{i=1}^{N_V}|f_i-\hat{f}_i|}{\sum_{i=1}^{N_V}|f_i-\bar{f}|} \tag{5.9-9}$$

相对最大绝对误差（Relative Maximum Absolute Error，RMAE）定义为

$$\mathrm{RMAE}=\frac{\max(|f_1-\hat{f}_1|,\ |f_2-\hat{f}_2|,\ \cdots,\ |f_{N_V}-\hat{f}_{N_V}|)}{\mathrm{STD}} \tag{5.9-10}$$

式中，$\mathrm{STD}=\sqrt{\frac{1}{N_V}\sum_{i=1}^{N_V}(f_i-\bar{f})^2}$。

上述误差指标中，复相关系数 R^2 为统计学符号，并非平方，当近似模型的近似精度非常低时，R^2 可能取负值。R^2 越接近于 1，表明近似模型的近似精度

越好。其他误差指标均为正数，其值越小表明近似精度越高。如果 RMAE 值过大，则表明近似模型在设计空间某个区域的近似效果不理想。

5.9.2 近似能力评价方法

近似能力是指基于已有训练样本点构造的近似模型对未知点的预测能力。对于拟合近似方法，如多项式响应面，可以直接采用各种误差评价方法进行评价。但是对于插值近似方法，如 Kriging、插值径向基神经网络等，近似模型精确通过所有训练样本点，则均方根误差、平均相对误差等都为 0，而误差复相关系数 R^2 都为 1，无法基于已有样本点采用上述误差评价方法进行评价。

一种常用的方法就是增加采样点方法，即增加用于验证近似精度的单独样本点，然后基于验证样本点应用前述误差评价方法进行误差分析。该方法简单有效，但是如果高精度分析模型复杂耗时，则增加验证样本点无疑将导致计算成本剧增。

另一种方法是交叉验证方法（Cross Validation），其将已有训练样本随机分成 q 个集合，依次将其中一个集合取出作为验证样本点，用剩余样本作为训练样本构造近似模型，并用验证样本集合对该近似模型精度进行评估。经过 q 次循环后可以得到一组预测点（f_1，f_2，…，f_n），将其与训练样本点（f_1，f_2，…，f_n）进行比较，即可采用前述误差分析方法进行精度分析。交叉验证方法能够较好地描述近似模型的泛化能力，且不需要增加额外的验证样本点，但是该方法需要多次循环构造近似模型，由此将会增加构造近似模型的计算代价，特别是对于计算复杂度较大或近似建模中涉及参数优化的近似方法，如 Kriging 和 RBFNN 等方法，是非常不利的。

此外，在 MDO 中，近似模型的一项重要应用就是取代高精度模型进行多学科设计优化，因此不仅是近似模型的泛化能力，近似模型与精确模型的梯度吻合度也十分重要，这对于高度非线性的多峰优化问题尤为明显。因此，为了仅利用训练样本信息，通过增强梯度吻合提高近似精度，有学者提出了一种基于局部线性插值的近似评价方法，即对于精确模型定义域中的任意点，通过对该点周围的训练样本点进行线性插值，以此近似该点所在局部小范围的精确模型梯度分布趋势。如果该线性插值模型与近似模型 $f(x)$ 在该点的响应值差异不大，则 $f(x)$ 在该区域的分布与该线性模型吻合，精度高。

5.10 近似模型的特点对比及适用性

多项式响应面模型具有良好的连续性和可导性，能较好地去除数字噪声的影响，极易实现寻优，而且可以根据各分量系数判断各项参数对整个系统响应影响的大小。不过在处理高度非线性的高维问题时，多项式响应面的拟合预测效果不理想，另外在多项式阶数较高时还会出现过拟合现象。这些问题是由多项式表述高度非线性问题的能力不足所造成的。多项式响应面能够很好地近似低阶非线性问题，近似精度受问题维数和样本点规模影响不大，时效性较高。不过，该方法稳健性差，仅适用于低阶非线性问题。多项式响应面对噪声的平滑能力最强。

从插值角度来讲，Kriging 模型是对空间分布的数据求线性最优、无偏内插估计的一种方法。Kriging 模型具有很好的问题适应性，近似精度高，稳健性强，但是其时效性较差。

径向基函数模型是以待测点与样本点之间的欧氏距离为自变量，以径向函数为基函数，通过线性叠加构造出来的模型，近似效果比响应面模型要好，但计算量较大。径向基函数模型的特性随着所采用的径向函数的不同而不同。当径向基函数模型采用高斯函数或逆 Multiquadric 函数为基函数时，模型会因为径向函数的影响而具有局部估计的特点，而采用 Multiquadric 函数作为核函数时，模型又会具有全局估计的特点。径向基函数模型是一种灵活性好，结构简单，计算量也相对较少而且效率比较高的近似模型。

构造近似模型时，近似方法的选取主要根据问题的非线性程度而定。当求解的问题非线性程度不是很高时，应该优先考虑采用多项式响应面方法来构造模型，这样既容易实现寻优，还可以作进一步的析因分析；当问题非线性程度比较高，多项式拟合效果不佳时，可以考虑采用径向基函数模型，该方法简单、直观且效率较高；当径向基函数模型也无法满足要求时，就该考虑采用 Kriging 方法了，它不但可以很好地解决各向同性问题，而且可以通过各维采用不同 c 值的方式较好地解决各向异性问题，不足之处就是构造模型时的计算量要比前两种方法大得多。BP 神经网络模型擅长的是在一大堆数据中寻找隐含的内在规律，不过由于目前还没有有效确定隐含层单元数目的方法，模型对问题逼近的效果与网络结构有相当的关系。另外在构造代理模型时，除了考虑上述几种通用近似方法之外，还可以根据实际情况，从问题的物理本质出发，构造专用的模型。这种从问题的物理机理出发构造的模型通常会得到比较不错的拟合预测效果。

近似模型在多学科设计优化中的应用主要有两种形式：

（1）静态近似模型，即在优化前离线构造，在优化过程中近似模型无须更新，其近似精度不变。

（2）动态近似模型（如自适应响应面、多精度近似模型等），即优化过程中近似模型需不断进行更新以提高近似精度。

对于第一种方式，近似模型的近似精度直接影响优化结果的正确性和可信度，选择近似模型方法时需着重考虑近似精度和鲁棒性。Kriging 模型是较好的选择，虽然 Kriging 模型构造比较耗时，但是与调用高精度分析模型获取构造样本点所需时间相比，其构造时间对整个优化过程时效性的影响可以忽略不计。

对于第二种方式，随着优化的进行，近似模型需不断更新以逐步提高近似精度，近似模型的构造时间将直接影响整个优化过程的时效性。因此，选择近似模型方法时应兼顾近似模型的精度和时效性双重要求。在这方面，移动最小二乘法和径向基函数表现较为突出。如果在优化过程中，设计空间能够被不断缩小，那么多项式响应面也能够满足应用要求，这也正是自适应响应面法的出发点。

5.11 基于近似模型的 MDO 方法

对于多学科可行优化方法建立的优化系统，在优化过程中不仅需要实现相关学科分析，而且需要迭代实现系统耦合的求解，优化分析花费的时间比较长。利用近似模型替代实际的多学科分析模型避免了学科分析和迭代耦合耗费的计算时间，可以有效缩短设计周期，提高设计效率。两者相结合的优化流程如图 5.11.1 所示。

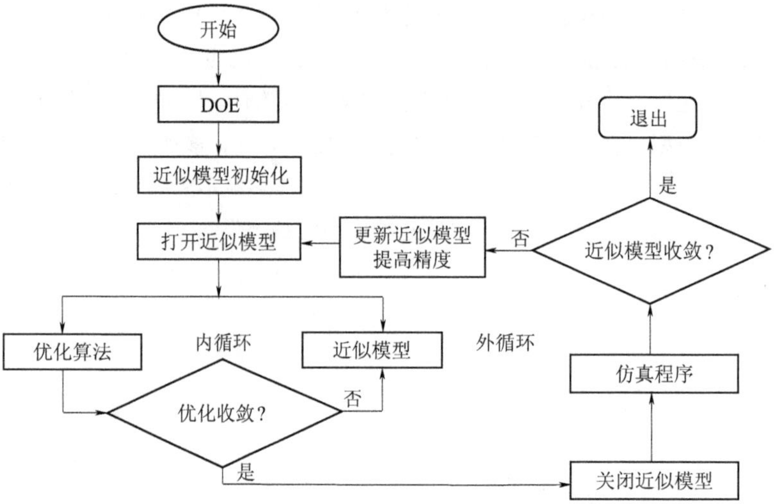

图 5.11.1 基于近似模型的优化方法

在该图中，近似模型可以采用各种类型的适用近似模型。

利用近似模型代替耗时的多学科耦合仿真程序，可以显著减少系统分析时间，有效地开展多学科设计优化。诸多算例表明，相对于传统 MDO 方法，基于近似模型的优化方法在无明显精度损失的情况下寻优效率显著提高（构造近似模型比传统多学科设计优化方法可以更有效地达到收敛），得到各项性能均明显改善的系统设计。因此，基于近似模型的多学科设计优化方法使精度和快速收敛特性得到保证，使其应用于工程实践具有有效性及可行性。

5.12 电动汽车动力电池箱应用实例

在电动汽车动力电池箱优化问题的研究工作中，基于CAE的电池箱结构优化设计本身是一个反复迭代的过程，每次迭代都要改变设计参数，重新调用有限元模型进行有限元分析后获得目标函数和约束函数的设计响应值。例如一次优化过程需调用上千次CAE计算模型。本算例以电动汽车动力电池箱优化问题为例，对几种广泛使用的近似建模技术进行示例。

5.12.1 电动汽车动力电池箱优化问题

1. 电池箱有限元建模

动力电池系统是电动汽车的关键零部件，它的安全性、可靠性和耐久性至关重要。电池箱是保护动力电池组的关键部件，电池箱设计不当将导致许多严重的安全问题。

作为用于携带和保护锂离子动力电池组的关键和独立部件，特别是考虑到电动车辆的复杂驾驶条件，电池箱需要高机械性能以保证其功能。图5.12.1所示为建立的电池箱结构模型。

电池箱由面板和梁组成，在建立有限元模型时，主要用PSHELL壳单元建

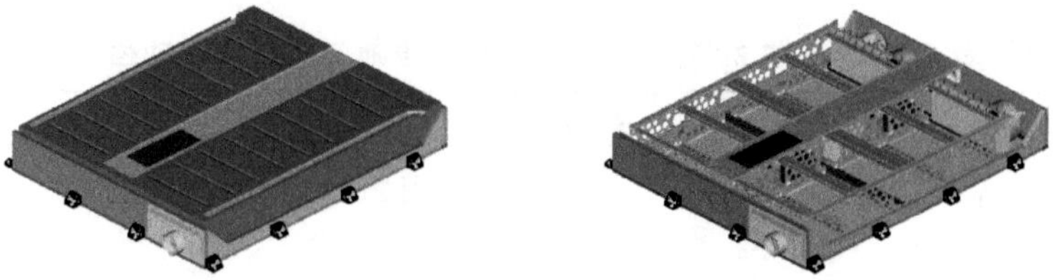

(a)　　(b)

图 5.12.1　电池箱 CAD 模型

(a)外部结构；(b)内部结构

模，材料属性为 Q235，分配线弹性各向同性材料模型为 MAT1；REB2 和 CWELD 元件用于模拟焊点，1D PBAR 元件代表电池连接杆。考虑电池组的立方体几何形状特征，以具有适当厚度和密度的 PSHELL 元件代替，采用比钢低得多的弹性模量来确保电池对整个组件结构的机械效应。电池箱有限元模型共有 117 837 个单元，总质量为 321.1 kg，如图 5.12.2 所示。

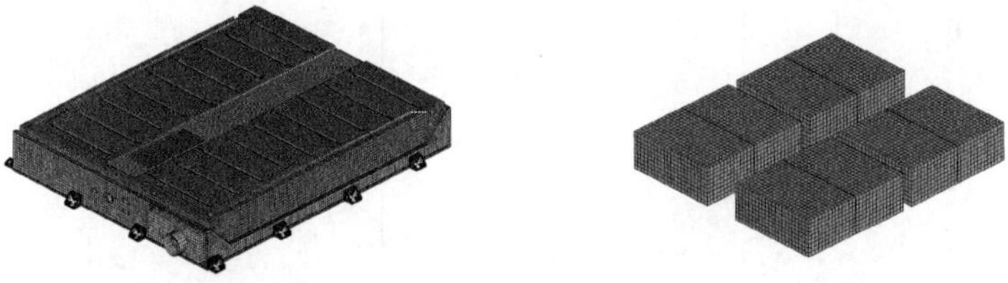

(a)　　(b)

图 5.12.2　电池箱体和电池组有限元模型

(a)电池箱体；(b)电池组

设置约束条件，本例电池箱底板和车体之间的每个连接位置的自由度受到限制，如图 5.12.3 所示。

图 5.12.3　电池箱有限元模型约束条件

电池箱具有较高的基本频率（1 阶约束模态），可以有效避免与车辆共振。对电池箱进行约束模态分析，获得电池箱前 20 阶约束模态频率和位置，如表 5.12.1 所示。1 阶约束模态的振动形式如图 5.12.4 所示。

表 5.12.1　前 20 阶约束模态频率和电池组的相应振动位置

阶次	频率/Hz	位置
1	38	整体
2	43	整体
3	50	底板
4	50	底板
5	50	底板
6	51	底板
7	51	底板
8	52	底板
9	54	底板
10	55	底板
11	56	底板
12	59	整体
13	67	风箱
14	71	盖板
15	72	盖板
16	73	盖板
17	76	整体
18	76	整体
19	76	底板
20	77	底板

在车辆正面碰撞和侧面碰撞所发生的很短时间内，将导致大剂量冲击（强加速度）作用于所有组件。本研究中，设置电池组在 40g 加速度的瞬态冲击响应在 6 ms 内作用于其 x 轴和 y 轴，加速激励的加载过程如图 5.12.5 所示。

有限元分析结果如图 5.12.6 所示，从结果可以看出，电池组 x 轴和 y 轴瞬态冲击情况下的最大 von Mises 应力都高于钢的拉伸极限 380 MPa。因此，在该电池组中存在安全风险，并且需要重新设计。

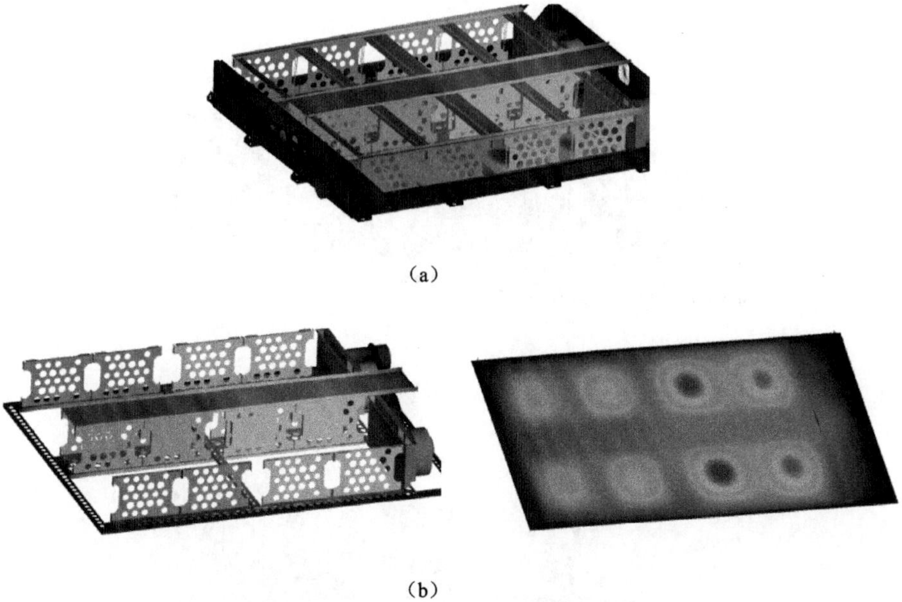

图 5.12.4　电池箱 1 阶振动模态

(a)主视图；(b) 内部视图

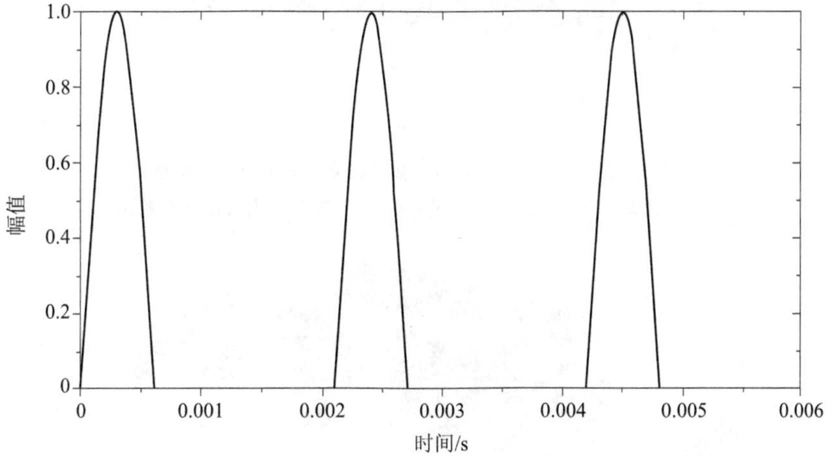

图 5.12.5　6 ms 激励加载过程

2. 电池箱优化问题定义

在本例中，选择图 5.12.7 中的 7 个面板和 1 个横梁的厚度作为设计变量，范围均为 0.5～1.5 mm。这些设计变量的详细信息如表 5.12.2 所示。

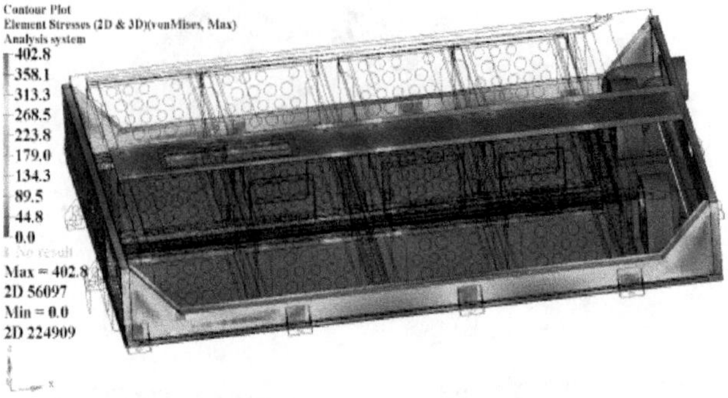

(a)

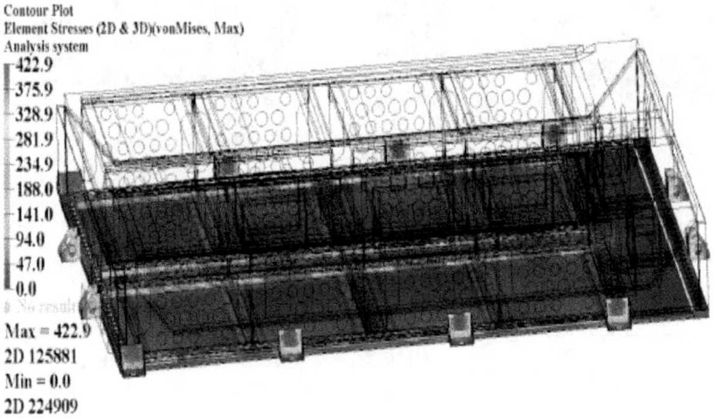

(b)

图 5.12.6 电池箱 x 轴和 y 轴瞬态冲击有限元分析结果

(a) x 轴瞬态冲击有限元分析结果；(b) y 轴瞬态冲击有限元分析结果

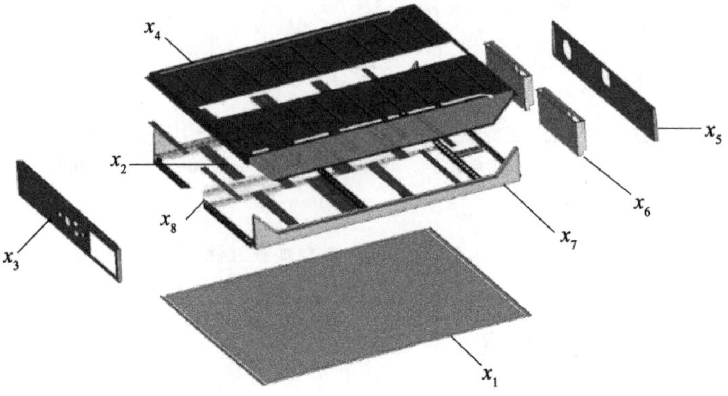

图 5.12.7 电池箱设计变量

表 5.12.2　8 个设计变量的详细信息

设计变量	名称	初始厚度/mm
x_1	底板	0.6
x_2	挡板	1.0
x_3	进气板	0.8
x_4	盖板	0.8
x_5	出气板	0.8
x_6	出气室	1.0
x_7	侧壁	0.8
x_8	横梁	1.2

在本算例中考虑了三种不同的近似模型：响应面模型、径向基模型和 Kriging 模型。选择 OLHS 方法在设计空间中生成 100 个样本点。应当注意，如果基于初始 OLHS 的代理模型的准确性是不可接受的，则应当将优化过程返回到 DOE 步骤，以生成更多的采样点，其中 max－min 距离标准用于将新点插入现有样本空间。给定现有样本集合 X_P（s 样本），将基于 max－min 距离方法来选择新样本集合 X_C（t 样本），以使总样本集合 $X_A=X_P\cup X_C$ 中的任何两个样本点之间的最小距离最大化，即

$$\max\left\{\min_{1\leqslant i\leqslant S,\ 1\leqslant j\leqslant s+t}^{X_{Ci}\neq X_{Aj}}\left[d\left(X_{Ci},\ X_{Aj}\right)\right]\right\} \tag{5.12-1}$$

式中，$X_{Ci}\in X_C$（$i=1,\ 2,\ \cdots,\ s$），$X_{Aj}\in X_A$（$j=1,\ 2,\ \cdots,\ s+t$）。

在确立近似模型的准确性之后，应通过添加额外的确认样本点来评估。这里采用的三个度量分别是复相关系数（R^2）、相对平均绝对误差（RAAE）和相对最大绝对误差（RMAE）。

5.12.2　最优拉丁超立方采样

在本书中，采用最优拉丁超立方采样（OLHS）方法来生成初始训练点。该数值算例的示例 Matlab 程序如下：

```
% lhs_main


m = 50;n = 8;
S = lhsamp(m, n);
```

```
S=S+0.5;
save('S.txt','S','-ASCII');
% lhsamp(m,n)

function S = lhsamp(m, n)
% LHSAMP  Latin hypercube distributed random numbers
% Call: S = lhsamp
% S = lhsamp(m)
% S = lhsamp(m, n)
% m : number of sample points to generate, if unspecified m = 1
% n : number of dimensions, if unspecified n = m
% S : the generated n dimensional m sample points chosen fromuniform distributions
on m subdivions of the interval (0.0, 1.0)

if nargin < 1, m = 1; end   % nargin 指函数输入变量的个数
if nargin < 2, n = m; end
S = zeros(m,n);   % 生成 m×n 的零矩阵
for i = 1 : n
S(:, i) = (rand(1, m) + (randperm(m) - 1))' / m;
% 将 n 维中的每一维平均分成不重叠的 m 个区间，在每一个区间随机取一点
End
```

5.12.3 电池箱响应面模型构建

数学上从第一到第四阶的 RSM 元模型可以分别写为

$$y = a + \sum_{i=1}^{t} b_i x_i \tag{5.12-2}$$

$$y = a + \sum_{i=1}^{t} b_i x_i + \sum_{i=1}^{t} c_{ii} x_i^2 + \sum_{i=1}^{t} \sum_{i<j}^{t} d_{ij} x_i x_j \tag{5.12-3}$$

$$y = a + \sum_{i=1}^{t} b_i x_i + \sum_{i=1}^{t} c_{ii} x_i^2 + \sum_{i=1}^{t} \sum_{i<j}^{t} d_{ij} x_i x_j + \sum_{i=1}^{t} e_{ii} x_i^3 \tag{5.12-4}$$

$$y = a + \sum_{i=1}^{t} b_i x_i + \sum_{i=1}^{t} c_{ii} x_i^2 + \sum_{i=1}^{t} \sum_{i<j}^{t} d_{ij} x_i x_j + \sum_{i=1}^{t} e_{ii} x_i^3 + \sum_{i=1}^{t} f_{ii} x_i^4 \tag{5.12-5}$$

式中，x_i（$i=1, 2, \cdots, t$）表示设计变量，用于确定响应 y；基于最小二乘法，可以获得估计的回归系数，即 a，b_i，c_{ii}，e_{ii}，f_{ii}和 d_{ij}。x_ix_j是表示双参数相互作用的交叉项，而高阶项表示非线性特性。通常，RSM 的阶次不高于 4。

该数值算例的一阶响应面示例 Matlab 程序如下：

```
load doe_130. txt
Xtr = doe_130(1:100,1:8);
Ytr = doe_130(1:100,9);
Xtst = doe_130(101:130,1:8);
Ytst = doe_130(101:130,9);

[ mtr ntr ] = size(Xtr);
f = [ ones(mtr,1) Xtr ];
RSM_1_coff = (f'* f)\f'* Ytr; % 求解系数
save('RSM_1_coff. txt','RSM_1_coff','- ASCII');


[ mtst ntst ] = size(Xtst);
f = [ ones(mtst,1) Xtst ];
Ypre = f * RSM_1_coff; % 一阶拟合公式

% % 误差估计
MSE = mean((Ypre - Ytst) .^ 2,1);
RMSE = sqrt(MSE);
RRMSE = RMSE ./ std(Ytst, 1);
R 2 = 1 - MSE ./ var(Ytst, 1);
RAAE = sum(abs(Ypre - Ytst))./(mtst * std(Ytst, 1));
RMAE = max(abs(Ypre - Ytst))./(std(Ytst, 1));
plot(Ytst,':og');
hold on
plot(Ypre,'- *');
legend('实际输出','拟合输出');
title('绝对预测误差','fontsize',12);
ylabel('函数输出','fontsize',12);
xlabel('样本','fontsize',12);
% % print - djpeg - r300 Kriging 预测绝对误差;
```

该数值算例的二阶响应面示例 Matlab 程序如下：

```
load doe_130.txt
Xtr = doe_130(1:100,1:8);
Ytr = doe_130(1:100,10);
Xtst = doe_130(101:130,1:8);
Ytst = doe_130(101:130,10);

[ mtr ntr ] = size(Xtr);
nn = (ntr + 1) * (ntr + 2)/ 2; % f矩阵列数
% 计算 f
f = [ ones(mtr,1) Xtr zeros(mtr,nn - ntr - 1) ];
j = ntr + 1;   q = ntr;
for  k = 1 : ntr
  f(:,j + (1:q)) = repmat(Xtr(:,k),1,q) .* Xtr(:,k:ntr);
  j = j + q;   q = q - 1;
end
RSM_2_coff = (f'* f)\f'* Ytr; % 求解系数
save('RSM_2_coff.txt','RSM_2_coff','- ASCII'); % 求解系数

[ mtst ntst ] = size(Xtst);
nn = (ntst + 1) * (ntst + 2)/ 2;   % f矩阵列数
f = [ ones(mtst,1) Xtst zeros(mtst,nn - ntst - 1) ];
j = ntst + 1;   q = ntst;
for  k = 1 : ntst
  f(:,j + (1:q)) = repmat(Xtst(:,k),1,q) .* Xtst(:,k:ntst);
  j = j + q;   q = q - 1;
end
Ypre = f * RSM_2_coff; % 拟合公式

% % 误差估计
MSE = mean((Ypre - Ytst) .^ 2,1);
RMSE = sqrt(MSE);
RRMSE = RMSE ./ std(Ytst, 1);
R2 = 1 - MSE ./ var(Ytst, 1);
RAAE = sum(abs(Ypre - Ytst)) ./(mtst * std(Ytst, 1));
RMAE = max(abs(Ypre - Ytst)) ./(std(Ytst, 1));
```

```
plot(Ytst,':og');
hold on
plot(Ypre,'-*');
legend('实际输出','拟合输出');
title('绝对预测误差','fontsize',12);
ylabel('函数输出','fontsize',12);
xlabel('样本','fontsize',12);
%% print -djpeg -r300 Kriging预测绝对误差;
```

该数值算例的三阶响应面示例 Matlab 程序如下：

```
load doe_130.txt
Xtr = doe_130(1:100,1:8);
Ytr = doe_130(1:100,11);
Xtst = doe_130(101:130,1:8);
Ytst = doe_130(101:130,11);

[mtr ntr] = size(Xtr);
nn = (ntr+1)*(ntr+2)/2;    % f矩阵的列数
%计算矩阵f
f = [ones(mtr,1) Xtr zeros(mtr,nn-1)];
j = ntr+1;   q = ntr;
for  k = 1 : ntr
  f(:,j+(1:q)) = repmat(Xtr(:,k),1,q).* Xtr(:,k:ntr);
  j = j+q;   q = q-1;
f(:,nn+k) = Xtr(:,k).^3;
end
RSM_3_coff = (f'*f)\f'*Ytr; %求解系数
save('RSM_3_coff.txt','RSM_3_coff','-ASCII');

[mtst ntst] = size(Xtst);
nn = (ntst+1)*(ntst+2)/2;   % Number of columns in f
% Compute  f
f = [ones(mtst,1) Xtst zeros(mtst,nn-1)];
j = ntst+1;   q = ntst;
for  k = 1 : ntst
  f(:,j+(1:q)) = repmat(Xtst(:,k),1,q).* Xtst(:,k:ntst);
```

```
  j = j+q;   q = q-1;
f(:,nn+k) = Xtst(:,k).^3;
end
Ypre = f * RSM_3_coff; % 拟合结果

%% 误差估计
MSE = mean((Ypre - Ytst).^2,1);
RMSE = sqrt(MSE);
RRMSE = RMSE./std(Ytst, 1);
R2 = 1 - MSE./var(Ytst, 1);
RAAE = sum(abs(Ypre - Ytst))./(mtst * std(Ytst, 1));
RMAE = max(abs(Ypre - Ytst))./(std(Ytst, 1));
% plot(Ytst,':og');
% hold on
% plot(Ypre,'- *');
% legend('实际输出','拟合输出');
% title('绝对预测误差','fontsize',12);
% ylabel('函数输出','fontsize',12);
% xlabel('样本','fontsize',12);
% % print -djpeg -r300 Kriging 预测绝对误差;
```

该数值算例的四阶响应面示例 Matlab 程序如下：

```
load doe_130.txt
Xtr = doe_130(1:100,1:8);
Ytr = doe_130(1:100,12);
Xtst = doe_130(101:130,1:8);
Ytst = doe_130(101:130,12);

[mtr ntr] = size(Xtr);
nn = (ntr+1) * (ntr+2)/2;   % Number of columns in f
% Compute f
f = [ones(mtr,1) Xtr zeros(mtr,nn-1+ ntr)];
j = ntr+1;   q = ntr;
for k = 1 : ntr
  f(:,j+(1:q)) = repmat(Xtr(:,k),1,q) .* Xtr(:,k:ntr);
  j = j+q;   q = q-1;
```

```
f(:,nn+k) = Xtr(:,k).^3;
f(:,nn+ntr+k) = Xtr(:,k).^4;
end
RSM_4_coff = (f'*f)\f'*Ytr; % 求解系数
save('RSM_4_coff.txt','RSM_4_coff','-ASCII');

[mtst ntst] = size(Xtst);
nn = (ntst+1)*(ntst+2)/2;   % Number of columns in f
% Compute f
f = [ones(mtst,1) Xtst zeros(mtst,nn-1+ ntst)];
j = ntst+1;   q = ntst;
for k = 1 : ntst
  f(:,j+(1:q)) = repmat(Xtst(:,k),1,q) .* Xtst(:,k:ntst);
  j = j+q;   q = q-1;
f(:,nn+k) = Xtst(:,k).^3;
f(:,nn+ntst+k) = Xtst(:,k).^4;
end
Ypre = f*RSM_4_coff;

%% 误差估计
MSE = mean((Ypre - Ytst).^2,1);
RMSE = sqrt(MSE);
RRMSE = RMSE./std(Ytst, 1);
R2 = 1 - MSE./var(Ytst, 1);
RAAE = sum(abs(Ypre - Ytst))./(mtst*std(Ytst, 1));
RMAE = max(abs(Ypre - Ytst))./(std(Ytst, 1));
% plot(Ytst,':og');
% hold on
% plot(Ypre,'-*');
% legend('实际输出','拟合输出');
% title('绝对预测误差','fontsize',12);
% ylabel('函数输出','fontsize',12);
% xlabel('样本','fontsize',12);
% % print -djpeg -r300 Kriging预测绝对误差;
```

5.12.4 电池箱径向基模型构建

RBF 中的基函数由下式给出：

$$\varphi_i(x)=\varphi(\|x-\mu^j\|)=\varphi(\xi) \tag{5.12-6}$$

式中，$\xi=\|x-\mu^j\|$，是表示设计点 x 和观测输入 μ^j 之间的欧几里得距离的独立变量。RBF 模型为

$$\hat{y}=-\sum_i a_i\varphi(\|x-\mu^j\|)+\theta \tag{5.12-7}$$

该算例的径向基示例 Matlab 程序如下：

1. 主函数

```
load doe_130.txt
Xtr = doe_130(1:100,1:8);
Ytr = doe_130(1:100,12);
 Xtst = doe_130(101:130,1:8);
Ytst = doe_130(101:130,12);

%初始化
bf_type = 'MQ';bf_c = 1;

[ model, time ] = rbfbuild(Xtr, Ytr, bf_type, bf_c); %调用 rbfbuild 子函数

%预测误差
%figure(1)
%Xq = Xtst;
[ Yq ] = rbfpredict(model, Xtr, Xtst); %调用 rbfpredict 子函数
%plot(output_test,':og');
%hold on
%plot(Yq,'- *');
%legend('实际输出','拟合输出');
%title('RBF 绝对预测误差','fontsize',12);
%ylabel('函数输出','fontsize',12);
%xlabel('样本','fontsize',12);
%print -djpeg -r300 RBF 预测绝对误差;
%误差指标计算
```

[MSE, RMSE, RRMSE, R2, RAAE, RMAE] = rbftest(model, Xtr, Xtst, Ytst); % 调用 rbftest 子函数

2. rbfbuild 子函数

```
function [ model, time ] = rbfbuild(Xtr, Ytr, bf_type, bf_c, usePolyPart, verbose)
% RBFBUILD
% Builds a Radial Basis Function (RBF) interpolant using training data
% Call
%   [ model, time ] = rbfbuild(Xtr, Ytr, bf_type, bf_c, usePolyPart, verbose)
%   [ model, time ] = rbfbuild(Xtr, Ytr, bf_type, bf_c, usePolyPart)
%   [ model, time ] = rbfbuild(Xtr, Ytr, bf_type, bf_c)
%   [ model, time ] = rbfbuild(Xtr, Ytr, bf_type)
%   [ model, time ] = rbfbuild(Xtr, Ytr)
%
% Input
% Xtr, Ytr     : Training data points (Xtr(i,:), Ytr(i)), i = 1,...,n
%                   Note that the input variables must be scaled to e.g. [ 0,1 ]
%                   or [ -1,1 ] for better predictive performance.
% bf_type      : Type of the basis functions (default = 'MQ'):
%                   'BH' = Biharmonic
%                   'MQ' = Multiquadric
%                   'IMQ' = Inverse Multiquadric
%                   'TPS' = Thin plate spline
%                   'G' = Gaussian
% bf_c         : Parameter c value (default = 1)
% usePolyPart : Use also the polynomial term P of the model Y = P + RBF
%                   (default = 0, do not use)
% verbose      : Set to 0 for no verbose (default = 1)
%
% Output
% model     : RBF model - a struct with the following elements:
%     n       : Number of data points in the training data set
%     meanY   : Mean of Ytr
%     bf_type: Type of the basis functions
%     bf_c    : Parameter c value
```

```
%      poly    : Use also the polynomial term
%      coefs   : Coefficients of the model
% time         : Execution time

if nargin < 2
error('Too few input arguments.');
else
    [ n, d ] = size(Xtr);
    [ ny, dy ] = size(Ytr);
if (n < 2) || (d < 1) || (ny~ = n) || (dy~ = 1)
error('Wrong training data sizes.');
end

if nargin < 3
            bf_type = 'MQ';
end
if nargin < 4
            bf_c = 1;
end
if nargin < 5
usePolyPart = 0;
end
if nargin < 6
verbose = 1;
end

    tic; % 开始时间

    model.n = n;
    model.meanY = mean(Ytr);
    model.bf_type = bf_type;
    model.bf_c = bf_c;
    model.poly = usePolyPart;

    % calculate and transform distances between all the points in the training data
dist = zeros(n, n);
```

```
switch upper(model. bf_type)
case 'BH'
if verbose
fprintf('Building RBF (biharmonic) model...\n');
end
for i = 1 : n
                    % for j = i : n
                    %     dist(i, j) = norm(Xtr(i,:) - Xtr(j,:));
                    % end
                    dist(i, i:n) = sqrt(sum((repmat(Xtr(i,:),n-i+1,
1) - Xtr(i:n,:)).^2,2));
dist(i+1:n, i) = dist(i, i+1:n);
end
case 'IMQ'
if verbose
fprintf('Building RBF (inverse multiquadric) model...\n');
end
for i = 1 : n
                    % for j = i : n
                    %       dist(i, j) = 1 / sqrt(sum((Xtr(i,:) -
Xtr(j,:)).^2) + bf_c^2);
                    % end
                    dist(i, i:n) = 1 ./ sqrt(sum((repmat(Xtr(i,:),n-i+
1,1) - Xtr(i:n,:)).^2,2) + bf_c^2);
dist(i+1:n, i) = dist(i, i+1:n);
end
case 'TPS'
if verbose
fprintf('Building RBF (thin plate spline) model...\n');
end
for i = 1 : n
                    % for j = i: n
                    %       dist(i, j) = sum((Xtr(i,:) - Xtr(j,:)).^2);
                    %       dist(i, j) = (dist(i, j) + bf_c^2) *
log(sqrt(dist(i, j) + bf_c^2));
                    % end
```

```
                    dist(i, i:n) = sum((repmat(Xtr(i,:),n-i+1,1) -
Xtr(i:n,:)).^2,2);
                    dist(i, i:n) = (dist(i, i:n) + bf_c^2) .* log(sqrt
(dist(i, i:n) + bf_c^2));
dist(i+1:n, i) = dist(i, i+1:n);
end
case'G'
if verbose
fprintf('Building RBF (Gaussian) model...\n');
end
for i = 1 : n
                    % for j = i : n
                    %       dist(i, j) = exp( - sum((Xtr(i,:) -
Xtr(j,:)).^2) / (2 * bf_c^2));
                    % end
                    dist(i, i:n) = exp( - sum((repmat(Xtr(i,:),n-i+1,
1) - Xtr(i:n,:)).^2,2) / (2 * bf_c^2));
dist(i+1:n, i) = dist(i, i+1:n);
end
otherwise % MQ
if verbose
fprintf('Building RBF (multiquadric) model...\n');
end
for i = 1 : n
                    % for j = i : n
                    %       dist(i, j) = sqrt(sum((Xtr(i,:) -
Xtr(j,:)).^2) + bf_c^2);
                    % end
                    dist(i, i:n) = sqrt(sum((repmat(Xtr(i,:),n-i+1,
1) - Xtr(i:n,:)).^2,2) + bf_c^2);
dist(i+1:n, i) = dist(i, i+1:n);
end
end

        % calculate coefs
if model.poly == 0
```

```
            model.coefs = dist \ (Ytr - model.meanY);
else
            A = [ dist, ones(n,1), Xtr; [ ones(n,1), Xtr ]', zeros(d+1,d+1) ];
model.coefs  = A \ [ Ytr; zeros(d+1,1) ];
end

    time = toc; % 结束时间

if verbose
fprintf('Execution time: %0.2f seconds\n', time);
end


end
return
```

3. rbfpredict 子函数

```
function [ Yq ] = rbfpredict(model, Xtr, Xq)
% RBFPREDICT
% Predicts output values for the given query points Xq using a RBF model
%
% Call
%      [ Yq ] = rbfpredict(model, Xtr, Xq)
%
% Input
% model        : RBF model
% Xtr          : Inputs of the training data (Xtr(i,:)), i = 1,...,n (the same
%                      matrix with which the model was built)
% Xq           : Inputs of query data points (Xq(i,:)), i = 1,...,nq
%
% Output
% Yq           : Predicted outputs of query data points (Yq(i)), i = 1,...,nq

if nargin < 3
error('Too few input arguments.');
end
```

```
if model. n~ = size(Xtr, 1)
error('The matrix Xtr should be the same matrix with which the model was built. ');
end

nq = size(Xq, 1);
Yq = zeros(nq, 1);

%dist = zeros(model. n,1);
for t = 1 : nq
switch upper(model. bf_type)
case'BH'
                %for j = 1 : model. n
                %      dist(j) = norm(Xq(t,:) - Xtr(j,:));
                %end
                dist = sqrt(sum((repmat(Xq(t,:),model. n,1) - Xtr).^2,2));
case'IMQ'
                %for j = 1 : model. n
                %      dist(j) = 1 / sqrt(sum((Xq(t,:) - Xtr(j,:)).^2) +
model. bf_c^2);
                %end
                dist = 1 ./ sqrt(sum((repmat(Xq(t,:),model. n,1) - Xtr).^2,
2) + model. bf_c^2);
case'TPS'
                %for j = 1 : model. n
                %      dist(j) = sum((Xq(t,:) - Xtr(j,:)).^2);
                %      dist(j) = (dist(j) + model. bf_c^2) * log(sqrt
(dist(j) + model. bf_c^2));
                %end
                dist = sum((repmat(Xq(t,:),model. n,1) - Xtr).^2,2);
dist = (dist + model. bf_c^2) .* log(sqrt(dist + model. bf_c^2));
case'G'
                 %for j = 1 : model. n
                 %      dist(j) = exp( - sum((Xq(t,:) - Xtr(j,:)).^2) /
(2 * model. bf_c^2));
                 %end
```

```
                    dist = exp( - sum((repmat(Xq(t,:),model.n,1) - Xtr).^2,2) /
(2 * model.bf_c ^ 2));
otherwise % MQ
                    % for j = 1 : model.n
                    %       dist(j) = sqrt(sum((Xq(t,:) - Xtr(j,:)).^2) +
model.bf_c ^ 2);
                    % end
                    dist = sqrt(sum((repmat(Xq(t,:),model.n,1) - Xtr).^2,2) +
model.bf_c ^ 2);
end
if model.poly = = 0
Yq(t) = model.meanY + model.coefs' * dist;
else
Yq(t) = model.coefs' * [ dist; 1; Xq(t,:)' ];
end
end
return
```

4. rbftest 子函数

```
function [ MSE, RMSE, RRMSE, R2, RAAE, RMAE ] = rbftest(model, Xtr, Xtst,
Ytst)
% RBFTEST
% Tests an RBF model on a test data set (Xtst, Ytst)
%
% Call
%    [ MSE, RMSE, RRMSE, R2 ] = rbftest(model, Xtr, Xtst, Ytst)
%
% Input
% model              : RBF model
% Xtr                 : Inputs of the training data (Xtr(i,:)), i = 1,...,n
(the same
%                            matrix with which the model was built)
% Xtst, Ytst: Test data points (Xtst(i,:), Ytst(i)), i = 1,...,ntst
%
% Output
```

```
% MSE                    : Mean Squared Error
% RMSE                   : Root Mean Squared Error
% RRMSE                  : Relative Root Mean Squared Error
% R2                     : Coefficient of Determination

% Gints Jekabsons 2009

if nargin < 4
error('Too few input arguments.');
end
if (size(Xtst, 1) ~= size(Ytst, 1))
error('The number of rows in the matrix and the vector should be equal. ');
end
if model.n ~= size(Xtr, 1)
error('The matrix Xtr should be the same matrix with which the model was built. ');
end
MSE = mean((rbfpredict(model, Xtr, Xtst) - Ytst) .^ 2);
RMSE = sqrt(MSE);
[ mtst ntst ] = size(Ytst);
if size(Ytst, 1) > 1
        RRMSE = RMSE / std(Ytst, 1);
        R2 = 1 - MSE / var(Ytst, 1);
        RAAE = sum(abs(rbfpredict(model, Xtr, Xtst) - Ytst))/(mtst * std(Ytst,
1));
        RMAE = max(abs(rbfpredict(model, Xtr, Xtst) - Ytst))/(std(Ytst, 1));
else
        RRMSE = Inf;
        R2 = Inf;
end
return
```

5.12.5 电池箱 Kriging 模型构建

该数值算例的 Kriging 示例 Matlab 程序如下：

1. 主程序

```
load doe_130. txt
Xtr = doe_130(1:100,1:8);
Ytr = [ doe_130(1:100,9);
Xtst = doe_130(101:130,1:8);
Ytst = [ doe_130(101:130,9);

% 数据标准化

% mS = mean(Xtr); sS = std(Xtr);
% for j = 1:8, Xtr(:,j) = (Xtr(:,j) - mS(j))/sS(j); end
% mY = mean(Ytr); sY = std(Ytr);
% for j = 1:4, Ytr(:,j) = (Ytr(:,j) - mY(j))/sY(j); end

% mT = mean(Xtst); sT = std(Xtst);
% for j = 1:8, Xtst(:,j) = (Xtst(:,j) - mT(j))/sT(j); end

% 初始化

theta = [ 5 5 5 5 5 5 5 5 ];lob = [ 1e-1 1e-1 1e-1 1e-1 1e-1 1e-1 1e-1
1e-1 ];
upb = [ 45 45 45 45 45 45 45 45 ];
[ dmodel, perf ] = dacefit(Xtr, Ytr, @ regpoly1, @ corrgauss, theta, lob, upb);
% 调用 dacefit 子函数

% 拟合误差
% figure(1)
% y_train = predictor(input_train, dmodel);

% plot(output_train,':og');
% hold on
% plot(y_train,'-*');
% legend('实际输出','拟合输出');
% title('RSM 拟合误差','fontsize',12);
% ylabel('函数输出','fontsize',12);
% xlabel('样本','fontsize',12);
```

```
% print - djpeg - r300 Kriging 拟合与实际结果对比

% 预测误差
figure(2)
[ y_test MSE ] = predictor(Xtst, dmodel); % 调用 predictor 子函数
plot(Ytst,':og');
hold on
plot(y_test,'- * ');
legend('实际输出','拟合输出');
title('RSM 绝对预测误差','fontsize',12);
ylabel('函数输出','fontsize',12);
xlabel('样本','fontsize',12);
print - djpeg - r300 Kriging 预测绝对误差;

% 误差指标计算
y = y_test;ytest = Ytst;
% MSE = mean((y- ytest).^ 2);
% RMSE = sqrt(MSE);
[ mtst ntst ]= size(ytest);
MSE = mean((y - ytest) .^ 2,1);
RMSE = sqrt(MSE);
RRMSE = RMSE ./ std(ytest, 1);
R2 = 1 - MSE ./ var(ytest, 1);
RAAE = sum(abs(y - ytest))./(mtst * std(ytest, 1));
RMAE = max(abs(y - ytest))./(std(ytest, 1));

    % RRMSE = RMSE ./ std(ytest, 1)
    % R2 = 1 - MSE ./  var(ytest, 1)
    % RAAE = sum(abs(y- ytest))./ (mtst * std(ytest, 1))
    % RMAE = max(abs(y - ytest))./ (std(ytest, 1))
```

2. dacefit 函数

```
function [ dmodel, perf ] = dacefit(S, Y, regr, corr, theta0, lob, upb)
% DACEFIT Constrained non - linear least - squares fit of a given correlation
%  model to the provided data set and regression model
%
```

```
% Call
%      [ dmodel, perf ] = dacefit(S, Y, regr, corr, theta0)
%      [ dmodel, perf ] = dacefit(S, Y, regr, corr, theta0, lob, upb)
%
% Input
% S, Y        : Data points (S(i,:), Y(i,:)), i = 1,...,m
% regr        : Function handle to a regression model
% corr        : Function handle to a correlation function
% theta0      : Initial guess on theta, the correlation function parameters
% lob,upb:If present, then lower and upper bounds on theta
%                   Otherwise, theta0 is used for theta
%
% Output
% dmodel      : DACE model: a struct with the elements
%     regr    : function handle to the regression model
%     corr    : function handle to the correlation function
%     theta   : correlation function parameters
%     beta    : generalized least squares estimate
%     gamma   : correlation factors
%     sigma2  : maximum likelihood estimate of the process variance
%     S       : scaled design sites
%     Ssc     : scaling factors for design arguments
%     Ysc     : scaling factors for design ordinates
%     C       : Cholesky factor of correlation matrix
%     Ft      : Decorrelated regression matrix
%     G       : From QR factorization: Ft = Q * G'.
% perf        : struct with performance information. Elements
%     nv      : Number of evaluations of objective function
%     perf    : (q+2) * nv array, where q is the number of elements
%                   in theta, and the columns hold current values of
%                         [ theta;  psi(theta);  type ]
%                   |type| = 1, 2 or 3, indicate'start', 'explore' or 'move'
%                   A negative value for type indicates an uphill step

% Check design points
[ m n ] = size(S);   % number of design sites and their dimension
```

```
sY = size(Y);
if  min(sY) = = 1,   Y = Y(:);    lY = max(sY);   sY = size(Y);
else,                lY = sY(1); end
if m~ = lY
error('S and Y must have the same number of rows'), end

 % Check correlation parameters
lth = length(theta0);
if  nargin> 5   % optimization case
if  length(lob)~ = lth | length(upb)~ = lth
error('theta0, lob and upb must have the same length'), end
if  any(lob <= 0) | any(upb < lob)
error('The bounds must satisfy  0 < lob <= upb'), end
else  % given theta
if  any(theta0 <= 0)
error('theta0 must be strictly positive'), end
end

 % Normalize data
mS = mean(S);   sS = std(S);
mY = mean(Y);   sY = std(Y);
 % 02.08.27: Check for 'missing dimension'
j = find(sS = = 0);
if  ~isempty(j),   sS(j) = 1; end
j = find(sY = = 0);
if  ~isempty(j),   sY(j) = 1; end
S = (S - repmat(mS,m,1)) ./ repmat(sS,m,1);
Y = (Y - repmat(mY,m,1)) ./ repmat(sY,m,1);

 % Calculate distances D between points
mzmax = m*(m-1)/2;              % number of non-zero distances
ij = zeros(mzmax, 2);        % initialize matrix with indices
D = zeros(mzmax, n);            % initialize matrix with distances
ii = 0;
for k = 1 : m-1
ii = ii(end) + (1 : m-k);
```

```
ij(ii,:) = [ repmat(k, m - k, 1) (k + 1 : m)' ]; % indices for sparse matrix
D(ii,:) = repmat(S(k,:),m - k, 1) - S(k + 1:m,:); % differences between points
end
if  min(sum(abs(D),2) ) = = 0
error('Multiple design sites are not allowed'), end

% Regression matrix
F = feval(regr, S);  [ mF p ] = size(F);
if  mF~ = m, error('number of rows in  F  and  S  do not match'), end
if  p> mF,  error('least squares problem is underdetermined'), end

% parameters for objective function
par = struct('corr',corr, 'regr',regr, 'y',Y, 'F',F, . . . ,'D', D, 'ij',ij, 'scS',sS);

% Determine theta
if  nargin> 5
   % Bound constrained non - linear optimization
  [ theta f fit perf ] = boxmin(theta0, lob, upb, par);
if  isinf(f)
error('Bad parameter region.  Try increasing  upb'), end
else
% Given theta
theta = theta0(:);
  [ f  fit ] = objfunc(theta, par);
perf = struct('perf',[ theta; f; 1 ], 'nv',1);
if  isinf(f)
error('Bad point.  Try increasing theta0 '), end
end

% Return values
dmodel = struct( 'regr',regr, 'corr',corr, 'theta',theta. ', ...,'beta',fit. beta, '
gamma',fit. gamma, 'sigma2', sY. ^ 2. * fit. sigma2, . . .
  'S',S, 'Ssc',[ mS; sS ], 'Ysc',[ mY; sY ], ...
  'C',fit. C, 'Ft',fit. Ft, 'G',fit. G);
% >>>>>>>>>>>>>>>>>>>>   Auxiliary functions   ====================
function  [ obj, fit ] = objfunc(theta, par)
```

```
% Initialize
obj = inf;
fit = struct('sigma2',NaN, 'beta',NaN, 'gamma',NaN, ...,'C',NaN, 'Ft',NaN, 'G',NaN);
m = size(par. F,1);
% Set up  R
r = feval(par. corr, theta, par. D);
idx = find(r > 0);    o = (1 : m)';
mu = (10 + m) * eps;
R = sparse([ par. ij(idx,1); o ], [ par. ij(idx,2); o ], ...
  [ r(idx); ones(m,1) + mu ]);
% Cholesky factorization with check for pos. def.
[ C rd ] = chol(R);
if  rd,  return, end % not positive definite

% Get least squares solution
C = C';   Ft = C \ par.F;
[ Q G ] = qr(Ft,0);
if  rcond(G) < 1e - 10
  % Check  F
if  cond(par. F) > 1e15
    T = sprintf('F is too ill conditioned\nPoor combination of regression model
and design sites');
error(T)
else  % Matrix  Ft  is too ill conditioned
return
end
end
Yt = C \ par. y;   beta = G \ (Q'* Yt);
rho = Yt - Ft * beta;  sigma2 = sum(rho.^ 2)/m;
detR = prod( full(diag(C)) .^ (2/m) );
obj = sum(sigma2) * detR;
if  nargout> 1
fit = struct('sigma2',sigma2, 'beta',beta, 'gamma',rho' / C, ...,'C',C, 'Ft',Ft, 'G',G');
end
% -----------------------------------------------------------------
function  [ t, f, fit, perf ] = boxmin(t0, lo, up, par)
```

```
% BOXMIN   Minimize with positive box constraints

 % Initialize
[ t, f, fit, itpar ] = start(t0, lo, up, par);
if  ~isinf(f)
   % Iterate
  p = length(t);
if  p<= 2,  kmax = 2; else,  kmax = min(p,4); end
for  k = 1 : kmax
th = t;
      [ t, f, fit, itpar ] = explore(t, f, fit, itpar, par);
      [ t, f, fit, itpar ] = move(th, t, f, fit, itpar, par);
end
end
perf = struct('nv',itpar.nv, 'perf',itpar.perf(:,1:itpar.nv));
% -------------------------------------------------------
function  [ t, f, fit, itpar ] = start(t0, lo, up, par)
% Get starting point and iteration parameters

% Initialize
t = t0(:);  lo = lo(:);   up = up(:);   p = length(t);
D = 2 .^ ([ 1:p ]'/(p+2));
ee = find(up == lo);   % Equality constraints
if  ~isempty(ee)
D(ee) = ones(length(ee),1);   t(ee) = up(ee);
end
ng = find(t <lo | up < t);   % Free starting values
if  ~isempty(ng)
t(ng) = (lo(ng) .* up(ng).^7).^(1/8);   % Starting point
end
ne = find(D~= 1);

% Check starting point and initialize performance info
[ f  fit ] = objfunc(t,par);   nv = 1;
itpar = struct('D',D, 'ne',ne, 'lo',lo, 'up',up, ...
    'perf',zeros(p+2,200*p), 'nv',1);
```

```
itpar.perf(:,1) = [ t; f; 1 ];
if  isinf(f)     % Bad parameter region
return
end

if  length(ng) > 1    % Try to improve starting guess
   d0 = 16;  d1 = 2;   q = length(ng);
th = t;   fh = f;   jdom = ng(1);
for  k = 1 : q
     j = ng(k);     fk = fh;   tk = th;
     DD = ones(p,1);  DD(ng) = repmat(1/d1,q,1);  DD(j) = 1/d0;
     alpha = min(log(lo(ng) ./ th(ng)) ./ log(DD(ng))) / 5;
     v = DD .^ alpha;   tk = th;
for  rept = 1 : 4
tt = tk .* v;
          [ ff  fitt ] = objfunc(tt,par);   nv = nv+1;
itpar.perf(:,nv) = [ tt; ff; 1 ];
if  ff<= fk
tk = tt;  fk = ff;
if  ff<= f
               t = tt;  f = ff;  fit = fitt; jdom = j;
end
else
itpar.perf(end,nv) = -1;   break
end
end
end % improve

   % Update Delta
if  jdom> 1
D([ 1 jdom ]) = D([ jdom 1 ]);
    itpar.D = D;
end
end % free variables

itpar.nv = nv;
```

```
% ------------------------------------------------------------
function  [ t, f, fit, itpar ] = explore(t, f, fit, itpar, par)
% Explore step

nv = itpar.nv;    ne = itpar.ne;
for  k = 1 : length(ne)
  j = ne(k);    tt = t;    DD = itpar.D(j);
if  t(j) == itpar.up(j)
atbd = 1;    tt(j) = t(j) / sqrt(DD);
elseif  t(j) == itpar.lo(j)
atbd = 1;  tt(j) = t(j) * sqrt(DD);
else
atbd = 0;  tt(j) = min(itpar.up(j), t(j) * DD);
end
  [ ff  fitt ] = objfunc(tt,par);   nv = nv+1;
itpar.perf(:,nv) = [ tt; ff; 2 ];
if  ff< f
      t = tt;  f = ff;  fit = fitt;
else
itpar.perf(end,nv) = -2;
if  ~atbd   % try decrease
tt(j) = max(itpar.lo(j), t(j)/DD);
            [ ff  fitt ] = objfunc(tt,par);   nv = nv+1;
itpar.perf(:,nv) = [ tt; ff; 2 ];
if  ff< f
              t = tt;  f = ff;  fit = fitt;
else
itpar.perf(end,nv) = -2;
end
end
end
end % k

itpar.nv = nv;
% ------------------------------------------------------------
function  [ t, f, fit, itpar ] = move(th, t, f, fit, itpar, par)
```

```
% Pattern move

nv = itpar.nv;    ne = itpar.ne;    p = length(t);
v = t ./ th;
if  all(v == 1)
  itpar.D = itpar.D([2:p 1]).^.2;
return
end

% Proper move
rept = 1;
while  rept
tt = min(itpar.up, max(itpar.lo, t .* v));
   [ff  fitt] = objfunc(tt,par);   nv = nv + 1;
itpar.perf(:,nv) = [tt; ff; 3];
if  ff< f
      t = tt;   f = ff;   fit = fitt;
      v = v .^ 2;
else
itpar.perf(end,nv) = -3;
rept = 0;
end
if  any(tt == itpar.lo | tt == itpar.up), rept = 0; end
end

itpar.nv = nv;
itpar.D = itpar.D([2:p 1]).^.25;
```

3. predictor 子函数

```
function  [y, or1, or2, dmse] = predictor(x, dmodel)
% PREDICTOR  Predictor for y(x) using the given DACE model.
%
% Call:  y = predictor(x, dmodel)
%              [y, or] = predictor(x, dmodel)
%              [y, dy, mse] = predictor(x, dmodel)
%              [y, dy, mse, dmse] = predictor(x, dmodel)
```

```
%
% Input
% x        : trial design sites with n dimensions.
%                For mx trial sites x:
%                If mx = 1, then both a row and a column vector is accepted,
%                otherwise, x must be an mx * n matrix with the sites stored
%                rowwise.
% dmodel : Struct with DACE model; see DACEFIT
%
% Output
% y     : predicted response at x.
% or    : If mx = 1, then or = gradient vector/Jacobian matrix of predictor
%            otherwise, or is an vector with mx rows containing the estimated
%                          mean squared error of the predictor
% Three or four results are allowed only when mx = 1,
% dy    : Gradient of predictor; column vector with  n elements
% mse   : Estimated mean squared error of the predictor;
% dmse : Gradient vector/ Jacobian matrix of mse

  or1 = NaN;   or2 = NaN;   dmse = NaN;    % Default return values
if  isnan(dmodel.beta)
     y = NaN;
error('DMODEL has not been found')
end

 [m n] = size(dmodel.S);         % number of design sites and number of dimensions
sx = size(x);                    % number of trial sites and their dimension
if  min(sx) == 1 & n > 1 % Single trial point
nx = max(sx);
if  nx == n
mx = 1;  x = x(:).';
end
else
mx = sx(1);  nx = sx(2);
end
if  nx~= n
```

```
error(sprintf('Dimension of trial sites should be %d',n))
end

  % Normalize trial sites
  x = (x - repmat(dmodel.Ssc(1,:),mx,1)) ./ repmat(dmodel.Ssc(2,:),mx,1);
  q = size(dmodel.Ysc,2);   % number of response functions
  y = zeros(mx,q);          % initialize result

if  mx == 1  % one site only
dx = repmat(x,m,1) - dmodel.S;        % distances to design sites
if  nargout> 1                     % gradient/Jacobian wanted
        [ f df ] = feval(dmodel.regr, x);
        [ r dr ] = feval(dmodel.corr, dmodel.theta, dx);
        % Scaled Jacobian
dy = (df * dmodel.beta).' + dmodel.gamma * dr;
        % Unscaled Jacobian
        or1 = dy .* repmat(dmodel.Ysc(2, :)', 1, nx) ./ repmat(dmodel.Ssc
(2,:), q, 1);
if q == 1
          % Gradient as a column vector
          or1 = or1';
end
if  nargout> 2   % MSE wanted
rt = dmodel.C \ r;
            u = dmodel.Ft.' * rt - f.';
            v = dmodel.G \ u;
            or2 = repmat(dmodel.sigma2,mx,1) .* repmat((1 + sum(v.^2) - sum
(rt.^2))',1,q);

if  nargout > 3   % gradient/Jacobian of MSE wanted
            % Scaled gradient as a row vector
            Gv = dmodel.G' \ v;
            g = (dmodel.Ft * Gv - rt)' * (dmodel.C \ dr) - (df * Gv)';
            % Unscaled Jacobian
              dmse = repmat(2 * dmodel.sigma2',1,nx) .* repmat(g ./ dmodel.Ssc
(2,:),q,1);
```

```
if q = = 1
            % Gradient as a column vector
dmse = dmse';
end
end

end

else   % predictor only
       f = feval(dmodel. regr, x);
       r = feval(dmodel. corr, dmodel. theta, dx);
end

       % Scaled predictor
sy = f * dmodel. beta + (dmodel. gamma * r).';
       % Predictor
       y = (dmodel. Ysc(1,:) + dmodel. Ysc(2,:) . * sy)';

else   % several trial sites
       % Get distances to design sites
dx = zeros(mx * m,n);   kk = 1:m;
for  k = 1 : mx
dx(kk,:) = repmat(x(k,:),m,1) - dmodel. S;
kk = kk + m;
end
       % Get regression function and correlation
       f = feval(dmodel. regr, x);
       r = feval(dmodel. corr, dmodel. theta, dx);
       r = reshape(r, m, mx);

       % Scaled predictor
sy = f * dmodel. beta + (dmodel. gamma * r). ';
       % Predictor
       y = repmat(dmodel. Ysc(1,:),mx,1) + repmat(dmodel. Ysc(2,:),mx,1) . *
sy;
```

```
if   nargout> 1    % MSE wanted
rt = dmodel. C \ r;
        u = dmodel. G \ (dmodel. Ft. ' * rt - f. ');
        or1 = repmat(dmodel. sigma2,mx,1) . * repmat((1 + colsum(u. ^ 2) - col-
sum(rt. ^ 2))',1,q);
if   nargout> 2
disp('WARNING from PREDICTOR.   Only   y   and   or1 = mse   are computed')
end
end

end % of several sites
% >>>>>>>>>>>>>>>>>>>   Auxiliaryfunction   ====================
function   s = colsum(x)
% Columnwise sum of elements in   x
if   size(x,1) = = 1,   s = x;
else,
s = sum(x);
end
```

5.12.6 近似模型分析对比

由于电池箱的质量遵循与面板厚度的线性关系，因此采用 1 阶 RSM 来模拟质量。为了评估不同替代方案的准确性，模拟电池箱的动态和瞬态冲击响应，还使用 OLHS 方法产生了 30 个新的验证点。使用三个数值估计量，即 R^2、相对平均绝对误差（RAAE）和相对最大绝对误差（RMAE）来测量这些元模型的精度。计算结果总结在表 5.12.3 中。

表 5.12.3　不同近似模型精度评估

响应	近似模型	R^2	RAAE	RMAE
1 阶约束模态/Hz	1 阶 RSM	0.947 6	0.180 8	0.620 0
	2 阶 RSM	**0.990 2**	**0.080 5**	0.193 8
	3 阶 RSM	0.986 9	0.092 6	0.237 7
	4 阶 RSM	0.986 5	0.093 6	0.240 6
	KRG	0.979 5	0.097 7	0.532 9
	RBF	0.988 0	0.075 1	0.411 5

续表

响应	近似模型	R^2	RAAE	RMAE
x 轴瞬态冲击最大应力/MPa	1 阶 RSM	0.630 8	0.478 0	1.414 4
	2 阶 RSM	0.833 5	0.318 4	0.947 1
	3 阶 RSM	**0.844 0**	**0.318 0**	0.806 8
	4 阶 RSM	0.815 6	0.338 0	0.963 1
	KRG	0.788 1	0.332 2	1.328 7
	RBF	0.775 7	0.406 6	1.068 6
y 轴瞬态冲击最大应力/MPa	1 阶 PSM	0.774 6	0.396 6	1.359 3
	2 阶 PSM	0.892 6	0.265 6	0.796 7
	3 阶 PSM	0.873 2	0.294 8	0.614 3
	4 阶 PSM	0.846 7	0.325 8	0.830 5
	KRG	0.880 9	0.238 2	1.306 6
	RBF	**0.910 9**	**0.205 3**	1.202 8

对于本算例中模态频率的预测，2 阶 RSM 是最准确和适当的替代模型，其 R^2 值为 0.990 2，RAAE 值为 0.080 5，这表明整体设计空间具有良好的性能。对于具有相对较高的非线性度的瞬态加速度冲击分析，3 阶 RSM 和 RBF 是分别用于在 x 轴和 y 轴瞬态冲击下电池箱的最大全局应力预测的最合适的近似模型。

参 考 文 献

[1] Breitkopf P., Coelho R. F. Multidisciplinary Design Optimization in Computational Mechanics [M]. John Wiley & Sons Inc., 2010.

[2] 王振国，陈小前，罗文彩，等. 飞行器总体多学科设计优化理论与应用研究[M]. 北京：国防工业出版社，2006.

[3] 吴义忠，陈立平. 多领域物理系统的仿真优化方法[M]. 北京：科学出版社，2011.

[4] Hicken J. E., Alonso J. J. Course notes for AA222: Introductionto Multidisciplinary Design Optimization. Stanford University, 2012.

[5] Mastinu G., Gobbi M., Miano C. Optimal Design of Complex Mechanical Systems[M]. Springer, 2006.

[6] Myers R., Montgomery D. Response Surface Methodology: Process and Product Optimization Using Designed Experiments [M]. John Wiley & Sons, 1995.

[7] Roux W., Stander N., Haftka R. Response Surface Approximations for Structural Optimization [J]. International Journal for Numerical Methods in Engineering, 1998, 42: 517–534.

[8] de Weck O. MIT OpenCourseWare for ESD. 77: Multidisciplinary System Design Optimization. Massachusetts Institute of Technology, 2010.

[9] Martins J. R. Course notes for AEROSP 588: Multidisciplinary Design Optimization. University of Michigan, 2012.

第 6 章
多学科设计优化求解策略

优化算法及其合理选用技术是 MDO 的重要研究内容之一。确定适合解决相应复杂系统的多学科设计优化方法后，还需要为各级优化系统选取合适的优化算法。针对优化设计问题设定的求解原则，根据所确立的变量、约束和目标函数，优化算法确定寻优方向、寻优步长等因素，通过不断迭代，获得满足收敛条件的最优解。传统的单学科、单目标优化问题，根据问题本身的特点选取恰当的优化算法是相对成熟的技术，但对于 MDO 问题，由于问题及计算的复杂性、信息交换的复杂性和组织协调的复杂性等，优化算法在选取时会遇到诸多困难。针对不同的 MDO 及其子问题，对其选取合适的优化算法或者优化算法的组合是决定优化寻优效果的关键，而算法选取合理与否的关键在于对算法本身是否有较深刻的认知。因此，本章将针对优化算法的数学基础、常见的经典优化算法和智能优化算法进行介绍。

6.1 优化算法概述

关于优化，大数学家欧拉曾说过，“由于宇宙组成是最完美也是最聪明的造物主之产物，宇宙间万物都遵循某种最大或最小准则”，造物主应指自然律，核心是说优化是万物演化的自然选择和趋势，优化无处不在。优化也是人类的第二天性，人们总是在一系列不同的选择或限制下，自觉或不自觉地进行着最优化选择，比如试图最优化我们的快乐程度，购买物品或者服务时希望“物有所值”等。对于工程设计人员来说，总是力求取得工程问题的一组最合理的设计参数，使得由这组设计参数所确定的设计方案既满足各种设计标准、规范和技术要求，又能使某项或某些技术或经济指标达到最优，这就是最优化设计。

优化的本意是寻优过程，也就是寻找约束空间下给定函数取极大值或极小值的过程。优化过程的具体实施离不开优化算法，优化算法也称数学规划，是用科学方法和手段进行决策及确定最优解的数学方法。

优化算法研究的数学规划问题，是指能够用数学模型表达的最优化问题，且主要是通过数学方法来求解寻优的问题。在设计空间中进行寻优的方法一般包括解析法、数值法、图解法、实验比较法和研究分析法等诸多类型。优化算法主要指数值法和解析法。牛顿和莱布尼兹对微积分的贡献使具有最优化思想的微分学的发展成为可能；而伯努利、欧拉和拉格朗日等人则奠定了变分学的基础；柯西最早应用最速下降法求解无约束极小化问题。解析法主要是利用古典的微分学、变分学及拉格朗日乘子法等数学工具，求出函数的极值。解析法对于一般问题容易处理，但对于高次非线性问题等复杂问题的求解极其困难。数值法是利用函数局部区域上的一些特性及一些点的函数值等条件，通过数学迭代过程进行运算，逐步逼近函数的最优点，直至产生出最优解。

6.2 优化算法的发展简史

优化算法的发展可粗略地划分为以下三个阶段：

第一阶段，人类直觉优化。与人类的发展史同步，直接凭借人类的直觉或逻辑思维被发展出来，如黄金分割法、穷举法等经典的线性优化算法。

第二阶段，数学规划方法优化和工程优化。从牛顿发明微积分算起，电子计算机的出现使数学规划方法迅速发展并逐步在工程实践中得以广泛应用，诞生了牛顿法、可行方向法、序列二次规划法等诸多基于梯度信息的经典优化算法。优化算法与工程设计问题的结合大大提高了工程设计的工作效率和效果。

第三阶段，现代优化方法。现代优化方法包括遗传算法、模拟退火算法、蚁群算法、神经网络算法等，并采用专家系统技术实现寻优策略的自动选择和优化过程的自动控制，智能寻优策略迅速发展。

在优化算法发展历程中星光璀璨，许多杰出的数学家、物理学家、经济学家对优化算法的不断改进起到了积极的推动作用，并进而在社会生活的方方面面开展了大量的实践工作，取得了丰硕成果。在优化算法的发展过程中，主要有以下标志性的学者、事件，以及一些有趣的轶事。

最优化问题可以追溯到非常古老的极值问题。历史上最早记载下来的最优化问题是在公元前 300 年左右，古希腊的 Euclid（欧几里得）在其著作《几何原本》中证明了：在周长相同的一切矩形中，以正方形的面积为最大。

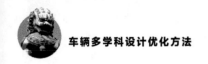

公元前 200 年，Zenodorus（芝诺多罗斯）对经典等周问题（Special Isoperimetric Problem）进行了研究，经典等周问题也被称为 Dido 问题（Dido' s Problem）。两曲线在它们的周长相等时称为等周。在给定长为 L 的 Jordan 曲线 J 中，求所围面积为最大的曲线，这就是经典等周问题。对应于三维空间，问题的解答是球面。也就是说，在具有给定表面积的闭曲面中，球有最大的体积。Dido 问题可以追溯到希腊以前的时代。故事说：古代腓尼基的提尔城公主 Dido（狄多）被迫离开自己的家园定居于北非的地中海沿岸，在那里她希望得到一块土地，并同意付给一笔固定的金额来换取用一张公牛皮能围起来的土地。精明的狄多把公牛皮切成非常细的条，把条与条的端点结起来，再去围出一个面积（一片土地），其周长正好等于这些细牛皮条的总长。而且她选的土地都是靠海的，所以沿海岸不用牛皮条。根据传奇所说，狄多决定牛皮条的总长应围成一个半圆，即围出最大面积的正确形状。

公元前 1 世纪，亚历山大的科学家 Heron（赫伦）发现由点 P 发出一条光线，当碰到平面镜 L 上的一点 R 时，朝 Q 点的方向射去，会使得 PR 和 QR 对此镜面成等角，也就是说从 P 经镜面到 Q 所走的路线是最短路径。

17、18 世纪微积分的建立给出了求函数极值的一些准则，对最优化的研究提供了某些理论基础。然而，在以后的两个世纪中，优化技术的进展缓慢，主要考虑了有约束条件的最优化问题，发展了变分法。

1615 年，Johannes Kepler（约翰尼斯·开普勒）模仿切西瓜的办法，把圆分成许多小的扇形。经过计算，开普勒得到圆的面积公式。用这种分割办法，求出了许多图形的面积。在其著作《葡萄酒桶的立体几何》中，经过计算，他发现奥地利酒桶的形状是使用同样材料能够装葡萄酒最多的形状。

开普勒还建立了最早版本的“择偶问题”（一个经典的动态规划问题，也被称作“秘书问题”“止步问题”“见好就收问题”“苏丹的嫁妆问题”等）。1611 年，开普勒的第一任妻子死于匈牙利斑疹热，出于抚养孩子和管理家务的需要，开普勒决定在 11 个候选人中选择一位作为自己的第二任妻子。在择偶的过程中，身为一个严谨的科学家，开普勒需要某种优选策略，一种即使不能保证成功（最优）但能将失望降至最低的方法。后来衍生为秘书问题：要聘请一名秘书，有 n 人来面试，每次面试一人，面试过后便要即时决定聘不聘用他，如果当时决定不聘用他，他便不再回来。面试时总能清楚了解求职者的适合程度，并能和之前的每个人作比较。问凭什么策略，才使选到最适合担任秘书的人的概率最大？基本解决策略如下：对于某些整数 r，其中 $1 \leqslant r < n$。先面试前面 r 个人，都不聘用他们，在之后的 $n-r$ 人中，如果任何一人比之前参加面试的人都更好，便聘用他。r 的最佳值应该是 $r \approx n/\mathrm{e} \approx 0.368n$，其中 e 是自然对

数的底。基于这个 r 值，得到最佳秘书的成功率是 1/e（约为 36.8%）。

1621 年，荷兰数学家和物理学家 W. van Royen Snell（威里布里德·斯涅耳，1591—1626）发现了光的折射定律，据此可由费马原理进一步得到光的最小时间原理，即光线永远沿用时最短的路径传播。

1646 年，法国数学家 P. de Fermat（皮埃尔·德·费马，1601—1665）给出了费马引理：函数的每一个极值都是驻点（函数的导数在该点为零）。该引理给出了一个求可微函数的最大值和最小值的方法。因此，利用费马引理，求函数的极值问题便化为解方程的问题。需要注意的是，费马引理仅仅给出了函数在某个点为极值的必要条件，也就是说，有些驻点不是极值点，它们是拐点。

1695 年，力学奠基人 Isaac Newton（艾萨克·牛顿）研究了在流体中运动的物体所受到的阻力，得到阻力与流体密度、物体迎流截面积以及运动速度的平方成正比的关系，并利用变分法求解了旋转对称体的流阻优化问题。

1696 年，瑞士数学家 Johann Bernoulli（约翰·伯努利）再次提出伽利略在 1630 年提出的最速降线问题（“一个质点在重力作用下，从一个给定点到不在它垂直下方的另一点，如果不计摩擦力，问沿着什么曲线滑下所需时间最短？”），并向全世界的数学家寻求解答方法。包括牛顿、莱布尼兹、伯努利和洛必达等许多著名学者给出了自己的解答，其中，牛顿在收到问题的当天就不眠不休，连续工作 12 个小时后寄出了自己的解决方案。最速降线实质上就是摆线，这个问题的求解过程导致变分法这一新学科的诞生，可以利用变分法实现最速降线问题的完备解答。

1733 年，瑞士数学家和物理学家 L. Euler（莱昂哈德·欧拉，1707—1783）在前述最速降线问题研究过程中所萌发的变分法基础上，在其著作《变分原理》（Elementa Calculi Variationum）中对变分法首次进行了详尽阐述。

1746 年，法国数学家和物理学家 P. L. Maupertuis（皮埃尔·路易·莫佩尔蒂，1698—1759）提出了最小作用量原理。最小作用量原理是物理学中描述客观事物规律的一种方法。最小作用量原理阐明，对于所有的自然现象，作用量趋向于最小值。前述的“光的最短路径原理”可被认为是最小作用量原理的早期表述。

1784 年，法国数学家、化学家和物理学家 G. Monge（加斯帕尔·蒙日，1746—1818）提出了一个最优运输问题（即 Monge 问题）：考虑把一定量的沙子从一地运到另一地，找到使总的运输费用最小的最优途径（数学上又称为最优映射）。最优运输问题是一类具有特殊结构的线性规划问题。

1806 年，法国数学家 Adrien Legendre（勒让德，1752—1833）提出了最小二乘法，通过最小化误差的平方和找到一组数据的最佳函数匹配。1801 年，意大利天文学家朱赛普·皮亚齐发现第一颗小行星——谷神星。经过 40 天的跟踪观测后，谷神星运行至太阳背后，使得皮亚齐失去了谷神星的位置。随后全世界的科学家利用皮亚齐的观测数据开始寻找谷神星，但是根据大多数人计算的结果来寻找谷神星都没有结果。高斯也计算了谷神星的轨道，奥地利天文学家海因里希·奥尔伯斯根据高斯计算出来的轨道重新发现了谷神星。高斯使用的最小二乘法 1809 年发表于其著作《天体运动论》中。勒让德于 1806 年独立发明了最小二乘法，但不为世人所知。勒让德曾与高斯为谁最早创立最小二乘法原理发生过争执。

1817 年，英国政治经济学家 D. Ricardo（大卫·李嘉图，1772—1823）在其出版的《政治经济学及赋税原理》中提出了“土地收益递减律”：在一定面积的土地上连续追加劳动或资本，其增加的收获量不能与劳动或资本的追加量保持同一比例，即劳动或资本的追加量超过一定界限以后，其收获量增加的比例呈现下降趋势。

1847 年，法国数学家 A. L. Cauchy（柯西，1789—1857）提出了最速下降法，这是第一种基于梯度的优化算法。最速下降法以负梯度方向为搜索方向，算法非常简单，并且通常对凸函数有良好的收敛性，是求解无约束优化问题最简单、最古老的方法之一。虽然已不具实用性，但是许多现实有效的算法是其变形或者受其启发而得到的。最速下降法是优化算法的基本方法之一，其优点是工作量少，存储变量较少，初始点要求不高；缺点是收敛慢，效率不高，有时达不到最优解。

1878 年，美国物理化学家 J. W. Gibbs（吉布斯，1839—1903）在其所发表的著名论文《论复相物质的平衡》中，提出了晶体生长最小表面能原理，即晶体在恒温和等容的条件下，如果晶体的总表面能最小，则相应的形态为晶体的平衡形态。当晶体趋向于平衡态时，它将调整自己的形态，使其总表面自由能最小。

1902 年，英国数学家 Gyula Farkas 所提出的 Farkas 引理成为证明最优性条件 Karush - Kuhn - Tucker（KKT）条件非常关键的基础。

1917 年，H. Hancock 出版了史上第一本优化设计方面的专著。

1930 年，意大利数学家 K. Menger（孟戈）提出了著名的“旅行推销员问题（简称 TSP，也称货郎担问题）”：一位旅行推销员要到许多不同的城市，到每一个城市的顺序任意，但要走遍每一个城市，而且要使所需路程的总和最少（以保证旅费支出最少），该如何选择路线？这个数学问题被深入研究，成为许多优化方法研究的一个基准案例。与 TSP 类似的是旅行推销员的哈密尔顿环路问题：已知一个由一些城市和连接这些城市的航线组成的网络，是否存在一条旅行路线，使起点和终点都在同一城市，而其他每个城市恰好只经过一次？TSP 属于组合优化问题，迄今尚未找到有效的求解方法。这是一个非线性规划类问题，解题的计算量与城市数为阶乘关系。

Hassler Whitney 在普林斯顿大学介绍了 TSP 后，这个问题很快在 20 世纪五六十年代的欧洲和美国科学界流行。兰德公司的 George Dantzig 等人将 TSP 作为一个整数线性规划和改进的切割平面问题求解。利用这些新的求解方法，他们构建了一个最佳周游，解决了一个含 49 个城市的实例。在接下来的几十年中，该问题被许多数学、计算机科学、化学、物理和其他学科的研究者研究。在 20 世纪 70 年代末和 80 年代初，问题有了重大突破，Grötschel 等人采用切割平面法与分支定界，成功地解决了最多含 2 392 个城市的实例。2005 年，Cook 等人找到通过 33 810 个城市的最佳周游，这是目前最大的求解实例。

1939 年，美国数学家 William Karush 在其硕士论文中第一次提出不等式约束问题的必要和充分条件，之后在一份由 Harold W. Kuhn 及 Albert W. Tucker 撰写的会议论文出现后受到重视，形成了著名的 KKT 条件。KKT 条件是非线性规划问题有最优化解的必要和充分条件。

数学规划方法主要是在第二次世界大战期间发展起来的一个新的数学分支，线性规划与非线性规划是其主要内容。

1939 年，苏联数学家 Leonid Vitaliyevich Kantorovich（1975 年诺贝尔经济学奖获得者，1912—1986）针对被指定的胶合板生产问题，通过对生产计划和经济问题的研究，出版了《生产计划和组织的数学方法》一书。这是最早应用线性规划来研究生产问题的经典文献，是线性规划的奠基工作之一。运筹学和线性规划被称为 20 世纪最伟大的 10 项发明之一。运筹学和线性规划能够帮助制定更好的决策和优化系统。线性规划则是保证运筹学能够使用的一项工具，是一种数学推动的优化方法，被用于计算最优可能方案。线性规划在工业、经济、国防等许多重要领域有着广泛的应用。

1947 年，美国数学家 George Dantzig（丹齐克）提出了单纯形法，单纯形法的创建标志着线性规划理论的诞生。当时单纯形法的研究目的主要是为第二次世界大战中的美国空军服务，用于制订生产计划以降低成本并提高作战效能，因此该算法在提出之后曾长时间作为机密未获公开。线性规划问题是研究在线性约束条件下，求线性函数的极值问题。线性规划作为运筹学的一个重要分支，是运筹学中应用最广泛的方法之一，已被广泛应用于解决经济管理和工业生产中遇到的实际问题。在几何上，线性规划可理解为求凸多面体最低的点。丹齐克提出的求解线性规划的单纯形法本质上就是每次从凸多面体的一个顶点走到相邻的一个更低的顶点而逐步找到最低点的方法。单纯形法等方法的陆续提出，使得最优化真正成为一门独立学科被建立起来。

1947 年，美籍匈牙利数学家 John von Neumann（约翰·冯·诺伊曼，现代电子计算机创始人之一，1903—1957）提出了线性规划中的对偶理论：每一个线性规划问题都伴随有另一个线性规划问题，称为对偶问题。对偶问题有许多重要的特征，它的变量能提供关于原始问题最优解的许多重要信息，有助于原始问题的求解和分析。早在 1928 年，诺伊曼在研究对策论时发现线性规划与对策论之间存在着密切的联系，两人零和对策可表达成线性规划的原始问题和对偶问题。他于 1947 年正式提出对偶理论。1951 年，丹齐克引用对偶理论求解线性规划的运输问题，研究出确定检验数的位势法原理。1954 年 C·莱姆基提出对偶单纯形法，成为管理决策中进行灵敏度分析的重要工具。对偶理论有许多重要应用：在原始的和对偶的两个线性规划中求解任何一个规划时，会自动地给出另一个规划的最优解；当对偶问题比原始问题有较少约束时，求解对偶规划比求解原始规划要方便得多。

1949 年，在美国芝加哥召开了第一届优化设计方面的国际学术会议（数学规划国际研讨会）。

1952 年，H. Markowitz（哈里·马科维茨，1927—）在其经典论文《资产选择》(Portfolio Selection）中第一次从风险资产的收益率和风险的关系出发，提出证券的组合投资是为了实现风险一定情况下的收益最大化或收益一定情况下的风险最小化，所提出的投资组合理论奠定了现代投资理论的基础，运用数理统计方法全面细致地分析了何为最优的资产结构和如何选择最优的资产结构。马科维茨关于资产选择的理论有助于投资者选择最有利的投资，以求得最佳的资产组合，使投资报酬最高，而其风险最小。因在金融经济学方面做出了开创性工作，他获得了 1990 年的诺贝尔经济学奖。

1956 年，L. R. Ford（1886—1967）和 D. R. Fulkerson（1924—1976）提出了网络最大流理论，指出最大流的流值等于最小割（截集）的容量这个重要事实，并根据这一原理设计了求最大流的方法。最大流问题的研究加深了图论和运筹学，特别是与线性规划的联系，开辟了图论应用的新途径。网络最大流问题是一个经典的组合优化问题，同时也是一个特殊的线性规划问题。最大流问题在交通、通信、电力等工程领域和应用数学、生物、物理和化学等科学领域均有广泛的应用。

1953 年，美国数学家 R. Bellman（1920—1984）等人在研究多阶段决策过程的优化问题时，提出了著名的最优化原理，把多阶段过程转化为一系列单阶段问题，利用各阶段之间的关系，逐个求解，创立了解决这类过程优化问题的新方法——动态规划。1957 年出版了其名著《动态规划》，这是该领域的第一本著作。动态规划是运筹学的一个分支，是求解决策过程最优化的数学方法。

动态规划程序设计是求解最优化问题的一种途径、一种方法，而不是一种特殊算法。动态规划算法的基本思想是，将待求解问题分解成若干个子问题，先求解子问题，然后从这些子问题的解得到原问题的解。多阶段决策问题中，各个阶段采取的决策，一般来说是与时间有关的，决策依赖于当前状态，又随即引起状态的转移，一个决策序列就是在变化的状态中产生出来的，故有“动态”的含义，称这种解决多阶段决策最优化问题的方法为动态规划方法。动态规划程序设计往往是针对一种最优化问题，由于各种问题的性质不同，确定最优解的条件也互不相同，因而动态规划的设计方法对不同的问题有各具特色的解题方法，而不存在一种万能的动态规划算法可以解决各类最优化问题。虽然动态规划主要用于求解以时间划分阶段的动态过程的优化问题，但是一些与时间无关的静态规划（如线性规划、非线性规划），只要人为地引进时间因素，把它视为多阶段决策过程，也可以用动态规划方法方便地求解。自动态规划问世以来，其在工程技术、生产调度、经济管理和最优控制等方面得到了广泛应用。例如最短路线、库存管理、资源分配、设备更新等问题，用动态规划方法比用其他方法求解更为方便。

1959 年，美国物理学家和数学家 W. C. Davidon（1927 —2013）提出了第一版的拟牛顿法。在之后的 20 年里，拟牛顿法得到蓬勃发展，出现了大量变形公式以及数以百计的相关论文。拟牛顿法和最速下降法一样，只要求每一步迭代时知道目标函数的梯度，通过测量梯度的变化，构造一个目标函数的模型使之足以产生超线性收敛性。如今，拟牛顿法已成为求解非线性优化问题最有效的方法之一，其中的 DFP 算法（Davidon - Fletcher - Powell Formula）最为知名。有关优化软件中包含大量的拟牛顿算法，用来解决无约束、约束和大规模优化问题。

1960 年，荷兰数学家 Guus Zoutendijk（约坦狄克，1929—2005）在其博士论文《Methods of Feasible Directions, A Study in Linear and Non - linear Programming》中提出了可行方向法，用以解决非线性规划问题。

1963 年，Wilson 首次提出序列二次规划方法（简称 SQP 方法），但该方法直到 20 世纪 70 年代中期才引起人们的重视并得到发展。由于 Wilson 的方法在构造 QP 子问题时需要计算拉格朗日函数在迭代点的 Hesse 矩阵，计算工作量较大。1976 年，S. P. Han（韩世平）借鉴无约束优化的拟牛顿法在迭代过程中利用对称正定矩阵替代 Hesse 矩阵的思想，基于 Lagrange - Newton 法提出了一种利用对称正定矩阵替代矩阵的序列二次规划法。Powell 于 1977 年进一步修正了韩世平的方法，他的工作使得 SQP 算法逐渐成熟，最终形成了 Wilson - Han -

Powell（WHP）方法，成为解非线性约束问题最有效的方法之一。

1975 年，遗传算法之父 John Holland（约翰·霍兰德）在其著作《自然与人工系统中的适应》中系统阐述了第一代遗传算法的原理，推动了后续智能算法的蓬勃兴起。

1977 年，美国学者 Raphael Haftka 在 AIAA 期刊发表了题为《Optimization of Flexible Wing Structures Subject to Strength and Induced Drag Constraints》的论文，这是多学科设计优化领域公开出版的第一篇论文。

1978 年，法国数学家 Marie - Odile Bristeau 和 Olivier Pironneau 在其论文中首次提出使用伴随法进行灵敏度分析，介绍了如何用“局部边界变分法”对目标函数关于区域边界扰动进行灵敏度分析，并应用在各种椭圆边值问题控制的空气动力学形状优化设计问题中。

1979 年，苏联数学家 Kachiyan 提出了多项式时间算法，用于解决线性规划问题，在美国造成了巨大轰动和影响。

1982 年，美国 NASA 工程师美籍波兰人 Sobieszczanski - Sobieski 在研究大型结构优化问题求解的一篇文献中，首次提出了 MDO 的思想。在其随后发表的一系列文章中，对 MDO 问题进行了进一步阐述，为 MDO 的发展奠定了基础。

1984 年，美国贝尔实验室的印度数学家 Narendra Karmarkar 提出了具有多项式复杂度的内点法，可用于求解线性规划或非线性凸优化问题。与单纯形法沿着可行域边界寻优不同，Karmarkar 算法的基本思想是从凸多面体的内部逐步靠近最优解。Karmarkar 算法是建立在单纯形结构之上，从初始内点出发，每次迭代中通过空间变换将现行解置于多胞形的中心，沿着最速下降方向，从可行域内部直接走向最优解。由于在可行域内部寻优，故而对大规模线性规划问题，当约束条件和变量数目增加时，内点法的迭代次数变换较少，收敛性和计算速度均优于单纯形法。Karmarkar 算法激发了后续其他几种内点法的发展，其中某些方法当前仍在优化软件中被用于求解线性规划问题。

1986 年，由美国 AIAA、NASA、USAF、IOAI 四家机构联合召开了第一届“多学科分析与优化”专题研讨会，之后该学术研讨会每两年召开一次，目前已演变成国际性学术会议。MDO 作为独立的研究领域，于 20 世纪 80 年代后期逐渐形成。

1988 年，Jameson 在其论文《Aerodynamic Design Via Control Theory》中，提出在 CFD 气动设计中引入偏微分方程系统的控制理论，以设计对象——边界几何形状为控制函数，流动方程为等式约束，把设计问题视为控制问题，开辟了一个新的气动外形设计途径，发展出了一种连续伴随方法。

1995年，J. Kennedy和R. C. Eberhart等开发出粒子群算法这一新的进化算法。粒子群算法的基本概念源于对鸟群觅食行为的研究，是一种并行算法。从随机解出发，通过迭代寻找最优解，它也是通过适应度来评价解的品质，但比遗传算法规则更为简单，没有遗传算法的“交叉”和“变异”操作，通过追随当前搜索到的最优值来寻找全局最优。粒子群算法具有实现容易、精度高、收敛快等优点，在实际问题解决中具有较好的优越性。

1991年，美国AIAA成立了专门的MDO技术委员会，并发表了关于MDO现状的第一份白皮书。该白皮书以航空航天工业发展为背景，结合工程设计中多学科耦合的特点、MDO研究现状和MDO的人为因素，分析了开展MDO研究的必要性，指出MDO的主要研究问题是优化方法（体系）和优化算法，列举了MDO发展的若干核心技术——信息标准化、模型参数化、灵敏度分析、优化算法和数学模型的建立等。此文的发表标志着MDO作为一个新的研究领域正式诞生。

1998年，MDO技术委员会在调查了美国波音、通用电气等几家大型企业MDO应用现状的基础上，发表了第二份白皮书。这份白皮书论述了企业界对MDO技术的需求，总结了利用MDO技术的方法、经验，提出了还需解决的问题。在美国政府与工业界的共同推动下，MDO技术的研究和应用工作进入快车道，取得了诸多成果。

6.3　优化算法的数学基础

对于优化算法，其作用的实质是在可行的设计空间内寻求目标函数的极值。高等数学中的极值问题主要是针对一元或二元函数进行讨论的，而一般的优化问题，其目标函数通常为多元函数。因此，在学习优化算法之前，有必要对多元函数的性质及极值条件进行简要介绍。

6.3.1　函数的方向导数与梯度

6.3.1.1　方向导数

二元函数 $f(x_1, x_2)$ 在 $\boldsymbol{X}_0(x_{10}, x_{20})$ 点处的偏导数，其定义为

$$\left.\frac{\partial f}{\partial x_1}\right|_{\boldsymbol{X}_0} = \lim_{\Delta x_1 \to 0} \frac{f(x_{10}+\Delta x_1, x_{20}) - f(x_{10}, x_{20})}{\Delta x_1} \tag{6.3-1}$$

$$\left.\frac{\partial f}{\partial x_2}\right|_{\boldsymbol{X}_0} = \lim_{\Delta x_2 \to 0} \frac{f(x_{10}, x_{20}+\Delta x_2) - f(x_{10}, x_{20})}{\Delta x_2} \tag{6.3-2}$$

式中，$\left.\frac{\partial f}{\partial x_1}\right|_{\boldsymbol{X}_0}$ 和 $\left.\frac{\partial f}{\partial x_2}\right|_{\boldsymbol{X}_0}$ 分别是函数 $f(x_1, x_2)$ 在 $\boldsymbol{X}_0$ 点处沿坐标轴 x_1 和 x_2 方向的变化率。因此，函数 $f(x_1, x_2)$ 在 $\boldsymbol{X}_0(x_{10}, x_{20})$ 点处沿某一方向 $\boldsymbol{P}$（见图 6.3.1）的变化率定义为

$$\left.\frac{\partial f}{\partial P}\right|_{X_0}=\lim_{\Delta P\to 0}\frac{f(x_{10}+\Delta x_1,\ x_{20}+\Delta x_2)-f(x_{10},\ x_{20})}{\Delta P}\tag{6.3-3}$$

并称为该函数沿此方向的方向导数。式中，ΔP 为点 $\boldsymbol{X}_0$ 与点 $\boldsymbol{X}$ 之间的距离（$\Delta P=\sqrt{\Delta x_1^2+\Delta x_2^2}$）。据此，偏导数 $\left.\frac{\partial f}{\partial x_1}\right|_{X_0}$ 和 $\left.\frac{\partial f}{\partial x_2}\right|_{X_0}$ 也可看成函数 $f(x_1,\ x_2)$ 分别沿 x_1、x_2 坐标轴方向的方向导数。所以，方向导数是偏导数概念的推广，偏导数是方向导数的特例。

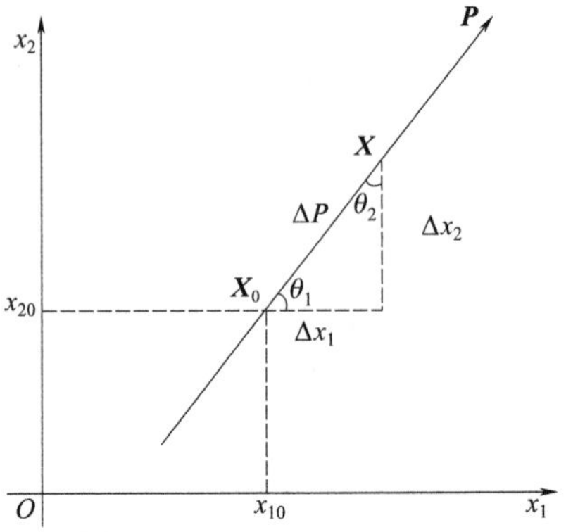

图 6.3.1 方向导数的几何表示

方向导数与偏导数之间的定量关系，可从下述推导中求得。对于二元函数

$$\begin{aligned}\left.\frac{\partial f}{\partial P}\right|_{X_0}&=\lim_{\Delta P\to 0}\frac{f(x_{10}+\Delta x_1,\ x_{20}+\Delta x_2)-f(x_{10},\ x_{20})}{\Delta P}\\&=\lim_{\Delta P\to 0}\frac{f(x_{10}+\Delta x_1,\ x_{20})-f(x_{10},\ x_{20})}{\Delta x_1}\times\frac{\Delta x_1}{\Delta P}+\\&\quad\lim_{\Delta P\to 0}\frac{f(x_{10}+\Delta x_1,\ x_{20}+\Delta x_2)-f(x_{10}+\Delta x_1,\ x_{20})}{\Delta x_2}\times\frac{\Delta x_2}{\Delta P}\\&=\left.\frac{\partial f}{\partial x_1}\right|_{X_0}\cos\theta_1+\left.\frac{\partial f}{\partial x_2}\right|_{X_0}\cos\theta_2\end{aligned}\tag{6.3-4}$$

类似地，可得到 n 元函数 $f(x_1,\ x_2,\ \cdots,\ x_n)$ 在 $\boldsymbol{X}_0$ 点处沿 $\boldsymbol{P}$ 方向的方向导数

$$\begin{aligned}\left.\frac{\partial f}{\partial P}\right|_{X_0}&=\left.\frac{\partial f}{\partial x_1}\right|_{X_0}\cos\theta_1+\left.\frac{\partial f}{\partial x_2}\right|_{X_0}\cos\theta_2+\cdots+\left.\frac{\partial f}{\partial x_1}\right|_{X_n}\cos\theta_n\\&=\sum_{i=1}^{n}\frac{\partial f}{\partial x_i}\cos\theta_i\end{aligned}\tag{6.3-5}$$

式中，$\cos\theta_i$ 为 $\boldsymbol{P}$ 方向和坐标 x_i 方向之间夹角的余弦，$\cos\theta_i=\Delta x_i/\Delta P$。

6.3.1.2 梯度的概念

式（6.3-4）可以改写成以下形式：

$$\left.\frac{\partial f}{\partial P}\right|_{X_0}=\left.\frac{\partial f}{\partial x_1}\right|_{X_0}\cos\theta_1+\left.\frac{\partial f}{\partial x_2}\right|_{X_0}\cos\theta_2=\left(\frac{\partial f}{\partial x_1}\quad\frac{\partial f}{\partial x_2}\right)_{X_0}\begin{pmatrix}\cos\theta_1\\ \cos\theta_2\end{pmatrix}$$

令

$$\nabla f(\boldsymbol{X}_0)\equiv\begin{pmatrix}\dfrac{\partial f}{\partial x_1}\\[2mm]\dfrac{\partial f}{\partial x_2}\end{pmatrix}=\left(\frac{\partial f}{\partial x_1}\quad\frac{\partial f}{\partial x_2}\right)_{X_0}^{\mathrm{T}}\tag{6.3-6}$$

并称它为函数 $f(x_1, x_2)$ 在 $\boldsymbol{X}_0$ 点处的梯度，其模为

$$\|\nabla f(\boldsymbol{X}_0)\|=\sqrt{\left(\frac{\partial f}{\partial x_1}\right)^2+\left(\frac{\partial f}{\partial x_2}\right)^2} \tag{6.3-7}$$

设 $\boldsymbol{P}\equiv\begin{pmatrix}\cos\theta_1\\ \cos\theta_2\end{pmatrix}$为 $\boldsymbol{P}$ 方向的单位向量，则有

$$\left.\frac{\partial f}{\partial P}\right|_{\boldsymbol{X}_0}=\nabla f(\boldsymbol{X}_0)^{\mathrm{T}}\boldsymbol{P} \tag{6.3-8}$$

即函数 $f(x_1, x_2)$ 在 $\boldsymbol{X}_0$ 点处沿 $\boldsymbol{P}$ 方向的方向导数 $\left.\frac{\partial f}{\partial P}\right|_{\boldsymbol{X}_0}$，等于函数在该点处的梯度与 $\boldsymbol{P}$ 方向单位向量的内积。如果以 θ 表示两向量 ∇f 与 $\boldsymbol{P}$ 的正方向之间的夹角，根据两向量的数积（或点积）的规定，则有

$$\left.\frac{\partial f}{\partial P}\right|_{\boldsymbol{X}_0}=\nabla f(\boldsymbol{X}_0)^{\mathrm{T}}\boldsymbol{P}=\|\nabla f(\boldsymbol{X}_0)\|\cos\theta \tag{6.3-9}$$

$f(x_1, x_2)$ 的等值线如图 6.3.2 所示。

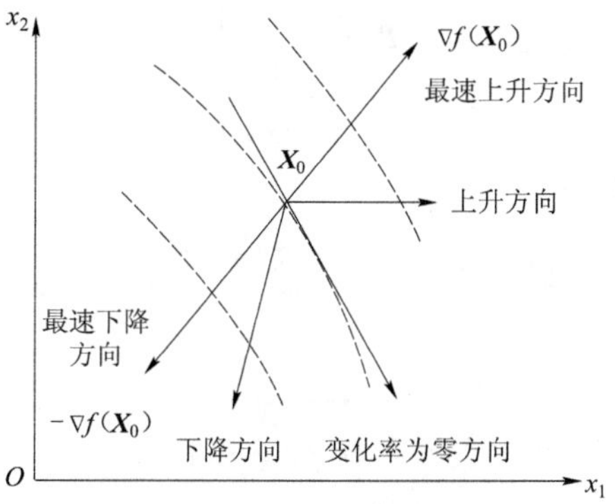

图 6.3.2　梯度的几何描述

$$f(x_1, x_2)=C$$

式中，C 为任意常数。

在点 $\boldsymbol{X}_0$ 处等值线的切线方向 $\boldsymbol{P}$ 是函数变化率为零的方向，即有

$$\left.\frac{\partial f}{\partial P}\right|_{\boldsymbol{X}_0}=\|\nabla f(\boldsymbol{X}_0)\|\cos\theta=0$$

所以 $\cos\theta=0$。亦即梯度 $\nabla f(\boldsymbol{X}_0)$ 和切线方向 $\boldsymbol{P}$ 垂直，从而推得梯度方向为等值面的法线方向。当 $\cos\theta=1$，亦即梯度方向与 $\boldsymbol{P}$ 方向重合时，函数的变化率为最大，见式（6.3-9）。可见，梯度方向为函数变化率最大值方向，也就是最速上升方向；负梯度方向为函数变化率最小值方向，即最速下降方向。梯度的模就是函数的最大变化率。

将二元函数推广到多元函数，对于函数 $f(x_1, x_2, \cdots, x_n)$ 在 $\boldsymbol{X}_0(x_{10}, x_{20}, \cdots, x_{n0})$ 处的梯度 $\nabla f(\boldsymbol{X}_0)$，可定义为

$$\nabla f(\boldsymbol{X}_0) \equiv \begin{pmatrix} \dfrac{\partial f}{\partial x_1} \\ \dfrac{\partial f}{\partial x_2} \\ \vdots \\ \dfrac{\partial f}{\partial x_n} \end{pmatrix} = \left(\frac{\partial f}{\partial x_1} \quad \frac{\partial f}{\partial x_2} \quad \cdots \quad \frac{\partial f}{\partial x_n} \right)^{\mathrm{T}}_{\boldsymbol{X}_0} \tag{6.3-10}$$

沿 $\boldsymbol{P}$ 的方向导数可表示为

$$\left.\frac{\partial f}{\partial P}\right|_{\boldsymbol{X}_0} = \sum_{i=1}^{n} \left(\frac{\partial f}{\partial x_i} \right)_{\boldsymbol{X}_0} \cos\theta_i = \nabla f(\boldsymbol{X}_0)^{\mathrm{T}} \boldsymbol{P} = \| \nabla f(\boldsymbol{X}_0) \| \cos\theta \tag{6.3-11}$$

式中

$$\boldsymbol{P} \equiv \begin{pmatrix} \cos\theta_1 \\ \cos\theta_2 \\ \vdots \\ \cos\theta_n \end{pmatrix}$$

为 $\boldsymbol{P}$ 方向上的单位向量；

$$\| \nabla f(\boldsymbol{X}_0) \| = \left[\sum_{i=1}^{n} \left(\frac{\partial f}{\partial x_i} \right)^2_{\boldsymbol{X}_0} \right]^{\frac{1}{2}} \tag{6.3-12}$$

为梯度 $\nabla f(\boldsymbol{X}_0)$ 的模；

$$\boldsymbol{d} = \frac{\nabla f(\boldsymbol{X}_0)}{\| \nabla f(\boldsymbol{X}_0) \|} \tag{6.3-13}$$

为梯度方向上的单位向量，它与等值面 $f(\boldsymbol{X}) = C$ 上过点 $\boldsymbol{X}_0$ 的一切曲线垂直。

综上所述，函数的梯度具有以下特征：

（1）函数在一点的梯度是由函数在该点上的所有一阶偏导数组成的向量。梯度的方向是该点函数值上升最快的方向，梯度的大小就是它的模。

（2）函数在一点的梯度方向与函数过该点的等值线（面）的切线（平面）相垂直，或者说是该点等值线（面）的外法线方向。

（3）梯度是函数在一点邻域内局部性态的描述。在邻域内上升得快的方向，离开邻域后就不一定上升得快，甚至可能下降。

6.3.2 多元函数的泰勒展开

为了便于数学问题的分析和求解，往往需要将一个复杂的非线性函数简化

成线性函数或二次函数，简化的方法一般采用泰勒（Taylor）展开。

由高等数学可知，一元函数 $f(x)$ 若在点 x_k 的邻域内 n 阶可导，则函数可在该点的邻域内作如下泰勒展开：

$$f(x)=f(x_k)+f'(x_k)\cdot(x-x_k)+\frac{1}{2!}f''(x_k)\cdot(x-x_k)^2+\cdots+R_n$$

式中，R_n 为余项。

所以，二元函数 $f(x_1, x_2)$ 在 $\boldsymbol{X}_0(x_{10}, x_{20})$ 点处的泰勒展开式为

$$f(x_1, x_2)=f(x_{10}, x_{20})+\left.\frac{\partial f}{\partial x_1}\right|_{\boldsymbol{X}_0}\Delta x_1+\left.\frac{\partial f}{\partial x_2}\right|_{\boldsymbol{X}_0}\Delta x_2+\frac{1}{2}\left(\left.\frac{\partial^2 f}{\partial x_1^2}\right|_{\boldsymbol{X}_0}\Delta x_1^2+2\left.\frac{\partial^2 f}{\partial x_1\partial x_2}\right|_{\boldsymbol{X}_0}\Delta x_1\Delta x_2+\left.\frac{\partial^2 f}{\partial x_2^2}\right|_{\boldsymbol{X}_0}\Delta x_2^2\right)+\cdots \tag{6.3-14a}$$

式中，$\Delta x_1=x_1-x_{10}$，$\Delta x_2=x_2-x_{20}$。

将上式写成矩阵形式，有

$$\begin{aligned}f(\boldsymbol{X})&=f(\boldsymbol{X}_0)+\begin{pmatrix}\frac{\partial f}{\partial x_1} & \frac{\partial f}{\partial x_2}\end{pmatrix}_{\boldsymbol{X}_0}\begin{pmatrix}\Delta x_1\\ \Delta x_2\end{pmatrix}+\frac{1}{2}\begin{pmatrix}\Delta x_1 & \Delta x_2\end{pmatrix}\begin{pmatrix}\frac{\partial^2 f}{\partial x_1^2} & \frac{\partial^2 f}{\partial x_1\partial x_2}\\ \frac{\partial^2 f}{\partial x_2\partial x_1} & \frac{\partial^2 f}{\partial x_2^2}\end{pmatrix}_{\boldsymbol{X}_0}\begin{pmatrix}\Delta x_1\\ \Delta x_2\end{pmatrix}+\cdots\\ &=f(\boldsymbol{X}_0)+\nabla f(\boldsymbol{X}_0)^{\mathrm{T}}\Delta\boldsymbol{X}+\frac{1}{2}\Delta\boldsymbol{X}^{\mathrm{T}}\boldsymbol{H}(\boldsymbol{X}_0)\Delta\boldsymbol{X}+\cdots\end{aligned} \tag{6.3-14b}$$

式中

$$\boldsymbol{H}(\boldsymbol{X}_0)=\begin{pmatrix}\frac{\partial^2 f}{\partial x_1^2} & \frac{\partial^2 f}{\partial x_1\partial x_2}\\ \frac{\partial^2 f}{\partial x_2\partial x_1} & \frac{\partial^2 f}{\partial x_2^2}\end{pmatrix}_{\boldsymbol{X}_0}$$

称为函数 $f(x_1, x_2)$ 在 $\boldsymbol{X}_0$ 点处的 Hessian 矩阵。由于函数的二次连续性，有

$$\left.\frac{\partial^2 f}{\partial x_1\partial x_2}\right|_{\boldsymbol{X}_0}=\left.\frac{\partial^2 f}{\partial x_2\partial x_1}\right|_{\boldsymbol{X}_0}$$

故 $\boldsymbol{H}(\boldsymbol{X}_0)$ 矩阵为对称方阵。

多元函数 $f(x_1, x_2, \cdots, x_n)$ 在 $\boldsymbol{X}_0$ 点处泰勒展开式的矩阵形式为

$$f(\boldsymbol{X})=f(\boldsymbol{X}_0)+\nabla f(\boldsymbol{X}_0)^{\mathrm{T}}\Delta\boldsymbol{X}+\frac{1}{2}\Delta\boldsymbol{X}^{\mathrm{T}}\boldsymbol{H}(\boldsymbol{X}_0)\Delta\boldsymbol{X}+\cdots$$

式中

$$\nabla f(\boldsymbol{X}_0)=\left(\frac{\partial f}{\partial x_1}\quad\frac{\partial f}{\partial x_2}\quad\cdots\quad\frac{\partial f}{\partial x_n}\right)^{\mathrm{T}}_{\boldsymbol{X}_0}$$

为函数 $f(\boldsymbol{X})$ 在 $\boldsymbol{X}_0$ 点处的梯度，而

$$\boldsymbol{H}(\boldsymbol{X}_0)=\begin{pmatrix}\frac{\partial^2 f}{\partial x_1^2} & \frac{\partial^2 f}{\partial x_1\partial x_2} & \cdots & \frac{\partial^2 f}{\partial x_1\partial x_n}\\ \frac{\partial^2 f}{\partial x_2\partial x_1} & \frac{\partial^2 f}{\partial x_2^2} & \cdots & \frac{\partial^2 f}{\partial x_2\partial x_n}\\ \vdots & \vdots & \ddots & \vdots\\ \frac{\partial^2 f}{\partial x_n\partial x_1} & \frac{\partial^2 f}{\partial x_n\partial x_2} & \cdots & \frac{\partial^2 f}{\partial x_n^2}\end{pmatrix} \tag{6.3-15}$$

为函数 $f(\boldsymbol{X})$ 在 $\boldsymbol{X}_0$ 点处的 Hessian 矩阵。或简记为

$$\boldsymbol{H}(\boldsymbol{X})=\left(\frac{\partial^2 f(x)}{\partial x_i\partial x_j}\right)\quad(i,\ j=1,\ 2,\ \cdots,\ n)$$

这是一个由二阶偏导数组成的 $n\times n$ 阶对称方阵。

若将函数的泰勒展开式只取到线性项，即

$$Z(\boldsymbol{X})=f(\boldsymbol{X}_0)+\nabla f(\boldsymbol{X}_0)^{\mathrm{T}}(\boldsymbol{X}-\boldsymbol{X}_0)$$

则 $Z(\boldsymbol{X})$ 是过 $\boldsymbol{X}_0$ 点与函数 $f(\boldsymbol{X})$ 所代表的超曲面相切的切平面。

6.3.3 多元函数的极值条件及其凸性

6.3.3.1 极值条件

优化设计方法是使目标函数取得极值。对于二元函数 $f(x_1,\ x_2)$，若在 $\boldsymbol{X}_0(x_{10},\ x_{20})$ 点处取得极值，其必要条件是

$$\left.\frac{\partial f}{\partial x_1}\right|_{\boldsymbol{X}_0}=\left.\frac{\partial f}{\partial x_2}\right|_{\boldsymbol{X}_0}=0$$

即

$$\nabla f(\boldsymbol{X}_0)=0$$

为了判断 $\boldsymbol{X}_0$ 是否为极值点，还需要建立极值的充分条件。

若设

$$A=\left.\frac{\partial^2 f}{\partial x_1^2}\right|_{\boldsymbol{X}_0},\quad B=\left.\frac{\partial^2 f}{\partial x_1\partial x_2}\right|_{\boldsymbol{X}_0},\quad C=\left.\frac{\partial^2 f}{\partial x_2^2}\right|_{\boldsymbol{X}_0}$$

则式（6.3-14）可改写为

$$f(x_1,\ x_2)=f(x_{10},\ x_{20})+\frac{1}{2A}[(A\Delta x_1+B\Delta x_2)^2+(AC-B^2)\Delta x_2^2]+\cdots$$

若 $f(x_1,\ x_2)$ 在 $\boldsymbol{X}_0$ 点处取得极小值，则要求在 $\boldsymbol{X}_0$ 点附近的所有 $\boldsymbol{X}$ 点均满足

$$f(x_1,\ x_2)=f(x_{10},\ x_{20})>0$$

即要求

$$\frac{1}{2A}\left[(A\Delta x_1+B\Delta x_2)^2+(AC-B^2)\Delta x_2^2\right]>0$$

或

$$A>0,\ AC-B^2>0$$

此条件反映了 $f(x_1, x_2)$ 在 $\boldsymbol{X}_0$ 点处的 Hessian 矩阵 $\boldsymbol{H}(\boldsymbol{X}_0)$ 的各阶主子式均大于零，即二元函数在某点处取得极值的充分条件是要求在该点处的Hessian矩阵为正定。

对于多元函数 $f(x_1, x_2, \cdots, x_n)$，若在 $\boldsymbol{X}^*$ 点处取得极值，则极值的必要条件为

$$\nabla f(\boldsymbol{X}^*)=\left(\frac{\partial f}{\partial x_1}\quad \frac{\partial f}{\partial x_2}\quad \cdots \quad \frac{\partial f}{\partial x_n}\right)^{\mathrm{T}}_{\boldsymbol{X}^*}=0 \tag{6.3-16}$$

极值的充分条件为 Hessian 矩阵正定，即要求 $\boldsymbol{H}(\boldsymbol{X}^*)$ 的下列各阶主子式均大于零：

$$\left.\frac{\partial^2 f}{\partial x_1^2}\right|_{\boldsymbol{X}^*}>0$$

$$\left|\begin{matrix}\dfrac{\partial^2 f}{\partial x_1^2} & \dfrac{\partial^2 f}{\partial x_1\partial x_2}\\ \dfrac{\partial^2 f}{\partial x_2\partial x_1} & \dfrac{\partial^2 f}{\partial x_2^2}\end{matrix}\right|_{\boldsymbol{X}^*}>0$$

$$\left|\begin{matrix}\dfrac{\partial^2 f}{\partial x_1^2} & \dfrac{\partial^2 f}{\partial x_1\partial x_2} & \dfrac{\partial^2 f}{\partial x_1\partial x_3}\\ \dfrac{\partial^2 f}{\partial x_2\partial x_1} & \dfrac{\partial^2 f}{\partial x_2^2} & \dfrac{\partial^2 f}{\partial x_2\partial x_3}\\ \dfrac{\partial^2 f}{\partial x_3\partial x_1} & \dfrac{\partial^2 f}{\partial x_3\partial x_2} & \dfrac{\partial^2 f}{\partial x_3^2}\end{matrix}\right|_{\boldsymbol{X}^*}>0$$

$$\cdots\cdots \tag{6.3-17}$$

$$\boldsymbol{H}(\boldsymbol{X}^*)>0$$

6.3.3.2 凸集与凸函数

1. 凸集

设 Ω 为 n 维欧式空间中设计点 X 的一个集合，若其中任意两点 x_1 与 x_2 的连线都属于集合 Ω，则称 Ω 是 n 维欧式空间的一个凸集；否则为非凸集。凸集与非凸集的几何解析如图 6.3.3 所示。

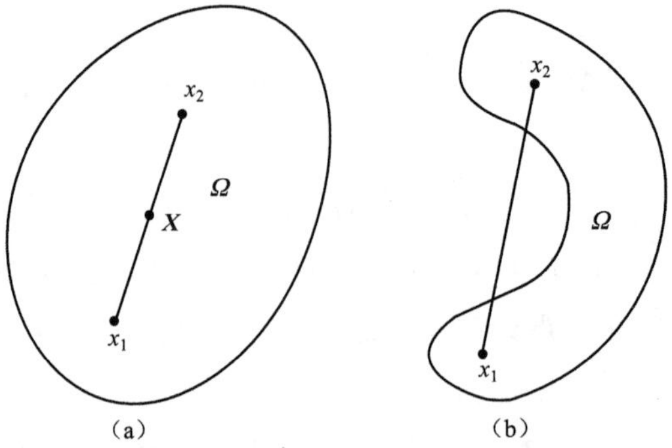

图 6.3.3 凸集与非凸集的几何解析
(a)凸集；(b)非凸集

凸集的数学描述如下：在 n 维空间中，x_1 和 x_2 连线上任意一点 $\boldsymbol{X}$ 可表示为

$$X=\alpha x_1+(1-\alpha)x_2 \tag{6.3-18}$$

式中，$0<\alpha<1$。若 x_1，$x_2\in\Omega$，对应于 α 的一切值，均有 $\boldsymbol{X}\in\Omega$，则 Ω 为凸集。

2. 凸函数的定义

设 Ω 为 E^n 中的一个凸集，$f(\boldsymbol{X})$ 是定义在 Ω 上的一个函数，如果对于 Ω 内任意两点 x_1 和 x_2，不等式

$$f[\alpha x_1+(1-\alpha)x_2]\leqslant\alpha f(x_1)+(1-\alpha)f(x_2) \tag{6.3-19}$$

对于一切 $0<\alpha<1$ 都成立，则称 $f(\boldsymbol{X})$ 为 Ω 上的凸函数。

3. 凸性条件

(1) 若函数 $f(\boldsymbol{X})$ 在 E^n 上可微，对于所有 $x_1\in E^n$，$x_2\in E^n$，且 $x_1\neq x_2$，$f(\boldsymbol{X})$ 为凸函数的充要条件是

$$f(x_2)\geqslant f(x_1)+\nabla^{\mathrm{T}}f(x_1)(x_2-x_1) \tag{6.3-20}$$

若上式以“>”号成立，则 $f(\boldsymbol{X})$ 为严格凸函数。

(2) 若 $f(\boldsymbol{X})$ 二阶可微，则 $f(\boldsymbol{X})$ 在凸集上为凸函数的充要条件为：对于所有 $\boldsymbol{X}\in\Omega$，Hessian 矩阵 $\boldsymbol{H}(\boldsymbol{X})$ 为半正定。$\boldsymbol{H}(\boldsymbol{X})$ 对所有 $\boldsymbol{X}\in\Omega$ 为正定，是 $f(\boldsymbol{X})$ 在 Ω 上为严格凸函数的充分条件。

4. 函数的凸性与极值的关系

设 $f(\boldsymbol{X})$ 为凸集 Ω 上的一个凸函数，则 $f(\boldsymbol{X})$ 的任何极值点同时也是它的最优点。若 $f(\boldsymbol{X})$ 为一个严格凸函数，则它有唯一的最优点。

6.3.4　无约束问题的极值条件

由微分理论可知，一元函数 $f(x)$ 在点 x_k 取得极值的必要条件是函数在该点的一阶导数等于零，充分条件是对应的二阶导数不等于零，即

$$\begin{cases} f'(x_k)=0 \\ f''(x_k)\neq 0 \end{cases} \tag{6.3-21}$$

当 $f''(x_k)>0$ 时，函数 $f(x)$ 在点 x_k 处取得极小值。当 $f''(x_k)<0$ 时，函数 $f(x)$ 在点 x_k 处取得极大值。极值点和极值分别记作 $x^*=x_k$ 和 $f^*=f(x_k)$。

与此相似，多元函数 $f(\boldsymbol{X})$ 在点 $\boldsymbol{X}^k$ 取得极值的必要条件是函数在该点的所有方向导数都等于零，也就是说函数在该点的梯度等于零，即

$$\nabla f(\boldsymbol{X}^k)=0$$

把函数在点 $\boldsymbol{X}^k$ 展开成泰勒二次近似式，并将以上必要条件代入，整理后得

$$f(\boldsymbol{X})-f(\boldsymbol{X}^k)=\frac{1}{2}(\boldsymbol{X}-\boldsymbol{X}^k)^{\mathrm{T}}\nabla^2 f(\boldsymbol{X}^k)(\boldsymbol{X}-\boldsymbol{X}^k)$$

当 $\boldsymbol{X}^k$ 为函数的极小值点时，因为有 $f(\boldsymbol{X})-f(\boldsymbol{X}^k)>0$，故必有

$$(\boldsymbol{X}-\boldsymbol{X}^k)^{\mathrm{T}}\nabla^2 f(\boldsymbol{X}^k)(\boldsymbol{X}-\boldsymbol{X}^k)>0$$

此式说明函数的二阶导数矩阵必须是正定的，这就是多元函数取得极小值的充分条件。由此可知，多元函数在点 $\boldsymbol{X}^k$ 取得极小值的充要条件是：函数在该点的梯度为零，二阶导数矩阵为正定，即

$$\nabla f(\boldsymbol{X}^k)=0 \tag{6.3-22}$$

$$\nabla^2 f(\boldsymbol{X}^k)\ \text{正定} \tag{6.3-23}$$

同理，多元函数在点 $\boldsymbol{X}^k$ 取得极大值的充要条件是：函数在该点的梯度等于零，二阶导数矩阵为负定。若二阶导数矩阵 $\nabla^2 f(\boldsymbol{X}^k)$ 不定，则 $\boldsymbol{X}^k$ 为非极值点。

一般来说，式（6.3-23）对最优化问题只有理论意义，因为就实际问题而言，由于目标函数比较复杂，二阶导数矩阵不容易求得，二阶导数矩阵正定性的判断更加困难。因此，具体的最优化算法，只将式（6.3-22）作为判断极小值点的终止准则。

6.3.5　约束问题的极值条件

约束问题的极值有多种状态，如图 6.3.4 所示。其中，图 6.3.4（a）为目标函数的极小值点在约束可行域内的情况，此时目标函数的极小值点也就是约

束问题的极小值点；图 6.3.4（b）为目标函数的极小值点在可行域外的情况，此时约束问题的极小值点是约束边界上的一点，该点是约束边界与目标函数的一条等值线的切点；图 6.3.4（c）中有两个极值点，一个是目标函数的等值线与约束边界的切点，另一个是两条约束边界线的交点。

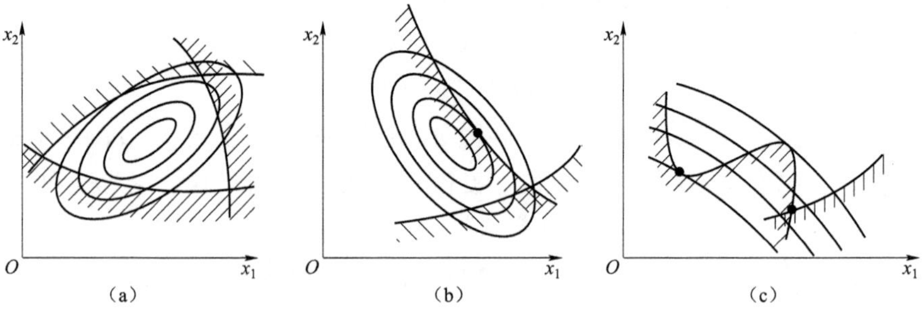

图 6.3.4 约束问题的极值

可见，约束问题的极值条件比无约束问题复杂得多。下面分别就等式约束和不等式约束两种情况加以讨论。

1. 等式约束问题的极值条件

由高等数学可知，对于等式约束最优化问题

$$\min f(\boldsymbol{X})$$
$$\text{s.t. } h_v(\boldsymbol{X})=0 \quad (v=1,\ 2,\ \cdots,\ m)$$

可以建立如下拉格朗日函数：

$$L(\boldsymbol{X},\boldsymbol{\lambda})=f(\boldsymbol{X})+\sum_{v=1}^{m}\lambda_v h_v(\boldsymbol{X})$$

式中，$\boldsymbol{\lambda}=(\lambda_1,\ \lambda_2,\ \cdots,\ \lambda_n)^{\mathrm{T}}$称为拉格朗日乘子向量。

令$\nabla L(\boldsymbol{X},\boldsymbol{\lambda})=0$，得

$$\nabla f(\boldsymbol{X})+\sum_{v=1}^{m}\lambda_v\nabla h_v(\boldsymbol{X})=0 \qquad (6.3-24)$$

λ_v不全为零

这就是等式约束问题在点 $\boldsymbol{X}$ 取得极值的必要条件。此式可概括为：在等式约束的极值点上，目标函数的负梯度等于诸约束函数梯度的非零线性组合。

2. 不等式约束问题的极值条件

对于不等式约束问题

$$\min f(\boldsymbol{X})$$

$$\text{s. t. } g_u(\boldsymbol{X}) \leqslant 0 \quad (u=1, 2, \cdots, p)$$

引入 p 个松弛变量 $x_{n+u}(u=1, 2, \cdots, p)$，可将上面的不等式约束问题变成等式约束问题：

$$\min f(\boldsymbol{X})$$

$$\text{s. t. } g_u(\boldsymbol{X}) + x_{n+u}^2 = 0 \quad (u=1, 2, \cdots, p)$$

建立这一问题的拉格朗日函数

$$L(\boldsymbol{X}, \lambda, \bar{\boldsymbol{X}}) = f(\boldsymbol{X}) + \sum_{u=1}^{p} \lambda_u [g_u(\boldsymbol{X}) + x_{n+u}^2]$$

式中，$\bar{\boldsymbol{X}} = (x_{n+1}, x_{n+2}, \cdots, x_{n+p})^{\mathrm{T}}$ 为松弛变量组成的向量。

令该拉格朗日函数的梯度等于零，即

$$\nabla L(\boldsymbol{X}, \lambda, \bar{\boldsymbol{X}}) = 0$$

则有

$$\left.\begin{aligned} \frac{\partial L}{\partial \boldsymbol{X}} &= \nabla f(\boldsymbol{X}) + \sum_{u=1}^{p} \lambda_u \nabla g_u(\boldsymbol{X}) = 0 \\ \frac{\partial L}{\partial \lambda} &= g_u(\boldsymbol{X}) + x_{n+u}^2 = 0 \\ \frac{\partial L}{\partial \bar{\boldsymbol{X}}} &= 2\lambda_u x_{n+u} = 0 \quad (u = 1, 2, \cdots, p) \end{aligned}\right\} \qquad (6.3-25)$$

从式（6.3－25）的第二式和第三式可知，当 $\lambda_i \neq 0$ 时有 $x_{n+i}=0$ 和 $g_i(\boldsymbol{X})=0$。这说明点 $\boldsymbol{X}$ 在 $g_i(\boldsymbol{X}) \leqslant 0$ 的约束边界上，$g_i(\boldsymbol{X}) \leqslant 0$ 是点 $\boldsymbol{X}$ 起作用的约束。注意到约束条件为“≤”的形式，可知约束函数的梯度为正且指向可行域外。此时为使点 $\boldsymbol{X}$ 成为约束极小值点，目标函数的梯度必须指向可行域之内，为满足式（6.3－25）的第一式，必须有 $\lambda_i > 0$。

当 $\lambda_i = 0$ 时有 $x_{n+i} \neq 0$ 和 $g_i(\boldsymbol{X}) < 0$，说明点 $\boldsymbol{X}$ 在可行域内，此时的极小值点就是目标函数的梯度等于零的点。

根据上述分析可知，不等式约束问题的极小值点要么在可行域内取得，要么在约束边界上取得。其条件可概括为

$$\left.\begin{aligned} \nabla f(\boldsymbol{X}) + \sum_{i \in I_k} \lambda_i \nabla g_i(\boldsymbol{X}) = 0 \\ \lambda_i \geqslant 0 \quad (i \in I_k) \end{aligned}\right\} \qquad (6.3-26)$$

式中，$g_i(\boldsymbol{X}) \leqslant 0 \ (i \in I_k)$ 为点 $\boldsymbol{X}$ 的起作用约束。

式（6.3－26）是不等式约束问题的极值条件，其意义可概括为：在不等式约束问题的极小值点上，目标函数的负梯度等于起作用约束梯度的非负线性组合。其几何意义如图 6.3.5 所示，即在不等式约束问题的极小值点上，目标函

数的负梯度位于起作用约束梯度所成的夹角或锥体之内。在非极小值点上，目标函数的负梯度位于起作用约束梯度所成的夹角或锥体之外。

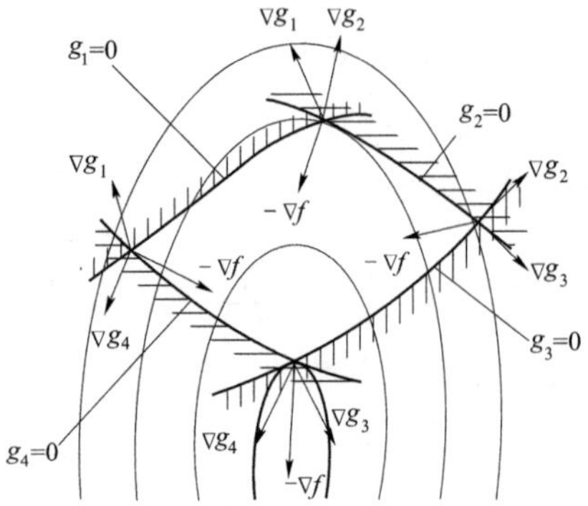

图 6. 3. 5　不等式约束问题的 k - t 条件

式（6. 3 - 24）和式（6. 3 - 26）也称 Kuhn - Tucker 条件，简称 k - t 条件。k - t 条件是约束问题极值的必要条件。满足 k - t 条件的点称为 k - t 点，一般情况下，k - t 点就是约束问题的最优点。因此 k - t 条件既可以用作约束问题的终止条件，也可以用来直接求解简单的约束最优化问题。

6.4　经典优化算法

6.4.1　线性搜索法

线性搜索是构成非线性最优化算法的基本算法，因为多元函数的迭代求解可归结为在一系列逐步产生的下降方向上的线性搜索。

对于函数 $f(\boldsymbol{X})$ 来说，从点 $\boldsymbol{X}^k$ 出发，在方向 $\boldsymbol{S}^k$ 上的线性搜索可用数学表达式表达如下：

$$\left.\begin{aligned} \min f(\boldsymbol{X}^k+\alpha\boldsymbol{S}^k) &= f(\boldsymbol{X}^k+\alpha_k\boldsymbol{S}^k) \\ \boldsymbol{X}^{k+1} &= \boldsymbol{X}^k+\alpha_k\boldsymbol{S}^k \end{aligned}\right\} \tag{6.4-1}$$

此式表示对包含唯一变量 α 的一元函数 $f(\boldsymbol{X}^k+\alpha\boldsymbol{S}^k)$ 求极小值，得到最优步长因子 α_k 和方向 $\boldsymbol{S}^k$ 上的线性极小值点 $\boldsymbol{X}^{k+1}$。

线性搜索的数值迭代算法可分两步进行。首先确定一个包含极小值点的初始区间，然后采用逐步缩小区间或反复插值逼近的方法求得满足一定精度要求的最优步长和极小值点。

6.4.1.1　确定初始区间

设 $f(x)$ 在考察区间内为一单谷函数，即区间内只存在一个极小值点。这样在极小值点的左侧，函数单调下降；在极小值点的右侧，函数单调上升。若已知该区间

内的相邻三个点 $x_1<x_2<x_3$ 及其对应的函数值 $f(x_1)$，$f(x_2)$ 和 $f(x_3)$，便可以通过比较这三个函数值的大小估计出极小值点所在的方位，如图 6.4.1 所示。

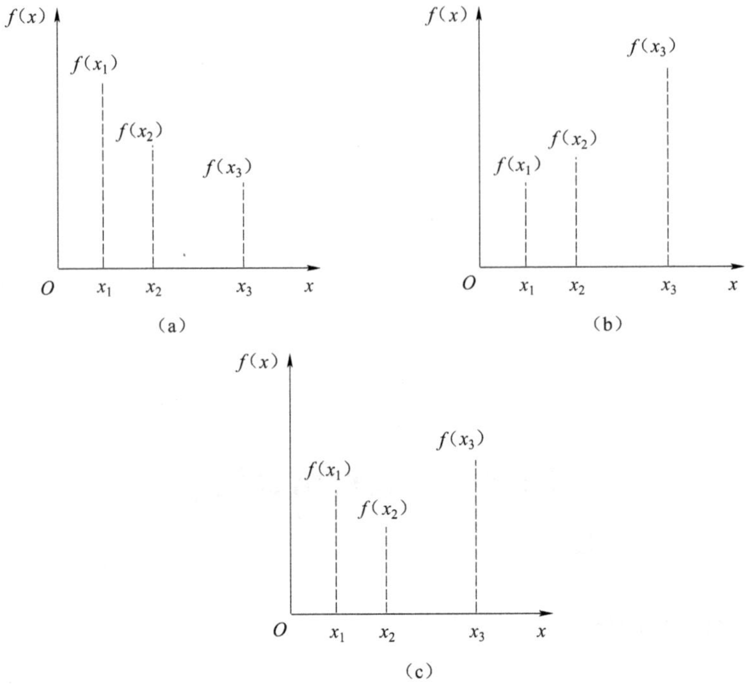

图 6.4.1　极小值点估计

（1）若 $f(x_1)>f(x_2)>f(x_3)$，则极小值点位于 x_2 的右侧。

（2）若 $f(x_1)<f(x_2)<f(x_3)$，则极小值点位于 x_2 的左侧。

（3）若 $f(x_1)>f(x_2)<f(x_3)$，则极小值点位于 x_1 和 x_3 之间，$[x_1, x_3]$ 就是一个包含极小值点的区间。

可见，在某一方向上按一定方式逐次产生一系列探测点，并比较这些探测点上函数值的大小，就可以找出函数值呈“大—小—大”变化的三个相邻点。其中两边的两个点所确定的闭区间内必定包含极小值点，这样的闭区间称为初始区间，记作 $[a, b]$。这种寻找初始区间的方法可归结为以下计算步骤：

（1）给定初始点 x_0 和初始步长 h，令 $x_1=x_0$，记 $f_1=f(x_1)$。

（2）产生新的探测点 $x_2=x_0+h$，记 $f_2=f(x_2)$。

（3）比较函数值 f_1 和 f_2 的大小，确定向前或向后探测的策略。

若 $f_1>f_2$，则加大步长，令 $h=2h$，转到（4）向前探测；若 $f_1<f_2$，则调转方向，令 $h=-h$，并将 x_1 和 x_2，f_1 和 f_2 的数值分别对调，然后转至（4）向后探测。进退探测如图 6.4.2 所示。

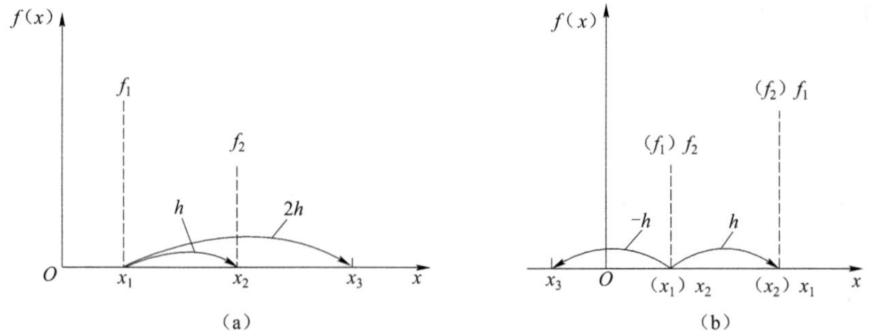

图 6.4.2　进退探测

（4）产生新的探测点 $x_3=x_0+h$，记 $f_3=f(x_3)$。

（5）比较函数值 f_2 和 f_3 的大小。

若 $f_2<f_3$，则初始区间已经得到，令 $c=x_2$，$f_c=f_2$，当 $h>0$ 时，令 $[a, b]=[x_1, x_3]$；当 $h<0$ 时，令 $[a, b]=[x_3, x_1]$。

若 $f_2>f_3$，则继续加大步长，令 $h=2h$，$x_1=x_2$，$x_2=x_3$，转至（4）继续探测。

经分析可知，在上述确定初始区间的过程中，初始步长 h 的大小必须选择恰当，太大时，产生的点 x_1 或 x_2 可能超出单谷区间的范围；太小时会延长确定初始区间的过程。一般情况下取初始步长 $h=1.0$。

6.4.1.2　缩小区间

线性搜索就是在给定的方向和初始区间上不断缩小区间，以得到该方向上的线性极小值点的数值算法。缩小区间的基本方法是，在已知区间内插入两个不同的中间点，通过比较这两个点上函数值的大小，舍去不包含极小值点的部分，将原区间缩小一次。

在区间 $[a, b]$ 内，任选两个中间插入点 x_1 和 x_2（$x_1<x_2$），如图 6.4.3 所示，并比较这两个点上的函数值。

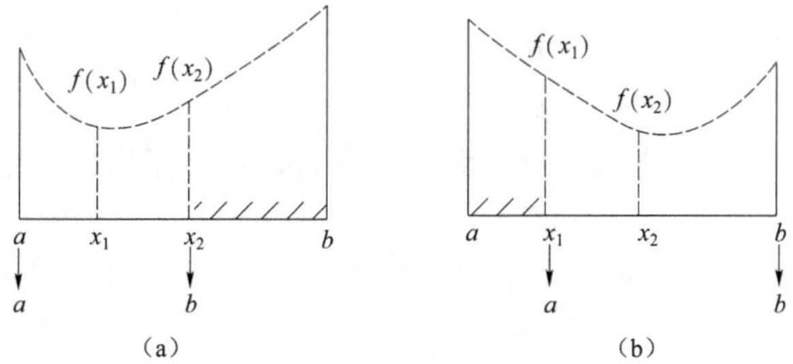

图 6.4.3　缩小区间的方法

(1) 如果 $f(x_1)<f(x_2)$，则根据单谷区间的性质可知，极小值点必在 a 和 x_2 之间，于是可舍去区间 $[x_2, b]$，得到新的包含极小值点的区间 $[a, b]=[a, x_2]$。

(2) 如果 $f(x_1)>f(x_2)$，则极小值点必位于 x_1 和 b 之间，舍去区间 $[a, x_1]$，得到缩小后的新区间 $[a, b]=[x_1, b]$。

不断重复上述过程，就可以将包含极小值点的区间逐渐缩小，当区间长度 $b-a$ 小于给定精度 ε 或区间内中间两个点的距离小于 ε 时，便可将区间内的某一个点作为该方向上的近似极小值点。

可见，只要引入任意两个中间插入点就可将区间缩小一次。但是，不同的中间插入点所产生的区间缩小效果是不同的，得到线性极小值点的速度也是不同的。不同的中间插入点的产生方法构成了不同的线性搜索算法。黄金分割法和二次插值法就是其中最常用的两种算法。

6.4.2 最速下降法

最速下降法以负梯度方向作为极小化算法的下降方向，也称为梯度法，是无约束最优化中最简单的方法。由于负梯度方向是函数值下降最快的方向，故得此名称。

优化设计是追求目标函数值 $f(x)$ 最小，因此一个很自然的想法是从某点 x 出发，其搜索方向 $\boldsymbol{d}$ 取该点的负梯度方向 $-\nabla f(\boldsymbol{X})$（最速下降方向），使函数值在该点附近的范围内下降最快。沿梯度方向函数值下降最快的原因分析如下：

将目标函数 $f(\boldsymbol{X})$ 在点 $\boldsymbol{X}^k$ 处泰勒展开可得

$$f(\boldsymbol{X}^{k+1})=f(\boldsymbol{X}^k)+\alpha_k\boldsymbol{g}_k^{\mathrm{T}}\boldsymbol{d}+o(\alpha) \tag{6.4-2}$$

式中，$o(\alpha)$ 为高阶无穷小。

在式（6.4-2）中，高阶无穷小可以忽略。因此，要使 $f(\boldsymbol{X}^{k+1})$ 取到最小值，应使 $\boldsymbol{g}_k^{\mathrm{T}}\boldsymbol{d}$ 取到最小。因为 $\boldsymbol{g}_k^{\mathrm{T}}\boldsymbol{d}$ 为两个向量的点积，所以假设向量 $\boldsymbol{d}$ 与负梯度 $-\boldsymbol{g}_k$ 的夹角为 θ，则 $\boldsymbol{g}_k^{\mathrm{T}}\boldsymbol{d}$ 的值为

$$\boldsymbol{g}_k^{\mathrm{T}}\boldsymbol{d}=-|\boldsymbol{g}_k||\boldsymbol{d}|\cos\theta=-|\boldsymbol{g}_k|\cos\theta$$

可见，θ 为 0 时上式取得最小值。也就是说，$\boldsymbol{d}$ 取 $-\boldsymbol{g}_k$ 时，目标函数值下降得最快。

按此规律不断走步，形成以下迭代算法：

$$\begin{aligned}\boldsymbol{S}^k&=-\nabla f(\boldsymbol{X}^k)\\ \boldsymbol{X}^{k+1}&=\boldsymbol{X}^k+\alpha_k\boldsymbol{S}^k\end{aligned} \tag{6.4-3}$$

或者

$$X^{k+1}=X^{k}-\alpha_{k}\nabla f(X^{k})$$

式中，α_k 为最优步长因子，由以下线性搜索确定：

$$\begin{aligned}f(X^{k+1})&=f[X^{k}-\alpha_{k}\nabla f(X^{k})]=\min f[X^{k}-\alpha_{k}\nabla f(X^{k})]\\&=\min f(\alpha)\end{aligned}$$

根据极值的必要条件和复合函数的求导公式，对上式求导，并令其等于零得

$$f'(\alpha)=-\{\nabla f[X^{k}-\alpha_{k}\nabla f(X^{k})]\}^{T}\nabla f(X^{k})=0$$

对于比较简单的问题，由上式可直接求得最优步长因子 α_k，进而求出线性极小值点 X^{k+1}。还可把上式写作

$$\nabla f(X^{k+1})^{T}\nabla f(X^{k})=0 \tag{6.4-4}$$

式（6.4-4）表明，相邻两迭代点的梯度是彼此正交的。也就是说，在梯度法的迭代过程中，相邻的搜索方向相互垂直。这意味着用梯度法迭代时，向极小值点逼近的路径是一条曲折的阶梯形路线，而且越接近极小值点，阶梯越小，前进速度越慢，如图 6.4.4 所示。

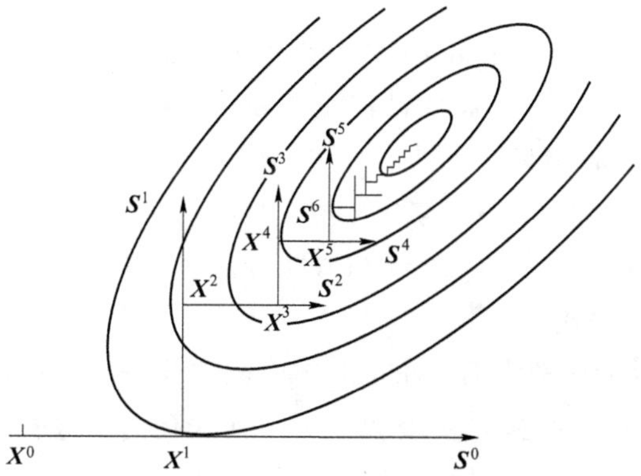

图 6.4.4　迭代法的迭代路线

梯度法的这一迭代特点是由梯度的性质决定的，因为梯度是函数在一点邻域内局部变化率的数学描述。最速下降法是利用最速下降方向求函数极小值的方法，这相当于在爬山中沿着山坡最陡的方向往前爬。表面上看来，最速下降法是个完美的方法：该方法所用的方向是最好的（使函数降得最快），步长也是最好的（使函数在搜索方向上最小）。但是，最速下降法不仅不是一个最好的方法，反倒是一个很差的方法。沿一点的负梯度方向前进时，在该点邻域内函数下降得最快，但是离开该邻域后，函数就不一定继续下降得快，甚至不再下降。也就是说，以负梯度作为搜索方向，从局部看每一步都可使函数值获得

较快的下降速度，但从全局看却走了很多弯路，故梯度法的计算速度较慢。可以证明，梯度法只具有线性收敛速度。

从图 6.4.4 中可以看出，在梯度法的迭代过程中，离极小值点较远时，一次迭代得到的函数下降量较大。或者说，梯度法在远离极小值点时向极小值点的逼近速度较快，而越接近极小值点逼近速度越慢。正是基于这一特点，许多收敛性较好的算法，在开始的第一步迭代都采用负梯度方向作为搜索方向。

梯度法的收敛速度与目标函数的性质密切相关，对于一般函数来说，梯度法的收敛速度较慢。但对于等值线为同心圆（球）的目标函数，从任何初始点出发，线性搜索即可达到极小值点。可见，若能通过适当的坐标变换，改善目标函数的性态，则可以大大提高梯度法的收敛速度。

梯度法的迭代步骤如下：

（1）给定初始点 $\boldsymbol{X}^0$ 和收敛精度 ε（$\varepsilon>0$），置 $k=0$。

（2）计算梯度，并构造搜索方向：

$$\boldsymbol{S}^k=-\nabla f(\boldsymbol{X}^k)$$

（3）线性搜索并求新的迭代点：

$$\min f(\boldsymbol{X}^k+\alpha\boldsymbol{S}^k)\rightarrow\alpha_k$$

$$\boldsymbol{X}^{k+1}=\boldsymbol{X}^k+\alpha_k\boldsymbol{S}^k$$

（4）收敛判断。若满足

$$\|\nabla f(\boldsymbol{X}^{k+1})\|\leqslant\varepsilon$$

则令最优解 $\boldsymbol{X}^*=\boldsymbol{X}^{k+1}$，$f(\boldsymbol{X}^*)=f(\boldsymbol{X}^{k+1})$，终止计算；否则，令 $k=k+1$，转到步骤（2）继续迭代。

1988 年，加拿大数学家 Borwein 和 Barzilai 提出一个巧妙的办法来改进最速下降法：将上一次迭代的最好步长留着下一次迭代用。这一小小的改动，导致新算法效率惊人地提高，几乎可以达到与共轭梯度法类似的效果。该方法的提出使得优化专家们对梯度法有了新的认识，引发了大量的后续研究。

6.4.3 牛顿法

牛顿法是经典的优化算法，它的搜索方向是根据目标函数的负梯度和二阶导数矩阵构造的，称为牛顿方向。牛顿法分为基本牛顿法和阻尼牛顿法两种。

6.4.3.1 基本牛顿法

对于一元函数 $f(\boldsymbol{X})$，假定已给出极小值点 $\boldsymbol{X}^*$ 的一个较好的近似点 $\boldsymbol{X}_0$，

则在 $\boldsymbol{X}_0$ 处将进行泰勒展开到二次项，得二次函数 $\phi(\boldsymbol{X})$。按极值条件 $\phi'(\boldsymbol{X})=0$，得 $\phi(\boldsymbol{X})$ 极小值点 $\boldsymbol{X}_1$，用它作为 $\boldsymbol{X}^*$ 的第一个近似点。然后在 $\boldsymbol{X}_1$ 处进行泰勒展开，并求得第二个近似点 $\boldsymbol{X}_2$。如此迭代下去，得到一维情况下的牛顿迭代公式：

$$\boldsymbol{X}_{k+1}=\boldsymbol{X}_k-\frac{f'(\boldsymbol{X}_k)}{f''(\boldsymbol{X}_k)} \quad (k=0,\ 1,\ 2\cdots)$$

对于多元函数 $f(\boldsymbol{X})$，设 $\boldsymbol{X}^k$ 为 $f(\boldsymbol{X})$ 极小值点 $\boldsymbol{X}^*$ 的一个近似点，在 $\boldsymbol{X}^k$ 处将 $f(\boldsymbol{X})$ 进行泰勒展开，并保留到二次项，得

$$f(\boldsymbol{X})\approx f(\boldsymbol{X}^k)+[\nabla f(\boldsymbol{X}^k)]^{\mathrm{T}}(\boldsymbol{X}-\boldsymbol{X}^k)+\frac{1}{2}(\boldsymbol{X}-\boldsymbol{X}^k)^{\mathrm{T}}\nabla^2 f(\boldsymbol{X}^k)(\boldsymbol{X}-\boldsymbol{X}^k) \tag{6.4-5}$$

式中，$\nabla^2 f(\boldsymbol{X}^k)$ 为 $f(\boldsymbol{X})$ 在 $\boldsymbol{X}^k$ 处的 Hessian 矩阵。

令函数 $f(\boldsymbol{X})$ 的梯度等于零，并设 $\boldsymbol{X}^{k+1}$ 是函数的极小值点，有

$$\nabla f(\boldsymbol{X}^{k+1})=\nabla f(\boldsymbol{X}^k)+\nabla^2 f(\boldsymbol{X}^{k+1})(\boldsymbol{X}^{k+1}-\boldsymbol{X}^k)=0$$

由此解得

$$\boldsymbol{X}^{k+1}=\boldsymbol{X}^k-[\nabla^2 f(\boldsymbol{X}^k)]^{-1}\nabla f(\boldsymbol{X}^k)$$

令

$$\boldsymbol{S}^k=-[\nabla^2 f(\boldsymbol{X}^k)]^{-1}\nabla f(\boldsymbol{X}^k) \tag{6.4-6}$$

则有

$$\boldsymbol{X}^{k+1}=\boldsymbol{X}^k+\boldsymbol{S}^k \tag{6.4-7}$$

式（6.4－6）和式（6.4－7）构成一种最优化迭代算法，称为基本牛顿法，其中 $\boldsymbol{S}^k$ 称为牛顿方向。由于迭代公式中并没有步长因子 α_k，或者说 $\alpha_k=1$，所以基本牛顿法的迭代运算不需要进行线性搜索。

对于二次函数，式（6.4－5）就是函数本身。如果 $f(\boldsymbol{X})$ 是正定二次函数，由极值条件可知，由式（6.4－7）就可以一步得到函数的精确极小值点 $\boldsymbol{X}^{k+1}$，因此方向 $\boldsymbol{S}^k$ 必定直指函数的极小值点。可见，用基本牛顿法求解正定二次函数时，无论从哪个初始点 $\boldsymbol{X}^k$ 出发，沿该点的牛顿方向可直达极小值点。

对于二阶导数矩阵正定的一般非线性函数，式（6.4－5）只是原函数的一种近似式，因此所得的 $\boldsymbol{X}^{k+1}$ 也只是原函数极小值点的一个近似点。若以此点作为下一次迭代的起始点 $\boldsymbol{X}^k$，则必定能够加快向极小值点的逼近速度。

牛顿法几乎是一个完美的方法，它不仅简单，而且收敛到 $f(\boldsymbol{X})$ 的极小值点 $\boldsymbol{X}^*$ 的速度非常快。在二阶充分条件下，它具有二次收敛性。但是，在实际应用中，特别是对于大规模问题，二阶偏导数矩阵 $[\nabla^2 f(\boldsymbol{X}^k)]$ 的计算量太大，甚至无法计算 $[\nabla^2 f(\boldsymbol{X}^k)]^{-1}$，造成了牛顿法无法得到使用。对于一般的非线

性函数，由式（6.4－7）得到的点 $\boldsymbol{X}^{k+1}$ 并不能保持函数的下降性（见图6.4.5），因此对于此类函数基本牛顿法可能会失效。

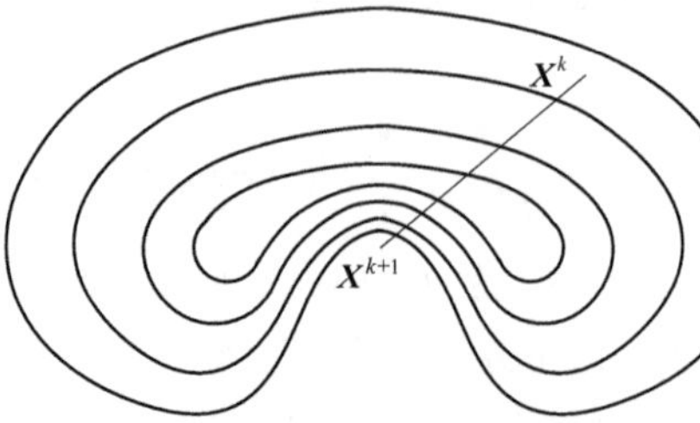

图6.4.5 基本牛顿法的缺陷示意图

因此，牛顿法对于一般问题不是整体收敛的，只有当初始点充分接近极小值点时，才具有良好的收敛性。由于牛顿法具有二阶收敛特性，其收敛速度较最速下降法要快。

6.4.3.2 阻尼牛顿法

由于牛顿法是一种古典算法，后人在其基础上提出修正并发展了很多方法，以下介绍其中一种，叫阻尼牛顿法。

迭代公式不取 $\boldsymbol{X}^{k+1}=\boldsymbol{X}^k+\boldsymbol{S}^k$，而取

$$\boldsymbol{X}^{k+1}=\boldsymbol{X}^k+\alpha_k\boldsymbol{S}^k \tag{6.4-8}$$

式中，α_k 为最优步长，又称为阻尼因子。

α_k 可通过如下极小化过程求得：

$$f(\boldsymbol{X}^{k+1})=f(\boldsymbol{X}^k+\alpha_k\boldsymbol{S}^k)=\min_{\alpha} f(\boldsymbol{X}^k+\alpha\boldsymbol{S}^k) \tag{6.4-9}$$

这样，原来的牛顿法就相当于阻尼牛顿法的步长因子 α_k 取成固定值1的情况。由于阻尼牛顿法每次迭代都在牛顿方向上进行线性搜索，这就避免了迭代后函数值上升的现象，从而保持了牛顿法二次收敛的特性，而对初始点的选取并没有苛刻要求。

阻尼牛顿法的计算步骤如下：

（1）给定初始点 $\boldsymbol{X}^0$ 和收敛精度 ε，置 $k=0$。

（2）计算 $\nabla f(\boldsymbol{X}^k)$，$\nabla^2 f(\boldsymbol{X}^k)$，$[\nabla^2 f(\boldsymbol{X}^k)]^{\mathrm{T}}$ 和 $\boldsymbol{S}^k$。

（3）求 $\boldsymbol{X}^{k+1}=\boldsymbol{X}^k+\alpha_k\boldsymbol{S}^k$，其中 α_k 为沿 $\boldsymbol{S}^k$ 进行线性搜索的最佳步长。

（4）检查收敛精度。若 $\|\boldsymbol{X}^{k+1}-\boldsymbol{X}^k\|<\varepsilon$，则 $\boldsymbol{X}^*=\boldsymbol{X}^{k+1}$，停机；否则，置 $k=k+1$，返回到步骤（2）继续进行搜索。

牛顿法从理论上讲是一种非常理想的无约束最优化算法，迭代次数最少，但在具体实施中会遇到每次迭代都需要计算函数的二阶导数矩阵及其逆矩阵，

以及导数的计算存在误差的问题。虽然迭代次数少，但每次迭代花在二阶导数矩阵及其逆矩阵计算上的工作量较大，计算时间较长，致使总的计算速度变慢。即使对于比较简单的正定二次函数，由于只能采用差分求导，导数计算存在不可避免的误差，故一次迭代不一定能达到所要求的精度。因此，牛顿法很少直接使用，然而直接指向函数极小值点的牛顿方向却一直是很多方法所追求的，如后面要介绍的变尺度法和共轭梯度法。

6.4.4　拟牛顿法

1959 年诞生的拟牛顿法将牛顿法中的二阶偏导数矩阵用一个拟牛顿矩阵来代替，避免了计算二阶偏导数，而且通过逐步修正拟牛顿矩阵，也能使方法达到超线性收敛。英国皇家学会会员、牛津大学的 Trefethen 教授将拟牛顿法与有限元、快速傅里叶变换及小波等并列为 20 世纪最重要的计算方法之一。拟牛顿法的核心就是将牛顿法的$\nabla^2 f(\boldsymbol{X}^k)$用一个拟牛顿矩阵代替。目前公认的最好的拟牛顿法是 Broyden - Fletcher - Goldfarb - Shanno（BFGS）方法。拟牛顿法带来的启迪是：近似和逼近是构造优化方法的有力武器。

拟牛顿法的基本思想是：通过比较目标函数 $f(\boldsymbol{X})$ 在点 $\boldsymbol{X}^k$ 处的最速下降方向和牛顿方向

$$\boldsymbol{S}^k=\begin{cases}-\boldsymbol{g}(\boldsymbol{X}^k) & \text{最速下降方向}\\ -\boldsymbol{H}^{-1}(\boldsymbol{X}^k)\,\boldsymbol{g}(\boldsymbol{X}^k) & \text{牛顿方向}\end{cases} \tag{6.4-10}$$

式中，$\boldsymbol{g}(\boldsymbol{X}^k)=\nabla f(\boldsymbol{X}^k)$，$\boldsymbol{H}(\boldsymbol{X}^k)=\nabla^2 f(\boldsymbol{X}^k)$，发现 $\boldsymbol{S}^k$ 可以写成统一的形式：

$$\boldsymbol{S}^k=-\boldsymbol{Q}(\boldsymbol{X}^k)\,\boldsymbol{g}(\boldsymbol{X}^k) \tag{6.4-11}$$

其中，当 $\boldsymbol{Q}(\boldsymbol{X}^k)=\boldsymbol{I}$ 时，$\boldsymbol{S}^k$ 为最速下降方向；当 $\boldsymbol{Q}(\boldsymbol{X}^k)=\boldsymbol{H}^{-1}(\boldsymbol{X}^k)$ 时，$\boldsymbol{S}^k$ 为牛顿方向。

于是考虑用已经获得的信息（非二阶或更高阶梯度信息）来构造 $\boldsymbol{Q}(\boldsymbol{X}^k)$，使得 $\boldsymbol{Q}(\boldsymbol{X}^k)$ 不仅是正定矩阵，而且随着迭代次数的增加，$\boldsymbol{Q}(\boldsymbol{X}^k)$ 会从某个初始矩阵开始逐渐逼近 $\boldsymbol{H}^{-1}(\boldsymbol{X}^k)$。假如这样的构造方式是可行的，那么由式（6.4-11）得到的搜索方向不仅是下降方向，而且会逼近牛顿方向，从而获得较快的收敛速度。

6.4.4.1　校正矩阵的构造方法

一种成功实现拟牛顿法思想的策略是校正更新，即

$$\boldsymbol{Q}(\boldsymbol{X}^k)=\boldsymbol{Q}(\boldsymbol{X}^{k-1})+\boldsymbol{C}(\boldsymbol{X}^k) \tag{6.4-12}$$

式中，$\boldsymbol{Q}(\boldsymbol{X}^{k-1})$ 为逼近 $\boldsymbol{H}^{-1}(\boldsymbol{X}^{k-1})$ 的一个正定矩阵；矩阵 $\boldsymbol{C}(\boldsymbol{X}^k)$ 被称为点

$\boldsymbol{X}^k$ 处的校正矩阵，它完全由当前迭代点 $\boldsymbol{X}^k$（或之前的迭代点）处的信息（非二阶或更高阶梯度信息）构造得到。

式（6.4－12）通过校正 $\boldsymbol{Q}(\boldsymbol{X}^{k-1})$ 得到的矩阵 $\boldsymbol{Q}(\boldsymbol{X}^k)$ 也是正定矩阵，且对 $\boldsymbol{H}^{-1}(\boldsymbol{X}^k)$ 的逼近程度更高。

对于二次优化问题

$$\min f(\boldsymbol{X}) = \frac{1}{2}\boldsymbol{x}^{\mathrm{T}}\boldsymbol{H}\boldsymbol{x} + \boldsymbol{x}^{\mathrm{T}}\boldsymbol{b} + \boldsymbol{a}$$

其目标函数 $f(\boldsymbol{X})$ 在点 $\boldsymbol{X}^k$ 和 $\boldsymbol{X}^{k+1}$ 处的梯度向量分别为 $\boldsymbol{g}(\boldsymbol{X}^k) = \boldsymbol{H}(\boldsymbol{X}^k) + \boldsymbol{b}$ 和 $\boldsymbol{g}(\boldsymbol{X}^{k+1}) = \boldsymbol{H}(\boldsymbol{X}^{k+1}) + \boldsymbol{b}$，Hessian 矩阵为常数矩阵 $\boldsymbol{H}$。令

$$\boldsymbol{\gamma}^k = \boldsymbol{g}(\boldsymbol{X}^{k+1}) - \boldsymbol{g}(\boldsymbol{X}^k) = \boldsymbol{H}(\boldsymbol{X}^{k+1} - \boldsymbol{X}^k) \tag{6.4-13}$$

以及

$$\boldsymbol{\delta}^k = \boldsymbol{X}^{k+1} - \boldsymbol{X}^k$$

得

$$\boldsymbol{\gamma}^k = \boldsymbol{H}(\boldsymbol{\delta}^k) \tag{6.4-14}$$

如果从初始点 $\boldsymbol{X}^0$ 开始经过 n 次迭代后得到的向量组 $\boldsymbol{\delta}^0$，$\boldsymbol{\delta}^1$，…，$\boldsymbol{\delta}^{n-1}$ 线性无关，则可由线性方程组

$$[\boldsymbol{\gamma}^0 \quad \boldsymbol{\gamma}^1 \quad \cdots \quad \boldsymbol{\gamma}^{n-1}] = \boldsymbol{H}(\boldsymbol{\delta}^0 \quad \boldsymbol{\delta}^1 \quad \cdots \quad \boldsymbol{\delta}^{n-1}) \tag{6.4-15}$$

唯一解得

$$\boldsymbol{H} = (\boldsymbol{\gamma}^0 \quad \boldsymbol{\gamma}^1 \quad \cdots \quad \boldsymbol{\gamma}^{n-1})(\boldsymbol{\delta}^0 \quad \boldsymbol{\delta}^1 \quad \cdots \quad \boldsymbol{\delta}^{n-1})^{-1} \tag{6.4-16}$$

由式（6.4－15）和式（6.4－16）可知，如果按照式（6.4－12）所示更新方式得到 $\boldsymbol{Q}(\boldsymbol{X}^k)$ 正定且满足

$$\boldsymbol{Q}(\boldsymbol{X}^k)\boldsymbol{\gamma}^i = \boldsymbol{\delta}^i,\ i=0,\ 1,\ \cdots,\ k-1 \tag{6.4-17}$$

式中，向量 $\boldsymbol{\delta}^0$，$\boldsymbol{\delta}^1$，…，$\boldsymbol{\delta}^{k-1}$ 线性无关，k 增加为 n 后就有

$$\boldsymbol{Q}^{-1}(\boldsymbol{X}^n) = (\boldsymbol{\gamma}^0 \quad \boldsymbol{\gamma}^1 \quad \cdots \quad \boldsymbol{\gamma}^{n-1})(\boldsymbol{\delta}^0 \quad \boldsymbol{\delta}^1 \quad \cdots \quad \boldsymbol{\delta}^{n-1})^{-1} = \boldsymbol{H} \tag{6.4-18}$$

这说明，经过 n 次迭代后，$\boldsymbol{Q}^{-1}(\boldsymbol{X}^n)$ 已经与 $\boldsymbol{H}$ 精确相等。

6.4.4.2 DFP 校正公式

不同的 $\boldsymbol{C}(\boldsymbol{X}^k)$ 构造方法形成了不同的拟牛顿法，其中最著名的有：由 Davidon 提出，并由 Fletcher 和 Powell 改进的 DFP 方法；由 Broyden、Fletcher、Goldfarb 和 Shannon 分别但几乎同时提出的 BFGS 方法。

假设

$$\boldsymbol{C}(\boldsymbol{X}^k) = m\boldsymbol{v}\boldsymbol{v}^{\mathrm{T}} + n\boldsymbol{w}\boldsymbol{w}^{\mathrm{T}} \tag{6.4-19}$$

式中，m 和 n 均为实数；$\boldsymbol{v}$ 和 $\boldsymbol{w}$ 均为 n 维向量。则将式（6.4－19）代入式（6.4－

12)，再将式(6.4-12)代入式 $\boldsymbol{Q}(\boldsymbol{X}^k)\boldsymbol{\gamma}^{k-1}=\boldsymbol{\delta}^{k-1}$，可得

$$\boldsymbol{Q}(\boldsymbol{X}^{k-1})\boldsymbol{\gamma}^{k-1}+\boldsymbol{v}(m\boldsymbol{v}^{\mathrm{T}}\boldsymbol{\gamma}^{k-1})+\boldsymbol{w}(n\boldsymbol{w}^{\mathrm{T}}\boldsymbol{\gamma}^{k-1})=\boldsymbol{\delta}^{k-1} \quad (6.4-20)$$

由式(6.4-20)可以看出，等号右边为 $n\times 1$ 的向量，因此等号左边也为 $n\times 1$ 的向量(每一项都为 $n\times 1$ 的向量)。其中左边第二、三项中括号里向量的点积均为实数，可以使 $m\boldsymbol{v}^{\mathrm{T}}\boldsymbol{\gamma}^{k-1}$的值为 1，$n\boldsymbol{w}^{\mathrm{T}}\boldsymbol{\gamma}^{k-1}$的值为 -1。以此方法，$\boldsymbol{v}$ 只要取 $\boldsymbol{\delta}^{k-1}$，$\boldsymbol{w}$ 只要取 $\boldsymbol{Q}(\boldsymbol{X}^{k-1})\boldsymbol{\gamma}^{k-1}$，就可以使式(6.4-20)成立。这是一种带猜测性取特例的做法，求出 m，n，$\boldsymbol{v}$ 和 $\boldsymbol{w}$ 的值。

所以可以得出 m，n，$\boldsymbol{v}$ 和 $\boldsymbol{w}$ 的值如下：

$$\boldsymbol{v}=\boldsymbol{\delta}^{k-1}$$

$$\boldsymbol{w}=\boldsymbol{Q}(\boldsymbol{X}^{k-1})\boldsymbol{\gamma}^{k-1}$$

由于使 $m\boldsymbol{v}^{\mathrm{T}}\boldsymbol{\gamma}^{k-1}=1$，$n\boldsymbol{w}^{\mathrm{T}}\boldsymbol{\gamma}^{k-1}=-1$，则

$$m=1/(\boldsymbol{v}^{\mathrm{T}}\boldsymbol{\gamma}^{k-1})$$

$$n=-1/(\boldsymbol{w}^{\mathrm{T}}\boldsymbol{\gamma}^{k-1})$$

将上述值代入式(6.4-19)，再将式(6.4-19)代入式(6.4-12)，就可得 DFP 方法的校正公式：

$$\boldsymbol{Q}(\boldsymbol{X}^k)=\boldsymbol{Q}(\boldsymbol{X}^{k-1})+\frac{\boldsymbol{\delta}^{k-1}(\boldsymbol{\delta}^{k-1})^{\mathrm{T}}}{(\boldsymbol{\delta}^{k-1})^{\mathrm{T}}\boldsymbol{\gamma}^{k-1}}-\frac{\boldsymbol{Q}(\boldsymbol{X}^{k-1})\boldsymbol{\gamma}^{k-1}(\boldsymbol{\gamma}^{k-1})^{\mathrm{T}}\boldsymbol{Q}(\boldsymbol{X}^{k-1})^{\mathrm{T}}}{(\boldsymbol{\gamma}^{k-1})^{\mathrm{T}}\boldsymbol{Q}(\boldsymbol{X}^{k-1})(\boldsymbol{\gamma}^{k-1})^{\mathrm{T}}} \quad (6.4-21)$$

该公式的合理性可以通过对式(6.4-21)右乘 $\boldsymbol{\gamma}^{k-1}$来验证：

$$\begin{aligned}\boldsymbol{Q}(\boldsymbol{X}^k)\boldsymbol{\gamma}^{k-1}&=\boldsymbol{Q}(\boldsymbol{X}^{k-1})\boldsymbol{\gamma}^{k-1}+\frac{\boldsymbol{\delta}^{k-1}(\boldsymbol{\delta}^{k-1})^{\mathrm{T}}\boldsymbol{\gamma}^{k-1}}{(\boldsymbol{\delta}^{k-1})^{\mathrm{T}}\boldsymbol{\gamma}^{k-1}}-\\&\quad\frac{\boldsymbol{Q}(\boldsymbol{X}^{k-1})\boldsymbol{\gamma}^{k-1}(\boldsymbol{\gamma}^{k-1})^{\mathrm{T}}\boldsymbol{Q}(\boldsymbol{X}^{k-1})^{\mathrm{T}}\boldsymbol{\gamma}^{k-1}}{(\boldsymbol{\gamma}^{k-1})^{\mathrm{T}}\boldsymbol{Q}(\boldsymbol{X}^{k-1})(\boldsymbol{\gamma}^{k-1})^{\mathrm{T}}}\\&=\boldsymbol{Q}(\boldsymbol{X}^{k-1})\boldsymbol{\gamma}^{k-1}+\boldsymbol{\delta}^{k-1}-\boldsymbol{Q}(\boldsymbol{X}^{k-1})\boldsymbol{\gamma}^{k-1}=\boldsymbol{\delta}^{k-1}\end{aligned}$$

6.4.4.3　DFP 拟牛顿法的性质

(1)当 $(\boldsymbol{\delta}^{k-1})^{\mathrm{T}}\boldsymbol{\gamma}^{k-1}>0$ 时，如果 $\boldsymbol{Q}(\boldsymbol{X}^{k-1})$ 是正定矩阵，那么按 DFP 公式得到的 $\boldsymbol{Q}(\boldsymbol{X}^k)$ 必然也是正定矩阵。

(2)对于凸二次函数，寻优过程中如果都使用精确线性搜索方法获取最佳步长，则向量组 $(\boldsymbol{\delta}^0 \quad \boldsymbol{\delta}^1 \quad \cdots \quad \boldsymbol{\delta}^{k-1})$ 关于 $\boldsymbol{H}$ 共轭。

(3)当 $(\boldsymbol{\delta}^{k-1})^{\mathrm{T}}\boldsymbol{\gamma}^{k-1}>0$ 时，采用 Wolfe 非精确线性搜索方法的 DFP 方法是下降算法。

6.4.4.4 Sherman - Morrison 公式及 BFGS 校正公式

Sherman - Morrison 公式设 $\boldsymbol{A}$ 为可逆矩阵，$\boldsymbol{u}$ 和 $\boldsymbol{v}$ 均为列向量，若 $1+\boldsymbol{v}^{\mathrm{T}}\boldsymbol{A}^{-1}\boldsymbol{u}\neq 0$，且 $\boldsymbol{A}+\boldsymbol{u}^{-\mathrm{T}}$可逆，则有

$$(\boldsymbol{A}+\boldsymbol{u}\boldsymbol{v}^{\mathrm{T}})^{-1}=\boldsymbol{A}^{-1}-\frac{\boldsymbol{A}^{-1}\boldsymbol{u}\boldsymbol{v}^{\mathrm{T}}\boldsymbol{A}^{-1}}{1+\boldsymbol{v}^{\mathrm{T}}\boldsymbol{A}^{-1}\boldsymbol{u}} \tag{6.4-22}$$

将式（6.4-22）与 DFP 校正公式（6.4-21）对比可以推出，式（6.4-21）的等号右端可以表示为式（6.4-22）中 $\boldsymbol{A}+\boldsymbol{u}\boldsymbol{v}^{\mathrm{T}}$ 的形式，因此 DFP 的校正公式是 Sherman - Morrison 公式的一种特例。

从式（6.4-21）出发，利用式（6.4-22）可以推导出 DFP 校正公式的对偶公式，即

$$\begin{aligned}\boldsymbol{Q}(\boldsymbol{X}^{k})=&\boldsymbol{Q}(\boldsymbol{X}^{k-1})+\left[1+\frac{(\boldsymbol{\gamma}^{k-1})^{\mathrm{T}}\boldsymbol{Q}(\boldsymbol{X}^{k-1})\boldsymbol{\gamma}^{k-1}}{(\boldsymbol{\delta}^{k-1})^{\mathrm{T}}\boldsymbol{\gamma}^{k-1}}\right]\frac{\boldsymbol{\delta}^{k-1}(\boldsymbol{\delta}^{k-1})^{\mathrm{T}}}{(\boldsymbol{\delta}^{k-1})^{\mathrm{T}}\boldsymbol{\gamma}^{k-1}}-\\&\frac{\boldsymbol{\delta}^{k-1}(\boldsymbol{\gamma}^{k-1})^{\mathrm{T}}\boldsymbol{Q}(\boldsymbol{X}^{k-1})+\boldsymbol{Q}(\boldsymbol{X}^{k-1})\boldsymbol{\gamma}^{k-1}(\boldsymbol{\delta}^{k-1})^{\mathrm{T}}}{(\boldsymbol{\delta}^{k-1})^{\mathrm{T}}\boldsymbol{\gamma}^{k-1}}\\=&\left[\boldsymbol{I}-\frac{\boldsymbol{\delta}^{k-1}(\boldsymbol{\gamma}^{k-1})^{\mathrm{T}}}{(\boldsymbol{\delta}^{k-1})^{\mathrm{T}}\boldsymbol{\gamma}^{k-1}}\right]\boldsymbol{Q}(\boldsymbol{X}^{k-1})\left[\boldsymbol{I}-\frac{\boldsymbol{\gamma}^{k-1}(\boldsymbol{\delta}^{k-1})^{\mathrm{T}}}{(\boldsymbol{\delta}^{k-1})^{\mathrm{T}}\boldsymbol{\gamma}^{k-1}}\right]+\\&\frac{\boldsymbol{\delta}^{k-1}(\boldsymbol{\delta}^{k-1})^{\mathrm{T}}}{(\boldsymbol{\delta}^{k-1})^{\mathrm{T}}\boldsymbol{\gamma}^{k-1}}\end{aligned} \tag{6.4-23}$$

式（6.4-23）恰好就是 BFGS 校正公式。

BFGS 校正公式的合理性可以通过对式（6.4-23）右乘 $\boldsymbol{\gamma}^{k-1}$来验证：

$$\begin{aligned}\boldsymbol{Q}(\boldsymbol{X}^{k})\boldsymbol{\gamma}^{k-1}=&\left[\boldsymbol{I}-\frac{\boldsymbol{\delta}^{k-1}(\boldsymbol{\gamma}^{k-1})^{\mathrm{T}}}{(\boldsymbol{\delta}^{k-1})^{\mathrm{T}}\boldsymbol{\gamma}^{k-1}}\right]\boldsymbol{Q}(\boldsymbol{X}^{k-1})\left[\boldsymbol{I}-\frac{\boldsymbol{\gamma}^{k-1}(\boldsymbol{\delta}^{k-1})^{\mathrm{T}}}{(\boldsymbol{\delta}^{k-1})^{\mathrm{T}}\boldsymbol{\gamma}^{k-1}}\right]\boldsymbol{\gamma}^{k-1}+\\&\frac{\boldsymbol{\delta}^{k-1}(\boldsymbol{\delta}^{k-1})^{\mathrm{T}}}{(\boldsymbol{\delta}^{k-1})^{\mathrm{T}}\boldsymbol{\gamma}^{k-1}}\boldsymbol{\gamma}^{k-1}\\=&\left[\boldsymbol{I}-\frac{\boldsymbol{\delta}^{k-1}(\boldsymbol{\gamma}^{k-1})^{\mathrm{T}}}{(\boldsymbol{\delta}^{k-1})^{\mathrm{T}}\boldsymbol{\gamma}^{k-1}}\right]\boldsymbol{Q}(\boldsymbol{X}^{k-1})(\boldsymbol{\gamma}^{k-1}-\boldsymbol{\gamma}^{k-1})+\boldsymbol{\delta}^{k-1}\\=&\boldsymbol{\delta}^{k-1}\end{aligned}$$

BFGS 方法和 DFP 方法的区别仅是用式（6.4-23）取代式（6.4-21）来产生近似矩阵。从理论上来说，BFGS 方法与 GFP 方法是一致的，但经过大量数值测试发现，BFGS 校正公式的自我校正特性不仅更加良好，而且构造出来的近似矩阵不易变为奇异矩阵。研究表明，BFGS 方法还具有全局超线性收敛性，该方法已经成为应用最广泛的多维无约束优化方法。

6.4.4.5 DFP/BFGS 拟牛顿法的计算步骤

DFP/BFGS 拟牛顿法的计算步骤如下：

（1）已知待求问题的目标函数 $f(\boldsymbol{X})$，选择初始点 $\boldsymbol{X}^0$，并设定收敛精度 ε。

（2）置 $k=0$，$\boldsymbol{H}^{-1}(\boldsymbol{X}^0)$ 的近似矩阵 $\boldsymbol{Q}(\boldsymbol{X}^0)=\boldsymbol{I}$。

（3）计算 $f(\boldsymbol{X})$ 在点 $\boldsymbol{X}^k$ 处的梯度向量 $\boldsymbol{g}(\boldsymbol{X}^k)$，得到拟牛顿方向 $\boldsymbol{S}^k=-\boldsymbol{Q}(\boldsymbol{X}^k)\boldsymbol{g}(\boldsymbol{X}^k)$。

（4）从点 $\boldsymbol{X}^k$ 出发，沿方向 $\boldsymbol{S}^k$ 进行 Wolfe 非精确线性搜索，求得可接受步长 α_k。

（5）计算 $\boldsymbol{X}^{k+1}=\boldsymbol{X}^k+\alpha_k\boldsymbol{S}^k$ 及对应的目标函数 $f(\boldsymbol{X}^{k+1})$。

（6）若满足 $\|\boldsymbol{X}^{k+1}-\boldsymbol{X}^k\|<\varepsilon$，则终止迭代，分别输出 $\boldsymbol{X}^{k+1}$ 和 $f(\boldsymbol{X}^{k+1})$ 作为该问题的极小值点和极小值；否则转到步骤（7）。

（7）令 $\boldsymbol{\delta}^k=\boldsymbol{X}^{k+1}-\boldsymbol{X}^k$ 和 $\boldsymbol{\gamma}^k=\boldsymbol{g}(\boldsymbol{X}^{k+1})-\boldsymbol{g}(\boldsymbol{X}^k)$，若满足 $(\boldsymbol{\delta}^k)^{\mathrm{T}}\boldsymbol{\gamma}^k>0$，则根据式（6.4-21）或式（6.4-23）计算 $\boldsymbol{H}^{-1}(\boldsymbol{X}^{k+1})$ 的近似矩阵 $\boldsymbol{Q}(\boldsymbol{X}^{k+1})$；否则，令 $\boldsymbol{Q}(\boldsymbol{X}^{k+1})=\boldsymbol{I}$。再令 $k=k+1$，转到步骤（3）。

6.4.5　鲍威尔法

采用最优步长的坐标轮换法，对于计算一个非线性函数的极小值，其收敛速度有时相当慢。但是，如图 6.4.6 所示，若把前一轮搜索末点向量 $\boldsymbol{X}_1^{(2)}$ 或 $\boldsymbol{X}_2^{(1)}$ 和这一轮搜索末点向量 $\boldsymbol{X}_1^{(2)}$ 或 $\boldsymbol{X}_2^{(1)}$ 用向量 $\boldsymbol{S}$ 相连，则其方向将直指椭圆等值线族的中心。利用这个方向进行搜索，显然可加快收敛速度。由前面的“共轭梯度法”可知，向量 $\boldsymbol{S}$ 和 $\boldsymbol{S}_1$ 的方向为共轭方向。利用共轭方向作为搜索方向尽管可行，但如何确定每次的迭代方向，尤其对高维问题，用鲍威尔（Powell）提出的方法可较好地获得解决。

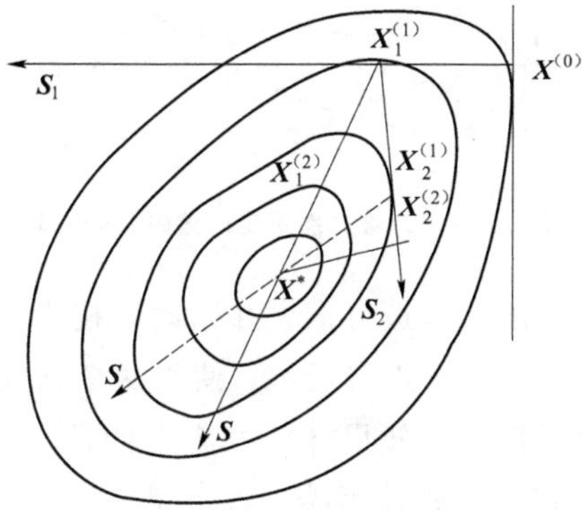

图 6.4.6　共轭方向图解

鲍威尔法是一种改进的共轭方向法，它不需要对目标函数作求导计算。用于变量 $n<10$ 或目标函数的一阶导数不连续的最优化问题时，亦能得到很好的结果。在机

械优化设计中，常使用鲍威尔法配合惩罚函数法来处理约束最优化问题。

如图 6.4.7 所示的二维二次正定函数

$$\left.\begin{aligned} f(\boldsymbol{X}) &= \frac{1}{2}\boldsymbol{X}^{\mathrm{T}}\boldsymbol{H}\boldsymbol{X}+\boldsymbol{B}^{\mathrm{T}}\boldsymbol{X}+c \\ \boldsymbol{X} &= (x_1,\ x_2)^{\mathrm{T}} \end{aligned}\right\}$$

根据极值条件，有

$$\nabla f(\boldsymbol{X}_2^k) = \boldsymbol{B}+\boldsymbol{A}\boldsymbol{X}_2^k = 0$$

$$[\nabla f(\boldsymbol{X}_2^{k+1})]^{\mathrm{T}}\boldsymbol{S}_2 = (\boldsymbol{B}+\boldsymbol{A}\boldsymbol{X}_2^{k+1})^{\mathrm{T}}\boldsymbol{S}_2 = 0$$

以上两式相减得

$$(\boldsymbol{X}_2^{k+1}-\boldsymbol{X}_2^k)^{\mathrm{T}}\boldsymbol{A}\boldsymbol{S}_2 = 0$$

令 $\boldsymbol{S}=\boldsymbol{X}_2^{k+1}-\boldsymbol{X}_2^k$，得

$$\boldsymbol{S}^{\mathrm{T}}\boldsymbol{A}\boldsymbol{S}_2 = 0 \tag{6.4-24}$$

即构造的方向 $\boldsymbol{S}$ 和两平行向量 $\boldsymbol{S}_2$ 是关于 $\boldsymbol{A}$ 共轭的。按照同心椭圆族的几何特性，即两条平行的任意方向切线，其切点的连线必通过椭圆族的共同中心，如图 6.4.7 所示。

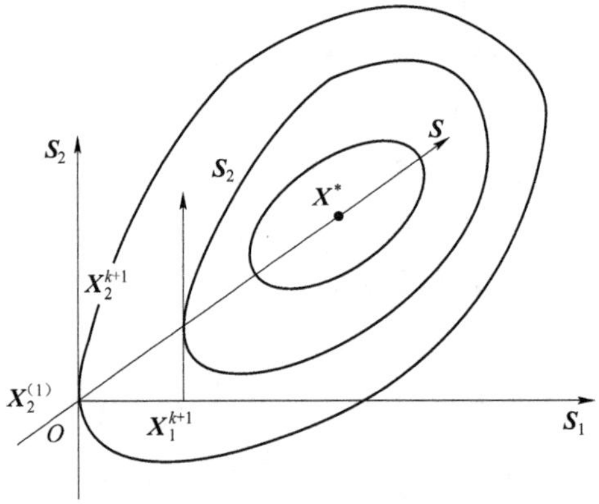

图 6.4.7　二维二次正定函数的共轭方向

利用共轭方向的性质逐次构造方向，并以此为搜索方向形成的算法就是共轭方向法。通常，对于二维二次正定函数，使用两个共轭方向就可达到极小值点；而对 n 维二次正定函数，则使用 n 个共轭方向即可达到极小值点。但是 n 个共轭方向有可能近似或趋于线性相关，若出现这种情况，则以后各步搜索将在维数下降的空间内进行，从而导致计算不能收敛而失败。鉴于此，鲍威尔于 1964 年提出修正的共轭方向法，即鲍威尔法。即在形成新的方向组时，不一定去掉方向 $\boldsymbol{S}_1^k$，而是有选择地去掉某一方向 $\boldsymbol{S}_{m+1}^k$ ($1 \leqslant m \leqslant n$)，以避免线性

相关。

鲍威尔法的迭代步骤如下：

（1）给定初始点 $\boldsymbol{X}^0 \in E^n$，置 $f(\boldsymbol{X}^0) \to f_0$，给定允许误差 $\varepsilon > 0$，n 个初始方向为：$\boldsymbol{S}^1 = \boldsymbol{e}_1$，$\boldsymbol{S}^2 = \boldsymbol{e}_2$，…，$\boldsymbol{S}^n = \boldsymbol{e}_n$。

（2）从 $\boldsymbol{X}^0$ 出发，依次沿坐标轴 $\boldsymbol{e}_i$（$i=1$，2，…，n）方向进行线性搜索，即

$$f(\boldsymbol{X}^{i-1} + h^{i-1}\boldsymbol{S}^i) = \min_h f(\boldsymbol{X}^{i-1} + h\boldsymbol{S}^i)$$

令 $\boldsymbol{X}^i = \boldsymbol{X}^{i-1} + h^{i-1}\boldsymbol{S}^i$

$$f(\boldsymbol{X}^i) = f_i$$

（3）判断 i 是否等于 n，若是，进行步骤（4）；若 $i < n$，则置 $i+1 \to i$，返回步骤（2）。

（4）检验是否满足 $\|\boldsymbol{X}^n - \boldsymbol{X}^0\| < \varepsilon$，若满足，则停止迭代，得 $\boldsymbol{X}^* = \boldsymbol{X}^n$；否则进行步骤（5）。

（5）比较 $f_i - f_{i+1}$ 的大小，用 Δ 表示其中较大者，即令

$$\Delta = f_m - f_{m+1} = \max(f_i - f_{i+1}) \tag{6.4-25}$$

式中，$0 \leqslant i \leqslant n-1$，$0 \leqslant m \leqslant n-1$，并记下 m 及 $m+1$。

（6）将 $\boldsymbol{X}^0$ 和 $\boldsymbol{X}^n$ 间的连线延长 1 倍，得新点

$$\boldsymbol{X}^l = \boldsymbol{X}^n + (\boldsymbol{X}^n - \boldsymbol{X}^0) = 2\boldsymbol{X}^n - \boldsymbol{X}^0 \tag{6.4-26}$$

和新的目标函数值，即

$$f_l = f(\boldsymbol{X}^l) = f(2\boldsymbol{X}^n - \boldsymbol{X}^0) \tag{6.4-27}$$

（7）判别是否满足

$$\frac{f_0 - 2f_n + f_l}{2} \geqslant \Delta \tag{6.4-28}$$

若满足，则令 $f(\boldsymbol{X}^n) \to f_0$，$\boldsymbol{X}^n \to \boldsymbol{X}^0$，$1 \to i$，返回进行步骤（2）；否则进行步骤（8）。

（8）令 $\boldsymbol{S}^i \to \boldsymbol{S}^i$（$i=1$，2，…，$n$）

$$\boldsymbol{S}^{i+1} \to \boldsymbol{S}^i \ (i = m+1,\ m+2,\ \cdots,\ n-1)$$

又令 $\boldsymbol{X}^n - \boldsymbol{X}^0 = \boldsymbol{S}^n$，且在此方向 $\boldsymbol{S}^n$ 上进行关于 h 的线性搜索，即

$$f(\boldsymbol{X}^n + \bar{h}\boldsymbol{X}^n) = \min_h f(\boldsymbol{X}^n + h\boldsymbol{S}^n) \tag{6.4-29}$$

令 $\boldsymbol{X}^0 = \boldsymbol{X}^n + h\boldsymbol{S}^n$

$$f(\boldsymbol{X}^0) \to f_0,\ 1 \to i$$

返回进行步骤（2）。

6.4.6　单纯形替换法

函数的导数是函数性态的反映，它对选择搜索方向提供了有用的信息。如

最速下降法、共轭梯度法、变尺度法和牛顿法等，都是利用函数一阶或二阶导数信息来建立搜索方向的。在不计算导数的情况下，先算出若干点处的函数值，从它们之间的大小关系中也可以看出函数变化的大概趋势，为寻求函数的下降方向提供依据。这里所说的若干点，一般取在单纯形的顶点上。所谓单纯形，是指在 n 维空间中具有 $n+1$ 个顶点的多面体。利用单纯形的顶点，计算其函数值并加以比较，从中确定有利的搜索方向和步长，找到一个较好的点取代单纯形中较差的点，组成新的单纯形来代替原来的单纯形。使新单纯形不断地向目标函数的极小值点靠近，直到搜索到极小值点为止。这就是单纯形法的基本思想。

现以二元函数 $f(x_1, x_2)$ 为例，说明单纯形法的基本原理。

如图 6.4.8 所示，在 x_1Ox_2 平面上取不在同一直线上的三点 x_1、x_2、x_3，以它们为顶点组成一单纯形（即三角形）。

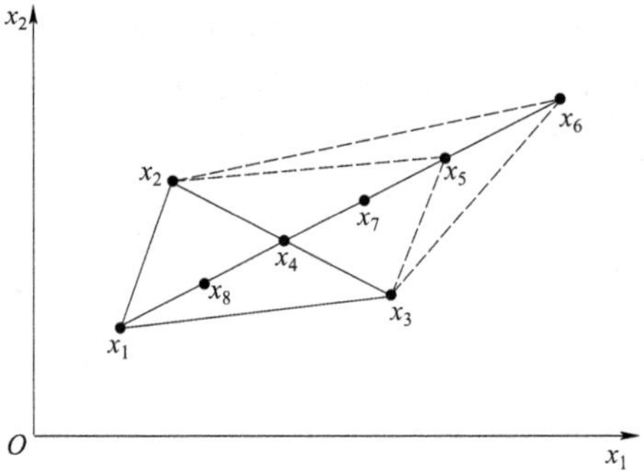

图 6.4.8 单纯形法

计算各顶点函数值，设

$$f(x_1) > f(x_2) > f(x_3)$$

这说明 x_3 点最好，x_1 点最差。为了寻找极小值点，一般应向最差点的反对称方向进行搜索，即向通过 x_1 点并穿过 x_2x_3 中点 x_4 的方向进行搜索。在此方向上取点 x_5，使

$$x_5 = x_4 + (x_4 - x_1) = 2x_4 - x_1$$

x_5 点称作 x_1 点相对于 x_4 点的反射点，计算反射点的函数值 $f(x_5)$，可能出现以下几种情形：

（1）$f(x_5) < f(x_3)$，即反射点比最好点还好，说明搜索方向正确，还可以往前迈进一步，也就是可以扩张。这时取扩张点

$$x_6 = x_4 + \alpha(x_4 - x_1)$$

式中，α 为扩张因子，一般取 α＝1.2～2.0。

如果 $f(x_6)<f(x_5)$，说明扩张有利，就以 x_6 代替 x_1 构成新单纯形 $x_2x_3x_6$。否则说明扩张不利，舍弃 x_6，仍以 x_5 代替 x_1 构成新单纯形 $x_2x_3x_5$。

（2）$f(x_3)\leqslant f(x_5)<f(x_2)$，即反射点比最好点差，但比最差点好，说明反射可行，则以反射点代替最差点，仍构成新单纯形 $x_2x_3x_5$。

（3）$f(x_2)\leqslant f(x_5)<f(x_1)$，即反射点比次差点差，但比最差点好，说明 x_5 走得太远，应缩回一些，即收缩。这时取收缩点

$$x_7=x_4+\beta(x_5-x_4)$$

式中，β 为收缩因子，常取 β＝0.5。

如果 $f(x_7)<f(x_1)$，则用 x_7 代替 x_1 构成新单纯形 $x_2x_3x_7$，否则 x_7 不用。

（4）$f(x_5)\geqslant f(x_1)$，即反射点比最差点还差，这时应收缩得更多一些，即将新点收缩在 x_1 和 x_4 之间，取收缩点

$$x_8=x_4-\beta(x_4-x_1)=x_4+\beta(x_1-x_4)$$

如果 $f(x_8)<f(x_1)$，则用 x_8 代替 x_1 构成新单纯形 $x_2x_3x_8$，否则 x_8 不用。

（5）$f(x)\geqslant f(x_1)$，即若 x_1x_4 方向上的所有点都比最差点差，则说明不能沿此方向搜索。这时应以 x_3 为中心缩边，使顶点 x_1、x_2 向 x_3 移近一半距离，得新单纯形 $x_3x_9x_{11}$，如图 6.4.9 所示，在此基础上进行寻优。

以上说明，可以通过反射、扩张、收缩和缩边等方法得到一个新单纯形，其中至少有一个顶点的函数值比原单纯形要小。

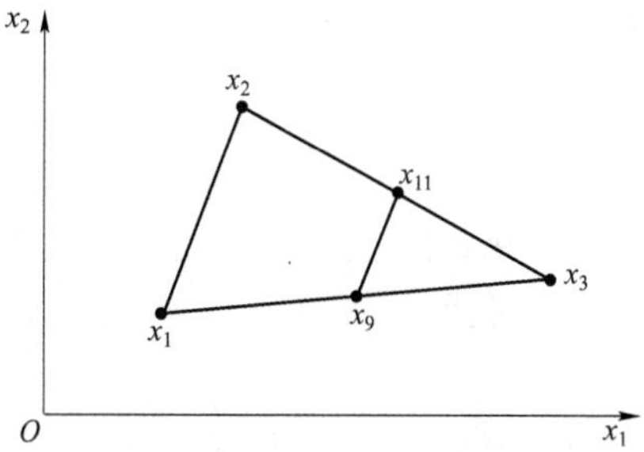

图 6.4.9　缩边方式的几何表示

将上述对二元函数的处置方法扩展应用到多元函数 $f(x)$ 中，其计算步骤如下：

（1）构造初始单纯形。选初始点 x_0，从 x_0 出发沿各坐标轴方向走步长 h，得 n 个顶点 $x_i(i=1, 2, \cdots, n)$ 与 x_0 构成初始单纯形。这样可以保证此单纯形各棱是 n 个线性无关的向量，否则就会使搜索范围局限在某个较低维的空间内，有可能找不到极小值点。

（2）计算各顶点函数值。

$$f_i=f(x_i)(i=1, 2, \cdots, n)$$

（3）比较函数值的大小，确定最好点 x_L，最差点 x_H 和次差点 x_G，即有

$$f_L=f(x_L)=\min_i f_i \quad (i=1,\ 2,\ \cdots,\ n)$$

$$f_H=f(x_H)=\max_i f_i \quad (i=1,\ 2,\ \cdots,\ n)$$

$$f_G=f(x_G)=\max_i f_i \quad (i=0,\ 1,\ 2,\ \cdots,\ h-1,\ h+1,\ \cdots,\ n)$$

（4）检验是否满足收敛准则

$$\left|\frac{f_H-f_L}{f_L}\right|<\varepsilon$$

如满足则 $x^*=x_L$，停机，否则转到步骤（5）。

（5）计算除 x_H 点之外各点的“重心” x_{n+1} 为

$$x_{n+1}=\frac{1}{n}\left(\sum_{i=0}^{n}x_i-x_H\right) \tag{6.4-30}$$

反射点

$$x_{n+2}=2x_{n+1}-x_H \tag{6.4-31}$$

$$f_{n+2}=f(x_{n+2})$$

当 $f_L\leqslant f_{n+2}<f_G$ 时，以 x_{n+2} 代替 x_H，f_{n+2} 代替 f_H，构成一新单纯形，然后返回到步骤（3）。

（6）扩张。当 $f_{n+2}<f_L$ 时，取扩张点

$$x_{n+3}=x_{n+1}+\alpha(x_{n+2}-x_{n+1}) \tag{6.4-32}$$

计算其函数值 $f_{n+3}=f(x_{n+3})$，若 $f_{n+3}<f_{n+2}$，则以 x_{n+3} 代替 x_H，f_{n+3} 代替 f_H，构成一新单纯形；否则以 x_{n+2} 代替 x_H，f_{n+2} 代替 f_H 形成新单纯形，然后返回到步骤（3）。

（7）收缩。当 $f_{n+2}\geqslant f_L$ 时，需要收缩。如果 $f_{n+2}<f_H$，则取收缩点

$$x_{n+4}=x_{n+1}+\beta(x_{n+2}-x_{n+1}) \tag{6.4-33}$$

并计算其函数值 $f_{n+4}=f(x_{n+4})$，否则在上式中以 x_H 代替 x_{n+2}。如果 $f_{n+4}<f_H$，则以 x_{n+4} 代替 x_H，f_{n+4} 代替 f_H，得新单纯形，返回到步骤（3），否则转到步骤（8）。

（8）缩边。将单纯形缩边，可将各向量

$$x_i-x_L \quad (i=0,\ 1,\ 2,\ \cdots,\ n)$$

的长度缩小一半，即

$$x_i=x_L+\frac{1}{2}(x_i-x_L)=\frac{1}{2}(x_i+x_L)\ (i=0,\ 1,\ 2,\ \cdots,\ n) \tag{6.4-34}$$

并返回到步骤（2）。

6.4.7 复合形法

复合形法实际上是单纯形法在约束问题中的发展，是求解约束优化问题的

一种重要的直接解法。它的基本思路（见图6.4.10）是在可行域内构造一个具有 k 个顶点的初始复合形，对该复合形各顶点的目标函数值进行比较，找到目标函数值最大的顶点（称为最坏点），然后按一定的法则求出目标函数值有所下降的可行的新点，并用此点代替最坏点，构成新的复合形，复合形的形状每改变一次，就向最优点移动一步，直至逼近最优点。

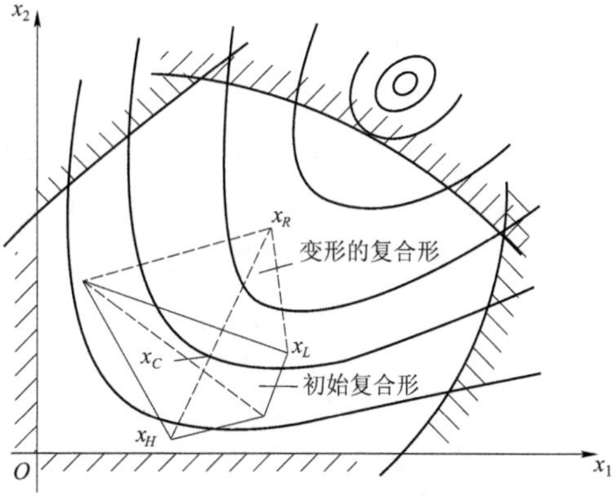

图6.4.10　复合形法的算法原理

由于复合形的形状不必保持规则的图形，对目标函数及约束函数的形状又无特殊要求，因此该法的适应性较强，在优化设计中得到广泛应用。

6.4.7.1　初始复合形的形成

复合形法是在可行域内直接搜索最优点，因此要求初始复合形在可行域内生成，即复合形的 k 个顶点必须都是可行点。

生成初始复合形的方法有以下几种：

（1）由设计者决定 k 个可行点，构成初始复合形。当设计变量较多或约束函数复杂时，由设计者决定 k 个可行点常常很困难。只有在设计变量少、约束函数简单的情况下，这种方法才被采用。

（2）由设计者选定一个可行点，其余 $k-1$ 个可行点用随机法产生。各顶点按下式计算：

$$x_j=a+r_j(b-a)\ (j=1,2,\cdots,k) \tag{6.4-35}$$

式中，x_j 为复合形中的第 j 个顶点；a 和 b 为设计变量的下限和上限；r_j 为在（0，1）区间内的伪随机数。

用式（6.4-35）计算得到的 $k-1$ 个随机点不一定都在可行域内，因此要设法将非可行点移到可行域内。通常采用的方法是，求出已经在可行域内的 L

个顶点的中心 x_C

$$x_C = \frac{1}{L}\sum_{j=1}^{L} x_j \tag{6.4-36}$$

然后将非可行点向中心点移动，即

$$x_{L+1} = x_C + 0.5(x_{L+1} - x_C) \tag{6.4-37}$$

若 x_{L+1} 仍为不可行点，则利用上式使其继续向中心点移动。显然，只要中心点可行，x_{L+1} 点一定可以移到可行域内。随机产生的 $k-1$ 个点经过这样的处理后，全部成为可行点，并构成初始复合形。

事实上，只要可行域为凸集，其中心点必为可行点。用上述方法可以成功地在可行域内构建初始复合形。如果可行域为非凸集，如图 6.4.11 所示，中心点不一定在可行域之内，则上述方法可能失效。此时可以通过改变设计变量的下限和上限值，重新产生各顶点。经过多次试算，有可能在可行域内生成初始复合形。

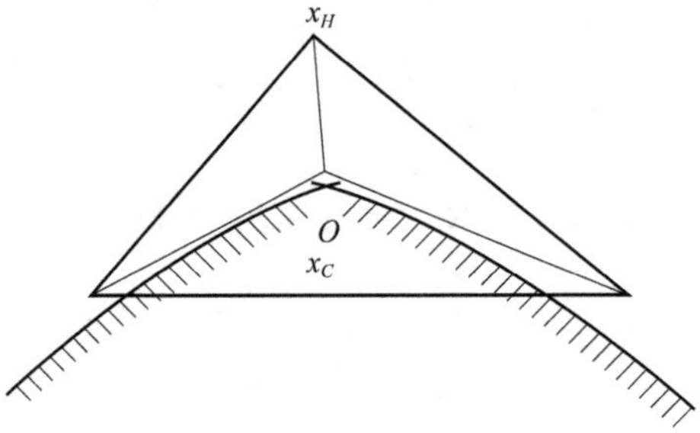

图 6.4.11 中心点 x_C 为非可行点的情况

（3）由计算机自动生成初始复合形的全部顶点。其方法是首先随机产生一个可行点，然后按第二种方法产生其余 $k-1$ 个可行点。这种方法对设计者来说最为简单，但因初始复合形在可行域内的位置不能控制，可能会给以后的计算带来困难。

6.4.7.2 复合形的搜索方法

在可行域内生成初始复合形后，将采用不同的搜索方法来改变其形状，使复合形逐步向约束最优点趋近。改变复合形形状的搜索方法主要有以下几种。

1. 反射

反射是改变复合形形状的一种主要策略，其计算步骤为：

（1）计算复合形各顶点的目标函数值，并比较其大小，求出最好点 x_L、最坏点 x_H 及次坏点 x_G，即

$$x_L: f(x_L) = \min\{f(x_j) \mid_{j=1,2,\cdots,k}\}$$
$$x_H: f(x_H) = \max\{f(x_j) \mid_{j=1,2,\cdots,k}\}$$
$$x_G: f(x_G) = \max\{f(x_j) \mid_{j=1,2,\cdots,k;\ j\neq H}\}$$

（2）计算除去最坏点 x_H 外的 $k-1$ 个顶点的中心 x_C：

$$x_C = \frac{1}{k-1}\sum_{\substack{j=1\\ j\neq H}}^{k} x_j \tag{6.4-38}$$

（3）从统计的观点来看，一般情况下，最坏点 x_H 和中心点 x_C 的连线方向为目标函数下降方向。为此，以 x_C 点为中心，将最坏点 x_H 按一定比例进行反射，有希望找到一个比最坏点 x_H 的目标函数更小的新点 x_R，x_R 称为反射点。其计算公式为

$$x_R = x_C + \alpha(x_C - x_H) \tag{6.4-39}$$

式中，α 为反射系数，一般取 $\alpha = 1.3$。

反射点 x_R 与最坏点 x_H、中心点 x_C 的相对位置如图 6.4.12 所示。

（4）判别反射点 x_R 的位置。

若 x_R 为可行点，则比较 x_R 和 x_H 两点的目标函数值，如果 $f(x_R) < f(x_H)$，则用 x_R 取代 x_H，构成新的复合形，完成一次迭代；如果 $f(x_R) \geqslant f(x_H)$，则将 α 缩小 70%，用式（6.4-39）重新计算新的反射点，若仍不可行，继续缩小 α，直至 $f(x_R) < f(x_H)$ 为止。

若 x_R 为非可行点，则将 α 缩小 70%，仍用式（6.4-39）计算反射点 x_R，直至可行为止。然后重复以上步骤，即判别 $f(x_R)$ 和 $f(x_H)$ 的大小，一旦 $f(x_R) < f(x_H)$，就用 x_R 取代 x_H 完成一次迭代。

综上所述，反射成功的条件是

$$\begin{cases} g_j(x_R) \leqslant 0 \quad (j=1,2,\cdots,m) \\ f(x_R) < f(x_H) \end{cases} \tag{6.4-40}$$

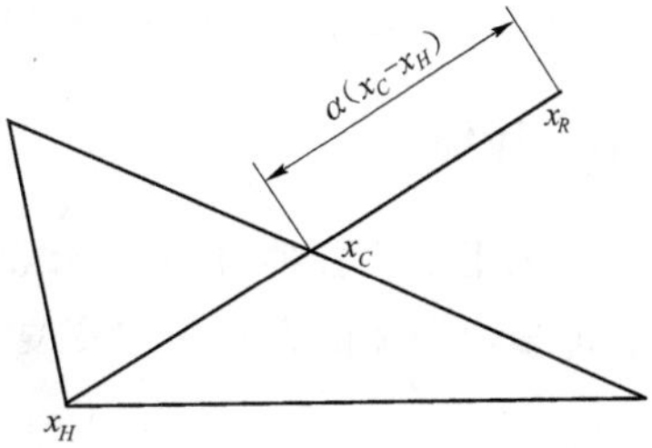

图 6.4.12　x_R 与 x_H、x_C 的相对位置

2. 扩张

当求得的反射点 x_R 为可行点，且目标函数值下降较多时（例如，$f(x_R) < f(x_C)$），则沿反射方向继续移动，即采用扩张的方法，可能找到更好的新点 x_E，x_E 称为扩张点。其计算公式为

$$x_E = x_R + \gamma(x_R - x_C) \tag{6.4-41}$$

式中，γ 为扩张系数，一般取 $\gamma = 1$。

扩张点 x_E 与中心点 x_C、反射点 x_R 的相对位置如图 6.4.13 所示。

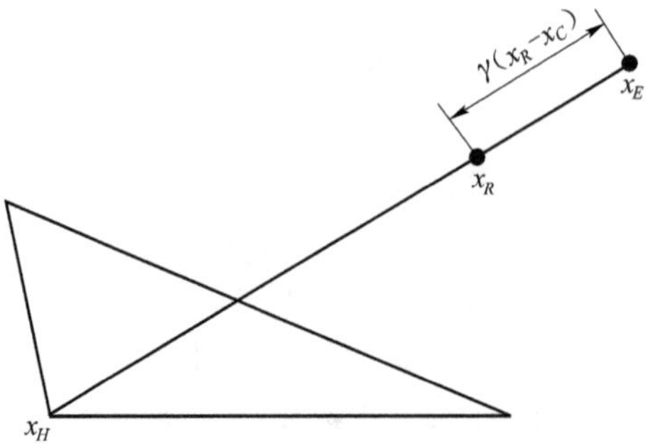

图 6.4.13 x_E 与 x_R、x_C 的相对位置

若扩张点 x_E 为可行点，且 $f(x_E)<f(x_R)$，则称扩张成功，用 x_E 取代 x_R，构成新的复合形；否则称扩张失败，放弃扩张，仍用原反射点 x_R 取代 x_H，构成新的复合形。

3. 收缩

若在中心点 x_C 以外找不到好的反射点，还可以在 x_C 以内，即采用收缩的方法寻找比较好的新点 x_k，x_k 称为收缩点。其计算公式为

$$x_k=x_H+\beta(x_C-x_H) \tag{6.4-42}$$

式中，β 为收缩系数，一般取 $\beta=0.7$。

收缩点 x_k 与最坏点 x_H、中心点 x_C 的相对位置如图 6.4.14 所示。

若 $f(x_k)<f(x_H)$，则称收缩成功，用 x_k 取代 x_H，构成新的复合形。

4. 压缩

若采用上述各种方法均无效，还可以采取将复合形各顶点向最好点 x_L 靠拢，即采用压缩的方法来改变复合形的形状。压缩后各顶点的计算公式为

$$x_j=x_L-0.5(x_L-x_j)\ (j=1,\ 2,\ \cdots,\ k;\ j\neq L) \tag{6.4-43}$$

压缩后的复合形各顶点的相对位置如图 6.4.15 所示。

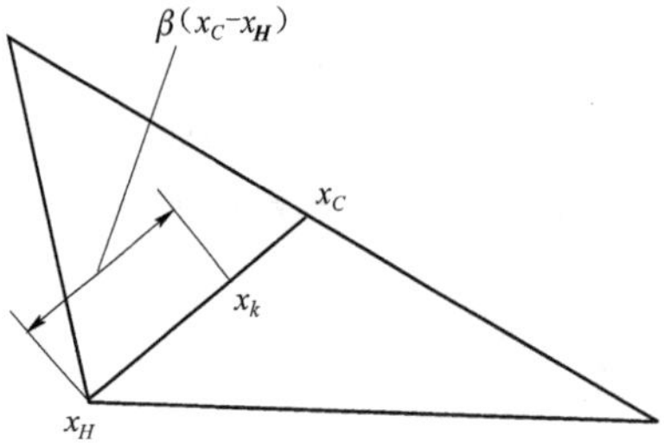

图 6.4.14 x_k 与 x_H、x_C 的相对位置

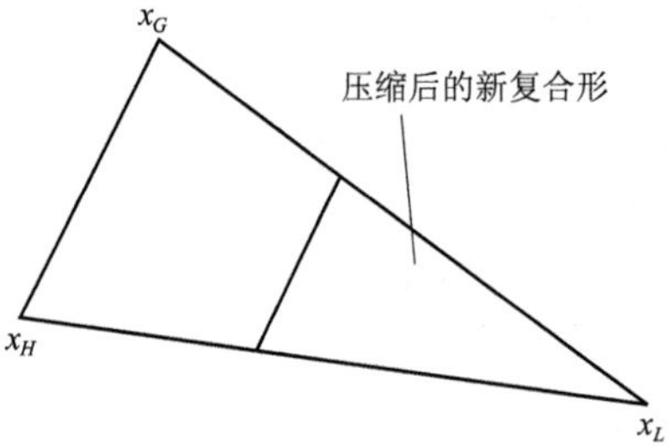

图 6.4.15 复合形的压缩变形

然后，再对压缩后的复合形采用反射、扩张或收缩等方法，继续改变复合形的形状。

除此之外，还可以采用旋转等方法来改变复合形的形状。应当指出的是，采用改变复合形形状的方法越多，程序设计越复杂，有可能降低计算效率及可靠性。因此，程序设计时，应针对具体情况，采用某些有效的方法。

6.4.7.3 复合形法的计算步骤

基本复合形法（只含反射）的计算步骤为：

（1）选择复合形的顶点数 k，一般取 $n+1 \leqslant k \leqslant 2n$，在可行域内构成具有 k 个顶点的初始复合形。

（2）计算复合形各顶点的目标函数值，比较其大小，找出最好点 x_L、最坏点 x_H 及次坏点 x_G。

（3）计算除去最坏点 x_H 以外的 $k-1$ 个顶点的中心 x_C。判别 x_C 是否可行，若 x_C 为可行点，则转到步骤（4）；若 x_C 为非可行点，则重新确定设计变量的下限和上限值，即令

$$a=x_L,\ b=x_C \tag{6.4-44}$$

然后转到步骤（2），重新构造初始复合形。

（4）按式（6.4-39）计算反射点 x_R，必要时，改变反射系数 α 的值，直至反射成功，即满足式（6.4-40）。然后以 x_R 取代 x_H，构成新的复合形。

（5）若收敛条件

$$\left\{\frac{1}{k-1}\sum_{j=1}^{k}\left[f(x_j)-f(x_L)\right]^2\right\}^{\frac{1}{2}} \leqslant \varepsilon \tag{6.4-45}$$

得到满足，计算终止，约束最优解为 $x^*=x_L$，$f(x^*)=f(x_L)$；否则，转到步骤（2）。

6.4.8 可行方向法

可行方向法是求解不等式约束问题

$$\begin{aligned}&\min f(\boldsymbol{X})\\&\text{s. t. } g_u(\boldsymbol{X})\leqslant 0 \quad (u=1,2,\cdots,p)\end{aligned} \tag{6.4-46}$$

的一种直接算法。这种算法的基本思路是，从可行域内的一个可行点出发，选择一个合适的搜索方向 $\boldsymbol{S}^k$ 和步长因子 α_k，使产生的下一个迭代点

$$\boldsymbol{X}^{k+1}=\boldsymbol{X}^k+\alpha_k\boldsymbol{S}^k$$

既不超出可行域，又使目标函数的值下降得尽可能多。也就是说，使新的迭代

点同时满足

$$g_u(\boldsymbol{X}^{k+1}) \leqslant 0 \quad (u=1, 2, \cdots, p) \tag{6.4-47}$$

和

$$f(\boldsymbol{X}^{k+1}) - f(\boldsymbol{X}^k) < 0 \tag{6.4-48}$$

以上两式称为下降可行条件。满足式（6.4-47）的方向称为可行方向，满足式（6.4-48）的方向称为下降方向，同时满足这两个条件的方向称为下降可行方向。

可以断定，从可行域内的任意初始点出发，只要始终沿着下降可行方向考虑约束限制的线性搜索和迭代运算，就能保证迭代点逐步逼近约束最优化问题的最优点。

6.4.8.1 下降可行方向

函数在一点的梯度方向是函数在该点函数值上升得最快的方向，与梯度成锐角的方向是函数值上升的方向，与梯度成钝角的方向是函数值下降的方向。因此，函数在点 $\boldsymbol{X}^k$ 的下降方向就是满足以下关系的方向 $\boldsymbol{S}$：

$$[\nabla f(\boldsymbol{X}^k)]^{\mathrm{T}}\boldsymbol{S} < 0$$

可行方向则是那些指向可行域内的方向，当点 r 位于可行域内时，从该点出发的任意方向 $\boldsymbol{S}$ 上都必然存在满足式（6.4-47）的可行点，因此所有方向都是可行方向，如图 6.4.16（a）所示。

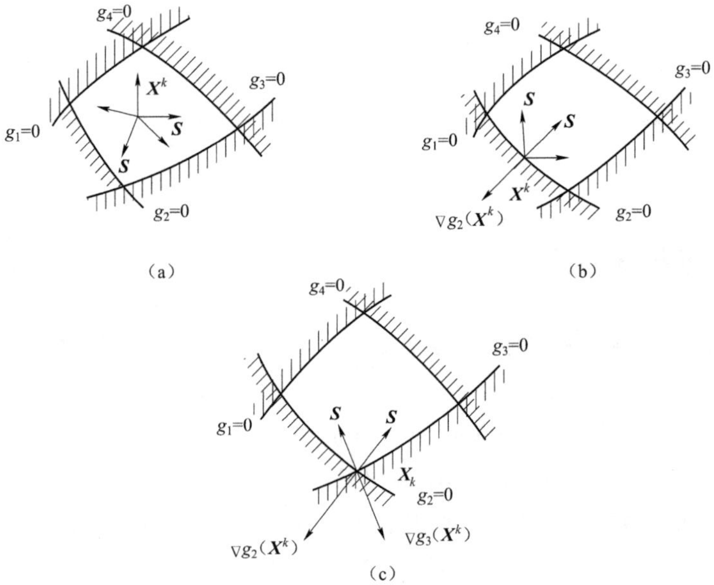

图 6.4.16 可行方向

当点 X^k 位于某一起作用约束的边界 $g_i(X^k)=0$ 上时，为了满足式（6.4-47），必须使方向 S 和对应的约束函数在该点的梯度相交成钝角，即使

$$[\nabla g_i(X^k)]^T S<0 \quad (i\in I_k) \tag{6.4-49}$$

因为约束条件定义为 $g_u(X)\leqslant 0$ 的形式，所以约束函数的梯度 $\nabla g_i(X^k)$ 是指向可行域之外的，并且在该梯度方向上约束函数的值增大得最快。故与该梯度成钝角的方向必定是指向可行域内的可行方向，如图 6.4.16（b）所示。

当点 X^k 位于几个起作用的约束边界 $g_i(X^k)=0\ (i\in I_k)$ 的交点或交线上时，可行方向 S 必须与该点的每一个起作用约束的梯度相交成钝角，如图 6.4.16（c）所示，即对于每一个起作用约束（$i\in I_k$），可行方向 S 都必须满足式（6.4-49）。

于是，既使目标函数下降又指向可行域内的下降可行方向 S 必须同时满足以下关系：

$$\left.\begin{aligned}[\nabla f(X^k)]^T S<0\\ [\nabla g_i(X^k)]^T S<0\ (i\in I_k)\end{aligned}\right\} \tag{6.4-50}$$

式中，I_k 为点 X^k 的起作用约束的下标集合。

6.4.8.2　最佳下降可行方向

在一个点的所有下降可行方向中，使目标函数取得最大下降量的方向称为最佳下降可行方向。显然，当点 X^k 处于可行域内时，目标函数的负梯度就是最佳下降可行方向。当点 X^k 处于几个起作用约束边界的交点或交线上时，式（6.4-35）提供了全体下降可行方向的存在范围，其中使目标函数下降得最快的一个就是最佳下降可行方向。

显然，最佳下降可行方向可以在满足可行条件的前提下，通过极小化目标函数的方向导数得到。由此构成如下寻求最佳下降可行方向 S 的最优化问题：

$$\begin{aligned}&\min\ [\nabla f(X^k)]^T S\\ &\text{s. t.}\ [\nabla g_i(X^k)]^T S<0\ (i\in I_k)\\ &-1\leqslant s_j\leqslant 1\quad (j=1,\ 2,\ \cdots,\ n)\end{aligned} \tag{6.4-51}$$

式中，$S=(s_1,\ s_2,\ \cdots,\ s_n)^T$。

由于点 X^k 上的梯度 $\nabla f(X^k)$ 和 $\nabla g_i(X^k)\ (i\in I_k)$ 都是已知的常数向量，所以式（6.4-51）中的目标函数和约束函数都是变量 s_1，s_2，…，s_n 的线性函数。因此式（6.4-51）是一种典型的线性规划问题，用求解线性规划问题的单纯形算法可以方便地求出最佳下降可行方向 S^*。

将上述线性规划问题的最优解作为下一次迭代的搜索方向，即令 $S^k=S^*$，然后在 S^k 方向上考虑约束条件限制的线性搜索的算法称为可行方向法。这种考虑约束条件限制的线性搜索称为约束线性搜索。

6.4.8.3 约束线性搜索

所谓约束线性搜索，就是求解一元函数约束极小值点的算法。此方法的特点在于，确定初始区间时，对产生的每一个探测点都必须进行可行性判断。如果违反了某个或某些约束条件，就必须减小步长因子，以使新的探测点落在最近的一个约束边界上或约束边界的一个容许区间内，如图 6.4.17（a）和图 6.4.17（c）所示。

若得到的相邻三个探测点都是可行点，而且函数值呈“大—小—大”变化，则与前述线性搜索相同，相邻三点中的两个端点所决定的区间就是初始区间，然后通过不断缩小区间的运算得到线性极小值点，如图 6.4.17（b）所示。

若得到的探测点落在约束边界的一个容限（$\pm\delta$）之内，而且函数值比前一点的小，则该点就是所求线性极小值点，无须再进行缩小区间运算，如图 6.4.17（c）所示。

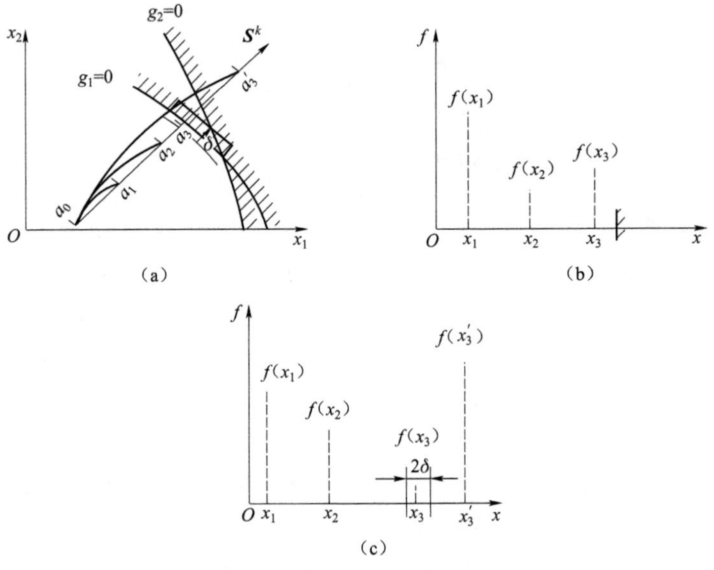

图 6.4.17 约束线性搜索

可行方向法的迭代步骤如下：

（1）给定初始内点 $\boldsymbol{X}^0$、收敛精度 ε 和约束容限 δ，置 $k=0$。

（2）确定点 $\boldsymbol{X}^k$ 的起作用约束集合：

$$I_k(\boldsymbol{X}^k,\delta)=\{u\mid -\delta\leqslant g_u(\boldsymbol{X}^k)\leqslant\delta\ (u=1,2,\cdots,p)\}$$

（3）收敛判断。当 I_k 为空集，且点 $\boldsymbol{X}^k$ 在可行域内时，如果 $\|\nabla f(\boldsymbol{X}^k)\|\leqslant\varepsilon$，则令 $\boldsymbol{X}^*=\boldsymbol{X}^k$，$f^*=f(\boldsymbol{X}^k)$，终止计算；否则，令 $\boldsymbol{S}^k=-\nabla f(\boldsymbol{X}^k)$，转到步骤（6）。

（4）收敛判断。若点 $\boldsymbol{X}^k$ 满足 k－t 条件

$$\nabla f(\boldsymbol{X}^k) + \sum_{u \in I_k} \lambda_u \nabla g_u(\boldsymbol{X}^k) = 0$$

$$\lambda_u \geqslant 0$$

则令 $\boldsymbol{X}^* = \boldsymbol{X}^k$，$f^* = f(\boldsymbol{X}^k)$，终止计算；否则，转到步骤（5）。

（5）求解线性规划问题：

$$\begin{aligned} &\min\ [\nabla f(\boldsymbol{X}^k)]^{\mathrm{T}}\boldsymbol{S} \\ &\text{s. t.}\ [\nabla g_u(\boldsymbol{X}^k)]^{\mathrm{T}}\boldsymbol{S} \leqslant 0\ (u \in I_k) \\ &\quad s_j - 1 \leqslant 0 \\ &-1 - s_j \leqslant 0 \quad (j = 1, 2, \cdots, n) \end{aligned}$$

解得 $\boldsymbol{S}^*$，令 $\boldsymbol{S}^k = \boldsymbol{S}^*$。

（6）在方向 $\boldsymbol{S}^k$ 上进行约束线性搜索得点 $\boldsymbol{X}^{k+1}$，令 $k = k+1$，转到步骤（2）。

6.4.9　拉格朗日乘子法

拉格朗日乘子法属于约束优化问题的间接解法，其基本思想是将一个约束非线性规划问题转化为一个无约束非线性规划问题来求解。其特点是引入一个待定系数——乘子（Multiplier），构成一个新的无约束条件的目标函数，使数学变换过程简化，而它的最优解即原目标函数的约束最优解。

以二元函数为例，设目标函数为

$$f(\boldsymbol{X}) = f(x_1, x_2)$$

受约束于 $h(x_1, x_2) = 0$。

它的极值存在条件为

$$\mathrm{d}f = \frac{\partial f^*}{\partial x_1}\mathrm{d}x_1 + \frac{\partial f^*}{\partial x_2}\mathrm{d}x_2 = 0$$

$$\mathrm{d}h = \frac{\partial h^*}{\partial x_1}\mathrm{d}x_1 + \frac{\partial h^*}{\partial x_2}\mathrm{d}x_2 = 0 \qquad (6.4-52)$$

由上面两式可得

$$\frac{\mathrm{d}x_2}{\mathrm{d}x_1} = -\left(\frac{\partial f^*/\partial x_1}{\partial f^*/\partial x_2}\right),\ \frac{\mathrm{d}x_2}{\mathrm{d}x_1} = -\left(\frac{\partial h^*/\partial x_1}{\partial h^*/\partial x_2}\right)$$

从而有

$$\frac{\partial f^*/\partial x_1}{\partial h^*/\partial x_1} = \frac{\partial f^*/\partial x_2}{\partial h^*/\partial x_2}$$

令上式两端为一常数，即得

$$\frac{\partial f^*/\partial x_1}{\partial h^*/\partial x_1} = \frac{\partial f^*/\partial x_2}{\partial h^*/\partial x_2} = \lambda$$

式中，λ 为特定的拉格朗日乘子。

由上式及 $h(x_1, x_2) = 0$，得联立方程式：

$$\left.\begin{aligned}&\frac{\partial f^*}{\partial x_1}-\lambda\frac{\partial h^*}{\partial x_1}=0\\&\frac{\partial f^*}{\partial x_2}-\lambda\frac{\partial h^*}{\partial x_2}=0\\&h(x_1,\ x_2)=0\end{aligned}\right\}\tag{6.4-53}$$

解此联立方程式，可得极值点 x_1^*，x_2^* 和 $\boldsymbol{\lambda}^*$。

求此联立方程组的解相当于求解

$$L(x_1,\ x_2,\ \boldsymbol{\lambda})=f(x_1,\ x_2)-\boldsymbol{\lambda}h(x_1,\ x_2)$$

这一无约束函数的极值点。此函数极值点存在的必要条件是

$$\frac{\partial L}{\partial x_1}=\frac{\partial L}{\partial x_2}=\frac{\partial L}{\boldsymbol{\lambda}}=0\tag{6.4-54}$$

函数 $L(x_1,\ x_2,\ \boldsymbol{\lambda})$ 被称为拉格朗日函数。

同理，对 n 维问题

$$\min_{\boldsymbol{X}\in\Omega} f(x_1,\ x_2,\ \cdots,\ x_n)$$

受约束于 $h_v(\boldsymbol{X})=0(v=1,\ 2,\ \cdots,\ p,\ p<n)$，则拉格朗日函数为

$$L(\boldsymbol{X},\ \boldsymbol{\lambda})=f(\boldsymbol{X})-\sum_{v=1}^{p}\boldsymbol{\lambda}_v h_v(\boldsymbol{X})=f(\boldsymbol{X})-\boldsymbol{\lambda}^{\mathrm{T}}h(\boldsymbol{X})\tag{6.4-55}$$

函数 $L(\boldsymbol{X},\ \boldsymbol{\lambda})$ 的极小值存在的必要条件为

$$\left.\begin{aligned}&\frac{\partial L}{\partial x_i}=0\quad(i=1,\ 2,\ \cdots,\ n)\\&\frac{\partial L}{\partial \boldsymbol{\lambda}_v}=0\quad(v=1,\ 2,\ \cdots,\ p)\end{aligned}\right\}\tag{6.4-56}$$

因为未知数 x_i 为 n 个，$\boldsymbol{\lambda}_v$为 p 个，共有 $n+p$ 个未知数，而恰好有 $n+p$ 个方程，故能求解。

为了便于在计算机上利用直接寻优方法进行迭代计算，一般引入 Z 函数：

$$Z=\sum_{i=1}^{n}\left(\frac{\partial L}{\partial x_i}\right)^2+\sum_{v=1}^{p}[h_v(\boldsymbol{X})]^2\tag{6.4-57}$$

然后对 Z 函数求极小值，即可求得原问题的最优解。

对于不等式约束优化问题，可设法引入松弛变量，使不等式变成等式，即可按等式约束优化问题求解。例如，对不等式约束条件

$$\left.\begin{aligned}&g_u(\boldsymbol{X})\geqslant 0(u=1,\ 2,\ \cdots,\ m)\\&S(\boldsymbol{X})\leqslant 0\end{aligned}\right\}$$

引入松弛变量$\boldsymbol{\omega}$，为保证引入项为正值，均用松弛变量的平方，即有

$$\left.\begin{aligned}&g_u(\boldsymbol{X})-\boldsymbol{\omega}^2=0\\&g_u(\boldsymbol{X})+\boldsymbol{\omega}^2=0\end{aligned}\right\}\tag{6.4-58}$$

其拉格朗日函数应为

$$L(\boldsymbol{X},\lambda)=f(\boldsymbol{X})-\lambda_1[g_u(\boldsymbol{X})-\omega^2]-\lambda_2[g_u(\boldsymbol{X})+\omega^2] \tag{6.4-59}$$

拉格朗日乘子法求约束优化问题的计算步骤如下：

（1）给定初始点 $\boldsymbol{X}^0$。

（2）构造拉格朗日函数：

$$L(\boldsymbol{X},\lambda)=f(\boldsymbol{X})-\sum_{v=1}^{p}\lambda_v h_v(\boldsymbol{X})-\sum_{u=1}^{m}\lambda_u[g_u(\boldsymbol{X})\pm\omega^2] \tag{6.4-60}$$

（3）构成 Z 函数（增广的拉格朗日函数）：

$$Z=\sum_{i=1}^{n}\left(\frac{\partial L}{\partial x_i}\right)^2+\sum_{v=1}^{p}[h_v(\boldsymbol{X})]^2+\sum_{u=1}^{m}[g_u(\boldsymbol{X})\pm\omega_u^2]^2+\sum_{u=1}^{m}\left(\frac{\partial L}{\partial\omega_u}\right)^2 \tag{6.4-61}$$

（4）按无约束最优化方法求解 Z 函数的无约束极值点 $\boldsymbol{X}^*$ 和最小值 $Z(\boldsymbol{X}^*)$，即原问题的最优解。

6.4.10 序列二次规划法

拉格朗日函数对优化的重要性不仅体现在刻画最优性条件上，同时它在优化计算方法的构造上也起到巨大的作用。例如，著名的序列二次规划法（SQP）就是基于Lagrange—Newton法发展起来的。序列二次规划算法是将复杂的非线性约束最优化问题转化为比较简单的二次规划（QP）问题求解的算法。所谓二次规划问题，就是目标函数为二次函数，约束函数为线性函数的最优化问题。二次规划问题是最简单的非线性约束最优化问题。

利用泰勒展开把非线性约束问题的目标函数在迭代点 $\boldsymbol{X}^k$ 简化成二次函数，把约束函数简化成线性函数后得到的就是如下二次规划问题：

$$\min f(\boldsymbol{X})=\frac{1}{2}(\boldsymbol{X}-\boldsymbol{X}^k)^{\mathrm{T}}\nabla^2 f(\boldsymbol{X}^k)(\boldsymbol{X}-\boldsymbol{X}^k)+\nabla f(\boldsymbol{X}^k)^{\mathrm{T}}(\boldsymbol{X}-\boldsymbol{X}^k)$$

$$\text{s.t.}\ \nabla h_v(\boldsymbol{X}^k)^{\mathrm{T}}(\boldsymbol{X}-\boldsymbol{X}^k)+h_v(\boldsymbol{X}^k)=0\quad(v=1,2,\cdots,m)$$

$$\nabla g_u(\boldsymbol{X}^k)^{\mathrm{T}}(\boldsymbol{X}-\boldsymbol{X}^k)+g_u(\boldsymbol{X}^k)\leqslant 0\quad(u=1,2,\cdots,p)$$

此问题是原约束最优化问题的近似问题，但其解不一定是原问题的可行解。为此，令

$$\boldsymbol{S}=\boldsymbol{X}-\boldsymbol{X}^k$$

将上述二次规划问题变成关于变量 $\boldsymbol{S}$ 的问题，即

$$\min f(\boldsymbol{X})=\frac{1}{2}\boldsymbol{S}^{\mathrm{T}}\nabla^2 f(\boldsymbol{X}^k)\boldsymbol{S}+\nabla f(\boldsymbol{X}^k)^{\mathrm{T}}\boldsymbol{S}$$

$$\text{s. t. } \nabla h_v(\boldsymbol{X}^k)^{\mathrm{T}}\boldsymbol{S}+h_v(\boldsymbol{X}^k)=0 \quad (v=1, 2, \cdots, m)$$

$$\nabla g_u(\boldsymbol{X}^k)^{\mathrm{T}}\boldsymbol{S}+g_u(\boldsymbol{X}^k)\leqslant 0 \quad (u=1, 2, \cdots, p) \tag{6.4-62}$$

令

$$\boldsymbol{H}=\nabla^2 f(\boldsymbol{X}^k)$$

$$\boldsymbol{C}=\nabla f(\boldsymbol{X}^k)$$

$$\boldsymbol{A}_{\mathrm{eq}}=(\nabla h_1(\boldsymbol{X}^k), \nabla h_2(\boldsymbol{X}^k), \cdots, \nabla h_m(\boldsymbol{X}^k))^{\mathrm{T}}$$

$$\boldsymbol{A}=(\nabla g_1(\boldsymbol{X}^k), \nabla g_2(\boldsymbol{X}^k), \cdots, \nabla g_p(\boldsymbol{X}^k))^{\mathrm{T}}$$

$$\boldsymbol{B}_{\mathrm{eq}}=(-h_1(\boldsymbol{X}^k), -h_2(\boldsymbol{X}^k), \cdots, -h_m(\boldsymbol{X}^k))^{\mathrm{T}}$$

$$\boldsymbol{B}=(-g_1(\boldsymbol{X}^k), -g_2(\boldsymbol{X}^k), \cdots, -g_p(\boldsymbol{X}^k))^{\mathrm{T}}$$

将式（6.4-62）变成二次规划问题的一般形式，即

$$\min\left(\frac{1}{2}\boldsymbol{S}^{\mathrm{T}}\boldsymbol{H}\boldsymbol{S}+\boldsymbol{C}^{\mathrm{T}}\boldsymbol{S}\right)$$

$$\text{s. t. } \boldsymbol{A}_{\mathrm{eq}}\boldsymbol{S}=\boldsymbol{B}_{\mathrm{eq}}$$

$$\boldsymbol{A}\boldsymbol{S}\leqslant\boldsymbol{B} \tag{6.4-63}$$

求解此二次规划问题，将其最优解 $\boldsymbol{S}^*$ 作为原问题的下一个搜索方向 $\boldsymbol{S}^k$，并在该方向上进行原约束问题目标函数的约束线性搜索，就可以得到原约束问题的一个近似解。反复这一过程，就可以求得原问题的最优解。

上述思想得以实现的关键在于，如何计算目标函数的二阶导数矩阵 $\boldsymbol{H}$，如何求解式（6.4-63）所示的二次规划问题。

1. 二阶导数矩阵计算

二阶导数矩阵的近似计算可以利用拟牛顿法中变尺度矩阵计算的 DFP 公式

$$\boldsymbol{H}^{k+1}=\boldsymbol{H}^k+\frac{\Delta\boldsymbol{X}^k(\Delta\boldsymbol{X}^k)^{\mathrm{T}}}{(\Delta\boldsymbol{q}^k)^{\mathrm{T}}\Delta\boldsymbol{X}^k}-\frac{\boldsymbol{H}^k\Delta\boldsymbol{q}^k(\Delta\boldsymbol{q}^k)^{\mathrm{T}}\boldsymbol{H}^k}{(\Delta\boldsymbol{q}^k)^{\mathrm{T}}\boldsymbol{H}^k\Delta\boldsymbol{q}^k} \tag{6.4-64}$$

或 BFGS 公式

$$\boldsymbol{H}^{k+1}=\boldsymbol{H}^k+\frac{1}{(\Delta\boldsymbol{X}^k)^{\mathrm{T}}\Delta\boldsymbol{q}^k}\left[\Delta\boldsymbol{X}^k(\Delta\boldsymbol{X}^k)^{\mathrm{T}}+\frac{\Delta\boldsymbol{X}^k(\Delta\boldsymbol{X}^k)^{\mathrm{T}}(\Delta\boldsymbol{q}^k)^{\mathrm{T}}\boldsymbol{H}^k\Delta\boldsymbol{q}^k}{(\Delta\boldsymbol{X}^k)^{\mathrm{T}}\Delta\boldsymbol{q}^k}-\boldsymbol{H}^k\Delta\boldsymbol{q}^k(\Delta\boldsymbol{q}^k)^{\mathrm{T}}-\Delta\boldsymbol{X}^k(\Delta\boldsymbol{q}^k)^{\mathrm{T}}\boldsymbol{H}^k\right] \tag{6.4-65}$$

式中

$$\left.\begin{aligned}\Delta\boldsymbol{X}^k&=\boldsymbol{X}^{k+1}-\boldsymbol{X}^k\\ \Delta\boldsymbol{q}^k&=\nabla f(\boldsymbol{X}^k+1)-\nabla f(\boldsymbol{X}^k)\end{aligned}\right\} \tag{6.4-66}$$

2. 二次规划问题的求解

二次规划问题的求解分为以下两种情况。

1）等式约束二次规划问题

$$\min f(\boldsymbol{X})=\frac{1}{2}\boldsymbol{S}^{\mathrm{T}}\boldsymbol{H}\boldsymbol{S}+\boldsymbol{C}^{\mathrm{T}}\boldsymbol{S}$$

$$\text{s.t. } \boldsymbol{A}_{\mathrm{eq}}\boldsymbol{S}=\boldsymbol{B}_{\mathrm{eq}} \tag{6.4-67}$$

其拉格朗日函数为

$$\min L(\boldsymbol{S},\ \boldsymbol{\lambda})=\frac{1}{2}\boldsymbol{S}^{\mathrm{T}}\boldsymbol{H}\boldsymbol{S}+\boldsymbol{C}^{\mathrm{T}}\boldsymbol{S}+\boldsymbol{\lambda}^{\mathrm{T}}(\boldsymbol{A}_{\mathrm{eq}}\boldsymbol{S}-\boldsymbol{B}_{\mathrm{eq}})$$

由多元函数的极值条件$\nabla L(\boldsymbol{S},\ \boldsymbol{\lambda})$得

$$\boldsymbol{H}\boldsymbol{S}+\boldsymbol{C}+\boldsymbol{A}_{\mathrm{eq}}^{\mathrm{T}}\lambda=0$$

$$\boldsymbol{A}_{\mathrm{eq}}\boldsymbol{S}-\boldsymbol{B}_{\mathrm{eq}}=0$$

写成矩阵形式，即

$$\begin{pmatrix}\boldsymbol{H} & \boldsymbol{A}_{\mathrm{eq}}^{\mathrm{T}}\\ \boldsymbol{A}_{\mathrm{eq}} & 0\end{pmatrix}\begin{pmatrix}\boldsymbol{S}\\ \lambda\end{pmatrix}=\begin{pmatrix}-\boldsymbol{C}\\ \boldsymbol{B}_{\mathrm{eq}}\end{pmatrix} \tag{6.4-68}$$

式（6.4-68）其实就是以$(\boldsymbol{S},\ \lambda)^{\mathrm{T}}$为变量的线性方程组，而且变量数和方程数都等于$n+m$。由线性代数知，此方程组要么无解，要么有唯一解。如果有解，可以求出该方程组的唯一解，记作$(\boldsymbol{S}^{k+1},\ \boldsymbol{\lambda}^{k+1})^{\mathrm{T}}$。根据k-t条件，若此解中的乘子向量$\boldsymbol{\lambda}^{k+1}$不全为零，则$\boldsymbol{S}^{k+1}$就是等式约束二次规划问题式（6.4-67）的最优解$\boldsymbol{S}^*$，即$\boldsymbol{S}^*=\boldsymbol{S}^{k+1}$。

2）一般约束二次规划问题

对于一般约束下的二次规划问题式（6.4-63），在不等式约束条件中找出迭代点$\boldsymbol{S}^k$的起作用约束，将等式约束和起作用约束组成新的约束条件，构成新的等式约束问题：

$$\min f(\boldsymbol{X})=\frac{1}{2}\boldsymbol{S}^{\mathrm{T}}\boldsymbol{H}\boldsymbol{S}+\boldsymbol{C}^{\mathrm{T}}\boldsymbol{S}$$

$$\text{s.t. } \sum_{i\in E\cup I_k}\sum_{j=1}^{n}a_{ij}s_j=b_i \tag{6.4-69}$$

式中，E代表等式约束的下标集合；I_k代表不等式约束中起作用约束的下标集合。

此式即式（6.4-67），可以用同样的方法求解。在求得式（6.4-69）的解$(\boldsymbol{S}^{k+1},\ \boldsymbol{\lambda}^{k+1})^{\mathrm{T}}$之后，根据k-t条件，若解中对应原等式约束条件的乘子不全为零，对应起作用约束条件的乘子不小于零，则$\boldsymbol{S}^{k+1}$就是所求一般约束二次规划问题式（6.4-63）的最优解$\boldsymbol{S}^*$。

综上所述，在迭代点 $\boldsymbol{X}^k$ 上先进行矩阵 $\boldsymbol{H}^k$ 的变更，再构造和求解相应的二次规划子问题，并以该子问题的最优解 $\boldsymbol{S}^*$ 作为下一次迭代的搜索方向 $\boldsymbol{S}^k$。然后在该方向上对原非线性最优化问题的目标函数进行约束线性搜索，得到下一个迭代点 $\boldsymbol{X}^{k+1}$，并判断收敛精度是否满足。重复上述过程，直到迭代点 $\boldsymbol{X}^{k+1}$ 最终满足终止准则，得到原非线性约束问题的最优解 $\boldsymbol{X}^*$ 为止。这种算法称为序列二次规划法，它是目前求解非线性约束最优化问题的常用算法，简称 SQP 法。

序列二次规划算法的迭代步骤如下：

（1）给定初始点 $\boldsymbol{X}^0$、收敛精度 ε，令 $\boldsymbol{H}^0=\boldsymbol{I}$（单位矩阵），置 $k=0$。

（2）在点 $\boldsymbol{X}^k$ 简化原问题为二次规划问题式（6.4－69）。

（3）求解二次规划问题，并令 $\boldsymbol{S}^k=\boldsymbol{S}^*$。

（4）在方向 $\boldsymbol{S}^k$ 上对原问题的目标函数进行约束线性搜索，得点 $\boldsymbol{X}^{k+1}$。

（5）终止判断，若 $\boldsymbol{X}^{k+1}$ 满足给定精度的终止准则，则令 $\boldsymbol{X}^*=\boldsymbol{X}^{k+1}$，$f^*=f(\boldsymbol{X}^{k+1})$，输出最优解，终止计算，否则转到步骤（6）。

（6）按式（6.4－64）或式（6.4－65）修改矩阵 $\boldsymbol{H}^{k+1}$，令 $k=k+1$，转到步骤（2）继续迭代。

6.5　智能优化算法

传统的优化算法发展成熟，具有较高的计算效率和可靠性，但由于其机理是建立在局部下降的基础上，大多不太适合全局优化问题的求解，并且由于优化过程中涉及函数的梯度，因此不能处理不可微的优化问题。现代优化算法涉及生物进化、人工智能、数学和物理学、神经系统和统计力学等各方面，它不需要使用函数的梯度，不要求函数具有连续性和可微性，计算过程对函数依赖性较小，具有适应范围广、鲁棒性好、适于并行计算等特点，适合用于复杂的全局优化问题求解。

随着仿生学、遗传学和人工智能科学的发展，20 世纪 70 年代以来，科学家相继将遗传学、神经网络科学的原理和方法应用到最优化领域，形成了一系列新的最优化方法，如遗传算法、神经网络算法和蚁群算法等。这些算法不需要构造精确的数学搜索方向，不需要进行繁杂的线性搜索，而是通过大量简单的信息传播和演变方法来得到问题的最优解。 这些算法具有全局性、自适应、离散化等特点，故统称为智能优化算法。

6.5.1　遗传算法

遗传算法是模拟生物在自然环境中的遗传和进化过程而形成的一种自适应全局最优化概率搜索算法。最早由美国密西根大学的 Holland 教授提出，20 世纪 80 年代由 Goldberg 归纳总结形成了遗传算法的基本框架。

在遗传算法中，将设计变量 $\boldsymbol{X}=(x_1, x_2, \cdots, x_n)^{\mathrm{T}}$ 用 n 个同类编码，即

$$\boldsymbol{X}: \boldsymbol{X}_1, \boldsymbol{X}_2, \cdots, \boldsymbol{X}_n$$

表示。其中每一个 $\boldsymbol{X}_i$ 都是一个 q 位编码符号串，符号串的每一位称为一个遗传基因，基因的所有可能的取值称为等位基因，基因所在的位置称为该基因的基因座。于是，$\boldsymbol{X}$ 就可以看作由 $n\times q$ 个遗传基因组成的染色体，也称个体 $\boldsymbol{X}$。由 m 个个体组成一个群体，记作 $P(t)$ $(t=1, 2, \cdots, m)$。最简单的等位基因由 0 和 1 这两个整数组成，相应的染色体或个体就是一个二进制符号串，称为个体的基因型，与之对应的十进制数称为个体的表现型。

与传统优化算法根据目标函数的大小判断解的优劣，并通过迭代运算逐渐向最优解逼近的思想类似，遗传算法使用适应度这个概念来度量群体中各个个体的优劣程度，并以个体适应度的大小，通过选择运算决定哪些个体被淘汰，哪些个体遗传到下一代。再经过交叉和变异运算得到性能更加优良的新的个体和群体，从而实现群体的遗传和更新，最终得到最佳的个体，即最优化问题的最优解。

1. 遗传编码

遗传算法的运行不直接对设计变量本身进行操作，而是对表示可行解的个体编码进行选择、交叉和变异等遗传运算，由此达到最优化的目的。在遗传算法中，把原问题的可行解转化为个体符号串的方法称为编码。

编码是应用遗传算法时要解决的首要问题。编码除了决定个体染色体排列形式之外，还决定了将个体符号串转化为原问题的可行解的解码方法。编码方法也影响遗传算子的运算效率。现有的编码方法可以分为三类，分别是二进制编码、浮点数编码和符号编码。这里介绍常用的二进制编码方法。

二进制编码所用的符号集是由 0 和 1 组成的二值符号集 {0, 1}，它所构成的个体基因型是一个二进制符号串。符号串的长度与所要求的求解精度有关。假设某一参数的取值范围是 $[U_{\min}, U_{\max}]$，若用长度为 l 的二进制符号串来表示，总共能够产生 2^l 个不同的编码。编码精度为

$$\delta=\frac{U_{\max}-U_{\min}}{2^l-1} \tag{6.5-1}$$

假设某一个体的编码是

$$\boldsymbol{X}: b_l\, b_{l-1}\, b_{l-2} \cdots b_2\, b_1 \tag{6.5-2}$$

则对应的解码公式为

$$x=U_{\min}+\left(\sum_{i=1}^{l} b_i \cdot 2^{i-1}\right)\frac{U_{\max}-U_{\min}}{2^l-1} \tag{6.5-3}$$

例如，对于变量 $x\in[0,1\,023]$，当采用10位二进制编码时，可代表 $2^{10}=1\,024$ 个不同的个体。如

$$\boldsymbol{X}:\ 0\ 0\ 1\ 0\ 1\ 0\ 1\ 1\ 1\ 1$$

就表示一个个体，称为个体的基因型，对应的十进制数175就是个体的表现型，编码精度为 $\delta=1$。

2. 个体适应度

在研究自然界中生物的遗传和进化现象时，生物学家使用适应度这个术语来度量物种对生存环境的适应程度。在遗传算法中也使用适应度这个概念来度量群体中各个个体的优劣程度。适应度较高的个体遗传到下一代的概率较大，反之则较小。度量个体适应度的函数称为适应度函数 $F(\boldsymbol{X})$，一般由目标函数 $f(\boldsymbol{X})$ 或惩罚函数 $\varphi(\boldsymbol{X},f_k)$ 转换而来。以如下函数为例，常用的转换关系为：

对于极大化问题 $\max f(\boldsymbol{X})$：

$$F(\boldsymbol{X})=\begin{cases}f(\boldsymbol{X})+C_{\min}, & f(\boldsymbol{X})+C_{\min}>0\\0, & f(\boldsymbol{X})+C_{\min}\leqslant 0\end{cases}\tag{6.5-4}$$

式中，$C_{\min}$ 为一适当小的正数。

对于极小化问题 $\min f(\boldsymbol{X})$：

$$F(\boldsymbol{X})=\begin{cases}C_{\max}-f(\boldsymbol{X}), & f(\boldsymbol{X})<C_{\min}\\0, & f(\boldsymbol{X})\geqslant C_{\min}\end{cases}\tag{6.5-5}$$

式中，$C_{\max}$ 为一较大的正数。

3. 遗传运算

生物的进化是以集团为主体进行的。与此对应，遗传算法的运算对象也是由 M 个个体所组成的集合，称为群体。第 t 代群体记作 $P(t)$，遗传算法的运算就是群体的反复演变过程。群体不断地进行遗传和进化操作，并按优胜劣汰的规则将适应度较高的个体尽可能多地遗传到下一代，这样最终会在群体中形成一个优良的个体 $\boldsymbol{X}$，它的表现型达到或接近最优化问题的最优解 $\boldsymbol{X}^*$。

生物的进化过程主要是通过染色体之间的遗传、交叉和变异来完成的。与此对应，遗传算法模拟生物在自然界的遗传和进化机理，将染色体中基因的复制、交叉和变异归结为各自的运算规则或遗传算子，并反复将这些遗传算子作用于群体 $P(t)$，对其进行选择、交叉和变异运算，以求得到最优的个体，即问题的最优解。

1）选择运算

遗传算法使用选择算子来对群体中的个体进行优胜劣汰操作，适应度较高

的个体有较大的概率遗传到下一代，适应度较低的个体遗传到下一代的概率则较小。目前有许多不同的选择运算方法，其中最常用的一种称为比例选择运算。比例选择运算的基本思想是：个体被选中并遗传到下一代的概率与其适应度的大小成正比。

设群体的大小为 M，个体 i 的适应度为 f_i，则个体 i 被选中的概率 P_{is} 为

$$P_{is} = f_i / \sum_{i=1}^{M} f_i (i = 1, 2, \cdots, M) \tag{6.5-6}$$

每个概率值组成一个区间，全部概率值之和为 1。产生一个 0～1 的随机数，依据概率值所出现的区间来决定对应的个体被选中和被遗传的次数，此法亦称轮盘法。

2）交叉运算

交配重组是生物遗传进化过程中的一个重要环节。模仿这一过程，遗传算法使用交叉运算，即在两个相互配对的个体间按某种方式交换其部分基因，从而形成两个新生的个体。运算前需对群体中的个体进行随机配对，即将群体中的 M 个个体以随机的方式分成 $M/2$ 个个体组。然后以不同的方式确定配对个体交叉点的位置，并在这些位置上进行部分基因的交换，形成不同的交叉运算方法。目前最常用的是单点交叉运算。

单点交叉又称简单交叉，它是在个体编码串中随机地设置一个交叉点，并在该交叉点上相互交换两个配对个体的基因，如图 6.5.1 所示。

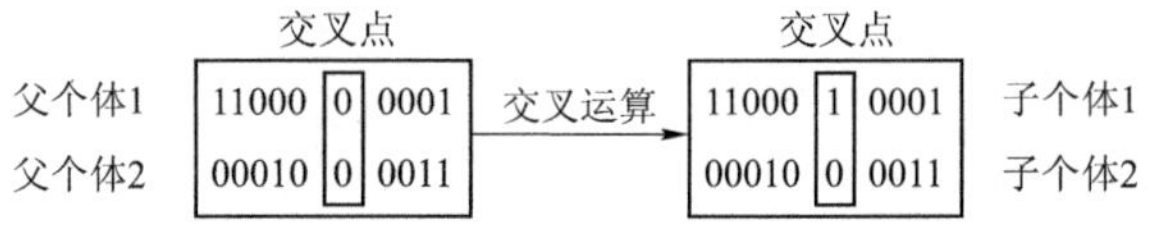

图 6.5.1　单点交叉

3）变异运算

生物的遗传和进化过程中，在细胞的分裂和复制环节上可能产生一些差错，从而导致生物的某些基因发生某种变异，产生新的染色体，表现出新的生物性状。模仿这一过程，遗传算法采用变异运算，将个体编码串中的某些基因座上的基因值用它的不同等位基因来替换，从而产生新的个体。

有很多变异运算方法，最简单的是基本位变异。基本位变异操作是在个体编码串中依变异概率 P_s 随机指定某一位或某几位基因座上的基因值作变异运算，如图 6.5.2 所示。

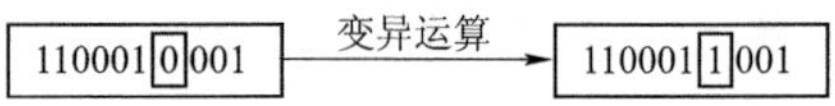

图 6.5.2　基本位变异操作

4. 遗传算法的运算过程

遗传算法的基本运算过程如下（见图 6.5.3）：

（1）初始化，设定最大进化代数 T 和群体的个体数 M。

（2）编码，并构成初始群体 $P(t)$，置进化代数计数器 $t=0$。

（3）个体评价，计算群体 $P(t)$ 中各个体的适应度。

（4）遗传运算，将选择算子、交叉算子和变异算子依次作用于群体，得到下一代群体$P(t+1)$。

（5）终止判断，若 $t<T$，则转到步骤（3）；否则，将群体 $P(t+1)$ 中具有最大适应度的个体解码后作为最优解输出，终止计算。

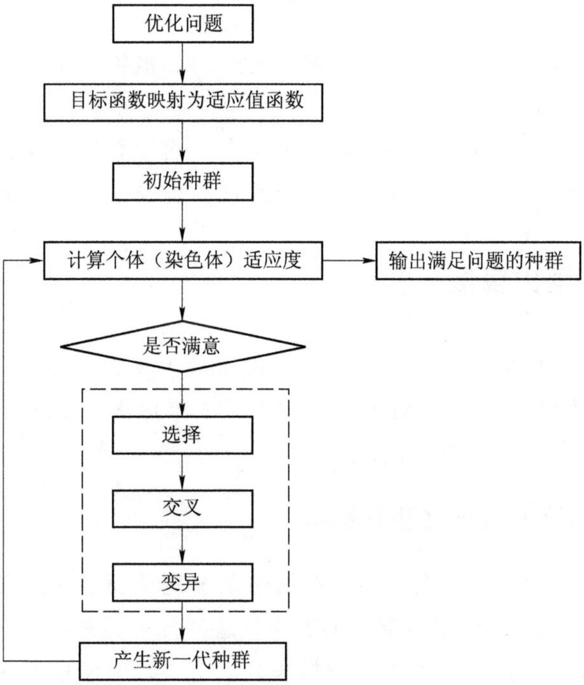

图 6.5.3　遗传算法运算流程示意图

遗传算法相比于传统优化算法的主要优点有：

（1）遗传算法直接以适应度作为搜索信息，求解问题时，搜索过程不受优化函数连续性的约束，无须导数或其他辅助信息。

（2）遗传算法具有很高的并行性，可以同时在解空间的多个区域搜索信息，从而降低算法陷入局部最优的可能性。

（3）遗传算法具有较强的鲁棒性，在待求解问题为非连续、多峰及有噪声的情况下，它能够以很大的可能性收敛到最优解或近似最优解。

（4）遗传算法具有较高的可扩充性，易与其他领域的知识或算法结合来求解待定问题。

（5）遗传算法的基本思想简单，具有良好的可操作性和简单性。

（6）遗传算法具有较强的智能性，可以用来解决复杂的非结构化问题。

遗传算法的不足之处体现在：

（1）算法求解实际问题的时间易受染色体基因数目的影响。遗传算法在求解组合优化问题时，其求解时间会随染色体基因数目的增加而呈指数增长，这种现象极大程度地限制了算法的求解效率和染色体编码方式的选择。

（2）算法局部搜索能力较差，易出现早熟现象。遗传算法在种群进化过程中会产生“超级个体”，这些个体的适应度高于群体的平均值，在群体中占有一定优势；遗传算法会不断加强个体的这种优势，最终使搜索局限于部分解空间，最终出现早熟现象。

（3）算法不能保证其收敛性。遗传算法在多次求解同一问题时，无法确保每次都能获得同一个最优解，这从根本上影响了遗传算法的收敛性。

6.5.2 模拟退火算法

从理论上说，模拟退火（Simulated Annealing）算法是一个全局最优算法。模拟退火算法的思想最早由 Metropolis 在 1953 年提出，Kirkpatrick 在 1983 年将其成功地应用在组合最优化问题上。

6.5.2.1 模拟退火算法及模型

退火是一种物理过程，金属物体在加热至一定的温度后，它的所有分子在状态空间 D 中自由运动。随着温度的下降，这些分子逐渐停留在不同的状态。在温度最低时，分子重新以一定的结构排列。由统计力学的研究表明，在温度 T，分子停留在状态 r 满足玻尔兹曼（Boltzmann）概率分布

$$P\{\bar{E}=E(r)\}=\frac{1}{Z(T)}\exp\left[-\frac{E(r)}{k_B T}\right] \tag{6.5-7}$$

式中，$E(r)$ 为状态 r 的能量；k_B 为玻尔兹曼常数，$k_B>0$；$\bar{E}$ 为分子能量的一个随机变量；$Z(T)$ 为概率分布的标准化因子

$$Z(T)=\sum_{s\in D}\exp\left[-\frac{E(s)}{k_B T}\right]$$

先研究式（6.5－7）随 T 变化的趋势。选定两个能量 $E_1<E_2$，在同一个温度 T，有

$$P\{\bar{E}=E_1\}-P\{\bar{E}=E_2\}=\frac{1}{Z(T)}\exp\left(-\frac{E_1}{k_B T}\right)\left[1-\exp\left(-\frac{E_2-E_1}{k_B T}\right)\right]$$

因为

$$\exp\left(-\frac{E_2-E_1}{k_B T}\right)<1,\ \forall T>0$$

所以

$$P\{\bar{E}=E_1\}-P\{\bar{E}=E_2\}>0,\ \forall T>0 \tag{6.5-8}$$

在同一温度，式（6.5－8）表示分子停留在能量小的状态的概率比停留在能量大的状态的概率要大。当温度较高时，式（6.5－7）的概率分布使得每个状态的概率基本相同，接近平均值 $1/|D|$，$|D|$ 为状态空间 D 中状态的个数。结合式（6.5－8），当状态空间存在至少两个不同的能量时，具有最低能量状态的玻尔兹曼概率超出平均值 $1/|D|$。由

$$\frac{\partial P\{\bar{E}=E(r)\}}{\partial T}=\frac{\exp\left[-\frac{E(r)}{k_B T}\right]}{Z(T)k_B T^2}\left\{E(r)-\frac{\sum_{s\in D}E(s)\exp\left[-\frac{E(s)}{k_B T}\right]}{Z(T)}\right\} \tag{6.5-9}$$

当 $r_{\min}$ 是 D 中具有最低能量的状态时，得

$$\frac{\partial P\{\bar{E}=E(r_{\min})\}}{\partial T}<0$$

所以，$P\{\bar{E}=E(r_{\min})\}$ 关于温度 T 是单调下降的。又有

$$P\{\bar{E}=E(r_{\min})\}=\frac{1}{Z(T)}\exp\left[-\frac{E(r_{\min})}{k_B T}\right]=\frac{1}{|D_0|+R}$$

式中，D_0 为具有最低能量的状态集合；

$$R=\sum_{s\in D,\ E(s)>E(r_{\min})}\exp\left[-\frac{E(s)-E(r_{\min})}{k_B T}\right]\to 0,\ T\to 0 \tag{6.5-10}$$

因此得到，当 T 趋向于 0 时，

$$P\{\bar{E}=E(r_{\min})\}\to\frac{1}{|D_0|}$$

当温度趋向于 0 时，式（6.5－7）决定的概率渐近 $1/|D|$。由此可以得到，在温度趋向于 0 时，分子停留在最低能量状态的概率趋向于 1。综合上面的讨论，分子在能量最低状态的概率变化趋势如图 6.5.4（a）所示。

对于非能量最低的状态，由式（6.5－8）和分子在能量最低状态的概率是

单调减的事实，在温度较高时，分子在这些状态的概率在 $1/|D|$ 附近，依赖于状态的不同可能超过 $1/|D|$；由式（6.5－9）和式（6.5－10）可知存在一个温度 t，使式（6.5－7）决定的概率在（0，t）是单调升的；再由式（6.5－10）可知，当温度趋向于 0 时，式（6.5－7）定义的概率趋向于 0。概率变化曲线如图 6.5.4（b）所示。

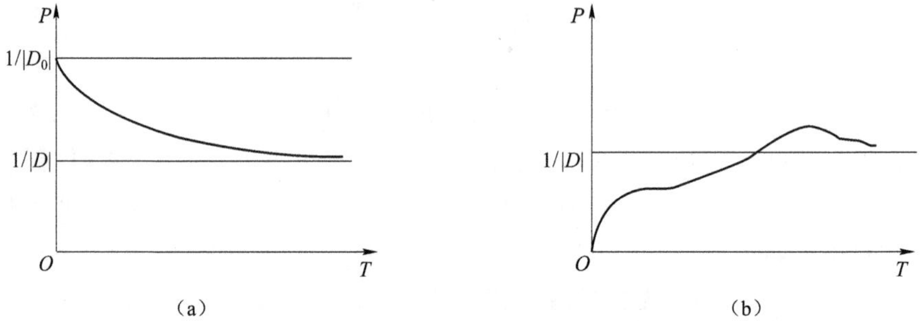

图 6.5.4　玻尔兹曼函数曲线

（a）在能量最低状态；（b）在非能量最低状态

从上面的讨论得到，温度越低（$T\to 0$），能量越低的状态的概率值越高。在极限状况，只有能量最低的点概率不为零。

可以将组合优化问题与金属物体退火进行类比，如表 6.5.1 所示。

表 6.5.1　组合优化问题与金属物体退火类比

组合优化问题	金属物体退火
解	状态
最优解	能量最低的状态
费用函数	能量

由以上的类比及式（6.5－7），组合优化的最优解可以类比为退火过程中能量的最低状态，也就是温度达到最低点时，式（6.5－7）概率分布中具有最大概率的状态。于是组合优化问题 $z=\min\{f(\boldsymbol{X})\,|\,g(\boldsymbol{X})\geqslant 0,\ \boldsymbol{X}\in D\}$ 的求解过程类比为退火过程，其中 D 是有限离散定义域。

在本章，除特别强调外，都假设算法用以解决如下组合最优化问题：

$$\min f(\boldsymbol{X})$$
$$\text{s.t.}\ \ g(\boldsymbol{X})\geqslant 0$$
$$\boldsymbol{X}\in D$$

式中，$f(\boldsymbol{X})$ 为目标函数；$g(\boldsymbol{X})$ 为约束方程；D 为定义域。

在不混淆的条件下，为了符号的书写简单，状态 $\boldsymbol{X}_i$ 简单地用 i 表示，简单的模拟退火算法如表 6.5.2 所示。

表 6.5.2　模拟退火算法

模拟退火算法	
Step 1	任选一个初始解 i_0，$i:=i_0$；$k:=0$；$t_0:=t_{max}$（初始温度）
Step 2	若在该温度内达到内循环停止条件，则转到 Step 3；否则，从邻域 $N(i)$ 中随机选一 j，计算 $\Delta f_{ij}=f(j)-f(i)$；当 $\Delta f_{ij}\leqslant 0$，则 $i:=j$，否则，当 $\exp(-\Delta f_{ij}/t_k)>$ random(0，1) 时，则 $i:=j$；重复 Step 2
Step 3	$t_{k+1}:=d(t_k)$；$k:=k+1$；若满足停止条件，终止计算，否则回到 Step 2

在上述模拟退火算法中，包含一个内循环和一个外循环。内循环是 Step 2，它表示在同一温度 t_k 时进行一些状态随机搜索。外循环主要包括 Step 3 的温度下降变化 $t_{k+1}:=d(t_k)$，迭代步数的增加 $k:=k+1$ 和停止条件。模拟退火算法的直观理解是，在一个给定的温度，搜索从一个状态随机地变化到另一个状态。每个状态到达的次数服从一个概率分布。当温度很低时，由式（6.5－10）的讨论，以概率 1 停留在最优解。

模拟退火算法的每次迭代都体现集中和扩散两个策略的平衡。对遇到的下一个迭代解，如果这个解更好，则采用集中策略，选择这个解为新解。否则，采用扩散策略，以某一概率选择这个解为新解。

模拟退火算法的数学模型可以描述为，在给定邻域结构后，模拟退火过程是从一个状态到另一个状态不断地随机游动。我们可以用马尔可夫链描述这一过程，对给定的温度 t，两个状态的转移概率（Transition Probability）定义为

$$p_{ij}(t)=\begin{cases}G_{ij}(t)A_{ij}(t), & j\neq i\\ 1-\sum\limits_{l=1,\ l\neq i}^{|D|}G_{il}(t)A_{il}(t), & j=i\end{cases}\tag{6.5-11}$$

式中，$|D|$ 表示状态集合（解集合）中状态的个数；$G_{ij}(t)$ 称为从 i 到 j 的产生概率（Generation Probability）。$G_{ij}(t)$ 表示在状态 i 时，j 状态被选取的概率。比较容易理解的是 j 为 i 的邻居，如果在邻域中等概率选取，则 j 被选中的概率为

$$G_{ij}(t)=\begin{cases}1/|N(i)|, & j\in N(i)\\ 0, & j\notin N(i)\end{cases}\tag{6.5-12}$$

$A_{ij}(t)$ 称为接受概率（Acceptance Probability）。$A_{ij}(t)$ 表示产生状态 j 后，接

受 j 的概率，如在模拟退火算法中接受的概率是

$$A_{ij}(t)=\begin{cases}1, & f(i)\geqslant f(j)\\ \exp(-\Delta f_{ij}/t), & f(i)<f(j)\end{cases} \tag{6.5-13}$$

$\boldsymbol{G}(t)=(G_{ij}(t))_{|D|\times|D|}$，$\boldsymbol{A}(t)=(A_{ij}(t))_{|D|\times|D|}$ 和 $\boldsymbol{P}(t)=(P_{ij}(t))_{|D|\times|D|}$ 分别称为产生矩阵、接受矩阵和一步转移概率矩阵。

式（6.5-11）～式（6.5-13）为模拟退火算法的主要模型。模拟退火算法主要可以分为两类。第一类为时齐算法，基本计算框架是在式（6.5-11）中对每一个固定的 t，计算对应的马尔可夫链，直至达到一个稳定状态，然后再让温度下降。第二类为非时齐算法，基本计算框架由一个马尔可夫链组成，要求在两个相邻的转移中温度 t 是下降的。

无论是从实际还是直观，描述模拟退火过程的马尔可夫链应满足下列条件：

（1）可达性。无论起点如何，任何一个状态都可以到达。这样使我们有得到最优解的可能，否则从理论上无法得到最优解的算法是无法采用的。

（2）渐近不依赖起点。由于起点的选择有非常大的随机性，我们的目的是达到全局最优，因此应渐近地不依赖起点。

（3）分布稳定性。包含两个内容：其一是当温度不变时，其马尔可夫链的极限分布存在；其二是当温度渐近于 0 时，其马尔可夫链也有极限分布。

（4）收敛到最优解。当温度渐近于 0 时，最优状态的极限分布和为 1。

6.5.2.2 马尔可夫链

设 $\{X(k)\}_{k=0,1,2\cdots}$ 为随机变量序列，$X(k)=i$ 称在时刻 k 处于状态 i，$i\in D$，D 称为状态空间。当 D 中的状态数有限时，称为有限状态空间。若对任意的正整数 n，

$$\begin{aligned}&P\{X(n)=j\,|\,X(1)=i_1,\ X(2)=i_2,\ \cdots,\ X(n-2)=i_{n-2},\ X(n-1)=i\}\\&\quad=P\{X(n)=j\,|\,X(n-1)=i\},\ i_1,\ i_2,\ \cdots,\ i_{n-2},\ i,\ j\in D\end{aligned} \tag{6.5-14}$$

则称 $\{X(k)\}_{k=0,1,2\cdots}$ 为马尔可夫链，简称马氏链。马氏链具有记忆遗忘特性，它只记忆前一时刻的状态。式（6.5-14）可以简单地写成

$$P_{ij}(n-1)=P\{X(n)=j\,|\,X(n-1)=i\}$$

称为一步转移概率。当状态空间有限时，称为有限马氏链，一步转移概率矩阵记为

$$\boldsymbol{P}(n-1)=(P_{ij}(n-1))_{|D|\times|D|}$$

当

$$(P_{ij}(n-1))=P(n),\ \forall n \tag{6.5-15}$$

成立时，称马氏链为时齐的。用

$$P_{ij}^{n}=P\{X(n)=j\,|\,X(0)=i\} \tag{6.5-16}$$

表示 n 步转移概率。

6.5.3　蚁群优化算法

蚁群优化算法（Ant Colony Optimization Algorithms）是一种分布式智能模拟算法，基本思想是模仿蚂蚁依赖信息素进行通信而显示出的社会行为。它是一种随机的通用试探法，可用于求解各种不同的组合优化问题，具有通用性和鲁棒性，是基于总体优化的方法。

6.5.3.1　蚁群优化算法的概念

蚁群优化算法是一种受自然界生物行为启发而产生的“自然”算法，产生于对蚁群行为的研究。蚁群中的蚂蚁以“信息素”（Pheromone）为媒介，间接异步地相互联系，这就是蚁群优化算法的最大特点。蚂蚁在行动（寻找食物或者寻找回巢的路径）中，会在它们经过的地方留下一些化学物质，称之为“信息素”。这些物质能被同一蚁群中后来的蚂蚁感受到，并作为一种信号影响后者寻找路径。

在自然界中，蚁群这种寻找路径的过程表现为一种正反馈的过程。基于此种行为，产生了人工蚁群的寻优算法。我们把只具备简单功能的工作单元视为“蚂蚁”，那么寻找路径的过程可以用于解释人工蚁群的寻优过程。人工蚁群和自然界蚁群的相似之处在于，两者优先选择的都是含“信息素”浓度较大的路径。在这两种情况下，较短的路径上都能聚集相对较多的信息素。两者的工作单元（蚂蚁）都是通过在其所经过的路径上留下一定信息的方法进行间接的信息传递。人工蚁群和自然界蚁群的区别在于，人工蚁群有一定的记忆能力，它能够记忆已经访问过的节点；另外，人工蚁群在选择下一条路径的时候并不是完全盲目的，而是按一定的算法规律有意识地寻找最短路径。

为更好地了解蚁群优化算法，本章所有的符号和算法设计以 TSP 为基础。TSP 可以简单地用 n 个城市的一个有向图 $G=(N, A)$ 表示，其中，$N=\{1, 2, \cdots, n\}$，$A=\{(i, j)\,|\,i, j\in N\}$，城市间的距离 $\boldsymbol{D}=(d_{ij})_{n\times n}$，目标函数为 $f(\boldsymbol{W})=\sum_{l=1}^{n} d_{i_l-1 i_l}$，其中，$\boldsymbol{W}=(i_1, i_2, \cdots, i_n)$ 为城市 1，2，…，n 的一个排列，$i_{n+1}=i_1$。

仿效自然界的蚁群行为，蚁群优化算法中人工蚂蚁的行为可以描述如下：m 只蚂蚁在 TSP 图中相邻的节点间移动，从而协作异步地得到问题的解。每只蚂蚁的一步转移概率由每条边上的两类参数决定：信息素值，也称为信息素痕迹，是蚁群的“记忆”信息；可见度，也就是先验值。信息素的更新是由两种操作组合完成的：一是挥发，这是一种全局的减少弧上信息素值的办法，是模仿自然界蚁群的信息素随时间挥发的过程；二是增强，给评价值“好”的弧增加信息素值。

它们的移动是通过运用一个随机决策原则来实现的，这个原则运用所在节点存储的信息，计算出下一步可达节点的概率，通过这个概率分布实现一步移动。通过这种移动，蚁群建立的解会越来越接近最优解。当一只蚂蚁找到一个解，或者在它的找寻过程中，这只蚂蚁会评估这个解（或者是解的一部分）的优化程度，并且在相关连接的信息素痕迹中保存对解的评价信息。这些信息素的信息对蚂蚁未来的搜索有指导意义。

初始的蚁群优化算法是基于图的蚁群系统，可以简单地描述为表 6.5.3 所示内容。

表 6.5.3　初始蚁群优化算法

Step 0	对 n 个城市的 TSP 问题，$N=\{1,2,\cdots,n\}$，$A=\{(i,j)\mid i,j\in N\}$，城市间的距离矩阵 $\boldsymbol{D}=(d_{ij})_{n\times n}$ 为 TSP 图中的每一条弧 (i,j) 赋信息素痕迹初值 $\tau_{ij}(0)=1/\lvert A\rvert$，假设有 m 只蚂蚁在工作，所有的蚂蚁从同一城市 i_0 出发，$k:=1$，当前最好解 $\boldsymbol{W}=(1,2,\cdots,n)$
Step 1	（外循环）如果满足算法的停止规则，停止计算并输出计算得到的最好解。否则，让蚂蚁 s 从起点 i_0 出发，用 $L(s)$ 表示蚂蚁 s 行走的城市集合，初始 $L(s)$ 为空集，$1\leqslant s\leqslant m$
Step 2	（内循环）按蚂蚁 $1\leqslant s\leqslant m$ 的顺序分别计算。当蚂蚁在城市 i，若 $L(s)=N$ 或 $\{l\mid(i,l)\in A,\ l\notin L(s)\}=\varnothing$，完成第 s 只蚂蚁的计算。否则，若 $L(s)\neq N$ 且 $T=\{l\mid(i,l)\in A,\ l\notin L(s)\}-\{i_0\}=\varnothing$，则以概率 $$P_{ij}=\begin{cases}\dfrac{\tau_{ij}(k-1)}{\sum\limits_{l\in T}\tau_{il}(k-1)}, & j\in T\\ 0, & j\notin T\end{cases}\qquad(6.5-17)$$ 到达 j，$L(s)=L(s)\cup\{j\}$，$i:=j$； 若 $L(s)\neq N$ 且 $T=\{l\mid(i,l)\in A,\ l\notin L(s)\}-\{i_0\}=\varnothing$，则到达 i_0，$L(s)=L(s)\cup\{i_0\}$，$i:=i_0$；重复 Step 2

续表

Step 3	对 $1\leqslant s\leqslant m$，若 $L(s)=N$，按 $L(s)$ 中城市的顺序计算路径长度；若 $L(s)\neq N$，路径长度是一个充分大的数。比较 m 只蚂蚁中的路径长度，记走最短路径的蚂蚁为 t。若 $f(L(t))<f(\boldsymbol{W})$，则 $\boldsymbol{W}:=L(t)$。用式（6.5-18）对 $\boldsymbol{W}$ 路径上的弧信息素痕迹加强，对其他弧的信息素痕迹挥发， $$\tau_{ij}(k)=\begin{cases}(1-\rho_{k-1})\tau_{ij}(k-1)+\dfrac{\rho_{k-1}}{\lvert\boldsymbol{W}\rvert}, & (i,j)\text{ 为 }\boldsymbol{W}\text{ 的一条弧}\\(1-\rho\rho_{k-1})\tau_{ij}(k-1), & \text{其他}\end{cases} \tag{6.5-18}$$ 得到新的 $\tau_{ij}(k)$，$k:=k+1$，重复 Step 1

在 Step 3 中，挥发因子 ρ_k 对于某固定的 $K\geqslant 1$，满足

$$\rho_k\leqslant 1-\frac{\ln k}{\ln(k+1)},\quad k\geqslant K \tag{6.5-19}$$

并且

$$\sum_{k=1}^{\infty}\rho_k=\infty \tag{6.5-20}$$

在上面描述的蚁群优化算法中，式（6.5-17）为蚂蚁的搜寻过程，即以信息素决定的概率分布选择下一个访问的城市。算法还包括两个其他过程，由式（6.5-21）体现，称为信息素痕迹的挥发（Evaporation）过程和增强（Reinforcement）过程。信息素痕迹的挥发过程就是每个连接上信息素痕迹的浓度自动逐渐减弱的过程，由 $(1-\rho_{k-1})\tau_{ij}(k)$ 表示。信息素痕迹的挥发过程主要用于避免算法太快地向局部最优区域集中。采用这种实用的遗忘方式有助于搜寻区域的扩展。增强过程是蚁群优化算法的一个可选部分，用于实现由单只蚂蚁无法实现的集中行动。在式（6.5-21）中，增强过程体现在观察蚁群（m 只蚂蚁）中每只蚂蚁所找到的路径并且在蚂蚁所找到最短路径上的弧上保存额外的信息素。增强过程中进行的信息素更新被称为离线的信息素过程。在 Step 3 中，除非蚁群发现了一个更好的解，否则，蚁群永远记录第一个最好解。

很容易验证，式（6.5-21）满足

$$\sum_{(i,j)\in A}\tau_{ij}(k)=1,\quad\forall k\geqslant 0$$

6.5.3.2　算法模型和收敛性分析

蚁群优化算法的每步迭代对应随机变量

$$\boldsymbol{X}_k=(\tau(k),\boldsymbol{W}(k)),\quad k=0,1,2\cdots$$

式中，$\tau(k)$ 为信息素痕迹；$\boldsymbol{W}(k)$ 为 n 个城市的一个排列，最多有 $n!$ 个状

态。注意到第 s 只蚂蚁在第 k 轮的转移只由 $\tau(k-1)$ 决定，进一步，这只蚂蚁行走的路径和 $\boldsymbol{W}(k-1)$ 一起，共同决定了 $\boldsymbol{W}(k)$，再通过信息素的更新原则可以进一步得到 $\tau(k)$。也就是说，$\boldsymbol{X}_{k+1}$ 的变化仅由 $\boldsymbol{X}_k$ 决定，而与之前的状态无关。这是一个典型的马尔可夫过程，这个马尔可夫过程是非时齐的。

定义 6.5.3.1 若一个马尔可夫过程 $\{\boldsymbol{X}_k, k=0, 1, 2\cdots\}$ 对任给的 $\varepsilon>0$ 满足

$$\lim_{k\to\infty} P\{|\boldsymbol{X}_k-\boldsymbol{X}^*|<\varepsilon\}=1$$

则称马尔可夫过程 $\{\boldsymbol{X}_k, k=0, 1, 2\cdots\}$ 依概率 1 收敛到 $\boldsymbol{X}^*$。

1. GBAS 算法的收敛性分析

定理 6.5.3.1 满足式（6.5-17）～式（6.5-20）的 GBAS 马尔可夫过程 $\{\boldsymbol{X}_k=(\tau(k), \boldsymbol{W}(k)), k=0, 1, 2\cdots\}$ 依概率 1 收敛到 $\boldsymbol{X}^*=(\tau^*, \boldsymbol{W}^*)$，其中 $\boldsymbol{W}^*$ 为一条最优路径，τ^* 定义如下：

$$\tau_{ij}^*=\begin{cases}\dfrac{1}{|\boldsymbol{W}|}, & (i, j)\text{ 为 }\boldsymbol{W}^*\text{ 的一条弧}\\ 0, & \text{其他}\end{cases} \tag{6.5-21}$$

证明：注意蚁群优化算法的 Step 3，一旦达到一个全局最优路径，由 $f(L(t))<f(\boldsymbol{W})$，我们只记录第一个最优解，因此证明分几个部分。第一部分证明以概率 1 到达一个最优路径，第二部分证明式（6.5-21）成立，最后得到依概率 1 收敛到一个最优路径。

首先证明依概率 1 到达一个最优路径。考虑任何一条固定的最优路径 $\boldsymbol{W}^*$，令 F_k 为蚁群中某只蚂蚁在第 k 次外循环后首次走到最优路径 $\boldsymbol{W}^*$ 的事件，$\bar{F}_k$ 表示仅第 k 次外循环没有走到 $\boldsymbol{W}^*$ 的事件，前 $k-1$ 次可能走过路径 $\boldsymbol{W}^*$，$\boldsymbol{W}^*$ 永远不会被走到的事件为 $\bar{F}_1\cap\bar{F}_2\cap\cdots$。由条件概率公式，我们有

$$\begin{aligned}P(\bar{F}_1\cap\bar{F}_2\cap\cdots)&\leqslant\prod_{k=1}^{\infty}P\{\text{第 }k\text{ 次循环蚁群没有走到 }\boldsymbol{W}^*|\text{第 }i<\\&\qquad k\text{ 次循环蚁群没有走到 }\boldsymbol{W}^*\}\\&=\prod_{k=1}^{\infty}P\{\text{第 }k\text{ 次循环蚁群一次也没有走到 }\boldsymbol{W}^*\}\end{aligned} \tag{6.5-22}$$

现在，对于任何一条固定的弧 (i, j)，在第 k 次循环结束后，其上的信息素值的一个下界可以如下给出：考虑最坏的情形，(i, j) 上的信息素一直处于挥发状态，而从来没有受到增强。不失一般性，令 $K\geqslant 2$，则对于 $k\geqslant K$，由式（6.5-17）和式（6.5-19）有

$$\tau_{ij}(k)=\prod_{l=1}^{k-1}(1-\rho_l)\,\tau_{ij}(1)\geqslant\prod_{l=1}^{K-1}(1-\rho_l)\prod_{l=K}^{k-1}\frac{\ln l}{\ln(l+1)}\tau_{ij}(1)$$
$$=\prod_{l=1}^{K-1}(1-\rho_l)\frac{\ln K}{\ln k}\tau_{ij}(1)=\frac{1}{\ln k}\prod_{l=1}^{K-1}(1-\rho_l)\ln K\,\tau_{ij}(1)$$

(6.5 - 23)

因为 $\prod_{l=1}^{K-1}(1-\rho_l)\ln K\,\tau_{ij}(1)$ 为常数，令 $\Delta=\prod_{l=1}^{K-1}(1-\rho_l)\ln K\,\tau_{ij}(1)$，由于对于某固定的节点，其后续节点最多只有 $n-1$ 个，而且所有弧上的信息素都是小于或者等于 1 的，由此可知

$$p_{ij}(k)\geqslant\frac{\Delta}{(n-1)\ln k},\quad k\geqslant K$$

对于蚁群中的一只固定的蚂蚁，它在第 k（$k\geqslant K$）次循环走到路径 $\boldsymbol{W}^*$ 的概率为

$$\prod_{(i,\,j)\in\boldsymbol{W}^*}p_{ij}(k)\geqslant\left[\frac{\Delta}{(n-1)\ln k}\right]^{|\boldsymbol{W}^*|} \tag{6.5 - 24}$$

对一个蚁群，蚂蚁的个数至少为 1，显然式（6.5 - 24）也是一个蚁群到达 $\boldsymbol{W}^*$ 的下界。式（6.5 - 24）右边的部分与循环的次数是无关的，所以对于 $k=1$，2…都是成立的。

$$P\{\text{前 }k\text{ 次循环蚁群一次也没有走到 }\boldsymbol{W}^*\}\leqslant 1-\prod_{(i,\,j)\in\boldsymbol{W}^*}p_{ij}(k)$$
$$\leqslant 1-\left[\frac{\Delta}{(n-1)\ln k}\right]^{|\boldsymbol{W}^*|}$$

则式（6.5 - 22）中右边部分的一个上界为

$$\prod_{k=K}^{\infty}\left\{1-\left[\frac{\Delta}{(n-1)\ln k}\right]^{|\boldsymbol{W}^*|}\right\} \tag{6.5 - 25}$$

对式（6.5 - 25）取对数，可以得到

$$\sum_{k=K}^{\infty}\ln\left\{1-\left[\frac{\Delta}{(n-1)\ln k}\right]^{|\boldsymbol{W}^*|}\right\}\leqslant-\sum_{k=K}^{\infty}\left[\frac{\Delta}{(n-1)\ln k}\right]^{|\boldsymbol{W}^*|}=-\infty$$

由于 $\sum_{k}(\ln k)^{-L}$ 对于任意的正整数 L 来说是一个发散的级数，则式（6.5 - 25）右边为零，即式（6.5 - 22）右边项也取零，这就证明了事件 $\bar{F}_1\cup\bar{F}_2\cup\cdots$ 的概率是取 1 的。

下面证明式（6.5 - 21）成立。由上面的证明，随机过程 $\{\boldsymbol{X}_k=(\boldsymbol{\tau}(k),\boldsymbol{W}(k)),\ k=0,1,2\cdots\}$ 以概率 1 到达一条最优路径。当某条最优路径被首次走到之后，用 $\boldsymbol{W}^*$ 定义这条路径。我们可以继续类似上面的计算，当 $f(L(t))<f(\boldsymbol{W})$ 时才替换 $\boldsymbol{W}$，即只记录第一个最优解。再重复计算时，只有 $\boldsymbol{W}^*$ 上的弧受到增强，其他弧只进行信息素的挥发。

令 K 为 $\boldsymbol{W}^*$ 首次被走到的循环次数。随机过程 $\{\boldsymbol{X}_k=(\boldsymbol{\tau}(k),\boldsymbol{W}(k)),\ k=0,1,2\cdots\}$ 将在第 $K+1$ 轮循环中满足信息素更新原则（6.5 - 18），我们

很容易归纳证明，对于 $(i, j) \in \boldsymbol{W}^*$，$r=1, 2\cdots$，有

$$\tau_{ij}(K+r)=\prod_{l=K}^{K+r-1}(1-\rho_l)\tau_{ij}(K)+\frac{1}{|\boldsymbol{W}^*|}\sum_{l=0}^{r-1}\rho_{K+l}\prod_{q=l+1}^{r-1}(1-\rho_{K+q}) \tag{6.5-26}$$

（这里，当 $J\neq\varnothing$ 时，约定 $\prod_{j\in J}a_j=1$）。由式（6.5-20）知道级数 $\sum\rho_l$ 是发散的，也就是说 $\prod_{l=1}^{\infty}(1-\rho_l)=0$。由此，当 $(i, j)\notin\boldsymbol{W}^*$ 时，在第 K 轮模拟后，这条弧永远不会受到增强，所以

$$\tau_{ij}(K+r)=\prod_{l=K}^{K+r-1}(1-\rho_l)\ \tau_{ij}(K)\to 0,\ r\to\infty \tag{6.5-27}$$

即 $(i, j)\notin\boldsymbol{W}^*$ 弧上的信息素之和将趋于零。

研究式（6.5-18），可以用归纳的方法证明 $\sum_{(i,j)\in A}\tau_{ij}(K)=1$，$\forall k$ 成立。观察式（6.5-26）右端的第二项，发现与 (i, j) 弧无关，再由式（6.5-27），可知 $\tau_{ij}(K+r)$，$r\to\infty$ 的极限存在，且所有的极限值之和等于 1。对于所有的 $(i, j)\in\boldsymbol{W}^*$，

$$\lim_{r\to\infty}\tau_{ij}(K+r)=\frac{1}{|\boldsymbol{W}^*|} \tag{6.5-28}$$

也就得到 $\lim_{l\to\infty}\boldsymbol{X}_l=(\tau^*, \boldsymbol{W}^*)$。

综合前两部分的讨论，特别地，当 $\boldsymbol{X}_n$ 首次到达最优解 $\boldsymbol{W}^*$ 之后，由上面的讨论易知，对于 $(i, j)\in\boldsymbol{W}^*$，式（6.5-17）的转移概率 $p_{ij}(l)\to 1$，也就是说 $\{\boldsymbol{X}_k=(\tau(k), \boldsymbol{W}(k)), k=0, 1, 2\cdots\}$ 依概率 1 收敛到 $\boldsymbol{X}^*=(\tau^*, \boldsymbol{W}^*)$。

2. 其他算法及收敛性分析

在 GBAS 中式（6.5-17）保持不变，Stützle 和 Hoos 将信息素的挥发和增强式（6.5-18）变更为

$$\tau_{ij}(k)=\begin{cases}\max\{(1-\rho)\tau_{ij}(k-1)+\dfrac{\rho}{|\boldsymbol{W}|},\ \tau_{\min}(k-1)\}, & (i, j)\text{ 为 }\boldsymbol{W}\text{ 的一条弧}\\ \max\{(1-\rho)\tau_{ij}(k-1),\ \tau_{\min}(k-1)\}, & \text{其他}\end{cases} \tag{6.5-29}$$

式中，$0<\rho<1$，$\tau_{\min}(k-1)$ 为实数，给出一个 MAX-MIN 蚁群优化算法。

MAX-MIN 蚁群优化算法与 GBAS 的区别在于挥发系数不随时间变化，但给出一个下界 $\tau_{\min}(k-1)$ 控制信息素痕迹的挥发。

定理 6.5.3.2 在算法 MAX-MIN 中，令

$$\tau_{\min}(k)=\frac{c_k}{\ln(k+1)},\ k\geqslant 1$$

其中$\lim_{k\to\infty} c_k>0$，则定理 6.5.3.1 的结论同样成立。

蚂蚁转移概率（6.5－17）更一般的规则由储存在每个节点的路由表数据结构$A_i=\{a_{ij}\mid(i,j)\in A\}$决定，即转移概率为

$$p_{ij}=\begin{cases}\dfrac{a_{ij}(k-1)}{\sum\limits_{l\in T}a_{il}(k-1)}, & j\in T\\ 0, & j\notin T\end{cases} \tag{6.5-30}$$

其中，$A_i(k-1)=\{a_{ij}(k-1)\mid(i,j)\in A\}$取决于三部分因素，$T$是从$i$可以直接到达的节点集合。第一部分为每个节点的信息素痕迹$\tau_{ij}(k-1)$和预见度$\eta_{ij}(k-1)$；第二部分为每个蚂蚁自身的记忆表中储存的自身的历史信息；第三部分为问题的约束条件。常见的蚁群路由表由下式求得：

$$a_{ij}(k-1)=\begin{cases}\dfrac{\tau_{ij}^{\alpha}(k-1)\,\eta_{ij}^{\beta}(k-1)}{\sum\limits_{l\in T}\tau_{il}^{\alpha}(k-1)\,\eta_{il}^{\beta}(k-1)}, & j\in T\\ 0, & j\notin T\end{cases} \tag{6.5-31}$$

式中，α为残留信息的相对重要程度；β为预见值的相对重要程度。α和β体现了相关信息痕迹和预见度对蚂蚁决策的相对影响。

信息素痕迹$\tau_{ij}(k-1)$为$k-1$时刻连接城市i和j的路径上残留信息的浓度（相当于通过该支路的蚂蚁所留下的气息）。为了避免残留信息过多而引起残留信息淹没全局求解，在一个蚁群中的每一只蚂蚁完成对所有n个城市的访问后（即一个循环结束后），必须对残留信息进行更新处理。模仿人类记忆的特点，对旧的信息进行削弱，同时，必须将最新的蚂蚁访问路径信息加入$\tau_{ij}(k-1)$。记(i,j)弧信息素在第$k-1$个循环的变化为$\Delta\tau_{ij}(k-1)$，则保留的信息素为

$$\tau_{ij}(k)=\tau_{ij}(k-1)+\Delta\tau_{ij}(k-1)$$

完成信息素的保留过程后，将要进行信息素的挥发过程。挥发采用

$$(1-\rho)\,\tau_{ij}(k)$$

的形式，其中，$\rho\in(0,1)$为信息素的衰退系数。$(1-\rho)$为残留信息被保留的部分，为了防止信息的无限累积，ρ必须小于1。

式（6.5－31）的预见度$\eta_{ij}(k-1)$是城市i转移到城市j的启发信息。该启发信息由待解决的问题给出，可通过一定的计算实现。在 TSP 问题中一般取$\eta_{ij}(k-1)=1/d_{ij}$（d_{ij}表示城市i与j间的距离）。$\eta_{ij}(k-1)$在这里可以称为先验知识，即若i与j间的距离短，则$\eta_{ij}(k-1)$较大，$a_{ij}(k-1)$也较大。在式（6.5－31）中，如果$\alpha=0$，那么距离越近的城市被选中的概率增大；如果$\beta=0$，那么只有信息素在起作用。

设计不同的信息素痕迹保留、挥发和概率转移方式，都将带来一个理论问

题，是否有类似定理 6.5.3.1 和定理 6.5.3.2 的结论，依概率 1 收敛到最优解。

6.5.4 禁忌搜索算法

禁忌搜索（Tabu Search）算法是局部邻域搜索算法的推广，是人工智能在组合最优化算法中的一个成功应用。Golver 在 1986 年提出这个概念，进而形成一套完整算法。禁忌搜索算法的特点是采用了禁忌技术。所谓禁忌，就是禁止重复前面的工作。为了回避局部邻域搜索陷入局部最优的主要不足，禁忌搜索算法用一个禁忌表记录下已经到达过的局部最优点或达到局部最优的一些过程，在下一次搜索中，利用禁忌表中的信息不再或有选择地搜索这些点或过程，以此来跳出局部最优点。

禁忌搜索算法充分体现了集中和扩散两个策略。它的集中策略体现在局部搜索，即从一点出发，在这点的邻域内寻求更好的解，以达到局部最优解而结束。为了跳出局部最优解，扩散策略通过禁忌表的功能来实现。禁忌表中记录下已经到达点的某些信息，算法通过对禁忌表中点的禁忌，而达到一些没有搜索的点，从而实现更大区域的搜索。

6.5.4.1 局部搜索

组合最优化问题：

$$\min f(\boldsymbol{X})$$
$$\text{s.t. } g(\boldsymbol{X}) \geqslant 0$$
$$\boldsymbol{X} \in D$$

式中，$f(\boldsymbol{X})$ 为目标函数；$g(\boldsymbol{X})$ 为约束方程；D 为定义域，是一个离散的点集合。

因为禁忌搜索算法中用到局部搜索算法，我们首先介绍局部搜索算法。该算法可以简单地表示为表 6.5.4 所示内容。

表 6.5.4 局部搜索算法

局部搜索算法	
Step 1	选定一个初始可行解：x^0；记录当前最优解：$x^{best} := x^0$，$T = N(x^{best})$
Step 2	当 $T \setminus \{x^{best}\} = \varnothing$ 时，或满足其他停止运算准则时，输出计算结果，停止运算；否则，从 T 中选一集合 S，得到 S 中的最好解 x^{now}；若 $f(x^{now}) < f(x^{best})$，则 $x^{best} := x^{now}$，$T = N(x^{best})$；否则，$T := T/S$，重复 Step 2

在局部搜索算法中，Step 1 的初始可行解可用随机的方法选择，也可用一些经验的方法或是其他算法计算得到。Step 2 中的集合 S 选取可以大到是 $N(x^{best})$ 本身，也可以小到只有一个元素，如用随机的方法在 $N(x^{best})$ 中选一点。从直观来讲，S 选取得小，可使每一步的计算量减少，但可比较的范围也小；S 选取得大，会使每一步计算时间增加，比较的范围自然也增加。这两种情况的应用效果依赖于实际问题。在 Step 2 中，其他停止准则是除 Step 2 中 $T \setminus \{x^{best}\}=\varnothing$ 以外的准则。这些准则的给出往往取决于人们对算法的计算时间和计算结果的要求。

局部搜索算法的计算结果主要依赖起点的选取和邻域的结构。同一个起点，不同的邻域结构会得到不同的计算结果。同样，同一个邻域结构，不同的初始点会得到不同的计算结果。因此，在使用局部搜索算法时，为了得到好的解，可以比较不同的邻域结构和不同的初始点。一个非常直观的结论是：如果初始点的选择足够多，总可以计算出全局最优解。

6.5.4.2　禁忌搜索

禁忌搜索是一种人工智能算法，是局部搜索算法的扩展。它的一个重要思想是，标记已得到的局部最优解或求解过程，并在进一步的迭代中避开这些局部最优解或过程。

禁忌搜索算法的特征由禁忌对象和长度、候选集和评价函数、停止规则和一些计算信息组成。禁忌表特别指禁忌对象及其被禁的长度。禁忌对象多选择造成解变化的状态，候选集中的元素依评价函数而确定，根据评价函数的优劣选择一个可能替代被禁对象的元素，是否替代取决于禁忌的规则和其他一些特殊规则，计算中的一些信息，如被禁对象对应的评价值、被禁的频率等，将对禁忌的长度和停止规则提供帮助。禁忌搜索算法如表 6.5.5 所示。

表 6.5.5　禁忌搜索算法

禁忌搜索算法	
Step 1	给以禁忌表（Tabu List）$H=\varnothing$ 并选定一个初始解 x^{now}
Step 2	满足停止规则时，停止计算，输出结果；否则，在 x^{now} 的邻域 $N(x^{now})$ 中选出满足不受禁忌的候选集 Can _ $N(x^{now})$；在 Can _ $N(x^{now})$ 中选一个评价值最佳的解 x^{next}，$x^{now}:=x^{next}$；更新历史记录 H，重复 Step 2

在禁忌搜索算法的 Step 2 中，x^{now} 的邻域 $N(x^{now})$ 中不受禁忌的元素包含两类，一类是那些没有被禁忌的元素，另一类是可以被解除禁忌的元素。

禁忌搜索算法是人工智能与局部搜索算法的结合，沿袭了局部搜索的邻域构造，增加了一个禁忌表。于是，邻域连通条件为禁忌搜索可以达到全局最优解的一个必要条件。

定义 6.5.4.1 集合 C 相对邻域映射 N 是连通的，若对 C 中的任意两点 x 和 y 存在互异的 $x=x_1$，x_2，…，$x_l=y$，使得 $N(x_i)\cap\{x_{i+1}\}\neq\varnothing$，$i=1$，2，…，$l-1$。

定理 6.5.4.1 （最优性必要条件）在禁忌搜索算法中，若解区域相对邻域映射 N 是连通的，则可以构造禁忌算法，使得算法求得全局最优解。

作为禁忌搜索算法设计的第一步，邻域的构造非常重要，一旦邻域映射无法保证连通性，那么，无论禁忌表构造得多么精巧，都可能出现从某些点开始计算无法达到全局最优解。

6.5.5 粒子群算法

粒子群（PSO）算法最早是由美国心理学家 James Kennedy 和电气工程师 Russell Eberhart 于 1995 年提出的一种基于群体智能的优化算法，该算法源于对人工生命和鸟群、鱼群等生物种群觅食行为的研究。设想这样一个场景：一群鸟在随机搜寻食物，在这个区域里只有一块食物，所有的鸟都不知道食物在哪里，但是它们知道当前的位置离食物还有多远，那么找到食物的最优策略、最简单有效的方法就是搜寻目前离食物最近的鸟的周围区域。

PSO 算法就是从鸟类生物种群行为特性中得到启发，并有效地用于求解复杂优化问题。在 PSO 系统中，每个优化问题的潜在解都可以想象成 N 维搜索空间上的一个点，称之为“粒子”（Particle），而所有粒子都有一个被目标函数决定的适应值（Fitness Value），即目标函数值。每个粒子在搜索空间中以一定的速度飞行，这个速度根据它本身的飞行经验和其他粒子的飞行经验来动态调整。通常粒子将追随当前的最好粒子，并经逐代搜索，最终得到最优解。在每一代中，粒子将跟踪两个最好位置，一个是粒子本身迄今找到的最好位置，称为个体最好位置（Personal Best Position，简称 pbest）；另一个为整个粒子群迄今为止找到的最好位置，称为全局最好位置（Global Best Position，简称 gbest）。

其搜索过程的数学描述为：假设在一个 N 维的目标搜索空间中，由 M 个代表潜在问题解的粒子组成群体 $\boldsymbol{X}=\{\boldsymbol{X}_1,\ \boldsymbol{X}_2,\ \cdots,\ \boldsymbol{X}_M\}$，在 t 时刻，第 i 个粒子位置为 $\boldsymbol{X}_i(t)=[\boldsymbol{X}_{i,1}(t),\ \boldsymbol{X}_{i,2}(t),\ \cdots,\ \boldsymbol{X}_{i,N}(t)]$，速度为 $\boldsymbol{V}_i(t)=[\boldsymbol{V}_{i,1}(t),\ \boldsymbol{V}_{i,2}(t),\ \cdots,\ \boldsymbol{V}_{i,N}(t)]$，$i=1,\ 2,\ \cdots,\ M$。个体最好位置表示为 $\boldsymbol{P}_i(t)=[\boldsymbol{P}_{i,1}(t),\ \boldsymbol{P}_{i,2}(t),\ \cdots,\ \boldsymbol{P}_{i,N}(t)]$，群体的全局最好位置为 $\boldsymbol{G}(t)=[\boldsymbol{G}_1(t),$

$\boldsymbol{G}_2(t)$，…，$\boldsymbol{G}_N(t)$]，且 $\boldsymbol{G}(t)=\boldsymbol{P}_g(t)$，其中 g 为处于全局最好位置粒子的下标，$g\in\{1, 2, \cdots, M\}$。

对于最小化问题，目标函数值越小，对应的适应值越好。粒子 i 的个体最好位置 pbest 由式（6.5－32）确定：

$$\boldsymbol{P}_i(t)=\begin{cases}\boldsymbol{X}_i(t), & f[\boldsymbol{X}_i(t)]<f[\boldsymbol{P}_i(t-1)]\\ \boldsymbol{P}_i(t-1), & f[\boldsymbol{X}_i(t)]\geqslant f[\boldsymbol{P}_i(t-1)]\end{cases} \tag{6.5－32}$$

群体的全局最好位置 gbest 由式（6.5－32a）和式（6.5－32b）确定：

$$g=\arg\min_{1\leqslant i\leqslant M}\{f[\boldsymbol{P}_i(t)]\} \tag{6.5－32a}$$

$$\boldsymbol{G}(t)=\boldsymbol{P}_g(t) \tag{6.5－32b}$$

有了以上定义，基本粒子群算法的进化方程可描述为

$$\boldsymbol{V}_{i,j}(t+1)=\boldsymbol{V}_{i,j}(t)+c_1r_{1,j}(t)[\boldsymbol{P}_{i,j}(t)-\boldsymbol{X}_{i,j}(t)]+c_2r_{2,j}(t)[\boldsymbol{G}_j(t)-\boldsymbol{X}_{i,j}(t)] \tag{6.5－33}$$

$$\boldsymbol{X}_{i,j}(t+1)=\boldsymbol{X}_{i,j}(t)+\boldsymbol{V}_{i,j}(t+1) \tag{6.5－34}$$

式中，$j=1, 2, \cdots, N$ 为粒子的第 i 维；N 为搜索空间维数；下标 $i=1, 2, \cdots, M$，表示第 i 个粒子；M 为群体规模；t 为进化代数；c_1 和 c_2 为加速常数；r_1 和 r_2 为区间 [0，1] 上均匀分布的随机数。

从上述粒子进化方程可以看出，c_1 调节粒子飞向自身最好位置方向的步长，c_1 调节粒子飞向全局最好位置方向的步长。为了减少在进化过程中粒子离开搜索空间的可能性，$\boldsymbol{V}_{i,j}$ 通常限于一定的范围内，即 $\boldsymbol{V}_{i,j}\in[-\boldsymbol{V}_{\max}, \boldsymbol{V}_{\max}]$。如果问题的搜索空间限定在 $\boldsymbol{X}_{i,j}\in[-\boldsymbol{X}_{\max}, \boldsymbol{X}_{\max}]$ 内，则可设定 $\boldsymbol{V}_{\max}=k\boldsymbol{X}_{\max}$，$0.1\leqslant k\leqslant 1.0$。

粒子位置更新公式（6.5－34）以速度为步长进行更新。粒子速度更新公式（6.5－33）可看成由三部分组成：粒子先前进化代数的速度；个体认知部分，表示粒子自身的思考，使粒子具有足够强的全局搜索能力，避免局部极小；社会认知部分，体现了粒子间的信息共享。在这三部分的共同作用下，粒子根据历史经验并利用信息共享机制，不断调整自己的位置，以期望找到问题的最优解。

基本粒子群算法的初始化过程为：

（1）设定群体规模 M。

（2）对任意 i，j，在 $[-\boldsymbol{X}_{\max}, \boldsymbol{X}_{\max}]$ 内服从均匀分布产生 $\boldsymbol{X}_{i,j}$。

（3）对任意 i，j，在 $[-\boldsymbol{V}_{\max}, \boldsymbol{V}_{\max}]$ 内服从均匀分布产生 $\boldsymbol{V}_{i,j}$。

（4）对任意 i，设 $\boldsymbol{P}_i=\boldsymbol{X}_i$。

基本粒子群算法的描述如下：

（1）依照初始化过程，对粒子群的随机位置和速度进行初始化。

（2）计算每个粒子的适应值。

（3）对于每个粒子，将其适应值与所经历的最好位置 $\boldsymbol{P}_i$ 的适应值进行比较，若优于$\boldsymbol{P}_i=\boldsymbol{X}_i$的适应值，则将其作为当前的最好位置。

（4）对于每个粒子，将其适应值与全局所经历的最好位置 $\boldsymbol{G}$ 的适应值进行比较，若优于 $\boldsymbol{G}$ 的适应值，则将其作为当前的全局最好位置。

（5）根据式（6.5－33）和式（6.5－34）对粒子的速度和位置进行进化。

（6）如未达到结束条件（通常为足够好的适应值或达到一个预设最大代数（$\boldsymbol{G}_{\max}$）），则返回步骤（2）。

6.6　优化算法的组合策略

将两种或多种优化方法的思想相互融合，利用每种优化方法的优点，形成高效的优化算法，它们通常都有比原优化算法更好的表现。现有的混合算法有两种方式，一种是以顺序优化的方式进行组合，后一个优化方法利用前一个优化方法的最优值进行初始优化，这是组合算法的常见方式；另一种是某一优化方法加入到另一个优化方法的优化过程中进行组合，如常见的组合遗传算法。

例如，对于某车身结构的多学科设计优化问题，可采用组合策略的第一种形式，即采用遗传算法进行初始设计空间的探索，找到近似最优解，然后利用序列二次规划法 NLPQL 进行局部搜索，这种混合算法在改善收敛速度的同时也改进了优化结果。具体做法是：在遗传算法的进化过程中，根据目标函数的进化情况自适应地判断何时停止进化，判断准则为目标函数在规定的进化代内保持不变，则停止进化。进化过程中加入记忆体，存储最优的解群体。所谓最优解群体，即在整个优化过程中，适应度或目标函数相对最优的一组解。把最优解群作为 NLPQL 的初始解，然后进行 NLPQL 的优化过程。

对于第二种组合策略，以遗传算法与模拟退火算法相组合的混合遗传算法为例进行简要说明。遗传模拟退火算法是将遗传算法与模拟退火算法相结合而构成的一种优化算法。遗传算法的局部搜索能力较差，但把握搜索过程的总体能力较强；而模拟退火算法具有较强的局部搜索能力，并能使搜索过程避免陷入局部最优解，但对整个搜索空间的状况了解不多，运算效率不高。但如果将遗传算法与模拟退火算法相结合，互相取长补短，则有可能开发出性能优良的新的全局搜索算法，这就是遗传模拟退火算法的基本思想。

与基本遗传算法的总体运行过程类似，遗传模拟退火算法也是从一组随机产生的初始解（初始群体）开始全局最优解的搜索过程，它先通过选择、交叉、变异等遗传操作来产生一组新的个体，然后独立地对所产生出的各个个体进行模拟退火过程，以其结果作为下一代群体中的个体。

这个运行过程反复地进行迭代，直到满足某个终止条件为止。

遗传模拟退火算法的步骤可描述如下：

（1）进化代数计数器初始化：令 $N=0$。

（2）随机产生初始群体 $p(N)$。

（3）评价群体 $p(N)$ 中个体的适应度。

（4）个体交叉操作。

（5）个体变异操作。

（6）个体模拟退火操作。

（7）评价群体 $p(N)$ 的适应度。

（8）个体选择、复制操作。

（9）终止条件判断。

若不满足终止条件，则令 $N=N+1$，转到步骤（3），继续进化过程；若满足终止条件，则输出当前最优个体，算法结束。

参考文献

[1] 袁亚湘，孙文瑜．最优化理论与方法 [M]．北京：科学出版社，1997.

[2] Papalambros P., Wilde D. J. Principles of Optimal Design [M]. 2nd Edition. Cambridge University Press, 2000.

[3] Chong E. K. P., Zak S. H. An Introduction to Optimization [M]. 4th Edition. John Wiley & Sons Inc., 2013.

[4] Sobieszczanski - Sobieski J., Morris A., van Tooren M. Multidisciplinary Design Optimization Supported by Knowledge Based Engineering [M]. Wiley, 2016.

[5] 尹泽勇，米栋．航空发动机多学科设计优化 [M]．北京：北京航空航天大学出版社，2015.

[6] 李元科．工程最优化设计 [M]．北京：清华大学出版社，2006.
[7] 陈宝林．最优化理论与算法 [M]．2版．北京：清华大学出版社，2005.
[8] 梁基照．橡胶机械优化设计 [M]．北京：化学工业出版社，2009.
[9] 孙靖民．机械优化设计 [M]．北京：机械工业出版社，2012.
[10] 陈立周，俞必强．机械优化设计方法 [M]．4版．北京：冶金工业出版社，2014.
[11] 邢文训．现代优化计算方法 [M]．北京：清华大学出版社，2012.
[12] 高立．数值最优化方法 [M]．北京：北京大学出版社，2014.
[13] 孙德敏．工程最优化方法及应用 [M]．长沙：中国科学技术大学出版社，1997.
[14] 孙俊．量子行为粒子群优化算法研究 [D]．无锡：江南大学，2009.
[15] 李士勇，李盼池．量子计算与量子优化算法 [M]．哈尔滨：哈尔滨工业大学出版社，2009.
[16] 李少波，杨观赐．进化算法与混合动力系统优化 [M]．北京：机械工业出版社，2013.
[17] Martins J. R. Course notes for AEROSP 588：Multidisciplinary Design Optimization. University of Michigan，2012.

第 7 章 多目标优化方法

作为多学科设计优化方法体系的重要组成部分，多目标优化方法对多学科设计优化的求解效果具有非常重要的影响，是复杂系统设计工作必须面对和解决的问题。本章首先厘清多目标优化与多学科设计优化的区别与联系，继而对多目标优化的有关概念进行阐述，然后对各种典型多目标优化方法进行介绍。

7.1　多目标优化与多学科设计优化的关系

无论是在车辆、航空、通用机械等工程领域，还是在生物等各类科学领域，均存在大量的多目标优化问题（Muliti - objective Optimization Problem, MOP）。多目标优化与多学科设计优化既关系密切，又存在根本区别。

7.1.1　多目标优化的特点

首先，与单目标优化问题不同，多目标优化问题的最大特点是目标之间的相互冲突和目标的不可公度性。目标之间的相互冲突是指一个目标的改善往往会引起其他目标的恶化；目标的不可公度性是指目标之间没有统一的度量单位和度量标准，难以进行直接比较。这些特点使得求解多目标优化问题的难度远大于求解单目标优化问题。

考虑具有单设计变量的双目标函数优化问题，如图 7.1.1 所示。对于已进行规范化处理（解决可公度性问题）的目标函数 f_1 和 f_2，其最优值分别出现在点 A 和点 B，两点对应于 x 轴上的 Q 点和 R 点。在区间 P 之外，两个目标函数具有相同的变化趋势；而在区间 P 内，当设计变量 x 增大时，两个目标函数呈现相反的变化趋势，f_1 为增，f_2 为减，是典型的目标间存在相互冲突的问题。由于各目标之间相互冲突，很难找到使所有目标都达到最优的解，因此多目标优化问题往往存在一系列无法简单进行相互比较的解。

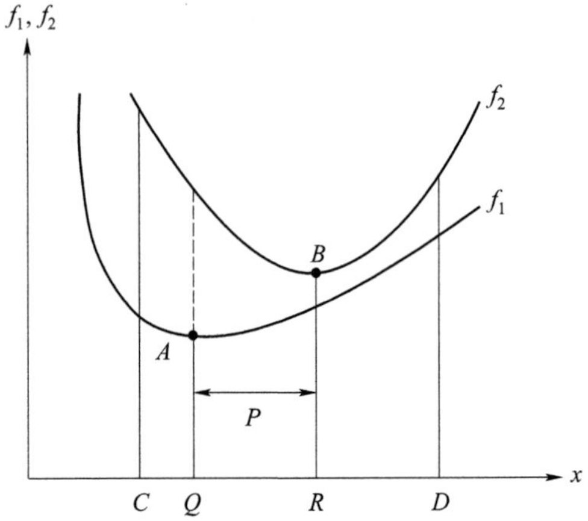

图 7.1.1 多设计目标间的相互冲突性

多目标优化主要用于解决彼此间相互冲突的多个性能目标，核心问题是如何依据设计者的偏好对设计目标进行有效构造，目前多目标优化方法还不够成熟。

多学科设计优化主要用于解决多种学科相互交织、相互影响的复杂系统设计问题，通过考虑学科之间的相互耦合来挖掘设计潜力，充分利用系统中相互作用的机制来实现复杂系统的设计优化。

多目标可以是单个学科多个目标函数，也可以是不同学科的多个目标函数。单目标、单学科、多目标、多学科的基本特点可由表 7.1.1 中的简单示例进行说明。

表 7.1.1 多目标优化与多学科优化的概念对比

	单学科	多学科
单目标	悬臂梁设计问题 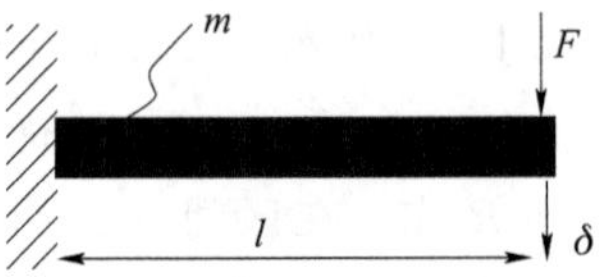 优化目标：结构刚度最大； 约束条件：质量及载荷边界条件	支架设计问题 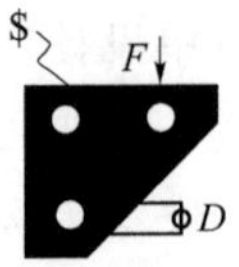 优化目标：制造成本； 约束条件：载荷及几何边界条件

续表

	单学科	多学科
多目标	车身空气动力学设计问题  优化目标：风阻系数最低，车内可利用空间最大	电动汽车开发问题  优化目标：能耗经济性、动力学性能、制造成本等方面的最优化

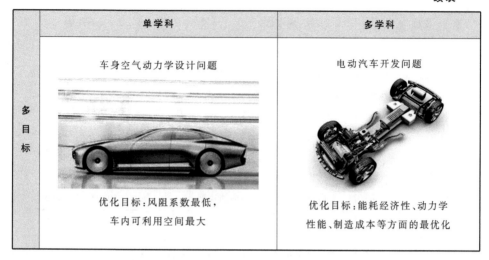

多目标是多学科设计优化的一个显著特点，因此在多学科设计优化中引入多目标优化方法，可以有效地协调目标间的冲突，寻找系统整体最优设计。

7.1.2　汽车开发多目标优化问题

车辆的设计开发是一个典型的多目标优化问题，不仅需要权衡动力性、能耗经济性、动力学性能等各学科目标之间的冲突，还需要解决底盘、车身、动力总成等各部件总成间的冲突。汽车各开发目标之间往往存在不可公度性和相互冲突性，需要借助先进的设计手段和优化方法进行有效处理。对于某个学科的车辆设计问题，例如车辆动力学问题，通常需要对诸多性能目标进行设定，并通过设计开发工作进行具体实现，如表 7.1.2 所示。

表 7.1.2　某车型的底盘动力学开发性能目标设定

性能	项目	子项目	指标数值
车辆动力学	整车平顺性	主观评价指标	8 分
		随机路面	0.3 m/s^2
		脉冲路面	4 m/s^2
		前悬架偏频	1.3 Hz
		后悬架偏频	1.4～1.7 Hz
		后前悬架偏频比	1.3～1.6

续表

性能	项目	子项目		指标数值
车辆动力学	整车转向特性	主观评价指标		9 分
		泊车性能	原地转向力(方向盘轮缘处)	(25±5)N
			转弯直径	≤11.2 m
		方向盘中间位置转向	横摆角速度增益	(26±1)°/s/100°
			侧向加速度增益	(1.3±0.05)g/100°
			转向功灵敏度	(3±0.5)g * g/(100 N·m)
			方向盘力矩为零的侧向加速度	−(0.03±0.02)g
			转向力矩增益(在 0 g 处)	>20 N·m/g
		转向可控性	最大横摆角速度增益与稳态横摆角速度增益之比	1.3
			侧向加速度响应时间	0.27~0.30 s
	整车操稳特性	主观评价指标		9 分
		直线行驶稳定性主观评价指标		9 分
		转弯稳定性	不足转向度(车轮处)	3.08°/g
			不足转向度线性区间	0.55 g
			最大侧向加速度(干燥路面)	0.72~0.78 g
			最大侧倾角增益与稳态侧倾角增益之比	1.7
			侧倾度	(5.4±0.3)°/g
	整车制动特性	主观评价指标		8 分
		直线制动	制动距离(满载,冷态,100 km/h)	42 m
			制动距离(满载,热态,100 km/h)	45 m
			踏板力特性	220/0.9 N/g
			踏板行程特性	70/0.9 mm/g
			驻车静态性能(30%坡度)	≤400 N
			驻车动态性能(ECE R13 60 km/h)	400/0.2 N/g
		制动干扰主观评价指标		8 分

7.1.3 多目标优化方法研究简史

早在1772年，Franklin就提出相互矛盾的多个目标如何进行协调的问题。1881年，英国牛津大学的经济学教授F. Y. Edgeworth首次对多目标经济决策的最优问题进行了初步定义。但是，一般认为多目标优化问题最早是由法国经济学家Vilfredo Pareto在1896年提出的。当时他从政治经济学的角度，把很多不便比较的目标归纳为多目标优化问题，通过Pareto最优解的定义，使多目标优化问题能够获得整体令人满意的解。

1944年，von Neumann和J. Morgenstern又从博弈论的角度，提出具有多个且相互矛盾的多目标决策问题。1951年，T. C. Koopmans从生产与分配的活动分析中提出多目标优化问题，并且第一次提出Pareto最优解的概念。同年，H. W. Kuhn和 A. W. Tucker从数学规划的角度，给出向量极值问题的Pareto最优解的概念，并研究了这种解的充分与必要条件。1953年，Arron等对凸集提出了有效点的概念，从此多目标规划逐渐受到人们的关注。1963年，L. A. Zadeh又从控制论的角度提出多目标控制问题。

Z. Johnsen在1968年发表了一个里程碑式的研究报告，对多目标决策模型进行了系统总结，这是多目标优化这门学科开始大发展的一个转折点。从此，多目标优化开始正式作为一门学科得到日益广泛的关注。20世纪70年代，多目标优化正式作为一个数学分支得以系统的研究，不同的方法快速涌现出来，并在工程实践中得到广泛应用。在Pareto的《政治经济学手册》(Manual of Political Economy)被翻译为英文后，美国的Wolfram Stadler教授于20世纪70年代后期将Pareto最优的概念引入工程和科学领域。

最初，多目标优化研究的求解方法是基于单目标最优化求解的方法来实现的。学者们通过各种处理方式，努力将多目标优化转化为有着较成熟求解理论的单目标优化问题，然后依靠最优化理论数值迭代算法进行求解。同时，通过不断研究这种转换后模型所得的结果与原多目标优化问题真实结果的对应关系，建立了用所获得的解来近似代替原问题的Pareto最优解方法。

到目前为止，多目标优化不仅在理论上取得很多重要成果，一套平行于单目标最优化的理论正在形成并日臻完善，在应用上其范围也越来越广泛。多目标优化作为一个有力的工具，在解决工程技术、经济、管理和军事等众多方面的问题时也越来越显示出其强大的生命力。

目前，所提出的各种多目标优化方法主要分为两大类：基于偏好的多目标优化方法和无偏好的多目标优化方法。其中，基于偏好的多目标优化方法，按照决策介入的时间不同，又可进一步分为基于偏好的先验方法和基于偏好的后验方法。线性加权法、主要目标法、理想点法等均属于基于偏好的先验多目标优化方法，它们采取先决策后搜索的思路，将多目标问题转化为单目标问题进行优化，由于可以在进行转化之后直接采用单目标优化算法，在早期得到广泛应用。为解决 Pareto 前沿合理性分布问题，20 世纪末至 21 世纪初学者们陆续提出 NBI、NC 和 AWS 等后验多目标优化方法。

源于多目标优化思想与生物进化、社会性动物行为等一些自然界现象启发式方法的结合，20 世纪 80 年代起出现了结合启发式思想的方法，通常被称为智能多目标优化算法。随着智能算法的发展，逐渐发展出基于 Pareto 的无偏好多目标算法，例如多目标遗传算法、多目标模拟退火算法和多目标粒子群算法等。

多目标进化算法（MOEA）将多个染色体形成群体逐代不断进化，最后形成一种状态，使得群体中的个体适应环境程度高。最早的多目标进化算法是 Schaffer 在 1985 年提出的矢量评价遗传算法（VEGA），它实现了多目标优化与遗传算法的结合。1989 年，Goldberg 等将 Pareto 占优与进化两种理念进行结合，揭开了这一研究领域开始兴盛的序幕。随后，多目标进化研究领域涌现出大量成果。

20 世纪 90 年代出现的多目标进化算法有 Fonseca 等提出的多目标遗传算法（MOGA），Horn 等提出的小生境 Pareto 遗传算法（NPGA），Srinivas 和 Deb 提出的非劣性分层遗传算法（NSGA）。随后，为了提高搜索效率，引入精英机制的第二代多目标进化算法开始涌现，其中具有代表性的有 Zitzler 等分别在 1999 年和 2002 年提出的强度 Pareto 进化算法（SPEA），Knowles 等于 2001 年提出的 Pareto 档案进化策略（PAES），以及其随后提出的 Pareto 包层选择算法（PESA）及其改进版本（PESA-Ⅱ），Erichson 等于 2001 年将小生境 Pareto 遗传算法进行改进，提出小生境 Pareto 遗传算法二（NPGA2），以及 Deb 等在 2002 年提出的非常著名的非劣排序遗传算法二（NSGA-Ⅱ）。

2003 年以后，多目标进化算法进入新的研究阶段。为了获取更好的性能，一些新的策略开始被引入。不同的占有机制被提出，Laumanns 等提出 ε 占优思想，Coello 等对这种机制进行集成改进，提出一种 Pareto 自适应 ε 占优。针对多目标优化中具有高维特点的问题，一些学者的研究成果得到较多的关注。关于测试问题，尤其是针对智能多目标优化算法性能的测试领域也出现了一些很有价值的成果。经过多年的发展，多目标进化算法已成为智能多目标优化算法中研究最深入、最有影响力的一类方法。

无偏好的多目标优化方法同样采用先搜索后决策的思想，在得到非劣解集的基础上，再根据一定的决策策略最终求得多目标优化问题的最终解，由于其无须基于经验的偏好信息，优化效果具有很大的优势，近年来已广泛应用于各类工程技术领域。

7.2 多目标优化的基本概念

与单目标优化问题的本质区别在于，多目标优化问题的解不是唯一的，而是存在一系列解。求解多目标优化问题一般很难同时获得可以使所有目标函数都达到最优的“绝对最优解”。例如在多目标优化求极小值问题的过程中，随着迭代搜索历程的进展，某些目标函数值在减小的同时，有些目标函数值可能会增大。其特点为至少存在一个目标优于其他所有的解，这样的解称为非支配解，或 Pareto 解，这些解的集合即 Pareto 最优解集。求解多目标优化的关键问题就是建立一个科学合理描述最优解的统一标准，来约束、限定求解原则。

7.2.1 主要术语的定义

实际工程优化问题大多属于多目标优化问题，多目标优化问题由多个目标函数组成，且目标之间一般是相互冲突的。假设求解各个目标的最小化问题，则多目标优化问题可以用如下数学模型描述：

$$\min\{f_1(\boldsymbol{x}),\ f_2(\boldsymbol{x}),\ \cdots,\ f_m(\boldsymbol{x})\}$$
$$\text{s. t. } g_i(\boldsymbol{x})\leqslant 0,\ i=1,\ 2,\ \cdots,\ p$$
$$h_i(\boldsymbol{x})=0,\ j=1,\ 2,\ \cdots,\ q$$

$$x_l \leqslant x \leqslant x_u,\ x=(x_1, x_2, \cdots, x_n) \tag{7.2-1}$$

式中，$f(\boldsymbol{x})$ 表示优化目标函数；m 表示目标函数的个数，且满足 $m \geqslant 2$；$g(\boldsymbol{x})$ 和 $h(\boldsymbol{x})$ 分别表示不等式约束函数和等式约束函数，p 和 q 则分别表示其个数；$\boldsymbol{x}=(x_1, x_2, \cdots, x_n)$ 表示设计变量，n 为设计变量个数，$\boldsymbol{x}_u$ 和 $\boldsymbol{x}_l$ 分别表示设计变量的上限和下限。

针对多目标优化问题，在此给出相关基本概念的定义。

1. 可行解

满足不等式约束函数 $g_i(\boldsymbol{x}) \leqslant 0$ 和等式约束函数 $h_i(\boldsymbol{x})=0$ 的设计变量值 $\boldsymbol{x}=(x_1, x_2, \cdots, x_n)$ 称为可行解。

2. 可行解集

所有可行解的集合称为可行解集，可行解集用 $\boldsymbol{S}$ 表示。

3. Pareto 支配

假设可行解集中存在两个个体 $\boldsymbol{x}_a$ 和 $\boldsymbol{x}_b$，$\boldsymbol{x}_a \in \boldsymbol{S}$ 且 $\boldsymbol{x}_b \in \boldsymbol{S}$。如果 $\boldsymbol{X}_a$ 对应的部分目标优于 $\boldsymbol{x}_b$ 对应的目标，则称个体 $\boldsymbol{x}_a$ 能 Pareto 支配个体 $\boldsymbol{x}_b$，记为 $\boldsymbol{x}_a \leqslant \boldsymbol{x}_b$；如果 $\boldsymbol{x}_a$ 对应的所有目标都优于 $\boldsymbol{x}_b$ 对应的目标，则称个体 $\boldsymbol{x}_a$ 强 Pareto 支配个体 $\boldsymbol{x}_b$，记为 $\boldsymbol{x}_a \prec \boldsymbol{x}_b$；如果 $\boldsymbol{x}_a$ 对应的所有目标与 $\boldsymbol{x}_b$ 对应的所有目标之间没有任何支配关系，则称个体 $\boldsymbol{x}_a$ 和个体 $\boldsymbol{x}_b$ 不相关。Pareto 支配关系具有可传递性，个体 $\boldsymbol{x}_a$ 能强 Pareto 支配个体 $\boldsymbol{x}_b$，个体 $\boldsymbol{x}_b$ 能强 Pareto 支配个体 $\boldsymbol{x}_c$，则 $\boldsymbol{x}_a$ 个体能强 Pareto 支配个体 $\boldsymbol{x}_c$，即 $\boldsymbol{x}_a \prec \boldsymbol{x}_b$，$\boldsymbol{x}_b \prec \boldsymbol{x}_c$，$\boldsymbol{x}_a \prec \boldsymbol{x}_c$。Pareto 支配（Pareto Dominant，也称 Pareto 占优）旨在描述不同设计变量所对应的函数值之间的关系，是定义 Pareto 最优解的基础。

4. Pareto 最优解

假设可行解集中存在一个个体 $\boldsymbol{x}^*$，即 $\boldsymbol{x}^* \in \boldsymbol{S}$，且可行解集中不存在其他的个体可支配个体 $\boldsymbol{x}^*$，则称个体 $\boldsymbol{x}^*$ 为多目标优化问题的 Pareto 最优解（Pareto Optimal）、非支配解、非劣解、有效解。Pareto 最优解是指不存在比其中至少一个目标好而其他目标不劣的更好的解。同时，非 Pareto 最优解是指可以进行 Pareto 改进的解，也就是说，存在更好的解，比其中至少一个目标好而其他目标不劣，即可以进行 Pareto 改进。所有的非 Pareto 最优解构成非 Pareto 最优解集。通俗地讲，Pareto 最优解的本质是“拆东墙补西墙（Take from Peter to Pay Paul）”。

5. Pareto 最优解集

在可行解集 ***S*** 中的所有 Pareto 最优解组成的集合称为 Pareto 最优解集或非劣解集。

6. Pareto 前沿

为直观描述不同目标函数的函数信息，反映优化过程的变化趋势及优化效果，建立了 Pareto 最优前沿的概念。多目标优化问题获得的 Pareto 可行解（Pareto 可行解集）在目标函数空间的像构成该多目标优化问题的 Pareto 前沿（Pareto Frontier）。Pareto 最优解（Pareto 最优解集）在目标函数空间的像构成 Pareto 最优前沿（Pareto Optimal Frontier）。Pareto 最优前沿可以是连续的，也可以是非连续形式。双目标优化问题的 Pareto 最优前沿通常是条线（见图 7.2.1），多目标优化问题的 Pareto 最优前沿通常是一个超曲面。

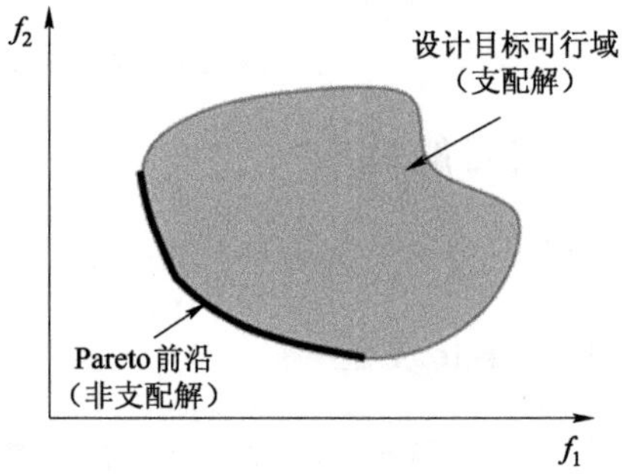

图 7.2.1 双目标寻优空间及对应的 Pareto 前沿

在求解多目标优化问题时，往往需要获得 Pareto 最优前沿。不同算法得到的 Pareto 最优前沿，可以作为所求 Pareto 最优解质量的衡量标准。

7.2.2 多目标优化算法的评价标准

定义适当的评价标准对于评价一个算法的优劣是非常重要的。然而，在解决多目标优化问题时，对最终的结果进行定性的评估是非常困难的。主要原因是多目标优化算法得到的结果是多个 Pareto 最优解，Pareto 最优解组成 Pareto 最优解集，而不是单一的解。所以在进行多目标优化算法的评价时，其评价标准可以从以下几方面考虑：

（1）获取的最优解与实际的 Pareto 最优前沿要尽可能地接近。

（2）获取的最优解在 Pareto 最优前沿上要尽可能均匀分布。

（3）获取的最优解在 Pareto 最优前沿上要尽量分布宽广。

（4）算法在完成多目标优化时具有较快的计算速度。

上述多目标优化算法的评价标准可以归纳为 Pareto 最优解集的多样性和收敛性。针对多目标优化算法的评价，国内外学者提出了很多评价指标，比如基于距离的收敛性评价指标 γ ，基于分布的 Δ 多样性评价指标，混合评价解集多样性和收敛性的 IGD 和 HV 度量指标，基于非支配最小改进值的 EPSILON 收敛性评价指标，等等。

1. 基于距离的收敛性评价指标 γ

γ 度量是基于距离的收敛性评价指标，描述 Pareto 解集在目标空间上逼近 Pareto 前沿的程度，定义如下：

$$\gamma(\boldsymbol{S}, \boldsymbol{S}^*) = \frac{1}{\boldsymbol{S}} \sum_{\boldsymbol{x} \in \boldsymbol{S}} d(\boldsymbol{x}, \boldsymbol{S}^*)$$

$$\text{where } d(\boldsymbol{x}, \boldsymbol{S}^*) = \min_{\boldsymbol{y} \in \boldsymbol{S}^*} \| \boldsymbol{F}(\boldsymbol{x}) - \boldsymbol{F}(\boldsymbol{y}) \|^2 \tag{7.2-2}$$

式中，γ 表示 Pareto 解集 $\boldsymbol{S}$ 中的一个解向量 $\boldsymbol{x}$ 到在 Pareto 前沿上均匀分布的集合 $\boldsymbol{S}^*$ 最小欧式距离的期望。

从 γ 的定义可知，Pareto 解集收敛到 Pareto 前沿上的程度越好，则该指标的值也就越小。

2. 基于分布的 Δ 多样性评价指标

Δ 是基于解集分布的多样性评价指标，描述 Pareto 解集在目标空间上分布在 Pareto 前沿的多样性。

$$\Delta = \frac{d_f + d_l + \sum_{i=1}^{N-1} |d_i - \bar{d}|}{d_f + d_l + (N-1)\bar{d}} \tag{7.2-3}$$

由定义可知，Δ 表示 Pareto 解集两端的个体到 Pareto 前沿两端的距离 d_f 和 d_l，以及 Pareto 解中个体之间距离 d_i 的期望的比值。Δ 值越小，则表明 Pareto 解分布越均匀。

3. 混合评价解集多样性和收敛性的 IGD 度量指标

IGD 是一种用来综合评价算法的多样性与收敛性的性能度量指标。通过该值可以对算法优化结果的多样性和收敛性进行综合评估。IGD 的计算公式如下：

$$\text{IGD}(\boldsymbol{P}^*, \boldsymbol{P}) = \frac{\sum_{\boldsymbol{v} \in \boldsymbol{P}^*} d(\boldsymbol{v}, \boldsymbol{P})}{|\boldsymbol{P}^*|} \tag{7.2-4}$$

根据定义可知，IGD 表示 Pareto 前沿上均匀分布的点集 $\boldsymbol{P}^*$ 中点 $\boldsymbol{v}$ 到 Pareto 解集 $\boldsymbol{P}$ 中最小距离的期望。因此当 Pareto 解集在 Pareto 前沿上分布均匀

时，IGD 值将会最小。

4. 混合评价解集多样性和收敛性的 HV 度量指标

HV(HyperVolume，超体积)是一种对算法优化结果的收敛性和多样性进行综合评价的度量指标。假设多目标优化问题的目标空间维度为 2，Pareto 解集 $Q=\{A;\ B;\ C\}$ 在目标空间的分布如图 7.2.2 所示。点 W 的各个维度值为当前在相应维度上的最差值，以 W 为参考点将点 A、B、C 连接成图中虚线所示的形状，那么超体积值即该虚线所包围的面积。同样扩展到三维或者更高的维度，虚线的形状即体或超体，对应的 HV 值即虚线包围的体积或超体积。

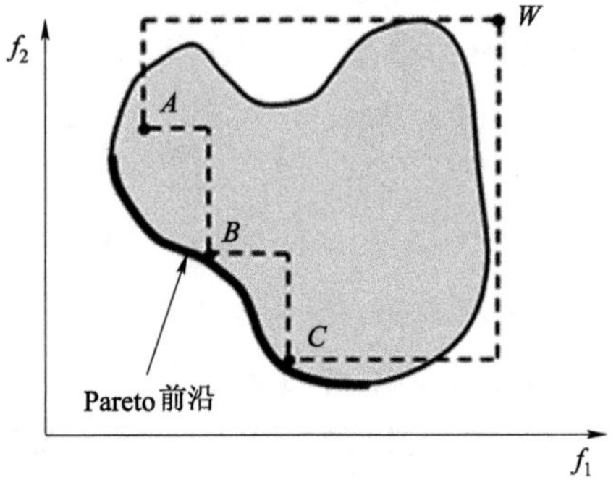

图 7.2.2 HV 指标函数示意图

HV 的数值表达式如下：

$$\mathrm{HV}=\mathrm{volume}\left(\bigcup_{i=0}^{Q} v_i\right) \tag{7.2-5}$$

从超体积的数学定义可知，影响 HV 大小有两个方面，Pareto 解集越靠近 Pareto 前沿分布，HV 值越大，那么 HV 反映了解集的收敛性；另一个方面，非劣解集在同样的收敛情况下，在 Pareto 前沿分布越均匀，那么 HV 计算得到的值也越大，HV 同样也反映了非劣解集的多样性。

5. 基于非支配最小改进值的 EPSILON 收敛性评价指标

EPSILON 是一种对非劣解的收敛性进行评价的度量指标。该指标的核心思想为：找到一个最小的 ε，然后采用一元加的模式应用在 Pareto 解集 Q 中，使得每个 Pareto 解集中的所有个体在每个维度上加上或减去该 ε 后都支配着标准的 Pareto 前沿上的个体。下面给出 EPSILON 评价指标的数学表达公式：

$$I_{\varepsilon+}^{1}(Q)=\inf_{\varepsilon\in\mathbf{R}}\{\forall P_i^*\in\mathbf{R}\mid\exists Q_i\in Q:\ P_i^*\leqslant Q_i+\varepsilon,\ \forall i\} \tag{7.2-6}$$

由 EPSILON 的数学定义可知，当 $I_{\varepsilon+}^{1}(Q)$ 越小则表示 Pareto 解 Q 越靠近 Pareto 优化前沿，那么 Pareto 解的收敛性也就越好。

7.3　基于偏好的先验方法

大多数传统多目标进化算法都是基于偏好的方法，它们根据决策者提供的偏好信息，通过一定的方法把多目标优化问题转化为一个或一系列单目标优化问题，利用数学规划来求解获得最终解。基于偏好的多目标优化方法包括评价函数法、分层序列法和目标规划法等几类方法。常用的评价函数法包括加权和法、主要目标法、理想点法和极大极小法等。

7.3.1　加权和法

加权和法通过求各个目标线性加权组合的和函数最优解来代替多目标优化过程。早期的加权和法是 Geoffrion 在 1968 年提出的。线性加权法是指应用线性模型来进行综合评价，为了避免恒定的加权系数对结果产生影响，提出了改进的线性加权方法。尽管难以求得均布的 Pareto 最优解，而且无法求解非凸问题，但加权和法具有思路容易理解、操作简单和计算快捷等具有实用价值的优点，使其成为最基本也是应用最广泛的多目标优化方法。加权和法的研究主要是基于权重因子的分配，比较著名的权重分配方式有固定权重方式、适应性权重方式和随机权重方式。下面将对线性加权法和改进线性加权法进行介绍。

线性加权法的核心思想是对每一个目标函数进行分析，获得各个目标函数

$f_i(\boldsymbol{x})(i=1,2,\cdots,p)$在决策者心中的重要程度，各个目标的重要程度用一组系数进行表示，称为权重系数w_i，将各目标函数与对应的权重系数相乘，然后求和获得新的目标函数，新的目标函数将原多目标问题转化为单目标问题，对新的目标函数在多目标规划问题的约束集合**R**上求最优解。目标函数表达形式如下：

$$\min_{x\in\mathbf{R}} h[F(\boldsymbol{x})]=\sum_{i=1}^{p}w_i f_i(\boldsymbol{x})=\boldsymbol{w}^{\mathrm{T}}F(\boldsymbol{x}) \tag{7.3-1}$$

式中，权重系数$\boldsymbol{w}=(w_1,w_2,\cdots,w_p)$反映了各个目标函数的重要程度，并且$w_i\geqslant 0(i=1,2,\cdots,p)$，$\sum_{i=1}^{p}w_i=1$。对此单目标问题进行求解，可以获得解$\boldsymbol{x}^*$。

不同的权重系数$\boldsymbol{w}=(w_1,w_2,\cdots,w_p)$获得不同的Pareto最优解，权重系数的选取与各个目标的相对重要程度有很大关系，是决定Pareto最优解的关键。如果多目标优化问题的Pareto最优前沿为凸状，这种方法可以保证获得Pareto最优解；但是如果Pareto最优前沿为非凸状，则无法获得所有的Pareto最优解。

假设$p=2$，那么该多目标优化问题包含两个目标函数f_1和f_2，该线性加权法的求解结果示意如图7.3.1所示。

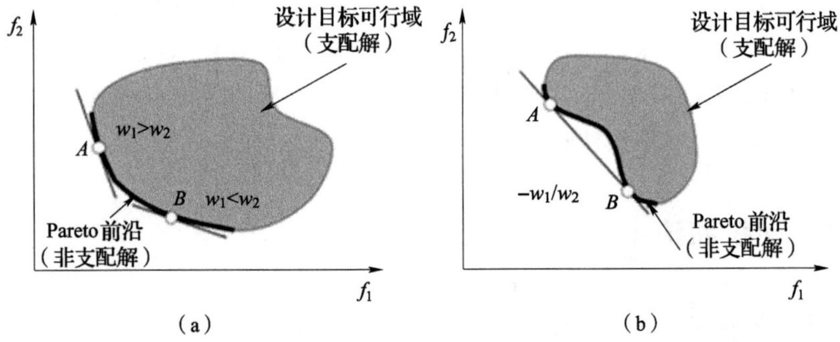

图7.3.1　线性加权法求解结果示意

(a)不同权重下凸性问题求解；(b)不同权重下非凸性问题求解

改进的线性加权法考虑权重系数对目标优化结果的影响，因为优化结果对权重系数具有很强的依赖性，且权重系数的选取需要较强的经验性。权重系数的选取对最终的Pareto最优解有决定性影响。此外，优化过程为不断迭代寻优的过程，每一次迭代，各个目标的值将发生变化，这时恒定的权重系数将改变各单目标的相对重要程度，所以提出改进的线性加权法以解决权重系数的影响。

在迭代过程中，根据各个分目标函数值的变化，在一定范围内自适应调节相应的权重系数，以保证迭代过程中各个分目标在总目标中的权重，避免出现由于某一目标函数优化过快，压制其他目标函数进一步优化的空间，结果总目标函数得到优化而部分目标函数反而出现恶化的负面影响问题。权重系数在每次迭代中均会进行自动调节，以适应各单目标的变化，在迭代计算进行到第 k 次时，下一次迭代的权重系数向量将按照以下公式进行自适应调节：

$$w_i^{k+1}=w_i^0\left(1-\frac{f_i^k-f_i^{k-1}}{|f_i^k-f_i^{k-1}|}\min(\delta,\Delta_i^k)\right)$$

$$\text{where } \Delta_i^k=\begin{cases} s\dfrac{F_i^k-F_i^{k-1}}{\Delta F_{\max}^k}, & F_i^k-F_i^{k-1}\geqslant 0 \\ s\dfrac{F_i^k-F_i^{k-1}}{\Delta F_{\min}^k}, & F_i^k-F_i^{k-1}<0 \end{cases} \tag{7.3-2}$$

$$\begin{cases} \Delta F_{\max}^k=\max\{F_i^k-F_i^{k-1}\}, & F_i^k-F_i^{k-1}\geqslant 0 \\ \Delta F_{\min}^k=\min\{F_i^k-F_i^{k-1}\}, & F_i^k-F_i^{k-1}<0 \end{cases}$$

式中，w_i^0 为初始设定的权重系数向量；δ 为权重系数自适应调节的最大限制；s 为增量的调整系数，通过改变 s 的值，使自适应加权算法在迭代初期对权重系数具有较强的调节能力。随着迭代次数的增加，优化计算逼近最优解，逐渐减弱自适应调节的能力。s 按下式取值：

$$s=s^0\left(1-\frac{k-1}{N}\right) \tag{7.3-3}$$

式中，s^0 为预先给定数值，经验数值取 0.5；N 为预先设定的最大迭代次数。

7.3.2 主要目标法

主要目标法也称为参考目标法、ε-约束法，该方法由 Marglin 提出，在该方法的发展中比较具有代表性的是 Chankong 和 Haimes 于 1983 年提出的 ε-约束法。主要目标法的思想是将多目标优化问题转化成一个带有约束的优化问题，这个优化问题一般只有一个目标，需要根据已有信息或者偏好来决定哪一个目标被保留，而原问题中的其他目标将作为保留目标的约束条件，构成新的单目标函数极小化模型，并对其进行求解。在优化过程中，约束条件可以取不同的值，从而可以找到原问题的多个 Pareto 最优解。然而，选择合适的约束值往往需要一定的先验知识，这给求解带来一定的困难。

使用主要目标法对多目标问题的优化可以简述为

$$\min h[F(\boldsymbol{x})]=f_j(\boldsymbol{x}),\ j\in\{1,2,\cdots,p\}$$

$$\text{s.t. } f_h(\boldsymbol{x}) \leqslant \varepsilon_h,\ 1 \leqslant h \leqslant m,\ h \neq j$$
$$g_i(\boldsymbol{x}) \leqslant 0,\ i=1,\ 2,\ \cdots,\ l \tag{7.3-4}$$

式中，ε_h为已知量，表示决策者对第 h 个目标容许接受的阈值。

约束 $f_h(\boldsymbol{x}) \leqslant \varepsilon_h$，$1 \leqslant h \leqslant m$，$h \neq j$，可以分为等式约束问题和不等式约束问题，二者存在一定的差异。相同点是二者都是从多目标中选取一个目标函数 $f_j(\boldsymbol{x})$，对其进行最小化；不同点是等式约束方法很多情况下不存在可行解，并且即使获得了可行解，对于多目标优化问题来说其不一定为 Pareto 最优解。

主要目标法可以获得所有的 Pareto 最优解，前提是参数ε_h的选取是合适的。如果 ε_h 的值过小，可能会导致优化问题不存在可行解；如果ε_h的值过大，被选择的优化目标会得到较好的结果，但是其他目标的损失会增加。无论ε_h取何值，都将或多或少地缩小可行域的空间范围。

7.3.3 理想点法

对于多目标问题，如果决策者事先能够对每个目标 $f_j(\boldsymbol{x})$ 给出一个目的值 f_j^*（或叫目标值），使其满足

$$f_j^* \leqslant \min_{x \in S} f_j(\boldsymbol{x}),\ j=1,\ 2,\ \cdots,\ m \tag{7.3-5}$$

则称 $\boldsymbol{f}^* = (f_1^*,\ f_2^*,\ \cdots,\ f_m^*)^{\mathrm{T}}$ 为理想点。如果

$$f_j^* = \min_{x \in S} f_j(\boldsymbol{x}),\ j=1,\ 2,\ \cdots,\ m \tag{7.3-6}$$

则称 f_j^* 为最理想点。理想点和最理想点统称为理想点。

当已知理想点 f_j^* 时，在目标空间 $\boldsymbol{S}$ 中，适当地引入某种范数$\|\cdot\|$，当给范数$\|\cdot\|$赋予不同的意义时，便可得到不同的理想点法。当然，模$\|\cdot\|$的取法并非随意的，一般要根据问题的实际背景或几何意义来构造。在这种范数的意义下，研究目标函数 $\boldsymbol{f}(\boldsymbol{x})$ 与 $\boldsymbol{f}^*$之间的“距离”，即在多目标优化问题的约束集合上，寻找目标函数与理想点之间的“距离”尽可能小的解，此时的研究问题可表示为

$$\min_{x \in S} u[\boldsymbol{f}(\boldsymbol{x})] = \boldsymbol{f}(\boldsymbol{x}) - \boldsymbol{f}^* \tag{7.3-7}$$

理想点的位置取值将决定计算结果，通过改变理想点的位置可以获得 Pareto 最优解集。一般情况下，理想点 $\boldsymbol{f}^*$ 可取各自目标函数 Pareto 前沿的最小值，即 $\boldsymbol{f}^* = (\min f_1,\ \min f_2,\ \cdots,\ \min f_m)^{\mathrm{T}}$。

常见的理想点法有最短距离理想点法、平方加权和理想点法、带权极大模理想点法，等等。

1. 最短距离理想点法

$$\min_{x\in S} u[f(x)]=\|f(x)-f^*\|_2=\sqrt{\sum_{j=1}^{m}|f_j(x)-f_j^*|^2} \tag{7.3-8}$$

式中，将范数 $\|\cdot\|$ 取为 $\|\cdot\|_2$，然后再利用非线性规划的某种算法求出式（7.3-8）的最优解，把它叫作多目标优化问题在最短距离意义下的最优解。

$$\min_{x\in S} u[f(x)]=\|f(x)-f^*\|_q=\left(\sum_{j=1}^{m}|f_j(x)-f_j^*|^q\right)^{\frac{1}{q}} \tag{7.3-9}$$

式中，q 为大于 1 的整数。当 $q=2$ 时，式（7.3-9）就变成式（7.3-8）。

当然，还可以在式（7.3-9）中加上权重系数，即

$$\min_{x\in S} u[f(x)]=\left(\sum_{j=1}^{m}w_j\|f_j(x)-f_j^*\|^q\right)^{\frac{1}{q}} \tag{7.3-10}$$

2. 平方加权和理想点法

$$\min_{x\in S} u[f(x)]=\sum_{j=1}^{m}w_j[f_j(x)-f_j^*]^2 \tag{7.3-11}$$

式（7.3-11）的最优解为多目标问题在平方加权和意义下的最优解。

3. 带权极大模理想点法

所谓带权极大模理想点法，是指将范数 $\|\cdot\|$ 取作

$$\|f(x)-f^*\|_\infty^\lambda=\max_{1\leq j\leq p}\{w_j|f_j(x)-f_j^*|^2\}$$

$$\min_{x\in S} u[f(x)]=\max_{1\leq j\leq p}\{w_j|f_j(x)-f_j^*|^2\} \tag{7.3-12}$$

式（7.3-12）的最优解为多目标问题在平方加权和意义下的最优解。

式（7.3-8）、式（7.3-11）和式（7.3-12）的引入分别来源于泛函分析中的 ℓ_2 空间、ℓ_q 空间、ℓ_∞ 空间的模。

7.3.4　极大极小法

人们经常遇到这样的问题：在最不利的条件下，如何求得最有利的策略？极大极小法借鉴了这一思想。以极小化为研究目标时，其出发点是把最大的目标值变得越小越好。先求出所有目标的最大值，然后再对最大值函数进行最小化。如何把最大的目标值变得越小越好，为此，对每个 $x\in S$，先求各目标值

$f_j(\boldsymbol{x})$ 的最大值，然后再求这些最大值中的最小值。构造如下单目标问题：

$$\min_{x\in S} u[\boldsymbol{f}(\boldsymbol{x})]=\min \max_{1\leqslant j\leqslant p}\{f_j(\boldsymbol{x})\} \tag{7.3-13}$$

当需要反映各目标的重要程度时，引入权重系数 w_j，此时的多目标优化问题可以表示为

$$\min_{x\in S} u[\boldsymbol{f}(\boldsymbol{x})]=\min \max_{1\leqslant j\leqslant p}\{w_j f_j(\boldsymbol{x})\} \tag{7.3-14}$$

在应用极大极小法时，通常引入变量 $\boldsymbol{\lambda}=\max\limits_{1\leqslant j\leqslant p}\{w_j f_j(\boldsymbol{x})\}$，此时多目标极大极小化问题可以转化为如下单目标问题：

$$\begin{aligned}&\min \lambda\\&\text{s. t.}\begin{cases}w_j f_j(\boldsymbol{x})\leqslant\boldsymbol{\lambda},\ j=1,2,\cdots,m\\ \boldsymbol{x}\in\boldsymbol{S}\end{cases}\end{aligned} \tag{7.3-15}$$

问题（7.3-15）的最优解是原多目标优化问题的弱非劣解。极大极小法的优点是，对于存在由最差目标决定系统性能的情况，比较容易得到较好的结果；缺点是容易漏选使其余目标都较优的优化方案。

7.3.5 功效系数法

功效系数法是 E. C. Harrington 在 1965 年提出的用于解决多目标决策问题的一种方法，在多目标优化诸方法中，它能够处理各目标量纲不同带来的困难，以及采用客观“评分”，从而避免某些方法中权重因子处理上的人为因素。

功效系数法又称几何平均法，功效系数 $d_j=d_j[f_j(\boldsymbol{x})](j=1,2,\cdots,p)$。在求得各目标函数 $f_j(\boldsymbol{x})$ 的功效系数 $d_j=d_j[f_j(\boldsymbol{x})](j=1,2,\cdots,p)$ 后，用“几何平均算子”将它们归结为一个总功效系数：

$$h[F(\boldsymbol{x})]=\left\{\prod_{j=1}^{p}d_j[f_j(\boldsymbol{x})]\right\}^{1/p} \tag{7.3-16}$$

在约束集合 $\boldsymbol{S}$ 求解问题的最优解：

$$\max_{x\in S} h[F(\boldsymbol{x})]=\max_{x\in S}\left\{\prod_{j=1}^{p}d_j[f_j(\boldsymbol{x})]\right\}^{1/p} \tag{7.3-17}$$

$d_j[f_j(\boldsymbol{x})]$ 的具体形式有多种选择，常用的形式有直线型、折线型、指数型以及它们的组合等。下面将介绍常用的线性功效系数法和指数功效系数法。

1. 线性功效系数法

现有如下多目标优化问题：

$$\begin{cases}\min(f_1(\boldsymbol{x}),f_2(\boldsymbol{x}),\cdots,f_k(\boldsymbol{x}))^{\mathrm{T}}\\ \min(f_{k+1}(\boldsymbol{x}),f_{k+2}(\boldsymbol{x}),\cdots,f_p(\boldsymbol{x}))^{\mathrm{T}}\\ \text{s. t. }\ \boldsymbol{x}\in\boldsymbol{S}\end{cases} \tag{7.3-18}$$

设定 $f_j(\boldsymbol{x})$ 的最大值为 $f_j^{\max}$，最小值为 $f_j^{\min}$，$j=1, 2, \cdots, p$。对 $f_j(\boldsymbol{x})$ 产生功效最好的 $\boldsymbol{x}$，评分 $d_j=1$；对 $f_j(\boldsymbol{x})$ 产生功效最坏的 $\boldsymbol{x}$，评分 $d_j=0$；对 $f_j(\boldsymbol{x})$ 产生功效不是最好也不是最坏的 $\boldsymbol{x}$，评分 $0 \leqslant d_j \leqslant 1$。

当 $f_j(\boldsymbol{x})$ 要求越小越好时，有如下条件：

$$d_j=\begin{cases}1, & d_j=f_j^{\min} \\ 0, & d_j=f_j^{\max}\end{cases} \tag{7.3-19}$$

因此，可以构造目标函数的功效系数为

$$d_j=1-\frac{f_j(\boldsymbol{x})-f_j^{\min}}{f_j^{\max}-f_j^{\min}}, \quad j=1, 2, \cdots, k \tag{7.3-20}$$

当 $f_j(\boldsymbol{x})$ 要求越大越好时，有如下条件：

$$d_j=\begin{cases}1, & d_j=f_j^{\max} \\ 0, & d_j=f_j^{\min}\end{cases} \tag{7.3-21}$$

因此，可以构造目标函数的功效系数为

$$d_j=\frac{f_j(\boldsymbol{x})-f_j^{\min}}{f_j^{\max}-f_j^{\min}}, \quad j=k+1, k+2, \cdots, p \tag{7.3-22}$$

线性功效系数法使用最好和最坏两点之间的直线来反映功效程度，式(7.3-20)为通过($f_j^{\min}$, 1)和($f_j^{\max}$, 0)两点构造的直线方程，而式(7.3-22)则是通过($f_j^{\min}$, 0)和($f_j^{\max}$, 1)两点构造的直线方程，二者对应的直线函数如图 7.3.2 所示。

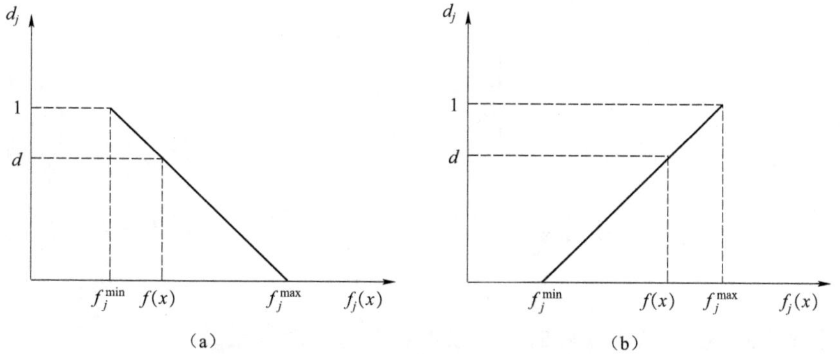

图 7.3.2　求目标函数极值时的线性功效系数法示意图

(a)求目标函数极小值示意图；(b)求目标函数极大值示意图

从图 7.3.2 可以看出，求目标函数极小值时，越逼近点($f_j^{\min}$, 1)，$\boldsymbol{x}$ 对 $f_j(\boldsymbol{x})$ 产生的功效越好；求目标函数极大值时，越逼近点($f_j^{\max}$, 1)，$\boldsymbol{x}$ 对 $f_j(\boldsymbol{x})$ 产生的功效越好。反之，产生的功效越坏。在多目标优化问题中，假如所有目标的功效系数 $d_j=d_j[f_j(\boldsymbol{x})](j=1, 2, \cdots, p)$ 均趋近于 1，则可以保证 1～k 个目标越小越好，$k+1$～p 个目标越大越好。

2. 指数功效系数法

多目标问题仍采用式（7.3－18）所示形式，但是指数函数和直线函数的几何特征存在明显的差异，即在直线函数中 $d_j[f_j(\boldsymbol{x})]$ 可以等于 0 或 1，而在指数函数中，$d_j[f_j(\boldsymbol{x})]$ 无法等于 0 或 1，其只能无限逼近 0 或 1，所以在进行指数功效系数 $d_j[f_j(\boldsymbol{x})]$ 的定义时，采用估计的不合格值 f_j^0（或称不满意值）和勉强合格值 f_j^1（或称最低满意值）。

当 $f_j(\boldsymbol{x})$ 要求越大越好时，设指数型功效系数的表达式为

$$d_j=d_j[f_j(\boldsymbol{x})]=\mathrm{e}^{-\mathrm{e}^{-b_0-b_1 f_j(\boldsymbol{x})}}(j=k+1, k+2, \cdots, p) \quad (7.3-23)$$

该表达式中的未知变量为 b_0 和 b_1，此时，设定 $d_j^1=d_j(f_j^1)=\mathrm{e}^{-1}\approx 0.37$；$d_j^0=d_j(f_j^0)=\mathrm{e}^{-\mathrm{e}}\approx 0.07$，可以获得两个方程：

$$\begin{cases}\mathrm{e}^{-1}=\mathrm{e}^{-\mathrm{e}^{-b_0-b_1 f_j^1}}\\ \mathrm{e}^{-\mathrm{e}}=\mathrm{e}^{-\mathrm{e}^{-b_0-b_1 f_j^0}}\end{cases} \quad (7.3-24)$$

从式（7.3－24）可以得

$$\begin{cases}b_0+b_1 f_j^1=0\\ b_0+b_1 f_j^0=1\end{cases} \quad (7.3-25)$$

解方程组（7.3－25）可得

$$\begin{cases}b_0=\dfrac{f_j^1}{f_j^0-f_j^1}\\ b_1=-\dfrac{f_j^0}{f_j^0-f_j^1}\end{cases}$$

故而

$$d_j[f_j(\boldsymbol{x})]=\exp\left\{-\exp\left[\frac{f_j(\boldsymbol{x})-f_j^1}{f_j^0-f_j^1}\right]\right\}(j=k+1, k+2, \cdots, p) \quad (7.3-26)$$

当 $f_j(\boldsymbol{x})$ 要求越小越好时，可以得到此时的功效系数：

$$d_j[f_j(\boldsymbol{x})]=1-\exp\left\{-\exp\left[\frac{f_j(\boldsymbol{x})-f_j^1}{f_j^0-f_j^1}\right]\right\}(j=1, 2, \cdots, k) \quad (7.3-27)$$

从图 7.3.3 可以看出，$d_j[f_j(\boldsymbol{x})](j=1, 2, \cdots, p)$ 是 $f_j(\boldsymbol{x})$ 的严格单调函数。求目标函数极值时，只要 $f_j(\boldsymbol{x})$ 足够大或足够小，都能得到 $d_j[f_j(\boldsymbol{x})]\to 1$。

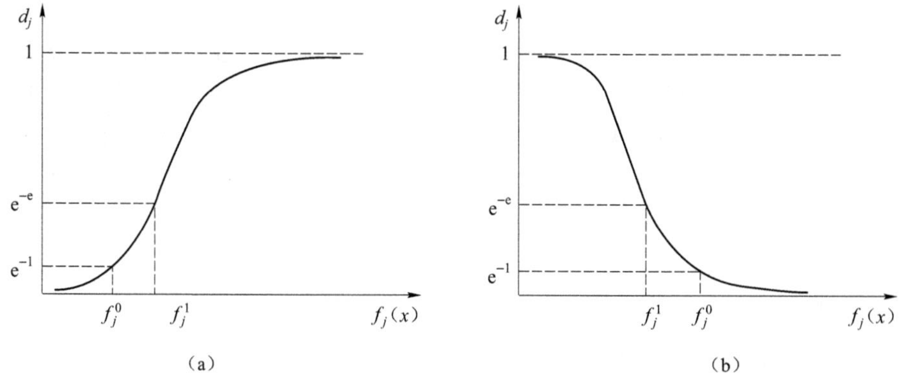

图 7.3.3　求目标函数极值时的指数功效系数法示意图

(a)求目标函数极大值示意图；(b)求目标函数极小值示意图

7.3.6　物理规划法

物理规划（Physical Programming，PP）是由 Messac 最初提出的一种处理多目标优化问题的方法，它通过设置偏好函数和偏好结构，提供一种不需要求相对权重而组成偏好的方法，能够从本质上把握设计者对不同设计模板的偏好程度，免除多目标优化中的权重设置和更新，减轻大规模多目标优化问题的计算负担，并将整个设计过程置于一个更加灵活、自然的框架之中。

基于物理规划的设计过程，可以分为建立物理规划的优化模型和优化两个过程。建立物理规划的优化模型主要是根据设计者的设计意图及各种客观条件的约束将设计问题描述成一个能够反映设计者对设计目标偏好程度的真实框架结构。物理规划法通过偏好函数来表达设计者对各个设计目标的偏好程度，将设计目标的取值划分为若干个连续区间以反映设计者的各种偏好程度。通过分段样条曲线拟合，得到符合物理规划要求的、能定量描述偏好程度的偏好函数。将各个设计目标的偏好函数综合起来，得到综合偏好函数，作为物理规划的优化目标函数，结合设计约束条件，最终建立优化模型。物理规划优化是对已建立的物理规划优化模型进行优化，从而得到最优解。

1. 偏好函数

物理规划通过偏好函数来表达设计者的偏好。设计目标的偏好函数是该设计目标函数值的函数，设计者需要做的就是对于不同的满意程度区间（满意、可容忍、不满意等），确定相应的各个设计目标值的范围。

优化设计问题中的设计目标、设计变量和约束条件均可认为是设计目标。为了描述设计者对各个设计指标的满意程度，物理规划通过构造偏好函数满足此项要求。设计目标的偏好函数即该设计目标的函数值的函数，设计者根据自身偏好对各个设计目标变量的取值范围人为地划为几个邻接区间。构造恰当的设计目标偏好函数，是求解物理规划问题模型的关键之处，通常偏好函数分为 4 种类型，分别为：

1 型：目标最小化。

2 型：目标最大化。

3 型：目标趋于某值最好。

4 型：目标在某取值范围内最好。

依据设计指标的特性，每一类型又可分为软（Soft）、硬（Hard）两种情况，如图 7.3.4 所示。

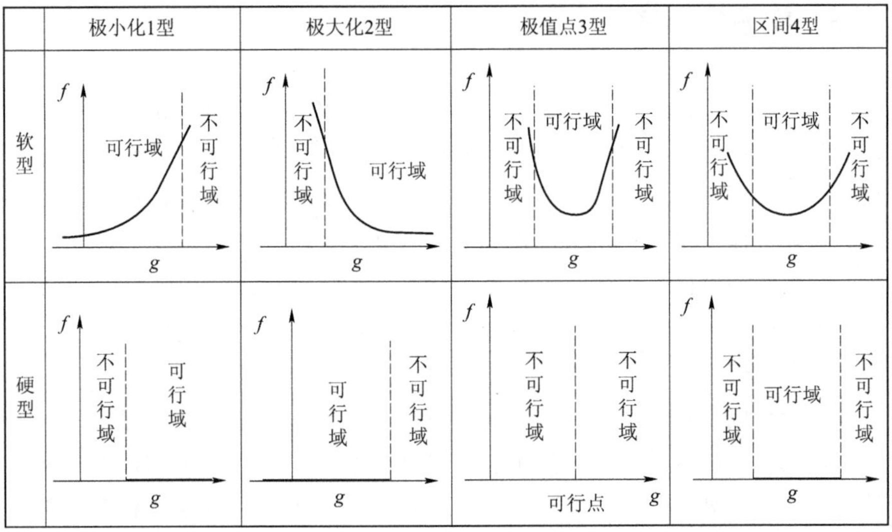

图 7.3.4　偏好函数类型

横轴代表设计目标 g，纵轴代表设计目标所对应的偏好函数值 f。偏好函数用于将设计目标映射到正实数空间，偏好函数取值越小表示设计人员对该设计目标的取值越满意。对于软型目标，在可行域内偏好函数取值随设计目标变化表示对设计目标的不同取值有不同的满意程度；对于硬型目标，在可行域内偏好函数均取最小值，表示只要设计目标可行即可。这种映射形式可以确保将具有不同物理意义的各设计目标规范化到统一的数量级上。各种偏好类型的设计目标中，软型设计目标（1 型软型～4 型软型）对应工程优化问题中的设计目标，硬型设计目标（1 型硬型～4 型硬型）对应设计变量或约束条件。

偏好函数被人为划分为几个偏好区间，如图 7.3.5 所示。

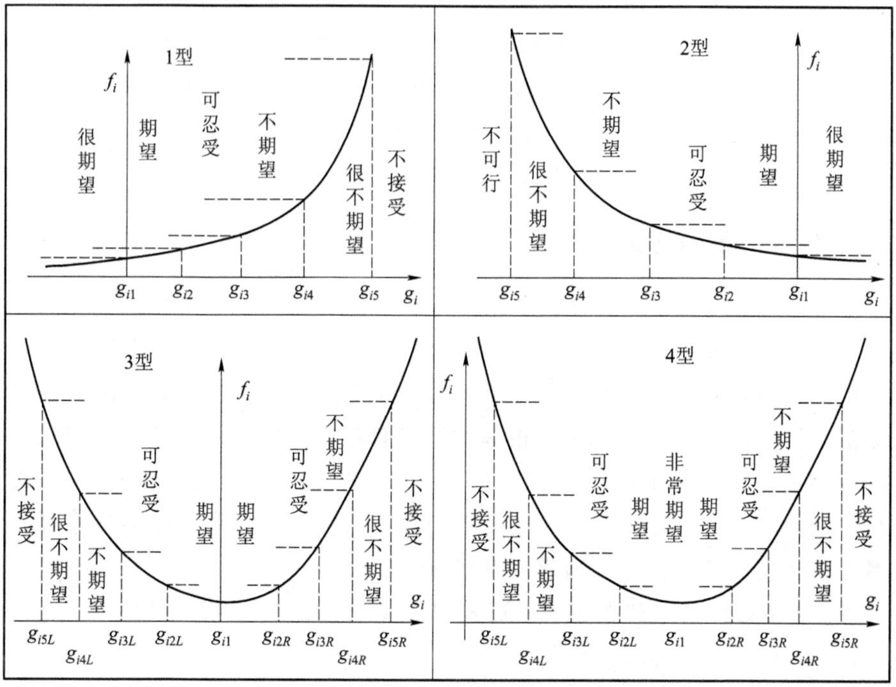

图 7.3.5　设计目标的软型偏好函数曲线

现以 1 型软型中第 i 个设计目标为例，各个区间分别为很期望、期望、可忍受、不期望、很不期望和不接受 6 个区间，分别对应 $g_i \leqslant g_{i1}$（区间 1），$g_{i1} < g_i \leqslant g_{i2}$（区间 2），$g_{i2} < g_i \leqslant g_{i3}$（区间 3），$g_{i3} < g_i \leqslant g_{i4}$（区间 4），$g_{i4} < g_i \leqslant g_{i5}$（区间 5），$g_{i5} < g_i$（区间 6）。

1 型偏好函数满足以下条件：

（1）严格为正。

（2）1 阶导数连续。

（3）2 阶导数严格为正。

（4）任意选择的偏好区间都满足其他假设条件。

（5）1 阶导数严格为正。

（6）$\lim f_i(g_i) = 0$，$g_i \to -\infty$。

（7）OVO（One Vs. Others）准则描述的是设计目标间的偏好。考虑下面两个选择：

选择 1：一个设计目标的偏好函数从某一给定满意程度区间（如可容忍区间）上的最大值降低到最小值（区间 k，$k=2$，3，4，5，6）。

选择 2：所有其他设计目标从稍满意的满意程度区间（如满意区间）上的最大值降低到最小值（区间 $k-1$）。

物理规划认为选择 1 优于选择 2。也就是说，物理规划认为某一设计目标从可容忍区间的较差边界改进到较好边界，优于所有其他的设计目标从满意区间的较差边界改进到较好边界。可以看出，区间边界的定义是准则内偏好，OVO 准则可以认为是设计目标间的偏好。

2. 偏好函数的构造

使用样条插值法建立的设计目标偏好函数符合图 7.3.5 所示的变化趋势。偏好函数的取值没有严格限定，只要它能反映出在不同偏好区间中设计者对目标值的不同满意度即可。对每个设计目标，具有相同满意度等级的偏好区间端点处的目标值因物理意义不同而相异，但它们对应的偏好函数值是相同的。这种统一的设定，使得对于不同设计目标，只要它们位于相同的偏好区间，比如都位于期望域，对应的偏好函数值会在同量级，表示它们有相近的满意度，为将各个设计目标转换为综合满意度目标提供了依据。

目前，偏好函数一般在多项式形式和指数形式二者中进行选取。

1）多项式形式偏好函数

根据偏好函数需满足的第（3）个条件，2 阶导数严格为正，对于区间 k（$k=2$，3，4，5）可设：

$$\frac{\partial^2 f_i}{\partial g_i^2}=\lambda_{ik}^2[a\xi_{ik}^2+b(\xi_{ik}-1)^2] \tag{7.3-28}$$

式中，a 和 b 为两个严格为正的常数；$\lambda_{ik}=g_{ik}-g_{ik-1}$；$\xi_{ik}=\dfrac{g_i-g_{ik-1}}{g_{ik}-g_{ik-1}}$，$g_i$ 为指标在区间 k 内的取值，满足 $g_{ik-1}\leqslant g_i\leqslant g_{ik}$，因此，$0\leqslant\xi_{ik}\leqslant 1$。

对上式进行积分，可得 f_i 的 1 阶导数：

$$\frac{\partial f_i}{\partial g_i}=\frac{\lambda_{ik}^3}{3}[a\xi_{ik}^3+b(\xi_{ik}-1)^3]+c \tag{7.3-29}$$

再对上式进行积分，可得 f_i 为

$$f_i=\frac{\lambda_{ik}^4}{12}[a\xi_{ik}^4+b(\xi_{ik}-1)^4]+c\lambda_{ik}\xi_{ik}+d \tag{7.3-30}$$

上式中积分获得的常数 a、b、c 和 d 可以根据区间 k 两个端点的偏好函数

值 g_{ik-1} 和 g_{ik} 及偏好函数的斜率值 S_{ik-1} 和 S_{ik} 来计算获得，其表达形式如下：

$$a=\frac{1}{2\lambda_{ik}^{3}}[3(3S_{ik}+S_{ik-1})-12\bar{S}_{ik}] \tag{7.3-31}$$

$$b=\frac{1}{2\lambda_{ik}^{3}}[12\bar{S}_{ik}-3(S_{ik}+3S_{ik-1})] \tag{7.3-32}$$

$$c=\frac{2}{\lambda_{ik}}(f_{ik}+f_{ik-1})-\frac{1}{2}(S_{ik}+S_{ik-1}) \tag{7.3-33}$$

$$d=\frac{1}{2}(3f_{ik-1}-f_{ik})-\frac{1}{8}\lambda_{ik}(S_{ik}+3S_{ik-1}) \tag{7.3-34}$$

式中，$\bar{S}_{ik}=\dfrac{f_{ik-1}-f_{ik}}{\lambda_{ik}}$。

将式（7.3-31）~式（7.3-34）代入式（7.3-30）可得

$$\begin{aligned}f_i=&\left[\frac{1}{2}\xi_{ik}^{4}-\frac{1}{2}(\xi_{ik}-1)^{4}-2\xi_{ik}+\frac{3}{2}\right]f_{ik-1}+\\&\left[-\frac{1}{2}\xi_{ik}^{4}+\frac{1}{2}(\xi_{ik}-1)^{4}+2\xi_{ik}-\frac{1}{2}\right]f_{ik}+\\&\left[\frac{1}{8}\lambda_{ik}\xi_{ik}^{4}-\frac{3}{8}\lambda_{ik}(\xi_{ik}-1)^{4}-\frac{1}{2}\lambda_{ik}\xi_{ik}+\frac{3}{8}\lambda_{ik}\right]S_{ik-1}+\\&\left[\frac{3}{8}\lambda_{ik}\xi_{ik}^{4}-\frac{1}{8}\lambda_{ik}(\xi_{ik}-1)^{4}-\frac{1}{2}\lambda_{ik}\xi_{ik}+\frac{1}{8}\lambda_{ik}\right]S_{ik}\end{aligned} \tag{7.3-35}$$

为了获得在区间 $k(k=2，3，4，5)$ 的偏好函数的表达式 f_i，需要通过 OVO 准则获得 f_{ik} 和 f_{ik-1}，同时确定 S_{ik} 和 S_{ik-1}。根据 OVO 准则，$\tilde{f}_{i1}$ 是一个小正数。

$$\tilde{f}_{ik}>n_{sc}\tilde{f}_{ik-1}\quad(k=2，3，4，5) \tag{7.3-36}$$

式中，n_{sc} 为目标的个数；$\tilde{f}_{ik}=f_{ik}-f_{ik-1}(k=2，3，4，5)$，$\tilde{f}_{i1}=f_{i1}$。

f_{ik} 的取值方法为

$$\begin{aligned}&\tilde{f}_{i1}=f_{i1}=0.1\\&\tilde{f}_{ik}=\beta n_{sc}\tilde{f}_{ik-1}\quad(k=2，3，4，5)\end{aligned} \tag{7.3-37}$$

式中，β为正数，计算时可取初值 1.5。

根据式（7.3-31）、式（7.3-32）和 a、b 均为正数，可得

$$S_{ik-1\min}\leqslant S_{ik-1}\leqslant S_{ik-1\max}\quad(k=2，3，4，5) \tag{7.3-38}$$

$$S_{ik\min}\leqslant S_{ik}\leqslant S_{ik\max}\quad(k=2，3，4，5) \tag{7.3-39}$$

式中，$S_{ik-1\min}=4\bar{S}_{ik}-3S_{ik}$，$S_{ik-1\max}=\frac{4\bar{S}_{ik}-S_{ik}}{3}$，$S_{ik\min}=\frac{4\bar{S}_{ik}-S_{ik-1}}{3}$，$S_{ik\max}=4\bar{S}_{ik}-3S_{ik-1}$。

因此

$$\Delta S_{ik-1}=S_{ik-1\max}-S_{ik-1\min}=\frac{8}{3}(S_{ik}-\bar{S}_{ik}) \tag{7.3-40}$$

$$\Delta S_{ik}=S_{ik\max}-S_{ik\min}=\frac{8}{3}(\bar{S}_{ik}-S_{ik-1}) \tag{7.3-41}$$

S_{ik}的取值方法如下：

$$S_{i1}=a\bar{S}_{i2}\ (0<a<1) \tag{7.3-42}$$

$$S_{ik}=S_{ik\min}+a\Delta S_{ik}\ (k=2,\ 3,\ 4,\ 5) \tag{7.3-43}$$

对于区间 1，采用指数函数表达为

$$f_i=f_{i1}\exp[(S_{i1}/g_1)(g_i-g_{i1})] \tag{7.3-44}$$

综上所述，即可获得 f_i。归纳其求解步骤为：

（1）设 $\beta=1.5$。

（2）根据式（7.3-37）求解 $f_{ik}(k=1,\ 2,\ 3,\ 4,\ 5)$。

（3）根据式（7.3-42）、式（7.3-43）求解 $S_{ik}(k=1,\ 2,\ 3,\ 4,\ 5)$。

（4）根据式（7.3-31）、式（7.3-32）求解 a、b。若 a、b 均大于零，执行第（5）步，否则 $\beta=\beta+0.5$，执行第（2）步。

（5）根据式（7.3-35）、式（7.3-44）求解 $f_{ik}(k=1,\ 2,\ 3,\ 4,\ 5)$。

2）指数形式偏好函数

假设 1 型偏好函数的 1 阶导数形式为

$$\frac{\mathrm{d}f_i}{\mathrm{d}g_i}=A\mathrm{e}^{\alpha(g_i)} \tag{7.3-45}$$

根据已知条件，1 阶导数为正，则 $A>0$。2 阶导数为

$$\frac{\mathrm{d}^2 f_i}{\mathrm{d}^2 g_i}=A\alpha'(g_i)\mathrm{e}^{\alpha(g_i)} \tag{7.3-46}$$

2 阶导数为正，所以 $\alpha'(g_i)>0$。

$$\Delta f_{ik}=f_{ik}-f_{ik-1}=A\int_{g_{ik-1}}^{g_{ik}}\mathrm{e}^{\alpha(g_i)}\mathrm{d}g_i \tag{7.3-37}$$

根据

$$\xi_{ik}=\frac{g_i-g_{ik-1}}{g_{ik}-g_{ik-1}}(g_{ik-1}\leqslant g_i\leqslant g_{ik}) \tag{7.3-48}$$

可得

$$g_i = \xi_{ik}(g_{ik} - g_{ik-1}) + g_{ik-1} \tag{7.3-49}$$

$$\Delta f_{ik} = A\int_{\xi_{ik-1}}^{\xi_{ik}} e^{\alpha[\xi_{ik}(g_{ik}-g_{ik-1})+g_{ik-1}]}(g_{ik} - g_{ik-1})\,d\xi_{ik} \tag{7.3-50}$$

设 $\alpha(g_i) = \alpha[\xi_{ik}(g_{ik} - g_{ik-1}) + g_{ik-1}] = \beta(\xi_{ik})$，记 $\beta(\xi_{ik}) = \alpha^{(k)}(\xi_{ik})$，则有

$$\Delta f_{ik} = A(g_{ik} - g_{ik-1})\int_0^1 e^{\alpha^{(k)}(\xi_{ik})}\,d\xi_{ik} = A\Delta g_{ik}\int_0^1 e^{\alpha^{(k)}(\xi_{ik})}\,d\xi_{ik} \tag{7.3-51}$$

根据区间 $k-1$ 和区间 k 在 $g_i = g_{ik}$ 处的斜率相同，可得

$$Ae^{\alpha^{(k-1)}(\xi_{ik-1})} = Ae^{\alpha^{(k)}(\xi_{ik})} \tag{7.3-52}$$

所以

$$\alpha^{(k-1)}(1) = \alpha^{(k)}(0) \tag{7.3-53}$$

设

$$\alpha^{(k)}(\xi_{ik}) = a_k\xi_{ik} + b_k \tag{7.3-54}$$

将式(7.3-53)代入式(7.3-51)、式(7.3-54)，可得

$$a_{k-1} + b_{k-1} = b_k \tag{7.3-55}$$

$$a_k = \frac{A\Delta g_{ik}}{\Delta f_{ik}}e^{b_k}(e^{a_k} - 1) \tag{7.3-56}$$

将式(7.3-54)~式(7.3-56)代入式(7.3-45)，可得

$$f_i = f_{ik-1} + \frac{\Delta f_{ik}}{e^{a_k} - 1}(e^{a_k\xi_{ik}} - 1) \quad (k=2,3,4,5) \tag{7.3-57}$$

在区间1内，$g_i < g_{i1}$，可用指数函数来表达 f_i，即

$$f_i = e^{A(g-g_1)} \tag{7.3-58}$$

式(7.3-55)和式(7.3-56)的初值可以选为

$$a_1 = 0,\ b_1 = 0 \tag{7.3-59}$$

根据式(7.3-54)、式(7.3-56)和式(7.3-59)可以求出 a_k、b_k。对于式(7.3-55)和式(7.3-56)需要迭代，式(7.3-56)可以写为

$$a_k = \varphi(a_k) \tag{7.3-60}$$

式中，$\varphi(a_k) = \ln(1 + a_k/w_k)$，$w_k = A\Delta g_{ik}e^{b_k}/\Delta f_{ik}$

迭代求解式(7.3-56)时，a_k^0 为满足 $a_k^0 > -\ln w_k$ 的任意值，$a_k^{n+1} = \varphi(a_k^n)(n=0,1,2\cdots)$。

A值的选取方法为

$$A = \frac{1}{F_5 - F_1} \tag{7.3-61}$$

式中，根据 1 阶导数和 2 阶导数为正可得 A 和 a_k 均为正数。

综上所述，求解指数形式的 1 型偏好函数的步骤为：

（1）设 $a_1=0$，$b_1=0$。

（2）根据式（7.3－55）和式（7.3－56）迭代求解 a_k 和 b_k（$k=1$，2，3，4，5）。

（3）验证是否满足 $a_k>0$，若满足，则执行第（4）步；反之，说明指数形式偏好函数未能拟合成功。

（4）根据式（7.3－57）、式（7.3－58）和式（7.3－61）求解 f_i。

3．物理规划优化模型及其步骤

将各设计目标的偏好函数综合起来，便得到综合偏好函数 $F(x)$。将各设计目标的偏好函数综合成综合偏好函数可以有多种方式，最简单的一种就是将各设计目标的偏好函数取平均值；或者进一步取平均值的常用对数来构造综合偏好函数，如式（7.3－62）所示。

$$
\begin{cases}
\min F(x)=\dfrac{1}{n_{sc}}\log\left\{\sum\limits_{i=1}^{n_{sc}} f_i[g_i(\boldsymbol{x})]\right\} \\
\text{s. t.}\ \ g_i(\boldsymbol{x})\leqslant g_{i5}\ (\text{对于 1－S 型偏好函数}) \\
\qquad g_i(\boldsymbol{x})\geqslant g_{i5}\ (\text{对于 2－S 型偏好函数}) \\
\qquad g_{i5}^{L}\leqslant g_i(\boldsymbol{x})\leqslant g_{i5}^{R}\ (\text{对于 3－S 型和 4－S 型偏好函数}) \\
\qquad g_i(\boldsymbol{x})\leqslant g_{iM}\ (\text{对于 1－H 型偏好函数}) \\
\qquad g_i(\boldsymbol{x})\geqslant g_{im}\ (\text{对于 2－H 型偏好函数}) \\
\qquad g_{im}\leqslant g_i(\boldsymbol{x})\leqslant g_{iM}\ (\text{对于 3－S 型和 4－S 型偏好函数}) \\
x_{jm}\leqslant x_j\leqslant x_{jM}
\end{cases}
\tag{7.3-62}
$$

式中，$F(\boldsymbol{x})$ 为物理规划优化模型的目标函数；g_{i5}^{L} 和 g_{i5}^{R} 为 3－S 型和 4－S 型偏好函数中设计指标的上限和下限；g_{im} 和 g_{iM} 为硬型偏好函数设计指标的最小值和最大值；x_{jm} 和 x_{jM} 表示设计变量对应的最小值和最大值。

物理规划解决多目标优化问题的具体方法过程分为以下几步：

（1）确立设计目标：一个多目标问题往往有许多独立或相互关联的子目标，根据工程实际的需要，设计者需要从多种角度考虑确定最主要的影响因素作为物理规划方法中的设计目标。

（2）设计目标确立后，需要设计者对其进行定量或者定性分析，设置目标类型，分析设计参数。

（3）给出各设计优化目标满意度区间边界值：由设计者对偏好函数满意度

区间的取值范围进行规划，体现了设计者对不同目标变量值的偏好程度，可以从本质上把握设计者的偏好。

（4）依据各个满意度区间边界值，利用事先选定的计算方法计算各个设计优化目标的偏好函数。

（5）将各个设计目标的偏好函数结合起来，选取特定的策略方案构建综合目标函数，建立该多目标优化问题的物理规划模型。

（6）根据实际工程项目的具体情况选择优化算法，求解（5）中建立的物理规划模型，使得综合目标函数值最小，输出最佳设计方案。

根据实际工程情况，设计者自行判断满意度偏好区间选取是否恰当，如果恰当，则提交（6）中得出的设计方案；否则调整设计目标的偏好区间，重复进行（4）~（6），直至设计者满意。

4. 物理规划的特点

已经证明，在表示均匀分布的完整 Pareto 最优解集的能力方面，物理规划优于加权求和法和折中规划，该方法处理非凸 Pareto 最优表面的能力较强。物理规划的主要特点如下：

（1）设计者的偏好明确之后，便可获得符合这种偏好设置的最优设计。传统的基于权重系数的方法（如加权系数法）往往需要反复设置各目标的权重系数，而且也不能保证最终得到令设计者满意的设计方案。因此与传统方法相比，物理规划可大大减轻计算负担，这对于大规模优化设计问题尤其具有重要意义。

（2）物理规划中需要设计者设定的参数就是设计目标各满意度区间的边界值，这些参数具有实际的物理意义，这与传统的基于权重的多目标优化方法完全不同，使得它更容易使用，也更容易被工程师接受。

（3）无论对于凸有效域还是凹有效域，改变各设计目标的满意度区间，物理规划得到的最优解可以达到有效域中的任一点，而且均匀改变各设计目标的满意度区间可以得到有效域中均匀分布的一组有效解。可以利用物理规划的这一特性来构造性能良好的交互式优化算法。

（4）对于各目标的偏好是在各个目标上独立进行的，因此物理规划具有很强的处理大量目标的能力。

5. 线性物理规划

线性物理规划（Linear Physical Programming， LPP）是物理规划的一种特殊形式，其偏好函数是分段线性的，是对物理规划的进一步简化，从而可以减小计算量，有利于应用在工程实际中。图 7.3.6 所示为各类型的软偏好函数，水平轴为第 i 个设计目标 g_i 的值，纵轴为偏好函数 f_i 的值。无论考虑哪一种类型，偏好函数值都是越小越好。

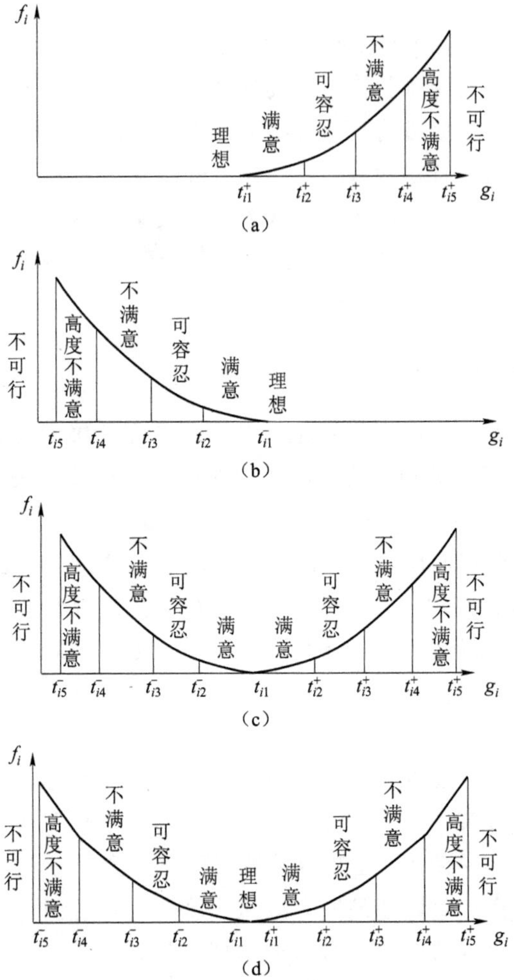

图 7.3.6　软偏好函数

(a)1－S 型；(b)2－S 型；(c) 3－S 型；(d) 4－S 型

以 1－S 型偏好函数为例，其满意度区间具体划分如下：

理想范围：$g_i \leqslant t_{i1}^{+}$。

满意范围：$t_{i1}^{+} < g_i \leqslant t_{i2}^{+}$。

可容忍范围：$t_{i2}^{+} < g_i \leqslant t_{i3}^{+}$。

不满意范围：$t_{i3}^{+} < g_i \leqslant t_{i4}^{+}$。

高度不满意范围：$t_{i4}^{+} < g_i \leqslant t_{i5}^{+}$。

不能接受范围：$t_{i5}^{+} < g_i$。

其中，$t_{i1}^{+} \sim t_{i5}^{+}$为有物理意义的常数，作为设计目标各满意程度区间的边界值，它是与第 i 个设计目标相关的决策者的偏好。

偏好函数有以下一些重要特性：

（1）它们是非负的、连续的、分段线性的凸函数。

（2）偏好函数值越小越好。

（3）对任意类型的偏好函数，在给定的两个相同满意度区间（如满意区间—可容忍区间）交点处，偏好函数的值相等。

在线性物理规划中，将各软设计目标在各满意度区间偏差的加权和综合起来，便得到综合目标函数。以综合目标函数为目标函数，以硬设计目标作为约束条件，可构造最终的线性物理规划方案评价和决策数学模型。

除上述方法之外，分层排序法是将多目标优化问题进行分步求解，最终获得 Pareto 最优解集合的过程。将多个目标分等级后，首先对第一等级的目标进行优化计算，获得最优解，可能是一个范围。然后，在获得解的范围内优化第二等级的目标，将其解作为下一个范围。以此类推，直到完成最后一个目标的优化，所得解为原多目标优化问题的解。

近年来，新出现的算法相比经典算法的进步往往表现在所求 Pareto 前沿的质量提升方面。

7.4 基于偏好的后验方法

7.4.1 法线边界正交法（NBI）

Indraneel Das 等在 1998 年提出求解多目标优化问题的法线边界正交法（Normal Boundary Intersection, NBI），这是一种在多目标函数值向量集边界上寻找包括 Pareto 最优解部分的技术，解决了某些数值多目标算法无法获得均匀分布解集的缺陷（见图 7.4.1（a））。一般来说，即使在目标函数具有不同量纲或比例相差很大的条件下，法线边界正交法也可以均匀地生成 Pareto 最优解集（见图 7.4.1（b）），被大量应用于决策可视化研究。

NBI 的基本思想是：优化目标边界（Boundary）∂F 与从乌托邦面上任意点所发出的法向线（Normal）相交的交点（Intersection Point）为 Pareto 最优解。其中，F（$F=\{F(x)\mid x\in V\}\subset\mathbf{R}^n$）为目标空间；$\partial F$ 为目标空间 F 的边界；乌托邦面（线）为各个优化目标单独作为单目标优化问题所得到的最优解所张成的空间面（线）。借助乌托邦面上的点及其准法线向量，将多目标优化问题转换为一系列单目标优化问题求解，即使在目标函数具有不同量纲或数量级的情况下，仍能得到一系列均匀分布的 Pareto 最优解，是求解大型复杂的多目标优化问题的一个快速有效的算法。

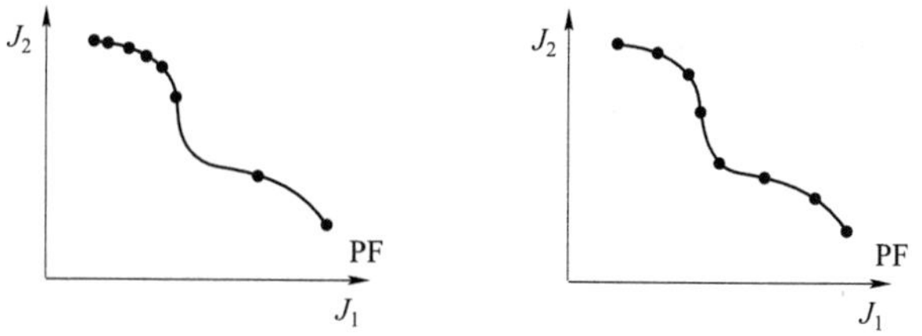

（a）　　　　　　　　（b）

图 7.4.1　Pareto 前沿质量对比

（a）质量较差；（b）质量较好

NBI 法可以在目标空间中找出均匀分布的 Pareto 最优解，进而对 Pareto 曲面进行精确拟合。NBI 法的求解主要由目标规格化、法向量投影和截距优化三个基本步骤组成，如图 7.4.2 所示。

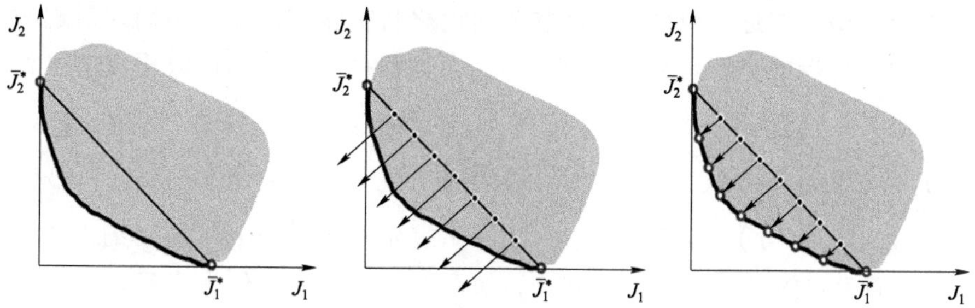

图 7.4.2　NBI 法的工作原理

具体而言，NBI 法的基本概念及计算过程如下：

（1）针对每个目标函数进行单目标优化，得到：$J_i^* = J_i(x_i^*)$，$\forall i = 1, 2, \cdots, m$。

（2）确定乌托邦点：$\boldsymbol{J}^U = (\bar{J}_1^* \quad \bar{J}_2^* \quad \cdots \quad \bar{J}_m^*)^{\mathrm{T}}$。

（3）U 线：乌托邦线，也即各锚点 $\bar{J}_i^*$ 之间的连线。

（4）NU 线：乌托邦线的法线。

（5）遵照一定的规则在相邻两锚点之间等均匀地移动 NU 线。

（6）进行一系列的优化计算。

（7）为每组 NU 线找到相应的 Pareto 点。

以一个具有三个优化目标的优化问题为例，对其计算过程进行说明。某纯电动汽车追求其动力性、能耗经济性和满电续驶里程最优，其对应的优化目标分别为 $J_1(x)$，$J_2(x)$ 和 $J_3(x)$，其优化模型可表示为如下形式：

$$\begin{cases} \min\limits_{x \in C} F(x) = \{J_1(x),\ J_2(x),\ J_3(x)\} \\ C = \{x:\ g(x) = 0,\ \underline{h}(x) \leqslant h(x) \leqslant \bar{h}(x)\} \end{cases} \tag{7.4-1}$$

式中，$J_1(x)$ 表示动力性（优化目标已处理以适应 $\min F(x)$ 的需要）；$J_2(x)$ 表示能耗经济性；$J_3(x)$ 表示满电续驶里程（优化目标已处理以适应 $\min F(x)$ 的需要）；$g(x)$ 和 $h(x)$ 分别表示相应的等式约束和不等式约束条件。

当仅考虑动力性 $J_1(x)$ 最优时，进行单目标优化，得到最优解 $x^{1*} \in C$，对应于空间集合坐标系下的点 $F^{1*}(J_1(x^{1*}),\ J_2(x^{1*}),\ J_3(x^{1*}))$；同理，可得到分别仅考虑 $J_2(x)$ 和 $J_3(x)$ 最优时的最优解 x^{2*} 和 x^{3*}，分别对应于点 $F^{2*}(J_1(x^{2*}),\ J_2(x^{2*}),\ J_3(x^{2*}))$ 和 $F^{3*}(J_1(x^{3*}),\ J_2(x^{3*}),\ J_3(x^{3*}))$。

1. 目标规格化

对目标函数值进行规格化，以避免因优化目标量纲或量级不同而引起数值问题。规格化后的目标函数值均在［0，1］范围内。在目标函数构成的坐标空间内，点 $\bar{F}^{1*}(\bar{J}_1(x^{1*}),\ \bar{J}_2(x^{1*}),\ \bar{J}_3(x^{1*}))$（以符号 $\bar{F}^{1*}$ 进行简化表示），$\bar{F}^{2*}(\bar{J}_1(x^{2*}),\ \bar{J}_2(x^{2*}),\ \bar{J}_3(x^{2*}))$（以符号 $\bar{F}^{2*}$ 进行简化表示）和 $\bar{F}^{3*}(\bar{J}_1(x^{3*}),\ \bar{J}_2(x^{3*}),\ \bar{J}_3(x^{3*}))$（以符号 $\bar{F}^{3*}$ 进行简化表示）构成 Pareto 前沿的端点（锚点），它们确定的平面称为乌托邦面，如图 7.4.3 所示。作为多目标优化问题的特例，双目标优化设计问题的乌托邦面退化为乌托邦线。

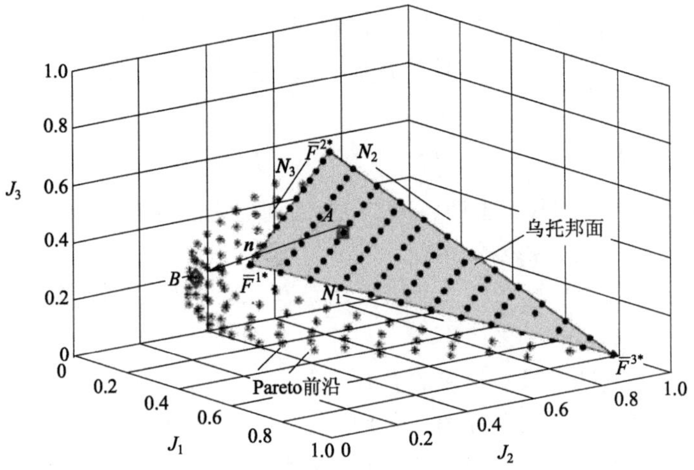

图 7.4.3　乌托邦面与 Pareto 前沿

2. 生成乌托邦面上均匀分布的点

假设由点$\bar{F}^{1*}$指向点$\bar{F}^{3*}$的向量为$\boldsymbol{N}_1$，由点$\bar{F}^{2*}$指向点$\bar{F}^{3*}$的向量为$\boldsymbol{N}_2$，由点$\bar{F}^{1*}$指向点$\bar{F}^{2*}$的向量为$\boldsymbol{N}_3$。$\boldsymbol{N}_k$被分为m_k等份，则每份单位长度$\delta_k=1/m_k$，$k=1,2,3$。

乌托邦面上任一点均可由端点$\bar{F}^{1*}$，$\bar{F}^{2*}$和$\bar{F}^{3*}$的线性组合表示，以第j个点A为例：

$$p_j=\sum_{i=1}^{3}(\beta_{ij}\bar{F}^{i*}) \tag{7.4-2}$$

式中

$$\begin{cases}\beta_{1j}=(0,1,\cdots,m_1)\delta_1\\ \beta_{2j}=(0,1,\cdots,m'_2)\delta_2\\ \beta_{3j}=1-\beta_{1j}-\beta_{2j}\end{cases} \tag{7.4-3}$$

式中，$m'_2=I[(1-\beta_{1j})/\delta_2]$，$I(\cdot)$为对函数取整。等分点向量$\beta=(\beta_{1j},\beta_{2j},\beta_{3j})^{\mathrm{T}}$，参数$\beta_{ij}(i=1,2,3)$的取值决定了乌托邦面上各点的分布。当$\delta_1=\delta_2=0.2$时，$\beta_{ij}$的取值如图7.4.4所示。

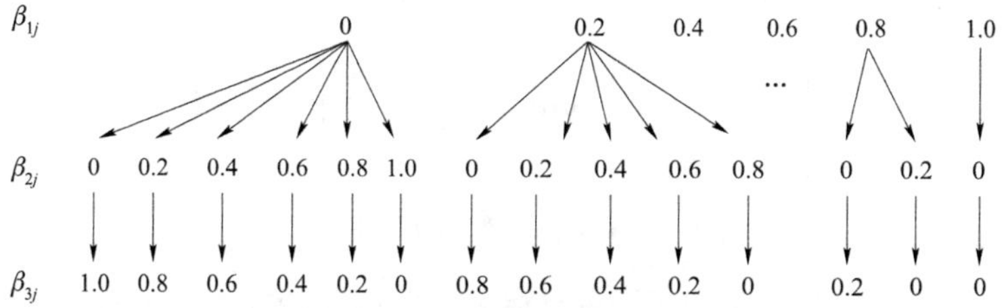

图7.4.4　等分点向量β的取值

引入支付矩阵$\bar{\Phi}$，它由规格化后的乌托邦面上三个端点构成：

$$\bar{\Phi}=\begin{pmatrix}\bar{J}_1(x^{1*}) & \bar{J}_1(x^{2*}) & \bar{J}_1(x^{3*})\\ \bar{J}_2(x^{1*}) & \bar{J}_2(x^{2*}) & \bar{J}_2(x^{3*})\\ \bar{J}_3(x^{1*}) & \bar{J}_3(x^{2*}) & \bar{J}_3(x^{3*})\end{pmatrix} \tag{7.4-4}$$

$\boldsymbol{P}_j$又可以写成$\bar{\Phi}$和等分点向量β相乘的形式，如下：

$$\boldsymbol{P}_j=\bar{\Phi}\beta=\begin{pmatrix}\bar{J}_1(x^{1*}) & \bar{J}_1(x^{2*}) & \bar{J}_1(x^{3*})\\ \bar{J}_2(x^{1*}) & \bar{J}_2(x^{2*}) & \bar{J}_2(x^{3*})\\ \bar{J}_3(x^{1*}) & \bar{J}_3(x^{2*}) & \bar{J}_3(x^{3*})\end{pmatrix}\begin{pmatrix}\beta_{1j}\\ \beta_{2j}\\ \beta_{3j}\end{pmatrix} \tag{7.4-5}$$

3. 求 Pareto 最优解

NBI 法通过求解乌托邦面的法向量与目标函数空间对应可行域边界的交点来获得均匀分布的 Pareto 前沿曲面。可采用准法线法以简化计算，准法线向量 $\boldsymbol{n}$ 的表达式如下：

$$\boldsymbol{n}=-\bar{\Phi}\boldsymbol{e} \tag{7.4-6}$$

式中，$\boldsymbol{e}=(1,1,\cdots,1)^{T}$。

由此，可计算得到由乌托邦面上点 A 指向对应的 Pareto 前沿上点 B，即

$$\bar{\boldsymbol{F}}(x)=\bar{\Phi}\beta+D\boldsymbol{n}=\bar{\Phi}(\beta-D\boldsymbol{e}) \tag{7.4-7}$$

式中，D 为距离参数，$D|\boldsymbol{n}|$ 代表乌托邦面上的点到对应 Pareto 前沿上点的距离。随着 $D|\boldsymbol{n}|$ 的增大，由 $\bar{\Phi}\beta+D\boldsymbol{n}$ 确定的可行解对应的各目标函数逐渐得到改善，当$D|\boldsymbol{n}|$增大到最大值时，各目标函数达到 Pareto 最优。由于$|\boldsymbol{n}|$是一个常数，当 D 达到最大值时，$D|\boldsymbol{n}|$也达到最大值，亦即，当 D 增大到最大值 D_{max}时，各目标函数达到 Pareto 最优。

因此，在给定等分点向量 β 下，多目标优化问题可转换为以距离 D 最大为目标的单目标优化问题：

$$\begin{cases}\min(-D)\\ \text{s.t. } \bar{\boldsymbol{F}}(x)=\bar{\Phi}\beta+D\boldsymbol{n}=\bar{\Phi}(\beta-D\boldsymbol{e})\\ \qquad g(x)=0\\ \qquad \underline{h}(x)\leqslant h(x)\leqslant \bar{h}(x)\end{cases} \tag{7.4-8}$$

随着对 β 不同取值的遍历，多目标优化问题就转换为一系列单目标优化问题，根据具体情况选用合适的优化算法对这一系列单目标优化问题进行求解，即可获得一系列均匀分布的 Pareto 最优点，构成 Pareto 最优解集。

特别地，对于式（7.4-9）所示的双目标优化问题，使用正交边界交叉法求解 Pareto 前沿的过程如图 7.4.5 所示。

$$\begin{aligned}&\min\boldsymbol{F}=(f_1(x)\quad f_2(x))\\ &\text{s.t. } g(x)=0\\ &\qquad c(x)\leqslant 0\end{aligned} \tag{7.4-9}$$

其具体求解过程如下：

（1）首先为求解该双目标问题构建乌托邦线（CHIM）：

$$\begin{cases}f_1(x_1^*)=\min f_1(x)\\ f_2(x_2^*)=\min f_2(x)\end{cases} \tag{7.4-10}$$

式中，x_1^* 为目标 $f_1(x)$ 单独优化时的最优解；x_2^* 为目标 $f_2(x)$ 单独优化时的最优解。图 7.4.5 中 f^U 为乌托邦点，对应于多目标函数同时取得最优值；f^N 为最劣点，对应于所有目标函数同时取到最差解。连接点（$f_1(x_1^*)$，$f_2(x_1^*)$）和点（$f_1(x_2^*)$，$f_2(x_2^*)$）即可获得乌托邦线，如图 7.4.5 所示。

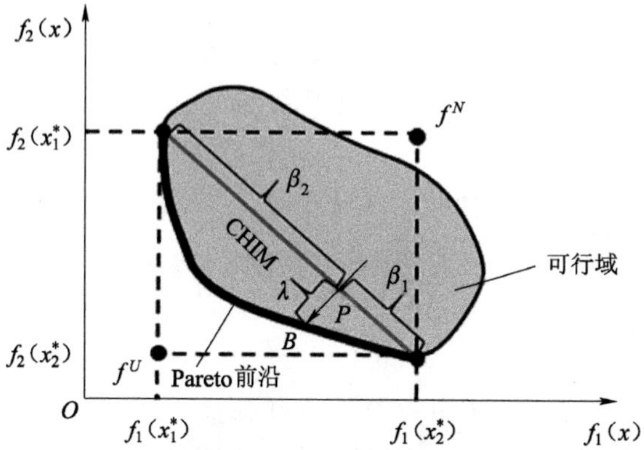

图 7.4.5　双目标优化问题

（2）归一化和构建支付矩阵。

各个目标函数常具有不同的物理含义或其大小的数量级不同，一般需要对其进行规格化。规格化后的目标函数值如下：

$$\begin{cases} \bar{f}_1(x) = \dfrac{f_1(x)-f_1(x_1^*)}{f_1(x_2^*)-f_1(x_1^*)} \\ \bar{f}_2(x) = \dfrac{f_2(x)-f_2(x_2^*)}{f_2(x_1^*)-f_2(x_2^*)} \end{cases} \tag{7.4-11}$$

定义归一化支付矩阵：

$$\bar{\Phi} = \begin{pmatrix} \bar{f}_1(x_1^*) & \bar{f}_2(x_2^*) \\ \bar{f}_2(x_1^*) & \bar{f}_2(x_2^*) \end{pmatrix} \tag{7.4-12}$$

不难看出，规格化后的目标函数值在［0，1］范围内。可以证明，在规格化空间中，乌托邦线上任意一点 P 的坐标就为（$\beta_1\bar{f}_1(x_1^*)+\beta_2\bar{f}_1(x_2^*)$，$\beta_1\bar{f}_2(x_1^*)+\beta_2\bar{f}_2(x_2^*)$），其中，$\beta_1$ 和 β_2 为权重系数，且满足 $\beta_1+\beta_2=1$，$0\leqslant\beta_1\leqslant1$，$0\leqslant\beta_2\leqslant1$。经过 P 点作乌托邦线的法线，与 Pareto 前沿相交于点 B，P 点和 B 点之间的距离为 λ，由几何学知识可以得出，$\overrightarrow{PB}=\overrightarrow{OB}-\overrightarrow{OP}$，从而可以得出

$$D\begin{pmatrix} n_1 \\ n_2 \end{pmatrix} = \begin{pmatrix} \bar{f}_1(x) \\ \bar{f}_2(x) \end{pmatrix} - \begin{pmatrix} \beta_1\bar{f}_1(x_1^*)+\beta_2\bar{f}_1(x_2^*) \\ \beta_1\bar{f}_2(x_1^*)+\beta_2\bar{f}_2(x_2^*) \end{pmatrix} \tag{7.4-13}$$

式中，$\boldsymbol{n}=(n_1 \quad n_2)^{\mathrm{T}}$ 为指向左下方的单位法向量。

上式可以进一步简化为

$$\bar{\boldsymbol{\Phi}}\beta+D\boldsymbol{n}=\bar{\boldsymbol{F}}(x) \tag{7.4-14}$$

式中，$\bar{\boldsymbol{F}}(x)=(\bar{f}_1(x) \quad \bar{f}_2(x))^{\mathrm{T}}$；$\beta=(\beta_1 \quad \beta_2)^{\mathrm{T}}$；$\bar{\boldsymbol{\Phi}}$ 为规格化后的支付矩阵。

在 NBI 法中，式（7.4-14）可用于减小对两个目标优化问题的自由度，从而将这个双目标优化问题转化为以乌托邦线与 Pareto 前沿之间的距离最大为目标的单目标优化问题，即

$$\begin{aligned}&\min(-D)\\&\text{s.t. } \bar{\boldsymbol{\Phi}}\beta+D\boldsymbol{n}=\bar{\boldsymbol{F}}(x)\\&\quad g(x)=0\\&\quad c(x)\leqslant 0\end{aligned} \tag{7.4-15}$$

当法线与乌托邦线之间的交点 P 在乌托邦线上均匀移动时（借助改变权重系数 β_3 和 β_2 的大小来实现），双目标优化问题转化为一系列单目标优化问题。与此对应，通过对一系列单目标寻优就可获得一系列均匀分布的 Pareto 最优点，这些最优点的集合就形成了 Pareto 前沿。

正交边界交叉法（NBI）具有以下优点：

（1）寻获分布均匀的 Pareto 前沿。

（2）寻获目标函数可行域内的所有最优解。

（3）多目标到单目标的转化思路清晰，实现简单。

正交边界交叉法（NBI）具有以下缺点：

（1）在高度非线性问题中，由于等式约束，难以获得最优解。

（2）同时获得非 Pareto 最优解（支配解），必须使用非线性滤波来滤除这些非 Pareto 最优解。

（3）在更高维度问题（多于两个目标函数）中，乌托邦平面的投影不覆盖整个 Pareto 前部，并且通过该方法无法发现一些 Pareto 前部区域。

数值算例：

一个双目标优化问题如下：

$$\min_{x}\begin{bmatrix}f_1(x)=x_1^2+x_2^2+x_3^2+x_4^2+x_5^2\\ f_2(x)=3x_1+2x_2-\dfrac{x_3}{3}+0.01(x_4-x_5)^3\end{bmatrix}$$

$$\begin{aligned}\text{s.t. }&x_1+2x_2-x_3-0.5x_4+x_5=2\\&4x_1-2x_2+0.8x_3+0.6x_4+0.5x_5^2=0\\&x_1^2+x_2^2+x_3^2+x_4^2+x_5^2\leqslant 10\end{aligned}$$

利用 NBI 法，得到的优化计算结果如表 7.4.1 和图 7.4.6 所示。

表 7.4.1　NBI 法优化计算结果

β	优化目标值
0，1.00	10.000 0，−4.011 1
0.05，0.95	9.425 4，−3.770 6
0.10，0.90	8.854 6，−3.527 6
0.15，0.85	8.288 2，−3.281 8
0.20，0.80	7.726 4，−3.032 9
0.25，0.75	7.169 8，−2.780 7
0.30，0.70	6.618 9，−2.524 7
0.35，0.65	6.074 3，−2.264 7
0.40，0.60	5.536 8，−2.000 0
0.45，0.55	5.007 2，−1.730 2
0.50，0.50	4.486 6，−1.454 6
0.55，0.45	3.976 4，−1.172 2
0.60，0.40	3.478 1，−0.882 0
0.65，0.35	2.993 9，−0.582 7
0.70，0.30	2.526 6，−0.272 4
0.75，0.25	2.080 1，0.051 4
0.80，0.20	1.659 7，0.392 2
0.85，0.15	1.274 0，0.755 6
0.90，0.10	0.937 0，1.150 6
0.95，0.05	0.675 4，1.594 7
1.00，0	0.555 1，2.130 6

对于这一优化问题，传统加权和法所得到的 Pareto 前沿在中部位置存在较大的不均匀性跳变，而 NBI 法得到了均匀分布的 Pareto 最优解。

标准的 NBI 算法虽然能够搜索到 Pareto 解平面，但是同时也可能搜索到非全局 Pareto 最优解，如图 7.4.7 所示。原因在于，该算法没有为 Pareto 优化提供充足的条件，通常需要对搜索得到的最优解进一步过滤。

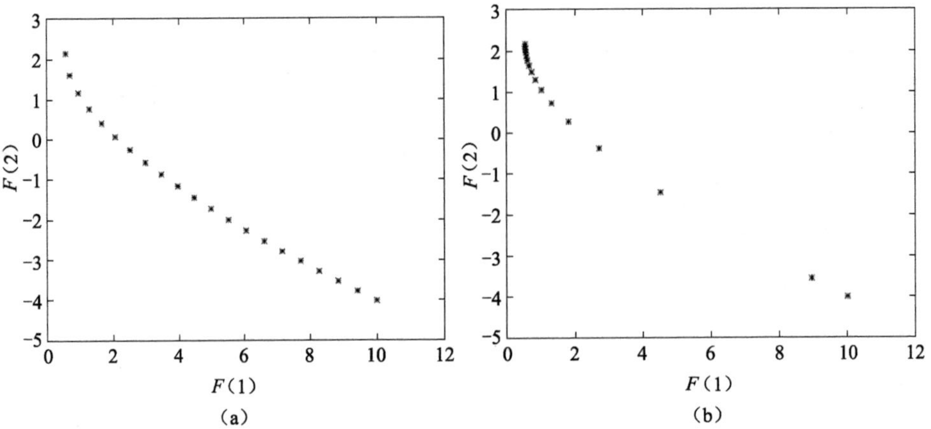

图 7.4.6 优化计算所得 Pareto 前沿

(a)NBI 法；(b)传统加权和法

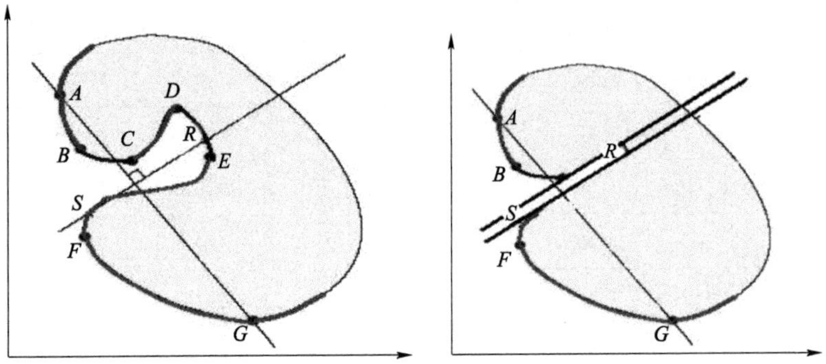

图 7.4.7 NBI 点与 Pareto 点的不同对应情况

图 7.4.7 中，点 A 和点 G 为锚点（Anchor Point）；弧线 $\widehat{AB}$ 和 $\widehat{FG}$ 上的点为全局 Pareto 点；弧线 $\widehat{BC}$ 和 $\widehat{DE}$ 上的点为局域 Pareto 点；弧线 $\widehat{CD}$ 和 $\widehat{EF}$ 上的点既不是全局 Pareto 点，又不是局域 Pareto 点；点 R 既是局域 Pareto 点，也是 NBI 点。

在目标函数大于 2 时，NBI 算法可能会漏掉一些 Pareto 解。此外，由于引入了附加的等式约束，NBI 算法搜索速度慢，计算效率低。近年来，研究者对其进行了多种形式的算法改进，算法改进主要对 NBI 算法的进化机制与流程进行改进，以期算法收敛速度更快或 Pareto 解精度更高。目前文献中算法改进类文章多集中在混合算法的开发，如利用 NBI 的算法框架与模拟退火算法、进化算法相结合，以达到更好的算法性能。

7.4.2 自适应加权和法（AWS）

解决多目标优化问题的常用算法是加权和法，该算法容易理解、操作简单，但是存在明显不足。

（1）加权和法无法求出 Pareto 前沿上位于非凸区间内的解，如图 7.4.8（a）所示。这是因为加权和法通常被实现为目标的凸组合，其中所有权重的和是恒定的，并且不允许负权重。通过减小步长来增加权重的数目不能解决这个问题。最终，这可能导致通过非凸区域时缺失重要解而选择了劣解。

（2）即使 Pareto 前沿是凸性的，但如果其 Pareto 前沿曲线具有变曲率的特征，那么当加权系数均匀变动取值时，所求得的 Pareto 解在 Pareto 前沿上也呈不均匀性分布的特征，如图 7.4.8（b）所示。

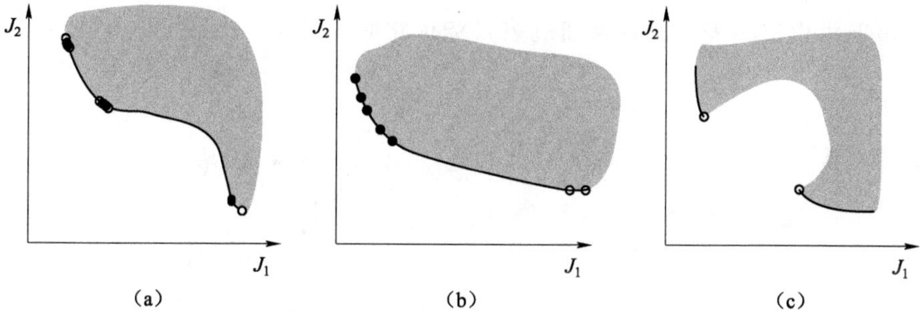

图 7.4.8　传统加权和法和 NBI 法的不足

因此，尽管加权和法具有简单、易操作的优点，但上述固有缺陷限制了其应用。

法线边界正交法虽然在 Pareto 解的均匀性方面有了很大改善，但是有时会将非凸区间上的支配解错误地作为 Pareto 最优解，需要对其利用 Pareto 过滤器进一步筛选。

针对传统加权和法和法线边界正交法的上述痛点，2005 年，I. Y. Kim 和 O. L. de Weck 等针对多目标优化问题提出自适应加权和法（AWS），着重解决变曲率 Pareto 前沿未被探索的区域最优解的搜索问题，能够应用于非凸区间，并且可以解决非凸区间的支配解误选问题，如图 7.4.9 所示。

此方法的基本思想：首先，采用传统加权和法快速获取 Pareto 前沿，指定一个网格用于 Pareto 前沿修补；然后，在目标空间分段平面上加入虚拟最低点与预期 Pareto 最优解关系的不等式，逐步精炼、修补 Pareto 前沿。多目标自动加权和法可以得到一个均匀分布的 Pareto 前沿，同时能够找到非凸区域的解。

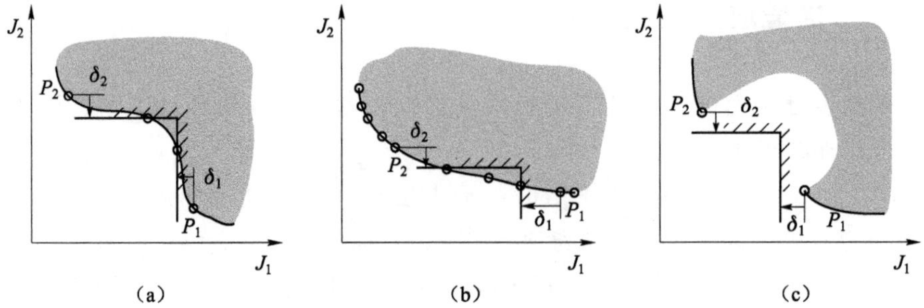

图 7.4.9　自适应加权和法的解决途径

1. 自适应加权和法的基本概念

图 7.4.10 显示了与典型的加权和方法相比自适应加权和法的概念。真实的 Pareto 前沿由实线表示，并且通过多目标优化获得的解点由圆形黑点表示。在

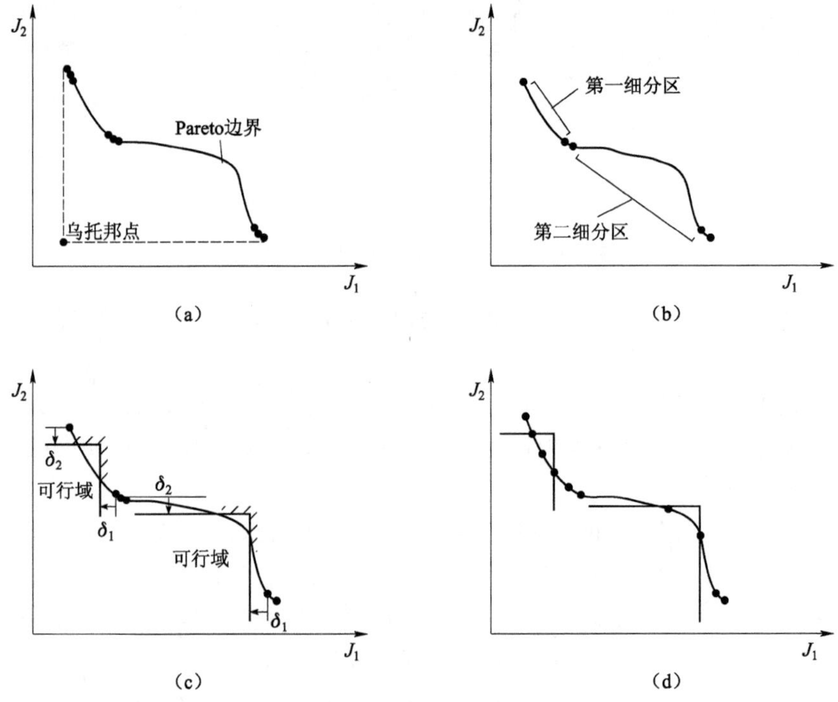

图 7.4.10　自适应加权和法

(a)通用加权和法；(b)自适应加权和法(初始步)；

(c) 自适应加权和法(强制约束)；(d) 自适应加权和法(细化)

该示例中，整个 Pareto 线由两个部分组成：相对平坦的凸区域和明显的凹区域。解决问题的典型方法是使用加权和法，其被表述为

$$\min \lambda \frac{J_1(\boldsymbol{x})}{sf_{1,0}(\boldsymbol{x})}+(1-\lambda)\frac{J_2(\boldsymbol{x})}{sf_{2,0}(\boldsymbol{x})}$$
$$\text{s.t. } h(\boldsymbol{x})=0 \tag{7.4-16}$$
$$g(\boldsymbol{x})\leqslant 0$$

式中，$\lambda\in[0,1]$，为目标函数相对重要性的权重因子；J_1 和 J_2 为目标函数；$sf_{1,0}$和 $sf_{2,0}$为目标函数的归一化因数。

从图 7.4.10（a）中可以看出，大多数解集中在锚点和拐点处，凹形区域并没有获得可行解。图 7.4.10（a）～(d）展示了自适应加权和法的基本概念和计算过程。它使用传统的加权和法，从具有大步长的权重因子的小区域开始，通过计算目标空间中前方的相邻解之间的距离，识别用于进一步细化的区域，这些区域在目标空间中施加附加的不等式约束，作为用于优化的可行区域。每个区域具有平行于每个目标函数轴的两个附加约束。构造约束使得它们与解的距离分别为 δ_1和 δ_2，位于 J_1 和 J_2 的向内方向上。使用传统的加权和技术在每个区域中求解子优化，并且识别新的解集合。再次，通过计算两个相邻解之间的距离来选择用于进一步细化的区域。重复该过程，直到满足终止标准，沿整个 Pareto 前面的最大线段长度是收敛的一个量度。

自适应加权和法可以高效地解决多目标优化问题的 Pareto 前沿。

（1）凸区域具有不一致的曲率。对于多目标优化问题，Pareto 前沿曲率不一致，通过传统加权和法获得的解集中在曲率相对较高的区域，图 7.4.11（a）用传统加权和法时在平滑区域几乎未获得可行解，因为 P_1 和 P_2 部分长度较长，当使用自适应加权和法时，会在 P_1 和 P_2 部分进一步细化，建立可行域，在该区域内进一步优化，将会获得更多的 Pareto 最优解，如图 7.4.11（b）所示。

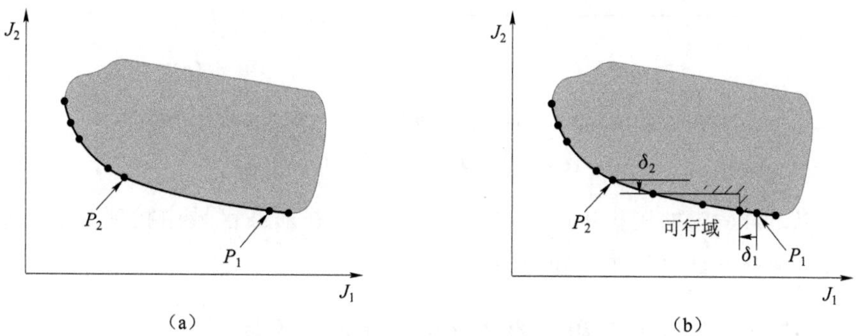

图 7.4.11　凸 Pareto 前沿的自适应加权和法

(a)传统加权和法；(b)自适应加权和法

（2）含有非支配解的非凸区域，该区域使用传统的加权和法无法获得 Patero 解。如图 7.4.12（a）中的 P_1 和 P_2 部分，但是通过使用自适应加权和法可以解决该问题，如图 7.4.12（b）所示。

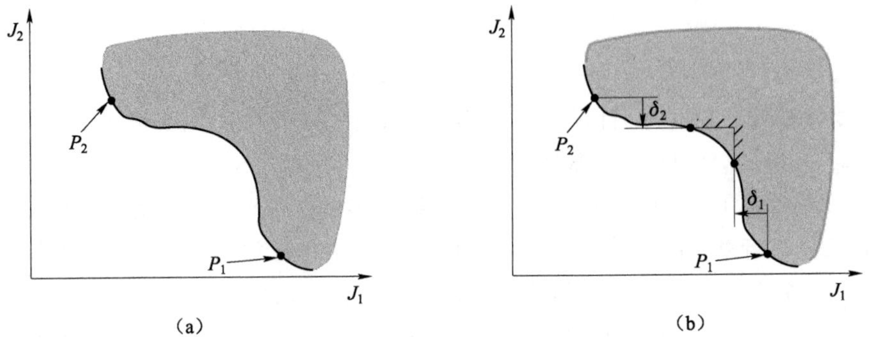

图 7.4.12　Pareto 前沿的自适应加权和法求解非支配解

(a)传统加权和法；(b)自适应加权和法

（3）求解非凸区域的支配解。在图 7.4.13 所示的这种情况下，在 P_1 和 P_2 部分不必识别解。实际上，自适应加权和法在这种情况下不返回解，因为在施加的约束内没有可行区域，而在这种情况下，正交边界交叉（NBI）方法通常产生主导解。

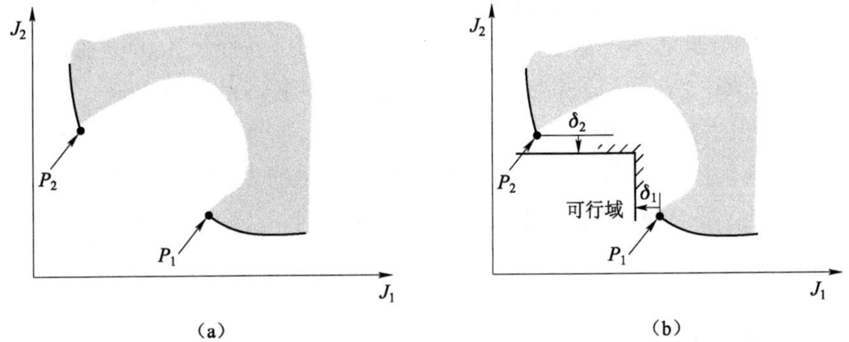

图 7.4.13　非凸 Pareto 前沿的自适应加权和法求解支配解

(a)传统加权和法；(b)不存在可行方法

所以，自适应加权和法产生均匀分布的解，在非凸区域中找到 Pareto 最优解，并且忽略非凸区域中的非 Pareto 最优解。

2. 基于自适应加权和法的多目标优化求解流程

(1) 目标函数规格化。 设 X^{i*} 为对第 i 个目标函数 J_i 进行单目标优化得到的优化结果，那么可以定义乌托邦点 $\boldsymbol{J}^{\mathrm{Utopia}}$ 和最劣点 $\boldsymbol{J}^{\mathrm{Nadir}}$（见图 7.4.14）如下：

$$\boldsymbol{J}^{\mathrm{Utopia}}=(J_i(X^{1*})\quad J_i(X^{2*})\quad \cdots\quad J_i(X^{m*}))\tag{7.4-17}$$

$$\boldsymbol{J}^{\mathrm{Nadir}}=(J_1^{\mathrm{Nadir}}\quad J_2^{\mathrm{Nadir}}\quad J_3^{\mathrm{Nadir}}\quad \cdots\quad J_m^{\mathrm{Nadir}})\tag{7.4-18}$$

式中，m 为目标函数的数目（目标空间的维数）；最劣点的每个分量 J_i^{Nadir} 定义为

$$J_i^{\mathrm{Nadir}}=\max(J_i(X^{1*})\quad J_2(X^{2*})\quad \cdots\quad J_i(X^{m*}))\tag{7.4-19}$$

第 i 个锚点 $\boldsymbol{J}^{i*}$ 定义为

$$\boldsymbol{J}^{i*}=(J_1(X^{i*})\quad J_2(X^{i*})\quad \cdots\quad J_m(X^{i*}))\tag{7.4-20}$$

据此，可给出目标函数的规格化形式：

$$\bar{J}_i=\frac{J_i-J_i^{\mathrm{Utopia}}}{J_i^{\mathrm{Nadir}}-J_i^{\mathrm{Utopia}}}\tag{7.4-21}$$

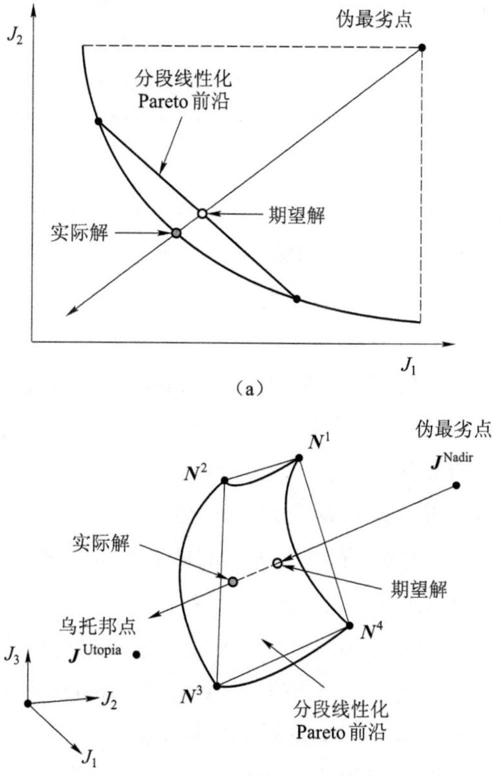

图 7.4.14　多维问题的自适应加权和法

(a) 2D 图示；(b) 3D 图示

(2) 采用常规的加权和法对优化问题进行初步求解。递归形式的多目标向单目标的转化格式如下：

$$J_{\text{Total}}^{m}=\alpha_{m-1}J_{\text{Total}}^{m-1}+(1-\alpha_{m-1})J_{m} \tag{7.4-22}$$

式中，m（$m\geqslant 1$）为目标函数的数目（目标空间的维数）；加权系数 α_i 的步长定义为

$$\Delta\alpha_{i}=\frac{1}{n_{\text{initial},\ i}},\ i=1,\ 2,\ \cdots,\ m-1 \tag{7.4-23}$$

式中，$n_{\text{initial},\ i}$为在第 i 个目标函数空间中被初始分割的数量。

例如，对于具有三个目标函数的问题，其转化格式为

$$\begin{aligned} J_{\text{Total}} &= \alpha_2[\alpha_1 J_1+(1-\alpha_1)J_2]+(1-\alpha_2)J_3 \\ &= \alpha_1\alpha_2 J_1+(1-\alpha_1)\alpha_2 J_2+(1-\alpha_2)J_3,\quad \alpha_i\in[0,\ 1] \end{aligned} \tag{7.4-24}$$

(3) 删除 Pareto 前沿上邻域内相重叠的最优解。 采用传统加权和法得到的 Pareto 前沿，在非常小的邻域内常常出现多个彼此重叠（欧几里得距离接近于零）的最优解，对于 Pareto 前沿构造而言，仅保留一个即可。在计算过程中，对于规格化的目标函数空间，如果最优解之间的欧几里得距离小于预设的距离（ξ），则仅保留一个最优解，对与之邻近的其他解进行删除处理。ξ 的推荐取值：$\xi\in[0.01,\ 0.05]$。

(4) 识别 Pareto 前沿微块。 可以选用任意形状的小块，但为方便起见，对于三维问题，可采用四边形：四个 Pareto 最优解作为顶点，两两相连的顶点连线构成四边形的边。Pareto 前沿微块的构造有利于后续对 Pareto 前沿的细化，也有利于对 Pareto 面的显性化表达。

(5) 确定每个需要进行细化（精炼）的 Pareto 前沿微块的分布。 图 7.4.15 所示为需进行细化的 Pareto 前沿微块，由于下部的四边形块较上部的四边形大，需对其进行更多的细化工作。

前沿微块的大小可近似地由两个尺寸描述：$\overline{N^1N^2}$和$\overline{N^3N^4}$的平均长度，以及$\overline{N^2N^3}$和$\overline{N^1N^4}$的平均长度。依照所对应的四边形边矢量的方向，每个平均长度被分类为“水平”类长度（平行于 J_1 和 J_2 所在平面）或者“垂直”类长度（平行于 J_3 轴线）。例如，图中$\overline{N^1N^2}$和$\overline{N^3N^4}$的平均长度为“水平”类长度。每个 Pareto 前沿微块的长度都需与所有微块的平均长度进行对比，基于每个方向上相对长度关系，决定需对 Pareto 前沿微块进行细化的程度。在每个微块中，期望解的位置由插值进行确定，子优化问题沿最劣解与期望解之间的连线进行求解。

分段线性化平面上第 j 个期望解的位置矢量可由四个节点矢量的加权形式进行定义：

$$\boldsymbol{P}^{j}=\beta_1\boldsymbol{N}^{1}+\beta_2\boldsymbol{N}^{2}+\beta_3\boldsymbol{N}^{3}+\beta_4\boldsymbol{N}^{4},\quad \beta_i\in[0,\ 1] \tag{7.4-25}$$

式中，$\boldsymbol{N}^i$ 为 Pareto 前沿微块第 i 个节点的位置矢量；β_i 为插值所需的权系数。

规格化后的 $\boldsymbol{P}^j$ 可由下式得到：

$$\bar{\boldsymbol{P}}_i^j = \frac{\boldsymbol{P}_j - \boldsymbol{J}_i^{\text{Utopia}}}{\boldsymbol{J}_i^{\text{Nadir}} - \boldsymbol{J}_i^{\text{Utopia}}} \tag{7.4-26}$$

式中，$\bar{\boldsymbol{P}}_i^j$ 为分段线性化平面（超平面）上第 j 个期望解的位置矢量。

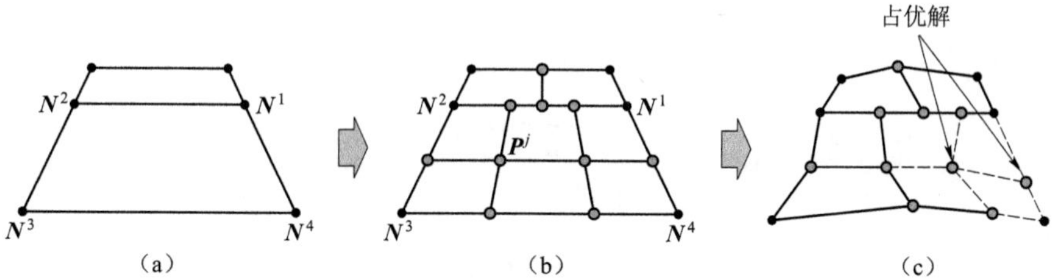

图 7.4.15　自适应加权和法的 Pareto 前沿微块细化过程

(a)原始微块；(b)细化后微块（期望解）；(c) 细化后微块（实际解）

(6) 为每个期望解引入额外的等式约束，并采用传统加权和法进行子优化问题的求解。 对于第 j 个规格化后的期望解 $\boldsymbol{P}^j$，其子优化问题构造如下：

$$\begin{aligned} &\min \boldsymbol{w} \cdot \bar{\boldsymbol{J}}(x) \\ &\text{s. t.} \ \frac{(\bar{\boldsymbol{P}}^j - \bar{\boldsymbol{J}}^{\text{Nadir}}) \cdot (\bar{\boldsymbol{J}}(x) - \bar{\boldsymbol{J}}^{\text{Nadir}})}{|\bar{\boldsymbol{P}}^j - \bar{\boldsymbol{J}}^{\text{Nadir}}|\,|\bar{\boldsymbol{J}}(x) - \bar{\boldsymbol{J}}^{\text{Nadir}}|} = 1 \\ &\bar{h}(x) = 0 \\ &\bar{g}(x) = 0 \end{aligned} \tag{7.4-27}$$

式中，$\boldsymbol{w} = -(\bar{\boldsymbol{P}}^j - \bar{\boldsymbol{J}}^{\text{Nadir}})$ 为权系数；$\bar{h}(x)$ 和 $\bar{g}(x)$ 分别为规格化的等式和不等式约束向量；规格化的 $\bar{\boldsymbol{J}}^{\text{Nadir}}$ 为单位矢量 $\bar{\boldsymbol{J}}^{\text{Nadir}} = (1, 1, \cdots, 1)$。

式中的等式约束包含点乘关系，这将迫使 $\bar{\boldsymbol{P}}^j - \bar{\boldsymbol{J}}^{\text{Nadir}}$ 和 $\bar{\boldsymbol{J}}(x) - \bar{\boldsymbol{J}}^{\text{Nadir}}$ 这两个矢量在目标空间中共线。这个约束条件也就保证了所得到的解必位于沿 $\bar{\boldsymbol{P}}^j - \bar{\boldsymbol{J}}^{\text{Nadir}}$ 的线上，这条线连接了分段线性化平面上的期望解和最劣解。标量形式的目标函数 $-(\bar{\boldsymbol{P}}^j - \bar{\boldsymbol{J}}^{\text{Nadir}}) \cdot \bar{J}(\boldsymbol{x})$ 决定了解在 $-(\bar{\boldsymbol{P}}^j - \bar{\boldsymbol{J}}^{\text{Nadir}})$ 方向上与乌托邦点尽可能近。

$\bar{\boldsymbol{P}}^{j*}$ 为求解的第 j 个规格化期望解，实际得到的解通常与期望解有所偏差。图 7.4.16 中，矢量 $\bar{\boldsymbol{P}}^j - \bar{\boldsymbol{J}}^{\text{Nadir}}$ 的原点实际上是（0，0，0），图中对其进行了适当的调整，以便更好地进行显示。

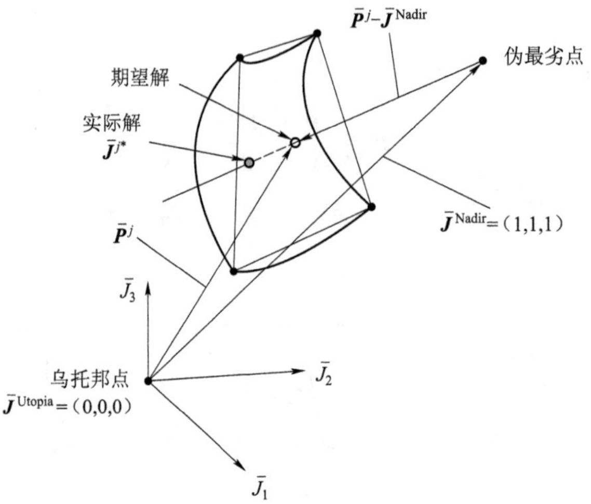

图 7.4.16 进行细化所引入额外等式约束的形状（三维情况下）

（7）执行 Pareto 过滤。对于双目标优化问题，自适应加权和法可以自动对非Pareto最优解进行剔除，无须进行过滤。对于多目标优化问题，可能会获得非 Pareto 最优解，在每一步中，执行 Pareto 过滤以得到真正的 Pareto 解成为必需。

（8）将 Pareto 前沿微块与上一步所得到的所有 Pareto 最优解进行比较。如果满足迭代终止条件，则算法停止，所得结果即最终结果；否则，转入第（5）步，继续执行计算过程。

当多目标优化问题退化为双目标优化问题时，上述计算流程简述如下：

（1）目标函数规格化。$\boldsymbol{x}_i^*$ 为单个目标 J_j 优化时的最优解向量，规格化目标函数的表示形式为

$$\bar{J}_i=\frac{J_i-J_i^{Utopia}}{J_i^{Nadir}-J_i^{Utopia}} \tag{7.4-28}$$

定义乌托邦点 $\boldsymbol{J}^{Utopia}$和最劣点 $\boldsymbol{J}^{Nadir}$：

$$\boldsymbol{J}^{Utopia}=(J_1(X^{1*})\quad J_2(X^{2*})) \tag{7.4-29}$$

$$\boldsymbol{J}^{Nadir}=(J_1^{Nadir}\quad J_2^{Nadir}) \tag{7.4-30}$$

$$J_i^{Nadir}=\max(J_i(X^{1*})\quad J_i(X^{1*})) \tag{7.4-31}$$

（2）采用传统加权和法对优化问题进行初步求解。加权系数 α_i 的步长尺寸由分割数 $n_{initial}$决定：

$$\Delta\alpha=\frac{1}{n_{initial}} \tag{7.4-32}$$

（3）删除 Pareto 前沿上邻域内相重叠的最优解。计算所有相邻解之间线段

的长度，删除几乎重叠的解。当使用加权和法时，经常得出几个几乎相同的解，这些解之间的欧几里得距离几乎为零，其中，只需要一个解来表示 Pareto 前沿。在计算机实现中，如果解之间的距离小于规定距离 ε，保留一个解，删除其他所有解。

（4）决定每个区域需进行细化的 Pareto 点数量。与所有区间的平均长度 l_{avg} 相比较，如果某区间的长度 l_i 越长，也就越需要对其进行细化处理。对于欲进行细化处理的第 i 个区间，需进行细化的程度由下式决定：

$$n_i = \mathrm{round}\left(C\frac{l_i}{l_{avg}}\right) \tag{7.4-33}$$

式中，n_i 为第 i 段需要细化的数量；l_i 为第 i 段的长度；l_{avg} 为所有段的平均长度；C 为常数；函数 round 为四舍五入得到的最近的整数。若 $n_i \leqslant 1$，无须对该区间进行细化处理；对于 $n_i > 1$ 的区间，转入计算流程的下一步。

（5）针对每个需要进行细化（精炼）的 Pareto 前沿区间，确定从该区间两端点出发进行细化的偏移距离。

首先，以割线的形式，以线段连接该区间两端点 P_1 和 P_2 构建分段线性分割线，实现 Pareto 前沿的分段线性化，如图 7.4.17（a）所示。然后，选择沿着分段线性化 Pareto 前部的偏移距离 δ_J。距离 δ_J 决定 Pareto 解分布的最终密度，因为它在算法的最后阶段变成最大段长度。偏移距离控制量为 θ 和 δ_J，通过计算偏移距离控制量 θ，实现偏移距离 δ_1 和 δ_2 的确定，如图 7.4.17（b）所示。

$$\theta = \tan^{-1}\left(-\frac{P_1^y - P_2^y}{P_1^x - P_2^x}\right) \tag{7.4-34}$$

式中，P_i^x 和 P_i^y 为端点 P_1 和 P_2 的坐标值。

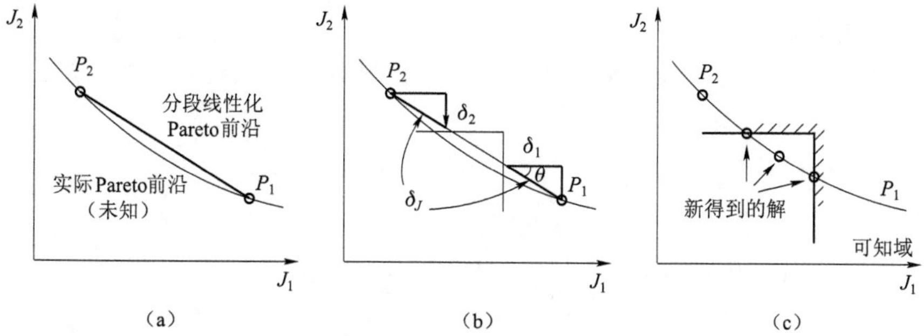

图 7.4.17　自适应加权和法的二维问题区间细化过程

由此，偏移距离可根据下式确定：

$$\begin{cases} \delta_1 = \delta_J \cos\theta \\ \delta_2 = \delta_J \sin\theta \end{cases} \tag{7.4-35}$$

(6) 在每个欲细化区间上，引入额外的不等式约束，并采用常规的加权和法进行子优化问题的求解，得到在细化区间上新的 Pareto 最优解， 如图 7.4.17（c）所示。

$$
\begin{aligned}
&\min \alpha \bar{J}_1(x)+(1-\alpha)\bar{J}_2(x)\\
&\text{s.t. } \bar{J}_1(x) \leqslant P_1^x-\delta_1\\
&\quad \bar{J}_2(x) \leqslant P_2^y-\delta_2\\
&\quad h(x)=0\\
&\quad g(x) \leqslant 0\\
&\quad \alpha \in[0,\ 1]
\end{aligned}
\tag{7.4-36}
$$

(7) 收敛性检查。 对所有相邻 Pareto 解的间距进行计算，若所有距离均小于预设的最大间距长度，则优化过程终止。若仍有间距大于预设的间距长度，则转入第（4）步继续进行计算。

数值算例：

一个非凸多目标优化问题如下：

$$
\begin{aligned}
&\max(J_1 \quad J_2 \quad J_3)^{\mathrm{T}}\\
&\text{s.t. } -\cos x_1-\mathrm{e}^{x_2}+x_3 \leqslant 0\\
&J_1=x_1\\
&J_2=x_2\\
&J_3=x_3\\
&0 \leqslant x_1 \leqslant \pi\\
&x_2 \geqslant 0\\
&x_3 \geqslant 1.2
\end{aligned}
$$

利用自适应加权和法，求解得到的优化结果及优化过程分别如图 7.4.18 和图 7.4.19 所示。

由此可见，自适应加权和法能求出位于凹区间内的最优解，并且最优解在 Pareto 前沿上分布均匀。

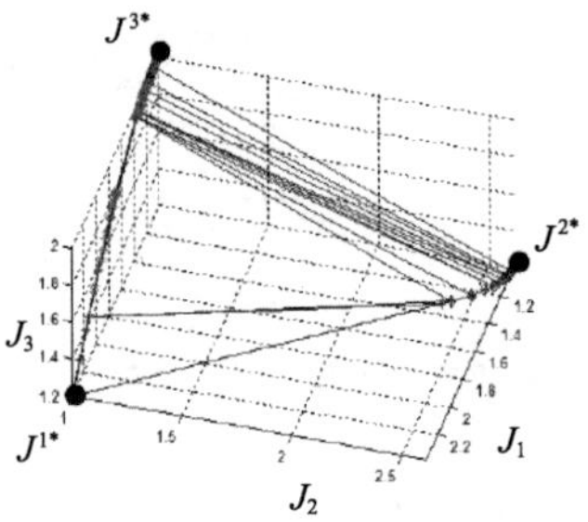

(a)

图 7.4.18 自适应加权和法与传统加权和法优化结果对比

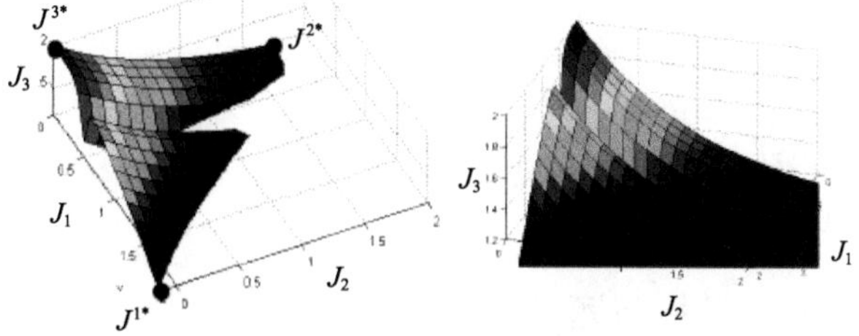

(b)

图 7.4.18　自适应加权和法与传统加权和法优化结果对比(续)

(a)传统加权和法结果；(b)自适应加权和法求解结果

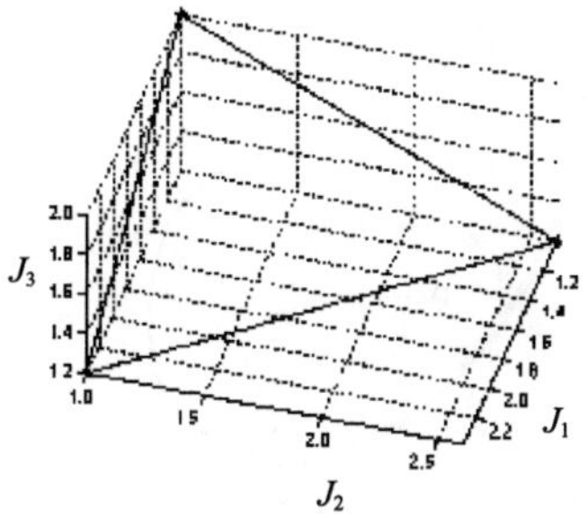

(a)

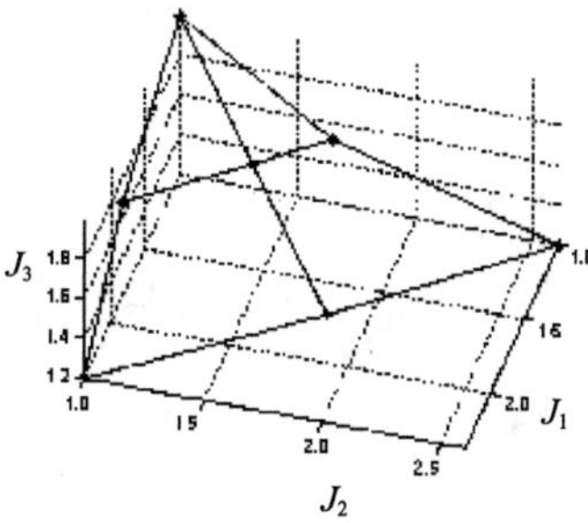

(b)

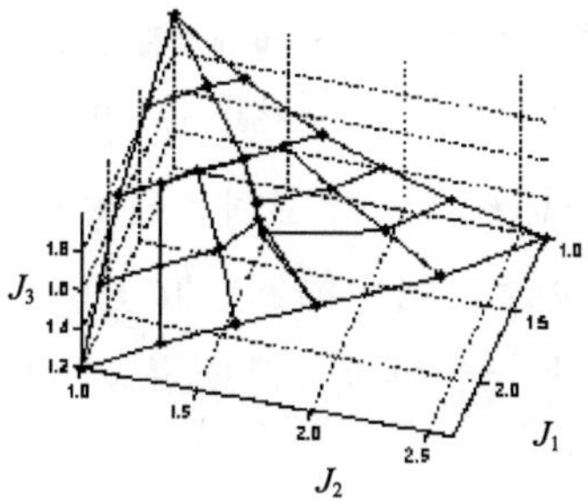

(c)

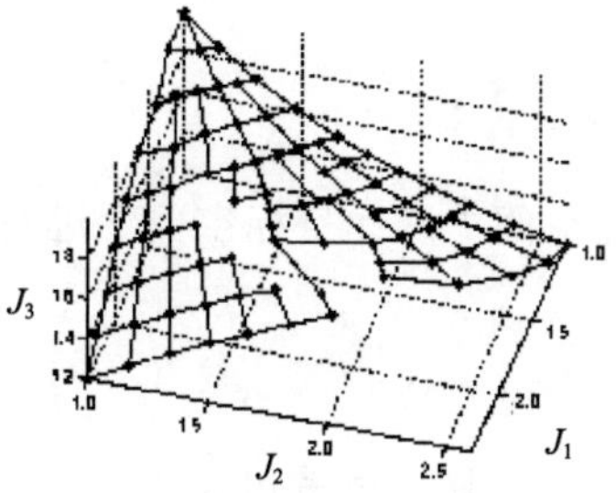

(d)

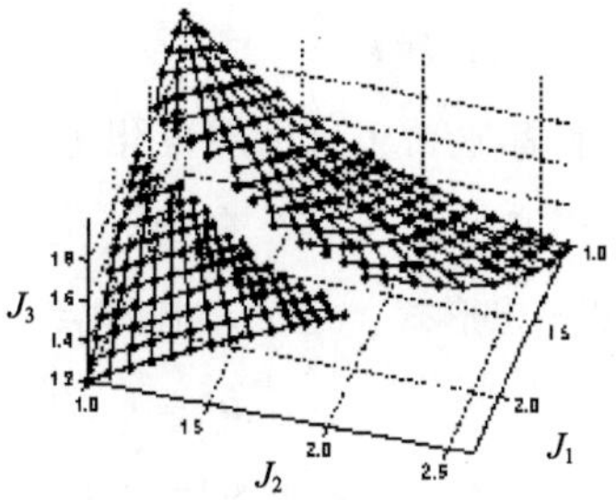

(e)

图 7.4.19　自适应加权和法优化过程

(a)阶段 1；(b)阶段 2；(c)阶段 3；(d)阶段 4；(e)阶段 5

7.4.3 NC 法

2003 年，Messac 提出了用于在 Pareto 边界上生成一组均匀间隔解的 NC 方法，用于解决多目标优化问题。

1. NC 法解决双目标问题

首先，借助图 7.4.20 了解 NC 法的主要含义。

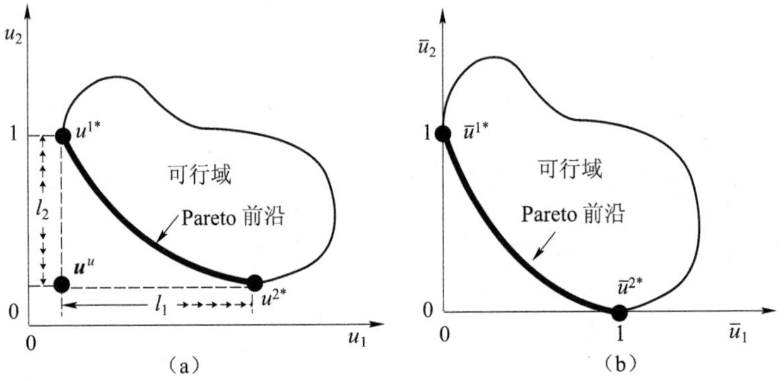

图 7.4.20 双目标设计度量空间

(a)通用设计度量空间；(b)归一化设计度量空间

图 7.4.20（a）所示为非标准化设计空间和通用双目标问题的 Pareto 边界。图 7.4.20（b）表示归一化设计空间中的归一化 Pareto 边界。在归一化目标空间中，所有锚点距离乌托邦点一个单位，根据定义乌托邦点在原点。变量上的横线表示变量被归一化。

（1）分别求解目标 PU1 和 PU2，获得两个锚点，用 u^{1*} 和 u^{2*} 表示，连接两点的线即乌托邦线。

（2）目标映射（目标规范化）。

为了避免缩放缺陷，在归一化设计度量空间（设计目标空间）进行优化，$\bar{\boldsymbol{u}}$ 为 $\boldsymbol{u}$ 的归一化形式，定义乌托邦点：

$$\boldsymbol{u}^u = (u_1(x^{1*}) \quad u_2(x^{2*}))^{\mathrm{T}} \tag{7.4-37}$$

定义 u^{1*} 和 u^{2*} 之间的距离用 l_1 和 l_2 表示，乌托邦点用 $\boldsymbol{u}^u$ 表示：

$$l_1 = u_1(x^{2*}) - u_1(x^{1*})$$
$$l_2 = u_2(x^{1*}) - u_2(x^{2*}) \tag{7.4-38}$$

通过以上定义的变量，可以获得归一化设计度量为

$$\bar{\boldsymbol{u}}=\left(\frac{u_1(x)-u_1(x^{1*})}{l_1}\quad\frac{u_2(x)-u_2(x^{2*})}{l_2}\right)^{\mathrm{T}} \tag{7.4-39}$$

设计度量归一化后，获得 Pareto 点，如图 7.4.21 和图 7.4.22 所示。

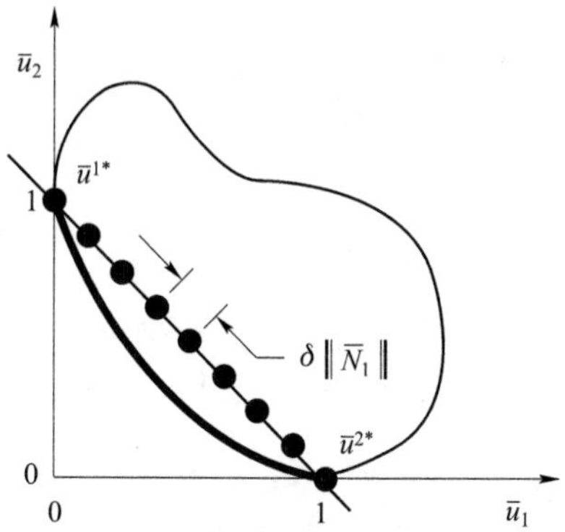

图 7.4.21　用于双目标问题的乌托邦线上一组均匀间隔的点

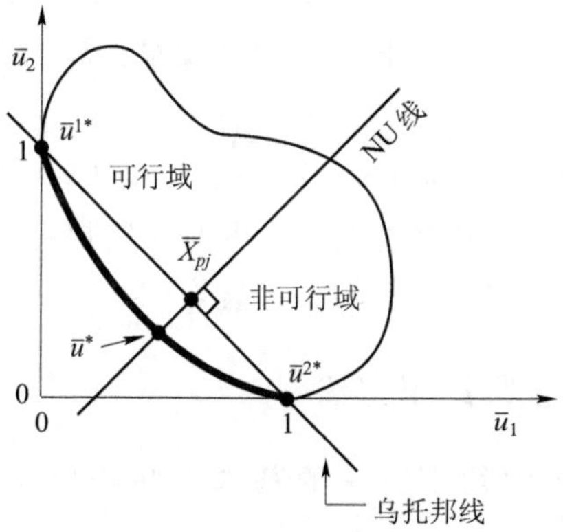

图 7.4.22　双目标问题的正常约束方法的图形表示

（3）乌托邦线向量。定义 $\bar{N}_1$ 为 $\bar{u}^{1*}$ 到 $\bar{u}^{2*}$ 的方向：

$$\bar{N}_1=\bar{u}^{2*}-\bar{u}^{1*} \tag{7.4-40}$$

（4）归一化增量。沿方向 $\bar{N}_1$ 计算归一化增量 δ_1，获得规定数量为 m_1 的解：

$$\delta_1=\frac{1}{m_1-1} \tag{7.4-41}$$

（5）生成乌托邦点。在乌托邦线上估测一组均匀分布的点，计算方法为

$$\bar{X}_{pj}=\alpha_{1j}\bar{u}^{1*}+\alpha_{2j}\bar{u}^{2*}$$

$$\text{where } 0\leqslant \alpha_{kj}\leqslant 1,\ \sum_{k=1}^{2}\alpha_{kj}=1 \tag{7.4-42}$$

式中，α_{ij} 的增量大小为 δ_1。

（6）生成 Pareto 点。运用乌托邦线上均匀分布的点集，求解问题 PU2，通过一系列优化生成 Pareto 点集，每一次优化对应于乌托邦线上的一点。

优化问题 PU2，对应于乌托邦线上的第 j 点：

$$\begin{aligned}&\min_{x}\ \bar{u}_2\\&\text{s.t. } g_j(x)\leqslant 0,\ 1\leqslant j\leqslant r\\&\quad h_k(x)=0,\ 1\leqslant k\leqslant s\\&\quad x_{li}\leqslant x_i\leqslant x_{ui},\ 1\leqslant i\leqslant n_x\\&\quad \bar{N}_1(\bar{\boldsymbol{u}}-\bar{X}_{pj})^{\mathrm{T}}\leqslant 0\\&\quad \bar{\boldsymbol{u}}=(\bar{u}_1(x)\quad \bar{u}_2(x))^{\mathrm{T}}\end{aligned} \tag{7.4-43}$$

（7）Pareto 设计度量值。评估与每个 Pareto 点对应的非规范化设计度量，可以通过两种方式完成。首先，由于函数 $\boldsymbol{u}(x)$ 是已知的，所以评价是直接的。或者，如果从步骤（6）保存归一化设计度量，则可以通过逆映射来获得非归一化设计度量：

$$\boldsymbol{u}=(\bar{u}_1 l_1+u_1(x^{1*})\quad \bar{u}_2 l_2+u_2(x^{2*}))^{\mathrm{T}} \tag{7.4-44}$$

上述环节未考虑在一些病理情况下产生的某些点将被集合中其他点支配的问题。

2. *n* 目标情况的正常约束方法

多目标情况下的正常约束方法的基本步骤类似于双目标情况，其过程如下：

（1）锚点。通过求解目标问题 PUi 获得锚点 $u^{i*}(i=1,2,\cdots,n)$。定义超平面，包含所有的乌托邦点，将此平面称为乌托邦超平面或乌托邦平面。图 7.4.23 所示为三个设计指标的乌托邦平面，解决问题 PUi 获得的最优设计变量用 x^{i*} 表示。

（2）目标映射。为了避免缩放缺陷，在归一化设计度量空间（设计目标空间）进行优化，为了获得所需的映射参数，定义乌托邦点和最劣点：

$$\begin{aligned}&\boldsymbol{u}^{u}=(u_1(x^{1*})\ u_2(x^{2*})\ \cdots\ u_n(x^{n*}))^{\mathrm{T}}\\&\boldsymbol{u}^{N}=(u_1^{N}\quad u_2^{N}\quad \cdots\quad u_n^{N})^{\mathrm{T}}\end{aligned} \tag{7.4-45}$$

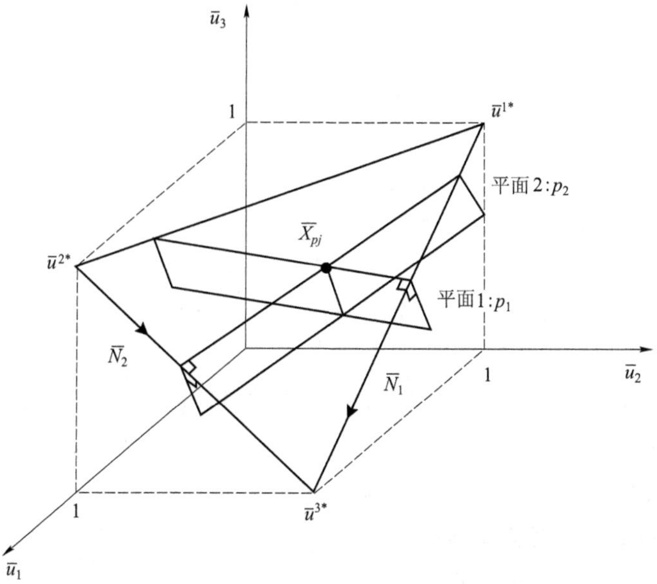

图 7.4.23　三目标问题的乌托邦超平面

$$u_i^N=\max\left[u_i(x^{1*}),\ u_i(x^{2*}),\ \cdots,\ u_i(x^{n*})\right]\ (i\in\{1,\ 2,\ \cdots,\ n\})$$

定义矩阵 $\boldsymbol{L}$：

$$\boldsymbol{L}=\begin{pmatrix}l_1\\ l_2\\ \cdots\\ l_n\end{pmatrix}=\boldsymbol{u}^N-\boldsymbol{u}^u \tag{7.4-46}$$

由此获得归一化设计度量值：

$$\bar{u}_i=\frac{u_1-u_i(x^{i*})}{l_i},\ i=1,\ 2,\ \cdots,\ n \tag{7.4-47}$$

（3）乌托邦平面向量。定义 $\bar{N}_k$ 为 $\bar{u}^{k*}$ 到 $\bar{u}^{n*}$ 的方向，$k\in\{1,\ 2,\ \cdots,\ n-1\}$

$$\bar{N}_k=\bar{u}^{k*}-\bar{u}^{n*} \tag{7.4-48}$$

（4）归一化增量。沿方向 $\bar{N}_k$ 计算归一化增量 δ_k，获得规定数量为 m_k 的解：

$$\delta_k=\frac{1}{m_k-1},\ 1\leqslant k\leqslant n-1 \tag{7.4-49}$$

$$m_k=\frac{m_1\ \|\bar{N}_k\|}{\|\bar{N}_1\|} \tag{7.4-50}$$

（5）在乌托邦线上估测一组均匀分布的点，计算方法为

$$\bar{X}_{pj} = \sum_{i=1}^{k} \alpha_{kj} \bar{u}^{k*}$$

$$0 \leqslant \alpha_{kj} \leqslant 1 \tag{7.4-51}$$

$$\sum_{k=1}^{2} \alpha_{kj} = 1$$

图 7.4.23 描述了如何在乌托邦平面中生成通用点，即将其中两个平面用作约束。图 7.4.24 所示为对于归一化目标空间中的三维情况，描述如何在乌托邦平面上得到均匀分布的点。

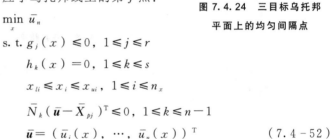

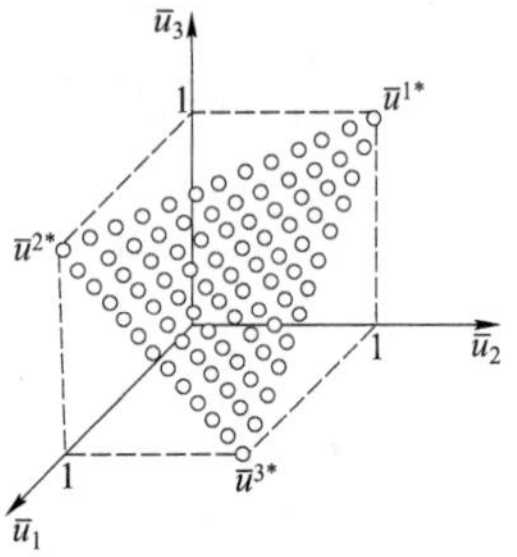

图 7.4.24 三目标乌托邦平面上的均匀间隔点

（6）获得 Pareto 点。在归一化目标空间获得一组分布良好的 Pareto 解。对于第（5）步生成的 $\bar{X}_{pj}$，通过解决问题 PU3 获得相应的 Pareto 解。

优化问题 PU3，对应于乌托邦线上的第 j 点：

$$\begin{aligned}
&\min_{x} \ \bar{u}_n \\
&\text{s. t. } g_j(x) \leqslant 0, \ 1 \leqslant j \leqslant r \\
&\quad h_k(x) = 0, \ 1 \leqslant k \leqslant s \\
&\quad x_{li} \leqslant x_i \leqslant x_{ui}, \ 1 \leqslant i \leqslant n_x \\
&\quad \bar{N}_k(\bar{\boldsymbol{u}} - \bar{X}_{pj})^{\mathrm{T}} \leqslant 0, \ 1 \leqslant k \leqslant n-1 \\
&\quad \bar{\boldsymbol{u}} = (\bar{u}_i(x), \ \cdots, \ \bar{u}_n(x))^{\mathrm{T}}
\end{aligned} \tag{7.4-52}$$

使用基于梯度的算法解决问题 PU3 时，所使用的初始点有助于提高 Pareto 边界生成的效率。在运用正常约束方法时，起点的良好选择是点 $\bar{X}_{pj}$。

（7）Pareto 设计度量值。获得在步骤（6）中获得的 Pareto 解的设计度量值可以使用如下等式：

$$u_i = \bar{u}_i l_i + u_i(x^{i*}), \ i = 1, 2, \cdots, n \tag{7.4-53}$$

7.5　无偏好方法

随着智能算法的发展，逐渐发展出基于 Pareto 的无偏好多目标算法，例如多目标遗传算法、多目标模拟退火算法和多目标粒子群算法等。

7.5.1　多目标遗传算法

多目标遗传算法在不断的发展和改进，在单目标遗传算法的理论基础之上，各国学者根据实际工程需要提出了不同的多目标遗传算法，以适应和解决现代多目标工程实际问题。

7.5.1.1　多目标遗传算法概述

Schaffer 于 1984 年首次提出多目标遗传算法的思想，开创了遗传算法应用于多目标优化的先例。Schaffer 提出了一种名为向量评价遗传算法（Vector Evaluated Genetic Algorithm，VEGA）的多目标遗传算法，这是第一个多目标演化算法（MOEA），但并不是基于 Pareto 最优概念的演化算法。VEGA 的思想十分简单，实际上只是单目标遗传算法的扩展，同时存在很多缺点，但它毕竟是利用遗传算法解决多目标优化问题的第一步，所以直到现在，它仍具有一定的参考价值。

遗传算法真正应用于多目标优化领域是在20世纪90年代初期。这些多目标遗传算法通常分为两类，一类是采用Pareto机制的多目标演化算法，也是目前的研究热点，包括MOGA，NPGA，NSGA，SPEA，NSGA-Ⅱ，等等；另一类是非Pareto机制的多目标演化算法。

1993年，Fonseca和Fleming提出一种基于Pareto秩排序的多目标遗传算法MOGA（Multi-objective Genetic Algorithm），它在保持种群多样性和提高算法的搜索效率等方面都采用了一些独到的想法，并引入了Pareto秩的概念来进行适值分配，这对后来多目标遗传算法的发展有着相当重要的影响。MOGA易于执行且效率较高，因而在多目标优化领域得到广泛的应用；缺点是算法易受小生境大小的影响。

1994年，Horn、Nafpliotis和Goldberg提出了基于Pareto支配性的小生境遗传算法（Niched Pareto Genetic Algorithm，NPGA），在选择过程上作出了改进。算法从种群中随机选取多个个体（一般为10个）参与，共同决定支配关系。当两个个体之间没有明显的支配或被支配关系时，称作tie，通过适应度共享来决定锦标赛选择的结果。因为该算法的非劣最优解的选择是基于种群的部分而非全体，因此其优点是能很快找到一些好的非劣最优解域，并能维持一个较长的种群更新期；缺点是除了设置共享参数外，还需要选择一个适当的锦标赛规模，限制了该算法的实际应用效果。同年，印度学者Srinivas和Deb对Goldberg所提出的思想进行了发展，提出了名为NSGA（Non-dominated Sorting Genetic Algorithm）的多目标遗传算法，这一算法提出一种名为快速无支配性排序的方法，按照无支配性对整个种群进行排序。NAGA的优点是优化目标个数任选，非劣最优解分布均匀，并允许存在多个不同的等价解；缺点是算法计算复杂度较高，缺乏精英策略，并对共享参数的依赖性较大。

2000年，Deb对NSGA算法进行改进，得到了NSGA-Ⅱ算法，使运算速度和算法的鲁棒性进一步提高。

基于Pareto的多目标遗传算法之间的区别主要体现在分类和评价过程中，它们可以分为Pareto排序和Pareto竞争两类。因此，研究者们对多目标优化算法所做的大部分工作就集中在这一点，不同的多目标优化遗传算法就是由不同的转化机制所决定的。下面逐一介绍各种多目标遗传算法的基本思想。

7.5.1.2 向量评价遗传算法（VEGA）

VEGA的基本思想是：分别利用每一个目标从种群中选择部分优秀个体，

组成相应的下代子种群（物种），然后混合全部子种群并打乱次序，从中均匀随机地选择个体进行杂交与变异。子种群的混合可以保证个体分布的均匀性，增强算法的全局搜索能力。VEGA 保护了单个目标的最好个体，同时也为那些好于平均适应度的个体提供了合理的被选择概率。VEGA 的基本流程如图 7.5.1 所示。

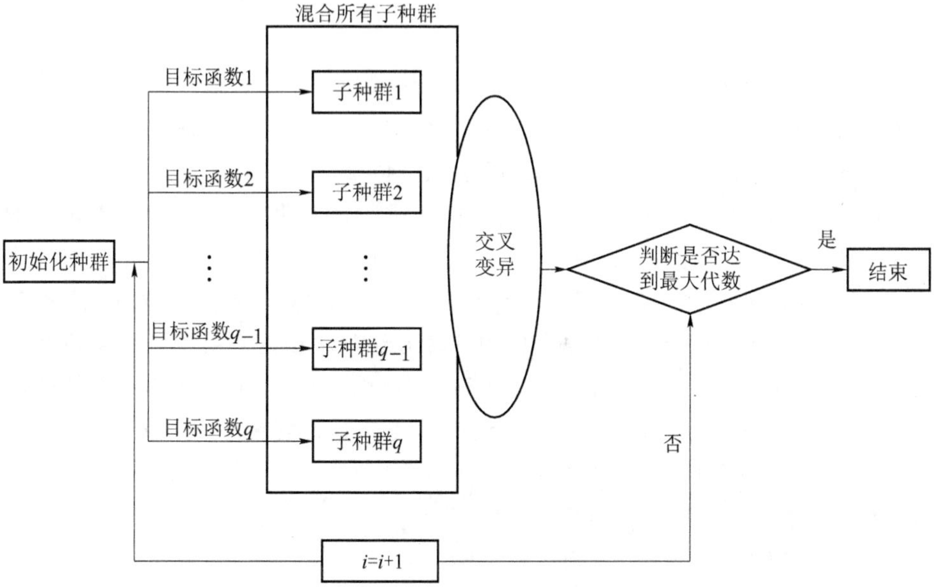

图 7.5.1　VEGA 的基本流程

向量评价遗传算法的基本步骤如下：

（1）输入设定的 VEGA 的各个运行参数及网格计划中的各个参数。

（2）产生初始种群，令迭代次数 $i=1$。

（3）判断是否符合终止条件，若符合，输出满意个体及相应的解，并结束计算，否则转到第（4）步。

（4）计算各目标函数的适应度，按照轮盘赌的选择方法产生相应的子种群。

（5）将各子种群混合形成新的种群，完成交叉和变异的遗传操作，产生新一代种群，令 $i=i+1$，转到第（3）步。

事实上，Schaffer 的 VEGA 也没有明确使用任何其他维持解的多样性的算子。但是，他在后来的研究中对 VEGA 作了一些改进。在这种方法中，首先寻找当前种群的非劣解，然后每个劣解的选择概率减去 ε，这样就降低了劣解的重要性。对一个种群大小为 N' 且有 ρ' 个非劣解的子种群，相当于从所有 $N'-\rho'$ 个劣解中减少 $(N'-\rho')\varepsilon$。通过对每个非劣解的选择概率加上一

个数 $(N'-\rho')\varepsilon/\rho'$，将这个数在 ρ' 个非劣解中重新分配。但是，个体 i 选中概率增加的额外数 ε_i 为其他个体选择概率所减而得，目的是保证整个种群的整体选择概率为 1。

7.5.1.3 基于 Pareto 秩排序的多目标遗传算法

MOGA 是一种基于 Pareto 秩排序的多目标遗传算法，它在适值分配上的基本思想是：

将多目标函数值用个体 x_i 表示，遗传代数用 t 表示，假设在 t 代时种群中存在 p_i^t 个个体支配个体 x_i，可以获得个体 x_i 在种群中的秩为 $\mathrm{rank}(x_i, t)=1+p_i^t$。其示意图如图 7.5.2 所示，个体 x_i 括号内的数值为该个体的 Pareto 秩，假设两个目标函数 f_1 和 f_2 需要进行最小化处理，根据 MOGA 的适值分配操作，个体 x_4 受到个体 x_2 和 x_3 的支配，所以个体 x_4 的秩为 $\mathrm{rank}(x_4, t)=1+2=3$，而 x_1 没有任何支配个体，所以个体 x_1 的秩为 $\mathrm{rank}(x_1, t)=1+0=1$，其他个体的计算方法与之相同。由于种群中没有优于非劣解的解，所以非劣解的等级等于 1。显然，种群中至少有一个解的等级等于 1，任何一个解的等级不可能大于 N（N 是种群大小）。一旦算出所有解的等级，对每个解根据它的等级分配一个初始适应值。遗传算法选择操作按照 Pareto 秩从小到大依次进行，在最优个体和最差个体之间利用线性或非线性插值的方式为每个个体设定初步的适值。秩越小的个体被选择的概率越大，相同秩的个体用目标函数共享机制进行选择。为了保持非劣解中解的多样性，Fonseca 和 Fleming 在每个等级的个体中引入了小生境数。

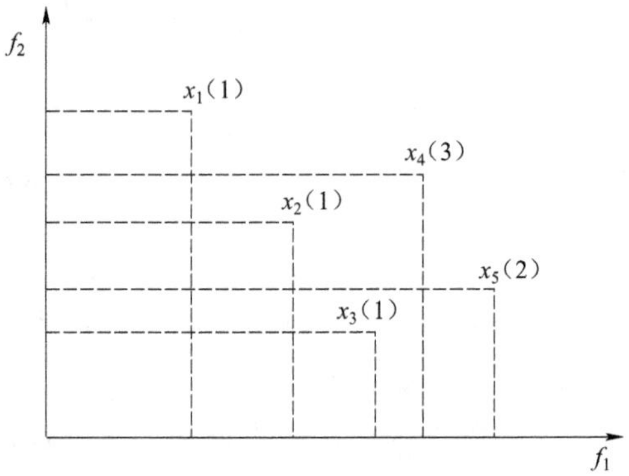

图 7.5.2 种群中个体的 Pareto 秩

Fonseca 等提出的 MOGA 中，按照个体之间的支配关系来为个体分类是一项非常重要的工作，但这种方法可能使算法在执行选择过程中产生较大压力，易导致早熟收敛。并且，当实际中存在多个不同的 Pareto 最优解对应于同一目标函数值时，MOGA 难以找出多个解。

7.5.1.4 小生境 Pareto 多目标遗传算法（NPGA）

小生境 Pareto 多目标遗传算法使用联赛规模为 2 的联赛制选择方式。在联赛选择中，随机从上一代个体中选取两个个体 x_i 和 x_j，将其与最初从种群中挑选的种群大小为 t_{dom}（$\ll N$）的子种群进行比较，在这两个个体中，如果有一个个体不被这个子种群的所有个体支配而另一个个体至少被这个子种群的一个个体支配，那么前者将会胜出，参与下一代的进化操作；如果两个个体 x_i 和 x_j 都被子种群支配或支配子种群，此时采用共享方法选择优胜者，共享适应度大的或小生境数目小的个体将会被选择作为生成下一代的父体。

对任意两个个体 x_i 和 x_j 以及当前的子代种群 Q，使用下面动态更新的联赛选择过程。

（1）从亲代种群 P 中挑选一个种群大小为 t_{dom}（$\ll N$）的子种群。

（2）计算子种群中优于 x_i 的个体数 a_i，计算子种群中优于 x_j 的个体数 a_j。

（3）如果 $a_i=0$ 且 $a_j\geqslant 0$，那么 x_i 获胜，该过程结束。

（4）如果 $a_i>0$ 且 $a_j=0$，那么 x_j 获胜，该过程结束。

（5）如果 $|Q|<2$，那么 x_i 和 x_j 各有 0.5 的概率获胜而被选择，该过程结束。否则将 x_i 和 x_j 独立地放入当前的子代种群 Q 中并计算它们的总数 b_i 和 b_j。设定小生境参数 σ_{share}，计算 b_i 为与个体 x_i 的距离 d_{ik} 在 σ_{share} 以内的子代个数（$k\in Q$）。距离 d_{ik} 是个体 x_i 与个体 k 在目标空间的欧拉距离：

$$d_{ik}=\sqrt{\sum_{m=1}^{M}\left(\frac{f_m^{x_i}-f_m^{k}}{f_m^{\max}-f_m^{\min}}\right)^2} \tag{7.5-1}$$

式中，$f_m^{\max}$ 和 $f_m^{\min}$ 为搜索空间的第 m 个目标函数的最大和最小边界。同样，计算 b_j 为与个体 x_j 的距离 d_{jk} 在 σ_{share} 以内的子代个数（$k\in Q$）。

（6）如果 $b_i<b_j$，那么 x_i 获胜；反之，x_j 获胜。

NPGA 的基本流程如图 7.5.3 所示。

NPGA 的联赛选择并没有严格意义上的适值分配过程，NPGA 在保持种群多样性上引入了小生境的概念（与 MOGA 类似），那些小生境中包含的个体数较少的个体显然对促进种群多样性是有利的。然而，小生境的形状、大小如何确定仍需具体问题具体分析，要求优化者具备相关的专业知识。

7.5.1.5　非支配排序遗传算法（NSGA）

NSGA 方法将个体按照支配与非支配关系进行分层，分层的结果是将种群分成 h 组非劣组 P_j，h 即总层数，每一层的所有个体被赋予一个共享的虚拟适应度值。第一组 P_1 的所有个体属于种群的最优非劣组，其虚拟适应度值为 1；第二组 P_2 的所有个体属于种群的次优非劣组，虚拟适应度值可以取为

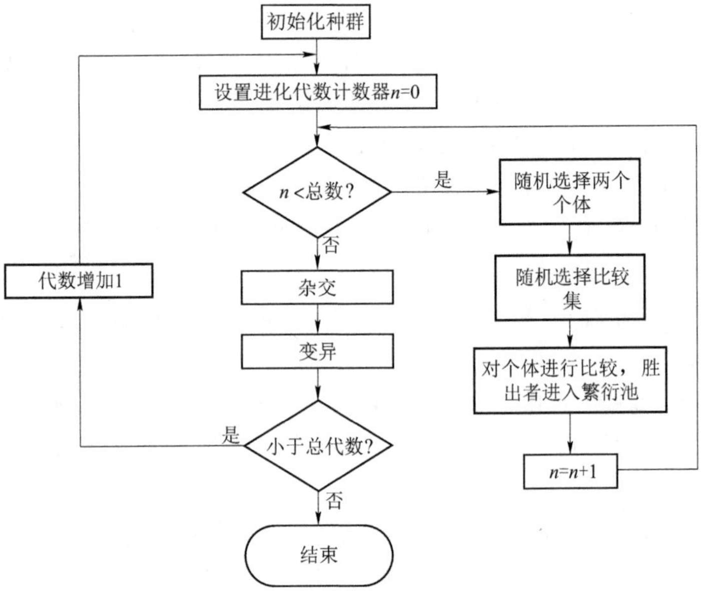

图 7.5.3 NPGA 的基本流程

0.9；以此类推，最后一组 P_h 的所有个体属于最劣组，虚拟适应度值可以取为 0。因为种群中最优非劣组的个体与种群中其他个体相比最接近真正的 Pareto 最优域，最优非劣组个体的适应度值将最大，依次为各层所有个体赋予逐渐降低的适应度值。

算法根据适应度共享对虚拟适应度值重新指定，可使虚拟适应度值规范化，保持优良个体适应度的优势，以获得更多的复制机会，同时也维持了种群的多样性。适应度共享时，在共享半径σ_{share}内的个体适应度可以通过式（7.5－2）求解：

$$f(x)=\frac{f'(x)}{\sum_{y\in P}s[d(x,y)]} \tag{7.5-2}$$

式中，x 和 y 为个体；$f(x)$ 为个体 x 共享后的适应度值；$f'(x)$ 为个体 x 共享前的适应度值；s 为共享函数；d 为距离函数；P 为种群。

共享函数 s 的函数表达为

$$s[d(x,y)]=\begin{cases}1-\left[\dfrac{d(x,y)}{\sigma_{share}}\right]^{\alpha}, & d(x,y)<\sigma_{share}\\ 0, & \text{其他}\end{cases} \tag{7.5-3}$$

式中，α 为常数。

NSGA 采用的非支配分层方法，可以使好的个体有更大的机会遗传到下一代；适应度共享策略则使准 Pareto 面上的个体均匀分布，保持了群体多样性，克服了超级个体的过度繁殖，防止早熟收敛。

NSGA 的基本流程如图 7.5.4 所示。

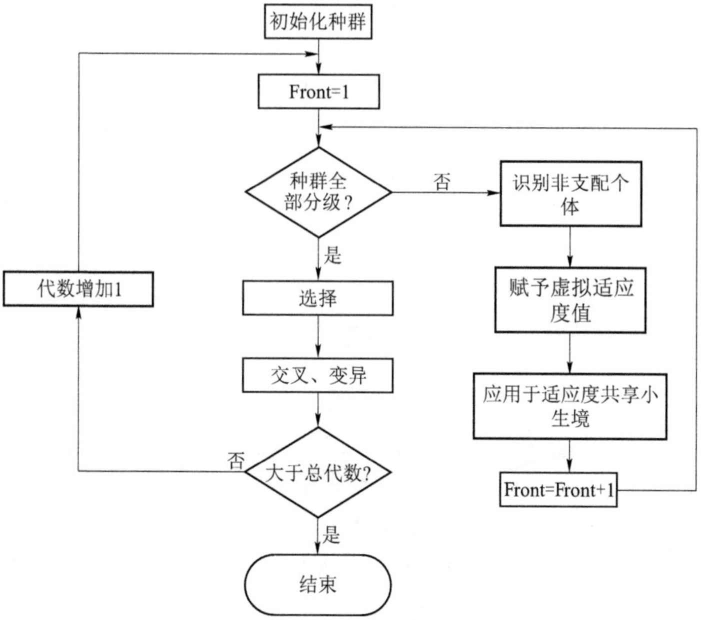

图 7.5.4　NSGA 的基本流程

7.5.1.6　带精英策略的 NSGA（NSGA－Ⅱ）

带精英策略的非支配排序遗传算法从以下三个方面对非支配排序遗传算法进行了改进：

（1）提出了快速非支配排序法，降低了算法的计算复杂度。由原来的 $O(mN^3)$ 降到 $O(mN^2)$，其中，m 为目标函数个数，N 为种群大小。

（2）提出了拥挤度和拥挤度比较算子，代替了需要指定共享半径的适应度共享策略，并在快速排序后的同级比较中作为胜出标准，使准 Pareto 域中的个体能扩展到整个 Pareto 域，并均匀分布，保持了种群的多样性。

（3）引入精英策略，扩大采样空间。将父代种群与其产生的子代种群组合，共同竞争产生下一代种群，有利于保持父代中的优良个体进入下一代，并通过对种群中所有个体的分层存放，使得最佳个体不会丢失，迅速提高种群水平。

NSGA－Ⅱ算法的基本思想为：

（1）随机产生规模为 N 的初始种群，按照上面的分层方法对种群进行分层并赋予适应度，非支配排序后通过遗传算法的选择、交叉、变异三个基本操作得到第一代子代种群。

（2）从第二代开始，将父代种群与子代种群合并，进行快速非支配排序，同时对每个非支配层中的个体进行拥挤度计算，根据非支配关系以及个体的拥挤度选取合适的个体组成新的父代种群。

（3）通过遗传算法的基本操作产生新的子代种群。以此类推，直到满足程序结束的条件。

相应的程序流程如图 7.5.5 所示。

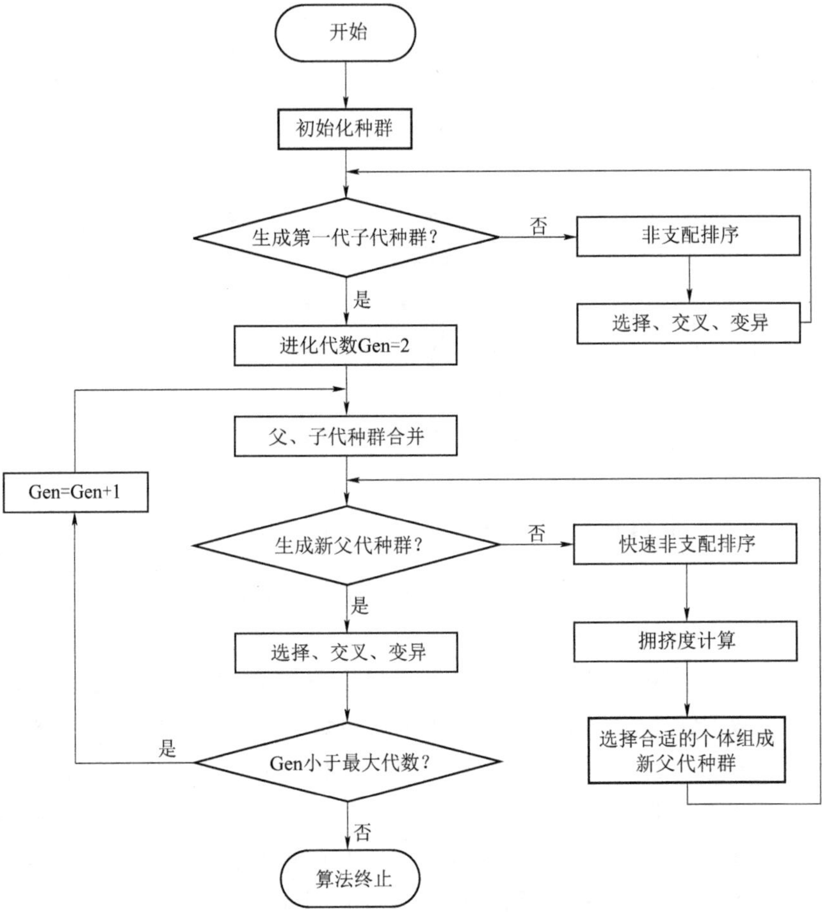

图 7.5.5　NSGA-Ⅱ算法流程示意图

1. 快速非支配排序方法

带精英策略的 NSGA 方法对原有的非支配排序方法进行改进，下面将对非支配排序算法和快速非支配排序算法进行对比分析。

1）非支配排序算法的计算复杂度

对于目标函数个数为 m、种群规模为 N 的情况，每个个体都需要与其余的个体进行 m 次比较，这样每个个体需要 $O(mN)$ 次比较。为了找到第一个非支配层上的所有个体，需要遍历整个种群，其计算复杂度就是 $O(mN^2)$。继续这个步骤，直到完成对整个种群的分级，考虑最糟糕的情况，该算法的计算复杂度是 $O(mN^3)$。

2）快速非支配排序算法的计算复杂度

一个规模为 N 的种群，对其内部每个个体 i 均赋予两个参数 n_i 和 S_i，其中 n_i 为种群中支配个体 i 的解个体的数量，S_i 为被个体 i 所支配的解个体的集合。进行排序的主要步骤为：

（1）找到种群中所有 $n_i=0$ 的个体，并保存在当前集合 F_1 中。

（2）对于当前集合 F_1 中的每个个体 i，其所支配的个体集合为 S_i，遍历 S_i 中的每个个体 l，执行 $n_l=n_l-1$，如果 $n_l=0$，则将个体 l 保存在集合H 中。

（3）记 F_1 中得到的个体为第一个非支配层的个体，将第一级非支配个体的集合记作 ϕ，把同一个非支配序 i_{rank} 分配到集合内的所有个体。集合 H 也按照上述步骤进行操作，把相应的非支配序分配给集合中的每一个个体，直至种群中的所有个体均完成排序。

上述非支配排序的伪代码如下：

```
函数 sort(P)
对每一个个体 i∈P
  S_i = Ø; n_i = 0
对每一个个体 j∈P
  如果 i 支配 j，那么 S_i = S_i ∪ {j}
  反之 n_i = n_i + 1
如果 n_i = 0，那么 i_rank = 1， F_1 = F_1 ∪ {i}；
  p = 1\\(P 为非支配层，初始值为 1)
  当 F_P ≠ Ø 时，H = Ø
        对每个 i∈F_P
        对每个 j∈S_i
        n_j = n_j - 1
        如果 n_j = 0，那么 j_rank = p + 1，H = H ∪ {j}；
        p = p + 1
        F_p = H
```

2. 拥挤度

为了克服共享适应度策略的缺陷，在 NSGA－Ⅱ算法中，Deb 等引入了拥挤度的概念，即在种群中既定个体的周围个体的密度，用 $I[i]_d$ 表示。图 7.5.6 中的长方形表示种群中个体 i 周围只包含个体 i 的最小拥挤度。拥挤度 $I[i]_d$ 越小，表示该个体的周围越拥挤，在 NSGA－Ⅱ算法引入拥挤度可以很好地维持种群的多样性。

对于一个双目标问题，目标用 f_1 和 f_2 表示，虚线围成的长方形的长和宽之和表示个体 i 的拥挤度，用 $I[i]_m$ 表示个体 i 对第 m 个目标函数的函数值。个体 i 的拥挤度计算公式可以表示为

$$I[i]_d=(I[i+1]_{f_1}-I[i-1]_{f_1})+(I[i+1]_{f_2}-I[i-1]_{f_2}) \tag{7.5-4}$$

如果优化问题包含 m 个目标函数，则个体 i 的拥挤度用个体 i 对 m 个目标函数的函数值的和表示：

$$I[i]_d=\sum_{k=1}^{m}(I[i+1]_{f_k}-I[i-1]_{f_k}) \tag{7.5-5}$$

拥挤度的计算伪代码如下（其中 I 为种群中的非支配集）：

```
函数 crowding -distance( I )
l = |I|\\集合 I 中解个体的个数
对每个 i, I[i]d = 0\\每个个体 i 的拥挤度初始值均为 0
对于每一个目标函数 m
  I = sort(I, m)
  I[i]d = ∞
  从 i = 2 到 i - 1 循环
  I[i]d = I[i]d + (I[i+1]m - I[i-1]m)/(f_m^max - f_m^min)
```

上述程序中，$sort(I, m)$ 指在目标函数 m 下对个体进行非支配排序。算法的复杂性取决于排序的复杂性，极端情况下，当所有个体都在一个非支配集里时，计算复杂度为 $O(mN\lg N)$。

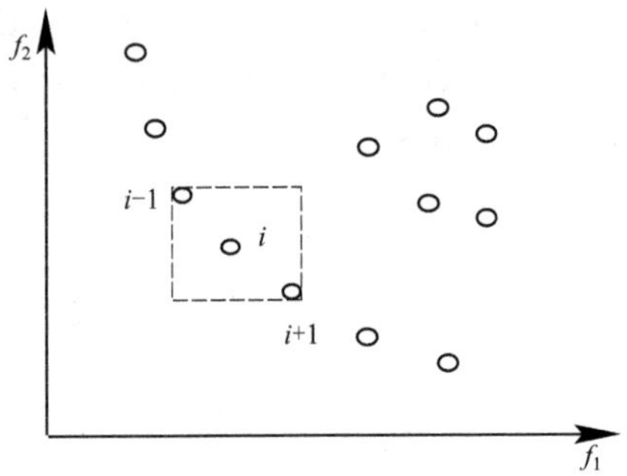

图 7.5.6　个体 i 的拥挤度

3. 拥挤度比较算子

从图 7.5.6 可以看出，$I[i]_d$ 值较小时表示该个体周围比较拥挤。为了维持种群的多样性，需要一个比较拥挤度的算子以确保算法能够收敛到一个均匀

分布的 Pareto 面上。

经过排序和拥挤度的计算，群体中每个个体都得到两个属性：非支配序 i_{rank}和拥挤度 $I[i]_d$。利用这两个属性，可以区分种群中任意两个个体的支配和非支配关系。定义拥挤度比较算子为 $\geqslant_n$，个体优劣的比较依据为：$i \geqslant_n j$，即个体 i 优于个体 j，当且仅当 $i_{rank} < j_{rank}$ 或 $i_{rank} = j_{rank}$ 且 $I[i]_d > I[j]_d$ 时成立。

7.5.1.7 基于遗传算法的多目标优化算例

Matlab 软件中的 gamultiobj 函数为基于精英策略的 NSGA-Ⅱ的改进算法。构造多目标优化问题，其具体描述如下：

$$\min f_1(x_1, x_2) = x_1^4 - 10x_1^2 + x_1x_2 + x_2^4 - x_1^2x_2^2$$
$$\min f_2(x_1, x_2) = x_1^4 + x_1x_2 + x_2^4 - x_1^2x_2^2$$
$$\text{s.t.} -5 \leqslant x_1 \leqslant 5$$
$$-5 \leqslant x_2 \leqslant 5$$

Matlab 程序如下：

①编写目标函数 m 文件，并命名为 my_first_multi。

```
function f = my_ first_ multi(x)
f(1) = x(1)^ 4 - 10 * x(1)^ 2 + x(1) * x(2) + x(2)^ 4 - (x(1)^ 2) * (x(2)^ 2);
f(2) = x(2)^ 4 - (x(1)^ 2) * (x(2)^ 2) + x(1)^ 4 + x(1) * x(2);
```

②调用 gamultiobj 函数进行求解。

```
fitnessfcn = @ my_ first_ multi;
nvars = 2;
lb = [ - 5, - 5];
ub = [5,5];
A = [];
b = [];
Aeq = [];
beq = [];
options = gaoptimset('ParetoFraction',0. 3,'PopulationSize',100,'Generation',200,
'StallGenLimit',200,'TolFun',1e - 100,'PlotFcns',@ gaplotpareto);
[x,fval] = gamultiobj(fitnessfcn,nvars,A,b,Aeq,beq,lb,ub,options);
```

③计算结果（见表 7.5.1 和图 7.5.7）。

表 7.5.1　某次运行获得的 Pareto 最优解

序号	x_1	x_2	f_1	f_2
1	−2.672 078 344	1.976 215 525	−38.333 389 9	33.066 636 89
2	−0.702 536 329	0.707 557 253	−5.185 514 312	−0.249 941 375
3	−2.581 537 52	1.925 749 665	−38.163 089 63	28.480 270 05
4	−2.329 658 933	1.726 255 675	−36.132 000 52	18.141 106 91
5	−2.640 828 344	1.976 215 525	−38.306 258 24	31.433 485 21
6	−1.921 347 603	1.306 215 347	−29.185 171 13	7.730 594 989
7	−2.361 316 608	1.860 990 376	−36.379 120 38	19.379 040 85
8	−2.620 684 198	1.950 794 796	−38.277 261 29	30.402 595 35
9	−2.248 704 606	1.719 177 254	−35.072 664 91	15.494 059 13
10	−1.954 549 341	1.302 446 905	−29.756 825 36	8.445 805 921
11	−1.530 826 627	1.253 472 162	−21.074 819 32	2.359 482 311
12	−1.633 155 003	1.247 881 512	−23.324 486 91	3.347 465 709
13	−1.007 609 428	1.141 527 476	−9.897 155 985	0.255 611 617
14	−2.161 453 803	1.584 597 02	−33.743 366 56	12.975 458 88
15	−2.443 168 621	1.805 679 342	−37.303 790 98	22.386 938 13
16	−2.036 294 931	1.472 639 263	−31.559 515 44	9.905 455 018
17	−2.529 105 259	1.847 357 039	−37.904 671 92	26.059 062 2
18	−1.761 968 092	1.234 731 917	−25.991 519 23	5.053 796 355
19	−1.991 213 409	1.569 669 722	−30.752 604 71	8.896 703 692
20	−2.280 726 068	1.873 051 552	−35.172 185 07	16.844 928 89
21	−1.366 695 602	1.025 804 181	−17.449 858 06	1.228 710 622
22	−1.226 496 107	1.257 200 981	−14.201 446 98	0.841 480 029
23	−2.220 440 427	1.515 133 135	−34.407 767 33	14.895 789 56
24	−2.672 078 344	1.976 215 525	−38.333 389 9	33.066 636 89
25	−1.598 355 703	1.300 416 317	−22.559 753 64	2.987 655 883
26	−1.695 655 003	1.259 600 262	−24.665 835 15	4.086 623 725
27	−0.947 857 696	0.832 850 188	−9.108 635 275	−0.124 293 161
28	−2.418 049 705	1.790 463 41	−37.079 148 65	21.390 495 13
29	−0.801 994 037	0.747 038 025	−6.664 872 687	−0.232 928 335
30	−2.102 860 053	1.647 097 02	−32.766 198 16	11.454 005 89

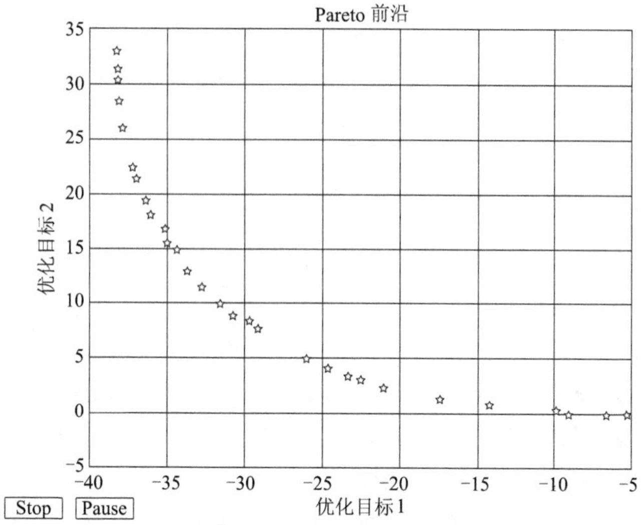

图 7.5.7　某 Pareto 前沿分布

7.5.2　多目标模拟退火算法

7.5.2.1　多目标模拟退火算法概述

多目标模拟退火算法的研究始于 1985 年，Serafini 进入这一领域，提出较成熟的算法。该多目标模拟退火算法与传统单目标模拟退火算法类似，主要是为了增加非劣解的接受概率，基于优化目标，修改了接受准则。此后大多数多目标模拟退火算法都是在传统模拟退火算法基础上对接受概率进行改进。

多目标模拟退火算法的基本框架如下：

（1）对算法的相关参数进行初始化，如初始温度和迭代次数等。

（2）随机产生初始解 X，计算其所有目标函数值并将其加入 Pareto 解集中。

（3）给定一种随机扰动，产生 X 的邻域解 Y，计算其所有目标函数值。

（4）比较新产生的邻域解 Y 与 Pareto 解集中的每个解并更新 Pareto 解集。

（5）如果新邻域解 Y 进入 Pareto 解集，则用 Y 替代 X，并转到步骤（3）。

（6）按某种方法计算接受概率。

（7）如果 Y 未进入 Pareto 解集，则根据接受概率决定是否接受新解，如果新解被接受，则令其为新的当前解 X；如果新解未被接受，则保留当前解。

（8）每隔一定迭代次数，从 Pareto 解集中随机选择一个解，作为初始解，重新搜索。

（9）采取某种降温策略，执行一次降温。

（10）重复步骤（3）～步骤（9），直到达到最低温度，输出结果，算法结束。

7.5.2.2 UMOSA 方法

多目标优化问题在优化中从当前位置开始移动，但是其移动的方向是不确定的，当新解优于当前解时，认为其移动方向为改进方向；当某些目标函数得到改进，而另一些目标函数变差时，新解和当前解彼此不受支配，此时所提出的策略必须能区分这些彼此不受支配的解；所有目标函数都变差了，这时接受概率必须考虑新解和旧解之间的距离。正是基于以上问题，1995 年，Ulungu 等提出了 UMOSA 方法，使用一种新的接受准则，将多维目标空间转为一维空间，该方法适合通过交互的方式为决策者提供多个满意的解，但依然是只使用一个解进行搜索。

UMOSA 算法使用加权聚合法将多维标准空间映射到一维标准空间，构建了一个潜在有效解列表，这些解不被任何其他产生的解所支配。根据决策者的选择，UMOSA 算法适用于通过交互方式产生满意的结果给决策者。对于多目标优化问题，从当前位置移动到新位置存在三种可能：所有目标得到改进、部分目标得到改进、所有目标变差。Ulungu 等使用加权聚合法综合考虑了以上三种情况，提出了一种新的接受准则：

$$p=\begin{cases}1, & \Delta s\leqslant 0\\ \exp\left(\dfrac{-\Delta s}{T}\right), & \text{其他}\end{cases} \tag{7.5-6}$$

式中，$\Delta s=s(f(y),\lambda)-s(f(x),\lambda)$，$s(F,\lambda)=\sum_{i=1}^{N}\lambda_i f_i$，$\lambda_i$ 为权重向量。

UMOSA 算法在计算接受概率时仅仅考虑新解与当前解之间的直接比较，导致一些良好的新解在搜索过程中可能被拒绝。

7.5.2.3 PSA 方法

1998 年，Czyzak 等提出另外一种采用 SA 构建的多目标框架，即 PSA 方法。PSA 方法利用 SA 和 GA 概念优化多目标组合问题，使用一组称为产生样本的解，采用与经典的 SA 类似的方式进行邻域搜索。为了保证所产生的解具有良好的多样性，增加远离邻近解的概率，在每次迭代中，调整每个目标权重。该方法使用多个解进行搜索，确保了产生样本对有效解的覆盖，进而提高了解的质量，同时该方法可以将每个解的计算需求分配到不同处理器上，实现并行计算。

为了改变目标函数的接受概率，该算法在每次迭代中，用一系列称为产生样本的解来控制目标函数权重的大小。控制目标函数权重的大小，会对某个目标的接受概率产生影响，使其增加或降低，最终使产生的解具有较好的多样性。如果没有一个最靠近样本 x 的非劣解 x' 或者对 x 进行第一次迭代，则设置随机权值，$\forall \lambda_i \geqslant 0$，$\sum \lambda_i = 1$；否则，对每个目标函数 f_i，设置其权值为

$$\lambda_i = \begin{cases} \alpha \lambda_i^{\beta}, & f_i(x) \geqslant f_i(x') \\ \dfrac{\lambda_i^{\beta}}{\alpha}, & \text{其他} \end{cases} \tag{7.5-7}$$

式中，$\alpha > 1$。

PSA 算法接受准则：

$$p = \min\left\{1, \prod_{i=1}^{N} \exp\left[\frac{\lambda_i(f_i(x) - f_i(y))}{T_i}\right]\right\} \tag{7.5-8}$$

PSA 算法是先按照加权聚合法对多个要优化的目标进行聚合，然后依据单目标 SA 算法进行求解。所谓加权聚合法，是对要优化的每个目标，依据不同目标的重要性分别赋予一个权重，通过将所有目标加权聚合到一个目标函数中，将多目标优化问题转换成单目标优化问题。这是一种先决策后搜索的寻优模式，本质上仍然属于单目标优化。这种方法的优点是实现简单、易于使用，计算效率比较高，同时可以得到一个很好的优化解；缺点是带有一定的主观性，不符合多目标优化问题自身的特点。

由于存在一定的缺陷，这种传统的多目标优化方法在实际应用中受到限制。它在求解多目标优化问题时存在的缺陷主要体现在：

（1）采用这种算法求解，通常每次优化只能得到一个最优解，且该解的获得与转换过程中目标参数权重的设定有很大关系。若想获取更多的最优解，需通过多次调整参数权重、多次运行该算法来进行寻优，由于各次优化过程相互独立，导致得到的解往往不一致。如果对于被求解问题没有足够的先验知识，就很难找到让决策者满意的最优解，令决策者较难有效地进行多目标决策，且要花费较多的 CPU 时间开销。

（2）需要依据求解问题所需的与应用背景相关的启发式知识来设定相关的权重，不同参数的权重设置会导致产生不同的非劣解，这就要求决策者事先对优化问题有充分的认识，能够合理地选取参数权重，而这往往是一个很难的过程。

（3）实际应用问题中，不同目标的度量单位和物理意义通常不同，同时各目标之间通过决策变量相互制约，往往存在相互冲突的指标，目标之间不易直接进行比较或加权，虽可用无量纲化来量化指标以处理目标函数，但这增加了算法的复杂性，且会引起目标空间的改变，导致无法正常利用决策信息。

（4）对 Pareto 最优前沿形状很敏感，不能很好地处理前沿的凹部，多次运行算法得到的解不能保证相互非劣等。

7.5.2.4 SMOSA 方法

2000 年，Suppapitnarm 和 Parks 提出一种不同的多目标模拟退火算法——SMOSA。该方法并未将各目标进行组合形成一个综合目标，而是设计一种新的基于多温度（每个目标对应一个温度）退火过程的接受概率公式，根据解在每个目标上的表现独立调整退火过程中的温度，以保存满足多目标的所有非劣解。而新解的接受概率取决于它是否被加入潜在的非劣解集。

该算法的基本思想是：对每一个目标函数赋予一个不同的温度参数，当温度达到一定值时，对这些参数进行冷却，冷却工具为可接受解的标准偏差。当迭代次数已经达到指定值或在一特定温度超过预定值时的累积记录次数，这些温度参数将会被周期性地更新。在整个搜索期间，该算法只使用一个解，且退火过程是根据每个标准的解的性能独立地调整各温度参数，归档集储存着多个目标间的所有非支配解。该方法不使用组合目标函数，而是直接与先前归档集中的解进行比较，得出每个目标的改变，从而确保接受非支配解。提出了一种新的接受准则：基于一个具有多个温度（一个温度对应一个目标）的冷却进度表，该接受准则不使用任何权重向量，一个新解的接受概率依赖于它是否被添加到潜在的 Pareto 优化解集中，如果它被添加到该集合中，它以概率 1 被接受为当前解；否则，一个多目标的接受准则被使用，即如果新解未进入 Pareto 解集，则根据如下概率接受新解：

$$p = \min\left\{1, \prod_{i=1}^{N}\exp\left[\frac{f_i(x) - f_i(y)}{T_i}\right]\right\} \tag{7.5-9}$$

7.5.2.5 WMOSA 方法

2002 年，Suman 提出两种不同的基于 SA 的方法（WMOSA 和 PDMOSA）处理包含约束的多目标优化问题。

对于一个多目标优化问题，其通常带有多个约束函数，大多数 MOSA 算法采用一种如惩罚函数法的分离技术，而由 Suman 所提出的基于权重的多目标模拟退火算法WMOSA则试图通过在接受准则中使用权重向量，直接在其主函数中处理约束。权重向量取决于解向量和目标函数向量所违背的约束个数，具体定义为

$$W_i=\frac{\text{解向量和目标函数向量所满足的约束数}+\text{目标函数向量的第}\ i\ \text{个元素所满足的约束数}}{\text{与解向量和决策向量有关的约束数}+\text{与目标函数向量的第}\ i\ \text{个元素有关的约束数}}$$

如果新解未进入Pareto解集，则根据如下概率接受新解：

$$p=\exp\left[\frac{W(x)f(x)-W(y)f(y)}{T}\right] \tag{7.5-10}$$

7.5.2.6 PDMOSA方法

在Suman所设计的PDMOSA算法中，其接受准则是基于Pareto支配的适应度值策略，它易于适应SA算法中的接受准则。PDMOSA算法的解的适应度值等于Pareto优化解集中支配该解的非劣解的个数再加1，其适应度值越小，解的质量越好。在算法搜索早期阶段，当前解和新解之间的适应度差异较小，且温度较高，任何一次移动都可在两个方向上得到接受，而随着迭代次数的增加，温度下降，适应度值间的差异增大，这使得移动方位更具有选择性，从而可获得多样性良好分布的Pareto优化解集。PDMOSA没有将权重向量引入接受准则中，惩罚函数法用来处理不可行解。PDMOSA与其他MOSA之间的主要差别是：在接受准则中，没有使用目标函数值，而是使用适应度函数值，从而简化了接受概率的计算，且减少了计算时间，并使搜索逼近Pareto优化解。PDMOSA算法中接受新解的概率计算方法是：

$$p=\exp\left(\frac{S'_{i,\ \text{generated}}-S'_{i-1,\ \text{current}}}{T}\right) \tag{7.5-11}$$

式中，$S'_{i,\ \text{generated}}$为在第$i$次迭代时产生的新解基于Pareto支配的适应度值，而$S'_{i-1,\ \text{current}}$为当前解在第$i-1$次迭代时基于Pareto支配的适应度值。

Suman测试了SMOSA、UMOMA、PSA、WMOSA以及PDMOSA五种算法的可靠性，这些方法能在相对较短的时间内逼近整个Pareto前沿。结果表明，PSA算法产生Pareto解的质量最好；PDMOSA产生的Pareto解最多样；WMOSA计算代价最小，其次是PDMOSA；PDMOSA比较适合变量较少的连续函数问题。

7.5.2.7 DM-MOSA方法

Smith等提出一种基于支配措施的多目标模拟退火算法DM-MOSA。该算

法利用一个解的相对支配关系作为系统能量进行优化，其能量函数是基于 Pareto 前沿的当前估计值，它表示在退火过程中迄今为止找到的非支配解合并聚集之后形成的集合，并采用了三种方法（有条件地删除被支配解、线性插值和到达曲面采样）设计细粒度的能量函数。它可以促进 Pareto 前沿上稀疏区域的搜索能力，可消除与组合目标函数相关的一些问题。该算法接受概率的计算方法是

$$p = \min\left\{1,\ \exp\left[\frac{\sum_{i=1}^{M} w_2 f_2(x) - \sum_{i=1}^{M} w_2 f_2(y)}{T}\right]\right\} \tag{7.5-12}$$

7.5.2.8 MC-MOSA 方法

2007 年，Tekinalp 等提出一种具有多种冷却进度表的多目标模拟退火算法 MC-MOSA。该算法具有自适应冷却进度和使用一个适应度函数的种群以准确地生成 Pareto 前沿。该算法产生新解的方法可以表示为

$$y = x + \varnothing l \tag{7.5-13}$$

式中，$\varnothing$ 为服从均匀分布的单位球面上所选择的一个搜索方向；l 为服从均匀分布的步长。

每个适应度函数对应一个温度，每当遇到改善了的适应度函数的新解时就接受该解，同时根据适应度函数的最好值和次好值及当前解的适应度函数值冷却与改善了的适应度函数相关的温度参数。MC-MOSA 算法定义了一种新的适应度函数：

$$F = \sum_{i=1}^{M} w_i \frac{f_i(x) - f_i^{\min}}{f_i^{\max} - f_i^{\min}} + \sum_{i=1}^{N_2} \xi_i |h_i(x)| - \sum_{i=1}^{N_1} \eta_i \min(0,\ g_i(x)) \tag{7.5-14}$$

式中，$f_i^{\min}$和 $f_i^{\max}$表示第 i 个目标函数的最小值和最大值；$\sum_{i=1}^{N_2} \xi_i |h_i(x)| - \sum_{i=1}^{N_1} \eta_i \min(0,\ g_i(x))$ 表示所有约束的总成本。

该算法的接受概率计算方法是

$$p = \min\left\{1,\ \max_i\left[\frac{F_i(x^k) - F_i(y^k)}{T_i^k}\right]\right\} \tag{7.5-15}$$

7.5.2.9 AMOSA 方法

2008 年，Bandyopadhyay 等提出归档式多目标模拟退火算法——AMOSA 方

法，该算法可以解决多目标组合优化问题，并能提高求解效率。该算法的基本思想是：

（1）初始化相关参数，如初始温度等，产生初始解，计算各解的各个目标函数值。

（2）获取归档集。利用爬山操作和支配关系对解进行迭代提炼，将非支配解储存于归档集中，直至归档集中解的个数增至 SL（SL 表示对解执行聚类操作前归档集中解的最大个数）。如果归档集中解的个数超过 HL（HL 表示用户所需非支配解的最大个数），执行聚类操作使解的个数减至 HL。

（3）选取当前解。从归档集中随机地选择一个解作为当前解，并计算该解的多个目标函数值。在每个温度下重复执行以下过程若干次：对当前解施加扰动，产生新解，计算该解的多个目标函数值，并检测新解与当前解及归档集中解的支配关系。

（4）基于支配关系的不同，以不同概率接受新解、当前解或归档集中的某个解。若归档集中解的个数超过 SL，执行聚类操作以减至 HL。每个温度以一定冷却率进行退火，直至达到给定的最低温度，结束循环。

AMOSA 算法的接受概率计算方法：

（1）当前解支配新解，设置新解为当前解的概率为

$$p=-\frac{1}{1+\exp\left(\Delta dom_{\text{avg}}\times temp\right)} \tag{7.5-16}$$

（2）新解与当前解彼此非支配，检查新解与归档集中解的支配关系，若归档集中有 k（$k>1$）个解支配新解，此时，设置新解为当前解的概率为

$$p=-\frac{1}{1+\exp\left(-\Delta dom_{\min}\right)} \tag{7.5-17}$$

概率为 p 时，对应于 $\Delta dom_{\min}$ 最小的那个解为当前解，反之设置新解为当前解。

7.5.2.10　rMOSA 方法

多目标模拟退火算法 rMOSA 是 Sankarao B 等于 2011 年提出的，该算法具有鲁棒性，其通过进行次数较少的模拟，便能收敛到 Pareto 解集，这些 Pareto 解是具有拥挤良好分布的均匀非支配解。该算法在简单 MOSA 算法的基础上增加了两个新的机制实施扰动以选择新解，从而具有鲁棒性。这两个机制分别是：

（1）一个系统调用为执行解的扰动而在归档集中选择一个随机点，该机制的目的是加快收敛过程以获得最终 Pareto 前沿。

（2）另一个系统调用则为执行解的扰动在归档集中选择一个最佳非拥挤解，该机制的目的是获得具有良好拥挤分布的均匀 Pareto 前沿。

rMOSA 算法基于一个概率函数接受一个差的解，其接受概率的计算方法是

$$p = \prod_{i=1}^{m} \exp\left[\frac{-(f_i^{new-pt} - f_i^{current-pt})}{temp}\right] \tag{7.5-18}$$

对于多目标优化问题，其 Pareto 最优解的数量不止一个，所有的 Pareto 最优解是将多个目标采取折中方案，获得均衡解。在多目标问题求解的过程中，主要目的是寻找足够多、数量分布均匀、具有一定代表性的 Pareto 最优解，这些解构成一个 Pareto 最优解集。

7.5.2.11　混合 MOSA 算法

单一的算法或多或少存在一些缺点，为了充分展现单一算法的优点，提出混合 MOSA 算法，该算法的基本思想是混合算法，从而提高算法的优化性能，产生更好的优化能力，提高优化效率，改善解的质量。

2007 年，Baños 等提出了一种新的算法，该方法基于模拟退火和禁忌搜索的混合思想，总结出多目标元启发式方法——多目标模拟退火和禁忌搜索算法，该算法使用一个多解的主种群和一个用于保存在主种群中找到的优秀解的外部归档集。在优化过程中，它合并了模拟退火算法和禁忌搜索算法，其新解的接受概率是基于解中的 Pareto 支配关系而决定的。

2010 年，Maulik 等在 AMOSA 算法的基础上提出一个新颖的并行版的基于粗糙集的归档式多目标模拟退火算法，该算法融合了粗糙集理论与具有归档式多目标模拟退火方法的可伸缩的分布式范式的原则。

7.5.3　多目标粒子群算法

7.5.3.1　多目标粒子群算法概要

多目标粒子群算法（MOPSO）也是目前比较受关注的多目标智能算法。粒子群算法来源于对鸟群不可预测的飞行轨迹的模拟，粒子在寻优时的飞行速度随粒子自身以及群体的历史飞行状态的改变而动态改变。1999 年，Moore 等首次提出将 PSO 算法从解决单目标优化问题逐步拓展到用来解决多目标优化问题的思想，在处理多目标优化问题时，不但考虑粒子自身最佳位置，还把群体最佳位置作为搜索目标。2002 年，Coello 和 Ray 等正式发表了关于多目标粒子群

算法的论文，从此多目标粒子群算法开始迅速发展。在粒子群算法与多目标技术融合的过程中，Parsopoulos 等侧重于将多个目标转化为单目标，开发了先集成后求解和先求解后集成两种方法。Wickramasingh 等在种群迭代搜索过程中，考虑了个体的偏好。Coello 等提出一种多目标粒子群优化过程，在优化中记录迭代中的最优值，避免局部最优解的丢失，提高了计算效率，这种方法类似于带有精英机制的进化算法。

多目标粒子群算法较多，但是标准的多目标粒子群算法并不存在，对现有的多目标粒子群算法进行分类如下：

1. 复合加权多目标粒子群算法

复合加权法的粒子群算法理论为：综合所有的目标函数，加权合并为一个单独目标来解决多目标问题。Parsopoulos 和 Vrahatis 采用全连接的粒子拓扑结构，利用三种不同类型的复合函数将多目标问题转换成单目标问题，这三类复合函数分别为：线性加权复合函数（搜索过程中目标函数的权值不发生变化）、动态加权复合函数（搜索过程中目标函数的权值动态变化）、“bang - bang”加权复合函数（搜索过程中目标函数的权值是跳变的）。Baumgartner 等采用基于线性加权的复合函数，利用梯度信息确定 Pareto 最优解。

2. 字典序多目标粒子群算法

该种方法的理论依据依然是加权法的原则，排序方法则根据生产实际中用户所要求的目标函数重要程度进行分类排序。该方法适用于空间维度较低的情况，一般为两三个目标函数，但是该方法特别依赖目标函数的重要程度，即假如两个函数之间进行排序，排序不同，所得优化结果也不同，影响正常优化目标值。Hu 采用类似字典序的方法，每次只对一个目标函数进行优化，并提出了动态邻域的 PSO 多目标优化，但是在该方法中，没有采用外部档案文件保存得到的非劣解。有研究者对动态邻域法做了进一步改进，引入了外部档案文件记录搜索过程中的 Pareto 最优解。总之，字典排序法是一种改进的加权的多目标粒子群算法，对目标函数的依赖程度，需在对目标函数的排列顺序之前，否则出现的解会与真实解之间存在较大误差。

3. 带有子种群的多目标粒子群算法

该种方法的寻优理念为：算法设置参数时，设置多个种群，搜索中应用多种群同时搜索机制，然后通过各个种群之间的信息互换来产生最优解。Parso - poulos 等基于子种群的思想，提出一种并行向量评估多目标粒子群优化算法。

在该方法中，一个种群对应一个目标函数，通过种群之间交换最优个体实现种群间的信息处理。Chow 将 PSD 搜索当作自治智能体的反映学习算法，提出了多种群粒子群算法，将自治智能体的功能分解为一系列子功能，种群通过相邻子种群之间的最优粒子实现信息交换，以此来达到指导种群对最优空间搜索的目的。

4. 基于 Pareto 方法的多目标粒子群算法

基于 Pareto 方法的多目标粒子群算法是目前研究多目标粒子群的主流算法，该方法的核心是利用 Pareto 支配的概念选择最优个体。研究者们从提高算法收敛性和保持种群多样性的角度，提出了众多多目标粒子群优化算法。

Ray 和 Liew 提出模拟真实群体行为的多目标粒子群算法，在这个算法中引用了进化算法中的 Pareto 支配和进化技巧，运用拥挤策略维持种群多样性和多层筛选产生全局最优经验。Moore 和 Chapman 提出主要基于 Pareto 支配关系的多目标粒子群算法，强调了粒子和种群（分别作为认知理解部分和社会部分）之间作用的重要性。但是，他们并没有采用其他任何措施来保持算法的分布性。Fieldsend 和 Singh 提出了一种“支配树”的数据结构，用其来存储精英解以及为粒子选取最优经验，指导粒子飞行。Coello 等引入 Pareto 支配概念比较目标向量，为了避免本质上具有随机性的粒子群优化丢失优解，引入档案存储所有粒子已发现的优解，并从一系列优解中选择全局最优，从而进化得到一系列非支配解，它是最为常用的处理多目标问题的方法。Mostaghim 等应用全新的“sigma”寻优方法来尝试解决多个目标所形成的优化问题，结果表明，改良后较以往算法在收敛性及多样性方面均有提高，并且在深入研究探索中对比发现，在选用收敛条件和多样性条件较接近时，应用“sigma”的算法较应用聚类的算法更迅速快捷地寻找到了目标最优解。Li 等尝试将粒子群算法与 NSGA-Ⅱ 算法相结合，在粒子群算法中引入 NSGA-Ⅱ 算子，与传统的 NSGA-Ⅱ 结果相比较，新算法的各方面性能均有较大提高。Reye 和 Coello 在以往只采用一个外部档案集的基础上，大胆设置两个外部档案集，一个储存目前为止的最优个体，另一个储存最终所要求的最优解，同样成功地解决了多目标的优化问题。Ho 等在使用 Pareto 时，不满足现有的速度和位置更新公式，提出了新的更新策略，成功地解决了粒子对于个体最优及全局最优寻优的平衡。

5. 混杂的多目标粒子群算法

面对已经被诸多科学家研究了的已经程式化的该种算法，有些科学家另辟蹊径，通过其他方法来改进该算法，也解决了多个目标所要求的优化问题。Liu

提出一种混杂的多目标粒子群算法，该方法将粒子群的全局搜索与同步启发式局部搜索相结合，以指导局部的微小调整，并基于模糊全局最优的概念处理算法的早熟问题，使种群保持较好的多样性。Jansonhe 和 Merkle 提出的混杂粒子群算法将粒子群算法与聚类算法相结合，采用 K 均值聚类将种群分成若干子种群，并定义了子种群支配的概念。

6. 其他的多目标粒子群算法

Li 提出了 maximinPSD 算法，该方法利用 maximin 策略得到的适应度函数来确定 Pareto 最优解。Mahfouf 等提出一种自适应权值粒子群算法，粒子的惯性权值随着迭代次数的增加而增加，其目的是增强粒子的全局搜索能力，帮助粒子跳出局部最优。

7.5.3.2　基本多目标粒子群算法的基本流程

2004 年，Coetlo 提出的多目标粒子群算法具有里程碑意义。目前，基本多目标粒子群算法大多是基于 Pareto 最优解集进行的寻优算法，其中用到的基本策略包括：支配关系的定义、非劣解的判断选取、外部集的建立、个体最优解选择、全局最优选取、拥挤距离方法应用、网格法非劣解存储等。该方法已经发展成为一种固定程序化的理论方法，其算法流程如图 7.5.8 所示。

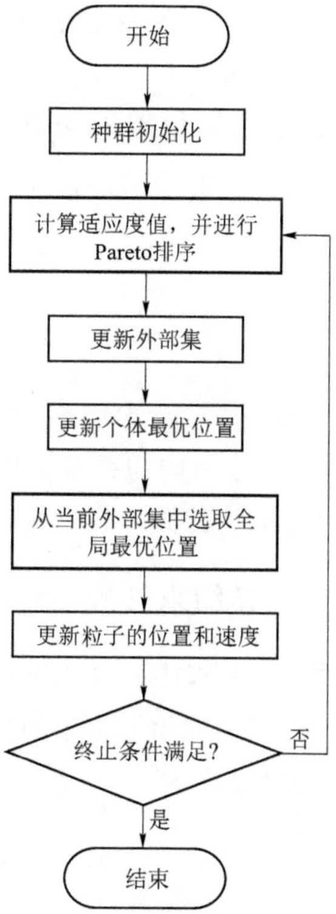

图 7.5.8　多目标粒子群算法流程

基本多目标粒子群算法的执行步骤如下：

(1) 令 $t=0$，随机初始化种群；计算各个粒子对应的目标函数值向量，将其中的非劣解加入外部档案 A_t 中。

(2) 确定粒子初始的个体极值 P_i 和全局极值 P_g。

(3) 保证粒子在搜索空间内飞行的条件下，更新粒子的速度和位置以及 P_i。

(4) 根据新的非劣解更新外部档案，形成 A_{t+1}，同时更新每个粒子的 P_g。

(5) $t=t+1$，若终止条件成立，停止搜索；否则，转到第（3）步。

从上面的流程可以看出，多目标粒子群算法的主要步骤包括外部档案更新、全局最好位置选取、自身最好位置更新以及如何保证粒子始终在搜索空间内飞行等。外部档案用来保留多目标粒子群算法在搜索过程中获得的部分非劣解。在多目标优化条件下，P_g 不再唯一存在多个彼此不受支配的全局最好位置。如何选择 P_g 至关重要，一些研究者已提出多种为粒子选取全局最好位置的有效方法，如 Coello 等提出采用轮盘赌方法从非劣解集中随机选择一个粒子作为全局最好位置。

自身最好位置的调整比较简单，主要根据粒子飞行过程中获得的新解与其现有的自身最好位置 P_i 比较，若新解支配了 P_i，则将新解作为新的 P_i；若新解与 P_i 彼此不受对方支配，则从两者中随机选择一个作为新的自身最好位置；若 P_i 支配了新解，则 P_i 不变。MOPSO 和 PSO 一样，在寻优过程中，粒子随时可能飞出可行搜索区域的边界，当粒子飞出边界时，仍采用单目标粒子群算法的边界处理方法进行处理。

7.5.3.3 多目标粒子群算法的主要算子

1. 速度与位置的更新

多目标粒子群算法的速度和位置更新公式如下：

$$V_i(t+1)=w\times V_i(t)+c_1\times r_1\times[P_{\text{best}}-X_i(t)]+c_2\times r_2\times[G_{\text{best}}-X_i(t)] \tag{7.5-19}$$

$$X_i(t+1)=X_i(t)+V_i(t+1) \tag{7.5-20}$$

式中，w，c_1 和 c_2 为惯性权重和学习因子，一般 $c_1=c_2=2.0$；r_1 和 r_2 是位于区间［0，1］上的随机数；P_{best}表示单个粒子到目前为止发现的最佳位置；G_{best}表示全局最佳位置，为到目前为止整个群体内所有粒子所达到的最佳位置。

2. 边界约束处理

在优化过程中，可能出现不满足问题的条件的情况，粒子超出边界范围，但却得到了最优值，为了使超出边界的粒子返回到搜索范围，继续搜索，边界处理方式为

$$x_{ij}=\begin{cases}x_{\min,j}, & x_{ij}<x_{\min,j}\\ x_{\max,j}, & x_{ij}>x_{\max,j}\end{cases} \tag{7.5-21}$$

式中，$[x_{\min,j},x_{\max,j}]$ 表示粒子在第 j 维定义的取值范围。

如图7.5.9所示，一运动粒子如果超出了边界，给出一个粒子的速度，改变粒子的速度方向使粒子平移到边界上，并且重新设置其速度大小和方向，同时放慢粒子的速度，使粒子向相反的方向进行搜索。

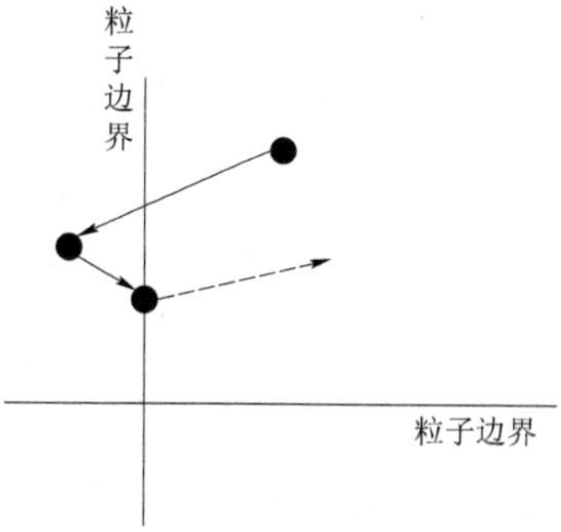

图7.5.9　单一粒子速度和位置超出边界后示意图

3. 非支配集的选取

采用快速排序的方法来对非支配集进行构造。首先，选取种群中的某一个体 i，选定个体后，将该个体 i 与种群内其他个体进行比较，判断选定个体 i 与其他个体为支配或被支配关系，如果个体 i 不被其他个体支配，则个体 i 为非支配解，将其放入非支配集，反之不放入；重复上述过程，直至种群为空。

4. 个体最优位置选取

个体最优位置为某个粒子从开始时的位置到当前位置的最优位置。如果粒子此刻所属的位置为个体的最优位置，则将此刻粒子的位置替换为粒子最优位置，反之不替换。其表达形式如下：

$$P_b(t+1)=\begin{cases}x_i(t+1), & x_i(t+1)<P_b(t)\\ P_b(t), & x_i(t+1)>P_b(t)\end{cases} \tag{7.5-22}$$

5. 外部集更新策略

利用支配关系，比较判断非支配集中的个体，将不被支配或者不相关的较优粒子存入外部集。具体的步骤方法为：首先将外部集设置为空集，进行初始化，算法开始时，将非支配集中的较优个体存储进外部集中；其次，当外部集里有粒子时，即外部集不再是空集时，任意选取非支配解的某一个个体，假设为 i，利用支配关系，依次判断外部集中所有个体与该个体 i，若结果是 i 被支配，则将 i 从外部集中删除；若 i 被任一个体支配或者 i 支配外部集中某一个或多个个体，则将 i 存入外部集，且将被支配的所有个体从外部集中删除，循环进行，直至算法结束。

当然，为了防止非支配解的大小超出外部集的承载能力，需要对外部集进行规模设置和大小剪辑，即利用降序排序的方法，选择外拥挤距离的删除策略，删除超过外部集范围的多余个体，直至达到外部集最大承载能力为止。

假设外部集中最大存储量为 M，随着算法迭代次数的增加，外部集的存储量达到最大值甚至超过最大值，而为了继续保留较优的粒子，需要对外部集进行剪辑，保留相对来说较优的粒子。使用策略为：删除最密集的多余个体，保留大量分散的个体，这能够保证 Pareto 最优前端的分布性能。

6. 全局最优位置选取

全局最优位置是所有粒子通过比较所得到的从算法开始到结束所达到的最好位置。可以采用自适应网格方式将非支配解存入外部集，然后设置公式记录每个非支配解存放的网格位置，再采用拥挤距离方案删除超过外部集最大存储的非支配解。

7.6　汽车行驶动力学性能的多目标优化算例

7.6.1　问题背景

汽车的行驶动力学性能不仅直接关系到乘坐舒适性，而且与操纵稳定性、安全性等性能密切相关。由于行驶动力学性能的各项常用评价指标之间相互矛盾，因此在汽车设计中对各项性能进行权衡折中就成为必然的选择。

随着优化技术的不断成熟及其在复杂机械系统设计中的成功应用，汽车的优化设计问题受到越来越多的关注，人们试图借助优化技术来实现汽车各项性能的全面提升。国外对汽车行驶动力学性能的优化已经开展了诸多研究。R. Alkhatib 等采用均方根值和绝对加速度灵敏度最小化的组合作为悬架优化的准则，优化后的悬架对宽频激励具有良好的稳健性。A. Kuznetsov 等将人体的生物力学模型与 1/4 车辆模型相结合，建立了人体-车辆-道路模型，并借助该模型来研究在指定的乘坐舒适性水平下悬架系统最优参数的确定。这些文献主要关注乘坐舒适性的优化，并未全面考虑车辆的行驶性能。Ö. Gündoğdu 将人体模拟为 2 自由度振动系统，与 1/4 车辆模型相结合来研究悬架和座椅系统的最优设计。S. Badran 等引入 4 自由度人体模型对线性悬架进行优化。这些文献采用加权的方式将多目标转化为单目标进行优化。M. Gobbi 等采用解析方式深入研究了 1/4 车辆模型行驶动力学性能的多目标优化问题，但模型中未考虑座椅和人体。本小节建立 7 自由度人体-座椅-悬架动力学模型，并基于该模型构建更接近实际状态的汽车行驶动力学性能多目标优化问题。

7.6.2 多目标优化问题建模

1. 人体-座椅-悬架模型的建立

在经典的 1/4 车辆模型中，通常采用车身加速度作为乘坐舒适性的评价指标。但是在实际的汽车中，乘员是与带有弹性坐垫的座椅直接接触的，某些车辆的座椅与车身之间设计有悬置装置，并且人体自身也非刚体，这些弹性、阻尼元素的引入使得直接采用车身加速度来评价乘坐舒适性并非十分准确。

建立 7 自由度人体-座椅-悬架模型，力求更加准确地反映各弹性、阻尼元素对汽车乘坐舒适性的影响。人体模型包含 4 部分，从上到下依次为头部、上部躯体、下部躯体和大腿，各部分相互之间以及人体与坐垫之间均模拟为弹簧-阻尼连接；坐垫质量为 m_c，刚度和阻尼分别为 K_c 和 C_c；座椅通过导轨调节机构固定在车身上，模型中简化为刚性连接，其质量并入车身质量。座椅以下部分采用 1/4 车辆模型。完整的系统振动模型及相关参数表示如图 7.6.1 所示。

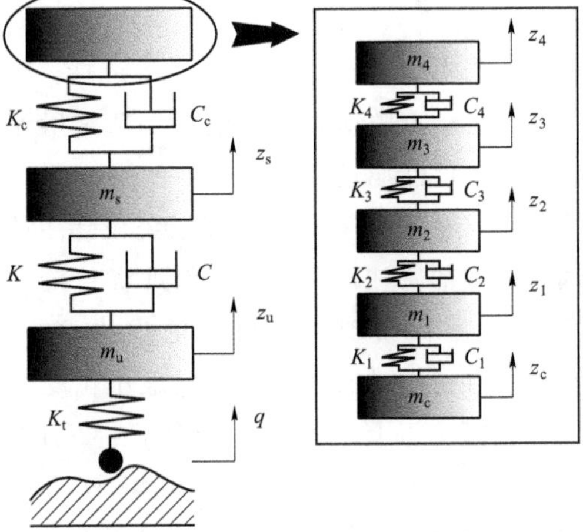

图 7.6.1 人体-座椅-悬架系统振动模型

首先，建立该振动系统的运动方程，以矩阵形式表示为

$$\boldsymbol{M}\ddot{\boldsymbol{x}}+\boldsymbol{C}\dot{\boldsymbol{x}}+\boldsymbol{K}\boldsymbol{x}=\boldsymbol{K}_t q \tag{7.6-1}$$

其中，广义坐标向量

$$\boldsymbol{x}=(z_u \quad z_s \quad z_c \quad z_1 \quad z_2 \quad z_3 \quad z_4)^T$$

质量矩阵

$$\boldsymbol{M}=\operatorname{diag}\left(m_u\quad m_s\quad m_c\quad m_1\quad m_2\quad m_3\quad m_4\right)$$

阻尼矩阵

$$\boldsymbol{C}=\begin{pmatrix} C & -C & 0 & 0 & 0 & 0 & 0 \\ -C & C+C_c & -C_c & 0 & 0 & 0 & 0 \\ 0 & -C_c & C_c+C_1 & -C_1 & 0 & 0 & 0 \\ 0 & 0 & -C_1 & C_1+C_2 & -C_2 & 0 & 0 \\ 0 & 0 & 0 & -C_2 & C_2+C_3 & -C_3 & 0 \\ 0 & 0 & 0 & 0 & -C_3 & C_3+C_4 & -C_4 \\ 0 & 0 & 0 & 0 & 0 & -C_4 & C_4 \end{pmatrix}$$

刚度矩阵

$$\boldsymbol{K}=\begin{pmatrix} K_t+K & -K & 0 & 0 & 0 & 0 & 0 \\ -K & K+K_c & -K_c & 0 & 0 & 0 & 0 \\ 0 & -K_c & K_c+K_1 & -K_1 & 0 & 0 & 0 \\ 0 & 0 & -K_1 & K_1+K_2 & -K_2 & 0 & 0 \\ 0 & 0 & 0 & -K_2 & K_2+K_3 & -K_3 & 0 \\ 0 & 0 & 0 & 0 & -K_3 & K_3+K_4 & -K_4 \\ 0 & 0 & 0 & 0 & 0 & -K_4 & K_4 \end{pmatrix}$$

轮胎刚度矩阵

$$\boldsymbol{K}_t=\left(K_t\quad 0\quad 0\quad 0\quad 0\quad 0\quad 0\right)^{\mathrm{T}}$$

优化计算中使用的所有系统参数值如表 7.6.1 所示。

表 7.6.1　系统模型参数值

质量/kg		刚度/(N·m⁻¹)		阻尼/(N·s·m⁻¹)	
m_u	36	K_t	160 000		
m_s	240	K	16 000	C	980
m_c	1	K_c	18 000	C_c	200
m_1	12.78	K_1	90 000	C_1	2 064
m_2	8.62	K_2	162 800	C_2	4 585
m_3	28.49	K_3	183 000	C_3	4 750
m_4	5.31	K_4	310 000	C_4	400

根据系统响应 $\boldsymbol{x}$ 和路面激励 q 的傅里叶变换 $X(\omega)$ 和 $Q(\omega)$，计算得到系统的频响函数矩阵 $\boldsymbol{H}(\omega)$。频响函数矩阵 $\boldsymbol{H}(\omega)$ 为 7×1 阶矩阵，可以表示为如下形式：

$$\boldsymbol{H}(\omega)=(H_1(\omega) \quad H_2(\omega) \quad H_3(\omega) \quad H_4(\omega) \quad H_5(\omega) \quad H_6(\omega) \quad H_7(\omega))^{\mathrm{T}} \tag{7.6-2}$$

式中，$H_i(\omega)$（$i=1, 2, \cdots, 7$）表示响应 x_i 对激励 q 的频响函数。

2. 行驶性能多目标优化模型的建立

在构建优化问题时，一般包括三个方面：合理制定目标函数、正确选取设计变量以及建立二者之间的数学关系。

1）目标函数的制定

对于1/4车辆模型，通常采用三个指标对行驶动力学性能进行评价，即车身加速度、悬架动挠度和车轮动载荷。由于本书建立的系统模型中引入了人体和座椅部分，可以根据相关测试标准制定更加准确的指标以评价乘坐舒适性。根据GB/T 4970—2009《汽车平顺性试验方法》，测试中需要在坐垫上方布置加速度传感器，对照该模型可以认为此传感器布置于坐垫 m_c 处。如果忽略传感器与坐垫之间的相互作用，那么可以使用坐垫 m_c 的加速度来近似表示此加速度传感器的输出。因此，采用坐垫加速度、悬架动挠度和车轮动载荷的均方根值作为目标函数。下面为表述方便，在提及目标函数时不再特别指出均方根值。

目标函数的计算公式如下：

（1）坐垫加速度（Vertical Cushion Acceleration，VCA）。

$$\sigma_{\ddot{z}_c}=\sqrt{\int_0^{\infty}\left|H(\omega)_{\ddot{z}_c q}\right|^2 G_q(f)\,\mathrm{d}f} \tag{7.6-3}$$

式中，频响函数 $H(\omega)_{\ddot{z}_c q}=-\omega^2 H_3(\omega)$。

（2）悬架动挠度（Suspension Work Space，SWS）。

$$\sigma_{f_d}=\sqrt{\int_0^{\infty}\left|H(\omega)_{f_d q}\right|^2 G_q(f)\,\mathrm{d}f} \tag{7.6-4}$$

式中，频响函数 $H(\omega)_{fq}=H_2(\omega)-H_1(\omega)$。

（3）车轮动载荷（Dynamic Tire Load，DTL）。

$$\sigma_{f_d}=\sqrt{\int_0^{\infty}\left|H(\omega)_{F_d q}\right|^2 G_q(f)\,\mathrm{d}f} \tag{7.6-5}$$

式中，频响函数 $H(\omega)_{F_d q}=K_t[H_1(\omega)-1]$。

2）设计变量的选取

所制定的三项目标函数与悬架调校和座椅设计水平密切相关，悬架和座椅的结构参数都可能选作设计变量。但是，针对该优化问题作出如下假设：车身和底盘结构不发生变化，各质量参数保持不变；人体作为非优化对象，所有相关参数均保持不变。因此，模型中仅刚度和阻尼参数作为候选设计变量，具体包括轮胎垂向刚度 K_t、悬架刚度 K、悬架阻尼 C、坐垫刚度 K_c 和坐垫阻尼 C_c。

为了能够合理确定设计变量，应用参数灵敏度分析技术来研究各参数与目标函数之间的关系。由于各参数在数值上差别很大，为了降低对优化计算产生的不利影响，对各参数采用无量纲化处理，即实际参与计算的设计变量为真实值与初始值的比值，将所有参数的变化区间统一取为 [0.5，2.0]。图 7.6.2～图 7.6.4 所示为各参数与目标函数之间的关系，其中目标函数同样采用无量纲化的形式。

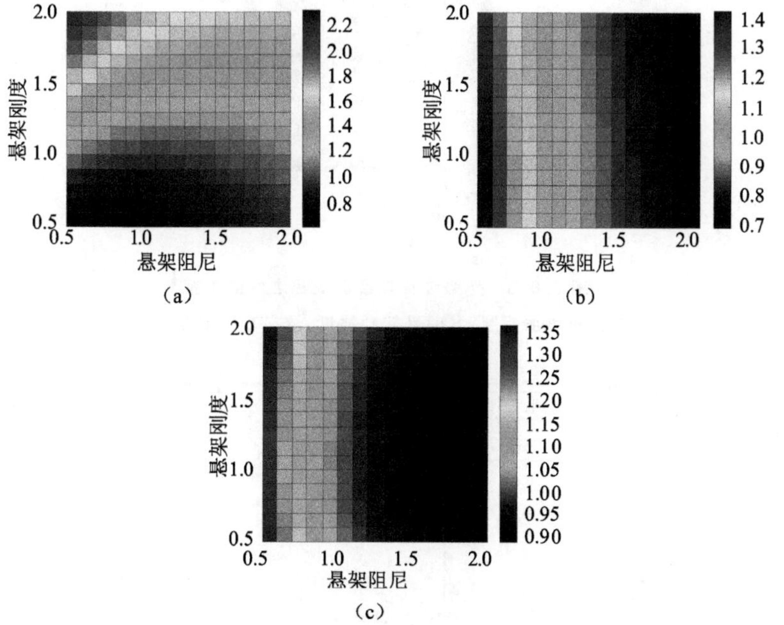

图 7.6.2　悬架参数与目标函数之间的关系

(a) 坐垫加速度；(b) 悬架动挠度；(c) 车轮动载荷

由图 7.6.2 (a) 可以看出，当悬架刚度与阻尼同时取下限值时，坐垫加速度最小；当悬架刚度取上限值而悬架阻尼取下限值时，坐垫加速度最大。另外，当悬架刚度较小时，阻尼的增加会增大坐垫加速度，而当悬架刚度较大时，阻尼的增加会减小坐垫加速度。图 7.6.2 (b)(c) 表明，悬架阻尼对悬架动挠度与车轮动载荷有着十分明显的作用；对于同一水平的阻尼值，悬架刚度的变化对二者的影响不大。

由图 7.6.3 可以看出，坐垫参数对坐垫加速度的影响较为明显，而对悬架动挠度和车轮动载荷的影响很小。

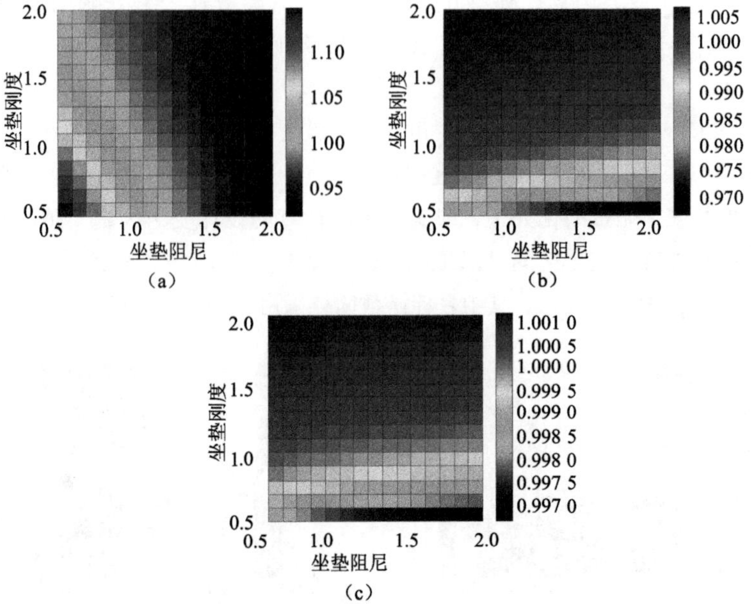

图 7.6.3 坐垫参数与目标函数之间的关系

(a)坐垫加速度；(b)悬架动挠度；(c)车轮动载荷

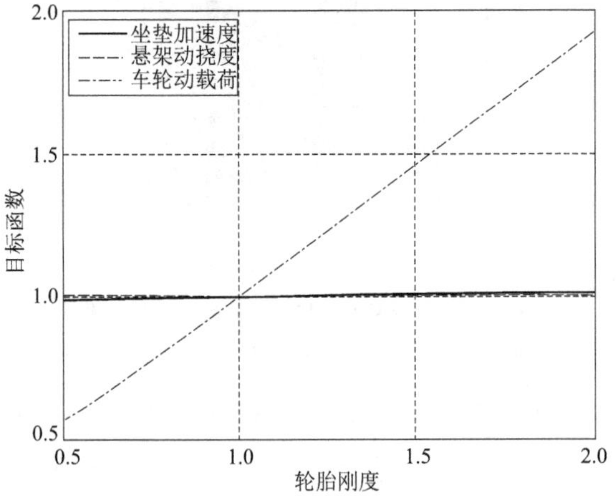

图 7.6.4 轮胎参数与目标函数之间的关系

根据图 7.6.4 所示结果可以看出，轮胎刚度与车轮动载荷近似呈线性关系，而对坐垫加速度与悬架动挠度几乎没有影响。

根据参数灵敏度分析的结果可以看出，悬架参数的选择对目标函数的影响最大，坐垫参数主要对车辆的乘坐舒适性有影响，而轮胎刚度则与车轮动载荷密切相关。根据分析结果决定，悬架参数、坐垫参数和轮胎刚度均选作设计变量参与优化计算。

3）优化模型的建立及多行驶工况处理

在建立优化模型时，需要考虑车辆不同行驶工况的影响。行驶工况变化的最直接作用在于改变系统的路面功率谱密度输入。已知时间频率下路面位移功率谱密度的表达式如下：

$$G_q(f)=G_q(n_0)\,n_0^2u/f^2 \tag{7.6-6}$$

从式（7.6－6）可以看出，路面输入受到行驶车速 u 和道路级别 $G_q(n_0)$ 的共同影响。既然汽车在行驶过程中不可避免地要出现行驶工况的变化，那么在建模时就有必要考虑不同工况对优化计算所产生的影响。

假设汽车在 A 工况下的行驶车速为 u，路面在参考空间频率 n_0 下的功率谱密度为$G_q(n_0)$，此时设计变量与第 i 项目标函数之间的关系如下：

$$ob_i^{\mathrm{A}}=f_i(K_t,\ K,\ C,\ K_c,\ C_c) \tag{7.6-7}$$

式中，计算得出的目标函数值 ob_i^{A} 为绝对量。

如果目标函数以无量纲形式进行表示，那么无量纲化的新目标函数 OB_i^{A} 为

$$OB_i^{\mathrm{A}}=\frac{ob_i^{\mathrm{A}}}{ob_{i0}^{\mathrm{A}}} \tag{7.6-8}$$

式中，ob_{i0}^{A}为目标函数在 A 工况下的初始值。

接下来考虑另一种工况 B。假定汽车在 B 工况下的车速为 au，路面在参考空间频率 n_0 下的功率谱密度为 $bG_q(n_0)$，其中 a 和 b 都是量纲为 1 的比例系数，那么设计变量与第 i 项目标函数之间的关系将变为如下形式：

$$ob_i^{\mathrm{B}}=\sqrt{ab}\cdot f_i(K_t,\ K,\ C,\ K_c,\ C_c) \tag{7.6-9}$$

式中，计算得到的目标函数值 ob_i^{B} 为绝对量。

可以看出，两种工况下的目标函数之间满足关系式

$$ob_i^{\mathrm{B}}=\sqrt{ab}\cdot ob_i^{\mathrm{A}} \tag{7.6-10}$$

同样对 B 工况下的目标函数进行无量纲化，处理之后的新目标函数 OB_i^{B} 为

$$OB_i^{\mathrm{B}}=\frac{ob_i^{\mathrm{B}}}{ob_{i0}^{\mathrm{B}}}=\frac{\sqrt{ab}\cdot ob_i^{\mathrm{A}}}{\sqrt{ab}\cdot ob_{i0}^{\mathrm{A}}}=\frac{ob_i^{\mathrm{A}}}{ob_{i0}^{\mathrm{A}}}=OB_i^{\mathrm{A}} \tag{7.6-11}$$

从式（7.6－11）可以看出，虽然模型在 B 工况下计算得到的目标函数绝对量相对 A 工况变化了 $\sqrt{ab}$ 倍，但是无量纲化的引入使得两种工况下的目标函数相对量变得一致，也就是说，工况的变化对无量纲化的目标函数没有影响。因此，优化计算选择一种典型工况作为代表即可。

接下来基于悬架的簧载质量偏频和阻尼比提出该优化问题的两个约束。统

计结果显示，悬架的偏频和阻尼比并不是随意确定的，而是有一定的分布范围。前悬架偏频的分布范围为 0.80～1.45 Hz，后悬架偏频的分布范围为 0.98～1.58 Hz；阻尼比的分布范围为 0.2～0.4。该车辆模型的偏频 f_n 为 1.115 Hz，阻尼比 ζ 为 0.225。根据偏频和阻尼比的统计分布范围并结合该模型的当前水平，提出优化问题的两个约束：1.0 Hz≤f_n≤1.2 Hz，0.20≤ζ≤0.25。

在完成上述问题的讨论后，正式提出本书的优化模型。选择车速 60 km/h，B 级路面作为行驶工况，5 项设计变量的取值范围均为 [0.5, 2.0]，优化计算中的设计变量值和目标函数值均采用无量纲化形式。多目标优化模型如下：

$$\begin{aligned}&\min\ ob_1=\boldsymbol{\sigma}_{\ddot{z}_4},\ ob_2=\boldsymbol{\sigma}_{f_d},\ ob_3=\boldsymbol{\sigma}_{F_d}\\&\text{s.t.}\ 0.5\leqslant K_t\leqslant 2.0,\ 0.5\leqslant K\leqslant 2.0,\ 0.5\leqslant C\leqslant 2.0,\ 0.5\leqslant K_c\leqslant 2.0,\\&\qquad 0.5\leqslant C_c\leqslant 2.0,\ 1.0\leqslant f_n\leqslant 1.2,\ 0.20\leqslant \zeta\leqslant 0.25\end{aligned} \tag{7.6-12}$$

7.6.3 多目标优化与结果分析

采用带精英策略的非支配排序遗传算法（Non-dominated Sorting Genetic Algorithm-Ⅱ，NSGA-Ⅱ）进行优化问题的求解。

由于多目标优化问题一般得不到绝对最优解，因此计算的目的就是得到非劣解的集合，即 Pareto 最优解集。图 7.6.5 所示为经过优化计算得到的 Pareto 最优解集，以及 Pareto 最优解集在目标函数空间中的映射——Pareto 前沿。其中，Pareto 最优解集分为两部分进行表示，图 7.6.5（a）表示悬架系统参数，包括悬架刚度、悬架阻尼和轮胎刚度；图 7.6.5（b）表示坐垫参数，包括坐垫刚度和坐垫阻尼。图 7.6.5（c）表示 Pareto 前沿。

图 7.6.5 中的结果表明，在设计变量空间中，Pareto 最优解集中的悬架参数呈现线性分布形式，而坐垫参数则呈现聚集分布形式。在目标函数空间中，Pareto 前沿也呈现线性分布形式。

根据参数灵敏度分析结果可知，坐垫参数主要影响乘坐舒适性，对悬架动挠度和车轮动载荷影响很小。因此，当坐垫具有低刚度、高阻尼属性时，有助于提高乘坐舒适性并且几乎不损害另外两项性能。同时，由于坐垫参数的（稳定）聚集分布，Pareto 前沿的分布形式主要受悬架参数的影响，二者在各自的空间中均呈现线性分布。

在悬架参数空间中的 Pareto 最优解集可以分为两部分：沿直线分布的部分对应轮胎刚度保持不变，仅悬架刚度和阻尼发生变化；沿曲线分布的部分对应

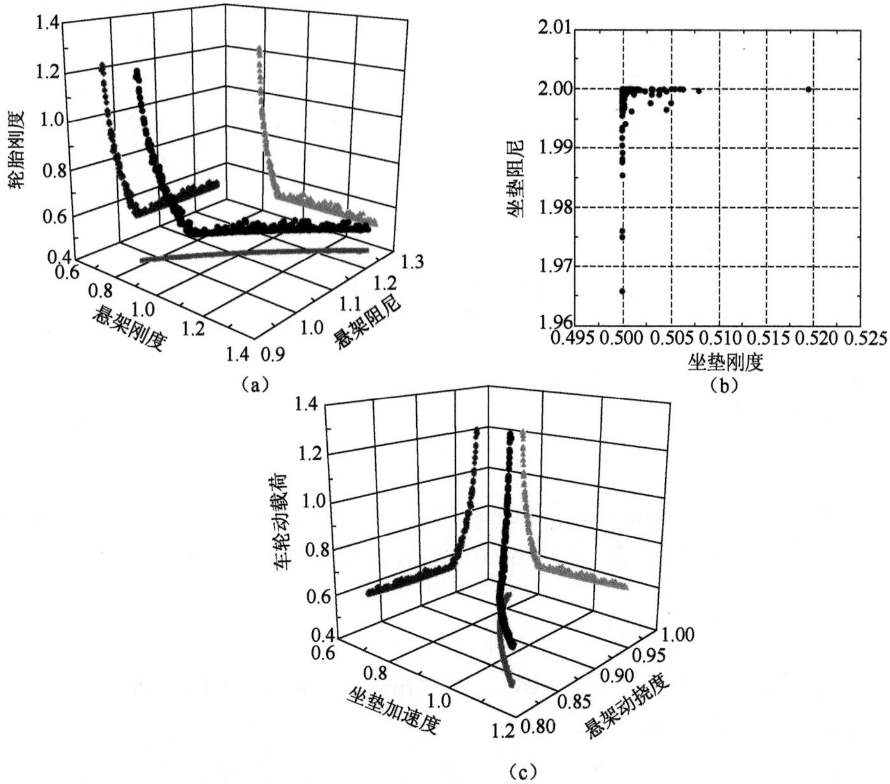

图 7.6.5　Pareto 最优解集及 Pareto 前沿

(a)Pareto 最优解集：悬架参数；(b)Pareto 最优解集：坐垫参数；(c)Pareto 前沿

三者同时发生变化。首先分析前一部分。由于轮胎刚度主要影响车轮动载荷，对另外两项性能几乎没有影响，因此当轮胎刚度取下限且保持不变时，车轮动载荷性能达到最优，这就对应了 Pareto 前沿中车轮动载荷性能保持不变的部分。另外，根据 Pareto 最优解集在悬架刚度一悬架阻尼平面上的投影可以看出，二者近似呈线性正相关关系，同时增大或减小。当轮胎刚度保持不变，悬架刚度和阻尼同时增大时，根据参数灵敏度分析结果可知，乘坐舒适性将恶化，而悬架动挠度性能将得到改善，Pareto 前沿清楚地显示了该分析结果。接下来分析后一部分。在该部分中，当轮胎刚度增大时，悬架刚度和阻尼会同时减小。轮胎刚度的增大意味着车轮动载荷性能将会恶化，悬架阻尼的减小意味着悬架动挠度性能将会恶化，二者的变化趋势一致，但是悬架刚度的减小却会改善乘坐舒适性。另外，由于悬架刚度和阻尼的变化关系相对固定，这就决定了乘坐舒适性和悬架动挠度必然不可能同时达到最优，Pareto 前沿在座椅加速度一悬架动挠度平面上的投影显示了该分析结果。

综上所述，当由第一部分选择设计方案时，车轮动载荷性能达到最优且保持不变，在此前提下根据其他性能的设计要求确定悬架刚度和阻尼；当由第二部分选择设计方案时，车轮动载荷性能的变化范围很大，但是在每个水平上都只与其他性能唯一对应，这样确定的每组设计方案都对应各项性能完全不相同的组合。

参考文献

[1] 林锉云，董加礼．多目标优化的方法与理论［M］．长春：吉林教育出版社，1992.

[2] Marler R. T.，Arora J. S. Survey of Multi－objective Optimization Methods for Engineering［J］. Structural and Multidisciplinary Optimization，2004（26）：369－395.

[3] 李元科．工程最优化设计［M］．北京：清华大学出版社，2006.

[4] Mastinu G.，Gobbi M.，Miano C. Optimal Design of Complex Mechanical Systems［M］. Springer，2006.

[5] 郝寨柳，冯佰威，刘祖源. 物理规划方法及其在船舶设计优化中的应用［M］. 北京：国防工业出版社，2015.

[6] de Weck O. MIT OpenCourseWare for ESD. 77：Multidisciplinary System Design Optimization. Massachusetts Institute of Technology，2010.

[7] Martins J. R. Course notes for AEROSP 588：Multidisciplinary Design Optimization. University of Michigan，2012.

[8] Hicken J. E.，Alonso J. J. Course notes for AA222：Introduction to Multidisciplinary Design Optimization. Stanford University，2012.

[9] 李海燕．面向复杂系统的多学科协同优化方法研究［M］. 沈阳：东北大学出版社，2013.

[10] McAllister C. D.，Simpson T. W.，Lewis K. Robust Multiobjective Optimization through Collaborative Optimization and Linear Physical Programming［C］. 10th AIAA/ISSMO Multidisciplinary Analysis and Optimization Conference，30 August－1 September 2004，Albany，New York. AIAA 2004－4549.

[11] Papalambros P.，Wilde D. J. Principles of Optimal Design：Modeling and

Computation [M]. 3rd Edition. Cambridge University Press, New York, 2017.

[12] Messac A. Physical Programming: Effective Optimization for Computational Design [J]. AIAA Journal, 1996, 34 (1): 149-158.

[13] Messac A., Gupta S., Akbulut B. Linear Physical Programming: A New Approach to Multiple Objective Optimization [J]. Trans on Oper Res, 1996, 8 (10): 39-59.

[14] Messac A., Chen X. Visualizing the Optimization Process in Real-time Using Physical Programming [J]. Engineering Optimization, 2000, 32 (6): 721-747.

[15] 薛立华. 机械产品概念设计方案生成及评价方法研究 [D]. 大连: 大连理工大学, 2005.

[16] Messac A., Ismail-Yahaya A., Mattson, C. A. The Normalized Normal Constraint Method for Generating the Pareto Frontier [J]. Structural and Multidisciplinary Optimization, 2003, 25 (2): 86-98.

[17] Das I., Dennis J. E. Normal-boundary Intersection: A New Method for Generating the Pareto Surface in Nonlinear Multicriteria Optimization Problems [J]. SIAM J. Optim., 1998, 8 (3), 631-657.

[18] Das I., Dennis J. E. A Closer Look at Drawbacks of Minimizing Weighted Sums of Objectives for Pareto Set Generation in Multi-criteria Optimization Problems [J]. Struct Optim, 1997 (14): 63-69.

[19] Kim I. Y., de Weck O. Adaptive Weighted Sum Method for Bi-objective Optimization: Pareto Front Generation [J]. Structural and Multidisciplinary Optimization, 2005 (29): 149-158.

[20] Kim I. Y., de Weck O. Adaptive Weighted Sum Method for Multiobjective Optimization: A New Method for Pareto Front Generation [J]. Structural and Multidisciplinary Optimization, 2006 (31): 105-116.

[21] 杨光. 求解多目标优化问题的NWSA研究及其工程应用 [D]. 长春: 吉林大学, 2015.

[22] 杨柳青. 考虑风电接入的大电网多目标动态优化调度研究 [D]. 广州: 华南理工大学, 2014.

[23] 李磊, 李元生, 敖良波, 等. 船用大功率柴油机涡轮增压器多学科设计优化 [M]. 北京: 科学出版社, 2011.

[24] 李金忠, 夏洁武, 曾小荟, 等. 多目标模拟退火算法及其应用研究进展

[J]. 计算机工程与科学, 2013(08): 77-88.
[25] 金天坤. 多目标最优化方法及应用[D]. 长春: 吉林大学, 2009.
[26] 郑强. 带精英策略的非支配排序遗传算法的研究与应用[D]. 杭州: 浙江大学, 2006.
[27] 蔡亚. 多目标遗传算法的改进及其变速箱参数优化设计研究[D]. 合肥: 合肥工业大学, 2014.
[28] 高媛. 非支配排序遗传算法(NSGA)的研究与应用[D]. 杭州: 浙江大学, 2006.
[29] 徐磊. 基于遗传算法的多目标优化问题的研究与应用[D]. 长沙: 中南大学, 2007.
[30] 王宇嘉. 多目标粒子群优化算法的全局搜索策略研究[D]. 上海: 上海交通大学, 2008.
[31] 金欣磊. 基于PSO的多目标优化算法研究及应用[D]. 杭州: 浙江大学, 2006.
[32] 李艳丽. 基于多目标优化的粒子群算法研究及其应用[D]. 成都: 西南交通大学, 2014.

第8章

工程应用案例

汽车开发工作涉及学科领域多、学科间耦合关系复杂、开发周期长，MDO 方法提供了一种新的可能性，使得可以从系统层面综合考虑多个学科的影响，有效组织和利用各种先进的信息化技术对汽车进行建模、仿真、分析及优化，提高设计开发水平，MDO 方法在车辆工程中的应用价值日益凸显。本章以主动悬架设计、插电式混合动力汽车动力系统优化、车身结构正面抗撞性设计等工程问题为例，分别采用多学科可行法、协同优化法，以及基于近似模型的协同优化方法等典型方法，将前面章节介绍的 MDO 相关技术进行综合应用。

8.1 汽车主动悬架系统优化

目前车辆中广泛采用的被动悬架由于无法根据外部环境的变化实现系统性能的改变，悬架系统各项性能要求相互冲突，在多变的行驶工况下无法实现悬架刚度和阻尼的最优设计。随着汽车电子技术、作动器、可调减振器和变刚度弹簧等方面技术的进步，主动悬架、半主动悬架等可控悬架日益受到重视，并已在部分高端车型上开始进入实用阶段。主动悬架采用一个力发生器（作动器）来取代传统被动悬架中的弹簧和减振器。为了减少主动悬架的能耗，实际中也保留悬架弹簧，与作动器并联来共同支持车身静载。作动器通常有液压、气动和电动形式，根据控制信号来产生相应大小的作用力。控制信号通常由一个微处理器产生，根据接收到的一些加速度和位移等测量信息，通过某种控制律来产生力信号。

对于任何一个可控悬架系统的设计而言，其中最重要的工作就是寻求可使系统性能实现最优化的控制律。回顾已发表的车辆主动悬架控制方法，几乎涉及现代控制理论的所有分支，典型的主动悬架基本控制律包括随机线性最优控制和预瞄控制等。随机线性最优理论被广泛应用于主动悬架控制律设计中，本节主要以随机线性最优控制为例，结合多学科可行法介绍主动悬架系统优化问题。

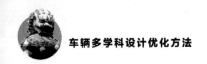

8.1.1　车辆模型的建立

汽车通过对主动悬架系统进行调节，实现对汽车垂向运动和车身侧倾、俯仰等姿态的运动控制。对于典型的轿车，车身倾斜和俯仰程度一般较小，较为复杂的半车模型的使用对精度的提升作用不大。2 自由度的 1/4 车辆模型在问题简化和计算精度之间取得了很好的折中，能够满足主动悬架设计和控制的基本需求，本例使用 1/4 车辆模型进行车辆模型的构建，如图 8.1.1 所示。

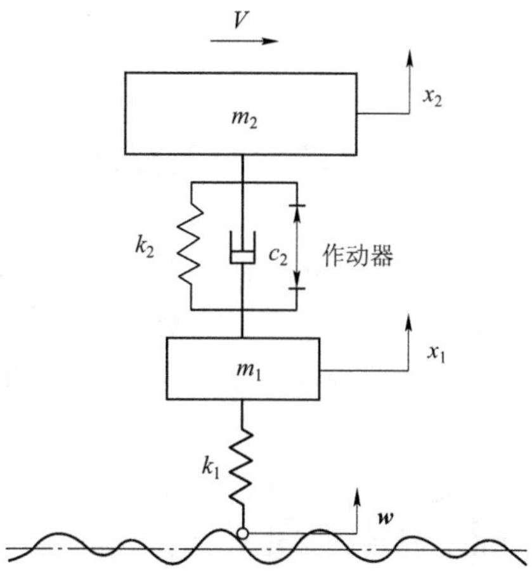

图 8.1.1　含主动悬架的 1/4 车辆模型

算例中所使用的基本参数如表 8.1.1 所示。

表 8.1.1　1/4 车辆模型参数

$C_2/(\mathrm{N\cdot m^{-1}\cdot s^{-1}})$	$k_1/(\mathrm{N\cdot m^{-1}})$	$k_2/(\mathrm{N\cdot m^{-1}})$	m_1/kg	m_2/kg
1 500	200 000	19 500	42	345

在图 8.1.1 中，**w** 代表道路输入，维度为 1×1；执行机构施加的力为 **u**，维度为 1×1，该力被均匀地施加到簧载质量（m_2）和非簧载质量（m_1）上。

在确定性路况条件下，系统变量向量 **x** 可以表示为

$$\boldsymbol{x}=(x_1-wx_2-w\dot{x}_1\dot{x}_2)^{\mathrm{T}} \tag{8.1-1}$$

式中，w 为 **w** 矢量的标量表达形式。因此，2 自由度模型的运动控制方程可以写成状态空间方程的形式，方程表达如下：

$$\dot{\boldsymbol{x}}=\boldsymbol{A}\boldsymbol{x}+\boldsymbol{B}\boldsymbol{u}+\boldsymbol{D}\dot{\boldsymbol{w}},\quad \boldsymbol{y}=\boldsymbol{C}\boldsymbol{x} \tag{8.1-2}$$

式中，**u** 为执行机构的力矢量，维度为 1×1；$\dot{\boldsymbol{w}}$ 为速度激励矢量，维度为 1×1；**y** 为输出矢量，维度为 2×1；**A**，**B**，**C** 和 **D** 分别为系统矩阵、控制矩阵、输出矩阵和噪声矩阵。

$$\boldsymbol{A}=\begin{pmatrix} 0 & 0 & 1 & 0 \\ 0 & 0 & 0 & 1 \\ -\dfrac{k_1+k_2}{m_1} & \dfrac{k_2}{m_1} & -\dfrac{c_1+c_2}{m_1} & \dfrac{c_2}{m_1} \\ \dfrac{k_2}{m_2} & -\dfrac{k_2}{m_2} & \dfrac{c_2}{m_2} & -\dfrac{c_2}{m_2} \end{pmatrix},\quad \boldsymbol{B}=\begin{pmatrix} 0 \\ 0 \\ -\dfrac{1}{m_1} \\ \dfrac{1}{m_2} \end{pmatrix}$$

$$C=\begin{pmatrix}1 & 0 & 0 & 0\\ 0 & 1 & 0 & 0\end{pmatrix},\qquad D=\begin{pmatrix}-1\\ -1\\ \dfrac{k_1}{m_1}\\ 0\end{pmatrix} \tag{8.1-3}$$

8.1.2 线性二次高斯控制算法

主动悬架问题可被视为一个线性，性能指标以二次型形式表达，系统输入为高斯分布的白噪声，系统状态可控的问题。研究表明，对于此类问题，线性二次高斯优化控制方法（Linear Quadratic Gaussian，LQG）具有速度快、系统设计稳定性好等优点。

首先对线性二次高斯控制的基本理论进行简单介绍。应用随机线性最优控制理论，对系统有几点要求：

（1）受控系统是线性的（Linear）。

（2）系统的性能指标应表达为二次型的形式（Quadratic）。

（3）系统输入为高斯分布的白噪声（Gaussian Distributed White Noise）。

（4）系统状态均可测。

在对实际系统进行合理简化后，根据动力学基本定律，一个集中参数的受控系统总可以以一组一阶常微分方程来描述，一般可以表述为

$$\dot{x}(t)=f[x(t),u(t),t] \tag{8.1-4}$$

式中，$x=(x_1, x_2, \cdots, x_n)^T$ 为 n 维状态变量；$u=(u_1, u_2, \cdots, u_r)^T$ 为 r 维控制矢量；t 为时间变量；$f^T=(f_1, f_2, \cdots, f_n)$ 为 n 维函数值矢量。

作为一种特例，线性系统可用如下状态空间表达式表示：

$$x=Ax+Bu \tag{8.1-5}$$

$$y=Cx \tag{8.1-6}$$

式中，A，B，C 分别为 $n\times n$，$n\times r$，$m\times n$ 维时不变矩阵。

对于由式（8.1-5）和式（8.1-6）表述的线性系统，若取状态变量和控制变量二次型函数的积分作为性能指标，这种动态系统最优化问题称为线性系统二次型性能指标的最优化控制问题。LQG 算法的控制策略可以归纳为以下最小化函数：

$$J=\lim_{T\to\infty}\frac{1}{T}E\left[\int_0^T \begin{pmatrix}x_a\\ u\end{pmatrix}^T \begin{pmatrix}G & N\\ N^T & H\end{pmatrix}\begin{pmatrix}x_a\\ u\end{pmatrix}dt\right] \tag{8.1-7}$$

式中，x_a为包括系统状态和输入状态的状态变量向量；u 为作动器力向量；G，

$\boldsymbol{N}$，$\boldsymbol{H}$ 为权重矩阵，根据模型不同，会有变化。对本例中的 1/4 车辆模型，$\boldsymbol{G}$，$\boldsymbol{N}$ 和 $\boldsymbol{H}$ 如下：

$$\boldsymbol{G}=\begin{pmatrix} k_2^2\rho_1+\dfrac{k_2^2\rho_2}{m_2^2}+\rho_3+\rho_4 & -k_2^2\rho_1-\dfrac{k_2^2\rho_2}{m_2^2}-\rho_4 & c_2k_2\rho_1+\dfrac{c_2k_2\rho_2}{m_2^2} & -c_2k_2\rho_1-\dfrac{c_2k_2\rho_2}{m_2^2} \\ -k_2^2\rho_1-\dfrac{k_2^2\rho_2}{m_2^2}-\rho_4 & k_2^2\rho_1+\dfrac{k_2^2\rho_2}{m_2^2}+\rho_4 & -c_2k_2\rho_1-\dfrac{c_2k_2\rho_2}{m_2^2} & c_2k_2\rho_1+\dfrac{c_2k_2\rho_2}{m_2^2} \\ c_2k_2\rho_1+\dfrac{c_2k_2\rho_2}{m_2^2} & -c_2k_2\rho_1-\dfrac{c_2k_2\rho_2}{m_2^2} & c_2^2\rho_1+\dfrac{c_2^2\rho_2}{m_2^2} & -c_2^2\rho_1-\dfrac{c_2^2\rho_2}{m_2^2} \\ -c_2k_2\rho_1-\dfrac{c_2k_2\rho_2}{m_2^2} & c_2k_2\rho_1+\dfrac{c_2k_2\rho_2}{m_2^2} & -c_2^2\rho_1-\dfrac{c_2^2\rho_2}{m_2^2} & c_2^2\rho_1+\dfrac{c_2^2\rho_2}{m_2^2} \end{pmatrix};$$

$$\boldsymbol{N}=\begin{pmatrix} \dfrac{k_2\rho_2}{m_2^2} \\ -\dfrac{k_2\rho_2}{m_2^2} \\ \dfrac{c_2\rho_2}{m_2^2} \\ -\dfrac{c_2\rho_2}{m_2^2} \end{pmatrix},\qquad \boldsymbol{H}=\left(\rho_1+\dfrac{\rho_2}{m_2^2}\right)$$

一个受到高斯白噪声影响的线性系统可以用下式来表示：

$$\dot{\boldsymbol{x}}_{\mathrm{a}}=\boldsymbol{A}_{\mathrm{a}}\boldsymbol{x}_{\mathrm{a}}+\boldsymbol{B}_{\mathrm{a}}\boldsymbol{u}_{\mathrm{a}}+\boldsymbol{D}_{\mathrm{a}}\xi \tag{8.1-8}$$

式中，ξ 表示均值为零的白噪声干扰向量；$\boldsymbol{A}_{\mathrm{a}}$，$\boldsymbol{B}_{\mathrm{a}}$，$\boldsymbol{D}_{\mathrm{a}}$分别表示系统、控制和干扰矩阵。

假设所有不可控的模态都是稳定的，则优化问题的解是以下形式的控制力向量：

$$\boldsymbol{u}=-\boldsymbol{K}\boldsymbol{x}_{\mathrm{a}} \tag{8.1-9}$$

式中，$\boldsymbol{K}$ 为控制增益矩阵，其中的每一项 K_{ij} 都满足下式：

$$\frac{\partial J}{\partial K_{ij}}=0 \tag{8.1-10}$$

由此，控制增益矩阵 $\boldsymbol{K}$ 可通过下式求得，即

$$\boldsymbol{K}=\boldsymbol{H}^{-1}(\boldsymbol{N}^{\mathrm{T}}+\boldsymbol{B}_{\mathrm{a}}^{\mathrm{T}}\boldsymbol{S}) \tag{8.1-11}$$

式中，对称正定矩阵 $\boldsymbol{S}$ 是下述黎卡提（Riccati）方程的解，即

$$\boldsymbol{S}\boldsymbol{A}_{\mathrm{a}}+\boldsymbol{A}_{\mathrm{a}}^{\mathrm{T}}\boldsymbol{S}+\boldsymbol{G}-(\boldsymbol{S}\boldsymbol{B}_{\mathrm{a}}+\boldsymbol{N})\boldsymbol{H}^{-1}(\boldsymbol{S}\boldsymbol{B}_{\mathrm{a}}+\boldsymbol{N})^{\mathrm{T}}=0 \tag{8.1-12}$$

8.1.3 卡尔曼滤波算法

由于 LQG 方法的前提假设是所有状态量均可观测，但实际上仅有一小部分而非所有状态量是可完全测量的，并且有关观测量通常存在噪声，这将对控制系统的性能造成较大影响。

假设观测量被噪声影响，状态量方程可以写为

$$\boldsymbol{y}_a=\boldsymbol{C}_a\boldsymbol{x}_a+\boldsymbol{v} \tag{8.1-13}$$

式中，$\boldsymbol{y}_a$ 为输出向量；$\boldsymbol{C}_a$ 为输出矩阵，也可称为状态量变换矩阵；$\boldsymbol{x}_a$ 为包含系统变量和输入变量的状态量向量；$\boldsymbol{v}$ 为高斯白噪声，均值为 0，协方差 $\boldsymbol{R}$ 表述为

$$E[\boldsymbol{v}(t)]=0,\ E[\boldsymbol{v}(t)\boldsymbol{v}^{\mathrm{T}}(\tau)]=\boldsymbol{R}\delta(t-\tau) \tag{8.1-14}$$

因此，优化估计器可以写为

$$\dot{\hat{\boldsymbol{x}}}_a=\boldsymbol{A}_a\hat{\boldsymbol{x}}_a+\boldsymbol{B}_a\boldsymbol{u}+\boldsymbol{L}(\boldsymbol{y}_a-\boldsymbol{C}_a\hat{\boldsymbol{x}}_a) \tag{8.1-15}$$

式中，$\hat{\boldsymbol{x}}_a$ 为 $\boldsymbol{x}$ 的优化估计向量；$\boldsymbol{u}$，$\boldsymbol{A}_a$，$\boldsymbol{B}_a$ 前面均已定义；$\boldsymbol{L}$ 为卡尔曼滤波增益矩阵，其求法如下：

$$\boldsymbol{L}=\boldsymbol{P}\boldsymbol{C}_a^{\mathrm{T}}\boldsymbol{R}^{-1} \tag{8.1-16}$$

式中，$\boldsymbol{P}$ 为滤波误差（$e=\hat{x}-x$）协方差矩阵，可以从下面的黎卡提微分方程中求得：

$$\boldsymbol{A}_a\boldsymbol{P}+\boldsymbol{P}\boldsymbol{A}_a^{\mathrm{T}}+\boldsymbol{Q}-\boldsymbol{P}\boldsymbol{C}_a^{\mathrm{T}}\boldsymbol{R}^{-1}\boldsymbol{C}_a\boldsymbol{P}=0 \tag{8.1-17}$$

8.1.4 主动悬架 MDF 优化

基于多学科可行法（MDF）的思想搭建主动悬架设计优化模型，如图 8.1.2 所示。其中，系统层负责调整车辆模型的参数并将其提供给学科分析模型，学科分析模型根据车辆模型使用 LQG 控制得到性能指标，反馈给系统层，系统层再根据反馈结果调整设计参数，发给学科分析优化模型重新迭代，直到迭代过程收敛，获得最优解。

本算例中的学科分析模型是一个典型的带状态估计的主动悬架控制模型，其结构如图 8.1.3 所示。

从图 8.1.3 中可以看到，学科分析模型会先根据车辆模型计算所需的各种矩阵，然后再使用车辆系统动力学部分计算输出向量，卡尔曼滤波器根据输出向量得到系统状态的估计值，LQG 根据该值，控制输出作动力，并计算性能指数。

为简便计，本算例仅对确定性路面激励（阶跃输入）条件下的悬架设计优化问题进行示例，对于具体的工程问题，可考虑更合理的随机路面输入工况条件。

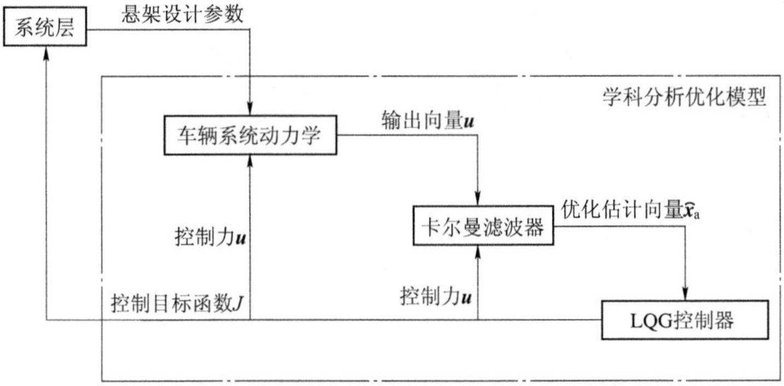

图 8.1.2　MDF 优化模型结构

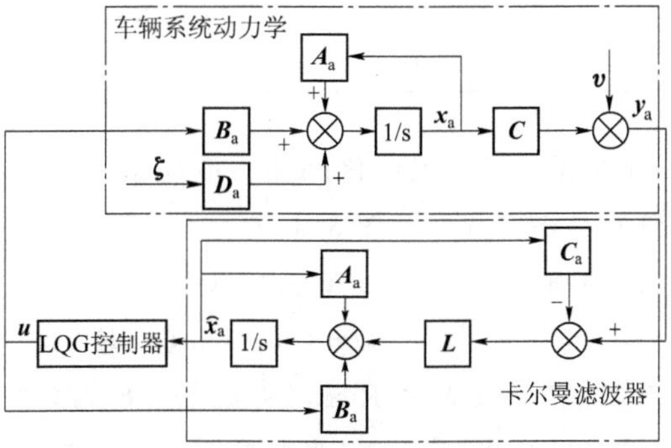

图 8.1.3　学科分析模型

在车辆悬架设计中，主要的性能指标包括：代表乘坐舒适性的车身（簧载质量）加速度；代表轮胎接地性的轮胎动载荷；影响车身姿态且与结构设计和悬架布置有关的悬架动行程。这里，车身加速度的大小同时意味着作动器输出力的大小。优化问题的目标函数可定义为如下形式：

$$J=\int_0^{\infty}\left[\rho_1(u+vf_{\text{pass}})^2+\rho_2\ddot{x}_2^2+\rho_3(x_1-w)^2+\rho_4(x_2-x_1)^2\right]\mathrm{d}t \tag{8.1-18}$$

式中，u 为作动器输出力；v 为常数；f_{pass} 为悬架弹簧及减振器作用力；ρ_1，ρ_2，ρ_3，ρ_4 为加权因子；$\ddot{x}_2$ 为乘坐舒适性；x_1-w 为轮胎动位移；x_2-x_1 为悬架动行程。初始状态变量 $x_1(0)$，$x_2(0)$，$\dot{x}_1(0)$ 和 $\dot{x}_2(0)$ 取 0。道路位移扰动 w 是在 $t=0$ 时的单位阶跃输入（$w=0.01$ m）。注意 u 和 w 是相应 1×1 向量 $\boldsymbol{u}$ 和 $\boldsymbol{w}$ 的标量表达。

上述表达式的分解表示如表 8.1.2 所示。

表 8.1.2 J_1，J_2，J_3，J_4 定义

J_1	J_2	J_3	J_4
$\int_0^{\infty}(u+vf_{\text{pass}})^2\mathrm{d}t$	$\int_0^{\infty}\ddot{x}_2^2\mathrm{d}t$	$\int_0^{\infty}(x_1-w)^2\mathrm{d}t$	$\int_0^{\infty}(x_2-x_1)^2\mathrm{d}t$

加权因子 ρ_1，ρ_2，ρ_3，ρ_4分别取值为 0，6.493×10^{-4}，74.709，13.206。优化过程设定 $J_1\leqslant 12\,800$ 为约束条件，优化目标为 J_2，J_3，J_4 最小。

本例选取优化设计变量如表 8.1.3 所示，设计变量变化范围上下浮动 20%。

表 8.1.3 设计变量初始值

变量名	m_1/kg	m_2/kg	K_1/(N·m^{-1})	K_2/(N·m^{-1})	C_2/(N·m^{-1}·s^{-1})
初始值	28.58	288.9	$1.559\,0\times10^5$	$1.996\,0\times10^4$	$1.861\,0\times10^3$

在 Matlab/Simulink 环境下搭建优化问题、被动悬架、主动悬架，以及目标函数的分析模型，分别如图 8.1.4～图 8.1.7 所示。

利用 Matlab 函数 LQR 对状态反馈 $\boldsymbol{K}$ 进行求解：

$$(\boldsymbol{K}\quad \boldsymbol{S}\quad \boldsymbol{E})=lqr(\boldsymbol{A},\boldsymbol{B},\boldsymbol{Q},R) \tag{8.1-19}$$

式中，$\boldsymbol{K}$ 为最优状态反馈矩阵；$\boldsymbol{S}$ 为 Riccati 方程解；$\boldsymbol{E}$ 为系统特征值。

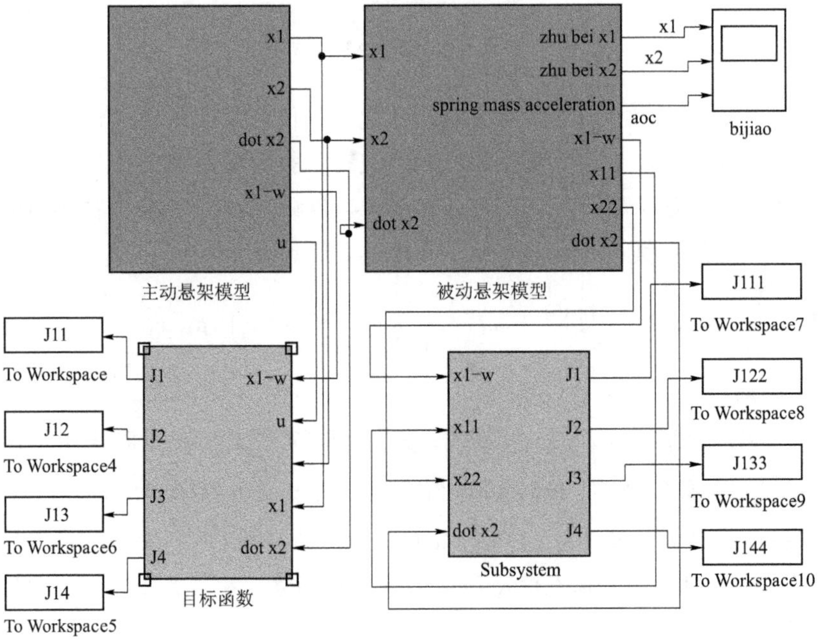

图 8.1.4 优化问题模型

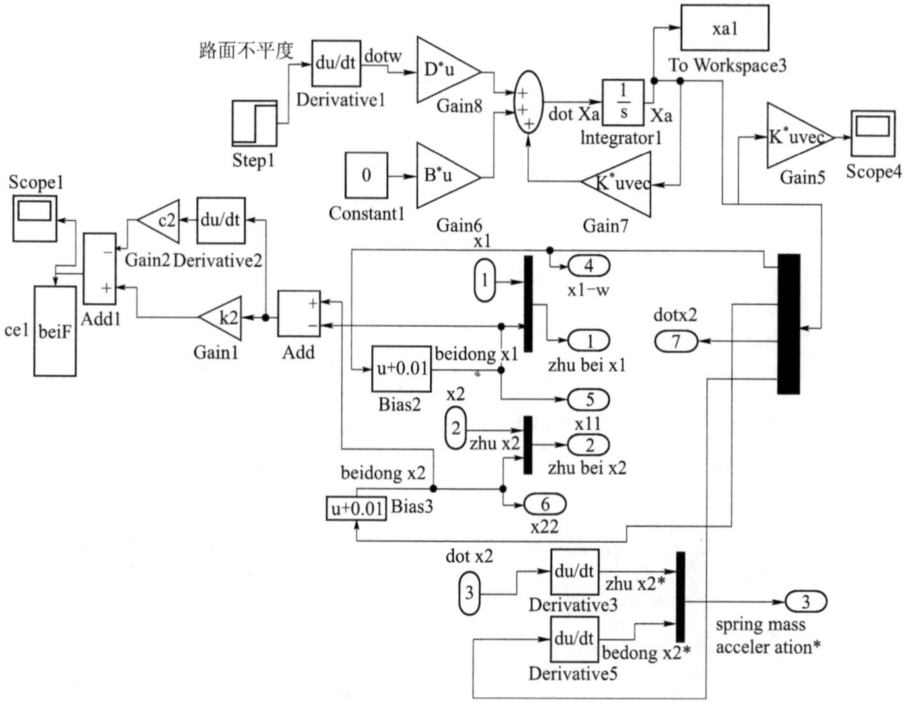

图 8.1.5 被动悬架模型

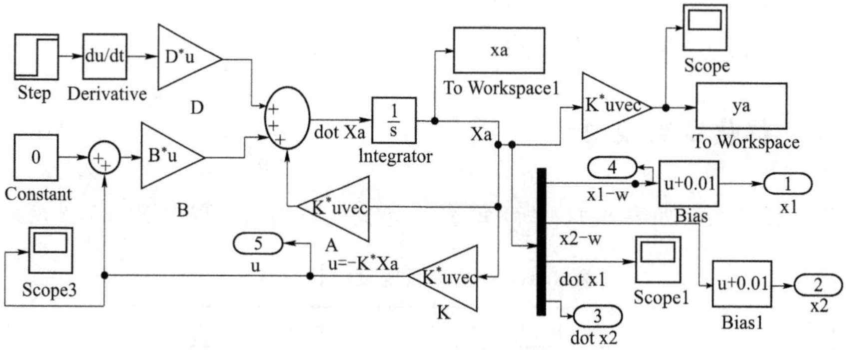

图 8.1.6 主动悬架模型

$$
\boldsymbol{A}=\begin{pmatrix}
0 & 0 & 1 & 0 \\
0 & 0 & 0 & 1 \\
-\dfrac{k_1+k_2}{m_1} & \dfrac{k_2}{m_1} & -\dfrac{c_1+c_2}{m_1} & \dfrac{c_2}{m_1} \\
\dfrac{k_2}{m_2} & -\dfrac{k_2}{m_2} & \dfrac{c_2}{m_2} & -\dfrac{c_2}{m_2}
\end{pmatrix},\quad
\boldsymbol{B}=\begin{pmatrix}0 & 0 & -\dfrac{1}{m_1} & -\dfrac{1}{m_2}\end{pmatrix}^{\mathrm{T}}
$$

$$Q=\begin{pmatrix} q_1+q_2 & q_2 & 0 & 0 \\ -q_2 & q_2 & 0 & 0 \\ 0 & 0 & 0 & 0 \\ 0 & 0 & 0 & 0 \end{pmatrix}$$

其中 $q_1=10$，$q_2=1$。

$$R=8\times10^{-10}$$

因此，可得到主动控制力 $\boldsymbol{U}=-\boldsymbol{KX}$。

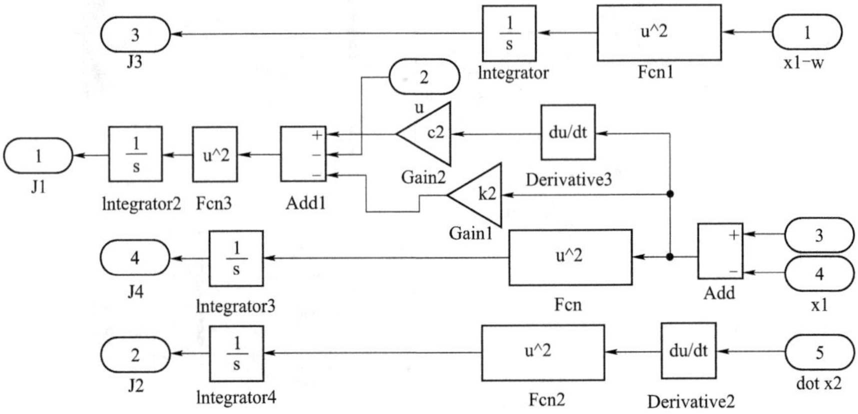

图 8.1.7　目标函数模型

基于多学科可行法的思想，利用多学科设计优化软件集成上述 Matlab 分析模型，建立主动悬架系统的多学科设计优化模型。

8.1.5　优化结果及讨论

优化计算结果如表 8.1.4 所示，各设计变量的优化过程如图 8.1.8 所示。

表 8.1.4　悬架系统设计优化值

变量名	m_1/kg	m_2/kg	k_1/(N·m^{-1})	k_2/(N·m^{-1})	c_2/(N·m^{-1}·s^{-1})
优化值	23.52	327.4	$1.288\,44\times10^5$	$1.890\,7\times10^4$	2.188×10^3

可以看出，悬架系统在优化过程中非簧载质量减小，簧载质量增加，质量的变化有助于改善车辆乘坐舒适性；悬架弹簧刚度降低，同时阻尼增大，轮胎刚度降低。将初始值及优化值代入主动悬架和被动悬架 Simulink 模型中，计算获得车身加速度、悬架动行程、轮胎动位移、轮胎动载荷在被动悬架、LQG 优化控制主动悬架、MDF 优化主动悬架三种情况下的对比，如图 8.1.9～图 8.1.12 及表 8.1.5 所示。

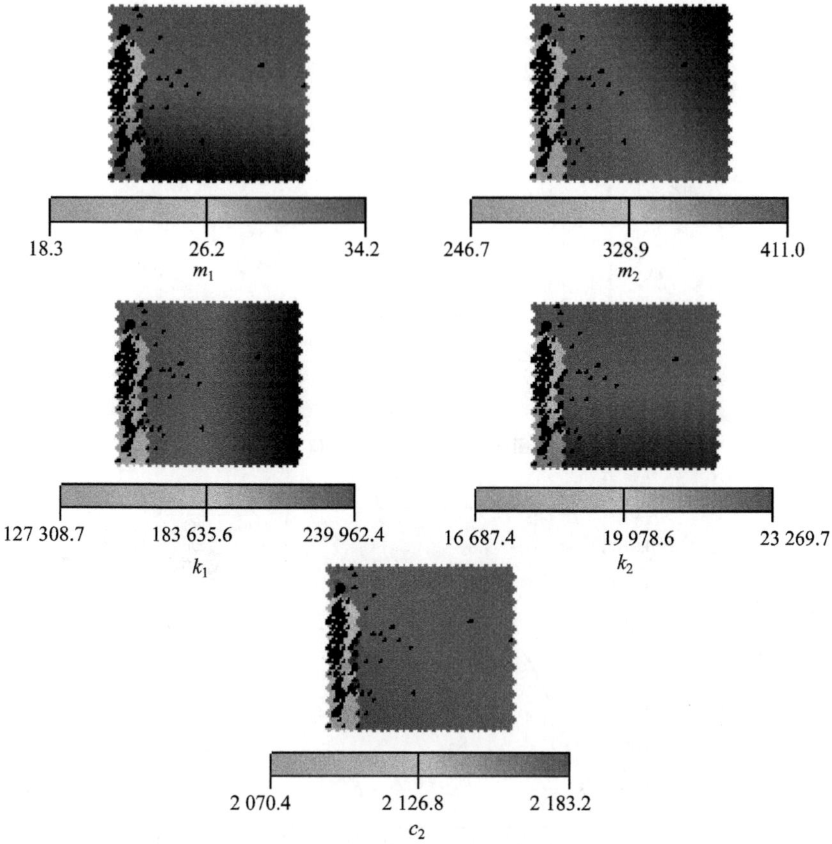

图 8.1.8　设计变量优化分布

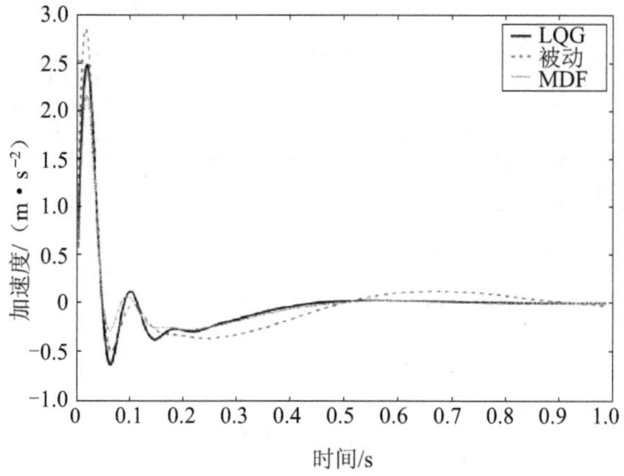

图 8.1.9　车身加速度

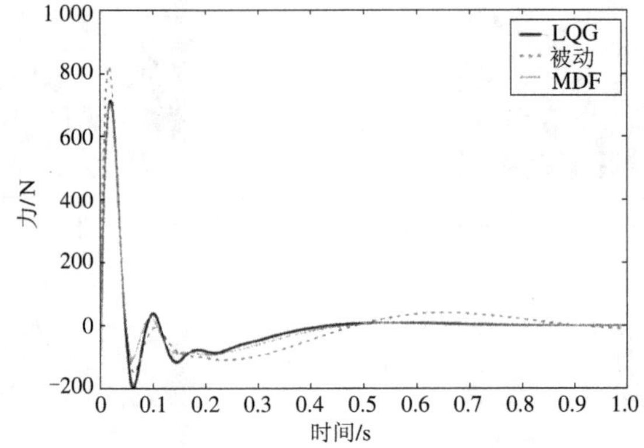

图 8. 1. 10　轮胎动载荷

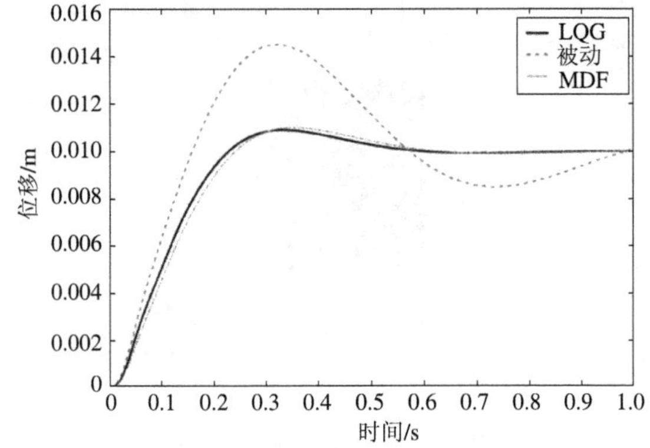

图 8. 1. 11　悬架动行程

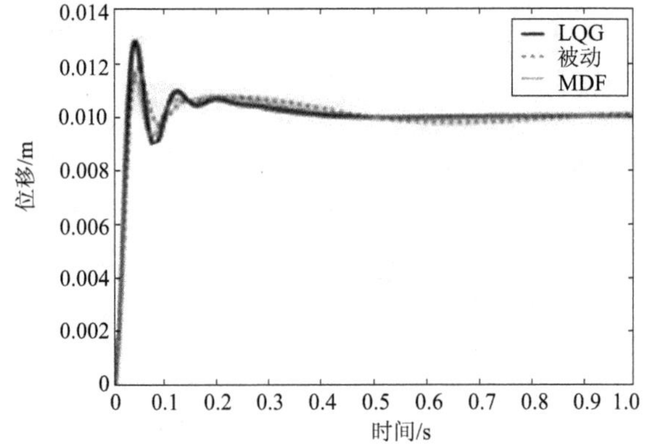

图 8. 1. 12　轮胎动位移

表 8.1.5　悬架性能指标对比

	LQG	被动	MDF
m_2 位移超调量/%	9.1	45.34	10.03
m_2 位移超调量/%	27.67	17.78	15.18
轮胎动载荷峰值/N	714.6	820.8	706
m_2 加速度峰值/($m\cdot s^{-2}$)	2.462	2.833	2.146

由图 8.1.9 可以得出，基于 LQG 方法和 MDF 方法的主动悬架簧载质量峰值加速度均小于被动悬架的簧载质量峰值加速度。从表 8.1.5 中的数据对比可以得出，MDF 方法对于悬架簧载质量加速度的可控性强于 LQG 方法。从图 8.1.10 中可以得出，基于 LQG 方法和 MDF 方法的主动悬架的二次悬架力峰值相近，但均优于被动悬架，悬架弹簧刚度减小，阻尼系数增加，有利于悬架受力的减小。从表 8.1.5 中的精确数据可以得出，MDF 方法获得的峰值力略小于 LQG 方法。从图 8.1.11 中可以得出，基于 LQG 方法和 MDF 方法的主动悬架簧载质量位移的变化趋势相同，峰值位移相差很小，但均优于被动悬架，被动悬架位移超调量过大，悬架弹簧刚度减小，有利于簧载质量位移的减小。从表 8.1.5 中的数据可以得出，MDF 方法位移超调量略大于 LQG 方法。从图 8.1.12 中可以得出，基于 MDF 方法的主动悬架的非簧载质量位移相对于 LQG 方法而言，对悬架非簧载质量位移的可控性更强。从表 8.1.5 中可以看出，LQG 方法非簧载质量位移的超调量较大。

J_1，J_2，J_3，J_4 优化过程迭代如图 8.1.13 所示 。

从图 8.1.13 中可以看出，优化过程中 J_1 的变化分布在 12 000 附近，变化平稳；J_2 的变化趋势倾向于降低，其代表簧载质量的加速度逐渐降低，表明乘坐舒适性提高；J_3 在 1.40×10^{-6} 附近波动，变化相对平稳，表明车轮相对于路面变形量变化很小；J_4 随着迭代次数的增加，呈现上升趋势，表明悬架工作空间增加。

结合 MDO 方法，也可进一步开展 LQG 控制器的设计优化，实现对最优控制增益的求解，以实现更好的悬架控制效果。

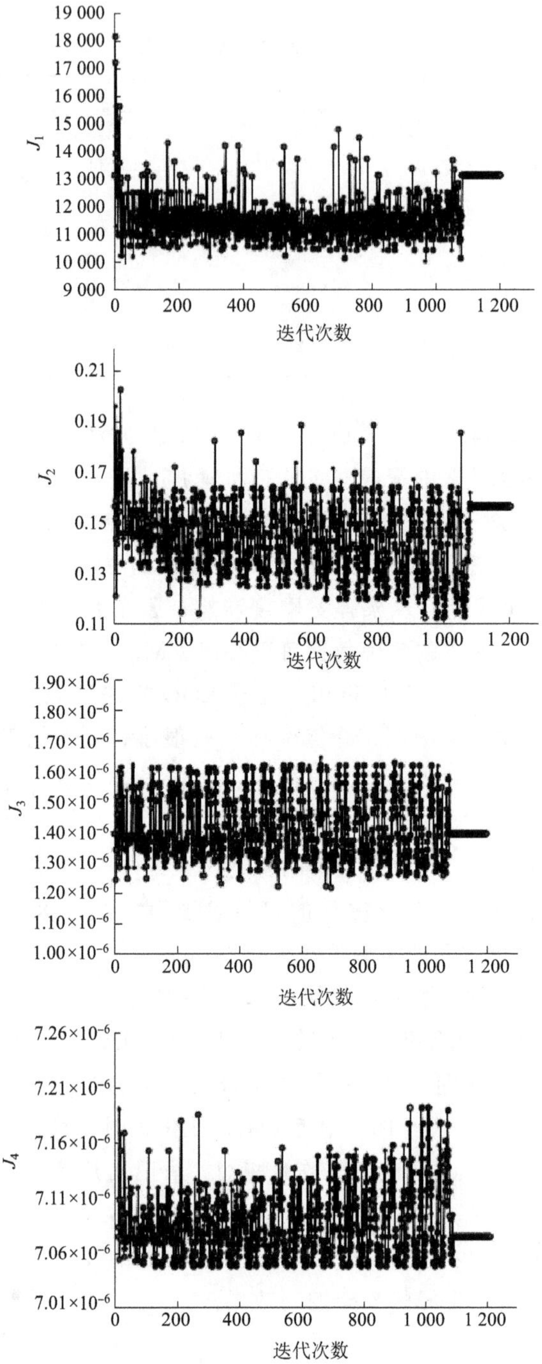

图 8.1.13　J_1，J_2，J_3，J_4优化过程迭代

8.2　插电式混合动力汽车动力系统优化

混合动力电动汽车（Hybrid Electric Vehicle，HEV）是现代电动汽车发展的主流方向之一，由于 HEV 既具有内燃机续航能力强、动力强、能量补给便捷的优势，也能在一定程度上发挥电动机无污染、强动力、低噪声优势，能很好地结合内燃机驱动和电驱动的优缺点，取长补短，具有良好的前景。插电式混合动力汽车（Plug - in Hybrid Electric Vehicle，PHEV）相比普通 HEV，其携带更大容量的动力电池组，纯电动模式续航能力较强，有着更好的节能减排潜力。

PHEV 的动力系统匹配需在追求能耗经济性优化的前提下，满足动力性和动力部件性能等约束条件，涉及动力学、控制等多个学科，是典型的 MDO 问题。本算例的插电式混合动力客车采用单轴混联式动力总成，如图 8.2.1 所示。

8.2.1　驾驶员模型

驾驶员模型负责对车辆运行中的驾驶员行为进行模拟，结合标准路况数据，可得到每一时刻的目标速度，并根据当前速度与目标速度之差调整油门或制动踏板深度，可表示为

$$V_e = V_{rf} - V_f \tag{8.2-1}$$

$$A_{cc} = \frac{1}{A}\left(k_p \cdot V_e + \lambda_i k_i \int_0^t V_e \mathrm{d}t\right) \tag{8.2-2}$$

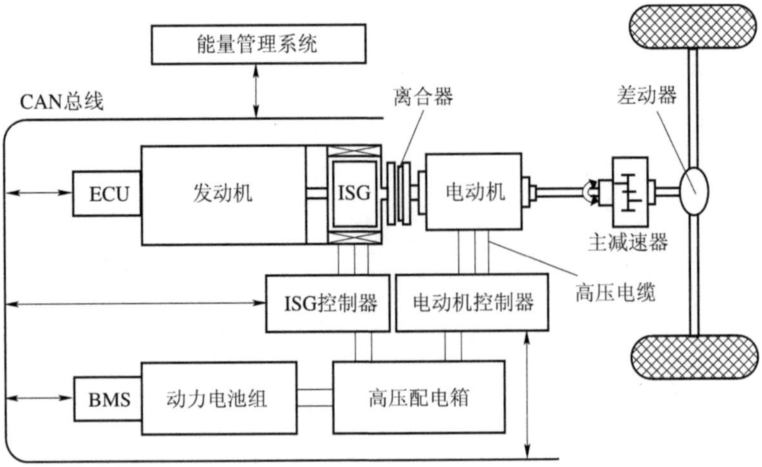

图 8.2.1　单轴混联式动力总成结构示意

$$\lambda_i = \begin{cases} 0, & \left| k_i \int_0^t v_e \mathrm{d}t \right| > A \\ 1, & \left| k_i \int_0^t v_e \mathrm{d}t \right| < A \end{cases} \tag{8.2-3}$$

式中，V_{rf}为目标车速，V_f为实际车速，V_e为二者之差；A_{cc}为油门/制动踏板深度，其范围为[-1，1]，其中[-1，0]时为制动踏板深度，[0，1]时为油门踏板深度；A为踏板满量程值；k_p为比例调节系数；k_i为积分调节系数；λ_i为积分抗饱和系数。

经驾驶员模型调节控制后输出的驱动或转动转矩如下：

$$\begin{aligned} T_d &= A_{cc} \cdot T_{toss} \\ T_{toss} &= \gamma_d(n_d) \end{aligned} \tag{8.2-4}$$

式中，T_d为调节后的输出转矩，$T_d \geqslant 0$时为驱动转矩，$T_d < 0$时为制动转矩；T_{toss}为当前转速下对应的可输出最优转矩，该最优转矩与整车驱动轴转速n_d相关；γ_d为二者间的对应函数。驾驶员模型输入、输出关系如图8.2.2所示。

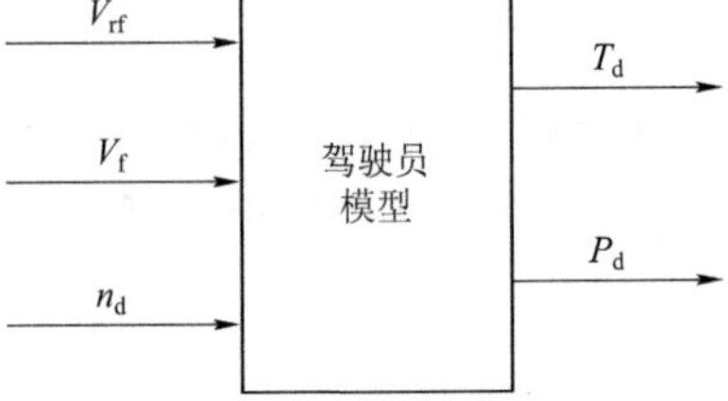

图 8.2.2　驾驶员模型输入、输出关系

8.2.2　整车控制器模型

整车控制器的任务是根据荷电状态 SOC 和车辆行驶所需的速度、驱动功率和转矩控制发动机、驱动电机和 ISG 电机的运行。车辆共有三种能量消耗模式，即纯电动模式（EV）、混合驱动电量消耗模式（CD）、混合驱动电量维持模式（CS）。

当动力电池荷电状态 SOC＞65％时，车辆处于 EV 模式，由驱动电机驱动车辆，动力电池组提供能量。由于此时动力电池荷电状态 SOC 较高，暂停再生制动功能，减少低效率的充电次数，以延长电池使用寿命。

当 30％＜SOC＜65％时，车辆处于 CD 模式。当车辆处于低速时，由驱动电机驱动车辆。当车辆中高速行驶时，如果行驶所需的转矩低于发动机最佳工作区域的下限，由驱动电机驱动；当所需转矩处于发动机最佳工作区域时，由发动机直接驱动；当所需转矩高于发动机最佳工作区域时，由发动机和驱动电机共同驱动。在这个模式下允许使用再生制动来回收能量。

当 SOC＜30％时，此时控制器要控制发动机工作为电池充电并为驱动电机供电，保证发动机处于最佳工作区域，在此模式下也允许使用再生制动。整车控制器模型输入、输出关系如图 8.2.3 所示。

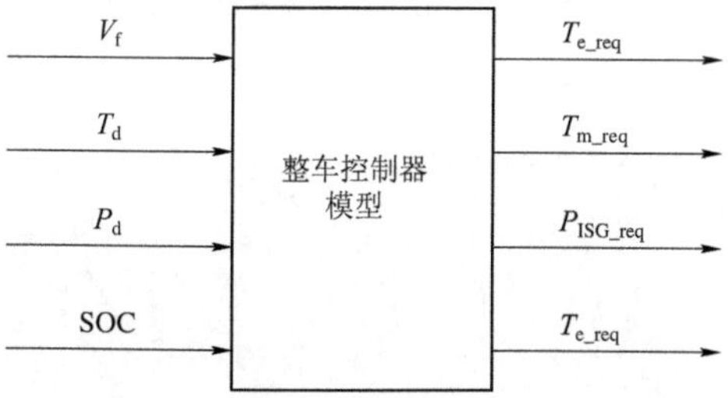

图 8.2.3　整车控制器模型输入、输出关系

8.2.3　发动机模型

由于发动机是复杂的非线性部件，理论建模较为困难，本算例使用稳态试验数据建模的方法进行计算，建模及计算简便快捷，有利于提高运算速度。本例中的发动机数据来自某汽车公司实车测试，其发动机稳态燃油消耗率方程如下：

$$m_f = \frac{T_e n_e f_e(T_e, n_e)}{3.6 \times 10^6} \tag{8.2-5}$$

式中，m_f 为单位时间内燃油消耗；T_e 为发动机输出转矩；n_e 为发动机转速；$f_e(T_e, n_e)$ 表示前者与后两者间的函数对应关系，该函数由试验数据测得。

发动机效率如下：

$$\eta_e(T_e, n_e) = \frac{T_e n_e}{m_f Q_{lh}} \times 100\% \tag{8.2-6}$$

式中，Q_{lh}为燃油热值。将发动机的整个工况视为一个连续过程，则可使用下式表示发动机工作时间内的整体油耗：

$$m_e = \int_0^T m_f \mathrm{d}t \tag{8.2-7}$$

式中，m_e 为整个工况下的燃油消耗质量；T 为工况时长。故而，可得到发动机燃油消耗：

$$L_e = \frac{m_e}{\rho_e} \tag{8.2-8}$$

式中，L_e 为燃油消耗体积；ρ_e 为所选燃油密度。在稳态的发动机模型中，根据输入请求转矩和转速，即可由下式得出输出转矩：

$$T_e = T_{e\_req} + \gamma_e(\text{mode}, n_e) \times (T_{e\_max} - T_{e\_min}) \tag{8.2-9}$$

式中，T_{e_req}为输入请求转矩；mode 为整车工作模式，$\gamma_e(\text{mode}, n_e)$ 为调整函数；T_{e_max}和 T_{e_min}分别表示发动机在当前转速下的最大和最小扭矩值，随后可以根据这些参数计算出功率 P_e。利用 Matlab 绘制发动机燃油消耗和效率图，如图 8.2.4 所示。发动机模型输入、输出关系如图 8.2.5 所示。

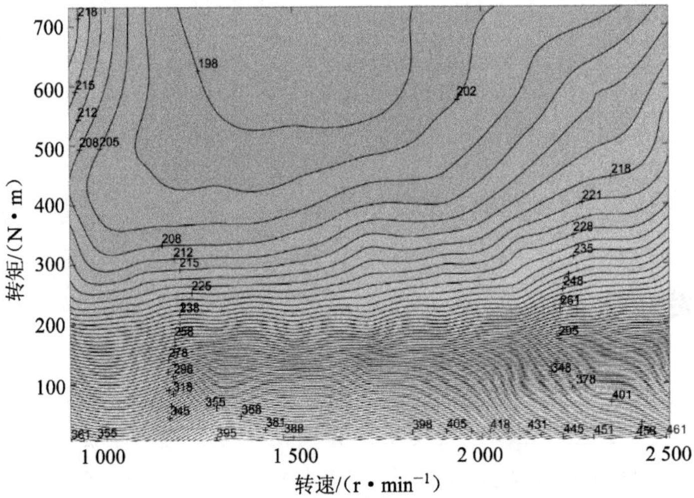

(a)

图 8.2.4 发动机特性

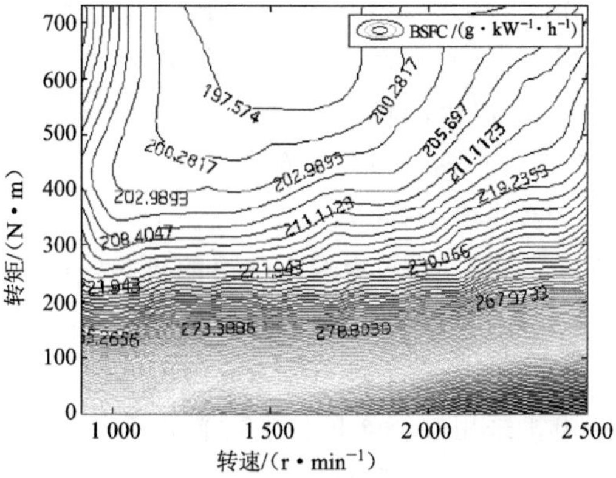

（a）

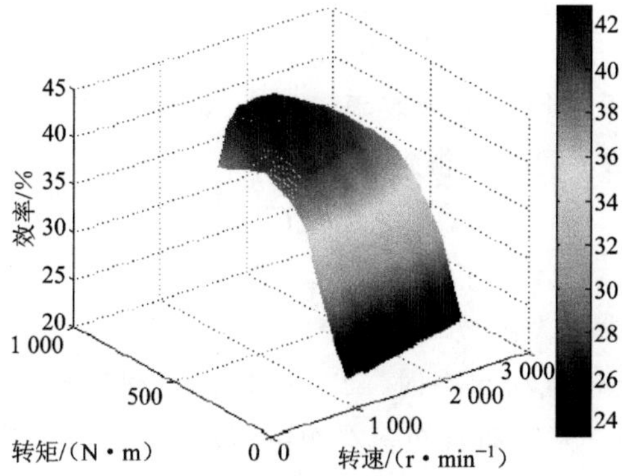

（b）

图 8. 2. 4　发动机特性(续)

（a）发动机燃油消耗；（b）发动机效率

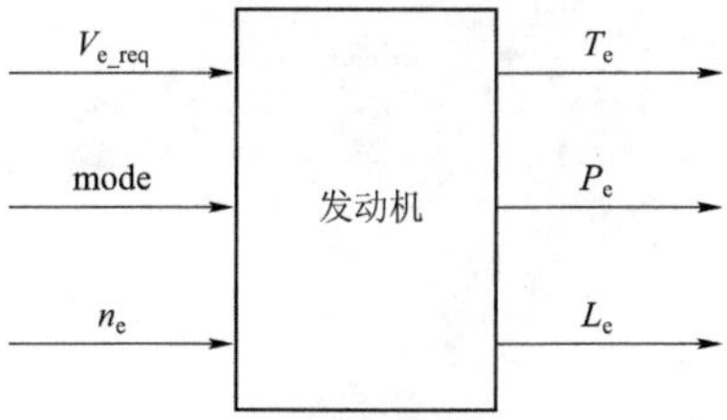

图 8. 2. 5　发动机模型输入、输出关系

8. 2. 4　主驱动电机模型

对本例的 PHEV 而言，其驱动电机在行驶时，要既能提供动力，也可以充当发电机回收制动的能量。主驱动电机模型要能兼容这两种模式，当其处于驱动模式时转矩 T_m 为正，处于制动模式时转矩 T_m 为负。

电机建模同样采用试验的方法，关注输入量与输出量之间的关系，而非电机的构造和原理。电机模型的输入量为整车控制器传输来的主驱动电机需求转矩 T_{m_req}，输出量为主驱动电机的转矩 T_m 和功率 P_m，其中 T_m 应该满足主驱动电机在转速为 n_m 的情况下所对应的转矩的上下限：

$$T_m \in [T_{m\_min},\ T_{m\_max}] \tag{8.2-10}$$

式中，转矩上下限 T_{m_max}和 T_{m_min}均为查表得出的当前转速 n_m 之单参数函数：

$$\begin{aligned} T_{m\_max} &= \gamma_{m\_max}(n_m) \\ T_{m\_min} &= \gamma_{m\_min}(n_m) \end{aligned} \tag{8.2-11}$$

本例中的主驱动电机采用准稳态模型，其准稳态方程如下：

$$P_m = \begin{cases} \dfrac{T_m n_m}{\eta_{m\_pro}}, & T_m \geqslant 0 \\ T_m n_m \eta_{m\_req}, & T_m < 0 \end{cases} \tag{8.2-12}$$

式中，η_{m_pro}为电机驱动状态下的效率；η_{m_req}为电机发电状态下的效率。两者均为 n_m 和 T_m 的函数，可查表得到对应值：

$$\begin{aligned} \eta_{m\_pro} &= f_{m\_pro}(T_m,\ n_m) \\ \eta_{m\_req} &= f_{m\_req}(T_m,\ n_m) \end{aligned} \tag{8.2-13}$$

式中，f_{m_pro}和 f_{m_req}为查表函数。

当主驱动电机处于驱动状态时，$T_m \geqslant 0$，为驱动转矩；当主驱动电机处于发电状态时，$T_m \leqslant 0$，为制动转矩。本例主驱动电机的效率如图 8.2.6 所示。主驱动电机模型输入、输出关系如图 8.2.7 所示。

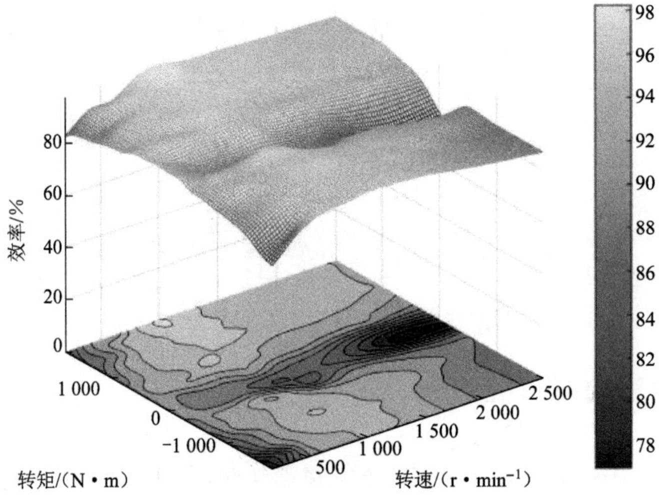

图 8.2.6　主驱动电机效率

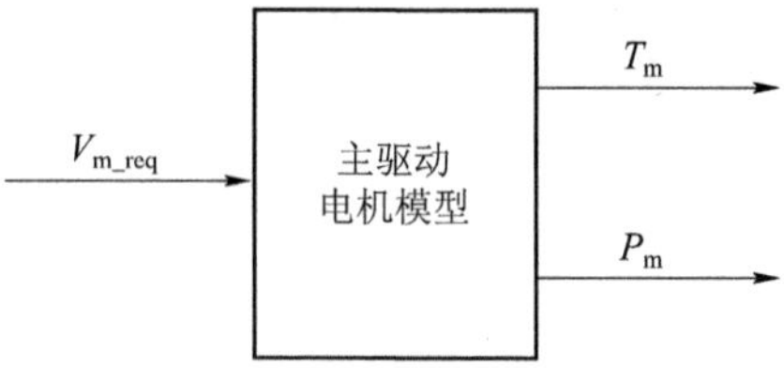

图 8.2.7 主驱动电机模型输入、输出关系

8.2.5 ISG 电机模型

ISG 电机是与发动机主轴直接相连的起动发电一体机。其有两种工作模式，当 $T_{ISG} \leqslant 0$ 时，ISG 电机处于发电状态，为电池充电；当 $T_m \geqslant 0$ 时，ISG 电机处于驱动状态，带动发动机转动，助其在最佳燃油区域内工作，提高整车的能耗经济性。

ISG 电机模型也使用试验法构造，其输入量为整车控制器分配的 ISG 电机需求转矩 T_{ISG_req}，输出量为 ISG 电机转矩 T_{ISG}和功率 P_{ISG}。ISG 电机的转矩 T_{ISG}应该满足转速 n_{ISG}下转矩的上下限，即

$$T_{ISG} \in [T_{ISG\_min}, T_{ISG\_max}] \tag{8.2-14}$$

式中，转矩上下限 T_{ISG_max}和 T_{ISG_min}均为可查表得出的当前转速 n_{ISG}的单参数函数：

$$\begin{aligned} T_{ISG\_max} &= \gamma_{ISG\_max}(n_m) \\ T_{ISG\_min} &= \gamma_{ISG\_min}(n_m) \end{aligned} \tag{8.2-15}$$

本例中的 ISG 电机采用准稳态模型，其准稳态方程如下：

$$P_{ISG} = \begin{cases} T_{ISG} n_{ISG} \eta_{ISG\_req}, & T_m \geqslant 0 \\ \dfrac{T_{ISG} n_{ISG}}{\eta_{ISG\_pro}}, & T_m < 0 \end{cases} \tag{8.2-16}$$

式中，η_{ISG_pro}为电机处于电动状态下的 ISG 电机效率，η_{ISG_req}为电机处于充电状态下的 ISG 电机效率，二者均是 n_{ISG}和 T_{ISG}的函数，通过二维查表可得。其查表函数如下：

$$\begin{aligned} \eta_{ISG\_pro} &= f_{ISG\_pro}(T_{ISG}, n_{ISG}) \\ \eta_{ISG\_req} &= f_{ISG\_req}(T_{ISG}, n_{ISG}) \end{aligned}$$

本算例所用 ISG 电机的效率如图 8.2.8 所示。ISG 电机模型输入、输出关系如图 8.2.9 所示。

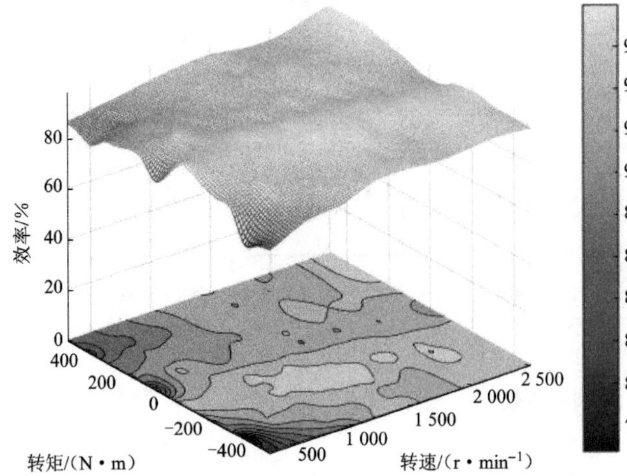

图 8.2.8 ISG 电机效率

图 8.2.9 ISG 电机模型输入、输出关系

8.2.6 动力电池模型

对于 PHEV 而言，动力电池在其行驶过程中是重要的能量均衡装置。在本例中，将电池等价为图 8.2.10 所示的由一个理想电压源 V_{oc} 与一个电阻 R_{int} 串联的等效电路模型。

在该模型中，V_{oc} 为电池开路电压，R_{int} 为电池内阻，I_b 为电路电流，U_t 为外电路负载电压。外电路的负载功率设为 P_b，在电池内阻模型中，其值可由下式得出：

$$\begin{cases} P_b = V_{oc} I_b - I_b^2 R_{int} \\ V_{oc} = I_b R_{int} + V \end{cases} \tag{8.2-17}$$

式中，V_{oc} 和 R_{int} 都可通过试验测出，而电流 I_b 可由下式求出：

$$I_b = \frac{V_{oc} - \sqrt{V_{oc}^2 - 4R_{int}P_b}}{2R_{int}} \tag{8.2-18}$$

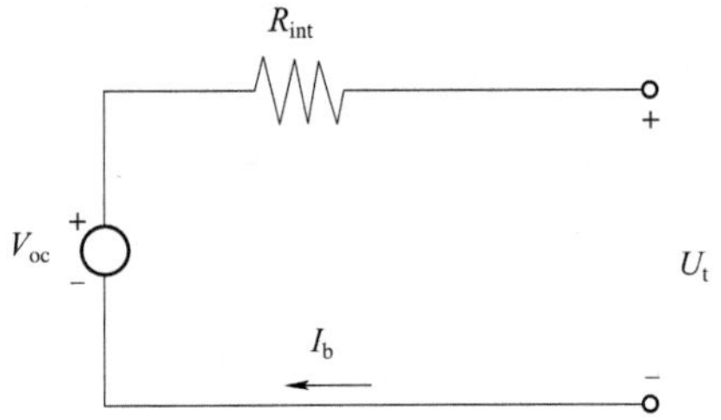

图 8.2.10 动力电池等效电路模型

在等效电路模型中，电池的开路电

压 V_{oc} 为荷电状态 SOC 和温度 T_{tem} 的函数，电池内阻 R_{int} 为荷电状态 SOC、温度 T_{tem} 以及充放电电流 I_b 的函数。本例模型进行了一定的简化，将内阻 R_{int} 视为定值，其值为

$$R_{int}=\begin{cases}R_{dis}, & P_b\leqslant 0\\ R_{chg}, & P_b>0\end{cases} \tag{8.2-19}$$

式中，R_{dis} 和 R_{chg} 分别为电池放电和充电时的电阻。本例中电池的荷电状态 SOC 使用简单可靠的安时估算法来估计：

$$\begin{cases}SOC(t)=SOC_{int}-\dfrac{\int_0^t \eta_b I_b \mathrm{d}\tau}{Q_b}\\ \eta_b=\begin{cases}1.0, & P_b\geqslant 0\\ 0.9, & P_b<0\end{cases}\end{cases} \tag{8.2-20}$$

式中，SOC(t) 为 t 时刻电池的荷电状态；SOC_{int} 为电池的初始荷电状态；Q_b 为电池的额定容量；η_b 为电池的充放电效率，在本例中视为定值。在该模型的基础上，整个工况的电池能量消耗可由下式算出：

$$J_m=\frac{1}{3.6\times10^6}\int_0^T V_{oc}I_b \mathrm{d}t \tag{8.2-21}$$

8.2.7　行驶动力学模型

本例中的汽车行驶动力学模型输入量为发动机转矩 T_e、主驱动电机转矩 T_m 和 ISG 电机转矩 T_{ISG}，输出量为车辆行驶车速 v 和行驶里程 s，是车辆实时车速的直接计算模块。由于本例中的循环工况较长，离合器接合和断开的过程很多，故略去，车辆在离合器处于不同模式下时行驶的驱动力 F_d 如下：

$$F_d=\begin{cases}\dfrac{(T_e+T_m+T_{ISG})i_g}{R_{wr}}, & \text{mode}=0\\ \dfrac{T_m i_g}{R_{wr}}, & \text{mode}=1\end{cases} \tag{8.2-22}$$

式中，i_g 为主减速器传动比；R_{wr} 为车轮半径。

汽车行驶时，需要克服车轮滚动阻力 F_f、整车空气阻力 F_w 和上坡坡度阻力 F_j，这三种阻力可由下式求出：

$$\begin{cases}F_f=\mu mg\cos\alpha\\ F_w=\dfrac{1}{2}\rho_a C_D A v^2\\ F_j=mg\sin\alpha\end{cases} \tag{8.2-23}$$

式中，m 为汽车质量（kg）；μ 为轮胎滚动阻力系数；g 为重力加速度（m/s^2）；A 为汽车的迎风面积（m^2）；C_D 为空气阻力系数；ρ_a 为空气密度（kg/m^3）；α 为行驶工况实时坡度。根据牛顿第二定律，汽车行驶时的整车加速度计算公式如下：

$$a=\frac{F_d-F_w-F_j-F_f}{\delta m} \tag{8.2-24}$$

式中，δ为车辆旋转质量换算系数。车辆的速度可以通过对加速度积分得到：

$$v=3.6\int_0^t a\,dt \tag{8.2-25}$$

车辆行驶里程可通过对速度积分得出：

$$s=\frac{1}{3\ 600}\int_0^t v\,dt \tag{8.2-26}$$

汽车行驶动力学模型输入、输出关系如图 8.2.11 所示。

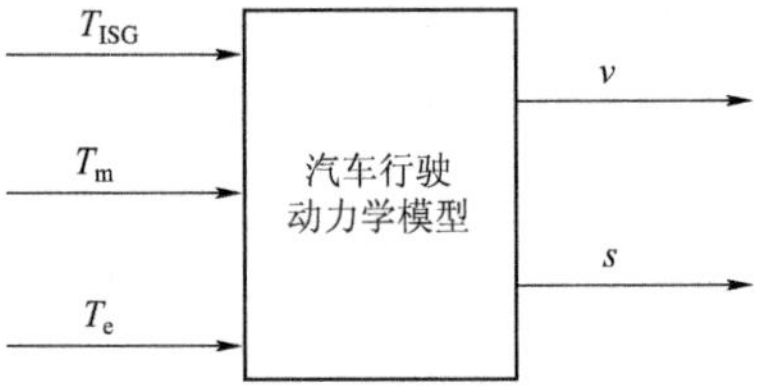

图 8.2.11　汽车行驶动力学模型输入、输出关系

基于上述建模过程，本例在 Matlab/Simulink 中建立插电式混合动力客车仿真模型，如图 8.2.12 所示。整个仿真模型包括驾驶员模块、整车控制器模块、发动机模块、驱动电机模块、ISG 电机模块、动力电池模块和汽车行驶动力学模块。

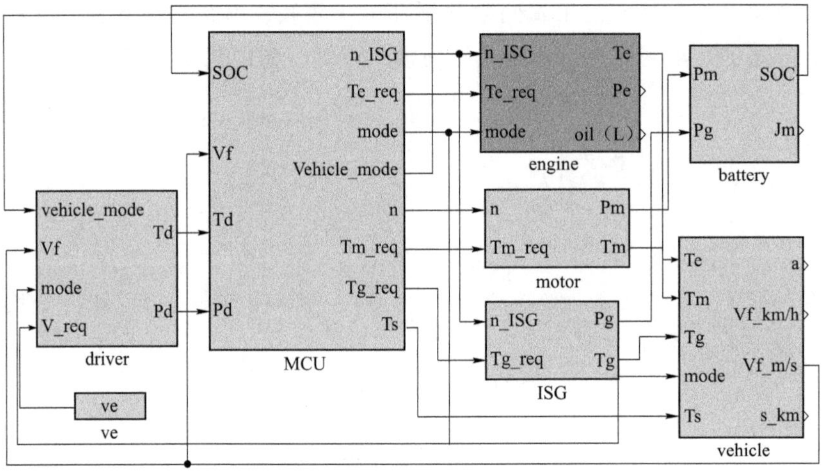

图 8.2.12　插电式混合动力客车 Matlab/Simulink 仿真模型

8.2.8　能量管理策略模型

对于插电式混合动力客车，其有三种能量消耗模式，即纯电动模式（EV）、混合驱动电量消耗模式（CD）、混合驱动电量维持模式（CS）。在 EV 模式下，动力源为动力电池，仅驱动电机工作；在 CD 模式下，发动机和主驱动电机共同工作；在 CS 模式下，发动机为主要动力源，主驱动电机可驱动亦可发电。三种模式的区分依靠 SOC 进行确定，当 SOC≥SOC_CD 时，为 EV 模式；当 SOC_CS<SOC≤SOC_CD 时，为 CD 模式；当 SOC<SOC_CS 时，为 CS 模式。本例取 SOC_CD=65%，SOC_CS=30%。不同模式切换控制如图 8.2.13 所示。

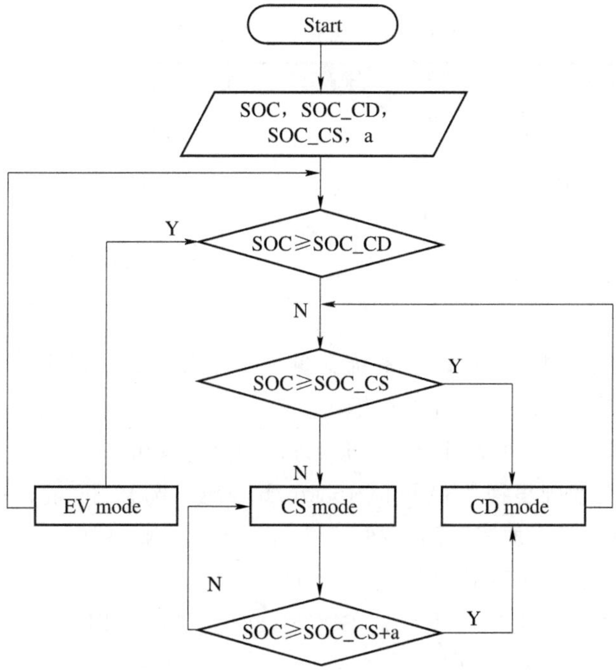

图 8.2.13　不同模式切换控制

8.2.9　整车参数及约束条件

本算例的插电式混合动力客车整车模型参数如表 8.2.1 所示。本例针对混合动力客车的能耗优化问题，采用 CO 方法进行设计优化。

表 8.2.1 整车基本参数

参数项	参数值
整备质量/kg	13 100
迎风面积/m^2	7.5
空气阻力系数	0.65
滚动阻力参数	0.01
车轮动态半径/m	0.464
传动系统效率	0.93

本例中设定系统变量如表 8.2.2 所示。

表 8.2.2 优化模型系统变量

系统变量	下限值	上限值	初始值
发动机功率 P_{e_peak}/kW	117.6	176.4	147
主驱动电机功率 P_{m_peak}/kW	120	170	148
主传动比 i_0	4.26	6.40	5.33
动力电池容量 Q_b/(A·h)	57.6	86.4	72

为了保证整车性能，除设定系统变量上下限外，还应设定一定的约束。依据城市客车标准，制定如下性能指标：

（1）最高车速 $u_{max} \geqslant 75$ km/h，即 g_1：$75 - u_{max} \leqslant 0$。

（2）纯电动续驶里程≥30 km（40 km/h 等速工况），即 g_2：$30 - s_{40} \leqslant 0$。

（3）0～50 km/h 加速时间≤26 s，即 g_3：$t_{0\sim50} - 26 \leqslant 0$。

（4）25 km/h 车速下最大爬坡度 $i \geqslant 12\%$，即 g_4：$0.12 - \alpha_{25} \leqslant 0$。

（5）运行结束后电池荷电状态 SOC 在 28%～32%，即 g_5：$(SOC - 0.3)^2 - 0.000\,4 \leqslant 0$。

8.2.10 动力系统 CO 优化及优化结果

针对能耗经济性优化问题，仿真工况为我国典型城市循环工况，单个循环工况时间为1 314 s，行驶里程为 5.87 km，工况如图 8.2.14 所示。

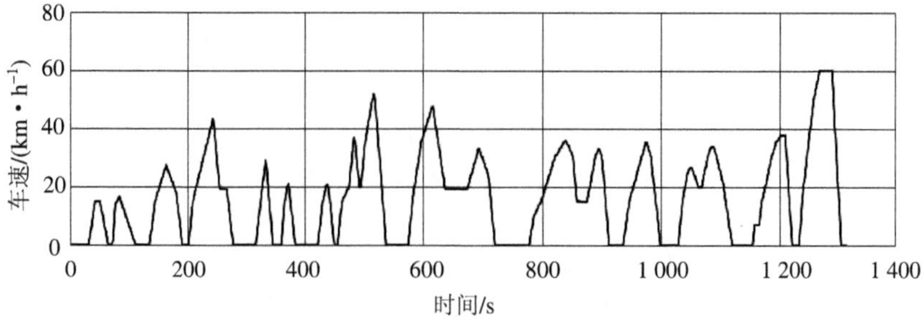

图 8.2.14　我国典型城市循环工况

基于协同优化方法（CO）的思想，对本算例的优化问题进行重构，如图 8.2.15 所示。

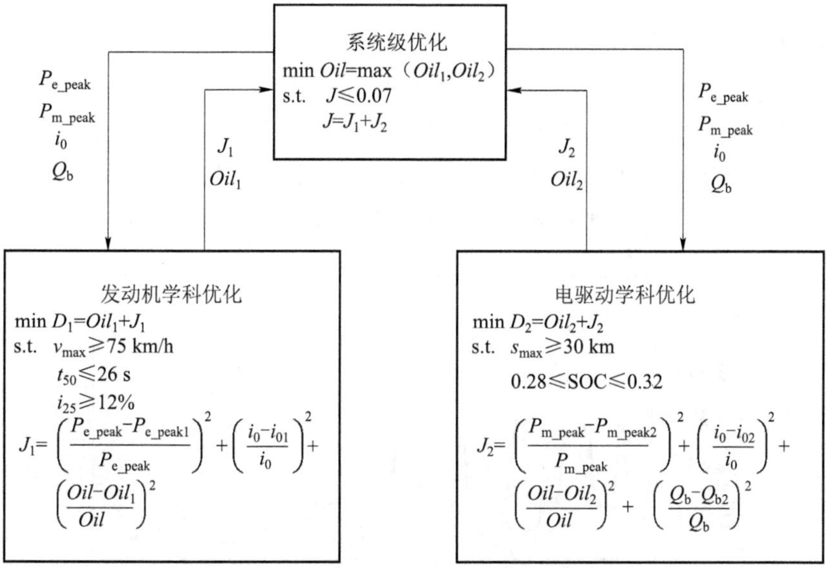

图 8.2.15　插电式混合动力客车 CO 求解框架

系统层和学科层的优化问题如下：

系统层优化问题：

$$\begin{cases}\min Oil = \max(Oil_1,\ Oil_2)\\ J = J_1 + J_2\\ \text{s.t.} J \leqslant 0.07\end{cases} \tag{8.2-27}$$

学科层的发动机优化问题：

$$
\begin{cases}
\min D_1 = Oil_1 + J_1 \\
\text{其中 } J_1 = \left(\dfrac{P_{\text{e\_peak}} - P_{\text{e\_peak1}}}{P_{\text{e\_peak}}}\right)^2 + \left(\dfrac{i_0 - i_{01}}{i_0}\right)^2 + \left(\dfrac{Oil - Oil_1}{Oil}\right)^2, \\
Oil_1 \text{ 为根据学科变量计算得到的油耗} \\
\text{s.t. } g_i \leqslant 0,\ i=1,\ 3,\ 4 \\
x^* = (P_{\text{e\_peak1}},\ i_{01})
\end{cases}
\tag{8.2-28}
$$

学科层的电驱动优化问题：

$$
\begin{cases}
\min D_2 = Oil_2 + J_2 \\
\text{其中 } J_2 = \left(\dfrac{P_{\text{m\_peak}} - P_{\text{m\_peak2}}}{P_{\text{m\_peak}}}\right)^2 + \left(\dfrac{i_0 - i_{02}}{i_0}\right)^2 + \left(\dfrac{Q_{\text{b}} - Q_{\text{b2}}}{Q_{\text{b}}}\right)^2 + \left(\dfrac{Oil - Oil_2}{Oil}\right)^2, \\
Oil_2 \text{ 为根据学科变量计算后折算所得的油耗} \\
\text{s.t. } g_i \leqslant 0,\ i=2,\ 5
\end{cases}
\tag{8.2-29}
$$

本例系统层优化选用多岛遗传算法，搜索范围广，不易陷入局部最优解；子系统层优化运用序列二次规划算法，收敛速度快、算法稳定性好、边界搜索能力强。优化过程中能耗经济性迭代过程如图 8.2.16 所示。

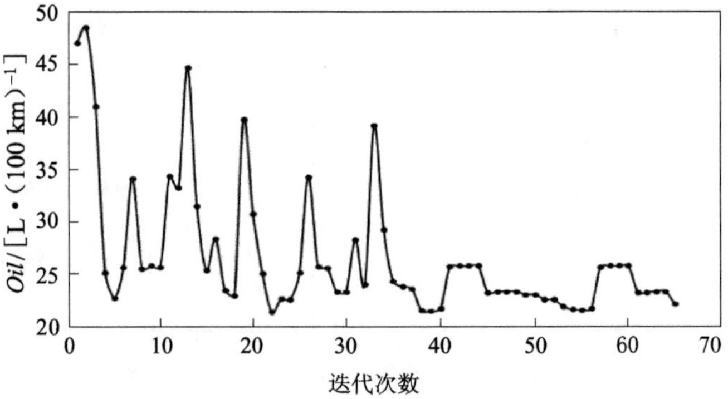

图 8.2.16 能耗经济性迭代过程

由图 8.2.16 可知，能耗经济性（每百公里油耗值）随着迭代代数的增加而递减，并且逐渐呈收敛趋势，最终该车型的百公里能耗降至 21.32 L。

系统层经过 65 次迭代获得最优解，优化结果如图 8.2.17 所示。在 MIGA 算法寻优过程中，优化算法对优化目标函数进行了大范围的搜索，并逐渐靠近一个较优解，避免了算法陷入局部最优解从而过早停止寻优。

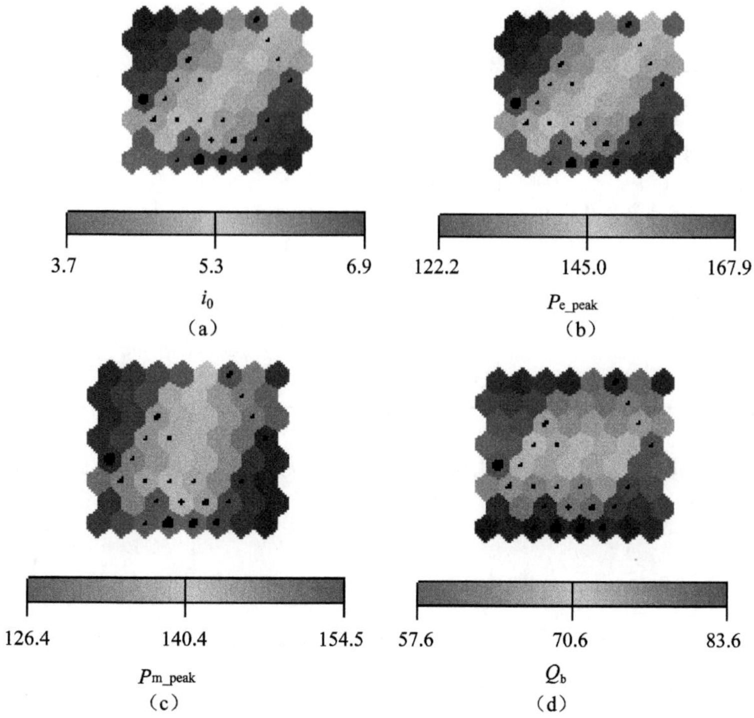

图 8.2.17　设计参数搜索域内分布

(a) i_0搜索域内分布；(b) P_{e_peak}搜索域内分布；

(c) P_{m_peak}搜索域内分布；(d) Q_b搜索域内分布

由图 8.2.17 可知，在寻优过程中，四个优化变量也呈现了相应的收敛情况。主减速器传动比 i_0、发动机峰值功率 P_{e_peak}、主驱动电机峰值功率 P_{m_peak}和电池容量 Q_b均随着优化迭代次数最终收敛。在寻优过程中，主减速器传动比 i_0、发动机峰值功率 P_{e_peak}、主驱动电机峰值功率 P_{m_peak}和电池容量 Q_b随着迭代次数的增加，优化时波动较大，但主减速器传动比 i_0、发动机峰值功率 P_{e_peak}、主驱动电机峰值功率 P_{m_peak}整体呈现下降趋势，电池容量 Q_b呈现上升趋势。在优化过程中，为了实现整车燃油经济性的目标函数最优，同时满足车辆动力性需求，主减速器传动比、发动机相关规格、主驱动电机峰值功率相关规格呈下降趋势，电池容量呈上升趋势，即整车电池容量增加。在优化前后，四个优化参数、整车百公里能耗以及 SOC 终值变化如表 8.2.3 所示。

表 8.2.3　优化前后设计参数对比

优化参数	优化前	优化后
发动机功率 P_{e_peak}/kW	147	122.89
主驱动电机功率 P_{m_peak}/kW	148	125.85
主减速器传动比 i_0	5.33	4.69
动力电池容量 Q_b/(A·h)	72	86.00
能耗经济性/[L·(100 km)$^{-1}$]	23.40	21.32
SOC 终值	0.318 2	0.319 9

从结果数据可以看出，能耗优化后相对于优化前降低了 8.89%，取得了较好的优化效果。

8.3 汽车车身结构正面抗撞性设计优化

碰撞安全性是现代汽车设计开发领域的重要组成部分，本算例结合协同优化方法和近似模型技术示例 MDO 技术在汽车车身结构抗撞性开发领域的应用，为简明起见，本算例仅考虑刚性固定壁障100%重叠率的正面碰撞工况。

汽车正面100%碰撞试验时，车身的前端结构全部参与接触，车体刚度最大，碰撞过程中车体冲击加速度峰值最大。正面100%碰撞考核的重点是乘员约束系统，有研究表明，为了更有效地提高汽车100%正面抗撞性，应尽量减少碰撞过程中驾驶员和乘员所处加速度场的水平，这样可降低乘员约束系统的匹配难度。对同样的乘员约束系统，碰撞加速度较低则乘员受到的伤害会比较小，一般在正面100%碰撞中使用加速度峰值作为性能指标来评价汽车正面碰撞。影响汽车正面碰撞的结构参数非常多，各种参数之间存在交互影响，系统具有较强的噪声和非线性，因此对大量结构参数的优化是一个非常复杂的问题，近似模型是解决这一问题的有效方法。

8.3.1 整车碰撞有限元分析模型的建立

使用 LS-DYNA 有限元软件建立用于碰撞仿真分析的整车有限元模型，如图8.3.1所示。整车模型包括车身、发动机、车架、转向系统、悬架以及车轮总成。车身模型主要使用三角形和四边形壳体单元，发动机、散热器等部件的网格为实体单元网格。整个模型的白车身部件主要采用 LS-DYNA 里面的电焊单元进行连接，同时采用球铰、圆柱铰、滑移铰单元对转向和悬架系统进行模拟。整车模型共有 283 858 个节点，275 996 个单元。

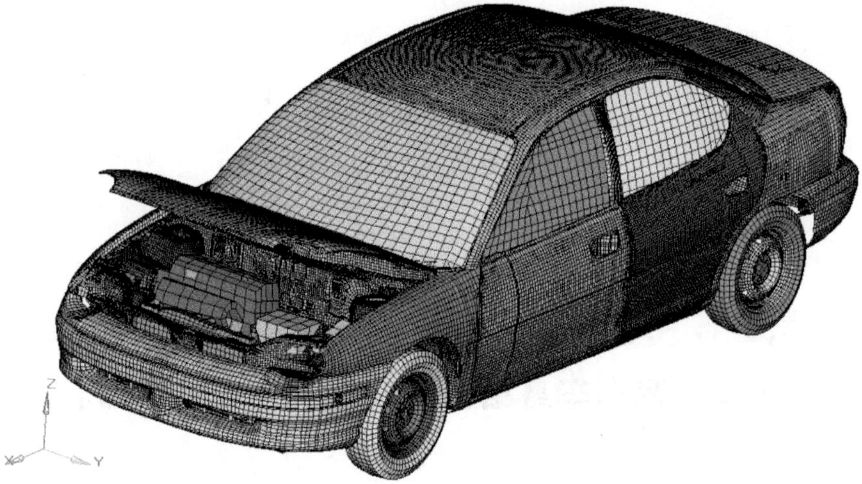

图 8.3.1　整车有限元模型

（1）为保证计算的稳定性和计算结果的精度，对网格质量进行调整，调整标准为：单元翘曲度不小于 15 mm；单元的最小边长度不小于 2.5 mm；单元的雅克比系数不大于 0.65；四边形单元的最小角不小于 30°，最大角不大于 145°；三角形单元的最小角不小于 15°，最大角不大于 135°。

（2）在发动机底座、汽车两侧 B 柱以及仪表盘处设置加速度传感器来获得碰撞过程中的加速度信号。

（3）由于弹塑性材料应变的快慢直接影响到材料的塑性行为，高应变率会导致材料的动力硬化行为，因此在速度较高（$v \geqslant 20$ km/h）的碰撞仿真中必须考虑应变率对材料的影响。在模型中采用 Cowper-Symonds 材料模型处理，材料模型如下所示：

$$\sigma_y = \sigma_0 \left(1 + \frac{\varepsilon}{C}\right)^{1/P}$$

式中，σ_y和σ_0分别为动态、静态屈服应力；对薄壁梁材料而言，取 $C=40$，$P=5$ 比较合适。

（4）在正面 100%碰撞中，障碍壁为刚性，碰撞能量全部由车体吸收。在碰撞过程中假设地面也是刚性的，因此利用 LS-DYNA 中的 RIGIDWALL 关键是建立汽车正面碰撞所需要的刚性墙模型和地面模型。在车轮与地面的接触中将四个车轮作为从节点，在整车与刚性墙的接触中将整车作为从节点。给汽车施加向前 56 km/h 的初速度，对整车所有部件施加自动单面接触。

8.3.2　有限元模型验证

1. 碰撞变形结果分析

采用显式动力有限元分析软件 LS_DYNA 求解，初始速度设置为 56 km/h，仿真时间为 120 ms，碰撞过程中不同时刻的整车结构变形如图 8.3.2 所示，在图中

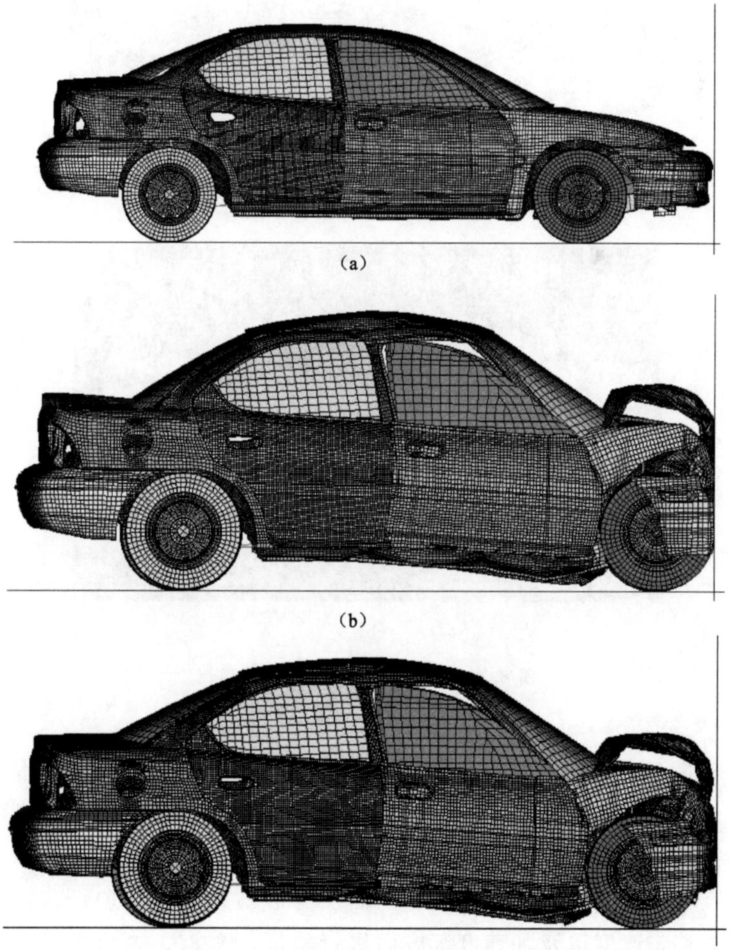

图 8.3.2　不同时刻整车碰撞变形结果

(a) $t=0$ 时的整车变形图；(b) $t=0.07$ s 时的整车变形图；(c) $t=0.12$ s 时的整车变形图

分别给了 $t=0$ 时未变形的情况，$t=0.07$ s时最大变形的情况以及$t=0.12$ s时碰撞反弹之后的整车变形情况。图 8.3.2 给出了不同时刻整车碰撞变形结果，从变形的历程可以看出，在汽车正面 100%碰撞中，变形主要集中在汽车的前部，而其他部分在碰撞过程中基本没有发生变形。

图 8.3.3 给出了仿真变形图与试验变形模式的对比，从图中可以看出，仿真结果与试验结果取得了较好的一致性。

(a)

(b)

图 8.3.3　仿真结果与试验结果对比

（a）仿真变形图；（b）试验变形图

从图 8.3.2 中不同时刻整车仿真变形情况以及图 8.3.3 试验结果的对比可以看出，正面 100%碰撞中，变形主要集中在汽车前部的结构，因此可以通过对车辆前部结构件的参数优化来改善车辆的正面抗撞性。

为了检验有限元模型的可靠性，前面从变形模式进行了验证，接着将从碰撞过程中位移、速度以及加速度等方面进行验证。图 8.3.4 给出了碰撞过程中车辆质心位移变化情况，从图中可以看出仿真结果和试验结果取得了较好的一致性。

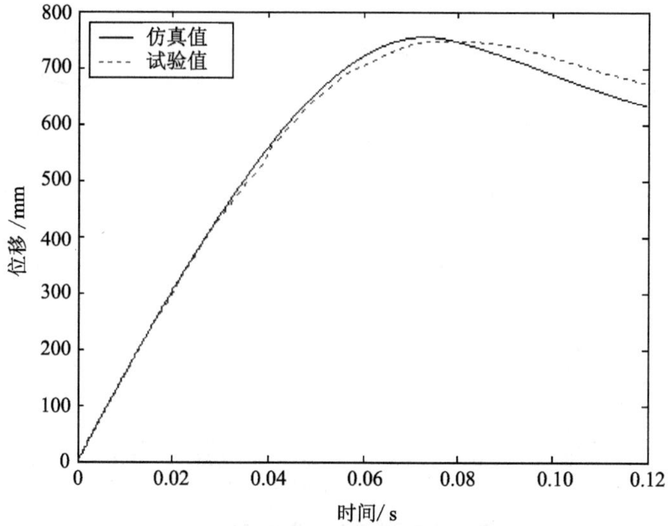

图 8.3.4　碰撞过程中质心位移变化曲线

图 8.3.5 给出了碰撞过程中座椅横梁处速度的变化曲线；图 8.3.6 给出了碰撞过程中发动机底座的加速度曲线。

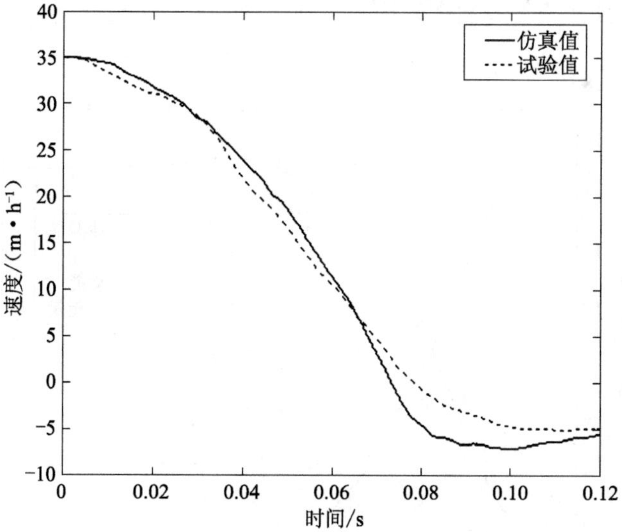

图 8.3.5　碰撞过程中座椅横梁处速度变化曲线

从图 8.3.5 和图 8.3.6 中可以看出，仿真曲线和试验曲线取得了较好的一致性。

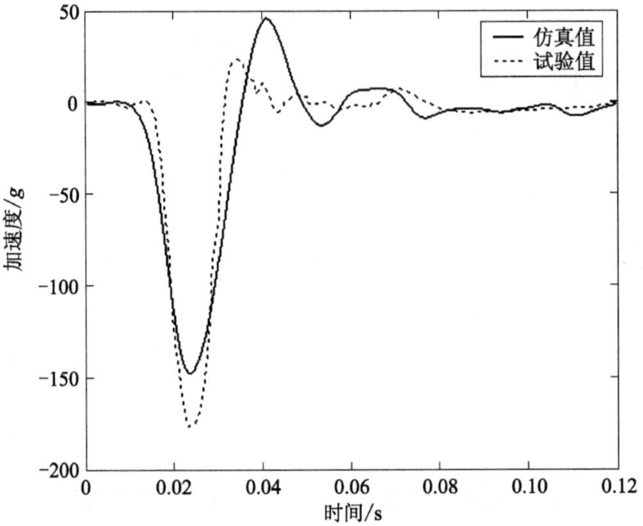

图 8.3.6　发动机底座加速度曲线

图 8.3.7 所示为碰撞过程中各种能量的变化过程。汽车碰撞是一个能量守恒的过程，从能量的变化过程可以有效检验碰撞过程是否正确。此外，一般认为在碰撞过程中沙漏能不应超过内能的 10%，从图 8.3.7 中可以看出，碰撞过程中能量守恒且沙漏能控制在正确的范围之内。

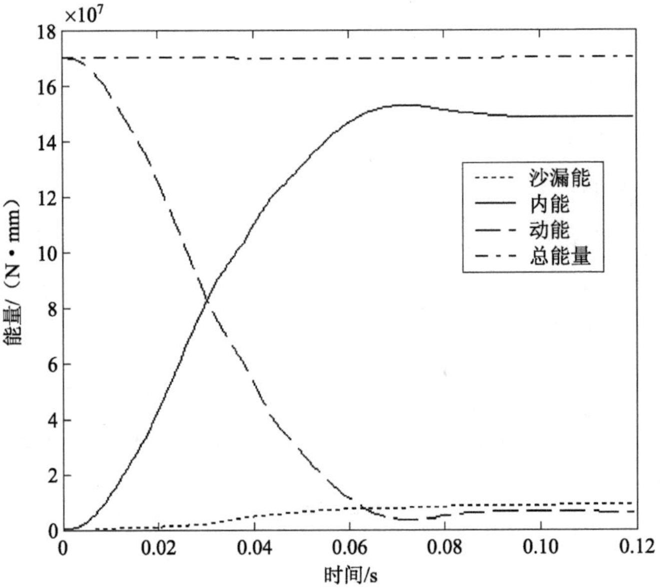

图 8.3.7　碰撞过程中能量曲线

8.3.3　近似模型的建立

基于有限元和仿真进行优化的难点在于，不存在目标和约束指标的显式数学表达式，性能指标的评价依赖于计算机系统的仿真计算。近似模型技术正是解决此类问题的有效方法。使用响应面模型建立汽车正面 100%碰撞过程中性能指标的近似模型。

选取 12 个结构件的 8 个尺寸厚度 x_1、x_2、x_3、x_4、x_5、x_6、x_7、x_8 作为设计变量，所选取设计变量对应的结构件位置如图 8.3.8 所示。

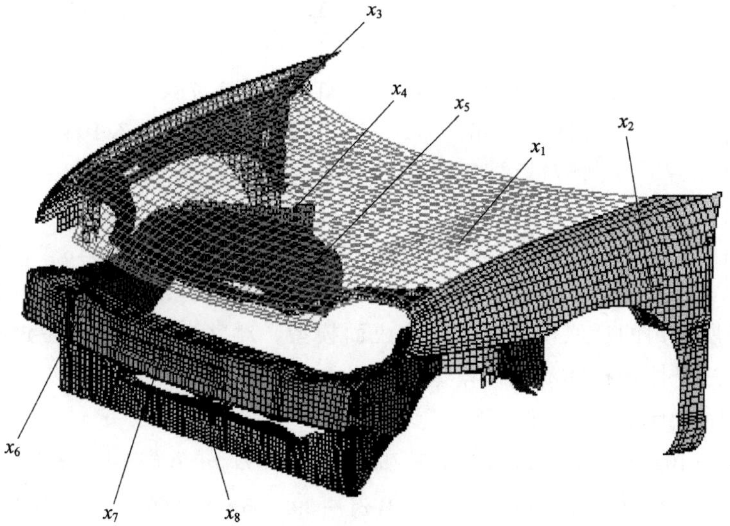

图 8.3.8　设计变量对应车身结构件位置

由前面对碰撞结果的分析可知，这 12 个部件对正面碰撞的结果具有较大的影响。8 个尺寸厚度的初始值如下（单位：mm）：

$$x_1=0.862,\ x_2=0.846,\ x_3=1.524,\ x_4=1.522$$

$$x_5=0.862,\ x_6=0.846,\ x_7=1.524,\ x_8=1.522$$

首先利用试验设计的方法构造足够数量的设计点，本书中使用最优拉丁方试验设计构造设计矩阵如下：

$$
\boldsymbol{D}=\begin{array}{c} \\ \\ \end{array}\begin{pmatrix}
\overset{x_1}{0.781} & \overset{x_2}{0.925} & \overset{x_3}{1.610} & \overset{x_4}{1.750} & \overset{x_5}{1.895} & \overset{x_6}{1.752} & \overset{x_7}{2.066} & \overset{x_8}{1.684} \\
0.846 & 0.894 & 1.695 & 1.493 & 2.179 & 1.317 & 1.919 & 1.542 \\
0.991 & 0.783 & 1.438 & 1.322 & 2.037 & 1.549 & 1.956 & 1.315 \\
0.878 & 0.878 & 1.495 & 1.722 & 1.966 & 1.520 & 2.249 & 1.287 \\
0.797 & 0.751 & 1.467 & 1.436 & 2.144 & 1.636 & 2.212 & 1.628 \\
0.814 & 0.973 & 1.381 & 1.464 & 2.108 & 1.694 & 1.809 & 1.429 \\
0.910 & 0.767 & 1.724 & 1.665 & 2.073 & 1.723 & 1.773 & 1.457 \\
0.749 & 0.862 & 1.753 & 1.379 & 1.753 & 1.607 & 2.029 & 1.372 \\
0.959 & 0.846 & 1.295 & 1.693 & 2.001 & 1.491 & 1.883 & 1.656 \\
0.927 & 0.941 & 1.581 & 1.608 & 1.646 & 1.462 & 1.699 & 1.400 \\
0.830 & 0.909 & 1.324 & 1.351 & 1.789 & 1.346 & 2.139 & 1.514 \\
0.862 & 0.798 & 1.353 & 1.522 & 1.611 & 1.781 & 1.993 & 1.486 \\
0.943 & 0.719 & 1.667 & 1.551 & 1.717 & 1.404 & 2.103 & 1.571 \\
0.975 & 0.957 & 1.638 & 1.408 & 1.859 & 1.665 & 2.176 & 1.599 \\
0.765 & 0.735 & 1.410 & 1.579 & 1.931 & 1.433 & 1.736 & 1.344 \\
0.733 & 0.830 & 1.524 & 1.636 & 1.682 & 1.375 & 1.846 & 1.741 \\
0.894 & 0.814 & 1.553 & 1.294 & 1.824 & 1.578 & 1.663 & 1.713
\end{pmatrix}
$$

这里所使用的近似模型是二次响应面模型，对整车有限元模型进行模拟仿真，得到三个性能指标的近似模型，表达式如下：

B柱加速度峰值的近似模型：

$$
\begin{aligned}
a_{\mathrm{b}}= & -103.98+712.77x_1+417.75x_2-428.59x_3+7.658\,6x_4+286.55x_5+ \\
& 5.413\,7x_6+145.86x_7-560.31x_8-392.55x_1^2-260.98x_2^2+142.34x_3^2- \\
& 3.911\,2x_4^2-75.519x_5^2-3.224\,4x_6^2-37.771x_7^2+181.49x_8^2
\end{aligned}
$$

发动机底座加速度峰值的近似模型：

$$
\begin{aligned}
a_{\mathrm{e}}= & -923.78-80.293x_1+764.57x_2+1\,166.86x_3-1\,490.2x_4-539.61x_5- \\
& 306.06x_6+946.87x_7+1\,026x_8+30.173x_1^2-478.81x_2^2-377.13x_3^2+ \\
& 501.76x_4^2+151.95x_5^2+98.332x_6^2-240.74x_7^2-328.1x_8^2
\end{aligned}
$$

仪表盘处加速度峰值的近似模型：

$$
\begin{aligned}
a_{\mathrm{i}}= & 608.74+2\,494.7x_1-1\,529.8x_2-290.87x_3+1\,221.58x_4-394.58x_5- \\
& 356.24x_6+940.08x_7-2\,722.9x_8-1\,409.6x_1^2+933.7x_2^2+90.89x_3^2- \\
& 404.34x_4^2+110.08x_5^2+112.74x_6^2-232.92x_7^2+912.69x_8^2
\end{aligned}
$$

以上使用响应面方法并结合最优拉丁方试验设计，建立了汽车100%正面碰撞过程中三个关键性能指标的近似模型，接下来对近似模型进行检验，对改进的响应面方法的近似结果进行评估。

相对误差是对近似模型进行评价的重要指标，近似模型的决定系数 R^2 和调整的决定系数 R^2_{adj}的对比结果如表 8.3.1 所示。

表 8.3.1　响应面模型的评价指标

响应面模型	B柱加速度峰值		发动机底座加速度峰值		仪表盘处加速度峰值	
	R^2	R^2_{adj}	R^2	R^2_{adj}	R^2	R^2_{adj}
	≈1	0.999 95	0.992 09	0.864 24	0.992 74	0.876 65

从表 8.3.1 中可以看出，此例中所使用的二次响应面模型能够构建精度较高的近似模型，验证了二次响应面模型的实用性和有效性。

此外，为了满足轻量化的要求，希望在进行结构参数优化时保证汽车的质量不增加，因此在求解时还应该将质量作为约束。使用响应面模型建立 12 个吸能部件质量的一次近似模型，并对其进行检验。所建立的质量近似模型为

$$m=-0.199\,83+9.114\,9x_1+5.999\,8x_2+3.150\,8x_3+2.680\,5x_4+$$
$$4.117\,4x_5+0.938\,88x_6+3.395\,9x_7+2.346\,4x_8$$

经过计算，系统质量一次近似模型的相对误差决定系数 R^2 为 0.999 95，调整的决定系数 R^2_{adj}为 0.999 15。由此可见，所构造的近似模型具有足够的近似精度使之能够满足工程设计的需要。

8.3.4　基于 CO 和近似模型的正面抗撞性优化

选取 B 柱、发动机底座和仪表盘处三个关键位置的加速度峰值为优化目标，构造该优化问题的数学模型：

$$\min\{a_b,\ a_e,\ a_i\}$$
$$\text{s. t. } x^L \leqslant x \leqslant x^U$$

式中，$\boldsymbol{x}=(x_1,\ x_2,\ \cdots,\ x_8)$ 为 8 个设计变量组成的向量；$\boldsymbol{x}^L=(x_1^L,\ x_2^L,\ \cdots,\ x_8^L)$ 表示 8 个设计变量的下限，为当前设计点减少 20%；$\boldsymbol{x}^U=(x_1^U,\ x_2^U,\ \cdots,\ x_8^U)$ 表示 8 个设计变量的上限，为当前设计点增大 20%。设计变量的取值如下：

$$0.733 \leqslant x_1 \leqslant 0.991,\ 0.719 \leqslant x_2 \leqslant 0.973,\ 1.295 \leqslant x_3 \leqslant 1.753,\ 1.294 \leqslant x_4 \leqslant 1.750$$
$$1.611 \leqslant x_5 \leqslant 2.179,\ 1.317 \leqslant x_6 \leqslant 1.781,\ 1.663 \leqslant x_7 \leqslant 2.249,\ 1.287 \leqslant x_8 \leqslant 1.741$$

基于协同优化方法的思想，构造该设计问题的优化模型，对该组设计变量进行协调，通过协同寻优，三个性能指标均能得到改善。

1. 学科级优化模型的建立

1）学科 1 的优化模型

$$\min J_1=(x_1-z_1)^2+(x_2-z_2)^2+(x_3-z_3)^2+(x_4-z_4)^2+(x_5-z_5)^2+$$
$$(x_6-z_6)^2+(x_7-z_7)^2+(x_8-z_8)^2$$

s. t.

$0.733 \leqslant x_1 \leqslant 0.991$, $0.719 \leqslant x_2 \leqslant 0.973$, $1.295 \leqslant x_3 \leqslant 1.753$, $1.294 \leqslant x_4 \leqslant 1.750$

$1.611 \leqslant x_5 \leqslant 2.179$, $1.317 \leqslant x_6 \leqslant 1.781$, $1.663 \leqslant x_7 \leqslant 2.249$, $1.287 \leqslant x_8 \leqslant 1.741$

$$a_b = -103.98 + 712.77x_1 + 417.75x_2 - 428.59x_3 + 7.6586x_4 + 286.55x_5 + 5.4137x_6 + 145.86x_7 - 560.31x_8 - 392.55x_1^2 - 260.98x_2^2 + 142.34x_3^2 - 3.9112x_4^2 - 75.519x_5^2 - 3.2244x_6^2 - 37.771x_7^2 + 181.49x_8^2$$

$$m = -0.19983 + 9.1149x_1 + 5.9998x_2 + 3.1508x_3 + 2.6805x_4 + 4.1174x_5 + 0.93888x_6 + 3.3959x_7 + 2.3464x_8$$

2）学科 2 的优化模型

$$\min J_2 = (x_1 - z_1)^2 + (x_2 - z_2)^2 + (x_3 - z_3)^2 + (x_4 - z_4)^2 + (x_5 - z_5)^2 + (x_6 - z_6)^2 + (x_7 - z_7)^2 + (x_8 - z_8)^2$$

s. t.

$0.733 \leqslant x_1 \leqslant 0.991$, $0.719 \leqslant x_2 \leqslant 0.973$, $1.295 \leqslant x_3 \leqslant 1.753$, $1.294 \leqslant x_4 \leqslant 1.750$

$1.611 \leqslant x_5 \leqslant 2.179$, $1.317 \leqslant x_6 \leqslant 1.781$, $1.663 \leqslant x_7 \leqslant 2.249$, $1.287 \leqslant x_8 \leqslant 1.741$

$$a_e = -923.78 - 80.293x_1 + 764.57x_2 + 1166.86x_3 - 1490.2x_4 - 539.61x_5 - 306.06x_6 + 946.87x_7 + 1026x_8 + 30.173x_1^2 - 478.81x_2^2 - 377.13x_3^2 + 501.76x_4^2 + 151.95x_5^2 + 98.332x_6^2 - 240.74x_7^2 - 328.1x_8^2$$

$$m = -0.19983 + 9.1149x_1 + 5.9998x_2 + 3.1508x_3 + 2.6805x_4 + 4.1174x_5 + 0.93888x_6 + 3.3959x_7 + 2.3464x_8$$

3）学科 3 的优化模型

$$\min J_3 = (x_1 - z_1)^2 + (x_2 - z_2)^2 + (x_3 - z_3)^2 + (x_4 - z_4)^2 + (x_5 - z_5)^2 + (x_6 - z_6)^2 + (x_7 - z_7)^2 + (x_8 - z_8)^2$$

s. t.

$0.733 \leqslant x_1 \leqslant 0.991$, $0.719 \leqslant x_2 \leqslant 0.973$, $1.295 \leqslant x_3 \leqslant 1.753$, $1.294 \leqslant x_4 \leqslant 1.750$

$1.611 \leqslant x_5 \leqslant 2.179$, $1.317 \leqslant x_6 \leqslant 1.781$, $1.663 \leqslant x_7 \leqslant 2.249$, $1.287 \leqslant x_8 \leqslant 1.741$

$$a_i = 608.74 + 2494.7x_1 - 1529.8x_2 - 290.87x_3 + 1221.58x_4 - 394.58x_5 - 356.24x_6 + 940.08x_7 - 2722.9x_8 - 1409.6x_1^2 + 933.7x_2^2 + 90.89x_3^2 - 404.34x_4^2 + 110.08x_5^2 + 112.74x_6^2 - 232.92x_7^2 + 912.69x_8^2$$

$$m = -0.19983 + 9.1149x_1 + 5.9998x_2 + 3.1508x_3 + 2.6805x_4 + 4.1174x_5 + 0.93888x_6 + 3.3959x_7 + 2.3464x_8$$

2. 系统级优化模型的建立

建立系统级优化模型如下：

$$f=0.6\left(\frac{a_b-a_b^*}{a_b^*}\right)^2+0.3\left(\frac{a_e-a_e^*}{a_e^*}\right)^2+0.1\left(\frac{a_i-a_i^*}{a_i^*}\right)^2$$

式中，a_b^*，a_e^*，a_i^* 为各个分目标的理想最优，在此选择最优拉丁方抽样时各自的最小值为理想最优值，$a_b^*=25.92g$，$a_b^*=45.09g$，$a_i^*=119.59g$，其中 g 为重力加速度。加权因子的值取决于该目标函数的量级以及在各目标指标中的重要程度，也可根据具体的工程要求或客户要求确定。

使用协同优化方法进行求解，8 个共享设计变量的迭代过程如图 8.3.9～图 8.3.16 所示。从图中可以看出，此例中结合近似模型的协同优化方法收敛性好，迭代次数较少。

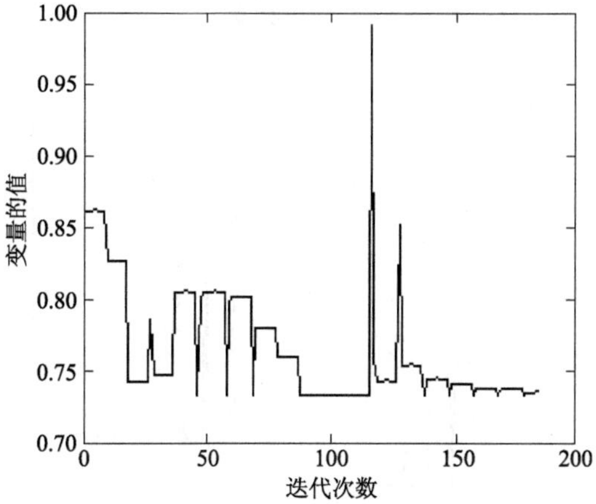

图 8.3.9　设计变量 z_1 的迭代历程

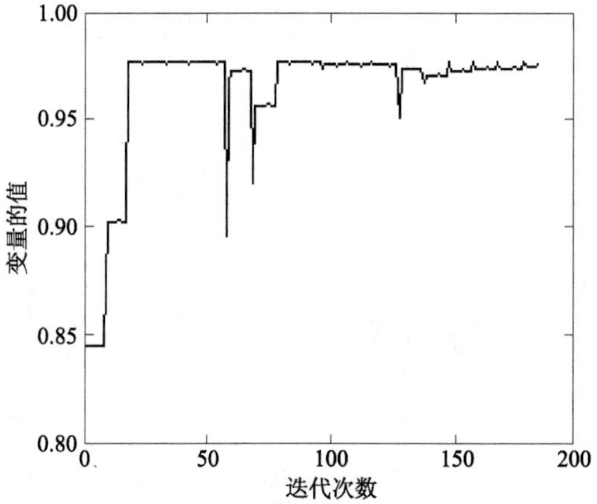

图 8.3.10　设计变量 z_2 的迭代历程

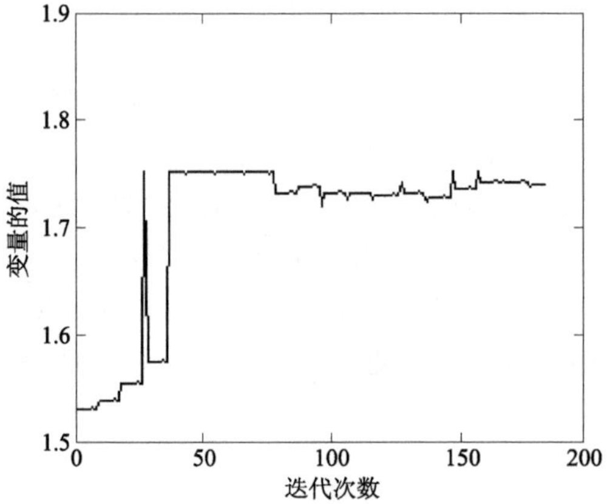

图 8.3.11　设计变量 z_3 的迭代历程

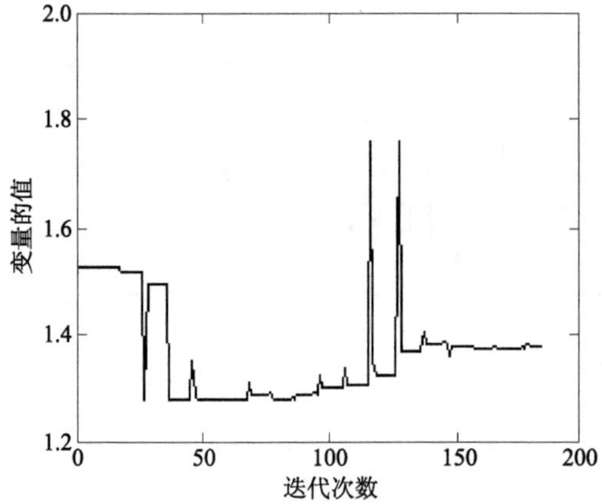

图 8.3.12　设计变量 z_4 的迭代历程

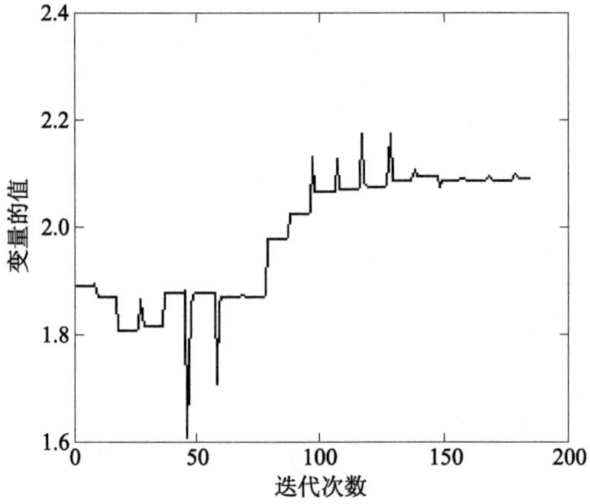

图 8.3.13　设计变量 z_5 的迭代历程

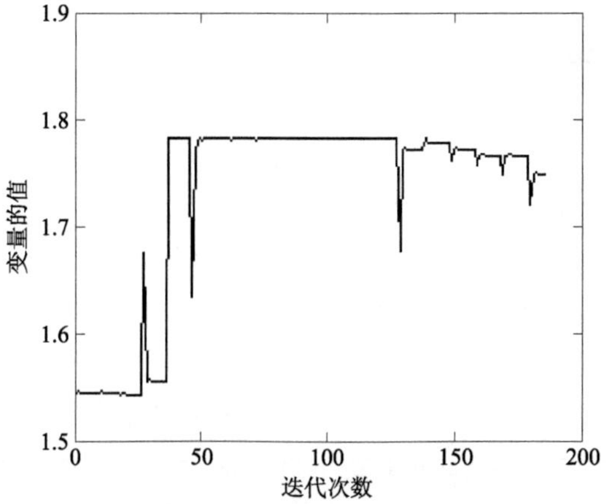

图 8.3.14　设计变量 z_6 的迭代历程

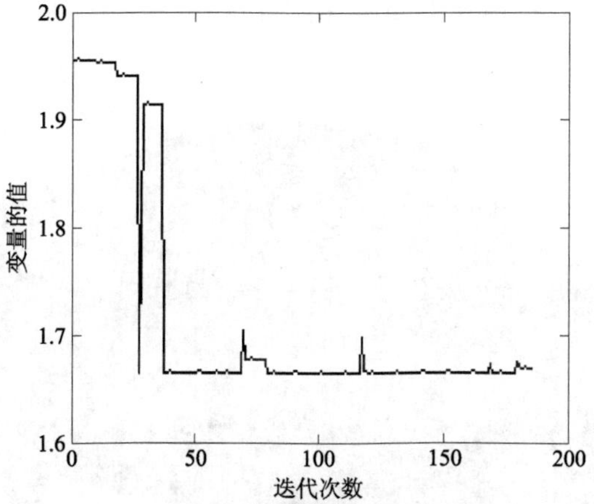

图 8.3.15　设计变量 z_7 的迭代历程

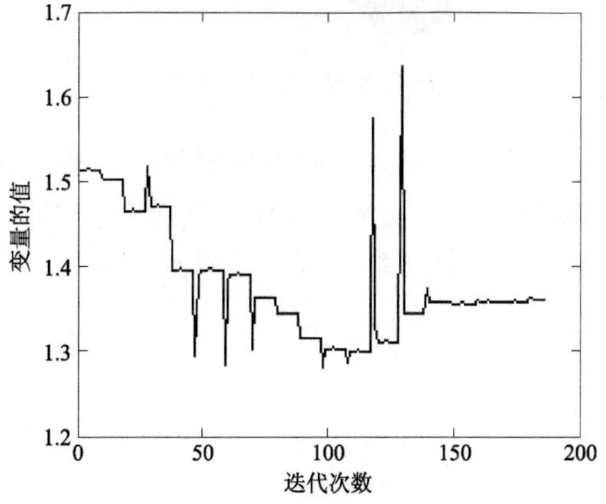

图 8.3.16　设计变量 z_8 的迭代历程

8.3.5 优化结果

优化之后的设计变量为：$x_1=0.736$ mm，$x_2=0.976$ mm，$x_3=1.742$ mm，$x_4=1.385$ mm，$x_5=2.095$ mm，$x_6=1.747$ mm，$x_7=1.667$ mm，$x_8=1.365$ mm。

利用所建立的整车有限元分析模型，将车身前部12个吸能部件的8个厚度值更新为优化值，利用LS-DYNA求解器进行一次新的求解。图8.3.17所示为碰撞结束后的汽车变形图。图8.3.18所示为碰撞过程中B柱加速度变化历程的对比图，从图中可以看出优化之后B柱加速度峰值明显降低。图8.3.19给出了碰撞过程中发动机底座加速度变化历程的对比，从图中可知优化之后发动机底座加速度峰值有了大幅降低。图8.3.20给出了碰撞过程中仪表盘处加速度变化历程的对比，从图中可知优化之后仪表盘处的加速度峰值降低了约$10g$。

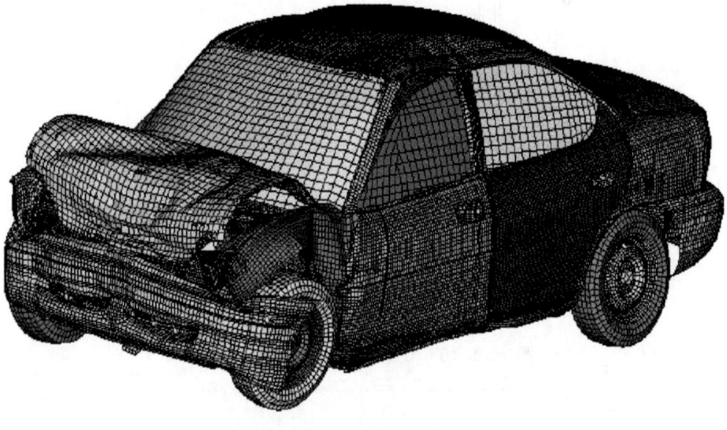

图8.3.17 碰撞变形图

优化后，三个性能优化目标都得到不同程度的改善。此外，由于本例中是将12个部件的质量作为约束，保证在优化过程中不会增加质量。因此，可以看出通过优化设计充分挖掘了结构部件的潜能，提高了汽车车身结构的抗撞性。

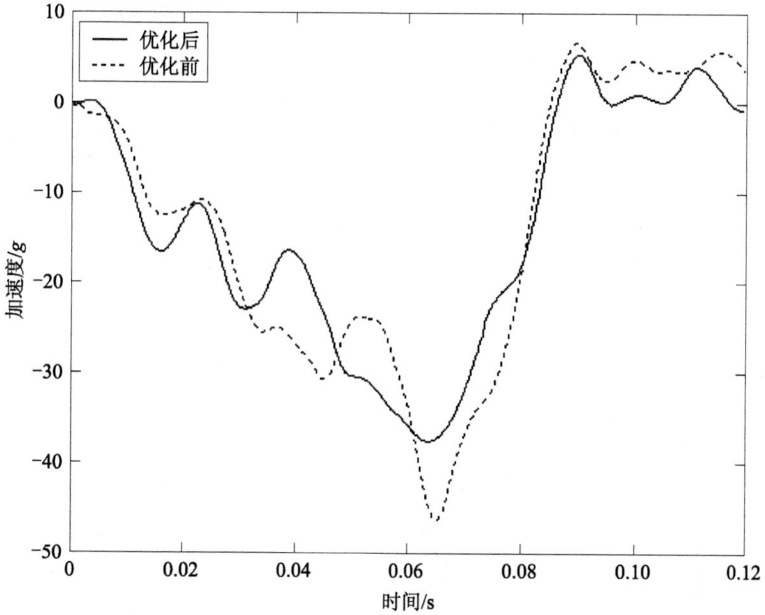

图 8.3.18　碰撞过程中 B 柱加速度变化历程

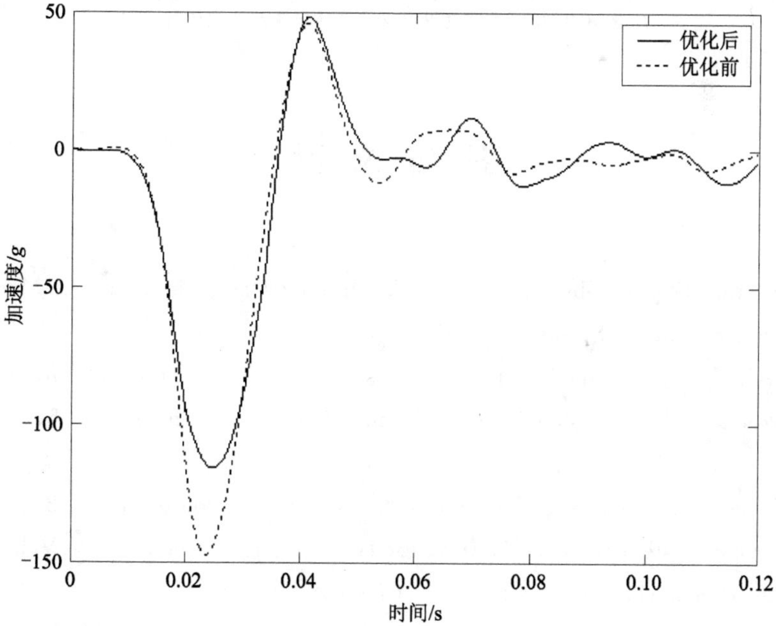

图 8.3.19　碰撞过程中发动机底座加速度变化历程

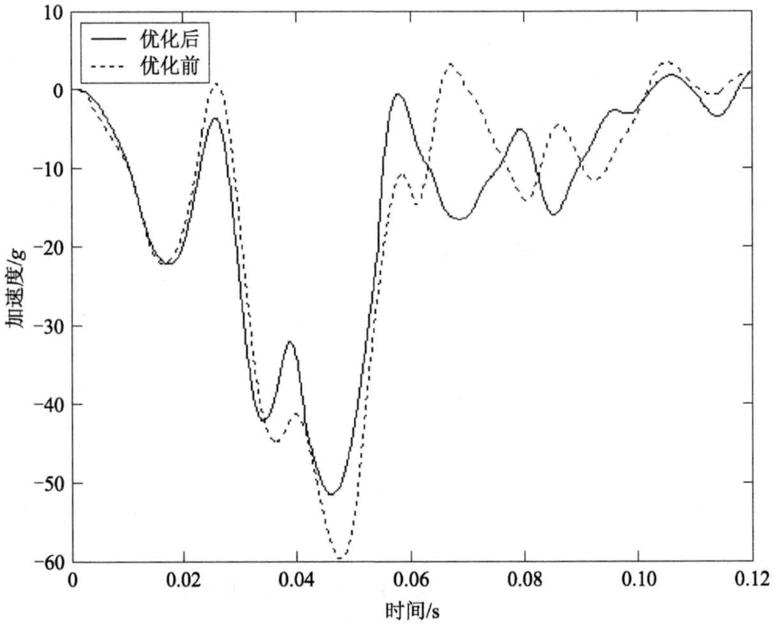

图 8.3.20　碰撞过程中仪表盘处加速度变化历程

参考文献

[1] Mastinu G., Gobbi M., Miano C. Optimal Design of Complex Mechanical Systems [M]. Springer, 2006.

[2] Gobbi M., Haque I., Papalambros P. Y. Optimisation and Integration of Ground Vehicle Systems [J]. Vehicle System Dynamics, 2005, 43 (6-7): 437-453.

[3] Tajima J., Momiyama F., Yuhar N. A New Solution for Two-bag Air Suspension System with Leaf Spring for Heavy-duty Vehicle [J]. Vehicle System Dynamics, 2006, 44 (2): 107-138.

[4] He Y., McPhee J. Multidisciplinary Design Optimization of Mechatronic Vehicles with Active Suspensions [J]. Journal of Sound and Vibration, 2005, 283: 217-241.

[5] Thompson A. G. An Active Suspension with Optimal Linear State Feedback [J]. Vehicle System Dynamics: International Journal of Vehicle Mechanics and Mobility, 1976, 5 (4): 187-203.

[6] Hac A. Suspension Optimization of a 2-DOF Vehicle Model Using a Stochastic Optimai Control Technique [J]. Journal of Sound and Vibration, 1985, 100 (3): 343-357.

[7] Wilson D. A., Sharp R. S., Hassan S. A. The Application of Linear Optimal Control Theory to the Design of Active Automotive Suspensions [J]. Vehicle System Dynamics: International Journal of Vehicle Mechanics and Mobility, 1986, 15 (2): 105-118.

[8] 李邦国. 多学科设计优化关键技术及在汽车抗撞性设计中的应用 [D]. 北京: 北京理工大学, 2009.

[9] 易璐. 插电式混合动力校车动力系统参数多目标优化研究 [D]. 北京: 北京理工大学, 2016.

[10] 王喜明. 插电式混合动力城市客车动力系统匹配与控制优化研究 [D]. 北京: 北京理工大学, 2015.